오래 기다려 온 만큼 대단히 가치 있는 주석 시리즈가 드디어 탄생했다. 이 주석서는 본문의 문화적 맥락에 대한 해설, 세밀한 주해 그리고 성경 전체를 우리의 구주요 주님이신 그리스도를 증거하는 통일성 있는 작품으로 읽는 방법에 대한 지침을 담고 있다.

그레엄 골즈워디 무어 신학교 구약학 은퇴교수

성경의 메시지를 명확히 전달하고, 독자들로 하여금 성경 본문을 오늘의 삶에 적용하도록 안내하는 이 새로운 주석 시리즈를 목회자와 평신도 모두 환영할 것이다.

대니얼 블록 휘튼 칼리지 및 대학원 구약학 명예교수

이야기를 받아들이는 것에는 단순히 즐기는 것 이상의 의미가 있다. 그것은 이야기를 듣고 이해하고, 무엇보다도 그 이야기에 영향을 받는다는 의미다. '하나님의 이야기 주석' 시리즈는 독자들이 이야기를 듣고 이해하는 데 그치지 않고 그 이야기의 영향을 받아 가능한 한 그리스도인다운 방식으로 살아가기를 기대한다. 편집자들과 저자들은 아주 잘 차려진 식탁을 마련하여, 우리가 감수성과 이해력을 갖추고 행동할 수 있도록 성경 이야기를 펼쳐 낸다. 따라서 이들이 들려주는 이야기에 귀 기울이는 것은 시간을 할애할 만한 가치가 있다.

대럴 벅 댈러스 신학교 신약학 교수

나는 이 주석 시리즈를 사랑한다. 성경 본문이 노래하게 만들고 우리가 새롭게 하나님의 이야기를 듣도록 도와주기 때문이다.

존 오트버그 멘로파크 장로교회 담임 목사

나는 이야기꾼이다. 성경 전반에 나타난 하나님 이야기를 이해하는 것에 대해, 그리고 우리가 그분의 이야기를 살아낼 때 그 이야기를 더 많이 드러낼 수 있다고 가르쳐 왔다. 그래서 하나님의 이야기를 경청하도록 돕고 그 이야기를 설명하며, 어떻게 그 이야기를 살아내야 하는지 탐구하고 격려하는 책들을 갖게 되어 전율할 만큼 기쁘다. 이 주석 시리즈는 모든 예수님의 제자들로 하여금 하나님이 우리를 위해 쓰고 계신 이야기 안에서 살아가도록 돕는 완벽한 도구다.

주디 더글라스 Cru 여성인력자원 책임자

성경은 하나님의 이야기이자 그분이 창조부터 새로운 창조까지 인류를 다루시는 이야기다. 성경은 다른 어떤 문학 장르보다 많은 이야기로 구성되어 있다. 시편, 잠언, 예언서, 서신서, 요한계시록도 성경 전체의 장대한 내러티브 맥락에 놓일 때만 완전히 이해된다. 이 주석 시리즈는 이런 고찰들을 진지하게 받아들여 성경 주석의 새로운 지평을 열었다. 각 책은 독자에게 본문을 경청하고, 본문을 설명하며, 본문을 살아내도록 요청한다. 이 세 부분은 서론, 자세한 본문 분석, 적용의 내용을 담고 있다. 이 시리즈에서 가장 흥미롭고 가치 있는 부분은, 세계 모든 지역과 교회사 모든 시대에서 나온 이야기들이 등장하며 본문을 설명한다는 점이다. 설교와 가르침에 최적이라 하겠다.

크레이그 블롬버그 덴버 신학교 신약학 명예교수

'하나님의 이야기 주석' 시리즈는 본문의 메시지가 오늘 우리의 상황과 어떤 관련이 있는지 면밀히 살펴보라고 독자들을 초대한다. 매력적이고 읽기 쉬운 이 주석은 성경 본문을 탐구하면서 다양한 적용과 흥미로운 예화를 제공한다.

크레이그 키너 애즈베리 신학교 신약학 교수

이 새로운 주석 시리즈에서 신실한 성서학자들은 자신의 전문 지식뿐 아니라 예수님께 대한 헌신과 현대 문화에 대한 통찰을 성경에 접목한다. 그 결과, 성경 본문에 닻을 내리고 있으면서도 오늘날 사회 경제적·민족적·국가적 다양성을 지닌 각양각색의 교회에서 살아 숨 쉬는 주석 시리즈가 탄생했다. 성경을 관통하는 실제적이고 실용적인 지침을 찾고 있는 목회자와 성경 공부 인도자를 비롯해 수많은 그리스도인이 이 시리즈에서 도움을 얻을 것이다.

프랭크 틸먼 비슨 신학교 신약학 교수

하나님의 이야기 주석 시리즈는 성경을 탐구하는 접근 방식에 있어서 독특하다. 활용하기 쉬운 형식과 실제적 지침을 통해 하나님의 장대한 이야기를 현대의 삶으로 가져옴으로써, 누구나 그 이야기가 오늘날 어떻게 적용되는지 이해할 수 있게 한다.

앤디 스탠리 노스포인트 선교회 설립자 및 총괄목사

창세기

SGBC

SGBC

하나님의 이야기 주석

창세기

트렘퍼 롱맨 3세 지음
이철민 옮김

성서유니온

아내 앨리스와 우리 자녀들(*zera*)

트렘퍼 4세와 우리의 손녀 가브리엘과 미아

티모시와 그의 아내 캐리

앤드류와 그의 아내 티파니에게

차례

일러두기

이 책의 성경 인용은 개역개정을 기본으로 하되, 저자의 의도를 잘 드러내는 한글 성경 역본을 다양하게 사용으며, 그런 경우 사용한 역본을 밝혔습니다.

저자는 NIV 성경을 기본으로 하였으며, 필요한 경우 NIV 성경을 그대로 번역하기도 했습니다. 이 또한 본문에 언급해 두었습니다.

시리즈 서문

또 하나의 주석 시리즈가 왜 필요한가?

애초에 한 권의 주석이 해당 성경의 의미를 전부 망라할 수는 없다. 성경의 의미는 헤아릴 수 없을 만큼 풍성하기 때문에 한 명의 주석가가 그 메시지의 모든 측면을 탐구할 수 없는 노릇이다.

덧붙여, 좋은 주석은 본문이 과거에 무엇을 의미했는가만이 아니라 현재에도 계속되는 의미를 탐구한다. 다시 말해서 하나님의 말씀은 변하지 않지만 문화는 변할 수 있다. 지난 20년 동안 우리가 무엇을 목격했는지 생각해 보자. 우리는 이제 주로 인터넷과 이메일을 통해 소통하고, 태블릿과 컴퓨터로 뉴스를 읽는다. 주머니에 스마트폰을 넣고 다니면서 전화를 걸고, 일기 예보를 확인하고, 저녁 식사를 예약하며, 우리가 품을 수 있는 사실상 모든 질문에 대한 답을 얻을 수 있다.

오늘날 우리는 과거 어느 세대보다 읽기 쉽고 정확한 성경 번역본을 가지고 있다. 현세대의 성경 보급은 매우 성공적이어서, 이전 세대보다 더 많은 사람이 더 많은 성경을 소유하게 되었다. 하지만 연구 결과에 따르면, 이전 어느 때보다 성경에 잘 접근할 수 있음에도 사람들은 자기가 소유한 성경을 읽지 않고, 읽은 내용을 이해하는 데에도 어려움을 겪고 있다.

'하나님의 이야기 주석'(원서의 시리즈 이름은 The Story of God Bible Commentary)은 목회자만이 아니라 평신도들도 성경의 오랜 의미와 더불어 21세기를 사는 우리를 위한 연속적 의미를 이해하면서 말씀을 읽도록 돕고자 기획되었다. 무엇보다 성경을 읽는 독자들이 변하고 있다. 이러한 문화적 변화, 우리 개인의 발달, 지적 질문의 발전, 성경 연구와 신학의 성장, 성경의 문맥을 이해하는 데 필요한 새로운 텍스트와 새로운 패러다임의 발견 등, 이 모든 요소가 해석자에게 영향을 주면서 오늘날 성경을 읽는 사람은 다양한 각도에서 다양한 질문을 던지게 된다.

문화는 변화하지만 하나님의 말씀은 동일하게 남아 있다. 그런 까닭에 우리는 NIV(New International Version, 2011)에 기초한 이 새로운 성경 주석 시리즈에 편집자로 참여하게 되어 기쁘다. 이 시리즈는 변치 않는 하나님의 말씀을 가지고 이 세대에 말하기 위해 구상되었다. 우리가 저자들에게 요청하는 가장 중요한 점은, 이 주석을 집어 드는 독자들이 성경이 말하려는 내용뿐 아니라 그 내용이 바로 오늘날 어떤 의미인지를 이해할 수 있도록 설명해 달라는 것이다. 성경은 변하지 않지만, 성경을 우리 문화와 연관시키는 방식은 끊임없이 또한 다양한 상황에서 다양하게 변한다.

구약 시리즈의 편집자인 우리는 그리스도인들이 그리스도께서 오시기 전에 기록된 구약과 어떻게 관계해야 하는지 정확히 아는 데 어려움을 겪는다는 사실을 안다. 구약의 세계는 21세기 문명권에서 살고 있는 우리에게 낯설다. 우리는 이상한 관습과 하나님의 이름으로 자행되는 전쟁, 제사, 제의적 정결법 등에 관해 읽으면서, 연대적으로나 문화적으로나 또한 (겉보기에) 신학적으로 우리와 거리가 먼 성경의 이 부분을 읽는 데 시간을 할애할 가치가 있는지, 혹은 심지어 영적으로 건전한 것인지 의문을 품는다.

그런데 바로 이 대목에서 하나님의 이야기 주석 시리즈는 가장 중요한 기여를 한다. 신약은 구약을 대체하지 않으며, 신약은 구약을 성취한다. 오늘날 우리는 구약에서도 하나님의 음성을 듣는다. 구약 지면을 통해 하나님은 우리에게 자신을 계시하시고, 우리가 어떻게 하나님이 기뻐하시는 방식으로 살아야 하는지 자기의 뜻도 계시하신다.

예수님은 제자의 삶에서 구약이 계속해서 중요하다는 사실을 자주 일깨워 주신다. 누가복음 24장은 부활과 승천 사이 기간에 예수님이 하신 행동과 가르침을 서술한다. 놀랍게도 그분의 가르침은 제자들이 구약성경(여기서 "모세와 모든 선지자", "성경", "모세의 율법과 선지자의 글과 시편"이라고 불리는)을 어떻게 읽어야 하는지에 초점이 맞춰져 있다. 엠마오로 가는 길 위의 두 제자에게 예수님은 이렇게 말씀하신다.

> 미련하고 선지자들이 말한 모든 것을 마음에 더디 믿는 자들이여 그리스도가 이런 고난을 받고 자기의 영광에 들어가야 할 것이 아니냐 하시고 이에 모세와 모든 선지자의 글로 시작하여 모든 성경에 쓴 바 자기에 관한 것을 자세히 설명하시니라. (눅 24:25-27)

뒤이어 더 많은 제자 무리에게 이렇게 선포하신다.

> 내가 너희와 함께 있을 때에 너희에게 말한 바 곧 모세의 율법과 선지자의 글과 시편에 나를 가리켜 기록된 모든 것이 이루어져야 하리라 한 말이 이것이라 하시고 이에 그들의 마음을 열어 성경을 깨닫게 하시고. (눅 24:44-45)

'하나님의 이야기 주석' 시리즈는 이 문제에 관한 예수님의 말씀을 진지하게 받아들인다. 사실 이것은 신약의 그리스도에게까지 이어지는 (역사적·모형론적·신학적) 궤적의 발견을 의도적 목표 중 하나로 삼는 최초의 시리즈다. 모든 주석서는 우선 본래 수신자의 맥락 속에서 본문을 해설할 것이다. 바로 동시대 청중이 읽기를 바랐던 원저자의 의도에 따라 본문을 해석하는 것이다. 그런 다음 예수님의 죽음과 부활에 비추어 본문을 읽을 것이다. 다른 어떤 주석 시리즈도 이 중요한 작업을 모든 책에서 일관되게 수행하지는 않는다.

구약을 본래 배경 속에서 또한 신약의 관점에서 해설하는 목적을 달성하기 위해 우리는 각각의 본문을 세 가지 각도에서 검토할 것이다.

이야기 경청하기. 하나님의 음성을 듣기 위해 본문을 경청하는 데서부터 시작한다. 무엇보다 먼저 연구할 본문을 읽어야 한다. 그런 다음 계속해서 본문에 대한 이해를 조명하는 관련 구절을 살펴봄으로써 본문의 배경을 숙고한다. 이 대목에서 가능하다면 고대 근동 문학과의 상관성도 언급하고 논할 것이다. 성경은 문화적 진공 상태에서 기록되지 않았으므로, 더 넓은 고대 근동의 맥락을 이해한다면 우리의 읽기는 풍성해질 것이다.

이야기 설명하기. 저자들은 성경의 장대한 이야기에 비추어 각 본문을 설명할 것이다. 여기서는 본래의 구약 맥락 속에서 본문을 해설한다. 학술적인 주석 시리즈가 아닌 까닭에 주(註)는 일반적인 성경 독자와 설교자가 접할 수 있는 책과 논문으로 제한할 것이다. 저자들은 본문을 읽으면서 자유롭게 설명하는데, 물론 여러분은 간혹 본문을 다르게 읽는 선택지 목록을 발견할 수도 있다. 특히 현대 독자가 이해하기 어려운 본문의 측면에 대해서는, 신학적 해석에 강조점을 두면서 본문에 대한 이해하기 쉬운 설명을 제공하는 데 중점을 두고자 한다.

이야기 살아내기. 성경을 읽는 것은 단순히 그 당시에 본문이 의미했던 바를 발견하는 것이 아니다. '하나님의 이야기 주석'의 의도는, 그 이야기가 교회의 삶으로 계속 이어지는 가운데 오늘날 우리가 어떻게 본문을 살아낼 수 있을지 탐구하는 것이다.

여기서 누가복음 24장에 있는 그리스도 말씀의 정신에 따라 구약 본문이 복음을 예고하는 방식을 제안하고자 한다. 아우구스티누스의 유명한 말처럼 "신약은 구약 안에 감추어져 있고, 구약은 신약 안에 드러나 있다." 이 부분은 구약을 설교할 때도 그리스도를 제시하고자 하는 목회자들에게 특히 중요할 것이다.

구약은 또한 오늘 우리가 어떻게 살아야 하는지에 관한 가르침도 제시한다. 다만 이 시리즈의 저자들은 그리스도의 오심으로 인해 그리스도인이 구약을 오늘날의 삶에 적용하는 방식에 끼친 엄청난 영향에 민감하다.

이 시리즈의 편집자와 저자들은 우리의 연구가 목회자에게는 구약을 설교하고, 평신도에게는 놀랍고도 종종 낯선 하나님의 말씀을 탐구하도록 격려하는 것이기를 소망하며 기도한다.

트렘퍼 롱맨 3세(구약 총괄 편집자)

조지 아타스, 마크 보다, 미르토 데오카루스(편집자)

감사의 글

나는 2009년에 성경 연구소(Institute of Biblical Research) 연례 강연을 맡는 영예를 누렸다. 논문 제목을 "'많은 주석을 만드는 것에 관하여': 한 장르의 과거와 현재, 미래"('Of the Making of Many Commentaries...': The Past, Present, and Future of a Genre)라고 붙였다. 그리고 미래를 내다보면서, 언젠가 구약의 오래된 메시지를 탐구할 뿐 아니라 신약의 관점에서 본문을 살펴 그리스도인의 삶을 위한 말씀의 지속적인 적실성을 설명하고, 무엇보다도 이 고대 본문이 어떻게 예수님의 오심을 예견했는지를 서술하는 구약 주석 시리즈를 갖게 되기를 소망한다고 밝혔다. 결국 예수님은 모든 성경이 자신이 올 것을 고대한다고 제자들에게 말씀하셨다(눅 24:25-27, 44-45). 하루가 못 되어 존더반 출판사(Zondervan)의 카트야 코브렛(Katya Covrett)은 나와 함께 앉아 그러한 주석이 어떤 모습일지에 대해 논의했고, 얼마 지나지 않아 우리는 이 시리즈에 착수했으며, 스캇 맥나이트(Scot McKnight)가 편집한 신약 시리즈와 결합하여 이제는 '하나님의 이야기 주석'이라는 이름을 붙였다.

따라서 이 시리즈가 형태를 갖출 수 있게 해 준 카트야와 존더반 출판사에 먼저 감사를 표한다. 우리는 먼저 부편집자를 모집했고, 조지 애터스(George Athas)와 마크 보다(Mark Boda) 그리고 미르토 테오카로스(Myrto Theocharous) 등 최고의 선택지였던 후보자들이 우리와 협력하기로 했다. 조지와 미르토는 나의 초고를 읽고 피드백을 주었는데, 그 수고에 감사하다.

내 담당 편집자로서 귀중한 피드백을 해 준 마크에게 특별히 감사하다. 정말 고맙습니다, 마크! 물론 그의 제안을 늘 수용한 것은 아니기 때문에(참고로, 지금 저명한 구약학자가 된 마크는 오래전 나의 제자였다!) 모든 문제는 나의 책임이다.

편집팀을 꾸린 다음 우리는 기고자를 모집했다. 염치없이 내가 가장 먼저 창세기를 맡게 되었다. 아름답고 정교하게 빚어졌고 역사적으로 흥미로우며 신학적으로 풍부한 이 책을 연구하고 싶었기 때문이다. 게다가 이제 나는 (벌써!) 60대가 되었기에 너무 오래 지체하지 않고 이 책에 대한 주석을 쓰고 싶었다.

나는 존더반과 약 30년 전으로 거슬러 올라가는 오랜 출판 파트너십을 유지해 왔다. 이 기간에 나는 그곳에서 일하는 많은 사람과 업무적 관계만 아니라 우정을 쌓았다. 이 책(과 내가 총괄 편집자를 맡고 있는 이 주석 시리즈)과 관련하여 이미 카트야 코브렛을 언급했지만, 이 시리즈의 개발을 도왔고 이전의 여러 프로젝트에서 긴밀하게 협력한 베를린 벌브루그(Verlyn Verbrugge)의 수고에 감사를 표하고 싶다. 벌브루그는 (2015년) 올여름에 세상을 떠났고, 나는 그가 몹시 그립다. 그가 병으로 세상을 떠나기 전에 이미 낸시 에릭슨(Nancy Erickson)은 나를 포함한 구약 담당 저자들과 함께 작업하는 책임을 맡았다. 이 책이 출판되기까지 큰 역할을 해 준 낸시에게 감사를 표하고 싶다.

후손(씨, *zera*)에 깊은 관심을 둔 이 창세기 주석을 아내 앨리스와 우리 자녀들, 손주들에게 헌정하고 싶다. 마지막으로 큰 은혜를 베풀어 이렇게 멋지고 든든하고 재미있는 가족을 주신 하나님의 영광을 위해 이 책을 헌정한다.

트렘퍼 롱맨 3세

웨스트몬트 칼리지 로버트 건드리 성서학 석좌교수

약어표

AB	Anchor Bible
ANET	*Ancient Near Eastern Texts Relating to the Old Testament*. Edited by James B. Pritchard. 3rd ed. Princeton: Princeton University Press, 1969
BA	*Biblical Archaeologist*
BAR	*Biblical Archaeology Review*
BASOR	*Bulletin of the American Schools of Oriental Research*
BCOTWP	Baker Commentary on the Old Testament Wisdom and Psalms
BZAW	Beihefte zur Zeitschrift für die alttestamentliche Wissenschaft
COS	*The Context of Scripture*. Edited by William W. Hallo. 3 vols. Leiden: Brill, 1997-2002
CTJ	*Calvin Theological Journal*
ESV	English Standard Version
HAR	*Hebrew Annual Review*
HCB	Holman Christian Bible
IBC	Interpretation: A Bible Commentary for Teaching and Preaching
IEJ	*Israel Exploration Journal*
JAOS	*Journal of the American Oriental Society*

JBL	*Journal of Biblical Literature*
JCS	*Journal of Cuneiform Studies*
JSOT	*Journal for the Study of the Old Testament*
JSOT Sup	Journal for the Study of the Old Testament Supplement Series
NAB	New American Bible
NAC	New American Commentary
NIBC	New International Biblical Commentary
NICOT	New International Commentary on the Old Testament
NIDOTTE	*New International Dictionary of Old Testament Theology and Exegesis*. Edited by Willem A. VanGemeren. 5 vols. Grand Rapids: Zondervan, 1997
NIV	New International Version
NIVAC	New International Version Application Commentary
(N)KJV	(New) Kings James Version
NLT	New Living Translation
NRSV	New Revised Standard Version
SBLDS	Society of Biblical Literature Dissertation Series
SPCK	Society for Promoting Christian Knowledge
TOTC	Tyndale Old Testament Commentaries
UBCS	Understanding the Bible Commentary Series
VT	*Vetus Testamentum*
WBC	Word Biblical Commentary
WTJ	*Westminster Theological Journal*
ZAW	*Zeitschrift für die alttestamentliche Wissenschaft*
ZIBBC	Zondervan Illustrated Bible Backgrounds Commentary

창세기 서론

성경 첫 책의 이름이 무엇이냐고 물으면, 많은 사람이 '창세기'가 정답이라 생각할 테고, 그것은 어떤 의미에서 올바른 답이다. 하지만 다른 의미에서 창세기는 첫 책이 아니다. 이 영예는 오경(Pentateuch)이라고도 알려진 토라(Torah)에 돌아간다.

오경은 '다섯 두루마리'라는 어원적 의미를 지닌 그리스어에서 만들어진 용어다. 이 이름은 창세기, 출애굽기, 레위기, 민수기, 신명기가 실제로 한 권의 문학 작품임을 상기시켜 준다. 다만 고대의 두루마리 하나에는 이 장엄하고 인상적인 작품 5분의 1 이상을 담을 수는 없었기에, 이 한 권의 문학 작품은 다섯 부분으로 나누어지게 된다.

주된 이야기는 출애굽기부터 신명기까지에 나온다. 이 책들은 문학적 통일성을 갖추고 있을 뿐 아니라, 연속되는 이야기를 들려준다. 이야기는 모세의 탄생에서 시작하여(출 1-2장) 그의 죽음에 관한 기사로 끝난다(신 34장). 이야기는 구약에서 **가장 두드러진** 구원 사건인 출애굽에 초점을 맞추고, 이집트의 속박에서 벗어나 야웨를 섬기게 된 이스라엘 백성이 약속의 땅에 들어갈 준비를 갖추고 모압 평야에 도착하는 과정을 다룬다.

창세기는 오경 주요 이야기의 전편(프리퀄)으로, 이스라엘의 극적 구출로 이어지는 사건의 배경을 제시한다. 창세기는 우주와 인류의 창조에 관한 기사로 시작한다. 인류는 순전하게 창조되었지만 하나님을 거역하는 것을 택했고, 그 결과 바울의 말처럼 죄와 죽음이 세상에 들어왔다(롬 5:12-21).

창조주 하나님이 아담과 하와에게 복을 주셨을 때 그들은 하나님과 조화롭게 관계 맺었고, 따라서 서로 및 세상과도 조화롭게 관계 맺으며 살았다. '풍요' 또는 '기쁨'을 뜻하는 에덴(Eden)이라는 이름은 인류와 세상 사이의 조화도 담고 있다. 그 조화는 하나님께 대한 거역으로 말미암아 깨졌고, 그 결과 그들은 복된 존재를 상실했다. 하나님과의 관계나 서로와의 관계, 심지어 자기 자신과의 관계도 더는 조화롭지 않았다.

창세기 3:15의 뱀에 대한 형벌을 시작으로 하나님은 악을 물리치겠다는 의지를 표명하시고 창세기는 계속해서 타락한 피조물을 향한 하나님의 열정적인 추적 과정을 서술한다. 창세기 4-11장은 최초의 거역이 일어난 때부터 아브라함 시대까지 타락한 인류와 하나님의 상호 작용에 관해 이야기한다. 여기서 족보로 연결된 세 이야기(가인과 아벨, 홍수, 바벨탑)는 시간의 흐름을 보여 주고 창세기 이 부분의 신학적 가르침에 이바지한다.

주석 본론부에서 더 자세히 살펴보겠지만, 이 이야기들은 거역에 관한 기사와 동일한 일반적인 패턴을 따른다. 각각의 이야기는 죄와 하나님의 심판에 관해 말하는데, 하나님은 먼저 심판을 선포하신 뒤 심판을 실행하신다. 죄에 대한 심판의 맥락에서도 하나님은 아담과 하와에게 그러셨듯이(옷), 은혜의 징표(가인에게 주신 표, 노아와 그의 가족의 보전, 언어들)를 주신다. 이 초기 이야기에서 인간은 그들이 죄에 빠져 있음을 보여 주고, 하나님은 죄에 면죄부를 주지 않고 죄를 심판할 것임을 보여 주신다. 그런데 마찬가지로 중요하게 하나님은 은혜의 징표를 통해 우리를 포기하지 않으신다는 사실도 보여 주신다.

사실 이러한 열정적인 추적을 통해 결국 하나님은 아브라함과 그의 후손을 선택하신다. 하나님은 아브라함의 후손을 "큰 민족"으로 만들고, 그들에게 복을 주고, 그와 그의 후손을 통해 "땅의 모든 족속"에게 복을 주겠다고 약속하신다(창 12:1-3).

아브라함의 이야기는 대부분 족장 아브라함이 특히 사라의 불임과 관련하여 약속의 성취를 가로막는 위협과 장애물에 대응하는 과정을 따라간다. 주석 본론부에서 자세히 설명하겠지만, 실제로 창세기 12장과 그 이후의 초점은 약속의 씨와 언약의 약속이 여러 세대에 걸쳐 어떻게 계승되는지에 맞추어져 있다.[1] 주석 본론부의 내용처럼 아브라함은 약속의 성취에 매달리면서 대부분 두려움과 교묘하게 조작하는 방식으로 대응하지만, 가끔은(창 15:6) 혹은 분명 마지막에는(창 22장) 하나님께 대한 확신과 신뢰를 보여 준다.

아브라함이 죽은 후 서술자의 관심은 이삭에게 향하는데, 그는 언약의 약속을 다음 세대로 전달하기 위해 선택받은 아들이다. 이야기에서 이삭이 주인공으로 등장하는 경우는 거의 없고, 대부분의 독자는 야곱 이야기에 훨씬 흥미를 느낀다. 야곱과 에서는 이삭의 두 아들이고, 이 경우 동생이 언약 약속의 계보를 이어 가도록 선택된다. 에서는, 또한 그보다 앞서 이스마엘은 선택받지 못하지만, 앞으로 보는 것처럼 그렇다고 해서 하나님이 그들과 그들의 후손에게 관심이 없으시다는 의미는 아니다. 전혀 아니다. 하나님은 그들에게도 여러 방법으로 복을 주신다.

야곱의 이야기는 궁극적으로 창세기의 마지막 부분, 흔히 요셉 내러티브라고 불리는 부분으로 이어진다. 사실 초점은 요셉에게 있지만 여기서는 모든 아들을 염두에 둔다. 결국 그들은 야곱의 아들들이고, 야곱은 자기의 새 이름 이스라엘을 자신에게서 태어난 민족에게 주고, 그의 열두 아들은 이스라엘 열두 지파의 시조가 된다. 여기서 그들의 행동, 특히 요셉과 유다의 행동은 이스라엘의 나중 역사와 관련이 있다.

이름이 암시하듯이 창세기(Genesis)는 우주의 시작, 인류의 시작, 이스라엘의 시작 등 시작의 책이다. 내러티브 관점에서 볼 때, 시작은 중간으로 또한 끝으로 이어진다. 다시 말해서 이 책은 궁극적으로 오경의 나머지 부분이나 구약성경, 혹은 결국 기독교 정경 전체와 분리해서 읽으면 안 된다.

창세기의 결말은 자기 백성과 함께하시는 하나님의 역사에 관한 이야기가, 창세기가 막을 내리면서 끝나지 않는다고 분명히 밝힌다. 창세기 50:22-26에서 죽음을 앞둔 요셉은 이스라엘의 귀환을 예상하면서, 형들에게 자신의 유골을 약속의 땅으로 가져가 그곳에 묻을 것을 맹세하게 한다.

구성, 전승 및 정경성

저자와 연대

창세기의 저자와 저술 연대에 관한 질문은 200년 이상 성서학계에서 매우 논쟁적인 질문 중 하나였다. 사실 이 질문에 대한 학자들의 대답은 여러 부분에서 정통성(orthodox)에 관한 문제고, 그렇기에 엄청난 열정을 불러일으킨다.

창세기의 저자 문제는 토라(또는 오경)를 누가 기록했는가 하는 질문과 필연적으로 얽힌다. 위에서 살펴보았듯이, 토라(또는 오경)는 동일 저자의 작품은 아니더라도 문학적 통일성을 갖추고 있기 때문이다. 한쪽에는 모세가 오경 전체를 기록했다는 단순한 진술로 정통성을 표현하는 사람들이 있다[아마 '포스트모사이카'(postmosaica, 모세가 죽은 후 기록되었어야 하는 본문. 예를 들어, 창 11:28과 14:14을 보라)와 '아모사이카'(amosaica, 모세가 기록했다고 보기 어색한 본문. 민 12:4)로 알려진 소수의 일부 예외를 제외하고]. 다른 쪽 극단에는 모세가 오경을 조금도 기록하지 않았고, 오히려 오경은 (일부 사람들의 생각처럼 어쨌든 그가 실존했더라도) 성경이 말하는 모세가 살았던 시기보다 훨씬 나중에 만들어졌다고 주장하는 사람들이 있다.

극단적 견해는 이처럼 단순하게 표현될 수 있지만(저자가 모세다 혹은 아니다), 이 두 일반 범주에 사이에 속하는 여러 변형이 학자들에게 있다. 이 주석의 목적상 우리가 이런 견해를 상세히 파고들 필요는 없다. 창세기를 누가 어떻게 썼든 혹은 창세기가 어떻게 기록되었든, 우리는 창세기의 최종 형태에 집중할 것이다. 이 주석에서는 NIV(2011) 성경 번역을 기본으로 사용하면서 중요한 사본들을 참조할 것인데, NIV 성경은 비블리아 헤브라이카 슈투트가르텐시아(Biblia Hebraica Stuttgartensia)에 담긴 레닌그라드 사본(Codex Leningradensis)의 번역본이다(NIV 성경이 레닌그라드 사본에서 벗어난 경우 각주에서 언급한다). 이 본문은 원본 본문의 최종 형태(소위 자필 원고)와 완전히 똑같지는 않지만, 원본 본문에 매우 근접하다는 점을 우리는 확신한다.

따라서 여기서는 창세기(오경)의 구성에 대한 우리의 이해를 간단히 기술하고, 경쟁하는 견해들과의 논의를 포함한 이 문제에 관한 더 상세한 내용은 다른 글에서 관심 있는 독자들에게 제공될 것이다.[2] 앞으로 나올 논의에서 오경에 관해 하는 말은 모두 창세기와 관련되지만, 우리는 가끔 구체적으로 창세기를 언급할 것이다.

무엇보다 먼저 오경은 익명의 책이라는 점에 유의해야 한다. 오경 어디에도 모세든, 다른 사람이든 저자의 이름은 나오지 않는다. 그렇지만 오경 여러 본문은 모세가 기록을 남겼다고 언급한다. 다음 본문을 살펴보자.

> 여호와께서 모세에게 이르시되 이것을 책에 기록하여 기념하게 하고 여호수아의 귀에 외워 들리라…. (출 17:14)
>
> 모세가 와서 여호와의 모든 말씀과 그의 모든 율례를 백성에게 전하매 그들이 한소리로 응답하여 이르되 여호와께서 말씀하신 모든 것을 우리가 준행하리이다. 모세가 여호와의 모든 말씀을 기록하고…. (출 24:3-4,

하나님이 모세에게 주신 율법을 가리킴)

> 모세가 여호와의 명령대로 그 노정을 따라 그들이 행진한 것을 기록하였으니…. (민 33:2)
>
> 모세가 이 율법의 말씀을 다 책에 써서 마친 후에. (신 31:24)

이런 언급은 몇 가지 견본으로, 인용할 만한 다른 구절도 많다(출 24:12; 34:28; 신 27:3, 8; 31:19도 보라). 이것들 중 어느 것도 창세기 기록과는 관련이 없다는 점에 유의하자(뒤의 내용을 보라).

분명 모세가 무언가 기록을 남겼다고 하는 구절은 모세가 오경 전체를 기록했다고 주장하지는 않지만, 모세가 오경에 포함된 자료를 기록했음을 암시한다. 이 점을 염두에 두고, 이제 오경 이후 다른 성경에서 "모세의 율법책" 또는 "모세의 책"(변형 포함)이라고 언급되는 것으로 시선을 돌려 보자. 첫 번째 예시는 여호수아 1장에 나오고, 그 뒤에 구약 나머지 부분에서 반복된다. 다음은 몇 가지 사례 불과하다.

> "오직 강하고 극히 담대하여 나의 종 모세가 네게 명령한 그 율법을 다 지켜 행하고 우로나 좌로나 치우치지 말라. 그리하면 어디로 가든지 형통하리니 이 율법책을 네 입에서 떠나지 말게 하며…." (수 1:7-8a)
>
> 그들의 자녀들은 죽이지 아니하였으니 이는 모세의 율법책에 기록된 대로 함이라. 곧 여호와께서 명령하여 이르시기를…. (대하 25:4)
>
> 그날 모세의 책을 낭독하여 백성에게 들렸는데…. (느 13:1)

모세의 책 또는 모세의 율법책에 관한 이런 언급이 반드시 우리가 알고 있는 최종 형태의 오경을 가리키지는 않으며, 포로기 이후까지 그럴 가능성은 작다. 하지만 여전히 모세라는 인물과 관련된 모종의 글 꾸러미가 있었음을 입증한다.

한편 신약에 다다를 때 이와 같은 언급은 오경의 최종 형태를 가리킬 가능성이 더 높지만, 여전히 모세가 모든 단어를 기록했다는 의미는 아니다. 다만 이와 같은 언급은 모세가 오경의 구성과 밀접하게 관련된다는 믿음을 암시한다.

신약에서 오경을 인용할 때 사람들은 종종 모세가 저자라고 말했다. 예를 들어, 제자들은 신명기 24:1-4을 가리켜 "그러면 어찌하여 모세는 이혼 증서를 주어서 버리라 명하였나이까?"라고 예수님께 질문했다(마 19:7). 유대 지도자들은 신명기 25:5-10을 근거로 예수님께 질문을 던지면서 "선생님이여 모세가 일렀으되 사람이 만일 자식이 없이 죽으면 그 동생이 그 아내에게 장가 들어 형을 위하여 상속자를 세울지니라 하였나이다"라고 말했다(마 22:24). 예수님도 제5계명(출 20:12; 신 5:16)과 판례법(출 21:17; 레 20:9)을 인용하시면서 "모세는 네 부모를 공경하라 하고 또 아버지나 어머니를 모욕하는 자는 죽임을 당하리라 하였다"라고 말씀하셨다(막 7:10). 신약의 다른 곳에서의 언급은 마가복음 12:26; 요한복음 1:17; 5:46; 7:23을 보라.

'모세가 기록을 남겼다'는 오경의 언급과 모세와 오경의 구성을 결부시키는, 오경 이후 시대의 오경에 관한 언급을 고려할 때, 오경의 기원은 이 위대한 성경 인물과 관련됨을 인정하는 것이 타당해 보인다.

하지만 오경의 구성, 심지어 그 기원이 분명 모세와 관련이 있다고 해서 모세가 모든 문장을 기록했다는 의미는 아니다. 이 문제에 대한 전통적 접근 방식은 소위 포스트모사이카를 언급하면서 모세가 오경 전체를 기록하지는 않았다고 인정하는 것이다.

포스트모사이카는 모세가 죽은 후에 기록될 수밖에 없는 구절을 가리키는데, 가장 분명한 사례는 물론 신명기 34장에 나오는 그의 죽음에 관한 기사다. 창세기에도 포스트모사이카가 있다. 우르는 모세 이전의 고대 도시이지만, 갈대아 우르에 대한 언급은 포스트모사이카다(창 11:31

을 보라). 갈대아인은 모세가 죽고 나서 오랜 후인 기원전 1천 년대에 살았던 아람어를 사용하는 부족이기 때문이다. 창세기 14:14에서 서술자는 아브람이 롯을 납치한 고대 근동의 네 왕을 "단까지" 추격했다고 보도한다. 단이라는 성에 대한 이런 언급은 포스트모사이카다. 이전에 라이스라고 불린 이 성은 사사 시대에 이르러서야 단이라는 이름이 붙었고(삿 18장을 보라), 당연히 이 이름은 아브라함의 증손자인 야곱의 아들 단의 이름을 딴 단 지파에서 유래했기 때문이다.

어떤 사람들은 모세가 소수의 포스트모사이카를 제외하고 오경에 있는 모든 내용을 기록했다고 믿지만, 포스트모사이카는 빙산의 일각에 불과할 수 있다. 이런 포스트모사이카는 영감을 받은 후대의 편집자들/교정자들이 오경의 기록에 이바지했을 수 있다는 원리를 확립한다.

이제 구체적으로 창세기로 시선을 돌려 보자. 물론 창세기 내러티브는 모세가 태어나기 오래전에 일어난 사건을 이야기해 준다. 흥미롭게도 이 책에는 모세가 무언가 기록을 남겼다는 언급조차 없다. 대신 우리는 이 책에서 열한 번 등장하는 공식을 만난다(2:4; 5:1; 6:9; 10:1; 11:10, 27; 25:12, 19; 36:1, 9; 37:2). 이 공식은 "'엘레 톨레도트'(*elleh toledot*) PN", 곧 '이것은 PN의 내력/계보/족보다'로 시작되는데, 여기서 PN은 뒤따르는 단락의 주제가 될 후손을 낳은 사람의 이름이다. 이는 창세기를 기록하기 위해 구전 자료 및/또는 문서 자료를 사용했음을 보여 준다(5:1을 보라).

오경 안에 있는 자체적 단서와 더불어, 모세의 율법/책에 관한 오경 이후의 언급을 진지하게 고려할 때, 우리는 오경이 모세에게서 비롯되었다고 결론 내릴 수 있다. 특히 창세기를 기록할 때 모세는 여러 자료를 활용했다. 포스트모자이카는 편집자가 보탠 부분이 있었음을 시사한다. 이렇게 보탠 부분은 모세 시대 이후에 추가된 본문 자료에 관한 가장 분명한 사례겠지만, 우리는 모세가 정확히 무엇을 저술했는지 혹은 영감을 받은 후대의 편집자가 정확히 무엇을 추가했는지를 결정할 수는 없다. 결론적으로 말하면, 그렇게 할 필요가 없다. 정경으로 인정받은 내용은 모세가 기록한 것이 아니라, 포로기 이후에야 최종 형태에 도달했다고 보이는 오경의 최종 구성이기 때문이다.

정경성

창세기(5부로 구성된 토라의 첫 부분)는 항상 정경으로 받아들여졌다. (유대식 용어로 창세기는 "손을 부정하게 한다." 거룩한 것에 접촉할 경우 그 사람은 의식상 부정해질 수 있기 때문이다.[3]) 그리스도인은 1세기 바리새인과 똑같은 정경을 공유한다. 반면에 사두개인은 토라만 권위 있는 것으로 받아들였으나, 이는 당연히 창세기를 인정한다는 의미였다.[4] 간단히 말해서 창세기의 정경성은 논란의 여지가 없다.

유대교에서 성경의 첫 번째 책은 첫머리 어구인 '베레쉬트'(*bereshit*, "태초에")라고 불린다. 칠십인역에 기초한 영어 성경 전통에서 이 책의 이름은 "기원"을 의미하는 그리스어에서 유래한 창세기(Genesis)다. 이 책은 기원에 관한 책이기 때문에 이 이름은 적절하다. 즉 우주와 인류의 기원에서 시작하여, 아브라함의 부르심 및 그의 후손이 "큰 민족"이 되리라는 약속(창 12:2)으로 나타난 이스라엘 백성의 기원에 관한 이야기로 넘어간다.

문학적 분석

장르

성경에는 다양한 문학 유형의 책이 포함되어 있다. 창세기는 어떤 종류의 책인가?

이 책은 과거 사건에 관해 말하고 있고, 어느 정도 역사서라고 부를 수 있다. 하지만 창세기의 주요 관심사는 정치나 경제나 군대의 역사가 아니라 하나님과 인간 피조물의 관계, 또한 궁극적으로 아브라함 및 그의 후손과 하나님의 관계에 초점을 맞춘다. 이런 의미에서 창세기는 신학적 역사서다.

창세기 전체가 신학적 역사서(theological history)라는 주장은 과거 행동을 서술하는 데 사용된 히브리어 양식인 '와우'(*waw*)-연계형 동사의 반복적 사용[5]과 더불어 창세기 전반에 등장하는 '톨레도트'(*toledot*) 공식에 근거한다. 이 두 가지 특징은 창세기 1-11장과 12-50장이 비슷한 장르를 공유하고 있음을 나타내는 것으로 보인다. 창세기 1-11장과 12-50장은 과거를 말한다는 점에서 비슷하지만, 저자가 과거를 제시하는 방식에서의 차이점도 있다.

창세기 1-11장은 먼 과거를 이야기한다. 족보에 포함된 숫자를 통해 창조 시기를 추정해 보려는 시도가 실패하는 이유는, 족보가 철저하지 않고 숫자를 문자 그대로 받아들이지 않아야 할 가능성이 크기 때문이다. 그러므로 족보의 숫자에는 다른 목적이 있다(창 5장의 논의를 보라). 과학에서 얻은 오늘날의 지식에 따르면, 우주는 약 140억 년 전 발생한 빅뱅에서 기인했다고 보인다. '호모 사피엔스 사피엔스'(*homo sapiens sapiens*)의 탄생은 약 20만 년 전에 일어났다. 분명 성경 저자는 이 광대한 시간을 전혀 알지 못했지만, 현대 독자들은 우주와 인간의 창조 이야기가 아주 먼 과거에 일어난 사건에 대한 묘사임을 알고 있다. 창세기 1-11장의 다른 사건들의 연대를 추정하려는 시도는 여러 이유로 무의미하지만, 우리는 창세기에서 이 부분의 끝이 아브라함 시대로 이어진다는 것을 알고 있다. 우리는 아브라함의 정확한 연대를 알지 못하지만, 우리 생각에 그는 기원전 2천 년대의 1사분기 중 어느 시점에 살았다.

따라서 창세기 1-11장은 엄청나게 오랜 시간을 다루고, 내러티브의 초점은 전 세계에 맞춰진다. 이처럼 방대한 내러티브 범위와 시각을 고려할 때, 답할 수 없는 많고 많은 질문이 남는 것은 당연하다.

창세기 1-11장은 물론 신학적 역사서이므로 과거에 대한 주장들을 담고 있지만, 사건에 관해 비문자적이고 느슨한 방식으로 이야기한다는 단서가 많이 있다. 이런 단서에는 분명히 은유적 언어의 빈번한 사용(예를 들어, 창조의 날 혹은 흙에 숨을 불어넣으시는 하나님), 고대 근동의 신화적 문헌[에누마 엘리시(Enuma Elish), 아트라하시스(Atrahasis), 바알 신화, 길가메시(Gilgamesh), 아다파(Adapa) 등]과의 상호 작용 그리고 연대순으로 기록되지 않은 사건들(창 1장과 2장 및 10장과 11:1-9 사이)이 포함된다. 독자들은 이런 내러티브 특징을 강조하는 창세기 1-11장 주석 부분을 참조하기 바란다.

데라의 '톨레도트' 곧 족보가 시작되지만(11:27, 족장 내러티브의 시작), 장르가 극적으로 바뀌지는 않는다. 서술자는 계속해서 신학적 초점을 가지고 과거에 관해 이야기한다. 하지만 내러티브의 시간은 느려지고 초점은 좁혀지면서, 아브라함과 이삭과 야곱의 삶에, 마지막으로 (요셉에게 또한 그다음 유다에게 주로 주목하면서) 야곱의 열두 아들에게 집중한다. 여기서는 은유적 언어가 적게 사용되고, 고대 근동 신화와의 상호 작용도 적다(물론 고대 근동 문헌은 종종 관련된 사회적 관습에 관해 알려 준다). 따라서 내러티브가 이스라엘의 토대를 형성하는 사건으로 바뀌면서 저자는 실제 사건을 더 정확하게 전달하려는 관심을 보여 준다.

지금까지의 논의는 창세기 전체에 초점을 맞추었다. 우리가 신학적 역사로 규정한 전체 내러티브 안에서, 저자는 주요 내러티브 장르 안에 다른 유형의 문학을 통합했다. 예를 들어, 창세기 4:17-5:32은 여러 족보 가운데서 첫 번째 족보다. 창세기 14장은 특수한 유형의 내러티브, 즉 전투 보도고, 창세기 49장은 시적인 유언의 한 사례다. 이를 비롯한 다른 문학적 유형에 대해서는 관련된 본문 주석에서, 적절한 시점에 논의할 것이다.

문체

창세기는 신학적 역사서다. 한스 프라이(Hans Frei)는 이런 유형의 성경 문헌을 기억하기 쉽게 "역사를 닮은 이야기"(history-like story)라고 불렀지만,[6] 우리는 "이야기를 닮은 역사"(story-like history)가 더 적절하다고 생각한다. 창세기는 과거에 일어난 사건을 보도하지만, 독자의 상상력을 사로잡는 매력적인 인물과 플롯의 반전을 통해 생생하고 흥미진진한 이야기 형태로 보도한다.

1980년경 학계의 관심이 구약을 문학으로 연구하는 데 흥미를 보이면서,[7] 창세기와 사무엘서는 서사 예술의 뛰어난 사례로 곧 인정받았다. 서론의 이 부분에서 우리는 단순히 히브리 스토리텔링의 몇 가지 특징을 강조하려 한다. 현대 독자는 당연히 히브리 내러티브의 관행에 익숙하지 않을 것이다. 올터(Alter)가 지적했듯이,

> 모든 문화, 더 나아가 특정 문화의 모든 시기마다 독특하고 때로는 복잡한 이야기 전달 규칙이 발전하는데, 여기에는 서술 시점·묘사 및 인물 설정 절차·대화 형식부터 시간의 순서·줄거리 구성에 이르는 모든 것이 포함된다.[8]

지면 관계상 이런 각각의 주제에 대한 논의가 허락되지도 않고 그럴 필요도 없지만, 나는 창세기를 이해하기 위해 특히 관련 있는 히브리 스토리텔링의 몇 가지 관행을 강조하여 보여 줄 것이다.

히브리 성경 전반에서 보통 그렇듯 전지전능한 무명의 3인칭 서술자가 이야기를 들려준다. 서술자는 사람들이 무슨 생각을 하고 혼자 있을 때 무엇을 하는지 알고 있다. 사실 서술자는 인류가 출현하기 이전에 일어난 창조마저도 기술한다. 명시적으로 연결하지는 않지만 창세기를 거룩한 문헌으로 읽을 때 독자는 사건과 인물에 대한 하나님의 관점을 알

게 된다는 인상을 받는다.

서술자는 행동을 묘사하는 동시에 대화를 전달한다. 사실 이야기가 주로 대화를 통해 진행된다고 해도 과언이 아니다. 창세기 3장은 뱀과 하와의 대화를 통해, 그런 다음 아담에게 주시는 하나님의 말씀을 통해 하나님을 거스른 최초의 인간 거역 이야기를 전달하는 대표적인 사례다 [이전 이야기에서 아담의 침묵은 중요한 의미를 지닌다(주석 본론부를 보라)]. 그런 다음 하나님은 여자에게 말씀하시고, 뒤이어 뱀과 여자와 남자 각자에게 연달아 선언하신다. 사실 두 사람 이상의 대화 장면이 나오지 않는 것은 성경 산문의 특징이다.

올바른 해석을 위해, 현대 독자는 창세기 서술자의 과묵한 스타일을 이해해야 한다. 신체적 묘사는 절대 불필요한 것이 아니다. 라헬의 아름다움과 레아의 '시력이 약한 눈'(weak eye)처럼, 에서의 붉은 안색과 털 많은 가슴은 이야기에서 단연 중요하다. 서술자의 관심은 이 같은 묘사를 통해 장면을 시각화하도록 돕는 데 있지 않다. 이런 묘사는 항상 이야기를 진행시킨다.

서술자는 또한 평가를 내놓거나 동기를 부여할 때도 과묵하다. 하나님은 왜 가인의 제사보다 아벨의 제사를 선호하시는가?(창 4장) 세겜 남자들을 학살한 레위와 시므온을 꾸짖는 야곱의 분노에 찬 비난은 옳은가?(창 34장) 이런 질문은 서술자의 세심한 표현에 담긴 미묘한 단서에 주의를 기울이기보다, 명확한 내러티브 진술을 기대하는 현대 독자가 종종 걸려 넘어지는 여러 질문 가운데 단 두 가지 사례다.

창세기 전체가 서사적 산문으로 기록된 신학적 역사서라는 묘사는 타당하겠지만, 창세기에는 분명 다른 유형의 글도 포함되어 있다. 창세기 4:17-5:32에서 족보에 관해 논의하겠지만, 우리는 이야기 속 여러 곳에서 등장하는 시에도 주목해야 한다. 창세기에 나오는 대부분의 시는 아담이 하와의 창조를 기뻐할 때처럼 짧지만(창 2:23), 열두 아들을 축복하고 저주하는 야곱의 마지막 말은 상당한 길이의 시로 구성된다(창 49장).

성경의 시에 관한 자세한 설명은 다른 곳에서 볼 수 있겠지만,[9] 여기서는 세 가지 특징을 강조한다. 먼저, 산문은 문장으로 기록되어 문단을 이루고 담론을 형성하는 반면, 시는 일반적으로 [대개 콜라(cola)라고 부르는] 두세 단어로 이루어진 짧은 절로 구성된다. 두세 개의 콜라가 병렬로 이어진 행[이중 또는 삼중 콜론(colon)]을 이루면서 연을 형성한다. 시인은 단 몇 개의 단어에 많은 의미를 담는데, 이는 독자가 속도를 늦추고 시의 메시지를 주의 깊게 숙고해야 한다는 의미다.

앞서 언급했듯이, 이런 콜라는 병렬로 이어진 행을 형성한다. 이렇듯 병렬로 이어진 행은 종종 거의 같은 내용을 두 번 말하는 듯 보이지만, 쿠걸(Kugel)은 두 번째 콜론이 첫 번째 콜론의 사상을 진척시키고 발전시킨다(혹은 더 나아가 강화한다)는 사실을 유념하고, 병렬로 이어진 행을 읽는 것이 더 나은 방법론이라고 현대 해석자들을 설득해 왔다.[10]

마지막으로 시는 은유적 언어를 많이 사용한다. 창세기의 산문은 고도로 문학적이다. 따라서 특히 창세기 1-11장에서도 은유적 언어가 사용되지만, 시에서는 은유적 언어의 사용이 더 강화되고 심화된다.

구조

창세기의 구조를 기술하는 방법에는 여러 가지가 있다. 창세기의 구성을 논의할 때, 우리는 창세기에 11번 등장해서 구전 혹은 문서 자료임을 나타내 주는 '톨레도트' 공식에 주목했다. 이 책의 구조는 '톨레도트' 공식에 따라 나뉠 수 있다. 여기서 제기되는 유일한 질문은 두 창조 기사의 연결부인 2:4 첫머리에 나오는 이 공식의 첫 등장과 관련된다. 이 공식은 첫 번째 창조 기사의 결론인가? 아니면 두 번째 창조 기사의 서론인가? 확신할 수 없지만, 다른 모든 공식이 한 단락의 시작에 나오기 때문에 우리는 이 절을 두 번째 창조 기사의 서론으로 다룰 것이고, 또한 첫 번째 창조 기사는 창세기 전체에 대한 일종의 서론이다. 결국 다음과 같은 구조로 정리된다.

서론	1:1-2:3
하늘과 땅의 '톨레도트'	2:4-4:26
아담의 '톨레도트'	5:1-6:8
노아의 '톨레도트'	6:9-9:29
노아의 아들들의 '톨레도트' 셈, 함, 야벳	10:1-11:9
셈의 '톨레도트'	11:10-26
데라의 '톨레도트'	11:27-25:11
이스마엘의 '톨레도트'	25:12-18
이삭의 '톨레도트'	25:19-35:29
에서의 '톨레도트'	36:1-8
에서의 두 번째 '톨레도트'	36:9-37:1
야곱의 '톨레도트'	37:2-50:26

그런데 이 주석의 목적상, 우리는 창세기의 보다 일반적인 구조를 따를 것이다. 특별한 훈련을 받지 않은 성경 독자라도 창세기를 면밀하게 읽어 보면 세 개의 주요 부분을 식별할 수 있다.

1. 원시 역사(1:1-11:26)
2. 족장 내러티브(11:27-37:1)
3. 요셉 이야기(37:2-50:26)

쉽게 찾아볼 수 있도록 이후로는 세 부분을 통상 창세기 1-11장(원시 역사)과 12-36장(족장 내러티브), 37-50장(요셉 내러티브)이라고 부를 것이다. 세 단락은 서로 다른 문학적 감수성과 신학적 초점을 지녔지만, 결과적으로 하나의 이야기를 전달한다.

원시 역사는 창조부터 아브라함 시대까지 아우르는데, 위에서 설명했듯이 실제 시간으로 측정할 경우 적어도 매우 긴 기간에 해당한다. 내러티브의 초점은 전 세계에 맞춰진다. 창조에 관한 두 개의 공관적 기사(synoptic accounts, 창 1-2장)가 나온 후, 인간의 죄에 관한 하나님의 심판과 계속되는 은혜에 관한 네 개의 이야기가 뒤따른다. 바로 아담과 하와의 최초의 거역(창 3장), 가인과 아벨(창 4:1-16), 홍수와 그 여파(창 6:1-9:28), 바벨탑(창 11:1-9) 이야기다. 가인과 셋의 족보(창 4:17-5:32), 야벳과 함과 셈의 족보(창 10장) 그리고 아브라함으로 이어지는 셈의 두 번째 족보(창 11:10-26) 등 족보는 이 이야기들을 서로 연결하면서 시간의 경과를 인식할 수 있게 해 준다. 마지막에 언급된 셈의 두 번째 족보는 족장 내러티브의 도입부로 이어진다.

족장 내러티브는 미래 이스라엘 민족의 국부(및 국모)에 관해 이야기한다. 최초의 족장 아브라함에게 관심이 집중되면서, 내러티브의 초점이 좁아지는 것과 마찬가지로 내러티브의 속도도 현저하게 느려진다. 세상의 창조부터 아브라함까지의 이야기가 열한 장에 걸쳐 전달된 후, 아브라함의 이야기가 11:27부터 25:11에서 계속되고, 이어서 이삭과 야곱의 이야기가 25:12부터 37:1까지 계속된다. 물론 이삭은 아브라함 이야기에서 중요한 역할을 하고, 야곱은 이삭 이야기에서 중요한 역할을 한다.

창세기는 요셉 이야기로 끝나는데, 마지막 부분이 이렇게 불리는 이유는 요셉이 창세기 마지막에서 매우 주도적인 역할을 맡기 때문이다. 요셉 이야기는 단편 소설이나 중편 소설처럼 읽히는 창세기의 이전 단락과 다른 문학적 느낌을 준다. 요셉은 족장으로 간주되지 않는다(후대의 전승에서는 하나님을 아브라함과 이삭과 야곱의 하나님이라고 부른다). 이전 세대에서 언약의 약속들은 아브라함에서 (이스마엘이 아닌) 이삭에게, 그런 다음 이삭에서 (에서가 아닌) 야곱에게로 전해졌다. 요셉이 창세기 마지막 단락의 초점이지만, 그가 언약의 약속을 독자적으로 상속받았다는 인식은 전혀 나오지 않는다. 이름이 이스라엘로 바뀐 야곱에게는 열두 아들이 있는데, 이들은 모두 나중에 이스라엘에 속한 지파들의 시조다. 요셉 내러티브는 출애굽 기사로 연결되는 다리를 놓으면서, 이스라엘 백성이 몇 세기 후 이집트에 예속되어 하나님의 구원이 필요했던 이유를 설명해 준다.

역사적 배경

창세기 내용의 역사적 배경

위에 나온 정보를 요약하면, 창세기의 내용은 창조부터 요셉이 죽을 때까지의 기간을 다룬다. 창조부터 아브라함 시대까지의 기간은 열한 장에서만 다룬다. 성경에는 창조의 연대에 관한 충분한 정보가 나오지 않는다. 다음 부분인 족장 내러티브에 다다를 때 조금 더 나은 근거가 나오지만, 정확성을 기하려는 시도는 무의미하다. 기껏해야 아브라함, 이삭, 야곱이 기원전 2천 년대의 1사분기 중 어느 때에 살았다고 말할 수 있을 뿐이다. 요셉의 시대와 관련해서도 마찬가지로 불확실한 결론에 도달할 수밖에 없다.

고대 근동의 배경

창세기 내용의 역사적 배경에 관한 정확한 연대를 잘 모르기 때문에, 창세기에 기록된 사건들이 더 넓은 근동 역사에 어떻게 들어맞는지에 대해서도 정확성을 기하기란 불가능하다. 우리는 (또한 다른 사람들은) 그와 같은 문제에 대해 추측할 수 있지만(또한 간혹 그렇게 하겠지만), 니므롯의 정체(창 10:8-12)나 아브라함 시대에 가나안을 침략한 네 근동 왕(창 14장) 혹은 요셉 시대에 통치한 이름이 밝혀지지 않는 바로 왕의 정체와 같은 문제에 대해서는 여전히 잘 모른다.

주석 본론부에서 살펴보겠지만, 고대 근동 자료는 다른 방식으로 창세기 이야기의 배경을 제공한다. 우선 창세기 1-11장에 대한 주석에서는 고대 근동의 창조 이야기(특히 바빌로니아의 에누마 엘리시, 아트라하시스, 아다파와 더불어 우가리트의 바알 신화), 홍수 이야기(특히 길가메시 서사시 토판 11), 본래 하나였던 인간 언어에 관한 이야기[엔메르카르(Enmerkar)와 아라타의 군주(Lord of Aratta)]와의 광범위한 상호 작용을 보여 줄 것이다. 또한 창세기의 족보를 현대의 족보가 아닌 고대 근동의 족보를 배경 삼아 읽는 것이 얼마나 중요한지를 볼 것이다.

창세기 12-50장으로 시선을 돌리면, 고대 근동 자료가 계속 이해를 돕는 것으로 확인되지만, 완전히 같은 방식은 아니다. 이 장들에서 고대 근동 자료는 사회적 관습[집안의 하인을 입양하고 동물의 사체 사이를 통과하는 것(창 15장), 두 번째 아내를 취하는 것(창 16장) 등]에 대한 이해를 돕는다. 물론 이런 고대 근동의 모든 연관성은 주석 본론부에서 서술하고 설명할 것이다.

신학적 메시지

구약 맥락에서 읽기

창세기는 신학적으로 풍부하다. 정경의 첫 번째 책인 창세기는 하나님에 관한 지식과 인간 피조물과 그분의 관계에 대한 기초를 제시한다.

신학적 가르침은 다양하고 심오하며, 이 책의 각 부분은 고유한 초점을 담고 있고 신학적으로 중요하게 이바지한다. 연구 중인 본문에 이러한 여러 주제가 나타날 때 이어지는 주석에서 각 주제를 설명할 것이다.

하지만 이 시점에 우리는 오경의 기본서요, 실은 성경 전체의 기본서로서 창세기의 더 큰 신학적 그림을 살펴볼 것이다. 성경의 메시지를 전체적으로 고려할 때, 특히 하나님이 인간 피조물을 다루신 역사로 생각할 때 성경은 창조와 타락, 구속, 완성이라는 네 개의 기본 부분으로 구성되어 있음을 알 수 있다. 창세기는 독자에게 창조와 타락에 대해 알려주면서 하나님의 구속 이야기를 개시한다.

창세기 1-2장은 인류에게 초점을 맞추어 하나님의 우주 창조에 관해 이야기한다. 하나님은 아담과 하와를 죄가 없는 상태로, 좀 더 긍정적으로 표현하면 순전한 도덕적 존재로 창조하셨다. 그들은 하나님과 조화롭게 관계 맺었고, 따라서 서로와도 조화롭게 관계 맺었다. 그들은 풍요와 기쁨의 땅(에덴)에서 전혀 부족함 없이 살고 있다. 한마디로 하나님은 그들에게 "복을 주[셨는데]"(창 1:22, 28; 참조. 5:2), 복은 창세기에서 중요한 단어다. 하나님의 복을 받은 사람들은 하나님과, 서로와, 또한 그들이 살고 있는 세계와 활기차고 건강한 관계를 맺는다.

성경 이야기의 제2막인 타락(창 3장)으로 눈을 돌리면, 아담과 하와의 죄가 하나님의 복을 박탈해 버린 이야기를 읽는다. 죄로 인해 인류와 하나님의 관계가 단절되었기에 서로와의 관계도 깨지게 되는데, 이는 그들이 벌거벗은 몸을 부끄러워하지 않을 수 없게 된 것과 하와에게 내려진 형벌(3:16)에서 드러난다. 특히 아담에게 선포된 형벌에서 땅이 더는 인간의 노동에 그 소산을 쉽게 내주지 않을 거라고 언급된 데서 확인되듯이(3:17-19), 창조 세계와 그들의 관계도 악화되었다.

창세기에 따르면 인간의 죄는 이야기의 끝이 아니며, 하나님은 화해를 위해 인간 피조물을 열정적으로 뒤쫓는 구속 사역을 즉각 시작하신다. 사실 제3막에서의 구속의 씨앗은, 뱀이라는 관계의 단절을 가져온 고대의 악의 상징에 대해 심판을 선포하는 것과 함께 이미 창세기 3장에서 시작된다. 뱀과 여자 및 그들 각각의 후손 사이의 적대감을 선포하는 창세기 3:15은 뱀에 대한 승리에서 절정에 이른다("여자의 후손은 네 머리를 상하게 할 것이요"). 또한 하나님은 인간 피조물의 벌거벗은 몸을 가릴 옷을 주심으로써, 그들의 죄에도 불구하고 인간 피조물과 계속 관계를 유지하겠다는 의지를 보여 주신다(3:21). 그렇다. 그들은 결국 죽겠지만 그렇게 되기 전에 자녀를 낳는다. 인류는 최초의 거역으로 끝나지 않는다.

타락 이후에도 이야기는 계속되면서 인류는 두 부류, 하나님을 따르는 이들과 하나님을 거부하는 이들, 곧 가인과 아벨(창 4:1-16), 가인의 후손과 셋의 후손(창 4:17-5:32)으로 나뉜다. 홍수 시대에는 의인 한 사람만 있었고(노아) 나머지 세상은 악했다(6:5). 하나님은 아담과 하와에게 그러셨듯이 악인을 심판하시지만, 인간 피조물과 계속 관계를 유지하신다. 노아 시대에 하나님은 노아를 향해 방주를 지어 나머지 악한 세상을 멸망시킬 홍수에서 생존하라고 말씀하심으로써, 지속적인 은혜를 베푸신다.

홍수가 끝난 후 노아와 그의 가족이 방주에서 나올 때 노아는 제사를 드린다. 우리가 주목할 말이 여기서 나온다. "하나님이 노아와 그 아들들에게 복을 주시며 그들에게 이르시되 생육하고 번성하여 땅에 충만하라"(9:1). 여기서 우리는 다시 '복'이라는 중요한 단어와 더불어 창세기 1장에 등장하는 표현을 연상시키는 언어를 만난다. 이어지는 주석에서 우리는 노아가 일종의 새로운 아담이지만, 이전의 아담이나 하와와 마찬가지로 인류는 곧 다시 죄를 범하고, 하나님과 서로와 또한 세상과의 관계가 깨진 상태로 거역의 결과를 경험하는 것을 본다. 그럼에도 창세기 첫 부분(원시 역사, 1-11장)의 마지막 이야기(바벨탑)가 말해 주듯, 하나님은 인간 피조물과 계속 관계를 유지하신다. 하나님은 그들의 행동이 가져온 결과를 오롯이 겪어 내지 않도록 보호하시고, 더 나아가 그들에게 은혜를 베풀어 의사소통 능력을 제거하지 않으시되, 소통하기 더 어렵게 만드신다.

하지만 하나님은 이에 굴하지 않고 화해를 추구하신다. 그리고 창세기의 두 번째 주요 부분(족장 내러티브, 12-36장)으로 넘어가는 첫머리에서 우리는 핵심 단어 '복'을 본다. 분명 성경 전체에서 가장 중요한 구절 중 하나에서 하나님은 아브라함에게 이렇게 말씀하신다.

> 너의 고향과 친척과 아버지의 집을 떠나 내가 네게 보여 줄 땅으로 가라
> 내가 너로 큰 민족을 이루고
> 네게 복을 주어
> 네 이름을 창대하게 하리니
> 너는 복이 될지라
> 너를 축복하는 자에게는 내가 복을 내리고
> 너를 저주하는 자에게는 내가 저주하리니
> 땅의 모든 족속이
> 너로 말미암아 복을 얻을 것이라. (창 12:1-3)

하나님은 계속 인류와의 화해를 추구하시고, 이제 아브라함과 그의 후손을 통해 화해를 이루실 것이다. 족장 내러티브는 이 약속이 어떻게 아브라함에서 이삭으로, 이삭에서 야곱으로 전해졌는지에 관한 이야기를 들려준다. 때때로 하나님은 족장들에 대한 축복과 그들을 통해 세상에 복을 주겠다는 뜻을 거듭 밝히신다(14:19; 17:6, 20; 18:18; 22:17; 24:1, 31, 35; 25:11; 26:3, 24, 29; 27:29; 28:14; 32:6; 35:9). 관련 본문 주석에서 언급하겠지만, 사실 하나님은 아브라함과 그의 후손만이 아니라 선택받지 않은 족장의 아들인 이스마엘과 에서의 후손을 포함하여 다른 민족에

속한 사람들에게도 복을 주신다.

창세기의 세 번째이자 마지막 부분은 야곱의 아들들, 1차로 요셉에게 그리고 2차로 유다에게 초점을 맞춘다(창 37-50장). 하나님이 요셉 세대에 이르러 아브라함과 그의 후손에게 복을 주신다는 점은 보디발 집에 있는 요셉의 이야기에서 분명하게 드러난다. 이 기간에 하나님은 요셉과 함께하셨고, 그 결과 요셉이 하는 모든 일은 성공을 거두었다. 또한 아브라함에게 주신 복의 약속을 따라, 여기서 우리는 요셉을 통해 열방으로 복이 흘러가면서 요셉의 관리 아래 보디발의 가정이 번영하는 것을 본다. "그가 요셉에게 자기의 집과 그의 모든 소유물을 주관하게 한 때부터 여호와께서 요셉을 위하여 그 애굽 사람의 집에 복을 내리시므로 여호와의 복이 그의 집과 밭에 있는 모든 소유에 미친지라"(39:5). 하나님은 요셉을 통해 다가올 기근에 대비한 계획을 세우게 하시고, 이로써 하나님의 가족은 물론이고 이집트도 생존할 수 있었다.

창세기는 미래도 내다본다. 먼저 야곱은 요셉의 아들이요, 미래 이스라엘 지파에 속하는 에브라임과 므낫세를 축복한다(48:9, 16). 그런 다음 창세기 49장에서 야곱은 자기 아들들을 축복하는데, 이는 이스라엘의 미래에 중대한 영향을 끼친다.

따라서 창세기는 모든 구속사의 토대를 놓는다. 창세기는 우주와 인류의 창조에 대한 묘사로 시작한다. 인간은 복된 삶을 살지만, 곧이어 인간 자신의 거역으로 인해 혼란에 빠진다. 그런데 거역이 시작되자마자 하나님은 자기 백성과 함께 복의 회복을 추구하기 시작하신다.

하나님의 구속 사역에 대한 이 이야기는 나머지 구약을 통해 계속된다. 출애굽기는 창세기가 끝나고 몇 세기가 지난 후 시작된다. 아브라함의 후손은 이제 대가족에서 그치지 않고, 수많은 민족이 되었다. 하지만 그들은 이집트 사람의 노예가 되었다. 오경의 나머지 이야기는, 하나님이 언약의 약속에 따라 행하시고 자기 백성을 이집트의 속박에서 해방시켜 거짓 신 바로가 아닌 하나님을 섬기게 하시는 과정을 다룬다. 그런 다음 그들은 시내산으로 이동하고, 하나님은 거기서 그들을 한 나라로 세우시고, 율법을 주시고(출 19-24장), 백성 가운데 자신의 임재를 알릴 장소인 성막을 지으라고 명령하신다(출 25-40장). 오경의 나머지 부분(레 1장-신 34장)은 하나님을 거역한 이스라엘이 40년간 광야에서 체류한 이야기를 전한다.

오경은 모세의 죽음으로 끝난다는 느낌을 주며 마치지만, 독자들은 앞으로 더 많은 일이 기다린다는 사실을 알고 있다. 결국 신명기에서 모세는 이스라엘 백성에게 마지막 설교를 하면서 2세대에게 조상들처럼 불순종하지 말라고 경고한다. 출애굽 세대는 불순종했고, 그 결과 약속의 땅에 들어가지 못하고 죽는다.

그 뒤에 여호수아서는 오경에서 시작된 이야기를 이어 가면서, 그 땅의 정복(수 1-12장)과 정착(수 13-24장)에 관한 이야기를 전해 준다. 다윗 시대에 이를 때까지 땅을 완전히 차지하지 못했지만, 아브라함의 많은 후손이 이제 가나안 땅을 소유하게 되었다는 사실은 하나님이 아브라함에게 주신 약속, 곧 그의 후손이 "큰 민족"이 될 것이라는 약속(창 12:2)의 성취가 시작되었음을 보여 준다.

정복과 정착을 마친 여호수아는 이스라엘 백성을 이끌어 하나님과의 관계를 재확인하는 과정을 거치는데, 이 자리에서 그들은 하나님을 계속해서 예배하고 순종하겠다고 결단한다(수 24장). 그들의 결단에도 불구하고 사사기는 그다음 세대의 어두운 이야기를 들려준다. 엄청난 도덕적 타락과 정치적 분열, 영적 혼란의 시기다. 소위 사사라고 불리는 지도자들조차 문제가 많은데, 특히 입다와 삼손 같은 지도자들이 등장하는 말기로 갈수록 더욱 그렇다.

사무엘서와 열왕기가 (또한 역대기가) 이어 가는 이야기는 마지막 사사(사무엘)에서 초대 왕 사울로 바뀌는 전환점에서 시작된다(삼상 1-12장).

왕권은 창세기 17:7에서 아브라함에게 주신 하나님의 말씀에 예고되었지만, 유다가 형제들의 중요한 지도자로 등장하는 요셉 내러티브는, 왕권이 사울의 베냐민 지파가 아닌 유다 지파에서 나올 것을 기대하게 만든다. 유다에 대한 야곱의 축복은 이런 인상을 확증한다(창 49:8-12).

어쩌면 당연하게도 사울은 기대를 저버리고, 구속 이야기는 유다 지파에서 태어난 다윗 왕권에 대한 기사로 바뀐다. 아무리 상상의 나래를 펼쳐 보아도 다윗은 완벽하지 않다. 그 역시 죄인인데, 특히 밧세바와 간음하고 그녀의 남편을 살해한 문제가 가장 두드러진다. 하지만 사울과 다윗의 차이점은, 다윗은 진심으로 회개하고 그 결과 하나님께 대한 올바른 태도의 모범을 보인다는 점이다.

통일 왕국의 짧은 기간은 다윗의 아들 솔로몬의 통치로 막을 내린다. 솔로몬은 큰 약속을 받고 시작하면서 하나님을 향한 사랑의 마음을 드러낸다. 그래서 하나님은 솔로몬에게 지혜의 은사를 주셨고(왕상 3장), 이는 그의 통치 초기의 특징을 형성했다. 안타깝게도, 믿을 수 없을 만큼 지혜롭고 야웨를 사랑하던 솔로몬왕은 이방 여성을 향한 사랑 때문에 이방 신을 숭배하는 바보가 되고 말았다. 그의 배교는 왕국을 두 부분으로 나누어 놓았고, 다윗의 후손은 남왕국 유다만 통치했다.

이른바 분열 왕국 시기는 열왕기와 (당시까지 이어진 전체 구속사의 맥락 안에 분열 왕국 시기를 두는) 역대기 둘 다에서 다루어진다. 포로 생활 중에 기록된 열왕기는 '하나님은 왜 우리를 벌하셨는가?'라는 질문에 대답하려고 한다. 역대기는 포로 귀환 후 시기에 최종 형태에 도달하고, 그 결과 '우리는 과거와 어떻게 관계해야 하는가?' 또한 '이제 우리는 무엇을 해야 하는가?'라는 다른 질문을 다룬다.

이 글은 이 두 위대한 역사서의 의제에 대해 자세히 설명하거나 각 저작의 서로 다른 강조점을 개별적으로 진술할 자리는 아니다. 역대기는 그 시기에 대해 훨씬 긍정적인 설명을 내놓지만, 두 책 모두 이스라엘과 유다의 왕들이 하나님의 심판을 초래하는 방향으로 하나님의 백성을 이끌었다는 데 동의한다(다만 열왕기가 이 점을 특히 강조한다).

그 심판은 기원전 722년 아시리아에 의한 북왕국의 패배를 낳았다. 아시리아는 이스라엘 백성 일부를 자기 왕국의 다른 지역으로 추방하는 한편, 이방인을 이스라엘로 데려왔다. 그 결과는 통혼과 사마리아인의 등장이었다.

다윗의 후손이 통치하던 남왕국 유다에 대한 심판은 나중에 일어났다(기원전 586년). 바빌로니아는 예루살렘을 격파하고 성전을 파괴했으며, 정치·군사·종교 인재들을 바빌론으로 추방했다. 하지만 그들은 통혼하거나 이방인을 유다로 이주시키는 것을 강요하지는 않았다. 그래서 이 심판과 포로 기간이 끝난 후, 페르시아(바사)가 바빌로니아를 격파하자 일부 유대인 포로들은 예루살렘으로 귀환했다. 그리고 바사의 정복 왕 고레스는 돌아가고자 하는 유대인들에게 예루살렘으로 귀환하여 성전을 재건하도록 허락했다(스 1:1-4).

따라서 구약은 심판의 기록으로 끝나지 않고 회복으로 끝난다. 그렇지만 회복 이야기는 다소 미온적이다. 그렇다, 많은 유대 포로가 예루살렘으로 돌아왔고 결국 성전이 재건되었다. 하지만 하나님의 백성은 바사의, 뒤이어 결국 그리스의, 또한 신약 시대로 가까이 가면 로마의 정치적 그늘에 머물러 있었다.

구약이 끝나갈 무렵, (다니엘, 스가랴 등의) 포로기 이후 예언자의 목소리는 그때까지 하나님의 백성이 경험한 것보다 훨씬 웅장한 무언가를 기대한다. 이 이야기는 계속해서 신약 시대로 이어진다.

신약의 관점으로 읽기

이전 단락에서 우리는 성경이 창조, 타락, 구속, 완성이라는 네 부분으로 구성된 줄거리로 요약될 수 있다고 지적했다. 창조와 타락 이야기는 창세기 처음 세 장의 주제다. 하나님은 처음부터 인류의 구속을 모색하기 시작하시고(창 3:15을 보라), 인류와 화해를 추구하시는 하나님의 모습은 창세기 4장 이후로, 실은 구약 나머지 부분 전반에서 계속된다. 우리는 창세기에서 '복'이 중요한 역할을 한다고 지적했다. 하나님은 인류를 복된 상태로 창조하셨지만, 하나님을 거역했을 때 그들은 그 지위를 상실하고 말았다. 구속의 목표는 인류의 복을 회복하는 것이다.

창세기에서 구속사의 중요한 전환점은 창세기 12:1-3에 나온다. 여기서 하나님은 아브라함을 선택하시고, 그와 그의 후손 그리고 그를 통해 세상 모든 민족에게 복을 주겠다고 약속하신다. 창세기와 그 이후 구약 전반에서, 선택받은 가족만이 아니라 다른 나라에서 온 백성에게도 이 복이 임하는 것을 언뜻 볼 수 있지만, 구약은 우리를 약속의 실현 또는 완성의 시점으로 데려가지는 못한다.

그렇다면 신약은 구약과 어떤 관계가 있는가? 혹은 다른 말로 표현해서, 그리스도께서 오신 지금, 그리스도인은 구약을 어떻게 읽어야 하는가?

흥미롭게도 예수님은 부활과 승천 사이의 기간에 이 문제에 대해 직접 말씀하셨다. 누가복음 24장에 따르면, 예수님은 두 그룹의 제자들에게 어떻게 구약을 자신의 등장을 예고하는 것으로 읽어야 하는지 말씀하셨다.

첫 번째 상황은 예수님이 죽음에서 부활하신 그날 엠마오로 걸어가던 두 제자를 만나는 장면이다. 하나님은 그들이 예수님을 알아보지 못하게 막으셨고, 그래서 예수님이 왜 그렇게 슬퍼하느냐고 물으셨을 때, 제자들은 자기들이 그토록 큰 희망을 품었던 분이 처형당한 지난 며칠의 사건을 알지 못한다는 사실에 놀란다.

예수님은 제자들에게 콕 찍어 대답하신다. "미련하고 선지자들이 말한 모든 것을 마음에 더디 믿는 자들이여 그리스도가 이런 고난을 받고 자기의 영광에 들어가야 할 것이 아니냐 하시고 이에 모세와 모든 선지자의 글로 시작하여 모든 성경에 쓴 바 자기에 관한 것을 자세히 설명하시니라"(눅 24:25-27).

두 번째 일화는 더 큰 제자 그룹과 관련이 있다. 예수님은 그들에게 "내가 너희와 함께 있을 때에 너희에게 말한 바 곧 모세의 율법과 선지자의 글과 시편에 나를 가리켜 기록된 모든 것이 이루어져야 하리라 한 말이 이것이라"고 말씀하신 후 "그들의 마음을 열어 성경을 깨닫게" 하셨다(눅 24:44-45).

예수님은 기원후 1세기 청중에게 익숙한 용어("모세와 모든 선지자", "모세의 율법과 선지자의 글과 시편", "성경")를 사용하여 구약 전체가 자신의 오심을 예고한다고 제자들에게 말씀하신다. 이 같은 진술은 그리스도인이 구약성경, 특히 우리의 목적과 관련하여 창세기를 어떻게 읽어야 하는지에 큰 영향을 미친다.

먼저, 우리는 창세기를 읽고 최초의 청중이 창세기를 어떻게 이해했는지 질문해야 한다. 본문에 대한 이런 "첫 번째 읽기"를 통해 우리는 브레바드 차일즈(Brevard Childs)가 지칭한 구약의 "고유한 목소리"(discrete voice) 또는 "고유한 증언"(discrete witness)에 도달한다.[11] 하지만 그리스도인은 구약의 그림자가 구약이 기대하던 실재이신 예수님께 자리를 내준 시대에 살고 있다. 아우구스티누스의 유명한 진술처럼 "신약은 구약 속에 감추어져 있고, 구약은 신약 속에 드러나 있다." 따라서 그리스도인은 계속해서 구약을 부활하신 그리스도에 비추어 두 번째로 읽는다.

원칙적으로, 우리는 이 점에 있어서 다른 책을 읽거나 영화를 보는 것과 다르지 않은 성경 읽기를 권장한다. 저명한 유대인 학자인 존 레벤슨(Jon Levenson)은 그리스도인이 신약에 비추어 구약을 읽는 것이 얼마나 중요한지 잘 알고 있다. 그는 이것을 셰익스피어의 희곡을 읽는 것에 비유하면서 이렇게 말한다. “기독교적 주해를 위해 히브리 성경을 궁극적으로 신약을 포함한 문학적 맥락 속에서 읽어야 한다. 구약 자체만 읽는 것은 햄릿의 처음 세 막을 읽으면서 마지막 두 막은 없는 것처럼 읽는 것과 같다.”[12]

따라서 이 주석 전반에 걸쳐 우리는 ‘이야기 설명하기’에서 본문을 구약의 배경 속에서 설명한 후, 항상은 아니지만 종종 ‘이야기 살아내기’에서 신약의 관점에서 본문에 대한 읽기를 제시할 것이다. 이를 통해 창세기가 어떻게 그리스도 안에서 궁극적 목표에 이르는지 보여 줄 것이다.

개별 이야기에 대한 이런 그리스도 완결적(Christotelic) 읽기는 주석 본론부에서 나오겠지만,[13] 이곳 서론에서는 이전 단락에서 시작된 더 넓은 시각을 계속 이어 갈 것이다. 앞서 창조(창 1-2장)와 타락(창 3장), 뒤이어 구속(창 3:15, 이후 4-50장) 이야기—성경의 4부 구조 중 처음 세 부분—가 창세기에 나온다는 것을 살펴보았다. 인류와 화해하기 위한 하나님의 행동, 즉 구속 이야기는 구약 역사를 통해 계속된다. 구약 시대는 미래의 구속 사건을 기대하며 끝나고, 따라서 신약은 그 기대가 그리스도의 오심으로 충족되었다고 이해한다.

세례 요한은 예수님 사역의 시작점에 서 있다. 그는 구약의 마지막 예언자들이 중단한 지점에서 다시 시작하며 이렇게 선언한다. “나는 너희로 회개하게 하기 위하여 물로 세례를 베풀거니와 내 뒤에 오시는 이는 나보다 능력이 많으시니 나는 그의 신을 들기도 감당하지 못하겠노라. 그는 성령과 불로 너희에게 세례를 베푸실 것이요. 손에 키를 들고 자기의 타작마당을 정하게 하사 알곡은 모아 곳간에 들이고 쭉정이는 꺼지지 않는 불에 태우시리라”(마 3:11-12).

요한은 예수님이 기대했던 분이심을 깨닫고 그분에게 세례를 준다. 예수님이 사역을 시작하실 때, 감옥에 갇혀 있던 요한은 그곳에서 불안한 보고를 접한다. 예수님이 사람들을 치유하고 귀신을 쫓아내고 복음을 전파하고 있다는 말이었다. 이 보고를 들은 요한은 제자 둘을 예수님께 보내며 이렇게 질문한다. "오실 그이가 당신이오니이까? 우리가 다른 이를 기다리오리이까?"(마 11:3).

우리는 이 질문 뒤에 있는 또 다른 질문을 들어야 한다. "왜 꺼지지 않는 불로 쭉정이를 태우지 않으십니까?" 예수님은 이 제자들을 함께 데려가셔서 더 많은 사람을 치유하고 가난한 사람들에게 복음을 전하심으로써 이 질문에 대답하신다.

예수님은 이런 방식으로 요한과 복음서 독자들에게 자기의 구속 사역이 적어도 당장에는 특정 사람들의 기대를 충족시키지 못할 것이라고 선포하신다. 다니엘, 스가랴, 말라기 같은 구약 예언자들과 그 뒤의 세례 요한은 하나님과 그분 백성의 적을 멸망시킬 전사 메시아를 기대하게 만들지만, 예수님의 구속 사역은 그분을 십자가로 데려간다. 예수님은 죽이기보다는 죽으심으로써 궁극의 적 사탄을 물리치신다.

그렇다면 세례 요한과 그보다 이전의 구약 예언자들이 틀렸을까? 물론 그들은 자기 말의 온전한 의미를 이해하지 못했지만, 틀린 것은 아니었다. 베드로가 말했듯이 예언자의 메시지는 전적으로 신뢰할 만하지만, 그들은 종종 자신이 아는 것 이상을 말했다. "예언은 언제든지 사람의 뜻으로 낸 것이 아니요 오직 성령의 감동하심을 받은 사람들이 하나님께 받아 말한 것"이기 때문이다(벧후 1:21).

요한은 메시아의 오심에 두 측면이 있다는 사실을 알지 못한 채 말했다. 처음 오셨을 때 예수님은 십자가로 가셨고, 죽음과 부활을 통해 자기를 믿는 사람들을 위해 구속을 성취하셨다. 하지만 예수님 자신이 선포하신 것처럼(막 13장) 또한 신약성경, 특히 요한계시록 묵시 부분에 묘사된 것처럼 그분은 다시 오고 계신다. 요한계시록 19:11-16에서는 그분의 재림을, 하나님을 거역하는 인간과 영적인 적에게 심판할 준비를 갖춘 전사가 오는 것으로 묘사한다.

> 또 내가 하늘이 열린 것을 보니 보라 백마와 그것을 탄 자가 있으니 그 이름은 충신과 진실이라. 그가 공의로 심판하며 싸우더라. 그 눈은 불꽃 같고 그 머리에는 많은 관들이 있고 또 이름 쓴 것 하나가 있으니 자기밖에 아는 자가 없고 또 그가 피 뿌린 옷을 입었는데 그 이름은 하나님의 말씀이라 칭하더라. 하늘에 있는 군대들이 희고 깨끗한 세마포 옷을 입고 백마를 타고 그를 따르더라. 그의 입에서 예리한 검이 나오니 그것으로 만국을 치겠고 친히 그들을 철장으로 다스리며 또 친히 하나님 곧 전능하신 이의 맹렬한 진노의 포도주 틀을 밟겠고 그 옷과 그 다리에 이름을 쓴 것이 있으니 만왕의 왕이요 만주의 주라 하였더라. (계 19:11-16)

그리스도께서 재림하실 때 하나님의 적은 패배하고 그분의 백성은 구원받는다. 그 뒤에 이 위대한 최후의 심판은 우리가 설명해 온 하나님의 성경 드라마의 마지막 4막, 즉 완성으로 우리를 안내한다. 성경의 마지막 두 장은 새 예루살렘을 묘사한다. 이 완성은 우리를 창세기 처음 장들로 돌아가게 한다. 두 그루의 생명나무가 새 예루살렘을 관통하는 양쪽 강변에 심겨 있다는 사실이 보여 주듯(계 22:2), 이것은 더 좋은 기원으로 돌아가는 회귀를 포함한다.

따라서 우리는 구약 본문을 궁극적으로 그리스도의 죽음과 부활에 비추어 읽는 것이 얼마나 중요한지 알 수 있다. 이어지는 주석에 나오는 글에서는 연구 중인 본문이 어떤 방식으로 예수님을 예고하는지 알려 주는 여러 읽기를 제시할 것이다.

21세기 관점으로 읽기

창세기는 고대 문학 작품으로서 흥미롭지만, 유대교와 기독교 공동체는 창세기가 오늘날 삶과도 관련이 있다고 믿는다. 이 주석은 창세기가 하나님과 우리 자신 그리고 세상에 대한 우리의 이해에 영향을 끼친다는 전제 위에서 쓰였다.

사실 이 주석 시리즈는, 평신도에게도 도움이 되기를 바라지만, 하나님의 기록된 말씀을 회중에게 설교하고 가르칠 준비를 하는 성직자를 염두에 두고 집필되었다. 이 시리즈와 특히 이 책은 기독교 성서학자들이 주로 그리스도인 청중을 위해 집필했다. 물론 이 점은 다가올 그리스도의 고난과 영광을 예고하는 신약의 관점에서 본문을 읽어야 한다고 언급했던 이전 단락에서 분명히 드러난다.

이 단락에서 우리는 그리스도의 마음을 기쁘게 하는 삶을 사는 방법을 알려 주는 책으로 창세기를 읽어야 한다는, 주석 전반에 적용된 개념을 소개한다. 결국, 우리는 창세기가 기독교 정경의 기초라고 믿는다. 정경이란 '표준'을 의미하고, 기독교 성경에서 정경이란 교회의 믿음과 실천의 표준을 제시하는 책을 의미한다. 이런 이유로, '이야기 살아내기'에서 우리는 이런 고대 이야기가 하나님 및 그분과 우리의 관계에 대한 이해에 어떤 영향을 미치는지, 또한 이런 이야기가 어떻게 그리스도를 예고하는지 살펴본다(이전 단락을 보라). 또한 우리는 이런 이야기가 어떻게 하나님을 기쁘시게 하는 삶을 살도록 가르치는지를 질문한다.

모든 그리스도인이 구약, 특히 구약의 이야기가 오늘 그리스도인의 삶과 연관된다는 데 동의하지는 않는다. 사실 성경을 가르친 뒤 "여러분도 가서 이렇게 하세요!" 혹은 그 이야기에 따라 "여러분은 가서 이렇게 하지 마세요!"라고 단순하게 적용하는 사람들을 놀리는 신학자나 설교하는 교수의 말을 심심찮게 듣는다. 분명 구약을 잘못 설교하는 실제 사례는 많고, 이후에 우리는 두 언약의 연속성과 불연속성 문제 때문에 구약을 적절하게 적용하는 것이 항상 간단한 문제가 아니라는 사실을 인정할 것이다.

구약을 포함한 모든 성경은 "영혼의 거울"이다. 16세기의 위대한 종교개혁자 장 칼뱅(John Calvin)은 이렇게 진술했다(시편을 가리켜 한 말이지만, 성경 전체에 적용될 수 있다).

> 이 보물 창고에 얼마나 다양하고 눈부신 보석이 들어 있는지 설명할 단어를 찾기 어려웠다…. 나는 이 책을 영혼의 모든 부분에 대한 해부학이라고 부르곤 했는데, 이건 결코 부적절한 표현은 아닐 것이다. 마치 거울에 비친 모습처럼, 우리가 의식하는 감정 중에 여기에 나타나지 않은 감정은 하나도 없기 때문이다.[14]

실제로 거울을 들여다볼 때, 우리는 어떤 모습인지를 알 수 있다. 우리는 아침에 자신의 모습을 보고 엉망진창인 것을 확인한 후 사람들 앞에 나서기 위해 자신을 정돈하는 행동을 취할 것이다. 성경을 영혼의 거울이라고 말한 칼뱅의 논점은, 우리가 본래 의도대로 성경을 읽을 때 우리 내면이 어떤 상태인지 알 수 있다는 것이다. 우리는 하나님을 향해 나아가고 있는가? 아니면 하나님에게서 멀어지고 있는가? 우리는 하나님의 마음을 기쁘게 하는가? 아니면 하나님의 마음을 불편하게 하는가?

또한 씨 뿌리는 농부의 비유에서 예수님께서 밭 전체에 씨를 뿌리는 농부에 대해 하신 말씀을 기억해 보자(막 4:1-20). 어떤 씨는 바위에 떨어져 열매를 맺지 못했다. 어떤 씨는 얕은 땅에 떨어져 금방 싹을 틔웠지만, 그 뒤에 시들어 죽고 말았다. 그런데 어떤 씨는 기름진 땅에 떨어졌고 풍성한 수확을 맺었다.

예수님은 그 씨가 하나님의 말씀이라고 가르치셨다. 우리가 구약이라고 부르는 것은 하나님의 말씀이고, 이 말씀은 마치 씨처럼 생명 없어 보이는 것에서 풍성한 결실로 변화할 수 있다. 말씀은 죽은 삶을 풍성한 삶으로 변모시킬 수 있다.

이 변화는 놀랍지만 마술이 아니다. 예수님이 비유로 말씀하셨듯이 씨는 기름진 땅에 심어야 한다. 예수님은 그 땅이 무엇을 의미하는지 구체적으로 명시하지 않으셨지만, 아마 수용하려는 열린 마음을 가리킬 가능성이 크다.

이어지는 주석의 '이야기 살아내기'에서 우리는 창세기를 우리의 삶을 변화시키는 씨로써 다룰 것이고, 그래서 창세기를 영혼의 거울로써 읽을 것이다.

하지만 이것은 구약, 우리의 경우 창세기가 그리스도인 독자에게 정확히 어떻게 씨와 거울 역할을 하느냐는 질문을 제기한다. 어쨌든 신약을 가볍게 읽어 나가는 독자도 그리스도인의 관점에서 구약을 읽는 것이 쉽지 않음을 안다. 적어도 등장인물을 연구하고 단순히 그들의 행동을 모방하거나 피하면 된다는 식처럼 단순하지 않다.

우선, 현대 독자가 창세기에 등장하는 인물의 행동을 어떻게 평가해야 하는지 궁금하게 여기는 것은 이상한 일이 아니다. 우리는 앞서 등장인물의 행동에 대한 평가에서(창 34장의 예를 보라) 혹은 그들의 동기에 대해(창 4장에서 가인과 아벨 이야기의 예를 보라) 거의 분명하게 언급하지 않은 '과묵한 서술자'(앞의 '문체' 단락을 보라)에 대해 언급한 바 있다.

이런 특징은 해석자로 하여금 면밀하게 읽고 서술자가 주는 미묘한 신호에 주의를 기울이도록 요청한다. 하지만 그런 작업을 수행한 후에도, 본문을 우리 삶에 적용하기 전에 두 언약 사이의 관계를 고려해야 한다. 결국 예수님의 오심은 구약에 예고된 구속사의 사건이다. 구약성경은 교회의 정경으로 남아 있지만, 우리는 또한 두 언약 사이에 연속성만이 아니라 불연속성도 있음을 알고 있다.

마태복음 5:17에서 예수님은 "내가 율법이나 선지자(구약 전체를 가리키는 말)를 폐하러 온 것이 아니요"고 말씀하셨다. 또한 율법의 일점일획도 결코 없어지지 아니하고 "다 이루리라"고 말씀하셨다(18절). 신약을 읽다 보면 그리스도인들이 더는 그 율법을 지키지 않는다는 점에서, 예수님이 율법의 일부 측면을 성취(즉, 완성)하셨음을 알 수 있다. 한 가지 분명한 사례를 들자면, 예수님은 십자가에서 자신을 단번에 희생 제물로 바치셔서(히 10장) 동물 제사를 쓸모없게 만드심으로써 제사법을 성취하셨다. 예수님께서 구약의 여러 측면을 성취하셨기 때문에, 신약에서는 구약의 그림자가 그리스도 안에 있는 실재를 통해 성취되었다고 말할 수 있다(예, 골 2:16-19).

그렇기는 하나, 바울은 또한 구약에서 "우리의 본보기"로 일어난 이야기를 찾을 수 있다고 지적했다(고전 10:6, 11). 이어지는 주석에서는 우리가 이 고대 문헌을 오늘날 기독교인의 삶에 유익한 것으로 여기는 만큼, 연속성과 불연속성의 문제들을 세심하게 다룰 것이다.

가르침과 설교에 유용한 자료

창세기 연구에 도움이 되는 좋은 자료가 많다. 여기에는 평신도를 대상으로 한 대중 서적과 더불어 아주 학문적인 논의도 포함된다. 다른 유용한 주석을 포함하여 이 중 상당수가 각주에 나오는데, 이 가운데 가장 훌륭한 주석을 꼽자면, 월키(Waltke)와 웬함(Wenham), 해밀턴(Hamilton), 브루그만(Brueggemann), 매키언(McKeown), 매튜스(Matthews)의 작업이다.

덧붙여 이 주석을 뛰어넘는 더 깊은 연구를 위해서는 다음 책을 추천한다.

Clines, D. J. A. *The Theme of the Pentateuch*. 2nd edition. London: T & T Clark, 1997.

Duguid, I. M. *Living in the Gap between Promise and Reality: The Gospel according to Abraham*. Phillipsburg, NJ: Presbyterian and Reformed, 1999.

______. *Living in the Grip of Relentless Grace: The Gospel in the Lives of Isaac and Jacob*. Phillipsburg, NJ: Presbyterian and Reformed, 2002. 『끈질긴 은혜에 붙들린 삶』(아가페출판사).

Greidanus, S. *Preaching Christ from Genesis: Foundations for Expository Sermons*. Grand Rapids: Eerdmans, 2007. 『창세기의 그리스도 어떻게 설교할 것인가』(부흥과개혁사).

Hughes, R. K. *Genesis: Beginning and Blessing*. Wheaton, IL:

Crossway, 2004.

Kaminsky, J. *Yet I Loved Jacob: Reclaiming the Biblical Concept of Election*. Nashville: Abingdon, 2007.

Longman III, T. *How to Read Genesis*. Downers Grove, IL: InterVarsity Press, 2005. 『어떻게 창세기를 읽을 것인가?』(IVP).

1

창세기 1:1-2:3

— 이야기 경청하기 —

1:1태초에 하나님이 천지를 창조하시니라 2땅이 혼돈하고 공허하며 흑암이
깊음 위에 있고 하나님의 영은 수면 위에 운행하시니라 3하나님이 이르시
되 빛이 있으라 하시니 빛이 있었고 4빛이 하나님이 보시기에 좋았더라 하
나님이 빛과 어둠을 나누사 5하나님이 빛을 낮이라 부르시고 어둠을 밤이
라 부르시니라 저녁이 되고 아침이 되니 이는 첫째 날이니라 6하나님이 이
르시되 물 가운데에 궁창이 있어 물과 물로 나뉘라 하시고 7하나님이 궁창
을 만드사 궁창 아래의 물과 궁창 위의 물로 나뉘게 하시니 그대로 되니라
8하나님이 궁창을 하늘이라 부르시니라 저녁이 되고 아침이 되니 이는 둘
째 날이니라 9하나님이 이르시되 천하의 물이 한 곳으로 모이고 뭍이 드러
나라 하시니 그대로 되니라 10하나님이 뭍을 땅이라 부르시고 모인 물을
바다라 부르시니 하나님이 보시기에 좋았더라 11하나님이 이르시되 땅은
풀과 씨 맺는 채소와 각기 종류대로 씨 가진 열매 맺는 나무를 내라 하시
니 그대로 되어 12땅이 풀과 각기 종류대로 씨 맺는 채소와 각기 종류대로
씨 가진 열매 맺는 나무를 내니 하나님이 보시기에 좋았더라 13저녁이 되
고 아침이 되니 이는 셋째 날이니라 14하나님이 이르시되 하늘의 궁창에
광명체들이 있어 낮과 밤을 나뉘게 하고 그것들로 징조와 계절과 날과 해
를 이루게 하라 15또 광명체들이 하늘의 궁창에 있어 땅을 비추라 하시니
그대로 되니라 16하나님이 두 큰 광명체를 만드사 큰 광명체로 낮을 주관하
게 하시고 작은 광명체로 밤을 주관하게 하시며 또 별들을 만드시고 17하나
님이 그것들을 하늘의 궁창에 두어 땅을 비추게 하시며 18낮과 밤을 주관
하게 하시고 빛과 어둠을 나뉘게 하시니 하나님이 보시기에 좋았더라 19저녁
이 되고 아침이 되니 이는 넷째 날이니라 20하나님이 이르시되 물들은 생
물을 번성하게 하라 땅 위 하늘의 궁창에는 새가 날으라 하시고 21하나님
이 큰 바다 짐승들과 물에서 번성하여 움직이는 모든 생물을 그 종류대로,

날개 있는 모든 새를 그 종류대로 창조하시니 하나님이 보시기에 좋았더
라 22하나님이 그들에게 복을 주시며 이르시되 생육하고 번성하여 여러 바
닷물에 충만하라 새들도 땅에 번성하라 하시니라 23저녁이 되고 아침이 되
니 이는 다섯째 날이니라 24하나님이 이르시되 땅은 생물을 그 종류대로
내되 가축과 기는 것과 땅의 짐승을 종류대로 내라 하시니 그대로 되니라
25하나님이 땅의 짐승을 그 종류대로, 가축을 그 종류대로, 땅에 기는 모든
것을 그 종류대로 만드시니 하나님이 보시기에 좋았더라 26하나님이 이르
시되 우리의 형상을 따라 우리의 모양대로 우리가 사람을 만들고 그들로
바다의 물고기와 하늘의 새와 가축과 온 땅과 땅에 기는 모든 것을 다스리
게 하자 하시고 27하나님이 자기 형상 곧 하나님의 형상대로 사람을 창조
하시되 남자와 여자를 창조하시고 28하나님이 그들에게 복을 주시며 하나
님이 그들에게 이르시되 생육하고 번성하여 땅에 충만하라, 땅을 정복하
라, 바다의 물고기와 하늘의 새와 땅에 움직이는 모든 생물을 다스리라 하
시니라 29하나님이 이르시되 내가 온 지면의 씨 맺는 모든 채소와 씨 가진
열매 맺는 모든 나무를 너희에게 주노니 너희의 먹을 거리가 되리라 30또 땅
의 모든 짐승과 하늘의 모든 새와 생명이 있어 땅에 기는 모든 것에게는
내가 모든 푸른 풀을 먹을 거리로 주노라 하시니 그대로 되니라 31하나님
이 지으신 그 모든 것을 보시니 보시기에 심히 좋았더라 저녁이 되고 아침
이 되니 이는 여섯째 날이니라 2:1천지와 만물이 다 이루어지니라 2하나님
이 그가 하시던 일을 일곱째 날에 마치시니 그가 하시던 모든 일을 그치고
일곱째 날에 안식하시니라 3하나님이 그 일곱째 날을 복되게 하사 거룩하
게 하셨으니 이는 하나님이 그 창조하시며 만드시던 모든 일을 마치시고
그날에 안식하셨음이니라

이야기 속 다른 본문 경청하기

고대 근동 문헌: 에누마 엘리시; 바알 신화; 아툼 창조 이야기; 멤피스 신학(샤바카 비석)

창세기 1:1-2:3은 하나님과 인류의 관계에 관한 이야기를 시작하고, 그래서 성경 자체에서 배경이 되는 본문은 없다.[1] 그렇지만 우주와 인류의 기원에 관한 이스라엘의 기사는 진공 상태에서 기록되지 않았다. 최초의 청중은 세상이 어떻게 생겨났는지에 관한 이 기사에 필적할 다른 이야기들을 알고 있었다. 따라서 그들은 창세기 1장(과 2장)을 읽으면서 그 문헌들을 마음에 떠올렸다. 현대의 청중은 창세기 1장과 2장을 이런 고대 근동의 문헌이 아니라 현대의 기원 이론(특히 진화론)에 비추어 읽는 실수를 범한다. 이런 고대의 창조 기사를 알면 성경 본문에 대한 이해는 더 깊어진다.

앞에 열거된 문헌들이 고대 근동의 창조 기사를 결코 전부 담지는 못하지만, 성경 본문과 고대 근동의 창조 기사들의 유사점과 차이점을 식별할 수 있다는 점에서 가장 중요한 문헌이다. 이번 '이야기 경청하기'에서는 이런 작품의 관련 내용을 간단히 서술하고, 다음 '이야기 설명하기'에서는 이런 작품이 어떻게 창세기 1:1-2:3의 배경이 되는지를 보여 줄 것이다.

에누마 엘리시는 첫머리 단어("높은 곳에 있을 때")에서 그 이름을 가져온다. 바빌로니아 창조 기사 중 가장 잘 알려져 있고, 학자들이 창세기 1장과 2장의 형태에 가장 큰 영향을 미쳤다고 평가하는 고대 문헌이다. 이야기의 시작에서 그저 거기 존재하고 항상 존재했던 것으로 추정되는 두 신이 나온다. 바로 민물을 상징하는 여신 티아마트(Tiamat)와 바닷물을 상징하는 압수(Apsu)다. 성교를 암시하듯 두 신의 물이 섞이고, 이를 통해 새로운 세대의 신들을 낳는다. 에누마 엘리시 최초의 청중이 숭배하는 신으로 잘 알려진, 이 신의 자녀들은 그들 부모의 잠을 방해한다. 아버지 압수는 티아마트의 반대에도 불구하고 자녀들을 죽이기로 한다. 하지만 젊은 신 가운데 하나인 지혜의 신 에아(Ea)가 이 음모를 알게 되고, 선제공격으로 아버지를 살해한다. 그는 아버지의 시신, 곧 범람한

물 위에 자기 왕좌를 둔다(시편 기자가 이 모티프를 야웨에게 적용하는 시 29:10을 보라).[2] 에아는 아버지가 상징하는 위험한 태초의 물을 정복했지만, 그의 행동은 어머니를 격노하게 만들고, 이제 어머니는 복수를 꾀한다. 그녀는 킹구(Qingu)가 이끄는 악마 떼거리의 도움으로 자식들과 전쟁을 벌이기로 한다. 이 위협에 직면한 에아는 자기가 어머니의 상대가 못 된다는 사실을 깨는다. 그래서 그는 신들의 회합에서 한 용사를 지정해 달라고 요청한다. 그 용사는 다름 아닌 그의 아들 마르둑(Marduk)이었다. 마르둑은 승리할 경우 신들의 회합에서 그를 만신전의 왕으로 세우는 데 동의한다는 조건하에 티아마트와 싸우기로 한다. 이렇듯 에누마 엘리시는 마르둑이 바빌로니아 만신전의 가장 중요한 신이 되는 과정을 설명한다.

마르둑과 티아마트의 전투는 격렬했지만, 마르둑은 결국 티아마트를 정복하고 살해했다. 승리를 거둔 후 마르둑은 우리가 알고 있는 우주를 창조했다.

> 그[마르둑]는 마음을 가라앉혔다. 그때 주께서 그녀[티아마트]의 시신을 살펴보셨다.
> 그는 괴물의 덩어리를 나누어(?) 예술적으로 뛰어난 물건을 만들려 했다.
> 그녀를 생선처럼 둘로 나누어 말렸다.
> 그녀의 반쪽을 들어 올려 덮개, 곧 하늘을 만들었다.
> 그는 가죽을 펼쳤고, 파수꾼을 임명했고,
> 그녀의 물이 빠져나가지 못하게 하라고 명령했다. (에누마 엘리시, 토판 IV, 135-141행)[3]

티아마트는 결국 태초의 물이었다. 마르둑과 티아마트의 충돌로 하늘이 창조되었고, 거기서 비와 지상의 물이 내린다. 마르둑은 땅을 만들기 위해 그녀의 물을 밀어내고 경계를 만들었다. 이어지는 구절에서 그는 신들을 데려다가 하늘의 별로 배치한다. 이 문헌은 또한 계속해서 인간의 창조도 묘사하지만, 이것은 두 번째 창조 본문과 더 깊이 관련되므로, 신화의 이 부분에 대한 설명은 창세기 2:4-25에서 논의할 때까지 유보한다.

이 작품의 연대를 매우 정확하게 특정하기는 어렵다. 이것은 분명 바빌로니아 종교에서 마르둑 신의 우월성을 뒷받침하기 위한 내러티브적 정당화다. 마르둑은 바빌론성의 최고신이었고, 그래서 이 신화는 바빌론성이 그 지역의 다른 성들 사이에서 우위를 점하던 시기에 기록되었을 것이다. 가장 가능성 큰 두 시기는 함무라비(Hammurabi, 기원전 1792-1750년경 재위)나 느부갓네살 1세(Nebuchadnezzar I, 기원전 1125-1103년경 재위) 때다.

바알 신화는 가나안 문화의 산물이고, 따라서 미래 이스라엘의 고향과 더 가깝다. 바알은 배교한 많은 이스라엘 백성이 숭배하던 신이었다. 여러 학자에 따르면[4] 이 가나안 이야기는 바빌로니아의 에누마 엘리시를 형성하는 데 이바지했다. 이 문헌의 정확한 연대는 논쟁의 여지가 있고, 기원전 1800년부터 1200년 사이 어느 시점에 문서로 기록되기 전에 이미 구전 민담으로 존재했을 가능성이 크다. 바알 신화에서 관련 부분은 창조신 바알과 '바다'라는 뜻의 이름을 가진 얌(Yam)의 충돌에 관한 이야기다. 얌은 신들의 왕권을 장악하고 바알을 포로로 잡으려고 시도했다. 바알은 이에 저항하여 장인들의 신 코타르와하시스(Kothar-wa-Hasis)에게 두 개의 몽둥이를 만들어 얌을 공격하도록 유인하는 데 성공한다. 그는 얌을 물리쳤다. 그런데 이 중요한 대목에서 이 이야기를 기록한 점토판이 파손되었다. 누락된 부분에 바알이 세계를 건설하고 인간을 창조하는 기사도 포함되어 있었을 것이라는 생각을 의심하는 학자는 거의 없다.

이집트의 창조 사상은 주로 주술 문서, 특히 관 문헌과 피라미드 벽 비문에서 발견된다. 하지만 예외도 있는데, 특히 아래에서 설명할 멤피스 신학(Memphite theology)을 보존하고 있는 샤바카 비석(Shabaka Stone)이 있다. 이집트 문헌에 나오는 창조에 대한 다양한 묘사에는 여러 유사점이 있지만, 다양한 은유를 가져와 사용하기도 한다.[5] 창조 행위는 또한 여러 신의 행위로 인정된다. 이집트의 여러 제의 중심지[멤피스(Memphis), 헤르모폴리스(Hermopolis), 헬리오폴리스(Heliopolis)]는 각기 고유한 변형된 창조 이야기를 지녔으며, 또한 종합하려는 여러 시도도 관찰할 수 있다.

우리의 목적을 위해 대표적인 문헌들을 예시로 살펴보고, 창조의 은유들을 설명해 볼 것이다. 이집트 사람의 기본 우주론은 어느 정도 일관성이 있는 것 같다. 태초의 물은 눈(Nun)이라고 불리고, 이 물에서 창조 세계가 출현했다. 한 가지 두드러지는 발상은, 헬리오폴리스 신학에 따르면 창조신 아툼은 자기 창조(self-creation)의 행위를 통해 물로부터 출현했고, 자연의 여러 부분과 힘을 상징하는 다른 신들과 여신들이 아툼으로부터 진화하여 나타났다는 것이다.[6] 아툼은 눈이라는 물에서 솟아오른 태고의 흙더미 형태가 되었다. 이것은 해마다 나일강에서 범람한 물이 빠지고 난 뒤 남은 생명의 원천이 되는 기름진 땅을 신화적 형태로 반영한 모습일 것이다.

관 문서의 주문 714(Coffin Texts Spell 714)는 물의 독창성을 이렇게 표현한다. "나는 두 번째라고는 없는, 유일무이한 물이다."[7] 한 창조 신화의 변형된 이야기에서는 태양신으로 묘사되는 아툼이 태초의 물에서 생겨난다. 주문 714에서 아툼은 이렇게 이어 간다.

> 내가 솟아오르던 위대한 순간, 나는 그곳에서 진화했다. 나는 언젠가 진화한 존재, 곧 나라는 알 속에 있는 서클렛(Circlet, 자기 충족적 존재를 상

> 징하는 완전하고 닫힌 형태의 원—편집자)이다. 나는 그 안, 곧 물에서 시작된 자다. 보라, 범람한 물이 빠졌다. 보라, 나는 거기에 남은 것이다. 나는 나 자신의 능력으로 내 몸을 진화시켰다. 나는 나를 만든 자다. 나는 내 마음대로, 내가 원하는 대로 나를 만들었다.

피라미드 문서(Pyramid Texts) 주문 527에 따르면, 아툼은 그 뒤에 자위행위를 통해 공기의 신 슈(Shu)와 수분의 여신 테프누트(Tefnut)를 만들었다.

> 아툼은 헬리오폴리스에서 점점 커지는 남근을 진화시켰다. 그는 자신의 성기를 손에 쥐고 오르가즘에 도달했고, 두 남매 슈와 테프누트가 태어났다.

피라미드 문서 주문 600으로 나타나는 또 다른 변형된 이야기는 자위를 재채기로 대체한다.

> 아툼 스카라브여! 당신이 높은 땅처럼 높아졌을 때, 당신이 헬리오폴리스의 피닉스 뜰에 있는 '벤벤'(*benben*, 앞에서 언급된 최초의 흙더미의 이름—편집자)처럼 일어났을 때, 당신은 슈를 재채기로 내보냈고, 테프누트를 침으로 뱉었으며, 당신의 '카'(*ka*, 영혼 혹은 생명의 구성 요소 중 하나—편집자)가 그들 안에 깃들 수 있도록, '카'의 팔처럼 당신의 팔로 그들을 끌어안았다.

슈의 자녀는 땅인 겝(Geb)과 하늘의 위쪽 경계인 누트(Nut)다. 관 문서 주문 76이 "슈의 들어 올림"이라고 부르는 행동을 통해, 슈는 겝와 누트를 떨어트려 놓고 태양신과 창조를 위한 공간을 만든다(아래 문단의 괄호 안은 옮긴이가 추가한 설명이다).

나 슈는 들어 올리는 일에 지쳤다.

내 딸 누트를 내 위에 올려,

아버지 아툼께, 가장 높은 곳에서 그녀를 드렸기 때문이다.

나는 겝을 내 발아래 두었다.

이 [겝이라는] 신은 나의 아버지 아툼을 위해 대지를 하나로 결속하고,

그를 위해 큰 범람을 한데 모으고 있다.

나는 그들[누트와 겝] 사이에 나를 두었고,

엔네아드(Ennead, 아홉 신의 집단)[8]는 나를 보지 못했다.

겝과 누트에서 엔네아드의 마지막 네 신이 나왔다. 오시리스(Osiris), 이시스(Isis), 세트(Seth), 네프티스(Nephthys)인데 다시 두 쌍으로 나뉜다. 오시리스와 이시스는 생명을 상징하고, 세트와 네프티스는 죽음과 불임을 상징한다. 아래의 오시리스 신화를 설명하는 단락에서 그들의 복잡한 사회적 관계에 관한 이야기가 더 자세히 전개될 것이다.

멤피스에서는 프타(Ptah)신을 둘러싼 또 다른 창조 신화가 유행하고 있었다. 이 신화의 가장 잘 알려진 기록은 샤바카 비석이라고도 알려진 소위 '멤피스 신학'에서 나왔다.[9] 앞의 이름은 이 문헌이 누비아의 파라오 샤바코(Shabaqo, 기원전 716-702년) 시대에 새겨진 돌에 보존되어 있다는 사실에서 유래했지만, 학자들은 이 비석이 훨씬 이전 시기에 나온 것이라는 데 동의한다. 이 돌은 바닥 맷돌로 사용되었고, 그래서 한쪽 면이 완전히 마모되어 있다.

결론적으로, 눈(Nun)에서 나온 태고의 언덕을 상징하는 신 타테넨(Ta-tenen)과 합쳐진 프타는 실제로 아툼을 낳았으며, 이로써 프타가 엔네아드의 근원이 되어 헬리오폴리스의 창조신[아툼]을 대체한다. 사실 프타는 자위나 재채기 같은 신체적 행위와는 달리, 그의 입에서 나오는 말로 세상을 창조한다.

> 이렇게 해서 모든 신이 태어났고, 아툼과 그의 엔네아드도 태어났다. 마음이 계획하고 혀가 명령하는 것을 통해 모든 신의 말이 진화했다.

이것이 이집트의 다양한 창조 신화다. 그런데 모든 경우에 창조는 태초부터 존재했다고 여겨지는 태초의 혼돈으로부터 신과 여신이 진화하여 나온 것으로 보인다. 다음 '이야기 설명하기'에서는 이런 고대 문헌이 어떻게 창세기 1:1-2:3에 있는 창조 이야기의 배경이 되는지 보여 줄 것이다.

이야기 설명하기

창세기 1:1-2:3은 두 개의 창조 이야기 가운데 첫 번째다. 두 번째 기사(2:4-2:25)는 인간의 창조에 초점을 맞추는 반면, 이 기사는 우주의 창조를 묘사한다. 이 이야기(이하 창세기 1장)에서도 인간의 자리가 있기는 하지만, 다음 이야기(이하 창세기 2장)와 달리 인간은 관심의 초점이 되지 못한다.

태초에: 무에서 혼돈의 물로(1:1-2)

창세기 1장은 성경 이야기의 시작이고 나머지 성경의 기초가 된다. 따라서 창세기 1장에 관하여 성경 자체에서 배경이 되는 본문은 없지만,[10] 위에서 보여 준 사례들처럼 이(또는 다음) 창조 기사가 진공 상태에서 읽힌 것은 아니다. 당시에 다른 종교의 창조 기사가 존재했고 "태초에 하나님이 천지를 창조하시니라"는 중요한 첫마디로 시작하는 창세기 1장은 이런 이야기들에 대항하는 강력한 대안을 제시한다. 여기서 첫 번째 급진적 주장은 하나님이 모든 것을 창조하셨다는 것이다. 여기에 필적하는 다른 경쟁적 창조 기사에서도 한 신(마르둑이나 바알, 아톰, 프타)이 우위에 서기는 하지만, 창세기 1장과는 반대로 창조가 여러 신이 활동한 결과라고 설명한다. 또한 내러티브가 진행되면서 창세기 1:1의 하나님은 다름 아닌 야웨로 밝혀진다. 야웨는 모세를 통해 자신을 드러내신 후대 이스라엘 하나님의 이름으로, 시간을 거슬러 올라가 창세기 2:4에서는 이 창조주가 바로 야웨(여호와) 하나님이시라고 소급하여 설명된다. 하늘과 땅을 창조한 분은 바알이나 마르둑, 아툼이 아니라 야웨시다.

이 창세기 1장의 첫머리 문장에서 확인되는 다른 창조 기사와의 두 번째 중요한 차이점은 선재하는 물질 없이 하나님이 세계를 창조하셨다는 것이다.[11] 메시지는 분명하다. 존재하는 모든 것, 생물과 무생물이 모두 하나님에게서 왔고 하나님께 의존한다.

흥미롭게도 창세기 1장의 창조 묘사에 따르면, 하나님은 모든 것을 한 순간에 만드신 것이 아니라(분명 그렇게 하실 수도 있었지만) 일정 기간에 걸쳐 단계적으로 만드셨다.[12] 창조의 첫 단계에서는 무가 형체 없는 혼돈의 물로 변한다. 이 점에 있어서 고대 근동의 창조 기사는 대부분 일치한다. 즉 혼돈의 물(watery mass)이 질서 있는 창조보다 선행한다. 창세기 1:2은 더 나아가 하나님의 영이 수면 위를 운행하고 있다고 묘사한다. 구약의 독자들은 이것을 삼위일체적 의미로 읽지 않았겠지만, 신약의 더 완전한 계시를 통해 우리는 창조가 아버지와 아들, 성령의 사역이었음을 알고 있다(뒤의 '이야기 살아내기'에 나오는 "창조와 하나님의 형상이신 그리스도" 단락을 보라).

성경은 다음 단계에서도 메소포타미아 및 가나안의 기사와는 다르다. 마르둑과 바알은 물과의 충돌로 인해 질서를 혼돈에 빠트리지만, 하나님은 말씀의 능력으로 물을 제대로 기능하는 창조물로 만드신다.[13] 결국 영은 물 위를 운행하지만[14] 물과 싸우지 않는다.

6일간의 창조와 일곱째 날, 안식일(1:3-2:3)

혼돈의 물이 생겨나게 하신 후, 하나님은 6일 동안 우주를 제대로 기능하는 질서로 만드신다. 딱 떨어지는 비유는 아니지만, 여기서 하나님은 조각가나 도공처럼 "혼돈하고 공허[한]" 물 덩어리(watery mass)를 가지고(1:2) 질서 있게 기능하는 창조 세계를 빚으신다.

창조의 일주일에서 '날'의 본질에 관하여 많은 논란이 있다. 다만 자세히 읽어 보면 저자의 의도를 명확히 파악하는 데 도움이 된다. 우선 저자는 6일 동안 창조가 이루어지고 일곱째 날에 하나님이 쉬시는 모습을 우리가 상상하게 한다. 실제로 6일은 모두 "저녁이 되고 아침이 되니 이는 ○째 날이니라"고 하는 표현으로 끝마친다(1:5, 8, 13, 19, 23, 31). 다른 한편, 저자는 이 설명을 문자 그대로 받아들여 마치 하나님이 실제로 24시간씩 6일간 세계를 창조하신 것으로 받아들이지 말아야 한다는 분명한 신호를 준다. 간단히 말해서 처음 세 날에 '저녁과 아침'이 있지만, 별과 달과 태양은 넷째 날에야 생긴다. 이런 천체가 없다면 문자 그대로의 저녁과 아침은 있을 수 없다. 물론 하나님이 어떤 종류의 광원을 조종하여 24시간 동안 빛과 어둠이 번갈아 생기게 하실 수도 있지만, 그래도 문자 그대로의 날은 아닐 것이다. 따라서 일주일 동안 창조했다고 묘사하는 것은 신학적 요점을 주장하기 위한 문학적 장치다(뒤에 나오는 안식일에 대한 설명을 보라).

우리는 또한 창조의 날에 흥미로운 패턴이 있음을 인식해야 한다. 처음 사흘은 영역의 창조를 묘사하고, 그다음 두 번째 사흘은 그 영역에서 거주하는 것들의 창조를 묘사한다. 넷째 날의 피조물(해와 달, 별)은 첫째 날의 영역(빛, 어둠)을 채운다. 다섯째 날의 생물(새와 물고기)은 둘째 날의 영역(하늘과 바다)을 채운다. 여섯째 날의 생물(동물과 인간)은 셋째 날의 영역(땅)을 채운다.

1일	2일	3일	4일	5일	6일
빛과 어둠	하늘과 바다	땅	해와 달, 별	새와 물고기	동물과 사람

창세기 1장의 저자는 하나님이 만물을 창조하셨다는 사실을 전하는 데 관심이 있지만, 어떻게 창조하셨는지에는 관심이 없다. 물론 첫 번째 창조 기사는 독자들에게 하나님이 창조주이심을 알려 주는 것 이상의 역할을 한다. 이 내러티브는 하나님과 우리 자신과 이 세상에 관해 많은 것을 알려 준다('이야기 살아내기'를 보라).

성경의 계속되는 내러티브(창 3장을 보라)의 관점에서 특별히 주목할 점은, 첫 번째 창조 내러티브는 하나님이 창조하신 것이 '선하게' 창조되었음을 부각하려 각별한 노력을 기울인다는 점이다. 사실 하나님의 창조 사역이 완성된 후 땅은 "심히 좋았더라"고 묘사된다(1:31). 악은 하나님과 그분의 창조에서 유래되지 않았다(다음 장에서 보겠지만, 이는 다른 창조 기사들과 구별되는 또 하나의 차이점이다).[15]

위에서 언급한 것처럼 창세기 2장과 달리 이 창조 기사는 초점을 사람에게 맞추지는 않지만, 분명 사람은 이 기사의 정점이다. 무엇보다 사람은 하나님의 마지막 창조 행위다. 다시 말해서 다른 모든 것이 자리 잡은 후 인간이 창조된다.

흥미롭게도 하나님은 인류를 창조하시려는 뜻을 선포하시면서 "우리의 형상을 따라…사람을 만들[자]"고 말씀하신다(26절). 복수형("우리")의 언급은 오랫동안 많은 추측을 불러일으켰다. 신약은 창조가 아버지와 아들과 성령의 작품이라고 분명히 밝히지만('이야기 살아내기'에서 "창조와 하나님의 형상이신 그리스도"를 보라), 구약의 저자와 청중은 신성의 삼위일체적 본질을 인식하지 못했을 것이다. 어떤 사람들은 이 복수형을 "장엄함을 표현하는 복수형"(Plural of Majesty)으로 이해했지만, 구약 시대에 복수형이 그런 식으로 사용되었다는 증거는 거의 없다. 최초의 청중은 천사들로 구성된 천상의 회합(divine assembly)과 하나님을 가리키는 것으로 생각했을 가능성이 가장 크다(예를 들어, 산문체로 쓰인 욥기의 서문을 보라).[16] 이 복수형 언급은 바벨탑 이야기에서 다시 볼 수 있다(창 11장).

둘째, 창조 기사는 인간의 중요성을 강조하면서, 훨씬 일반적인 용어 '만들다'(*asa*)와 대조되는 동사 '바라'(*bara*, '창조하다')를 인간 창조 기사에 집중적으로 사용한다(27절을 보라). 신학적 의미 측면에서 '바라'가 과도하게 해석되어 온 것도 사실이다.[17] 그렇지만 이 동사의 주어에는 하나님만 등장하므로, 인간 창조에 대해 무언가 특별한 점을 시사한다.

셋째, 인간은 하나님의 "형상"과 "모양"으로 창조되었다(1:26-27). 하나님의 형상으로 창조되었다는 것은 어떤 의미인가? 성경 본문에서는 '형상'을 구체적으로 정의하지 않기에, 그 의미에 대해 수 세기 동안 논란이 있었다. 하지만 고대 근동 왕들이 영토 전역에 자신의 형상을 세웠던 고대 관행에 비추어 '하나님의 형상'을 이해하는 것이 합리적으로 보인다. 아마 이 개념의 가장 놀라운 확증은 시리아의 하부르 강 상류에 있는 텔 파케리예(Tell Fakhariyeh) 동상에 새겨진 기원전 9세기 아람어와 아카드어 비문에서 찾을 수 있다. 이 비문에서 하다디이스이(Hadadyis'i) 왕의 "모양"과 "형상"이 언급된다.[18] 브루그만(Brueggemann)에 따르면 "인간의 인격에 반영된 하나님의 형상은, 왕이 자기의 주권적 통치를 단언하기 위해 왕이 직접 있을 수 없는 곳에 자기 동상을 세워 두는 방식과 유사하다는 데 이제는 일반적으로 동의한다."[19] 형상이 왕의 존재와 힘과 권위를 드러내듯, 인간은 하나님의 영광을 드러낸다. 시편 기자가 포착했듯이 이러한 관점은 인간이 위대한 존엄성을 지니고 있음을 보여 준다.

> 주의 손가락으로 만드신
> 주의 하늘과

주께서 베풀어 두신
달과 별들을 내가 보오니
사람이 무엇이기에 주께서 그를 생각하시며
인자가 무엇이기에 주께서 그를 돌보시나이까?
그를 하나님보다 조금 못하게 하시고
영화와 존귀로 관을 씌우셨나이다. (시 8:3-5)

실제로 히브리어 원문은 인간에 대한 고귀한 초상을 제시한다. "그를 하나님보다 조금 못하게" 하셨다니 얼마나 높은 지위인가?

특히 하나님은 남성**과** 여성을 모두 자신의 형상으로 창조하셨다는 점에 주목해야 한다(27절). 하나님은 남성을 자신의 형상으로, 여성을 남성의 형상으로 창조하지 않으셨다. 남성과 여성 모두 하나님의 영광을 드러낸다. 이로써 두 번째 창조 기사에서 계속 이어질 남성과 여성의 평등에 대한 강조점이 시작된다.

인간의 우월성은 하나님이 28절에서 남성과 여성에게 부여한 책임에서도 볼 수 있다. "생육하고 번성하여 땅에 충만하라, 땅을 정복하라, 바다의 물고기와 하늘의 새와 땅에 움직이는 모든 생물을 다스리라." 장차 인류의 인구가 증가함에 따라 남성과 여성은 지구의 모든 생물 가운데서 왕과 여왕의 지위를 차지한다. 여기서 우리는 '하나님의 형상'과 '통치의 책임' 사이의 연관성을 본다. 그들은 정복하고 다스려야 한다.[20] 맥다월(McDowell)이 지적하듯이 "동사 '라다'(*rdh*, 통치하다)는 히브리 성경 다른 곳에서 왕의 통치권을 묘사할 때 사용되고(왕상 5:4; 사 14:6; 겔 34:4; 시 8:6; 72:8; 110:2), '라다'와 '카바쉬'(*kbsh*, 복종시키다) 모두 이집트와 바빌론의 궁중 어법에서 왕의 의무를 묘사할 때 사용된 유사한 용어를 반영한다."[21] 물론 타락 이전에 이 명령에는 착취의 암시가 전혀 없다. 하늘의 왕에 상응하는 지상의 존재인 자비로운 통치자로서 인간은 나머지 창조 세계를 돌보고 보호해야 한다. 실제로 다음 구절이 시사하듯이 (29-30절) 그들은 물고기와 새를 먹으면 안 되고, 그 대신 하나님은 그들에게 "모든 푸른 식물을 먹을거리로" 주셨다.

창조 사역은 이렇게 여섯째 날에 끝났다. 일주일의 마지막 날은 신성한 안식의 날이었다. 그래서 하나님은 일곱째 날인 안식일을 성별하셨고, 이 위상은 나중에 이스라엘의 의식 준수에서 중요성을 지닌다(출 20:8-11; 31:12-18; 신 5:12-15).

구약 맥락에서 창세기 1장에 관한 분석을 마치기 전에, 하나님이 창조를 완성하실 때 남자와 여자에게 '복을 주셨다'는 사실을 주목해야 한다. 다음 장에서 강조하는 것처럼 이 시점에 남자와 여자는 하나님 그리고 서로와 조화를 이루며 산다. 그들은 생존하고 번성하는 데 필요한 모든 것을 가졌다. 브루그만의 말처럼 복이란 "하나님이 일상적인 생명의 흐름과 신비 안에 부여하신 생명의 생산 능력과 비옥함과 안녕을 가리킨다."[22] 그들은 단순한 존재만이 아니라 하나님의 임재 가운데 풍요롭고 활력 있는 삶을 받는다. 다음 장에서 살펴보겠지만, 하나님의 복은 창세기의 주요 주제다.

— 이야기 살아내기 —

창세기 1장은 다른 누구도 아닌 하나님이 우주를 창조하셨다고 선포한다. 이 놀라운 계시는 창세기의 주된 목적이 현대 과학이 제시하는 것과 마찬가지로 창조 과정에 관한 대안적 설명을 제시하는 것이라고 주장하는 사람들 때문에 제 목소리를 내지 못한다. 하지만 창세기 1장은 (또한 창세기 2장에서도 보듯이) 하나님이 어떻게 세상을 창조하셨는가에 관한 이야기가 아니다. 창조가 얼마나 오래 걸렸는지 혹은 하나님이 세상과 인류를 만드신 구체적 방식에 대한 단서를 얻기 위해 이 본문을 파고들어서는 안 된다. 그렇지만 창조 기사는 하나님, 우리 자신, 세상의 본질에 관한 심오한 관점을 제시한다. 창세기 1장(과 2장)은 독자들이 믿고, 생각하고, 행동하는 방식에 영향을 미치는 세계관을 전해 준다. 우리는 여기서 창세기 1장의 우주 창조에 집중할 것이고, 다음 장에서는 2장의 인간을 중심으로 하는 기사에 집중할 것이다.

창조주와 피조물

창세기 1장의 가장 근본적인 확언은 하나님이 인간을 포함한 만물을 창조하셨다는 것이다. 하나님은 창조주시고 우리는 피조물이다. 창조주와 피조물의 구분은 분명해 보이지만, 때때로 망각하게 되면 우리는 엄청난 해를 입는다. 제2계명은 "위로 하늘에 있는 것이나 아래로 땅에 있는 것이나 땅 아래 물속에 있는 것"의 어떤 우상도 만들지 말라고 금지한다(출 20:4). 신약에서 바울은 창조주와 피조물의 차이를 잊는 것이 우상숭배의 핵심이라고 지적한다. 그는 하나님의 진노를 유발하는 "사람들의…불의"에 대해 이렇게 말한다(롬 1:18). "하나님을 알되 하나님을 영화롭게도 아니하며 감사하지도 아니하고 오히려 그 생각이 허망하여지며 미련한 마음이 어두워졌나니 스스로 지혜 있다 하나 어리석게 되어 썩어지지 아니하는 하나님의 영광을 썩어질 사람과 새와 짐승과 기어다니는 동물 모양의 우상으로 바꾸었느니라"(롬 1:21-23). 따라서 창조 기사는 창조주 하나님을 예배의 초점으로 만들고 피조물로서 우리의 지위를 상기시킨다.

최고의 타자이시지만, 관여하신다

배경이 되는 고대의 창조 기사들에 대항하여, 창세기 1장은 놀랍게도 창조 사역을 성행위나 폭력에 연루시키지 않고, 오히려 말씀의 능력으로 물질을 만들어 내고 기능하는 질서로 빚으시는 한 분 하나님의 사역으로 표현한다.[23] 이 내러티브는 하나님이 주권적이고 홀로 충분한 최고의 존재이심을 보여 주는데, 이는 당시의 다른 신들에게는 어울리지 않는 묘사다. 또한 이 하나님은 초월적인 동시에 내재적이시다. 다시 말해, 그분은 창조의 일부가 아니시다. 그분은 우주를 만들고 그것이 선하다고 선언하신다. 따라서 성경의 종교는 범신론이 아니다. 하지만 하나님은 창조 세계를 만드신 뒤, 그 세계가 저절로 흘러가도록 그냥 두지 않으신다. 그분은 계속 관여하신다. 따라서 성경의 종교는 이신론이 아니다. 유신론은 성경의 하나님 개념을 가리키는 적절한 용어다. 하나님은 타자인 동시에 내재하신다.

창조와 성별

또한 창세기 1장(및 2장)은 성별과 성이 창조 세계의 일부지만, 창조주의 일부가 아님을 독자들에게 알려 준다. 하나님을 남성 또는 여성으로 묘사하는 것은 올바르지 않다. 우리는 남성과 여성이 하나님의 형상으로 창조되었고, 두 성별 모두 하나님의 영광을 드러낸다는 사실을 보았다. 또한 이런 이유로 나중에 성경에서는 하나님을 지칭할 때 남성(왕, 전사, 목자)과 여성[여성으로 묘사되는 지혜(잠 1장; 8-9장), 어머니(시 131장)] 은유를 모두 사용한다. 성경의 관례를 따라 하나님을 '그'(he)로 지칭하는 것이 지혜롭지만, 하나님을 '그녀'(she)로 지칭한다고 해서 '그것'(it)으로 지칭하는 것만큼 이단적이지는 않다. 결국 하나님은 인격적인 신이시다. 일부 저자들은 하나님께 인칭 대명사를 사용하지 않기로 선택함으로써 이 문제를 회피한다. 나를 포함한 다른 사람들이 보기에 이 같은 관행은 어색하고 거기에만 시선을 끈다. 중요한 점은 성경의 증언에 따라 남성과 여성이 하나님 앞에서 또한 하나님과의 관계에서 동등하다고 인정하는 것이다.

선한 창조

하나님이 우주를 '선하게' 창조하셨다는 사실의 반복적인 강조는 성경적 세계관을 형성하는 데 있어서 매우 중요한 역할을 한다. 결국, 오늘날 우리는 분명 도덕적 의미에서만이 아니라 실제적 의미에서도 '선하지 않은' 세상을 경험한다. 우리가 지금 이런 경험을 하는 이유는 창세기 3장에 나온다. 하지만 창세기 1장과 2장은 하나님이 우주를 악하게 만들지 않으셨음을 상기시키는 중요한 단서다. 하나님께는 우리의 현재 곤경에 대한 책임이 없다.

창조와 안식일

마지막으로 첫 번째 창조 기사는 세계관을 형성할 뿐 아니라, 후대의 이스라엘에 매우 중요했고 오늘날에도 여전히 우리의 생각과 행동에 영향을 주는 관행을 가리킨다. 창조의 일주일은 안식일에서 절정에 이른다. 일곱째 날에 하나님은 창조 사역을 '쉬셨다' 혹은 더 정확히 말해서 '멈추셨다'[동사 '샤바트'(*shabbat*)에서 유래함].[24] 인간 피조물에게 이 안식일을 지키라고 명령하시지는 않지만, 하나님은 일곱째 날을 '성별하셨다'[동사 '카데쉬'(*qadash*)에서 유래함]. 다시 말해서 하나님은 그날을 구별하셨고, 다른 6일의 평범한 날과 달리 거룩하게 만드셨다. 사실 이번에는 하나님의 피조물인 인간에게 안식일을 지키라는 권유나 명령이 없지만, 안식일 준수를 명시한 제4계명에서는 창조의 일주일을 그 이유로 제시한다.

> 안식일을 기억하여 거룩하게 지키라. 엿새 동안은 힘써 네 모든 일을 행할 것이나 일곱째 날은 네 하나님 여호와의 안식일인즉 너나 네 아들이나 네 딸이나 네 남종이나 네 여종이나 네 가축이나 네 문안에 머무는 객이라도 아무 일도 하지 말라. 이는 엿새 동안에 나 여호와가 하늘과 땅과 바다와

그 가운데 모든 것을 만들고 일곱째 날에 쉬었음이라. 그러므로 나 여호와가 안식일을 복되게 하여 그날을 거룩하게 하였느니라. (출 20:8-11)

사실 안식일은 모세 언약의 상징이었고(출 31:13), 하나님과 관계를 맺어야 한다는 이스라엘의 결단을 지속적이고 규칙적으로 상기시켜 주었다. 안식일은 하나님이 자기 백성 이스라엘에 특별히 자신의 임재를 느낄 수 있도록 하신 거룩한(구별된) 시간이었다. 안식일은 매우 중요했기 때문에 불순종은 끔찍한 형벌을 초래했다(출 31:15; 민 15:32-36).

오늘날 그리스도인은 그리스도의 오심이 안식일 준수에 어떤 영향을 끼치는지를 두고 의견이 분분하다. 창조 때 성별되었고 모세 시대에 명령받은 안식일을, 신약이 어떻게 전용하느냐는 까다로운 해석적 질문이다. 그렇지만 가장 강력한 주장은 그리스도의 오심에 비추어 볼 때 안식일에 급진적 변화가 일어났다고 말하는 사람들에게 있다. 사실 (안식교 전통에 속한 사람들을 제외하고) 모든 그리스도인은 안식일이 일주일의 일곱째 날이 아닌 첫째 날이라는 점에서 어느 정도 변화를 인정한다. 하나님이 그렇게 하도록 명령하지는 않으셨지만, 이제 대부분의 그리스도인은 어떤 식으로든 일곱째 날을 구별하여 지킨다.[25] 어쨌든 예수님도 지상에서 사역하시는 동안 태도와 행동에 변화가 있음을 직접 보여 주셨다. 예를 들어, 마가복음 2:23-28에서 종교 권위자들은 예수님과 제자들이 이삭을 잘랐을 때 안식일을 위반했다고 예수님을 비난한다.[26] 바리새인은 안식일에 추수를 금지한 출애굽기 34:21을 인용하면서 그들의 주장을 뒷받침했을 것이다.[27] 둘째, 바울도 골로새서 2:16-17에서 안식일 준수의 급진적 변화를 알린다. "그러므로 먹고 마시는 것과 절기나 초하루나 안식일을 이유로 누구든지 너희를 비판하지 못하게 하라. 이것들은 장래 일의 그림자이나 몸은 그리스도의 것이니라." 그리스도는 안식일을 성취하신다. 더 이상 '거룩한' 한 날이 있지 않고, 모든 날이

하나님께 드려지는 거룩한 날이다. 안식일 준수는 더 이상 율법의 문제가 아니다.[28]

그렇지만 하나님은 우리가 24시간씩 7일 내내 쉬지 않고 일할 수 없도록 만드셨다. 더 나아가 그리스도인으로서 우리는 함께 모여 공동체로 하나님을 예배하는 시간이 필요하다(히 10:25). 이런 실질적 필요를 염두에 둘 때, 그리스도인이 예배와 휴식을 위한 날을 지정하는 것은 법이 아니라 지혜의 문제다. 신약 시대까지 거슬러 올라가는 전통에서는 이런 목적을 위해 일주일의 첫날인 주일을 선택했다. 주일은 예수님이 죽음으로부터 부활하신 요일이라는 신학적 근거가 제시된다. 또한 그리스도께서 오셨기에 6일 동안 일하고 일곱째 날에 쉬는 것이 아니라, 이제는 먼저 쉬고 6일 동안 일한다고 생각한 이도 있었다. 또한 이 마지막 논점은 중요한 신학적 의미에서 우리가 아직 마지막 안식일, 즉 그리스도께서 돌아오시고 우리가 하늘에서 그분과 함께 있을 그날에 진입하지 않았음을 상기시켜 준다(히 4:1-2, 9, 11). 그리스도인은 마지막 안식일, 하나님 안에서 궁극적 구속과 안식을 누리는 날을 고대한다.[29]

창조와 하나님의 형상이신 그리스도

그리스도인은 신약의 더 온전한 계시의 프리즘을 통해 창조 이야기를 읽고, 신약도 존재하는 모든 것의 창조주이신 하나님을 찬양한다(엡 3:9; 계 4:11; 10:6). 물론 신약은 아버지와 아들, 성령이신 하나님의 삼위일체적 본질을 증거하고, 예수님이 우주의 창조에 관여하셨다고 그리스도인들에게 알려 준다.

> 태초에 말씀이 계시니라. 이 말씀이 하나님과 함께 계셨으니 이 말씀은 곧 하나님이시니라. 그가 태초에 하나님과 함께 계셨고 만물이 그로 말미암아 지은 바 되었으니 지은 것이 하나도 그가 없이는 된 것이 없느니라.

(요 1:1-3)

그는 보이지 아니하는 하나님의 형상이시요 모든 피조물보다 먼저 나신 이시니 만물이 그에게서 창조되되 하늘과 땅에서 보이는 것들과 보이지 않는 것들과 혹은 왕권들이나 주권들이나 통치자들이나 권세들이나 만물이 다 그로 말미암고 그를 위하여 창조되었고. (골 1:15-16)

아멘이시요 충성되고 참된 증인이시요 하나님의 창조의 근본이신 이가 이르시되. (계 3:14)

이 구절들은 창조 세계에 대하여 여성으로 표현되는 지혜의 관찰과 개입을 묘사하는 잠언 8:22-31의 언어를 사용하여, 우리 구주 예수님이 또한 우리의 창조주시라고 주장한다.[30] 이로써 우리는 하나님이 "우리의 형상을 따라 우리의 모양대로 우리가 사람을 만들[자]"라고 말씀하신 창세기 1:26의 언어를 적절하게 재고해 볼 수 있게 된다. 최초의 창세기 독자들은 이 말씀을 삼위일체보다는 하나님과 그분의 천사 종들, 천상 회의의 관점에서 이해했을 가능성이 크지만, 신약은 이 언어를 삼위일체의 내적 의사소통을 포함하는 것으로 더 깊이 이해할 수 있게 해 준다. 우리와 온 우주는, 아버지와 아들과 성령의 창조 사역의 사랑스러운 결과물이다.

하나님의 형상에 대해 말할 때 신약은 예수님이 하나님의 영광을 비추는 "하나님의 형상"이시라고 명시한다(고후 4:4). 그분은 하나님의 형상으로서 "보이지 아니하는 하나님"을 볼 수 있게 해 준다(골 1:15). 창세기 3장에서 보듯이 인류가 하나님의 형상을 완전히 없앤 것은 아니지만, 분명히 훼손했다. 따라서 예수님은 자기 인격을 통해 하나님을 계시하시고 또한 완전한 인간성을 드러내신다. 그분은 온전한 하나님이요, 온전한 인간이시다. 인간은 그리스도 안에서 새로운 피조물이 되어 "하나님을 따라 의와 진리의 거룩함으로 지으심을 받[으라]"는 부름을 받는다(엡 4:24).

하나님의 형상으로 창조된 다른 사람을 사랑하기

가끔 우리는 세상과 우리 마음에 있는 악에 압도되어(창 3장을 보라) 우리가 하나님의 형상으로 창조되었다는 사실을 쉽게 잊을 수 있다. 죄로 더럽혀진 우리가 어떻게 하나님의 영광을 비추고 창조 세계에서 그분을 대표할 수 있을까?

우리는 하나님과 서로에게 범하는 죄를 경시하지 말아야 한다. 우리는 하나님이 창조하시고 동산에 두신 영광스러운 피조물이 아니다. 하지만 죄는 하나님의 형상을 없애지 못하고, 또한 우리가 누구인지 또한 우리와 교류하는 다른 사람이 누구인지를 생각할 때 이 사실을 잊지 말아야 한다.

장 칼뱅은 다른 사람들이 하나님의 형상으로 창조되었다고 인정하는 것이 어떤 영향을 미치는지를 탁월하게 설명한다.

> 이웃 사랑은 인간의 방식에 의존하지 않고 하나님을 바라본다. 주님은 모든 인간에게 예외 없이 '선을 행하라'고 명령하신다. 하지만 인간의 가치에 근거하여 판단할 때 그들은 대부분 가장 합당하지 않다. 그런데 여기서 성경은 최선의 방법으로 도움을 주면서, 그들의 가치를 고려하지 말고, 그 대신 모든 사람 안에서 모든 명예와 사랑의 원천이 되는 하나님의 형상을 바라보라고 가르친다.…그러므로 도움이 필요한 어떤 사람을 만나든 그를 돕지 않겠다고 거부할 이유가 없다. '그는 이방인이다'라고 말해 보라. 그러나 주님은 우리에게도 익숙한 표식을 그에게 주셨고, 그런 사실 때문에 하나님은 자신의 골육을 무시하지 말라고 하셨다[사 58:7]. '그는 경멸스럽고 무가치하다'라고 말해 보라. 그러나 주님은 그에게 하나님의 아름다운 형상을 주기로 하셨음을 보여 주신다. 그를 섬

겨야 할 어떤 의무도 없다고 말해 보라. 그러나 하나님은 우리를 하나님 그분께 묶어 두신 여러 큰 유익을 깨닫게 하시려고, 그를 그 자리에 두셨다고 할 수 있다.…우리를 미워하는 사람을 사랑하고 그들의 악행을 은혜로 갚아 주는 것, 즉 그저 어려운 정도의 일이 아니라 인간 본성에 전적으로 반하는 이 일을 성취할 단 하나의 방법이 분명 있다.…바로 사람들의 악한 의도를 고려하지 않고 그들 안에 있는 하나님의 형상을 바라보는 것이다. 하나님의 형상은 그들의 범죄를 무효화하고 없애며, 그 형상의 아름다움과 존엄함으로 그들을 사랑하고 포용하도록 우리를 다독인다.

이 문단은 폴 림(Paul C. H. Lim) 목사가 비난받아 마땅한 불법 성매매에 연루된 사랑할 수 없는 사람들을 사랑하는 것에 관해 언급했던 한 강의에서 나의 관심을 끌었다.[31] 그는 하나님 형상에 관한 칼뱅의 성경적 가르침에 근거하여, 약한 자들을 거래하는 불법 성매매 업자라도 그들 역시 하나님의 형상으로 창조되었고 구속에서 제외되지 않는다는 사실을 기억하라고 촉구했다.

하지만 우리는 이렇게 극단적이지 않은 상황에서도 다른 사람들이 하나님의 형상으로 창조되었다는 것을 기억해야 한다. 우리가 사랑하거나 싫어하는 사람, 우리를 짜증 나게 하는 사람이 우리에게 기쁨을 가져다준다. 그들 모두 하나님의 형상으로 창조되었으며 가장 깊은 존경과 관심으로 그들을 대해야 한다. 모든 인종, 남성과 여성, 서로 다른 성적 지향, 직종과 직업, 부자와 가난한 사람 모두 하나님의 영광을 비추고 세상 속에 그분의 임재를 드러낸다.

2

창세기 2:4-25

2:4이것이 천지가 창조될 때에 하늘과 땅의 내력이니 여호와 하나님이 땅
과 하늘을 만드시던 날에 5여호와 하나님이 땅에 비를 내리지 아니하셨고
땅을 갈 사람도 없었으므로 들에는 초목이 아직 없었고 밭에는 채소가 나
지 아니하였으며 6안개만 땅에서 올라와 온 지면을 적셨더라 7여호와 하나
님이 땅의 흙으로 사람을 지으시고 생기를 그 코에 불어넣으시니 사람이
생령이 되니라 8여호와 하나님이 동방의 에덴에 동산을 창설하시고 그 지
으신 사람을 거기 두시니라 9여호와 하나님이 그 땅에서 보기에 아름답고
먹기에 좋은 나무가 나게 하시니 동산 가운데에는 생명나무와 선악을 알게
하는 나무도 있더라 10강이 에덴에서 흘러 나와 동산을 적시고 거기서부터
갈라져 네 근원이 되었으니 11첫째의 이름은 비손이라 금이 있는 하윌라 온
땅을 둘렀으며 12그 땅의 금은 순금이요 그곳에는 베델리엄과 호마노도 있
으며 13둘째 강의 이름은 기혼이라 구스 온 땅을 둘렀고 14셋째 강의 이름
은 힛데겔이라 앗수르 동쪽으로 흘렀으며 넷째 강은 유브라데더라 15여호
와 하나님이 그 사람을 이끌어 에덴동산에 두어 그것을 경작하며 지키게
하시고 16여호와 하나님이 그 사람에게 명하여 이르시되 동산 각종 나무의
열매는 네가 임의로 먹되 17선악을 알게 하는 나무의 열매는 먹지 말라 네
가 먹는 날에는 반드시 죽으리라 하시니라 18여호와 하나님이 이르시되 사
람이 혼자 사는 것이 좋지 아니하니 내가 그를 위하여 돕는 배필을 지으리
라 하시니라 19여호와 하나님이 흙으로 각종 들짐승과 공중의 각종 새를
지으시고 아담이 무엇이라고 부르나 보시려고 그것들을 그에게로 이끌어
가시니 아담이 각 생물을 부르는 것이 곧 그 이름이 되었더라 20아담이 모
든 가축과 공중의 새와 들의 모든 짐승에게 이름을 주니라 아담이 돕는 배
필이 없으므로 21여호와 하나님이 아담을 깊이 잠들게 하시니 잠들매 그가
그 갈빗대 하나를 취하고 살로 대신 채우시고 22여호와 하나님이 아담에게

서 취하신 그 갈빗대로 여자를 만드시고 그를 아담에게로 이끌어 오시니
23아담이 이르되 이는 내 뼈 중의 뼈요 살 중의 살이라 이것을 남자에게서
취하였은즉 여자라 부르리라 하니라 24이러므로 남자가 부모를 떠나 그의
아내와 합하여 둘이 한 몸을 이룰지로다 25아담과 그의 아내 두 사람이 벌
거벗었으나 부끄러워하지 아니하니라

이야기 속 다른 본문 경청하기

성경 본문: 창세기 1:1-2:3; 고대 근동 문헌: 에누마 엘리시; 아트라하시스

많은 성경학자는 창세기 2:4-25이 1:1-2:3보다 더 이른 창조 이야기라고 생각하면서, 후자의 기원을 P자료[일반적으로 포로기(기원전 586-539년) 또는 포로기 이후(기원전 539년 이후)]에서 찾고 전자의 기원을 J자료(전통적 문서 가설의 관점에서 기원전 10세기)에서 찾는다.[1] 나는 이 분석에 동의하지 않을 뿐 아니라, 중요하다고 생각하지도 않는다. 다시 말해서 본문의 최종 형태에서 창세기 1:1-2:3은 창세기 2:4-25보다 앞에 나오고, 따라서 그 기원과 관계없이 전자는 후자의 배경이다.

따라서 이 두 기사는 함께 읽어야 한다. 그러나 그 둘은 어떤 관계인가? 월턴(Walton)은 이 두 이야기가 차례로 잇달아 일어난 기사라고 생각한다.[2] 첫 번째 기사는 우주 창조라는 큰 이야기 속에서 인류의 창조를 간략히 언급한다(창 1:26-30). 아담과 하와의 창조는 더 후대의 시기에 속한다. 그렇다면, 아담과 하와는 최초의 인류가 아니다. 반대로 나는 창세기 2:4-25이 두 번째 창조 기사라는 전통 견해에 동의한다. 다시 말해, 순차적(sequential) 기사가 아닌 공관적(synoptic, 같은 관점으로 여러 현상을 고찰한다는 의미—편집자) 기사다. 1장에서 여섯째 날로 간략하게만 언급되고 묘사된 이야기를 더 발전시키려고 한다.

창세기 1장은 창세기 2장의 초점인 인류의 창조 이야기에 관한 배경

을 제시하는 한편, 창세기 2장은 또한 인류 창조에 관해 설명하는 고대 근동, 특히 바빌로니아의 문헌과 상호 작용한다.

우리가 살펴볼 첫 번째 문헌은 에누마 엘리시인데(토판 6:11-36), 우주 창조 서술의 배경을 제공하기 때문에 앞 장에서 설명했던 문헌이다. 우리는 이 문헌이 인류 창조에 관해 무엇을 말하고 있는지에 관한 논의를 지금까지 유보했다.

마르둑은 땅을 창조하기 위해 물을 밀어낸 후, 티아마트의 배우자인 악령 킹구를 처형한다. 서술자는 "그들[신들]은 그를 에아 앞에 묶어두고 그에게 형벌을 가하여 그의 피를 흘렸다. 그의 피로 인류를 만들었다"고 전한다.[3]

인류 창조에 대한 이 묘사를 논평하기 전에 우리는 이제 또 다른 바빌로니아 신화인 아트라하시스로 시선을 돌린다. 홍수 이야기와 관련하여 이 신화를 다시 살펴볼 기회가 있을 것이다. 아트라하시스는 홍수에서 살아남은 사람에게 주어진 이름이지만, 이 신화는 그 이야기의 서문으로 인류 창조에 대해 기술한다. 아트라하시스는 에누마 엘리시보다 조금 더 자세히 묘사하면서, 인류의 창조가 진흙과 신의 피에서 비롯된 것으로, 또한 하급 신들의 관개 도랑을 파는 노동 부담을 대신하기 위한 것으로 묘사한다(224-235행). 피와 진흙을 섞은 후 모든 신들은 그 위에 침을 뱉는다. 곧 보겠지만, 특히 아트라하시스는 창세기 2:4-25에 나오는 아담 창조 이야기의 배경을 제시한다.

이야기 설명하기

두 번째 창조 기사는 창조 이야기에 대한 순차적 서술이 아닌 공관적 서술이지만, 우리는 이제 우주가 아니라 인류에 초점을 맞춘 상세한 창조 기사를 본다. 특히 두 번째 기사에서는 창조 행위의 순서가 다르다. 창세기 1장에서는 땅이 창조되고 식물이 출현한 다음(4일) 인류가 창조되었지만(6일), 창세기 2장에서 하나님은 아담을 식물보다 먼저 창조하셨다. 동사를 과거 완료형으로 번역하여 조화를 도모하려는 NIV 성경("had yet appeared...had yet sprung up" 등)이 가장 자연스러운 번역은 아니고, 두 기사를 조화시키려는 시도다.[4] 하나님이 세계를 어떻게 창조하셨는지를 문자 그대로 묘사하는 것이 이 창조 기사의 의도가 아니므로, 이런 노력은 불필요하다.

땅의 흙으로(2:4-7)

이 기사는 사람, 곧 아담의 창조에 대한 묘사로 시작된다. 그는 땅의 흙과 하나님의 숨으로 창조되었다. 이 묘사는 은유임이 분명한데, 영이신 하나님께는 말 그대로 흙에 숨을 불어넣을 수 있는 폐가 없으시기 때문이다. 시인들은 모든 사람이 흙으로 창조되었다고 묘사하게 될 것인데(욥 4:19; 시 103:14; 우리는 모두 죽을 때 흙으로 돌아간다는 사실에서 암시된다, 시 104:29; 전 12:7), 이때 흙 또한 은유라 할 수 있겠다.

이 은유적 언어는 인간에 대해서 무엇을 가르쳐 주는가? 많은 것을 말해 준다. 먼저 인간이 신적 요소(악마의 피와 모든 신의 침)와 흙에서 나온 것(진흙)으로 창조되었다는 바빌로니아의 아트라하시스 기사를 떠올려 보자. 후자의 묘사는 인간이 그 기원부터 악하고 신들의 멸시를 받는다고 가르친다. 사실 인간이 창조된 이유는 이전에 하급 신들이 하던 일인 관개 도랑을 파기 위해서였다. 이와 대조적으로 아담의 창조는 인간이 다른 모든 동물과 같은 피조물이지만(흙), 또한 하나님과 특별한 관계를 맺고 있으며 하나님의 창조 세계에서 고귀한 지위에 있다는 사실을 확증한다(하나님의 숨).[5]

아담의 첫 가정, 에덴동산(2:8-16)

이제 주제는 새롭게 빚어진 인간의 거처로 하나님이 만드신 동산으로 바뀐다. 이 동산은 동쪽(아마 후대 이스라엘 동쪽)에 있다고 묘사된다. 이 묘사만으로는 기존의 위치와 동일시하기가 불가능할 정도다. 에덴에서 네 강이 흘러나온다고 말하는데, 그 가운데 두 강 힛데겔(티그리스강)과 유브라데만 확실하게 식별할 수 있다. 그런데 이 두 강은 (이스라엘 동쪽이 아닌) 아르메니아에서 흘러 들어와 페르시아만을 향해 흐르고, 그 상류는 서로 그다지 가깝지 않다. 세 번째 강 기혼은 나중에 성경에서 예루살렘 인근에 있는 시내로 알려져 있고, 네 번째 강 비손은 달리 알려진 바가 없다. 다른 지리적 언급(하윌라, 구스, 앗수르)을 기존의 한 지역과 동일시하려는 시도에도 똑같은 어려움이 있다.[6]

아마 에덴은 실제 장소가 아닐 것이고, 그보다는 인류의 기원에 관한 은유적 묘사에 일조한다. 그렇다 하더라도, 여전히 그 이미지가 무엇을 가리키는지 질문할 필요가 있다. 가장 좋은 대답은 이것이다. 이름 자체가 풍요로움이나 즐거움을 의미하는 에덴은, 인류가 처음 창조되었을 때 하나님이 인류의 모든 필요를 넘치게 채우셨음을 나타낸다.

한편, 사람은 하나님이 주신 임무를 부여받는다(15절). 그는 동산에서 일하고 동산을 돌보아야 한다. 이런 임무 부여에서 두 가지 중요한 사실을 놓치지 말아야 한다. 첫 번째는 일이 타락보다 선행한다는 것이다. 아담과 하와가 죄를 짓지 않았더라도 인간은 여전히 일을 해야 했다. 이 사실이 지닌 의미에 대해 이 장과 다음 장의 '이야기 살아내기'에서 자세히 살펴볼 것이다.

두 번째 사실은 동산을 '돌보는'(새번역) 임무와 관련된다. 동사 '돌보다'(*shamar*, take care)는 다른 곳에서 종종 '지키다'(guard)로 번역된다. 이후 사건을 볼 때, 최소한 여기에서도 이런 뉘앙스가 내포된 것으로 보인다. 하나님은 아담에게 동산을 보호하라고 명하신다. 그러나 무엇으로부터 또는 누구로부터 보호하는가? 창세기 3장에서 뱀이 동산을 침범하여 혼란을 가져오고 하나님과 인간 피조물 사이의 관계를 방해하여 모든 창조 세계에 끔찍한 결과를 초래하는 때에 이 질문에 답하게 될 것이다.

하나님과 인류가 완벽한 조화 속에 살던 에덴의 보호자로서 아담에게 부여된 역할은 나중에 하나님의 말씀을 '지키고'(*shamar*) 언약을 '보호하는'(*natsar*) 임무를 부여받는 제사장직의 등장을 예고한다. 이런 연관성은 에덴과 성전 사이의 더 넓은 관계를 보여 주는데, 두 곳 모두 하나님이 인간에게 자신의 임재를 감지할 수 있도록 알리시는 장소다. 니하우스(Niehaus)가 지적하듯이 "여기에 사용된 동사는 나중에 모세의 성막에서 레위인의 직무와 관련해서도 사용된다. 레위인은 성막에서 '직무'(즉, "일")를 수행해야 하고(예를 들어, 민 4:26, 28, 31, 33), 성막을 '돌보고 책임져야'(즉, '지켜야') 한다(예를 들어, 민 1:53; 3:25)."[7]

아담을 동산에 두고 동산을 지키는 임무를 맡기시면서, 하나님은 또한 (3장 주석에서 논의할 "생명나무"와 함께 9절에 처음 언급된) "선악을 알게 하는 나무"의 열매를 먹지 말라는 명령도 내리신다. 이 금지는 성경의 첫 번째 율법이고, 이를 어기면 사형이라는 형벌이 뒤따른다. 나무의 역할에 대한 자세한 논의는 창세기 3장에서 다루겠지만, 지금은 아담이 동산의 다른 모든 나무의 열매를 먹어도 된다는 말을 들었고, 그 나무에는 3장에서 언급되는 생명나무도 포함된다는 점에 주목해야 한다.

아담에게 어울리는 배필(2:18-25)

아담은 자기를 에덴('즐거움' 또는 '풍성함')에 두신 하나님과 조화롭게 관계 맺었다. 그런데 하나님은 이것으로 충분치 않고 여전히 무언가 부족하다고 생각하신다. 하나님은 아담에게 그의 동무인 다른 사람과의 관계가 필요함을 아신다. 그래서 하나님은 "그를 위하여 돕는 배필"을 창조하신다(18절).

어떤 독자들은 "돕는 배필"이 종속을 암시한다고 생각하지만, 여기에는 조금의 진실도 담기지 않았다. 히브리어 단어 "돕는 배필"(*ezer*)은 영어 단어 '시종'과 같지 않다. 어떻게 알 수 있는가? 시편은 자주 하나님이 이스라엘을 돕는 분이라고 말하는데(시 33:20; 89:18-19; 또한 신 33:39을 보라), 당연히 하나님은 이스라엘의 시종이 아니시다. 군사적 맥락에서 '에제르'(*ezer*)라는 단어는 '동맹을 맺은 자'로 번역하는 게 좋다. 실제로 동산에 위협(뱀)이 있을 것이므로, 이 문맥에서도 동맹을 맺은 자가 알맞은 번역일 수 있다. 이렇게 동맹을 맺은 자는 그에게 '어울리는' 혹은 '안성맞춤'의 상대다. 여성의 창조를 묘사하는 창세기 2장 전반에서 강조점은 동등함에 있다.

그런데 아담의 동반자를 창조하시기 전에 하나님은 여러 피조물의 자격을 시험해 보시는데, 전에 창조한 것일 수도 있고[NIV 성경은 '지으셨다'("had formed")고 번역한다] 혹은 지금 창조하시는 것일 수도 있다(개역개정의 "여호와 하나님이…지으시고"). 어느 경우든 "들짐승"이나 "공중의 각종 새"는 인간의 동반자로 충분하지 않았다. 그 과정에서 아담은 여러 피조물의 이름을 지어 준다. 이름을 짓는 것은 하나님이 만드신 모든 피조물 가운데 인간만이 지닌 능력으로, 언어와 분류 능력을 암시한다. 올터가 표현하듯이 "사람만이 언어를 발명할 수 있고, 사람만이 언어적 질서를 만들 수 있는 의식 수준을 소유하기 때문에, 인간은 다른 모든 생물보다 우월하다."[8]

하나님이 실제로 말이나 개가 사람에게 적합한 인생의 동반자라고 생각하셨는지 의문이 들지만, 이 일화는 아담의 외로움에 대한 궁극적 해결책인 여자의 창조로 이어지는 서사적 긴장을 조성한다. 하나님은 아담의 갈비뼈로 여자를 창조하신다. 히브리어 단어(*tsela*)는 '옆구리'로 번역될 수도 있다.[9] 어느 경우든 여자의 창조에 대한 이 은유적 묘사의 핵심은 분명하다. 여자는 아담의 머리에서 우월한 존재로 창조되거나 아담의 발에서 열등한 존재로 창조되지 않았고, 아담의 옆구리에서 창조되었으며, 이는 그들의 관계가 상호적이고 평등하다는 것을 보여 준다.

여자를 만났을 때 아담에게서 성경의 첫 번째 시가 터져 나오는데, 남성과 여성의 평등을 한층 더 강조하는 시다.

> 이는 내 뼈 중의 뼈요
> 살 중의 살이라.
> 이것을 남자에게서 취하였은즉
> 여자라 부르리라. (23절)

영어에서 여자(woman)와 남자(man)의 단어 유희에는 '잇샤'(*ishshah*)를 '이쉬'(*ish*)에서 취했다는 히브리어 단어 유희가 반영되어 있다.

이 시는 남성과 여성의 새로운 관계에 대한 서사적 묘사로 이어진다. 새로 형성된 이 관계에는 세 부분이 있다. 그것은 바로 부모를 떠나는 것에서 시작하여, 그다음 남편과 아내가 연합하고, 마침내 한 몸이 된다는 것이다. 물론 여기서 결혼이라는 단어가 사용되지는 않지만, 이 본문이 신성한 결혼 제도를 확립한다는 전통적 이해는 옳다. 단어를 명시적으로 언급하지 않더라도 개념이 드러날 수 있기 때문이다. 또한 후대의 성경은 분명 이 친밀한 관계를 결혼으로 이해한다. 이 정의가 내포하는 의미에 대해서는 뒤에서 살펴볼 것이다('이야기 살아내기'를 보라).

두 번째 창조 기사는 4:25에 이르러서야 아담으로 명확히 불리는 남성과 그의 이름 없는 아내(3:20을 보라)가 동산에서 벌거벗었으나 부끄러워하지 않았다는 진술로 끝난다. 이 묘사는 하나님이 창조하셨을 때 인류의 순전함을 강조한다. 그들에게는 숨길 것이 아무것도 없었고, 그래서 옷을 입지 않고 서로 앞에 설 수 있었다. 이런 개방성은 신체적·성적 개방성을 넘어설 뿐 아니라, 정서적·심리적·영적 부끄러움이 없음을 암시한다. 따라서 창세기 2장은 인간과 하나님의 조화와 더불어, 그로 인한 인간과 인간 그리고 인간과 창조 세계와의 조화를 강조하면서 마무리된다.

이야기 살아내기

창세기 1장과 마찬가지로, 두 번째 창조 기사도 엉뚱하게 기원 논쟁에 휘말렸다. 인간은 특별하게 창조된 것인가? 아니면 이전의 생명체에서 진화한 것인가? 아담과 하와 두 사람에 대한 묘사가 보여 주는 고도의 은유성은 이 질문이 잘못되었음을 보여 준다. 창세기 2:4-25은 하나님이 인간을 어떻게 창조하셨느냐에 관한 것이 아니다.[10] 두 번째 창조 기사는 인간이 어떻게 창조되었느냐는 질문에는 관심이 없지만, 이 이야기를 들을 때 독자는 인류의 본질뿐 아니라 그외의 다양한 사안에 관하여 영향받는다.

하나님과 특별한 관계를 맺은 피조물

아담의 창조는 하나님의 창조라는 측면에서 그리고 하나님과 우리의 관계에서, 인류의 지위를 조명한다. 이로써 인간에 대한 우리의 자기 인식에 영향을 주고, 두 가지 오해를 피할 수 있게 해 준다. 한편에서 아담이 땅의 흙으로 창조되었다는 것은, 역시 흙으로 창조된 다른 동물과 마찬가지로(2:19) 우리도 피조물 곧 창조의 일부임을 상기시켜 준다. 우리는 신적 존재나 반신적 존재도 아니며, 차라리 동물에 가깝다.

다른 한편으로 우리는 단순한 동물이 아니며, 하나님과 특별한 관계를 맺는 동물이다. 물론 첫 번째 창조 기사는 사람이 하나님의 형상으로 만들어졌다고 언급함으로써 인간에 관한 이런 관점을 가르쳐 주었다. 두 번째 창조 기사에서 인간이 하나님의 숨으로 생기를 얻은 존재로 묘사된다는 사실은 우리 본성의 이러한 차원을 전달한다. 특히 신들의 피나 침에 신성한 요소를 부여하여 묘사하는 바빌로니아 기사의 경멸적 인간관과 대조해 볼 때, 이런 묘사가 지닌 고귀함이 더욱 두드러진다는 사실을 기억해야 한다.

아담이 흙과 하나님의 숨으로 창조되었다는 것은 하나님이 어떻게 인류를 창조했는지 알려 주려는 시도가 아니라, 오히려 우리의 정체성 및 우주에서 우리의 지위에 관한 통찰을 준다. 우리는 신이 아니지만 단순히 동물도 아니다.

창세기 2장은 우리가 인간으로서 자기와 타인에 대한 건강한 존중감을 키우는 데 도움을 준다. 시편 기자(시 22:6을 보라)와 욥(욥 25:6)은 다른 사람들에게서 벌레나 구더기라는 말을 들었다. 실제로 욥기 본문에서 빌닷은 모든 인간이 구더기에 불과하다고 일반화한다.

하지만 창세기 1-2장에 따르면 그와 같은 관점은 방향을 잘못 잡은 것이다. 실제로 시편 8편을 쓴 시인은 이 사실을 올바로 이해하고 이렇게 선포했다.

> 그[인간]를 하나님보다 조금 못하게 하시고
> 영화와 존귀로 관을 씌우셨나이다. (5절)

시편 139편 작자에 따르면 인간은 "심히 기묘"하게 만들어졌다(14절). 하지만 우리는 균형을 잃지 말아야 한다. 우리는 흙으로 만들어진, 하나님보다 못한 존재다. 창세기 2장이 우리에게 주는 관점은 우리가 피조물임을 상기시킨다.

이것은 자기 인식의 문제일 뿐만 아니라 또한 동료 인간을 바라보는 적절한 관점도 알려 준다. 배우자처럼 가까운 사람이든 낯선 사람이든, 다른 사람과 만날 때 우리는 상대방이 피조물이지만 창조 덕분에 하나님과 특별한 관계를 맺고 있다는 사실을 명심해야 한다. 상대방이 누구든지 하나님이 그들을 창조하셨고, 따라서 그들에게는 가장 존엄한 대우를 받을 자격이 있다.

관계의 중요성

창세기 2장은 또한 관계의 중요성, 실은 관계의 필요성을 강조한다. 물론 창세기 2장을 시작할 때 가장 근본적인 관계는 아담과 하나님의 관계고, 창세기 2장에서 그 관계는 조화롭다.

성경은 하나님이 왜 우주를, 혹은 더 구체적으로 왜 인간을 창조하셨는지에 관한 질문을 다루지 않는다. 물론 성경의 첫 장부터 하나님이 인간 피조물과 관계를 맺는 데 관심이 있으시다는 사실을 알 수 있다. 사실 성경이 그리는 하나님은 일관되게 인간과 관계 맺기를 추구하신다.

하나님께 인간이 필요할까? 본질적으로 하나님은 그 누구도, 그 무엇도 필요하시지 않다. 그분은 자기 존재 외에 다른 어떤 것에도 의존하지 않으신다. 하나님은 인류가 창조되기 전에도 항상 존재하셨다. 그러나 또한 하나님이 인간과 관계 맺기를 열망하시고 처음부터 그 관계를 추구하신다는 사실을 부정하는 것은 성경의 증거에 어긋난다. 하나님은 인간 피조물을 돌보고 사랑하신다.

처음에 그 관계는 건강한 관계다. 하나님과 인간의 관계가 확고한데도 하나님은 무언가 부족하다고 여기신다. 아담에게는 동무와의 관계가 필요하다("그를 위하여 돕는 배필").

자기의 외로움이나 다른 사람의 외로움 때문에 어려움을 겪을 때 이 점을 염두에 두어야 한다. 물론 외로움은 죄가 유입되고 나서 더 강화되지만(창 3장을 보라), 에덴에서도 하나님은 관계를 맺고자 하는 아담의 필요를 인정하셨다. 외로운 사람에게 하나님이 계시니 그것만 있으면 된다고 말하는 것으로는 충분하지 않다.

다시 말해, 공동체가 중요하다. 인류가 하나님을 거역하지 않았더라도, 우리는 다른 사람들과의 관계 가운데 있어야 한다.

성평등

복음주의 개신교 교회 내에서 남성과 여성의 관계에 대한 논쟁이 격렬하다. 이 논의에는 세세한 이견들이 있지만, 일반적으로 두 가지 관점을 가리킨다. 한편에는 남성과 여성의 역할이 다르다고 믿는 상보주의자(complementarians)가 있다. 남성은 가정과 교회 생활에서 리더십과 궁극적 권위를 발휘하는 위치에 있는 반면, 여성은 남성의 의사 결정에 영향을 줄 수는 있으나 보조적 역할을 수행한다. 다른 한편에는 남성과 여성이 이런 영역에서 책임을 분담한다고 믿는 평등주의자(egalitarians)가 있다.[11]

이 두 관점은 상당히 다르지만, 두 관점 모두 남성과 여성이 하나님 앞에서 동등하다고 인정할 것이다. 분명 창세기 2장은 남성과 여성이 모두 동등한 존재로 창조되었다고 분명히 밝힌다. 하와가 아담의 머리나 발이 아닌 갈비뼈(또는 옆구리)에서 창조되는 장면이 이런 관점을 가르치며, 바울도 분명히 다음과 같은 내용을 인정하고 가르쳤다. "너희는 유대인이나 헬라인이나 종이나 자유인이나 남자나 여자나 다 그리스도 예수 안에서 하나이니라"(갈 3:28).

결혼의 본질과 성이라는 선물

창세기 2장에서 한 관계가 특히 전면에 등장하는데, 그것은 바로 결혼이다.[12] 결혼은 모든 인간관계 중에 가장 친밀한 관계로 제정된다. 창세기 2장은 한 남성과 한 여성의 관계로 결혼을 묘사한다. 다시 말해, 상호 배타적인 유일한 인간관계다. 물론 타락 후 하나님은 (아마 부족 사회에서 남성과 여성의 불균형으로 인해) 일부다처제를 허용하시지만, 이혼과 마찬가지로 하나님의 이상이 아니라 인간 마음의 "완악함" 때문에 허용된다(마 19:8의 예수님 말씀을 보라).

위에서 언급한 바와 같이 2:24에 정의된 결혼에는 세 가지 필수 요소가 있는데, 이제 이에 대해 간략히 설명해 보겠다.

(1) "이러므로 남자가 부모를 떠나"

남성은 새 아내를 맞이하기 위해 부모를 떠나야 한다. 시편 45:10에 따르면 여성도 부모를 떠나야 한다("딸이여 듣고 보고 귀를 기울일지어다. 네 백성과 네 아버지의 집을 잊어버릴지어다").

이 떠남이 물리적 행위라고 생각하는 것은 잘못이다. 고대 이스라엘에서 신혼부부는 결혼할 때 마을을 떠나지 않았고, 보통 가족 공동체 안으로 들어갔다. 이 떠남은 훨씬 근본적인 차원의 것으로, 새로운 최우선의 신의 관계를 형성하는 것으로 표현하는 것이 가장 적절하다.

결혼 전에는, 특히 오늘날보다 훨씬 어린 나이에 남성과 여성이 결혼한 고대 이스라엘에서 자녀는 부모에게 의존하여 생계를 유지하고 매일의 결정을 내리는 데 도움을 받았다. 결혼 후에는, 배우자가 인생에서 가장 중요한 사람이 된다.

(2) "그의 아내와 합하여"

결혼은 부모를 떠나 배우자를 향해 옮겨 가는 것을 의미한다. 이 일은 어떻게 이루어지는가?

창세기에서는 명시적으로 말하지 않지만, 경험에 따르면 두 사람은 공통의 경험과 대화를 통해 서로 더 가까워진다. 남성과 여성의 정서적·영적 결합은 하룻밤 새 이루어지지 않고, 결혼 전에 두 사람이 함께 시간을 보내고 서로 알아 가면서 시작되는 과정이다. 잠언은 모든 인간관계에서 말의 중요성을 언급하지만, 특히 부부 관계에서 말은 결정적이다.[13]

잠언은 지혜로운 말과 어리석은 말에 대해서 설명하고, 당연히 건강한 결혼 생활은 진실을 전달하고 마음에서 우러나오는 지혜로운 말 위에 세워진다. 부부는 대화를 통해 서로의 과거 경험과 자기가 누구인지를 공유한다. 따라서 부부는 오랜 기간에 걸쳐 탄탄한 관계를 세울 수 있다.

(3) "둘이 한 몸을 이룰지로다"

기독교 상담 및 교육 재단(Christian Counseling and Education Foundation)의 전 대표인 존 베틀러(John Bettler)는 창세기 2:24에서 결혼의 세 요소가 떠남(leaving), 엮임(weaving), 달라붙음(cleaving)이라고 말했다. 이제 달라붙음 부분으로 넘어간다.

성적 친밀감은 부부 관계에서 필수 요소다. 창세기 2:24에 근거하여 우리는 부부간의 성이 하나님의 선물이라고 말한다. 성행위를 통해 두 사람은 하나가 된다. 이는 남성이 아내의 질에 성기를 삽입하는 육체적 의미에서만이 아니라, 남편과 아내가 오르가슴을 통해 상대방에게 빠져들면서 정서적·심리적·영적으로도 그들은 하나가 된다.

의미심장하게도 여기서는 출산이 결혼의 필수 요소라고 규정하지 않는다. 결혼은 떠나고, 엮이고, 달라붙는 것이지, 반드시 출산의 진통(heaving)을 동반하지는 않는다. 물론 성경은 자녀를 기뻐한다. 자녀는 하나님의 선물이지만(시 127:3-5), 결혼에 대해 하나님이 내리신 정의의 일부는 아니다. 이 통찰이 의미하는 바는 성이 출산으로 이어지든, 그렇지 않든 결혼한 부부에게 주신 하나님의 선물이라는 것이다. 하나님은 인간 피조물이 부부간의 성을 즐기기 바라신다. 성은 그들에게 주신 선한 선물이다.[14]

창세기 2장에 규정된 대로 결혼은 한 남성과 한 여성의 결합이다. 이것은 나중에 구약에 등장하는 일부다처제에 대한 의문을 제기한다. 실은 일부다처제는 신약 시대에도 허용되었다. 실은 일부다처제는 모세 율법에서 정죄되지 않았다. 그러나 그것은 제한되었다(출 21:7-11). 아브라함, 야곱, 다윗 등 구약의 중요한 인물들은 하나 이상의 아내를 두었다.

물론 일부다처제가 허용되기는 하지만, 창세기 2장에 근거하여 우리는 이것이 결혼에 대한 하나님의 이상이 아니라는 점을 이해해야 한다. 이혼과 마찬가지로 하나님은 인간 마음의 완악함 때문에 일부다처제를 허용하시는 듯 보인다(마 19:8-9에서 예수님의 설명을 보라). 아마 대부분의 부족 문화에는 여성이 남성보다 훨씬 많았고 이런 사회에서 혼자 사는 여성의 삶은 위험으로 가득했기 때문에, 당시에 하나님은 일부다처제를 허용하셨을 것이다. 일부다처제가 하나님의 이상이 아니라는 것은, 일부다처 결혼 생활에 관한 이야기들에서도 볼 수 있다. 아내를 많이 두면 행복은커녕 가정 문제로 이어진다는 것은 아브라함과 사라 및 하갈의 결혼 생활과 더불어 야곱과 라헬 및 레아의 결혼 등 후대의 이야기에서 볼 수 있다.

일의 선함

아담은 창조될 때 동산을 경작하고 지키는 책임을 부여받았다. 요컨대 그는 일을 배당받았다. 이는 인간이 하나님을 거역하지 않았더라도 일을 해야 했다는 의미다. 이 주제는 다음 장에서 더 자세히 다루겠지만, 여기서는 우리가 종종 힘들고 불만스러운 것으로 경험하는 일이 죄의 결과가 아니라, 우리의 창조된 본성의 일부라는 점만 간단히 살펴볼 것이다.

창조 세계를 돌보는 것의 신학적 토대

우리는 두 창조 기사 모두에서 인간이 정점에 있음을 보았다. 이 내러티브는 하나님이 특별한 방법으로 인간 피조물을 돌보신다는 사실을 분명히 보여 준다. 하지만 인류가 특권적 지위를 누린다고 해서 나머지 창조 세계가 중요하지 않다는 의미는 아니다. 사실 두 창조 이야기는 모두 환경과 동료 피조물에 대한 관심의 신학적 근거를 제시한다.

피조물을 다스리는 통치자와 정복자의 지위는 착취자가 아니라 보호자의 지위다(1:26-28). 전적으로는 아니지만 주로(욥기 38:39-39:30을 보라), 인간의 대리 역할을 통해 하나님이 동물을 돌보실 것이라는 사실은 아담에게 동물의 이름을 지어 주라고 하신 하나님의 명령에서 볼 수 있다(2:19-20). 인간이 환경을 돌보고 보호해야 할 의무는 동산을 '경작하고' '돌보라'(혹은 더 나은 표현으로 '지키다/보호하다')는 하나님의 명령에서 볼 수 있다(2:15).

따라서 환경에 대한 현대의 관심에는 깊은 성경적·신학적 뿌리가 있고, 우리는 나중에 다른 묵상에서도 이것의 더 깊은 차원을 살펴볼 것이다(6:1-9:17을 다룬 장 '이야기 살아내기'에서 "노아는 환경운동가이자 동물 보호론자였는가?" 단락을 보라). 유례없이 많은 인류가 지구에 거주하고 그 풍부한 자원을 사용하면서 지난 몇 세기 동안 인간이 환경에 관심을 기울여야 할 중대한 필요는 한층 더 증가했다.

산업화는 인간과 지구 자원 간의 상호 작용과 개입에 새로운 차원을 더했다. 그 결과, 인간의 노동과 나머지 피조물(동물과 자연)을 돌보는 데 관련된 문제들은 훨씬 더 복잡해졌다. 지난 10-20년 동안 다양한 기독교 지도자들은 창조 세계를 돌보는 것에 관한 성경의 가르침에 민감하게 깨어 있다는 사실을 직접 보여 주었다.[15] 이 사역은 지구와 복음의 대의를 위해 특히 중요하다.

성경, 특히 창세기는 하나님이 주신 지구의 동물과 천연자원을 돌보는 것과 관련하여, 하나님의 형상으로 창조되어 구속받은 백성인 우리의 역할에 의문의 여지를 남기지 않는다. 이 문제는 경제, 정치, 과학의 수준에서 복잡하게 얽혀 있으므로 정확히 어떻게 이 일을 해야 할지 지혜가 필요하다. 선의를 가진 사람들은 최선의 행동 방침이 무엇인지에 대해 서로 다른 관점을 가질 것이다. 예를 들어, 일부 그리스도인은 과학이 명확히 보여 주듯 인간의 활동이 기후 변화를 초래하여 인류와 창조 세계 전반에 재앙을 가져다줄 수 있다고 느끼지만, 또 다른 이들은 위험이 과장되었고 제안된 해결책이 부자들만이 아니라 일자리를 잃을지 모르는 가난한 사람들에게도 경제적 어려움을 초래할 수 있다고 느낀다. 어느 쪽도 악마화하지 말아야겠지만, 과학은 기후 변화의 위험을 압도적으로 지지하는 듯 보인다. 다만 정책을 시행할 때 경제적 영향을 염두에 두고, 특히 가난한 사람들에게 미칠 수 있는 잠재적 영향을 최대한 최소화하는 방식으로 이루어져야 한다.[16]

그리스도: "심오한 신비"

앞서 보았듯이 결혼은 상호 배타적인 유일한 인간관계고, 따라서 하나님과 우리의 관계에 대한 적절한 은유가 된다. 우리가 한 명의 배우자만 가질 수 있듯이 한 분 하나님만 섬길 수 있으며, 그래서 성경은 종종 하나님의 백성인 우리가 마치 하나님의 아내라도 되는 듯이 말한다.

인간의 죄 때문에 이 은유는 보통 부정적 의미로 사용된다(예를 들어, 호 1장과 3장; 겔 16장과 23장을 보라). 하나님의 백성은 우상 숭배로 인해 영적 간음을 저지른다. 우리는 다음 장에서 이 주제를 자세히 살펴볼 것이다. 그런데 구약에서도 하나님과 이스라엘의 건강한 초기 결혼 생활을 언뜻 볼 수 있다.

> 여호와께서 이와 같이 말씀하시기를
> 내가 너를 위하여 네 청년 때의 인애와
> 네 신혼 때의 사랑을 기억하노니
> 곧 씨 뿌리지 못하는 땅,
> 그 광야에서 나를 따랐음이니라.

이스라엘은 여호와를 위한 성물
곧 그의 소산 중 첫 열매이니
그를 삼키는 자면 모두 벌을 받아
재앙이 그들에게 닥치리라. (렘 2:2-3)

그러므로 보라 내가 그를 타일러
거친 들로 데리고 가서
말로 위로하고
거기서 비로소 그의 포도원을 그에게 주고
아골 골짜기로 소망의 문을 삼아 주리니
그가 거기서 응대하기를 어렸을 때와
애굽 땅에서 올라오던 날과 같이 하리라. (호 2:14-15)

신약에서 결혼 은유는 예수님과 그리스도인의 관계에 적용된다. 에베소서 5:21-33에서 바울은 결혼한 부부에게 지침을 준다. 모든 그리스도인이 서로 복종해야 한다는 맥락에서(21절), 그는 구체적으로 남편에게 복종하라고 아내에게 권면하고(22절), 아내를 사랑하라고 남편에게 권면한다(25절). 바울은 그리스도와 교회의 관계에 빗대어 이렇게 말한다. 실제로 그는 창세기 2:24을 인용하면서 한 남성과 한 여성의 결혼을 묘사한 다음 "이 비밀이 크도다. 나는 그리스도와 교회에 대하여 말하노라"고 설명한다(32절).

여기서 바울이 인정하는 것은 그리스도와 우리의 관계가 남편과 아내의 관계와 같다는 점이다. 이 관계는 배타적인 신의와 열정, 헌신을 요구한다. 이것은 매우 친밀한 관계다. 결혼은 그리스도와 우리의 관계에 대한 이해를 깊이 있게 만들고, 그리스도와 우리의 관계는 결혼에 대한 이해에 영향을 준다.

요한계시록은 결혼 은유를 사용하여 우리와 그리스도의 관계가 절정에 이르는 때, 곧 그리스도께서 다시 오셔서 새 하늘과 새 땅을 시작하시는 때를 묘사한다.

> 또 내가 들으니 허다한 무리의 음성과도 같고 많은 물소리와도 같고 큰 우렛소리와도 같은 소리로 이르되
>
> 할렐루야!
>
> 주 우리 하나님 곧 전능하신 이가 통치하시도다.
>
> 우리가 즐거워하고 크게 기뻐하며
>
> 그에게 영광을 돌리세.
>
> 어린양의 혼인 기약이 이르렀고
>
> 그의 아내가 자신을 준비하였으므로
>
> 그에게 빛나고 깨끗한 세마포 옷을
>
> 입도록 허락하셨으니
>
> 이 세마포 옷은 성도들의 옳은 행실이로다 하더라.
>
> 천사가 내게 말하기를 기록하라. 어린양의 혼인 잔치에 청함을 받은 자들은 복이 있도다 하고 또 내게 말하되 이것은 하나님의 참되신 말씀이라 하기로. (계 19:6-9)

그리스도와 우리의 천상적 관계는 결혼으로 묘사된다. 이 은유를 통해 우리는 동산에서 잠시 경험했던 친밀한 관계가 회복되리라는 사실을 깨닫는다. 하나님과 인간 피조물 사이의 바람직한 사귐이 다시 확립되어 다시는 깨지지 않을 것이다. 우리는 하나님과 결혼하게 될 것이다.

3

창세기 3장

3:1그런데 뱀은 여호와 하나님이 지으신 들짐승 중에 가장 간교하니라 뱀이
여자에게 물어 이르되 하나님이 참으로 너희에게 동산 모든 나무의 열매를
먹지 말라 하시더냐 2여자가 뱀에게 말하되 동산 나무의 열매를 우리가 먹
을 수 있으나 3동산 중앙에 있는 나무의 열매는 하나님의 말씀에 너희는 먹
지도 말고 만지지도 말라 너희가 죽을까 하노라 하셨느니라 4뱀이 여자에
게 이르되 너희가 결코 죽지 아니하리라 5너희가 그것을 먹는 날에는 너희
눈이 밝아져 하나님과 같이 되어 선악을 알 줄 하나님이 아심이니라 6여자
가 그 나무를 본즉 먹음직도 하고 보암직도 하고 지혜롭게 할 만큼 탐스럽
기도 한 나무인지라 여자가 그 열매를 따먹고 자기와 함께 있는 남편에게
도 주매 그도 먹은지라 7이에 그들의 눈이 밝아져 자기들이 벗은 줄을 알
고 무화과나무잎을 엮어 치마로 삼았더라 8그들이 그날 바람이 불 때 동산
에 거니시는 여호와 하나님의 소리를 듣고 아담과 그의 아내가 여호와 하
나님의 낯을 피하여 동산 나무 사이에 숨은지라 9여호와 하나님이 아담을
부르시며 그에게 이르시되 네가 어디 있느냐 10이르되 내가 동산에서 하나
님의 소리를 듣고 내가 벗었으므로 두려워하여 숨었나이다 11이르시되 누
가 너의 벗었음을 네게 알렸느냐 내가 네게 먹지 말라 명한 그 나무 열매
를 네가 먹었느냐 12아담이 이르되 하나님이 주셔서 나와 함께 있게 하신
여자 그가 그 나무 열매를 내게 주므로 내가 먹었나이다 13여호와 하나님
이 여자에게 이르시되 네가 어찌하여 이렇게 하였느냐 여자가 이르되 뱀
이 나를 꾀므로 내가 먹었나이다 14여호와 하나님이 뱀에게 이르시되 네가
이렇게 하였으니 네가 모든 가축과 들의 모든 짐승보다 더욱 저주를 받아
배로 다니고 살아 있는 동안 흙을 먹을지니라 15내가 너로 여자와 원수가
되게 하고 네 후손도 여자의 후손과 원수가 되게 하리니 여자의 후손은 네
머리를 상하게 할 것이요 너는 그의 발꿈치를 상하게 할 것이니라 하시고

16또 여자에게 이르시되 내가 네게 임신하는 고통을 크게 더하리니 네가
수고하고 자식을 낳을 것이며 너는 남편을 원하고 남편은 너를 다스릴 것
이니라 하시고 17아담에게 이르시되 네가 네 아내의 말을 듣고 내가 네게
먹지 말라 한 나무의 열매를 먹었은즉 땅은 너로 말미암아 저주를 받고 너
는 네 평생에 수고하여야 그 소산을 먹으리라 18땅이 네게 가시덤불과 엉
겅퀴를 낼 것이라 네가 먹을 것은 밭의 채소인즉 19네가 흙으로 돌아갈 때
까지 얼굴에 땀을 흘려야 먹을 것을 먹으리니 네가 그것에서 취함을 입었
음이라 너는 흙이니 흙으로 돌아갈 것이니라 하시니라 20아담이 그의 아내
의 이름을 하와라 불렀으니 그는 모든 산 자의 어머니가 됨이더라 21여호
와 하나님이 아담과 그의 아내를 위하여 가죽옷을 지어 입히시니라 22여호
와 하나님이 이르시되 보라 이 사람이 선악을 아는 일에 우리 중 하나 같
이 되었으니 그가 그의 손을 들어 생명나무 열매도 따먹고 영생할까 하노
라 하시고 23여호와 하나님이 에덴동산에서 그를 내보내어 그의 근원이 된
땅을 갈게 하시니라 24이같이 하나님이 그 사람을 쫓아내시고 에덴동산 동
쪽에 그룹들과 두루 도는 불 칼을 두어 생명나무의 길을 지키게 하시니라

이야기 속 다른 본문 경청하기

성경 본문: 창세기 1-2장; 고대 근동 문헌: 길가메시 서사시; 아다파

창세기의 처음 두 장은 우주의 창조(1:1-2:3)와 인류의 창조(2:4-25)를 서술한다. 이 두 창조 기사는 창세기 3장에 나오는 인간의 거역 이야기의 직접적 배경이 된다. 특히 창세기 3장은 두 번째 창조 기사와 연결된다.

창세기 2장 마지막에서 동산에는 하나님과 아담 및 하와 사이, 아담과 하와 사이, 아담 및 하와와 그들의 생활 환경(에덴) 사이에 조화가 있다. 모든 것이 순조롭고 모두가 행복하다. 창세기 3장은 무슨 일이 일어났기에 인간의 경험이 우리가 알고 있는 것처럼 결코 행복하지 않게 되어

버렸는지를 들려준다.

일부 학자들은 창세기 1-2장 외에 아카드의 아다파 신화가 창세기 3장 배후에 깔려 있다고 본다.[1] 아다파 신화 또한 인간이 영생을 상실하는 일화를 기술하지만, 이 신화와 성경 본문에 어떤 관련이 있는지 질문하게 될 만큼 큰 차이가 있다. 아다파는 목숨을 구하기 위해 남풍의 날개를 부러트렸기 때문에 하늘로 끌려가 아누(Anu) 신 앞에 등장한다. 그는 먹고 마실 '음식'과 '생명수'를 제공받았지만, 자기의 신 에아의 조언에 따라 거절한다. 에아가 왜 이런 조언을 했는지는 알 수 없지만, 추종자가 동료가 되기보다 계속 추종자로 남기를 원했기 때문일 수도 있다. 어떤 이유에서든 그는 먹지 않음으로써 영생을 상실한다. 물론 아담(어떤 사람들은 그의 이름이 적어도 발음상 아다파와 비슷하다는 점을 지적한다)과 하와는 선악을 알게 하는 나무의 열매를 먹음으로써 영생을 잃는다. 이는 생명나무 열매를 먹는 효과를 상실하게 만드는 행위다.

창세기 3장의 줄거리를 생각할 때 길가메시 서사시의 한 일화가 우리의 관심을 끈다. 친구 엔키두(Enkidu)가 죽은 후 길가메시는 영생을 얻을 길을 모색한다. 이 모색 과정에서 영원한 생명을 얻은 유일한 인간 우트나피시팀(Utnapishtim)을 만난다. 창세기 6-9장의 홍수 기사와 관련하여 이 이야기를 상술할 때 보겠지만, 우트나피시팀은 그가 홍수 사건에서 담당한 역할에 대한 보상으로 영생을 얻었고, 그러므로 길가메시는 같은 방식으로 생명을 가질 수는 없었다.

그러나 홍수의 영웅(우트나피시팀)은 길가메시에게 약간의 희망을 주면서 어떤 식물에 대해 이렇게 말한다. "이 식물의 가시는 장미처럼 네 손을 찌를 것이다. 네 손이 이 식물에 닿을 때 너는 다시 젊은이가 될 것이다."[2] 이에 화답하듯 길가메시는 깊은 바닷물로 뛰어들어 그 식물을 건져 올린다. 그러나 길가메시에게 생명을 줄 이 식물을 먹기 전, 뱀이 나타나 그것을 먹어 치운다. 그래서 뱀은 주기적으로 허물을 벗으면서 생명 혹은 적어도 영원한 젊음을 얻지만, 길가메시에게 그 가능성은 사라진다.

이 길가메시 서사시에서 뱀은 길가메시가 생명을 얻을 기회를 꺾어 버린다. 다만 길가메시 서사시의 이 장면과 창세기 3장에서 뱀의 역할 사이에 어떤 직접적인 연관성을 발견하기보다, 이 이야기를 비롯한 다른 근동 문헌에서 뱀이 부정적인 역할을 맡았다는 점에 주목하는 것이 도움이 된다. 존 월턴은 아다파 문헌에서 하늘로 가는 천상의 문지기 닝기시지다(Ningishzida)가 뱀으로 묘사되고 "지하 세계에 사는 악마의 수호자"라는 점을 지적한다.[3] 그는 또한 이집트에서 뱀이 주술적인 사악한 지혜와 관련되고, 혼돈의 괴물인 아포피스(Apophis)의 모습을 하고 있음을 언급한다. 사실 창조의 힘에 저항하는 혼돈의 여신 티아마트(창세기 1장 주석에서 에누마 엘리시에 대한 묘사를 보라)는 뱀의 모습을 한 것으로 보인다. 그녀는 분명 뱀을 닮은 악마 괴물을 낳는다. 티아마트에 대한 생생한 묘사에서 (그때는 악마적 힘을 소유하지 않았는데도) 그녀는 걸어 다니는 뱀으로 표현된다. 이 같은 동일시는 창세기 3:1에 분명한 영향을 끼쳤다(이어지는 내용을 보라).

— 이야기 설명하기 —

인간의 거역(3:1-8)

이전 장에서 우리는 어떤 준비도 하지 못한 채 3:1에서 뱀의 등장에 맞닥뜨린다. 창세기 2장 마지막은 조화로 가득했지만, 여기서 우리는 분명 하나님을 거스르는 한 피조물을 만난다. 뱀은 선하지 않고, 오히려 하나님과 인간 피조물의 관계를 무너트리려 하므로 악하다.

뱀은 누구인가? 그리스도인들은 너무 성급하게 '마귀'라고 대답한다

(하지만 이어질 내용을 보라). 분명 아담과 하와는 뱀을 악마로 생각하지 않았을 것이고, 이 이야기를 처음 접한 청중 가운데 아무도 그렇게 생각하지 않았을 것이다. 그렇지만 우리는 방금 고대 근동 문학에서 뱀이 어떻게 악의 세력을 상징했는지를 논의했고, 우리도 그 정도로는 말할 수 있겠다. 뱀은 이 이야기에서 악한 세력으로 인식될 수 있었다.

우리는 아담에게 동산을 지킬/보호할 책임이 주어졌다는 사실을 기억해야 한다(2:15). 뱀이 처음으로 모습을 드러내자마자, 아담은 이 피조물에게 동산 밖으로 나가라고 명령해야 했다. 하지만 아담은 침묵을 지키면서 아무 일도 하지 않는다. 실제로 "하나님이 참으로 너희에게 동산 모든 나무의 열매를 먹지 말라 하시더냐?"는 뱀의 질문에 대답하는 사람은 하와다.

표면적으로 볼 때 이 질문은 터무니없다. 모든 나무의 열매를 먹지 않을 경우 그들은 굶주려 죽을 것이다. 사실 프로번(Provan)이 지적하듯, 뱀의 질문은 하나님의 진술을 거꾸로 뒤집는다. 하나님은 선악을 알게 하는 나무를 제외하고 "동산 각종 나무의 열매는 네가 임의로 먹되"라고 말씀하셨다. "창세기 2장에서 하나님의 어휘는 자유와 축복을 암시한다. 반면 창세기 3장의 뱀의 어휘는 금지와 제한을 암시한다."[4] 그런데 하와는 그냥 뱀을 비웃는 대신, 그 말을 진지하게 받아들여 그와 대화를 나눈다. 하와는 하나님이 조롱받지 않으시도록 변호하기 위해 이렇게 했고, 따라서 최초의 변증가로 볼 수 있다. 하지만 하나님은 전혀 '변호' 받으실 필요가 없으시고, 그래서 하와의 말은 자기를 곤경에 빠트리게 된다. 사실 아담은 동산을 지키는 책임을 맡았고(2:15), 하와가 창조된 후에는 아마 하와도 이 책임을 분담했을 것이다. 따라서 그들은 뱀과 대화 나누지 말고, 그냥 뱀에게 동산을 떠나라고 명령해야 했다. 대화를 나눔으로써 그들은 "질서를 거꾸로 뒤집었고, 다른 피조물(뱀)에게 복종하면서 자기들을 하나님보다 높였다. 그들은 뱀에게 정당한 법적 권한을 행사하는 대신, 뱀이 자기들의 법을 제정하는 자가 되도록 허용했다."[5]

하와는 뱀에게 오직 한 나무, 동산 한가운데 있는 나무만 금지되었다고 지적하는데, 바로 선악을 알게 하는 나무, 하와의 말에 따르면 그 열매를 먹지도 말고 만지지도 말라고 하나님이 지시하신 나무를 가리킨다.[6] 우리는 나무를 만지지 말라는 명령을 그냥 지나칠 수 없다. 이로써 하와는 최초의 변증가일 뿐 아니라, 최초의 율법주의자다. 그녀는 하나님이 주신 율법에 자기의 제한을 추가한다.

그 뒤에 뱀은 하나님의 금지 명령을 조롱하면서, 나무의 열매를 먹어도 나쁜 결과를 초래하지 않을 것이라고 부정한다. 실은 정반대로, 선악과를 먹으면 "너희 눈이 밝아져 하나님과 같이 되어 선악을 알" 것이다(3:5).

지금까지의 내러티브와 대화는 여기서 지혜가 쟁점이라는 점을 강조했다. 우리는 이미 뱀이 "간교"하다는 말을 들었는데, 이 단어(*arum*)는 잠언에서 지혜와 관련이 있다(또한 "명철/슬기로운"과 같이 더 긍정적으로 번역된다, 1:4; 8:5, 12; 12:16 등). 또한 여기서 뱀은 하와에게 이 열매를 먹으면 하와와 그 남편이 어떤 지식을 얻을 것이라고 말한다. 하와 자신도 열매를 먹으면 지혜를 얻을 것이라고 믿게 된다(6절). 여기서 이 열매를 먹을 때 실제로 문제가 되는 것은 무엇일까?

먼저, 우리는 아담과 하와가 이미 선과 악에 관한 일종의 지식을 가지고 있었음을 알아야 한다. 그들은 나무의 열매를 먹는 것이 잘못이고 자제하는 게 좋다는 사실을 알았다. 우리는 성경에서 지식이 지적 인식 그 이상이고, 경험과 관련이 있음을 기억해야 한다. 아담이 자기 아내 하와를 알았을 때[개역개정에서 "동침하매"로 번역된 히브리어 단어 '야다'(yada)의 원래 의미는 '알다'이다—편집자] 하와가 임신한 것(4:1)은, '아는 것'이 경험임을 보여 주는 좋은 사례다.

핵심은 아담과 하와가 열매를 먹는 행동을 통해 실제로 악에 참여한다는 것이다. 그들은 또한 하나님으로부터 도덕적 독립성을 주장한다.

본질적으로 그들의 행동은 하나님께 “우리는 무엇이 옳고 그른지 하나님이 정의하도록 허용하지 않고 우리 스스로 윤리적 판단을 내리겠습니다”라고 말하는 것이다.

그 열매는 여자의 감각에 호소했고(“먹음직도 하고 보암직도 하고”), 그래서 하와는 하나님의 지시보다 자신의 감각을 따라 열매를 먹었다. 그런 다음 하와는 “함께 있는” 남편에게도 주었고 남편도 먹었다.[7] 이야기의 이 대목에서야 우리는 아담이 함께 있었다는 사실을 듣는다. 그는 말하거나 행동하지 않고 전체 대화를 지켜보았던 것 같다. 하와를 비난하고 싶어 하는 사람들에게, 적어도 하와는 논쟁했고 아담은 그저 말없이 굴복한 거라고 말해 주고 싶다. 결론은 두 사람 모두 하나님을 거스른 최초의 죄에 대해 똑같이 과실이 있다는 것이다.

그 결과는 즉각 나타났고, 먼저 서로의 관계에 영향을 미친다. 지금까지 그들은 서로에게 완전히 투명할 수 있었지만(“벌거벗었으나 부끄러워하지 아니하니라”), 이제 그들은 자기 몸을 가려야 한다. 수치심을 알았기 때문에 그들은 더 이상 상대의 시선을 견딜 수 없다. 수치심은 자기 소외의 한 형태이고, 따라서 공동체의 관계 단절과 더불어 심리적 혼란을 초래한다.

하나님과의 대면(3:9-13)

내러티브가 계속되면서, 우리는 서로의 관계에 생긴 균열과 자기 소외가 하나님과 그들 사이의 관계가 단절된 결과라는 사실을 알게 된다. 따라서 하나님이 동산을 거니시는 소리를 들었을 때 그들은 하나님에게서 숨는다.

이 장의 신인 동형론적 하나님 묘사에 주목하자. 다시 말해서 하나님을 인간적 방식으로 묘사한다. 그분은 바람이 불 때 거니신다. 아담과 하와가 어디에 숨었는지 혹은 그들이 무엇을 했는지 알지 못하신다. 하나님은 이런 용어로 자기를 묘사하심으로써 사람의 이해에 맞추어 자기를 낮추신다. 저자는 흥미진진한 스토리텔링을 통해 중요한 신학적 진리를 전달한다. 이런 신학적 진리는 하나님의 이해에 한계가 있거나 하나님께 다리가 있다는 의미가 아니다. 이 은유적 언어는 인간이 하나님을 거역함으로써 하나님과 그들 사이에 거대한 장벽을 쌓았다는 사실을 가르쳐 준다.

아담은 자신이 어디에 있는지 하나님께 드러낸 후, 이 죄에서 자기 역할을 은닉하려고 애쓰면서 아내를 탓하고 또한 궁극적으로 하나님을 탓한다. "하나님이 [하와를] 주셔서 나와 함께 있게" 하셨으므로, 하나님의 잘못이다(3:12). 뒤이어 하나님은 역시 책임을 전가하는 여자에게 대답을 요구하신다. 하와는 자기를 속인 뱀을 탓한다.

하나님이 형벌을 선포하시다(3:14-19)

하지만 하나님은 속지 않으신다. 세 행위자 모두 죄가 있고, 따라서 하나님은 세상의 미래에 철저히 영향을 미치는 방식으로 각자에게 차례로 벌을 내리실 것이다.

뱀은 먼저 이동 방식 면에서 저주를 받는다. 뱀이 처음 동산에 나타났을 때, 뱀은 발로 걷고 말을 한 것으로 보이는데, 혼돈과 악의 세력을 가리키는 적절한 상징이다(앞의 '이야기 속 다른 본문 경청하기'에서 티아마트에 대한 묘사를 보라). 뱀은 이제 배로 기어다니면서 "흙을 먹[는]" 형벌을 선고받는데, 이는 가장 품위 없는 이동 방식이다.

뱀에게 내린 저주의 첫 부분은 뱀이라는 동물의 현재 움직임에서 볼 수 있다면, 두 번째 부분은 악의 상징으로서 뱀의 역할에 대해 말한다. 하나님은 뱀의 후손(문자적으로 '씨')과 여자의 후손 사이에 증오심(적대감)을 일으키실 것이다. 이 적대 관계의 결론부에서 우리는 뱀의 후손을 이기는 여자의 후손이 얻을 궁극적 승리를 본다. 여기서 우리는 뱀에게 나쁜 소식이 여자와 그녀의 후손에게 궁극적으로 좋은 소식임을 알 수 있다. 물론 이 승리에는 대가가 따른다. 뱀은 여자의 후손의 발꿈치를 상하게 할 것이다. 그러나 그는 뱀의 머리를 상하게 할 것이다. 여자의 씨에게 끼친 피해도 심각하지만, 다가올 뱀의 종말에 비하면 아무것도 아니다. 발로 밟는 상황을 그려 보면, 발꿈치의 상함은 뱀의 머리를 상하게 하는 행위에서 비롯된 것으로 이해할 수 있다.

'상하게 하다'에 달린 NIV 성경의 각주는 이 동사를 정확하게 번역하는 데 약간의 이견이 있음을 암시한다. NIV 성경은 첫 행(콜론)에서는 '짓밟다'(crush)로, 또한 두 번째 행에서는 '치다'(strike)로 번역하지만, 이 단어는 동일한 동사(*shup*)다. NIV 성경에서는 첫 번째 언급을 아카드어 및 시리아어 동사와 같은 어원을 지닌 단어(*shup* I)로 간주하는 반면, 두 번째 언급은 동음이의어(*shup* II)로 간주한다. 하지만 둘 다 '슈프 I'(*shup*)의 용례일 가능성이 더 커 보인다. 물론 여자의 씨의 발꿈치를 겨냥한 뱀의 행동에 대해 '짓밟다'(crush)라는 개념을 사용하는 것은 잘 맞지 않지만 말이다. 웬함(Wenham)은 약간 다른 뉘앙스를 제안하면서 두 곳 모두에서 동사를 '때리다'(batter)로 번역한다.[8]

동사의 정확한 번역이 무엇이든, 뱀에게 하나님이 내리신 저주의 핵심은 분명하다. 먼저, 뱀의 씨와 여자의 씨 사이에 적대 관계가 있을 것이다. 여자의 씨는 분명 인류다. 뱀의 씨는 문자적 차원에서 뱀을 가리키고 실제로 뱀은 인간에게 위협을 가하지만, 현재 문맥에서 이 의미는 너무 시시하고 신약에서 이 구절을 이해하는 방식과도 분명히 다르다. 그러므로 여기서 뱀은 다시금 악의 세력을 가리키는 상징적 의미를 지닌다. 구약 저자와 최초의 청중이 신약 저자만큼 뱀을 구체적으로 이해했다고 보는 것은 잘못이겠지만, 뱀을 악한 영적 세력의 상징으로 이해했으리라고 보는 게 타당해 보인다.

더 나아가 창세기가 계속되면서 인류 자체가 하나님을 따르는 사람들과 하나님을 거부하기로 선택한 사람들로 나뉘는 것을 볼 것이고(창 4장의 가인과 아벨 이야기에서 벌써 나타난다), 이런 의미에서 그들도 '뱀의 씨'로 간주할 수 있다. 이런 상황이지만 하나님의 저주는, 악의 세력이 결국 '여자의 씨'에게 패배하리라는 사실을 이토록 이른 시점에 독자들에게 알려 준다.

다음으로 하나님이 여자에게 내리시는 형벌을 보자. 뱀의 형벌과 마찬가지로 이것도 두 부분으로 나뉘는데, 둘 다 관계 및 가장 소중한 사람들과 관련된다. 먼저, 출산은 큰 고통을 동반할 것이다. 내가 보기에 16b절을 '내가 아주 심한 해산의 고통을 주리라'("I will make your pains in childbearing very severe")라고 옮기는 NIV 성경의 번역은 중요한 뉘앙스를 놓쳤다. 더욱 문자적인 번역은 NRSV 성경에서 볼 수 있다. '내가 해산의 고통을 크게 더하리라'("I will greatly increase your pangs in childbearing"). 다시 말해서 아담과 하와가 죄를 범하지 않았더라도 아이를 낳을 때 고통이 있었으나, 죄 때문에 그 고통은 가중되었다.

두번 째로 여자와 남편의 관계가 영향을 받게 되는데, 이 형벌은 근본적으로 심리적 수준에서 이루어진다. "너는 남편을 원하고(desire) 남편은 너를 다스릴 것이니라." 이 번역은 훌륭하지만, 남성을 향한 여성의 욕망을 낭만적 욕망으로 받아들인다면 쉽게 오해될 수 있다. '원하다'(*teshuqah*)라는 단어는 히브리 성경 다른 곳에서 딱 두 번 나오는데, 낭만적 욕망의 의미로 한 번 등장하지만(아 7:11), 이 단어의 더 결정적인 의미는 의인화된 죄가 가인을 넘보는 모습을 묘사하는 창세기 4:7에서 나온다. 분명 죄는 가인을 낭만적으로 욕망하는 게 아니고, 그를 삼키거나 통제하기 위해 욕망한다. 이 의미는 현재 절의 부정적 맥락에 훨씬 잘 어울리고, 인간이 일반적으로 경험하는 것에 한층 더 잘 어울린다. 죄가 부부 관계에 영향을 미칠 때, 그것은 사랑을 열망하는 여성의 문제가 아니라 남편을 통제하기 원하는 여성의 문제고, 이 절 다음 부분이 시사하듯 아내를

통제하려 시도하는("다스릴 것이니라") 남편의 문제다.[9]

마침내 하나님은 아담에게로 관심을 돌리신다. 창세기 2장에서 우리는 하나님이 아담에게 일을 맡기시는 장면을 보았다. 아담은 동산을 가꾸고 지켜야 했다. 동산이 저절로 잡초를 뽑지 않았을 것이고, 동산 나무의 열매가 저절로 수확되지는 않았을 것이다. 그런데 하나님의 형벌이 출산에 새로운 차원의 고통을 더했듯이, 하나님의 형벌은 일에 새로운 차원의 좌절감을 더한다. 전도서에서 전도자는 타락이 일에 미친 결과를 고통스러워하며 관찰한다.

> 사람이 해 아래에서 행하는 모든 수고와 마음에 애쓰는 것이 무슨 소득이 있으랴. 일평생에 근심하며 수고하는 것이 슬픔뿐이라. 그의 마음이 밤에도 쉬지 못하나니 이것도 헛되도다. (2:22-23; 또한 2:18-21; 4:4-6을 보라)[10]

전도자는 "해 아래에서" 바라보면서, 인간이 하나님을 거역하던 시점에 하나님이 내리신 저주의 영향 아래 있는 세상을 보고, 일이 좌절감으로 가득한 수고가 되었다고 지적한다. 인생에서 성공을 맛보더라도 죽음이 찾아온다. 또한 "내 뒤를 이을 이에게 [내가 한 모든 수고를] 남겨 주게 됨이라. 그 사람이 지혜자일지, 우매자일지야 누가 알랴마는 내가 해 아래에서 내 지혜를 다하여 수고한 모든 결과를 그가 다 관리하리니 이것도 헛되도다"(2:18-19). 이 고된 노동은 사람이 죽을 때까지 일평생 지속될 것이다. 죽음은 아담의 창조가 역전되는 것, 즉 흙으로 돌아가는 귀환으로 묘사된다(창 2:7을 보라).

아담에게 내린 형벌의 일부로 선포되었지만, 하와도 죽음을 피하지 못한다. 사실 한 가지(출산)를 제외하고, 남자와 여자에게 내린 형벌을 각자에게 고유하게 적용되는 것으로 이해해서는 안 된다. 여자만이 아니라 남자도 관계에서 어려움을 겪고, 여자도 남자만큼 일의 허무함을 맛본다.

또 앞서 언급했듯이 둘 다 흙으로 돌아간다. 우리가 기억하는 것처럼 하나님은 이미 죽음이 불순종의 결과라고 선언하셨다. "선악을 알게 하는 나무의 열매는 먹지 말라 네가 먹는 날에는 반드시 죽으리라"(2:17).

일부 해석자들은 하나님의 경고가 열매를 먹자마자 즉시 죽는 것을 의미한다고 불안하게 만든다. 마치 열매가 신속하게 작용하는 독이 되어 그 자리에서 그들을 죽일 것처럼 말이다. 이에 대한 응답으로, 우리는 그들이 물리적 의미에서 즉시 죽은 것은 아니지만, 먹는 순간 영적 죽음이 나타났다는 사실에 주목할 것이다. 다시 말해, 하나님과 인간 피조물 사이에 균열이 생겼다. 그런데 바울의 나중 표현을 빌리면, 물리적 의미에서도 죽음은 바로 그 순간 세상에 '들어왔다'(롬 5:12).

심판의 집행 (3:20-24)

죽음이 세상에 들어오는 것은 하나님이 생명나무가 선 동산에서 아담과 하와를 추방하는 모습으로 상징된다. 하나님은 천상 회의에서 말씀하시면서(창 1:26에 대한 주석을 보라) 인간 부부를 나무에서 떼어 놓아야 한다고 밝히신다.

어떤 사람은 아담과 하와가 하나님의 허락 없이 생명나무를 급습하여 그 열매를 먹고 영생을 얻지 못하도록, 신속하게 행동해야 한다고 하나님이 다급하게 말씀하신 것이라고, 내가 보기에는 엉뚱하게 이해한다. 영생을 부여하는 일종의 마법의 열매가 나무에 있다고 가정하는 것으로, 이런 해석은 가능성이 없다.

아담과 하와는 오직 한 나무, 선악을 알게 하는 나무의 열매만 먹을 수 없었다는 것을 기억하자(3:3). 그들은 다른 모든 나무의 열매를 먹었는데, 아마 생명나무의 열매도 먹었다는 의미일 것이다. 하나님은 아담과 하와를 동산에서 추방하심으로써 나무에서 그들을 떼어 놓으셨고, 그 결과 노화에 영향받기 시작했다.

본문은 추방되기 전에 일어난 두 가지 조치에 대해 독자에게 알려 준다. 첫 번째 조치는 아담이 아내의 이름을 하와라고 지은 것인데, 이 이름의 의미는 '살아 있음'을 의미하는 듯하고, "그는 모든 산 자의 어머니가 됨이더라" 하는 본문의 설명과 관련이 있다. 죽음이 인간의 경험에 들어왔다고 해서 인류의 종말을 의미하는 것은 아니었다. 아담과 하와는 죽겠지만 자녀를 낳을 것이다. 자녀는 죽겠지만 다시 자녀를 낳을 것이고, 계속 이렇게 이어질 것이다. 보다(Boda)는 전통적 견해인 동물을 죽여 옷을 만든 사건이 아니라, 바로 이 지점에서 구속의 희망을 볼 수 있다고 밝힌다. 결국 인간의 씨는 죄를 패배시킬 것이다(3:15을 보라).[11]

그렇지만, 하와라는 이름의 의미에 대한 전통적 이해에는 문제가 있다. 제빗(Zevit)이 지적하듯이, 사실 하와는 모든 "살아 있는" 것의 어머니가 아니다. 인간만이 아니라 "모든 살아 있는 피조물"이 여기에 포함되기 때문이다.[12] 따라서 "친족, 관련된 씨족 구성원, 아버지 또는 조상의 후손"을 의미하는 같은 어원을 지닌 아랍어를 가져와, 히브리어 '하야'(*hayya*)에 대한 다른 이해를 제시하려는 그의 시도는 분명 옳다고 할 수 있다.[13] 또한 제빗은 "아담이 그녀의 이름을 하와, 곧 친족을 낳은 사람(Kin-maker)이라고 불렀으니 이는 그녀가 모든 친족의 어머니였기 때문이다"라는 번역을 제안한다.

흔히 아담이 하와의 이름을 지었다는 것이 아담에게 하와를 주관하는 권위가 있다는 의미로 받아들여서, 남성에게 여성을 주관할 권위가 있다는 더욱 일반적인 주장으로 이어지곤 한다. 프로번은 다음과 같이 현명하게 지적한다. 만약 이 주장이 옳다면, 창세기 16:13에서 하갈이 하나님의 이름을 지었으므로 그녀에게 하나님을 주관할 권위가 있어야 한다.[14]

두 번째 조치에는 엄청난 의미가 있다. "여호와 하나님이 아담과 그의 아내를 위하여 가죽옷을 지어 입히시니라"(21절). 죄를 범하고 순전함을 잃은 직후 아담과 하와는 얼른 벌거벗은 몸을 "무화과나무잎"으로 가렸다(7절). 하지만 이 조치는 임시방편이었고, 이제 하나님은 그들에게 동물 가죽으로 옷을 만들어 주신다.

어떤 사람은 이 절에서 동물 제사와 피 흘림의 언어를 읽어 내려 하지만, 부적절한 것 같다. 이 조치의 중요성은, 인류가 죄를 범했고 죄의 결과를 경험하더라도 하나님이 여전히 그들과 관계를 맺으실 것임을 보여 주는 데 있다. 다시 말해서 하나님은 죄에 물든 백성에게 은혜의 징표를 선사하신다.

이 장의 마지막 절은 남자와 여자가 동산에서 추방될 때 그들에 대한 심판의 집행을 서술해 주는데, 동쪽으로 추방된 것은 아마 하나님이 그곳에 그룹을 배치하시기 때문일 것이다. 그룹에 대한 언급과 함께 우리는 전사이신 하나님의 모습이 등장하는 것을 본다. 세상이 혼돈을 향해 치닫는 지금, 하나님은 본래의 창조 질서를 되찾기 위해 전사로서 힘을 발휘하신다. 그룹은 하나님의 천상 군대의 일부다. 사실 그들은 하나님의 특수 부대다. 아담과 하와는 동산을 지킬(*shamar*, 2:15) 수 없었지만, 이제 그룹들은 하나님의 죄에 물든 인간 피조물을 포함하여 원치 않는 침입자로부터 동산을 지킨다(*shamar*).

— 이야기 살아내기 —

타락 이야기

성경에서 아담과 하와의 거역과 형벌 이야기에는 어떤 목적이 있는가? 대부분의 그리스도인 독자는 이런 질문을 던진다는 사실에 놀랄 것이다. "한 사람으로 말미암아 죄가 세상에 들어오고 죄로 말미암아 사망이 들어왔나니 이와 같이…사망이 모든 사람에게 이르렀느니라"는 바울의 진술에 비추어 볼 때, 그 목적은 분명해 보이기 때문이다(롬 5:12). 요컨대 많은 그리스도인에게 아담의 죄는 죄의 존재와 죄책감 그리고 죽음의 경험을 설명해 준다. 아담과 하와가 선악을 알게 하는 나무의 열매를 먹지 말라는 계명을 어겼으므로 모든 인간은 태어날 때부터 죄인이다. 이 사상은 흔히 원죄 교리라고 불린다.

그런데 이 이야기에 관한 기독교적 관점으로 넘어가기 전에, 구약에서 인간의 죄를 집단적이든 개인적이든 결코 아담과 하와의 탓으로 돌리지 않는다는 점에 주목해야 한다. 아담과 하와는 창세기 3장 이후 구약에서 거의 언급되지 않고, 그들이 언급될 때도(창 4:1, 25; 5:3-5; 대상 1:1 뿐이다.) 그들의 죄나 다른 사람의 죄와는 아무 관련이 없다. 이스라엘이나 이후 성경 본문에 언급된 어느 개인도 자기의 죄 혹은 다른 사람의 죄, 죄책감, 죽음을 창세기 3장 이야기의 결과로 보지 않는다.[15] 아마 이런 사실은 유대 사상가들이 원죄에 대해 거의 말하지 않는 이유를 설명하는 데 도움이 될 것이다.[16]

실제로 신약도 마찬가지다. 앞서 로마서 5:12을 일부만 인용했는데, 전체 인용문은 이렇다. "그러므로 한 사람으로 말미암아 죄가 세상에 들어오고 죄로 말미암아 사망이 들어왔나니 이와 같이 **모든 사람이 죄를 지었으므로** 사망이 모든 사람에게 이르렀느니라." 우리가 죄를 범하고, 죄책감을 느끼고, 죽는 이유는 아담과 하와가 죄를 범했기 때문이 아니라, 우리가 죄를 범하기 때문이다.

그렇다면 기독교의 원죄 사상은 틀렸는가? 또한 후대의 독자들에게 창세기 3장의 요점은 무엇인가?

두 번째 질문에 먼저 답해 보자. 창세기 3장(또한 그 문제에 있어서 1-2장)은 기원에 관한 본문이다. 앞으로 말하려는 내용은, 이 장들이 실제 역사적 사건을 서술하고 있는지 혹은 어느 정도나 정확한지 등의 큰 논쟁을 일게 하는 질문들에 의해 달라지지 않는다. 어느 경우든 이 이야기들은 단지 고고학적 흥미를 충족시키기 위해서가 아니라, 오늘날 상황이 왜 이렇게 되었는지를 알려 주기 위해서 우리에게 전해졌다. 창세기 3장은 여러 질문에 대답하지만, 그 가운데 가장 중요한 질문은 이것이다. 죄란 무엇인가? 우리는 왜 죄를 짓는가? 왜 우리는 죽는가?

그 대답은, 우리가 죄를 범하고 죽는 이유는 아담의 죄 때문이 아니라 우리 자신의 죄 때문이라는 것이다. 성경은 결코 아담 때문에 우리가 죄를 범하고 죽는다고 가르치지 않는다. 물론 아담의 이야기는 죄의 본질을 폭로한다. 죄의 핵심은 무엇인가? 죄는 하나님께 대한 거역, 그분을 주님으로 받아들이지 않는 거부다. 죄는 자기를 하나님의 자리에 놓고, 인간은 아담과 하와처럼 옳고 그름에 대한 자기가 가진 개념으로 하나님의 정의를 대체한다. 죄는 하나님을 거부한다("어리석은 자는 그의 마음에 이르기를 하나님이 없다 하는도다 그들은 부패하고 그 행실이 가증하니", 시 14:1; 53:1). 그런데 이 이야기는 죄의 근원적 본질을 알려 줄 뿐 아니라 왜 우리가 죄를 범하는지도 보여 준다. 다시 말해서 아담과 하와의 이야기는 우리 모두 그들의 입장이었다면 어떻게 행동했을 것인지를 (또한 실은 우리 모두 그렇게 행동한다는 사실) 알려 주는 한 가지 방법이다.

하나님은 인류를 도덕적으로 순전하고 (어떤 이들이 잘못 생각하는 것처럼 완벽하지는 않지만) 자유로운 도덕적 선택을 할 수 있도록 창조하셨다. 하나님은 인간에게 자기 뜻을 따르도록 강요하지 않으셨으며, 지금도 강요하지 않으신다. 아담과 하와의 창조 이야기(창 2장)와 그들의 거역 이야기(창 3장)는, 우리가 악한 이유가 하나님이 우리를 그렇게 만드셨기 때문이 아니라(이는 메소포타미아의 사상이다, 앞의 '이야기 속 다른 본문 경청하기'를 보라) 우리가 아담과 하와처럼 하나님을 거역하기를 선택했기 때문이라고 분명히 지적한다.

하지만 우리가 유죄인 이유가 아담과 하와의 죄 때문이 아니라면, 우리가 다르게 행동하여 도덕적으로 순전할 수 있을까? 먼저, 도덕적으로 순전한 사람은 아무도 없고 앞으로도 없을 것이라고 성경이 가르친다는 데는 의심의 여지가 전혀 없다. 모든 사람이 죄를 범했고 하나님의 영광에 이르지 못했다(롬 3:23; 3:9-20을 보라). 둘째, 아담과 하와의 이야기는 (특정 부부에 대한 구체적 역사 기록이기는 하지만) 단순히 아담과 하와에 관한 이야기가 아니라, 우리 모두 그들의 상황에서 어떤 행동을 했을 것인지 보여 준다는 점을 기억하자.

그런데 내가 보기에 우리는 여기서 한 걸음 더 나아갈 수 있다. 바울의 표현을 빌리면, 아담과 하와의 죄로 인해 세상에 '죄가 들어왔다.' 그들의 죄는 하나님과 인간, 인간과 인간, 인간과 창조 세계의 관계를 부패시켰고 우리는 뒤틀리고 왜곡된 세상에서 태어났다. 우리가 죄를 범하지 않는 것은 불가능하다(*non posse non peccare*). 우리는 아담과 하와의 죄가 아니라 우리 자신의 죄 때문에 유죄 상태에 있다. 이 견해는 다음과 같은 월턴의 지적과 비슷하다. "인류는 우주를 무질서에서 질서로 바꾸시는 하나님의 과정을 계속 이어 가야 했다. 인류의 실패로 인해 모든 창조 세계는 죄의 파급 효과와 그로 인한 무질서에 갇히고 말았다."[17]

다시 말해서 성경은 우리가 질병과 비슷한 일종의 유전적 방식으로 아담의 죄를 물려받고, 따라서 반드시 아담과 생물학적으로 연결되어야 한다는 생각을 지지하지 않는다. 예수님도 인간이셨으나 어머니 마리아로부터 죄의 본성을 물려받지 않으셨다. 이 점에 대해 존 월턴은 이렇게 덧붙인다. "아담의 죄는 생물학적으로 유전된다고 보지 말아야 한다. 그에 대한 해결책인 그리스도의 죽음은 생물학적 혈통이 아니라 대표적 역할에 근거한 것이기 때문이다."[18]

간단히 말하면 우리가 죄의 본성, 죄책, 죽음을 아담(과 하와)에게서 물려받는다는 사상은 구약이나 바울이 아니라, 아우구스티누스의 사상에서 비롯되었다. 아우구스티누스는 지금까지 가장 위대한 신학 사상가

중 하나지만, 그는 무오하지 않았다. 아우구스티누스는 "한 사람으로 말미암아 죄가 세상에 들어오고 죄로 말미암아 사망이 왔나니 이와 같이 모두가 죄를 지었기 때문에(*eph hō*) 모든 사람에게 죽음이 임했다"라고 올바르게 번역되는 로마서 5:12의 그리스어를 잘못 번역한 까닭에, 잘못된 출발점에서 시작했다. 아우구스티누스는 '때문에'를 '그 안에서'(*in quo*)로 번역했고, 그 결과 우리 모두 자기 죄로 인해 유죄가 된다고 하는 바울의 논점을 아담의 죄 때문에 우리 모두 유죄가 되었다는 개념으로 바꾸어 놓았다.

더 많은 것을 말할 수 있겠지만[19] 창세기 3장에서 인간의 죄는 하나님의 창조 기제가 아니라, 인간이 거역한 결과라고 말한다는 점을 놓치지 말아야 한다. 하나님은 인간을 도덕적으로 순전하게 창조하셨다. 우리의 죄책과 죽음은 우리 죄의 결과며 바울은 인간이 존재하기 시작한 때에, 곧이어 인간의 거역이 일어났다는 점을 상기시켜 준다.[20]

그런데 로마서 5장에서 바울은 죄와 죽음이 한 사람 아담에 의해 들어온 것처럼 하나님의 은사도 "한 사람 예수 그리스도의 은혜로 말미암[아]"(롬 5:15) 왔다는 기쁜 소식을 전하기 위해 독자들의 죄성을 상기시킨다. 이런 이유로 예수님은 두 번째 아담으로 그려진다.

타락의 형벌을 거스르는 싸움은 잘못인가?

우리는 하나님이 뱀과 여자, 남자에게 선포하신 형벌이 어떻게 인간의 경험과 일치하는지를 보았다. 그렇다. 세상에는 적대감이 존재한다. 인간관계에는 분명 문제가 있고, 일은 종종 좌절을 안겨 준다. 하지만 이런 형벌은 상황을 설명해 주는 것(descriptive)이지, 삶의 규범으로 주어진 것(prescriptive)이 아님을 명심해야 한다.[21]

이 차이는 두 가지 면에서 중요하다. 먼저, 우리는 관계와 일이 실패로 비참하게 끝날 운명이라고 믿으며 살아가지 말아야 한다. 예를 들어, 자녀를 출산하고 양육하는 일은 대개 육체적·정서적 고통을 동반하지만, 동시에 큰 기쁨의 원천이기도 하다(시 127:3-5).

둘째, 형벌이 규범으로 주어진 것이 아니라 설명해 주는 것임을 안다는 말은, 그 형벌을 극복하기 위해 열심히 노력하는 것이 하나님께 죄를 범하는 것은 아니라는 뜻이다. 여성에게 선포된 형벌에 여성에 대한 남성의 '다스림'이 포함되어 있음은 사실이지만, 우리는 남성이 여성을 지배한다는 생각에 굴복할 필요는 없다. 하지만 특히 여성의 권리를 보호하는 교육과 법을 통해 여성에 대한 모든 억압에 적극적으로 대처할 수 있다. 더 나아가 출산의 고통을 줄이고 일의 부담을 줄이기 위해 기술과 효율성을 발전시킬 수 있다.

우리의 경험을 이해하도록 돕다: 외로움, 좌절감, 적대감

앞서 주석한 것처럼 창세기 3장은 기원에 관한 본문이다. 단순히 고대 사건을 보도하지 않고, 인간으로서 우리가 누구인지 이해하는 데 도움을 주고자 한다. 특히 뱀과 여자, 남자에게 내려진 형벌은 우리가 왜 종종 외롭고 좌절하며 갈등을 겪는지 이해하는 데 도움이 된다.

우리는 왜 외롭고, 왜 인간관계에서 고통을 경험하는가?

창세기 2장에서 하나님은 "사람이 혼자 사는 것이 좋지 [않다]"고 생각하셨다(18절). 인간은 서로 관계를 맺도록 지어졌다. 이 필요에 대한 하나님의 가장 즉각적인 응답은 남자와 "한 몸을 이룰" 여자를 만드는 것이었다(2:24). 성경에 따르면 결혼은 모든 인간관계 중에 가장 친밀한 관계지만, 외로움은 친족 관계만이 아니라 우정과 같은 자발적 관계 등, 다른 관계를 통해서도 완화된다. 한마디로 "인간은 섬이 아니라"[존 던(John Donne)] 공동체를 갈망하고 심지어 필요로 한다. 창세기 2장 마지막에서 인간은 하나님과의 관계에서 문제가 없었으므로 조화를 이루며 살았다.

이번 장에 따르면, 하나님을 거스르는 인간의 반역은 조화로운 관계의 특성을 바꾸어 놓는다. 인간은 교만 행위를 통해 하나님께 맞서 자기를 주장했다. 창세기 3:16은 사람이 상대의 유익을 구하기보다 자기를 먼저 내세우고, 자기 이익을 위해 다른 사람을 통제하려 한다는 사실을 보여 준다.

죄는 공동체를 파괴하고 하나님 및 다른 사람과의 관계를 단절시킨다. 성경의 내러티브는 이런 관찰을 뒷받침하는 많은 이야기로 가득하지만, 성경의 증거는 또한 먼저 하나님과의 관계에서, 그 뒤에 서로와의 관계에서 구속의 가능성을 입증한다.

하나님이 관계와 공동체의 구속을 추구하신다는 것을 예증하는 수많은 본문 중에 에베소서 2장의 사례로 시선을 돌려 보자. 11-13절은 그리스도만이 아니라 언약 공동체에서 분리되었던 이방인들을 향해 말하며(12절, "너희는…이스라엘 나라 밖의 사람이라. 약속의 언약들에 대하여는 외인이요 세상에서 소망이 없고 하나님도 없는 자이더니"), "전에 멀리 있던 너희가 그리스도 예수 안에서 그리스도의 피로 가까워졌느니라"고 기쁘게 선포한다(13절).

예수님의 십자가 죽음은 개인의 구속만이 아니라 인간관계의 회복을 위한 것이다. 그리스도의 죽음은 하나님과의 관계를 창조할 뿐 아니라, 다른 사람들과 의미 있는 관계를 맺게 한다. 죄는 사람들 사이에 장벽을 만들지만, 그리스도께서는 "원수 된 것 곧 중간에 막힌 담을" 허무셨는데(14절), 그 목적은 "이 둘로 자기 안에서 한 새 사람을 지어 화평하게" 하기 위해서였다(15절),

우리의 죄 많고 이기적인 본성은 항상 자신을 우선시하려고 하고, 따라서 관계를 파괴한다. 우리가 그리스도와 관계를 맺는다면, 다른 사람들과 건강한 관계를 맺는 토대를 얻는다.

일은 왜 깊은 좌절감을 주는가?

죄는 인간관계에서 외로움과 고통의 원인이다. 죄는 또한 우리가 일에서 좌절을 경험하는 이유이기도 하다. 창세기 2장은 인간이 죄를 범한 것과는 상관없이 일을 하게 되리라는 사실을 알려 주는 반면, 창세기 3장은 일이 왜 힘들고, 좌절감을 주고, 때로 비인간적인지를 설명한다.

우리는 말 그대로 생존을 위해 일한다. 이 주석을 읽는 대부분의 독자는 화폐 기반의 경제에 참여할 것이다. 일을 하지 않으면 돈을 벌 수 없다. 돈이 없으면 주거지나 음식을 얻을 수 없다.[22] 하지만 대부분의 사람은 일에서 단순히 돈보다 더 많은 것을 얻기 원한다. 사람들은 목적의식과 성취감을 원한다.

아담과 하와가 동산에서 일하면서 동산을 가꾸고 지킬 때, 그들은 삶을 스스로 유지할 수 있었을 뿐 아니라, 하나님이 주신 고귀한 일에 참여했다. 그들은 자기들의 일에서 창조주를 나타냈다.

하지만 죄는 일을 힘들게 만들었고, 어느 누구도, 심지어 보통은 일을 즐기는 사람들도 일에서 허무감을 피할 수 없다. "해 아래에서" 삶을 바라보는 전도서 저자는 이 점을 가장 잘 포착한다. 하나님과 동떨어진 삶을 살 경우, 우리는 약속된 저주의 결과를 경험할 것이다.

> 이러므로 내가 사는 것을 미워하였노니 이는 해 아래에서 하는 일이 내게 괴로움이요 모두 다 헛되어 바람을 잡으려는 것이기 때문이로다. 내가 해 아래에서 내가 한 모든 수고를 미워하였노니 이는 내 뒤를 이을 이에게 남겨 주게 됨이라. 그 사람이 지혜자일지, 우매자일지야 누가 알랴마는 내가 해 아래에서 내 지혜를 다하여 수고한 모든 결과를 그가 다 관리하리니 이것도 헛되도다. 이러므로 내가 해 아래에서 한 모든 수고에 대하여 내가 내 마음에 실망하였도다. 어떤 사람은 그 지혜와 지식과 재주를 다하여 수고하였어도 그가 얻은 것을 수고하지 아니한 자에게 그

의 몫으로 넘겨 주리니 이것도 헛된 것이며 큰 악이로다. 사람이 해 아래에서 행하는 모든 수고와 마음에 애쓰는 것이 무슨 소득이 있으랴. 일평생에 근심하며 수고하는 것이 슬픔뿐이라. 그의 마음이 밤에도 쉬지 못하나니 이것도 헛되도다. (전 2:17-23; 또한 4:4; 9:11을 보라)

우울한 말이지만, 사람들은 대부분 이 말씀이 어느 정도 자기 경험에 부합한다고 생각한다. 일에 어떤 구속의 희망이 있을까?

분명 누구도 일의 좌절감에서 벗어날 수 없지만, 우리는 일하도록 창조되었기에 인간다운 방식으로 창조주 하나님을 드러낸다. 전도서의 메시지는 하나님 외에, 일을 포함하여 어떤 것에서도 삶의 궁극적 의미를 찾을 수 없음을 상기시킨다.[23] 하지만 하나님을 우선순위에 두고 이 영광을 위해 일한다면, 우리는 분명 노동에서 영광과 기쁨을 잠시나마 경험할 수 있을 것이다.

다시 반복하지만 일은 우리가 창조주를 드러내는 장을 제공한다. 우리는 하나님의 형상으로 창조되었고 정원사, 청소부, 부모, 상담사, 정치인, 목사, 학생, 회계사, 조종사 등 우리의 일에 적용할 수 있는 창조적 욕구를 지닌다.

왜 세상에 적대감이 있는가?

창세기 1-3장은 성경의 기초다. 이 장들에는 세상이 왜 이런 방식인지를 이해하는 데 도움이 되는 기원 이야기가 담겨 있다. 창세기 1-2장은 적대감이 존재하는 이유가 하나님이 세상을 그런 방식으로 만드셨기 때문이 아니라, 인간의 죄 때문임을 알려 준다. 뱀에 대한 형벌을 선포하실 때 하나님은 뱀과 그 "후손" 그리고 여자와 그 "후손" 사이에 존재할 '적대감'을 언급하신다(3:15).

그런데 뱀의 후손과 여자의 후손은 누구일까? 월키는 새끼 뱀이나 악마에 대해 말하는 것이 아니라 "[뱀이] 하나님을 거역하도록 이끈 사람들"에 대해 말하는 것이라고 올바르게 추론한다.[24] 그렇다면 여자의 후손은 하나님을 따르기로 선택한 사람들을 가리킬 것이다.

곧장 하나님의 백성과 하나님을 거부하는 사람들 사이에서 시작된 적대 관계가, 가인과 아벨의 적대 관계에서 입증되고 가인의 족보와 셋의 족보 사례에서 드러난다(창 4-5장을 보라). 물론 적대감의 뿌리에는 죄가 있다. 죄인은 다른 사람에 대해 신경 쓰지 않고 오직 자기에 대해서만 신경 쓴다. 야고보는 훨씬 나중에 "너희 중에 싸움이 어디로부터 다툼이 어디로부터 나느냐?"라고 질문한 다음, 돌아서서 자기 질문에 이렇게 대답한다. "너희 지체 중에서 싸우는 정욕으로부터 나는 것이 아니냐. 너희는 욕심을 내어도 얻지 못하여 살인하며 시기하여도 능히 취하지 못하므로 다투고 싸우는도다"(약 4:1-2).

뱀에 대한 심판의 말씀은 다가올 갈등을 선포할 뿐 아니라, 다행히 궁극적으로 뱀의 머리를 짓밟을 것이라는 승리의 결론을 상정한다. 뱀은 악을 상징하므로 뱀의 머리를 짓밟는다는 것은 악의 궁극적 패배를 의미한다. 누가 뱀의 머리를 짓밟는가? 여자의 "후손"이다.

여자의 후손은 누구인가? 창세기를 읽은 최초의 독자들은 명확한 답을 알지 못했을 것이다. 그들이 아는 바는 결국 악이 침묵하리라는 사실이다. 물론 복수형 "자손"과 단수형 "그"의 흥미로운 상호 작용은 주목할 만하다.

이 관찰을 통해 우리는 다음 본문에서 볼 수 있는 이 절에 대한 신약의 관점에 다다른다.

> 평강의 하나님께서 속히 사탄을 너희 발아래에서 상하게 하시리라. (롬 16:20)
>
> 큰 용이 내쫓기니 옛 뱀 곧 마귀라고도 하고 사탄이라고도 하며 온 천

하를 꾀는 자라. 그가 땅으로 내쫓기니 그의 사자들도 그와 함께 내쫓기니라. (계 12:9)

또 내가 보매 천사가 무저갱의 열쇠와 큰 쇠사슬을 그의 손에 가지고 하늘로부터 내려와서 용을 잡으니 곧 옛 뱀이요 마귀요 사탄이라. 잡아서 천 년 동안 결박하여 무저갱에 던져 넣어 잠그고 그 위에 인봉하여 천 년이 차도록 다시는 만국을 미혹하지 못하게 하였는데 그 후에는 반드시 잠깐 놓이리라. (계 20:1-3)

이 본문에서 분명한 사실 한 가지는 신약의 관점에서 볼 때, 뱀은 세상에서 악의 궁극적 표현인 사탄이라는 점이다. 이 세 본문 모두 사탄, 곧 "옛 뱀"의 궁극적 패배를 예견한다. 누가 사탄을 물리칠 것인가? 바울의 로마서에서 따르면, 교회를 통해 일하시는 평강의 하나님이시다. 어떻게 그렇게 하시는가? 그것이 복음의 이야기다. 예수님은 십자가에서 죽었다가 부활하시고(골 1:13-15) 승천하심으로써(엡 4:8) 사탄을 물리치신다. 이런 구속 행동은 그리스도께서 다시 돌아오시는 마지막 시대에 최후의 승리를 얻으실 것이라는 확신을 준다.

하나님의 선한 선물인 성의 훼손

창세기 2장은 하나님이 성행위를 결혼의 본질적 측면이 되도록 의도하셨음을 분명히 보여 준다(2:24, "둘이 한 몸을 이룰지로다"). 2장을 주석하면서 결혼 생활에서 성은 자녀를 낳는 실용적 목적이 아니라, 서로의 즐거움 그리고 남편과 아내의 친밀감을 발전시키기 위한 것이라고 지적한 바 있다. 에덴동산에서는 이런 친밀감에 문제가 없었고 "아담과 그의 아내 두 사람이 벌거벗었으나 부끄러워하지 아니하니라"고 말한다(2:25).

타락 내러티브는 인간의 거역이 이 소중한 선물을 훼손했음을 분명히 보여 준다. 그들은 죄를 범하자마자 "자기들이 벗은 줄을 알고 무화과나무잎을 엮어 치마로 삼았[다]"(3:7). 하나님과 인간의 조화로운 관계가 깨지면 남성과 여성 사이에 소외를 낳는다.

타락 이야기는 왜 친밀감이 자연스럽고 쉽지 않은지 독자들에게 알려준다. 하지만 우리는 이 내러티브를 과도하게 해석하여 성적 친밀감이 불가능하다고 주장하지 말아야 한다. 여기서 우리는 "성의 구속"에 관한 서술로 읽어야 하는 아가서의 도움을 얻는다.[25] 아가서는 주로 정경에서 남편과 아내로 이해되는 한 남성과 한 여성의 육체적 친밀감을 찬양하는 사랑 시로 구성되어 있다.[26] 트리블(Trible)이 지적하듯 이 무명의 남성과 무명의 여성이 정원에서 사랑을 나누는 장면은 종종 아담과 하와가 동산에서 친밀했던 시절의 기억을 떠올리게 한다. 따라서 창세기 2장과 3장의 빛을 비추어 읽는 아가서는, 타락한 세상에서도 성이 즐거움과 기쁨을 이끌어 낼 수 있음을 보여 준다.

나는 아가서의 신학적 의미에 대한 트리블의 통찰력 있는 논평에 한 가지 작은 주의 사항만 덧붙이고 싶다.[27] 이 구속은 "이미 이루어진 동시에 아직 이루어지지 않은"(already-not yet) 구속이다. 아가서에는 그와 같은 친밀함이 쉽게 성취되지 않음을 독자들에게 상기시켜 주는 시들이 있다. 이러한 시의 대표적 사례가 아가서 5:2-6:3에 나온다. 여기서 여성은 문을 열어 들어가게 해 달라는 남성의 요청을 묵살하는데, 마음을 바꿔 남성에게 문을 열었을 때는 이미 남성이 떠난 뒤고, 여성은 남성을 힘들게 찾아나서야 한다. 따라서 창세기 2-3장과 아가서는 우리네 삶에서 성의 기쁨과 곤경을 모두 이해하도록 도와준다.[28]

모든 고통과 아픔이 타락의 결과인가?

많은 사람이 타락 이전의 삶에 대해 이상적인 모습을 상상하는데, 물론 여기에는 죄가 세상에 들어오지 않았다면 삶이 어떠했을지에 관한 암시가 있다. 하지만 아담과 하와가 선악을 알게 하는 나무의 열매를 먹지 않았다면 세상에 고통이나 갈등이 없었을 거라는 생각이 옳을까? 최초의 창조에는 죽음이 없었고 이후에도 없었을까? 파괴적인 폭풍이나 지진, 허리케인도 없었을까? 모든 고통과 아픔은 인간의 악의 결과이고, 만약 인간이 여태껏 선했다면 인간의 고통과 아픔은 전혀 없었을까?

창세기 1-3장을 자세히 들여다보면 이런 생각에 의문이 든다. 먼저 여성과 남성의 형벌에 관한 언어를 면밀히 검토해 보자.

'이야기 설명하기'에서 이미 언급했듯이 안타깝게도 NIV 성경은 히브리어의 의미를 모호하게 만들었다. 따라서 우리는 여기서 대다수 영어 번역본과 비슷하게 히브리어를 더 세심하게 포착한 ESV 성경을 인용할 것이다. "네게 임신하는 고통을 크게 더하리니 네가 수고하고 자식을 낳을 것이며"(I will surely multiply your pain in childbearing; in pain you shall bring forth children, 창 3:16). 인간의 죄가 처음으로 출산에 고통을 가져다준 것이 아니라, '본래의' 고통이 더 커졌다는 점에 주목하자.

이제 남성의 형벌로 시선을 돌리면, 우리는 여기서도 죄가 농사 과정에 괴로움과 고생을 들여온 것이 아니라 오히려 새로운 차원의 깊은 좌절감을 가져다준다는 점에 주목한다. 인간이 거역하지 않았더라도 농작물을 생산하기 위해서는 똑같이 열심히 수고해야 했을 것이다. 음식은 광야의 만나처럼 기적적으로 생겨나지 않았을 것이다(물론 그때에도 여전히 밖에 나가 만나를 모아야 했다).

사실 우리는 창세기 3장의 이야기를 통해 창조에 "내재적" 고통과 아픔이 있었을 뿐 아니라, 이미 "외재적인" 도덕적 악도 존재했음을 알고 있다.[29] 결국 인간의 거역 이전에 뱀이 존재했다. 아담은 그와 같은 공격으로부터 동산을 '지킬' 임무를 맡았고, 따라서 타락 이전에도 적대 관계가 존재한다.

이 점을 염두에 두고 이제 특히 창세기 1장의 창조 기사로 돌아가 보

자. 우리는 그 그림이 하나님이 고난, 고통, 혼돈이 없는 세상을 창조하신 것이 아니라, 오히려 비도덕적 고난, 고통, 혼돈(월키가 부조리 또는 비합리라고 지칭하는 것)을 제거하시는 것이 아닌 억제하시는 이야기라는 점에 주목하게 된다.[30] 하나님은 어둠을 만들거나 없애지 않으시고, 오히려 어둠을 제한하신다(창 1:1-5). 흥미롭게도 창조 기사는 하나님이 (성경에서 종종 혼돈을 상징하는) 물도 창조하셨다고 명시적으로 말하지 않고,[31] 오히려 물을 통제하셨다고 말한다. 물론 그렇다고 해서 하나님이 모든 것을 창조하지 않으셨다는 의미는 아니지만, 성경의 기사는 의도적으로 어둠이나 물의 기원에 대해 서술하거나 뱀의 창조나 뱀의 악한 본성에 관해 설명하지 않는다. 인류가 거역하기 전에도 하나님의 선한 창조 세계에는 이미 고난과 고통, 심지어 악이 존재했다.

따라서 오늘날에도 모든 고난과 고통을, 현재 도덕적 악의 탓으로 돌릴 수 없다. 하나님의 창조 세계에는 고통이 내재한다. 지진은 지각의 판이 이동한 결과이고, 지각의 판이 이동하지 않을 경우 더 심각한 결과를 초래할 수도 있다.

또한 이것은 요한계시록 21-22장에 묘사된 새 창조가 옛 창조와 다른 점이다. 요한은 묘사를 시작하면서 "내가 새 하늘과 새 땅을 보니 처음 하늘과 처음 땅이 없어졌고 바다도 다시 있지 않더라"고 말한다(계 21:1). 바다가 없다는 것은 은유적으로 혼돈 없는 장소를 가리킨다. 또한 어둠에 대한 언급도 없다. 실제로 새 하늘과 새 땅은 한 성(새 예루살렘)으로 묘사되는데, 여기에는 "해나 달의 비침이 쓸데없으니 이는 하나님의 영광이 비치고 어린양이 그 등불이 되[시기]" 때문이다(계 21:23). 사실 "거기에는 밤이 없[을]" 것이다(계 21:25; 또한 22:5).[32] 첫 창조와 달리 바다도 없고 어둠도 없다. 하나님은 혼돈을 억제하셨을 뿐 아니라 제거하셨다.

타락한 세상에서 하나님 만나기

앞서 언급했듯이 인간의 죄로 인한 진정한 비극은 죄가 하나님과 우리의 관계에 만든 균열이다. 아담과 하와는 동산에서 하나님의 임재 가운데 거했다. 그분과 함께 있기 위해 특별한 장소는 필요하지 않았다.

아담과 하와가 동산에서 추방되었을 때 이 모든 것이 바뀌었다. 그때부터 인간은 특별히 성별된 장소에서 큰 두려움을 안고 하나님께 나아가야 했다.

처음에 이 특별한 장소는 제단 건축으로 상징되었고, 나중에 우리는 제단에 대한 최초의 명시적 언급이 노아가 방주에서 나와 하나님께 제사를 드리기 위해 지은 제단임을 볼 것이다(8:20).[33] 제단은 돌이나 흙으로 지은 단순한 구조물이었고(출 20:24-26을 보라), 제단을 가리키는 히브리어 단어[*mizbeah*, 동사의 어근 '스바'(*zabah*)는 '도살하다/제물로 바치다'라는 뜻]의 어원에서 알 수 있듯이, 제단은 예배자가 자기 죄를 인정하고 그 죄에 합당한 대가를 치르는 의식으로 제물을 바치는 장소였다.

하나님의 백성이 대가족 형태에서 민족으로 바뀌면서 더 큰 '거룩한 장소'가 필요했고, 하나님은 이 필요에 응답하여 모세에게 성막을 짓도록 명령하셨다(출 25-40장). 성막은 천막이고, 천막 바로 바깥에 놋 제단이 놓여 있었다. 따라서 하나님이 자신의 임재를 자기 백성에게 알리신 장소의 모습은 그들의 사회적 배경에 부합한다. 그래서 다윗이 이스라엘 내의 마지막 적을 진압하고 정복을 마치는 시점에 하나님은 그의 아들 솔로몬에게 성전을 지으라고 말씀하신다. 이 고정된 거처는 하나님이 자기 백성에게 적들의 위협에서 벗어나는 안식을 주셨다는 사실을 나타내고, 예배를 중앙에 집중해야 할 필요성을 보여 주는 신호였다(신 12장이 그렇다).

성전은 기원전 10세기 중반에 건축되어 기원전 586년까지 지속되었다. 열왕기에 따르면 유다의 지도자들은 종종 지성소 안에 우상을 두었고, '산당'으로 알려진 성전에 필적하는 예배 장소가 번성하도록 허용한 왕도 있었다. 이 죄를 비롯하여 백성들의 여러 죄로 인해 하나님은 바빌로니아인을 사용하여 에루살렘성을 점령하고, 유다 백성과 함께하는 하나님의 임재를 상징하는 성전을 파괴하셨다.

하지만 성전 파괴는 유다 백성에게 이야기의 끝이 아니었다. 에스겔은 회복된 성전의 환상을 보았고(40-48장), 아니나 다를까 페르시아가 바빌로니아를 물리친 후 고레스 왕은 유대인에게 예루살렘으로 돌아가 성전을 재건하도록 독려했다(대하 36:22-23; 스 1:2-4). 제2성전은 세스바살, 스룹바벨의 리더십과 예언자 학개, 스가랴의 격려로 기원전 515년에 완성되었지만 제1성전의 영광을 소유하거나 에스겔의 예언적 환상의 기대에 온전히 부응하지는 못했다. 더 큰 무언가가 아직 오지 않았다.

그 더 큰 무언가란 건물이 아니라 사람, 곧 예수님이시다. 요한복음은 "말씀이 육신이 되어 우리 가운데 거하시매[전통적으로 '장막을 치셨다']"라고 선포한다(요 1:14). 예수님은 하나님의 임재 자체셨다.

사실, 성전을 아버지의 집으로 존중하신 예수님은 성전에서 환전상을 일소하셨다(요 2:13-17). 하지만 예수님은 성전에 대해 과격하게 말씀하시면서 성전 파괴를 예고하셨다. "너희가 이 성전을 헐라 내가 사흘 동안에 일으키리라"(2:19). 이런 식으로 예수님은 자신의 부활을 예고하셨고, 자기 존재로 인해 성전과 같은 특별히 거룩한 장소가 더는 필요하지 않을 것이라고 예고하셨는데, 이 예고대로 성전은 기원후 70년에 로마인에 의해 파괴되었다(막 13:2).

다른 장소와 구별되는 특별히 '거룩한 장소'가 더는 없다는 사실은 예수님이 돌아가실 때 성전 휘장이 "위로부터 아래까지" 둘로 찢어진 데서도 확인된다(마 27:51). 거룩함은 더 이상 그 작은 방 안에 갇혀 있지 않고 온 세상에 스며든다.

부활하신 후 예수님은 하늘로 올라가시지만, 하나님의 임재를 상징하는 영광의 구름이 성막에 충만했던 것처럼(출 40:34-38) 그분은 성령을 보내셔서 자기 백성 안에 개인적으로 또한 공동체적으로 거하게 하신다. 따라서 신약 저자들이 그리스도인 개인(고전 3:16-17; 6:18-20; 고후 6:14-18)과 교회(엡 2:19-22)를 성전이라고 칭하는 것은 놀랍지 않다.

그리스도인은 언제 어디서나 하나님과 만나 친밀한 사귐을 경험할 수 있다. 그렇지만 에덴은 온전히 회복되지 않았다. 그래서 우리는 성경의 마지막 두 장에 묘사된 그리스도의 재림과 새 예루살렘을 기다린다. 흥미롭게도 우리가 받은 새 예루살렘에 대한 묘사에는 성전이 없다는 언급이 포함된다. 왜 그런가? "주 하나님 곧 전능하신 이와 및 어린양이 그 성전"이시기 때문이다(계 21:22). 더 나아가 성을 관통해 흐르는 강이 있고, 에덴을 연상시키듯 "강 좌우에 생명나무가 있어 열두 가지 열매를 맺되 달마다 그 열매를 맺고 그 나무 잎사귀들은 만국을 치료하기 위하여 있다"라고 말한다(계 22:2).

두 그루의 생명나무! 다시 말해 종말은 에덴의 회복을 넘어 에덴보다 더 나은 곳이다. 에덴에는 타락의 가능성이 있었고, 에덴은 견습 기간이었다. 하지만 종말은 그렇지 않다. 성경의 메시지에 따르면 우리는 하나님의 영광스러운 임재 안에 영원히 거하리라고 기대할 수 있다.[34]

보론: 아담과 하와는 실제 사람이었는가?

오늘날 성경이 하나님의 말씀이라고 믿는 사람들에게 가장 논쟁적인 질문 한 가지는 아담과 하와의 역사성에 관한 것이다. 관련 문헌은 방대하고, 쟁점은 복잡할 뿐 아니라 흥분을 유발한다. 최근의 인간 게놈 연구는 인류의 진화, 특히 가장 최근에는 영장류와 공통 조상을 지지하는 증거를 제시하고, 인류가 한 쌍의 부부가 아니라 약 5천 명에서 1만 명의

개인으로 구성된 최초의 개체군으로 거슬러 올라간다는 결론을 제시함으로써 이 논의에 부채질한다.[35]

창조(창 1-2장)와 타락(창 3장)에 대한 성경의 그림은 이런 과학적 발견과 상충하는가? 또한 만약 그렇다면 그리스도인 독자는 무엇을 해야 하는가?

이 주석은 모든 쟁점과 서로 다른 믿음의 사람들이 제시하는 다양한 관점을 소개할 자리는 아니다. 게다가 그러기 위해서는 이 책이 제공할 수 있는 것보다 훨씬 많은 지면이 필요하고[36] 이 논의의 결론은 우리가 창세기 1-3장에 대해 말한 것과 아무 관련이 없다. 다시 말해서 앞의 해석은 아담과 하와의 역사성 또는 비역사성에 좌우되지 않는다.

그렇다고 해도 관심 있는 독자는 적어도 이 문제에 대한 나의 견해를 간략하게라도 들을 자격이 있다. 물론 이 책의 한도 내에서 다른 견해와의 온전한 상호 작용이나 논증을 제시하지 못하겠지만 말이다.

내가 보기에 핵심은 장르의 문제다. 장르는 글쓰기의 유형이다(서론의 "문학적 분석: 장르" 단락을 보라). 저자는 장르의 관행을 통해 자기 말을 어떻게 받아들여야 하는지 독자들에게 알린다. 복음서에서 예수님이 비유를 사용하여 제자들을 가르치신다고 할 때, 비유라는 용어에서 우리는 예수님이 하나님 나라에 대해 가르치는 유사성에 근거한 허구의 짧은 이야기를 들려주실 거라고 예상한다.

대부분의 성경 본문은 이 같은 명시적 장르 분류를 제시하지 않는다. 따라서 현대의 독자는 본문 자체에서 발견되는 장르 신호에 주의를 기울여야 한다. 창세기 1-3장의 장르 신호는 무엇인가? 특히 관련성이 높은 네 가지가 있는데, 처음 세 가지는 위에서 언급했다. 먼저, 이 장들에는 고도로 은유적인 언어가 많이 나온다(창세기 1장의 날, 흙과 하나님의 숨으로 만들어진 아담의 창조, 아담의 옆구리/갈빗대로 만들어진 하와의 창조). 둘째, 의도적인 것으로 보이는 고대 근동 문헌과의 긴밀한 상호 작용이 있다

(에누마 엘리시, 아트라하시스 등에 관한 위의 해설을 보라). 셋째, 앞서 언급한 대로 창세기 1장과 2장의 창조 묘사 사이에 순서가 일치하지 않고, 따라서 실제 창조 연대를 독자에게 알려 주려는 관심이 부족함을 알 수 있다. 이런 특징을 비롯한 다른 여러 특징으로 인해 이 장들을, 예컨대 하나님이 세계를 정확히 어떻게 창조하셨는지 들려주는 역사적으로 정확한 기록으로 받아들이는 데 주저할 수밖에 없다. 라워리(Lowery)는 다음과 같은 통찰력 있는 결론을 내린다. "고대의 역사 기록 관행, 다시 말해 그 역사 기록의 시학(poetics)은 현시대의 그것과 크게 달랐던 것이 분명해진다."[37]

그렇다면 이런 특징은 아담과 하와가 역사적 인물이 아니라는 것을 증명하는가? 아니다. 창세기 1-3장의 모든 내용이 은유적인 것은 아니다. 이 성경 부분에는 역사적 동인(impulse)이 있다. 그것을 보여 주는 가장 분명한 표시가 "이것은…의 내력(*toledot*)이다"라는 공식이다. 창세기 2:4에 처음 나오는 이 어구는 열 번 더 등장하면서(5:1; 6:9; 10:1; 11:10, 27; 25:12, 19; 36:1, 9; 37:2), 창세기 전반을 아우르는 일종의 포괄적 연속성을 보여 준다.

그러므로 창세기 12장과 그 이후 내용이 과거에 일어난 일을 전달하기 위한 것이라면(내 견해는 그렇다), 창세기 1-3장에도(또한 11장까지도) 역사적으로 중요한 의미가 있다.

이 모든 증거를 하나로 모으면 어떻게 되는가?

결론적으로 창세기 1-3장은 신학적 역사(theological history)라고 할 수 있다. 다시 말해서 창세기 1-3장에는 과거에 관해서 들려주려는 의도가 있고, 하나님에 관해 또한 그분과 우리의 관계에 관해 들려주기 위해 기록되었다.[38] 사실 창세기 전체를 이렇게 설명할 수도 있겠지만 창세기 첫 부분만큼 은유적 언어, 고대 근동 신화와의 상호 작용, 사건의 순서 문제가 치열하지 않기에, 내가 보기에 창세기 12-50장에 문학적으로 더 높은 수준의 구체성이 있다.

창세기 1-2장의 역사적 주장은 무엇인가? 하나님이 우주와 인류의 창조주시라는 주장이다. 존재하는 모든 것과 존재하는 모든 사람이 하나님에게서 비롯된다. 하지만 이 본문을 하나님이 실제로 세상과 모든 피조물을 어떻게 창조하셨는지에 관해 들려주시는 것으로 받아들인다면, 이는 잘못 이해한 것이다.

창세기 3장의 역사적 주장은 무엇인가? 하나님이 인간을 순전하게 창조하셨고, 인간의 거역으로 인해 죄와 죽음이 발생했다는 주장이다. 아담과 하와가 특정한 한 쌍의 부부(창조된 최초의 인간 또는 최초의 인간 집단을 대표하는 부부[39])든 아니든, 혹은 아담과 하와가 실제 부부가 아니라 내러티브 안에서 최초의 인간 집단의 대표로 등장하든 이 결론은 여전히 유효하다.

4

창세기 4:1-16

4:1아담이 그의 아내 하와와 동침하매 하와가 임신하여 가인을 낳고 이르
되 내가 여호와로 말미암아 득남하였다 하니라 2그가 또 가인의 아우 아벨
을 낳았는데 아벨은 양 치는 자였고 가인은 농사하는 자였더라 3세월이 지
난 후에 가인은 땅의 소산으로 제물을 삼아 여호와께 드렸고 4아벨은 자기
도 양의 첫 새끼와 그 기름으로 드렸더니 여호와께서 아벨과 그의 제물은
받으셨으나 5가인과 그의 제물은 받지 아니하신지라 가인이 몹시 분하여
안색이 변하니 6여호와께서 가인에게 이르시되 네가 분하여 함은 어찌 됨
이며 안색이 변함은 어찌 됨이냐 7네가 선을 행하면 어찌 낯을 들지 못하
겠느냐 선을 행하지 아니하면 죄가 문에 엎드려 있느니라 죄가 너를 원하
나 너는 죄를 다스릴지니라 8가인이 그의 아우 아벨에게 말하고 그들이 들
에 있을 때에 가인이 그의 아우 아벨을 쳐 죽이니라 9여호와께서 가인에게
이르시되 네 아우 아벨이 어디 있느냐 그가 이르되 내가 알지 못하나이다
내가 내 아우를 지키는 자니이까 10이르시되 네가 무엇을 하였느냐 네 아
우의 피 소리가 땅에서부터 내게 호소하느니라 11땅이 그 입을 벌려 네 손
에서부터 네 아우의 피를 받았은즉 네가 땅에서 저주를 받으리니 12네가
밭을 갈아도 땅이 다시는 그 효력을 네게 주지 아니할 것이요 너는 땅에서
피하며 유리하는 자가 되리라 13가인이 여호와께 아뢰되 내 죄벌이 지기가
너무 무거우니이다 14주께서 오늘 이 지면에서 나를 쫓아내시온즉 내가 주
의 낯을 뵈옵지 못하리니 내가 땅에서 피하며 유리하는 자가 될지라 무릇
나를 만나는 자마다 나를 죽이겠나이다 15여호와께서 그에게 이르시되 그
렇지 아니하다 가인을 죽이는 자는 벌을 칠 배나 받으리라 하시고 가인에
게 표를 주사 그를 만나는 모든 사람에게서 죽임을 면하게 하시니라 16가인
이 여호와 앞을 떠나서 에덴 동쪽 놋 땅에 거주하더니

이야기 속 다른 본문 경청하기

성경 본문: 창세기 3장; 고대 근동 문헌: 두무지드와 엔킴두

가인과 아벨의 이야기는 하나님을 거스르는 최초의 인간 반역 기사 바로 뒤에 나온다. 그 이야기에는 아담과 하와가 죄를 범한 후 하나님이 죄인들에게 형벌을 선포하시는 심판의 말씀이 나온다. 장 마지막에 형벌이 집행되지만, 그 일이 일어나기 전 하나님은 그들이 처음으로 부끄러움을 느끼게 만든 벌거벗음을 가리는 옷의 형태로 은혜의 징표를 주신다.

흥미롭게도 가인과 아벨의 이야기는 꼭 같은 구조를 보여 준다. 다시 말해서 가인이 동생을 죽이는 죄를 범한 후(4:8) 하나님은 그에게 심판을 선언하시지만(4:11-12), 심판이 일어나기 전에(4:16) 하나님은 가인에게도 은혜를 베푸신다(4:15). 자세한 가인의 이야기는 '이야기 이해하기'에서 다룰 것이고, 이 패턴의 신학적 의미는 10:1-11:26과 연결된 '이야기 살아내기'의 에세이 "은혜의 징표: 하나님은 계속 관계를 유지하신다"에서 볼 수 있다.

일부 학자들은 수메르의 두무지드(Dumuzid)와 엔킴두(Enkimdu) 이야기가 가인과 아벨 이야기의 배경이라고 본다. 가인처럼 엔킴두는 농부고, 아벨처럼 두무지드는 목자다.[1] 태양 신 우투(Utu)는 누이를 설득하여 목자와 결혼시키려고 하지만 누이는 농부와 결혼하기를 원한다. 이 의견 불일치는 두 직업 각각의 장점에 대한 논쟁으로 이어진다. 그런데 이 작품은 목자와 농부가 서로 협력하면서 끝난다. 수메르 이야기와 성경 이야기 사이에 실질적 연관성은 나타나지 않지만, 어떤 사람들은 성경 이야기를 실제로 두 직업의 갈등에 관한 것으로 오해했다.

— 이야기 설명하기 —

가인과 아벨의 탄생(4:1-2a)

아담과 하와는 영생을 상실했지만, 일정 기간 계속 살면서 다음 세대를 낳는다. 맏아들은 가인(*qayin*)이었는데, 그 이름은 '낳았다'로 번역된 동사[또는 NIV 성경 각주에서 설명하듯 '획득했다'라는 의미의 '카니티'(*qaniti*)]에서 만들어진 것이다. 하와는 이 탄생이 인간적 차원에서 볼 때 아담과 자신의 성관계의 결과였지만["아담이 그의 아내 하와와 동침하매(문자적 의미는 '알다')"] 또한 하나님 은혜의 결과[문자적 의미는 "여호와로 말미암아"이며, NIV 성경은 이 의미를 담아 "주님의 도움으로"("with the help of the LORD")라고 번역한다]라는 사실도 알았다. 험프리스(Humphreys)의 유용한 주석에 따르면, 이름에 관한 이러한 설명은 "야웨께서 인간의 삶과 우리의 이야기를 이어 가는 활동에 참여하신다"는 것을 설명해 준다.[2] 보다(Boda)는 한 걸음 더 나아가 여기서 "죄의 패배와 관련하여 뱀에게 준 경고에서 약속한 구속의 첫 번째 표식인…여자의 씨의 탄생"을 정확히 짚어 낸다.[3] 아담과 하와의 둘째 아들의 이름은 전도서에서 '헛되다'(meaningless)로 번역된 히브리어 단어 '증기, 거품'과 관련된 "아벨"(*hebel*)이었다.[4]

가인의 죄: 형제 살인(4:2b-8)

두 형제는 성장하면서 서로 다른 직업을 가졌다. 가인은 농부였고 아벨은 목자였다. 어떤 사람들은 이 두 직업이 나옴으로써 이 이야기가 농부와 목자 사이의 투쟁을 강조한다고 믿지만(또한 수메르의 두무지드와 엔킴두 이야기와 연결된다, 앞을 보라)[5] 더 나은 설명은 그들이 각각 왜 그런 종류의 제물을 바쳤는지를 독자들에게 알려 주는 이야기라는 것이다.

농부 가인은 당연히 농작물 일부를 가져오지만, 아벨은 동물 제물을 가져온다. 하나님은 아벨의 제사를 기뻐하시지만 가인의 제사는 거절하신다. 왜 그러시는가?

서술자는 하나님의 동기를 설명하지 않지만 이 같은 침묵(reticence)은 성경의 이야기 서술의 특징이다.[6] 서술자는 명시적 진술 대신 독자가 이야기 속으로 들어가 동기를 이해하는 방식으로 이야기를 들려준다.

NIV 성경은 히브리어의 뉘앙스를 제대로 포착하여 가인의 제물이 "땅의 결실 중 일부"(some of the fruits of the soil)라고 설명한다. 아벨은 "양 떼 중에 맏배의 기름"(fat portions from some of the firstborn of his flock)을 제물로 드린다. 한마디로 가인은 평범한 것을 드렸고 아벨은 가장 좋은 것을 드렸는데, 당연히 제물의 질은 두 사람의 마음 상태를 보여 준다. 아벨은 열정적으로 예배에 임한 반면, 가인은 기본적으로 무관심하다.[7]

가인이 자기 제물에 대한 하나님의 불만에 어떻게 반응하는지도 눈여겨보자. 그는 옳은 일을 하려고 하기보다는 화를 내고 토라진다. 그런데도 하나님은 가인에게 태도와 행동을 바꾸라고 다독이신다. 하나님은 가인에게 '올바른 일을 하라'고 말씀하신다(새번역 참조). 즉 합당한 제물에서 드러나는 온전한 마음으로 하나님을 예배하라고 말씀하신다. 또한 가인이 변하지 않으면 어떤 일이 일어날지 경고하신다. 죄가 그를 지배할 것이다.

이미 우리는 여기 나오는 하나님의 말씀과 3장에서 여자에게 내린 심판의 말씀(16절) 사이의 유사점에 관해 설명한 바 있다. 여기서 죄가 가인을 향해 품는 욕망은 그를 지배하려는 욕망이라는 데는 의문의 여지가 없고, 여기서 하나님은 가인에게 죄를 "다스릴지니라"(*mshl*, 3:16과 비교하라)고 말씀하신다.

이런 하나님의 경고가 있고 난 뒤 서술자는 가인의 행동을 서술하여 그의 반응을 보여 준다. 그는 회개하기는커녕 죄에 더 깊이 빠져들어 동생을 들로 유인한 다음 살해한다. 이로써 그는 최초의 살인을 저지르는

데, 이 행동은 피해자가 자기 동생이라는 사실(동족 살해)로 인해 더욱 가증스러운 죄가 된다.

하나님이 심판을 선언하시다(4:9-12)

창세기 3장과 마찬가지로(9절, 하나님은 아담에게 “네가 어디 있느냐?”고 질문하신다) 하나님은 “네 아우 아벨이 어디 있느냐?”는 질문으로 심판의 말씀을 시작하신다. 가인은 하나님께 거짓말하고 “내가 내 아우를 지키는 자니이까?”라는 오만한 질문을 던진다. 아담이 에덴동산을 지키지(*shmr*) 않았던 것과 마찬가지로, 가인도 동생을 지키지(*shmr*) 않는다.

하나님은 아벨의 살인을 아신다. 험프리스가 올바르게 지적하듯이, 야웨가 묻는 질문의 한 가지 효과는 “질문을 받는 사람과 독자에게 일어난 일을 야웨의 관심사나 중요도라는 관점에서 바라보도록 촉구하는 것”이다.[8] 달리 도와줄 사람이 전혀 없는 무력한 사람들은 하나님께 도움을 요청할 수 있고, 증기와 같은 삶을 산 아벨은 모든 사람 가운데서 가장 무력한 사람이다. 아벨의 피를 취한 땅은 그의 편을 들어 가인의 수고를 좌절시키고 버겁게 만들 것이다. 가인의 형벌은 기본적으로 아담에게 부과된 형벌을 강화한 것(일은 더 깊은 좌절감을 안겨 준다)인 동시에 부부에게 부과된 형벌, 즉 에덴에서 쫓겨나는 추방을 강화한 것이다. 그들은 에덴에서 동쪽으로 추방되었고, 이제 가인은 “이 땅 위에서 쉬지도 못하고, 떠돌아다니[는]” 방랑자가 될 것이다(12절, 새번역).

은혜의 징표와 심판의 집행(4:13-16)

이 장 마지막에 하나님은 가인을 놋 땅으로 추방하는 심판을 집행하시는데, 놋은 히브리어 동사 ‘방황하다’에서 유래한 지명이다. 그런데 심판 직전에 하나님은 가인에게 은혜의 징표를 주신다.

가인은 하나님이 자기를 에덴에서 또한 하나님 앞에서 더 멀리 추방하신 후 적대적인 사람들의 사냥감이 될까 두려워한다. 우리는 한편으로 응보의 원칙에 따라 가인이 마땅히 당할 할 일을 당하는 것뿐이라고 생각한다. 그는 아벨을 무자비하게 살해했으므로 다른 사람들에게 살해당할 것이다.

하지만 하나님은 가인에게 자비를 베풀고 그를 보호하신다. 누구든 가인을 해하려는 자에게 가혹한 응보("칠 배")를 약속하시고 가인을 만난 사람들에게 그를 죽이지 말라고 경고하는 표를 주신다. 가인의 표에 관해서는 오랫동안 추측이 난무했지만[9] 사실 우리는 그 표의 정확한 특성을 알지 못한다. 그 표가 무엇이든지 가인을 발견하는 자의 적대감으로부터 그를 보호해 주었다(15절).

이 이야기에서 드러나는 아담과 하와와 가인 외에 많은 사람이 있다는 가정은, 이 이야기를 문자 그대로의 정확한 역사 서술로 받아들이려는 많은 독자를 어리둥절하게 만들었다. 어떤 사람들은 내러티브 속 인물들의 긴 수명과 이 이야기가 진행되는 시간 동안 여러 세대가 지났을 가능성을 지적하면서 본문에 나오는 상당수의 '다른 사람들'의 존재를 설명하려 한다. 하지만 이것은 우리가 본문을 문자 그대로의 정확한 역사 기사로 간주하지 말아야 한다는 또 다른 단서일 가능성이 더 크다.

— 이야기 살아내기 —

진심 어린 예배

더 광범위한 고대 근동에서 제사는 신에게 음식을 제공하는 것으로 여겨졌다. 예를 들어, 길가메시 서사시에서 에아신은 홍수를 일으켜 인류를 멸망시키려는 엔릴(Enlil)의 시도가 큰 실수라는 것을 안다. 그렇게 되면 신들의 식량 공급이 끊기기 때문이다. 실제로 홍수가 물러가고 노아에 대응하는 인물인 바빌로니아의 우트나피시팀이 제물을 바치기 위해 방주 밖으로 나온 직후, 신들은 너무 배가 고파서 "제사를 드리는 자 주위로 파리 떼처럼 몰려들었다."[10]

성경의 하나님께는 음식을 바치는 제사가 필요하지 않다. 시편 기자에 따르면, 하나님은 신탁을 통해 이스라엘 백성에게 이렇게 말씀하신다. "내가 가령 주려도 네게 이르지 아니할 것은 세계와 거기에 충만한 것이 내 것임이로다. 내가 수소의 고기를 먹으며 염소의 피를 마시겠느냐"(시 50:12-13).

따라서 하나님이 가인에게 실망하신 이유는, 아벨이 바친 주식에 어울리는 적절한 콩류를 바치지 않았기 때문이 아니라, 오히려 가인이 바친 제물의 질이 그의 진실하지 못한 예배를 드러냈기 때문이다. 히브리서 저자는 두 제사를 대조한다. "믿음으로 아벨은 가인보다 더 나은 제사를 하나님께 드림으로 의로운 자라 하시는 증거를 얻었으니 하나님이 그 예물에 대하여 증언하심이라 그가 죽었으나 그 믿음으로써 지금도 말하느니라"(히 11:4; 또한 요일 3:12; 유 1:11을 보라).

성경의 증언은 단순히 겉으로 드러나는 종교적 행위를 일관되게 비난한다. 희생 제사만으로는 용서받지 못하고, 회개하는 마음으로만 용서받을 수 있다. 신명기(10:16; 30:6)와 예레미야서(9:25)는 몸에는 할례를 받았으나 마음에는 할례받지 못한 이들을 맹비난한다.

하나님이 종교 의식을 싫어하시는 것은 아니다. 그것과는 거리가 멀다. 하나님은 제사 제도를 명하셨고 아브라함과 그의 후손이 할례를 받아야 한다고 말씀하셨지만, 육체적 행위가 내적 실재를 나타내 주는 외적 표시가 아니라면, 그 자체로는 아무 소용이 없다.

핵심은 하나님이 "네 마음을 다하고 목숨을 다하고 뜻을 다하여" 하나님을 사랑하기 원하신다는 것이다(마 22:37). 가인과 달리 우리는 예배를 형식적으로 치르는 데 그쳐서는 안 된다.

이러한 지적은 예배 형식과는 아무 관련이 없다. 하나님은 가인이 고기가 아닌 채소를 가져왔다고 해서 속상하지 않으셨다. 만약 가인이 첫 열매, 가장 좋은 농산물을 가져왔다면 하나님은 그 제물을 받으셨을 것이다. 오늘날 예배는 다양한 형태를 취할 수 있다. 어떤 교회의 예배는 아주 질서 정연하다. 손을 모으고 눈을 감은 채 기도를 드린다. 또 다른 교회에서는 하늘을 향해 손을 뻗은 채 기도를 드리고, 큰 소리로 노래하고, 사람들이 회중석 사이 통로에서 춤을 추기도 한다. 둘 중 어떤 경우에서나 예배에 진심이 어렸을 수도, 그렇지 않을 수도 있다. 두 손을 모으고 눈을 감은 사람은 하나님을 예배하는 데 깊이 몰입할 수 있는 반면, 통로에서 춤을 추는 사람은 겉으로는 몰입해 있는 듯 보이지만 단지 춤추고 소리를 지르면서 그 경험을 통해 얻은 감정적 고조를 즐기고 있을 수도 있다. 반대로 어떤 사람은 눈을 감고 손을 모으고 다음 주에 할 일을 생각하고 있는 반면, 통로에서 춤추는 사람은 그 마음이 하나님을 향한 감사와 찬양으로 가득할 수도 있다.

불의한 분노

하나님은 가인의 제물을 받지 않으셨고, 이 거절로 인해 가인은 매우 분노했다. 가인의 분노는 불의한 분노의 면모를 보여 준다.

가인이 이 문제를 바로잡기가 얼마나 쉬웠을지 주목하자. 하나님은 가인의 감정적 반응에 이의를 제기하면서 수사적 질문을 던지셨다. "네가 선을 행하면 어찌 낯을 들지 못하겠느냐?" 다시 말해서 "가인아, 다시 한번 해 보거라. 마음을 바로잡고, 내가 너를 위해 한 모든 일로 인해 네가 나를 사랑한다는 사실을 보여 주는 적절하고 합당한 제사를 드려 보아라." 하나님은 가인이 하나님과 좋은 관계를 맺을 올바른 길을 보여 주셨을 뿐 아니라, 또한 하나님과의 관계에서 계속 진실하지 못할 때 어떤 위험이 있을지도 경고하셨다. 죄가 그를 지배하려고 노리고 있지만,

가인은 자기 삶을 통제하고 죄를 막아야 한다.

가인은 어떻게 반응하는가? 그는 동생을 들로 유인한 후 둘이 홀로 있을 때 그를 살해한다.

그런데 아벨은 형에게 무슨 일을 했는가? 아벨은 그저 진심으로 하나님께 제물을 바쳤다. 그는 가인을 공격하지 않았고 그를 무안하게 만들려 하지 않았다. 가인은 왜 아벨을 살해했는가?

가인은 하나님을 살해할 수 없었고, 그래서 하나님을 기쁘시게 한 아벨을 살해한다. 불의한 분노는 만족을 방해한 걸림돌, 약점에 대한 증오, 통제하려는 갈망에서 나온다.[11] 불의한 분노는 하나님과 다른 사람들로부터 독립하려고 시도한다. 하나님이 자기를 통제하려고 한다고 느낀 가인은 하나님의 통제를 거부한다. 불의한 분노는 하나님에 대한 신뢰에서 우리를 멀어지게 한다. 그분이 우리가 원하는 바를 따르지 않기 때문이다.

"내가 내 아우를 지키는 자니이까?"

가인이 동생의 피를 흘린 이유는 동생을 시기했기 때문이고 동생을 편애하는 하나님을 미워했기 때문이다. 하나님과 대면하여 아벨이 어디 있느냐는 질문을 받았을 때 가인은 "내가 내 아우를 지키는 자니이까"라고 대답했다. 이것은 바로 오늘날에도 사람들이 다른 사람, 심지어 형제처럼 가까운 사람에 대한 책임에서 냉혹하게 거리를 둘 때 사용하는 어구다.

예수님과 얼마나 대조적인가. 가인은 동생의 피를 흘렸지만 예수님은 "아직 죄인"이고 "하나님의 원수"였던 자들을 위해 피를 흘리셨다(롬 5:8, 10, 또한 6-11절을 보라, 새번역).

5

창세기 4:17-5:32

4:17아내와 동침하매 그가 임신하여 에녹을 낳은지라 가인이 성을 쌓고 그
의 아들의 이름으로 성을 이름하여 에녹이라 하니라 18에녹이 이랏을 낳고
이랏은 므후야엘을 낳고 므후야엘은 므드사엘을 낳고 므드사엘은 라멕을
낳았더라 19라멕이 두 아내를 맞이하였으니 하나의 이름은 아다요 하나의
이름은 씰라였더라 20아다는 야발을 낳았으니 그는 장막에 거주하며 가축
을 치는 자의 조상이 되었고 21그의 아우의 이름은 유발이니 그는 수금과
퉁소를 잡는 모든 자의 조상이 되었으며 22씰라는 두발가인을 낳았으니 그
는 구리와 쇠로 여러 가지 기구를 만드는 자요 두발가인의 누이는 나아마
였더라 23라멕이 아내들에게 이르되 아다와 씰라여 내 목소리를 들으라 라
멕의 아내들이여 내 말을 들으라 나의 상처로 말미암아 내가 사람을 죽였
고 나의 상함으로 말미암아 소년을 죽였도다 24가인을 위하여는 벌이 칠
배일진대 라멕을 위하여는 벌이 칠십칠 배이리로다 하였더라 25아담이 다
시 자기 아내와 동침하매 그가 아들을 낳아 그의 이름을 셋이라 하였으니 이
는 하나님이 내게 가인이 죽인 아벨 대신에 다른 씨를 주셨다 함이며 26셋도
아들을 낳고 그의 이름을 에노스라 하였으며 그때에 사람들이 비로소 여
호와의 이름을 불렀더라 5:1이것은 아담의 계보를 적은 책이니라 하나님이
사람을 창조하실 때에 하나님의 모양대로 지으시되 2남자와 여자를 창조
하셨고 그들이 창조되던 날에 하나님이 그들에게 복을 주시고 그들의 이
름을 사람이라 일컬으셨더라 3아담은 백삼십 세에 자기의 모양 곧 자기의
형상과 같은 아들을 낳아 이름을 셋이라 하였고 4아담은 셋을 낳은 후 팔
백 년을 지내며 자녀들을 낳았으며 5그는 구백삼십 세를 살고 죽었더라
6셋은 백오 세에 에노스를 낳았고 7에노스를 낳은 후 팔백칠 년을 지내며
자녀들을 낳았으며 8그는 구백십이 세를 살고 죽었더라 9에노스는 구십 세
에 게난을 낳았고 10게난을 낳은 후 팔백십오 년을 지내며 자녀들을 낳았

으며 11그는 구백오 세를 살고 죽었더라 12게난은 칠십 세에 마할랄렐을 낳
았고 13마할랄렐을 낳은 후 팔백사십 년을 지내며 자녀들을 낳았으며 14그
는 구백십 세를 살고 죽었더라 15마할랄렐은 육십오 세에 야렛을 낳았고
16야렛을 낳은 후 팔백삼십 년을 지내며 자녀를 낳았으며 17그는 팔백구십
오 세를 살고 죽었더라 18야렛은 백육십이 세에 에녹을 낳았고 19에녹을 낳
은 후 팔백 년을 지내며 자녀들을 낳았으며 20그는 구백육십이 세를 살고
죽었더라 21에녹은 육십오 세에 므두셀라를 낳았고 22므두셀라를 낳은 후
삼백 년을 하나님과 동행하며 자녀들을 낳았으며 23그는 삼백육십오 세를
살았더라 24에녹이 하나님과 동행하더니 하나님이 그를 데려가시므로 세상
에 있지 아니하였더라 25므두셀라는 백팔십칠 세에 라멕을 낳았고 26라멕
을 낳은 후 칠백팔십이 년을 지내며 자녀를 낳았으며 27그는 구백육십구
세를 살고 죽었더라 28라멕은 백팔십이 세에 아들을 낳고 29이름을 노아라
하여 이르되 여호와께서 땅을 저주하시므로 수고롭게 일하는 우리를 이
아들이 안위하리라 하였더라 30라멕은 노아를 낳은 후 오백구십오 년을 지
내며 자녀들을 낳았으며 31그는 칠백칠십칠 세를 살고 죽었더라 32노아는
오백 세 된 후에 셈과 함과 야벳을 낳았더라

이야기 속 다른 본문 경청하기

성경 본문: 창세기 3:15; 고대 근동 문헌: 고대 근동 족보; 수메르 왕 명부

창세기 4:17-5:32에는 창세기의 여러 족보 중 처음 두 개가 나온다(여럿이 있지만, 그 가운데 창 10장; 11:10-26; 26:12-18; 36장도 보라). 이 족보들이 모두 같은 유형이나 목적을 지닌 것은 아니지만, 창세기에서 정확히 어떤 유형의 족보를 접하든, 그것은 현대 서양의 족보가 아니라 고대 근동의 족보라는 점을 기억해야 한다.

성경에 나오는 족보의 두 가지 주요 유형은 단선(linear) 족보와 다선

(segmented) 족보다. 전자는 현재 본문이 보여 주듯 아버지에게서 한 아들로 이어지는 반면, 후자는 한 아버지의 여러 아들의 이름이 나온다(창 10장을 보라). 고대 족보는 유동적이다. 다시 말해서 동시대의 사회적·정치적 현실을 반영하여 변경될 수 있다. 또한 세대를 건너뛸 수도 있어서, 족보가 실제로 얼마나 많은 시간을 포괄하는지 계산하려는 시도는 쓸모없을 수 있다.[1] 윌슨(Wilson)에 따르면 "족보는 일반적으로 역사적 목적을 위해 만들지 않는다. 족보는 역사적 기록이 되는 것을 의도하지 않는다. 오히려 성경을 비롯한 고대 근동의 문헌 및 인류학 자료에서 족보는 가정적·정치적-법적·종교적 목적을 위해 만들어진 것으로 보이고, 역사적 정보는 우연히 족보에 보존된 것일 뿐이다."[2]

수메르 왕 명부(The Sumerian King List, SKL)는 적어도 큰 틀에서 창세기 4:17-11:26의 범위와 기능을 공유하는 듯 보이기 때문에 특별히 언급할 필요가 있다. 범위 측면에서 볼 때, 두 문헌 모두 홍수 이전 사람들(왕 명부의 경우에는 왕들)을 열거한 다음 (왕 명부보다 성경 본문에서 훨씬 발전된) 홍수 기사가 나오고, 뒤이어 홍수 이후 사람들의 목록이 나온다. 수메르 왕 명부의 목적은, 왕권의 등장이 에리두성(city of Eridu, 성경 기사의 첫 번째 성과의 연결 가능성에 관해서는 뒤에 나올 내용을 보라)에게 주는 하늘의 선물이라고 설명한 다음, (적어도 우리가 가진 최신 왕 명부 사본에서는) 마지막 왕인 이신(Isin, 기원전 1816-1794년경)까지 왕위 계승이 이어진다. 성경 본문과 수메르 왕 명부의 또 다른 놀라운 유사점은 목록에 나온 인물들의 수명/통치 기간과 관련이 있는데, 특히 홍수 이전 사람들의 경우 놀라울 정도로 길다. 성경 인물도 장수하지만(므두셀라는 969년 동안 가장 오래 살았다), 홍수 이전 왕들의 통치 기간에 비하면 무색하다[에리두성의 알라가르(Alagar)는 3만 6천 년이라는 가장 오랜 세월을 통치했다]. 수명/통치 기간은 홍수 직후 상당히 짧아진다. 스파크스(Sparks)가 지적하듯 "통치 기간은 터무니없이 길고 (홍수 이전 연대의 경우) 천문학적 숫자를, (홍수 이후 연대의 경우) 60진법 산술 연산을 사용하여 도출된 것으로 보인다."[3] 수메르 왕 명부와 창세기 5장의 유사성을 인식할 때 홍수 이전 사람들의 나이를 문자 그대로 이해하지 말아야 할 가능성을 열어 준다. 그들 나이의 신학적 의미는 후에 나올 것이다.

현재 본문에는 두 개의 족보, 즉 가인의 족보 및 아담과 하와의 또 다른 아들인 셈의 족보가 나온다. 이 두 족보는 단순한 고문서가 하는 역할보다 훨씬 큰 역할을 한다. 먼저 이 두 족보는 인류가 두 진영, 곧 하나님을 거부하는 진영과 그분을 따르는 진영으로 나누어진다는 사실을 보여 준다.

이런 인류의 분열은 창세기 3:15에서 뱀에게 내린 하나님의 형벌을 연상시킨다. "내가 너로 여자와 원수가 되게 하고 네 후손도 여자의 후손과 원수가 되게 하리니." 문자적 의미에서 두 족보 모두 하와 곧 문맥상 '여자'에게서 내려오지만, 영적으로 가인의 계보는 뱀의 후손이고 셋의 계보는 적대 관계에 있는 다른 계보를 대표한다.

둘째로 이 두 족보, 특히 가인의 족보는 특정 문명의 발전과 가인의 계보를 연결함으로써, 문명의 발전에 어두운 면이 있음을 암시한다.

— 이야기 설명하기 —

가인의 족보(4:17-26)

먼저 가인이 세상에 태어났다고 선포하던 것과 동일한 전형적 문구로 시작되는 가인의 족보를 따라가 보자. "[가인이] 아내와 동침하매[문자적으로 '알다'] 그가 임신하여 에녹을 낳은지라"(17절). 의미심장하게도, 이 출생 고지는 자녀라는 선물과 하나님의 연관성을 전혀 인정하지 않는데, 이는 가인이 태어났을 때의 하와(4:1)나 나중에 셋이 태어났을 때의 아담(4:25)과 대조를 이룬다.[4] 흥미롭게도 족보에서 가인의 이름은 최초의 성 건설자로 나온다. 그는 성을 건설하고 자기 아들 에녹의 이름을 따서 성의 이름을 지었다. 가인과 성 건설을 결부시켜서 몇 가지 논평을 이끌어 낼 수 있다.

첫 번째는 가장 중요한 것이다. 서술자는 가인과 최초의 성을 연결함으로써 성에 관해 설명한다. 가인의 형벌은 방랑자가 되는 것이었지만, 여기서 그는 자신과 다른 사람을 위해 영구 거주지를 만드는 조치를 취한다. 이 행동은 하나님의 형벌을 거부하는 저항 행동으로 볼 수 있고, 따라서 악하다. 게다가 본문에서는 가인을 최초의 성 건설자로 규정하여 성의 본질에 관해 설명한다. 성은 잠재적으로 위험하다. 죄인 개개인이 문제인데, 죄인들이 함께 모이면 어떻게 될까? 답은 분명하다. 죄의 문제는 해결되지 않고 강화된다. 자세한 내용은 뒤에 나올 '이야기 살아내기'를 보라.

둘째, 가인이 성을 건설한다는 사실은 그 모든 사람이 어디에서 왔느냐는 의문을 제기한다. 창세기 1-4장을 문자적으로 읽을 경우 가인은 2세대 인류다. 오늘날처럼 성이 크지 않다는 점을 고려하더라도, 우리는 여전히 상당한 규모의 인구에 대해 말해야 한다. 이 세부 사항은 이 장들을 정확한 역사로 받아들이는 문자적 읽기에 다시 의문을 제기한다. 고고학과 더불어 다른 고대 자료는 최초의 성 건설이 2세대가 아니라 인류가 출현한 후 오래 뒤에 이루어졌음을 보여 준다.[5]

셋째, 고대 자료를 언급하자면 고대 수메르 문헌(앞에서 '수메르 왕 명부'에 관한 설명을 보라)에서 최초의 성 이름은 에리두(Eridu)로 나온다. 일부 학자는 이 성의 이름이 가인의 아들 에녹이 아니라 그의 손자 이랏(Irad)의 이름과 비슷하다는 흥미로운 주장을 한다. (이를 지지하는 본문상의 증거가 없기 때문에) 이렇게 주장하는 학자들은 현재 우리가 가진 히브리어 본문이 조금 손상되었고, 원문에서는 최초의 성 건설자 에녹이 자기 아들

이랏의 이름을 따서 성의 이름을 지었다는 내용이 나올 것으로 추측한다.[6] 이 착상에는 인정할 만한 점이 많지만, 확신할 수는 없다.

18절은 (에녹 이후 이랏과 므후야엘, 므드사엘로 이어지는) 세 세대를 빠르게 이동하여 라멕에 이른다. 서술자는 라멕과 그의 직계 후손에 상당한 관심을 보인다.

성경에서 라멕은 최초의 일부다처 남성이거나, 적어도 그렇게 묘사된 최초의 남성이다. 물론 일부다처제는 나중에 모세 율법에서 허용되고 규제되지만(출 21:7-11), 우리는 결혼이 하나님이 제정하신 대로 일부일처, 곧 둘이 '한 몸을 이루는 것'임을 잊지 말아야 한다(창 2:24). 일부다처제가 가인의 계보에서 등장하는 것은 이 관행에 대한 암묵적 비판이고, 라멕의 무도한 성격은 일부다처제에 대한 의심을 더욱 깊어지게 한다.

라멕의 성격은 그가 아내 아다와 씰라에게 하는 말에서 표출된다(23-24절). 우선 그는 불의한 복수를 일삼는 사람이다. 동등한 응보적 정의에 관한 논의는 후에 "눈은 눈으로, 이는 이로, 손은 손으로, 발은 발로, 덴 것은 덴 것으로, 상하게 한 것은 상함으로, 때린 것은 때림으로 갚을지니라"(출 21:24-25)고 하는 '렉스 탈로니스'(*lex talonis*, 동해보복법) 원칙으로 제시되었다. 그런데 라멕은 "상처도 목숨으로, 멍도 목숨으로"라는 불균형 정의를 실행하겠다고 자랑한다. 하나님은 앞서 가인을 위해 일곱 배의 복수를 선언하셨지만, 라멕은 건방지게도 일흔 배로 복수하겠다고 선언한다. 서술자의 관점에서는 시간이 지나면서 사람들이 나아지는 것이 아니라, 악화되어 간다.

우리는 또한 아다와 씰라를 통해 낳은 자녀들에 대해 듣는데, 그들과 관련된 특정 문화의 발전은 악한 계보와 연결되어 위험성을 드러낸다. 여기에는 유목(야발), 악기(유발), 금속 가공(두발가인)이 포함된다. 이 세 남자 외에 나아마라는 이름의 딸이 나온다. 가인의 계보와 문명 사이의 연관성에 관한 자세한 내용은 후에 나오는 "문명의 양면적 성격"을 보라.

셋의 족보(5:1-32)

이번에는 아담이 “자기 아내와 동침하매[문자적으로 ‘알다’] 그가 아들을 낳아”라는 전형적인 문구로(4:25) 세 번째 탄생이 선포된다(4:1, 17을 보라). 이 아들의 이름은 셋(*shet*)이고 그는 아벨을 대체하는 인물, 따라서 살인을 범한 형 가인과 달리 하나님을 따르는 자로 소개된다. 셋이라는 이름에서 대체하는 인물로서 그의 역할이 나타난다. “하나님이 내게 가인이 죽인 아벨 대신에 다른 씨를 주셨다(*shat*)”(4:25).

족보는 셋의 내러티브를 전혀 제시하지 않고 곧바로 그의 아들 에노스로 넘어간다. 여기서 서술자는 이때 사람들은 “비로소 여호와의 이름을 불렀더라”고 덧붙인다(4:26). 이 어구의 정확한 의미는 설명하기 어렵다. 가장 분명한 함의는 사람들이 하나님께 기도하고 예배드리기 시작했다는 것이다. 하지만 그렇다고 해서 아담이나 셋은 하나님을 예배하지 않았다는 뜻일까? 그럴 가능성은 낮다. 또 하나의 복잡한 문제는 하나님의 인격적 이름을 가리키는 “여호와의 이름”이라는 어구다. 불타는 떨기나무 사건(출 3장)을 가장 자연스럽게 읽으면, 하나님이 이때 모세에게 처음으로 자기 이름을 계시하셨다는 데서 어려움이 생긴다.[7] 다만 이 자연스러운 읽기가 올바른 읽기라고 하더라도, 지금 본문에서 여호와라는 이름이 등장하는 것은 훗날 창세기가 기록된 시점에서 시간을 거슬러 소급되어 삽입된 것으로 이해할 수 있다.

4:23-26은 가인의 계보에서 셋의 계보로 바뀌는 전환점이지만, 창세기 5:1은 도입부의 ‘톨레도트’ 공식과 함께 책에서 완전히 새로운 단락을 시작한다. 여기에 아담의 ‘톨레도트’가 나오는데, NIV 성경 번역이 암시하듯 아담의 ‘가계’에 초점을 맞춘 단락을 의미한다.

1b-2절은 인류 창조에 대한 최초의 설명인 창세기 1장으로 우리를 되돌린다. 우리는 그들이 하나님의 “모양”으로(1:26), 남자와 여자로(1:27), 또한 복된 상태로(1:28) 창조되었다는 말을 다시 듣는다. 또한 그들을 창

조하실 때 하나님은 그들에게 아담('사람')이라는 이름을 주셨다.

3-5절은 (NIV 성경 번역에 따르면) 다음 공식 문장에 따라 동일한 정보를 제공하는 10개의 모든 문단 중 첫 번째 문단이다. "PN1(인명)은 몇 세에 누구를 낳았고, PN1은 PN2를 낳은 후 몇 년을 지내며 자녀들을 낳았으며 PN1은 몇 세를 살고 죽었더라." 그다음에는 이 공식을 다시 반복하면서 PN1의 자리에 PN2를 두고, PN3를 PN2의 아들로 소개한다.

이 공식의 용례에는 우리가 주목할 몇 가지 변형이 있고 나중에 설명할 여러 추가적인 내러티브 정보도 가끔 나오지만, 먼저는 문단 간 관계에 대한 질문에 대해 답해야 한다. 윌슨(R. R. Wilson)의 용어를 빌려 오면[8] 여기서 우리는 한 세대에 여러 자녀를 나열하는 다선 족보가 아니라 아버지로부터 아들로 이어지는 단선 족보를 만난다.[9] 문제는 이 족보에 세대를 건너뛰려는 의도가 있는가이다. 족보는 아담에서 노아까지 이어지므로, 이 질문을 또 다른 방식으로 표현하자면 서술자가 과연 창조와 인류 사이의 기간이 단지 열 세대였다고 믿느냐는 것이다.

게다가 이 홍수 이전 사람들의 수명은 믿기 어려울 정도로 길었다. (후에 살펴볼 에녹을 제외하고) 가장 짧은 수명은 777세(라멕)였고 가장 긴 수명은 969세(므두셀라)였다. 위에서 살펴본 것처럼 이 긴 수명은 수메르 왕 명부에 나오는 홍수 전 왕과 현자들의 수명을 연상시키지만, 수메르 왕 명부는 수명이 아니라 통치 기간을 언급하고 있고, 그 수는 창세기 5장에 나오는 수를 왜소해 보이게 한다.

창세기 5장 족보의 세 번째 특징은 놀랍게도 창세기 4장 가인의 족보에 나오는 인물, 특히 에녹 및 라멕과 이름을 공유한다는 점이다(므드사엘과 므두셀라뿐 아니라 가인과 게난도 비슷하다). 이 두 족보의 이름이 비슷한 것은 "동일한 자료의 변형을 보여 주기 위한 것이 아니라 아담의 두 후손 사이의 유사점과 대조를 보여 주기 위한 것"이라고 주장한 월키의 말이 옳을 것이다.[10]

이런 족보의 특징을 어떻게 이해해야 하는가? 문자적으로 받아들여야 하는가 아니면 은유적으로 받아들여야 하는가? 또한 이런 족보는 창세기 3-11장의 신학적 메시지에 어떻게 이바지하는가?

이 족보가 문자적인지 혹은 은유적인지를 묻는 두 번째 질문은 대답하기 어렵다. 창세기 1-3장에 대한 논의에서, 처음 열한 장이 은유적 언어를 많이 사용하고, 고대 근동 자료와 상호 작용을 통해(앞의 수메르 왕명부에 관한 설명을 보라) 방대한 범위의 역사를 제시한다고 보는 근거를 제시했다. 따라서 더 넓은 문학적 맥락을 고려하면 긴 수명이 문자 그대로의 사실이라고 주장하지 말아야 할 이유가 되지만, 이 숫자가 상징적이라면 실은 우리가 '암호를 해독하지' 못했을 수도 있다. 에녹이 365세 곧 지구가 태양을 한 바퀴 도는 데 걸리는 날 수(혹은 고대 관념에서 태양력의 1년)만큼 살았다는 것은 흥미롭지만, 이와 같은 연결을 의도한 것인지는 분명치 않다. 흥미롭게도 아담과 노아 사이에 정확히 열 세대가 있고 그 뒤에 노아와 아브라함 사이에 열 세대가 더 있는 것은 역사적 정확성보다 문학적 기교를 암시한다. 그렇지만 아직 아무도 족보에 나오는 숫자의 상징적 의미에 관한 설득력 있는 설명을 제시하지 못했다. 숫자의 특성에 대해 경직된 견해를 주장할 필요는 없겠지만, 곧 우리는 그에 관한 신학적 의미를 명확히 이해하게 될 것이다(뒤에 나올 설명을 보라).

족보의 전반적 의미와 기능을 살펴보았으니, 이제 창조부터 홍수까지 열 세대를 묘사하는 다소 반복적인 공식의 몇 가지 독특한 특징으로 시선을 돌려보자.

(이미 4:25에서 소개된) 아담의 아들 셋의 탄생을 말하는 족보의 첫 문단(3-5절)에서 본문은 단순히 '아담이 셋을 낳았다'고 말하지 않고, "아담은…자기의 모양 곧 자기의 형상과 같은 아들을 낳아 이름을 셋이라 하였고"라고 말한다. 아담(과 하와)이 하나님의 "형상"과 "모양"으로 창조되었다는 것을 알기에(1:26-27), 여기서 '모양'과 '형상'이라는 표현에는

설명이 필요하다. 이것은 격하된 표현일까? 다시 말해서 아담은 하나님의 형상과 모양으로 창조되었지만, 셋은 자기 아버지의 형상과 모양으로 창조되었다는 말인가? 나중에 성경에서 모든 인간은 하나님의 형상으로 창조되었다고 말하는 것을 고려할 때(고후 3:18; 약 3:9) 이런 결론은 가능하지 않다. 아마 이 진술도 이런 생각을 확증할 것이다. 셋이 아담의 형상과 모양으로 창조되었다는 말은 아담이 하나님의 형상과 모양으로 창조되었기에, 셋도 하나님의 형상과 모양으로 창조되었다는 의미다.

그렇지만 우리는 셋이 아버지의 형상과 모양으로 창조되었다는 말을 단순히 인류가 하나님의 형상과 모양으로 계속 창조된다는 의미로 제한하고 싶지 않을 수 있다. 앞서 우리는 아담에게 적용된 형상과 모양이라는 표현이 아담이 하나님을 대신하고, 따라서 하나님이 어떤 분인지를 드러낸다는 의미라고 주장했다. 마찬가지로 아들은 아버지를 대신하고 사람들에게 자기 아버지를 떠올리게 한다. 잘 알려진 바처럼 자녀는 대개 부모의 신체적 특징과 특성을 드러내기에 신체적으로도 이 점을 확인할 수 있다.

다음 다섯 세대(셋은 에노스를 낳았고, 에노스는 게난을 낳았고, 게난은 마할랄렐을 낳았고, 마할랄렐은 야렛을 낳았고, 야렛은 에녹을 낳았다)는 위에서 묘사한 일반적 공식을 고수한다. 다만 에녹에 관한 문단은 그에 대해 수수께끼 같은 흥미로운 정보를 덧붙인다.

서술자는 하나님에 대한 에녹의 헌신을 강조하기 위해 각별한 노력을 기울인다[그는 두 번(22, 24절) "에녹이 하나님과 동행하더니"[11]라고 말한 다음, 마지막에 "하나님이 그를 데려가시므로 세상에 있지 아니하였더라"고 덧붙인다(24절)]. 하나님은 그를 중년일 때 데려가셨고(이 족보에서 365세는 중년에 해당할 것이다), 에녹에게는 다른 사람들과 같은 사망 공식("죽었더라")이 없으므로, 하나님이 에녹을 데려가셨다는 것은 그가 일반적인 죽음의 경험을 피했다는 의미다.

그렇다면 하나님은 그를 어디로 데려가셨는가? 본문은 말해 주지 않는다. 다만 에녹에 대한 하나님의 행동은 그의 신실함에 대한 응답이기 때문에 우리는 하나님이 에녹을 자기에게 데려가셨다고 충분히 상상할 수 있다. 사실 비슷한 경험을 한 다른 유일한 성경 인물은 예언자 엘리야인데, 그는 죽음을 경험하는 대신 하나님이 그를 "하늘로" 데려가셨다(왕하 2:1).[12]

에녹은 하늘로 올라가기 전에 므두셀라라는 이름의 아들을 낳았는데, 그는 성경에 언급된 모든 사람 중에 가장 오래(969년) 살았다. 므두셀라에게는 라멕이라는 이름의 아들이 있었고, 라멕의 아들이 그 유명한 노아다. 사실 이 족보는 아담 및 그의 직계 후손들의 이야기와 다음 세 장을 차지할 홍수 이야기의 연결 고리고, 그래서 라멕 문단에는 추가 정보가 나온다. 특히 그의 이름의 의미에 주목해야 한다. 노아는 위로를 뜻하는 히브리어 단어(*naham*)와 발음이 유사하고, 이에 대하여 "여호와께서 땅을 저주하시므로 수고롭게 일하는 우리를 이 아들이 안위하리라"는 자세한 설명이 제공된다. 물론 이 언급은 하나님이 가인에게 내리신 형벌(4:12)에서 더 강화된 아담에게 내리신 형벌(3:17-19)과 연결된다.

이 족보는 노아가 세 아들, 셈과 함과 야벳을 낳았을 때(이로써 단선 족보에서 다선 족보로 바뀐다) 그가 500세였다는 노아의 족보 기록 일부로 마무리된다. 이 대목에서 내러티브는 홍수 이야기로 전환된다.

— 이야기 살아내기 —

문명의 양면적 성격

문명화된다는 것은 의심의 여지 없이 좋은 일로 여겨진다. 문명의 반대는 결국 야만이다. 그런데 가인의 족보는 문명의 발전을 가인이 낳은 후손과 연관시킴으로써 무엇을 말하는가? 특히 도시(성)와 유목, 음악, 금속(청동과 철) 가공의 기원은 가인의 후손과 관련이 있다.

이런 문명의 요소와 가인의 계보 사이의 연관성은 문명에 어두운 측면이 있음을 상기시켜 준다. 도시와 유목, 음악, 금속 가공이 구제 불능의 악이라는 뜻이 아니다. 문명이 인간의 분쟁, 억압, 고통을 증가시켜 인류에게 위험을 초래할 수 있다는 뜻이다.

도시는 수많은 사람을 가까운 곳에 모은다. 창세기는 인간이 뼛속까지 이기적인 죄인임을 알고 있다. 따라서 대규모의 사람이 모이면 온갖 종류의 착취와 폭력으로 이어질 수 있다. 오늘날 도시에서도 이런 현상을 볼 수 있다. 이 주석을 쓰고 있는 시점에도 워싱턴 DC의 해군 조선소와 시카고의 한 공원에서 무차별 살인이 발생했다. 전 세계적으로도 테러 공격 때문에 나이로비 고급 쇼핑몰에서 수많은 사상자가 발생했고, 파키스탄의 한 주요 도시의 어떤 교회에서는 또 다른 공격이 발생했다. 성경에서 우리는 도시가 촉발하는 악에 대해 하나님이 염려하시는 모습을 볼 수 있고(창 11:1-9), 도시(구약의 바빌론과 신약의 로마)가 가장 지독한 악의 상징인 데는 이유가 있다. 가인의 족보에서 가인(또는 아마 에녹, 앞의 설명을 보라)을 최초의 도시 건설자로 지목한 것은 이해가 간다.

하지만 도시에 대한 성경의 가르침이 신자들로 하여금 도시를 떠나 시골이나 교외로 피신하도록 부추겨서는 안 된다. 감사하게도 도시는 구속적 가치도 가질 수 있다. 바빌론이나 로마 같은 도시의 부정적인 상징적 가치에 대항하기 위해, 성경에서 하나님의 성 예루살렘은 구약 시대 오랫동안 하나님이 자기 존재를 가장 직접적으로 알리고자 선택하신 장소로 나온다.

> 여호와는 위대하시니 우리 하나님의 성,
> 거룩한 산에서 극진히 찬양받으시리로다.

터가 높고 아름다워
온 세계가 즐거워함이여
큰 왕의 성
곧 북방에 있는 시온산이 그러하도다.
하나님이 그 여러 궁중에서
자기를 요새로 알리셨도다. (시 48:1-3)

요한계시록은 천국을 아름다운 도시, 곧 새 예루살렘으로 묘사한다(계 21-22장).

우리는 그리스도의 초림과 재림 사이의 시기를 산다. 하나님의 은혜 덕분에 순전히 악한 도시도 없지만, 인간의 죄 때문에 거룩함과 하나님의 임재만 경험되는 도시도 없다. 최근 논문에서 마크 고닉(Mark Gornik)과 마리아 류(Maria Liu)는 뉴욕시를 묘사하면서 이 점을 설명한다. 뉴욕은 10년이나 20년 전에 비해 치안 측면에서 훨씬 나아졌지만, 여전히 많은 문제를 경험한다는 사실을 아무도 부인하지 못할 것이다. 그렇지만 하나님은 그 도시에서 극적 방식으로 자신의 임재를 나타내셨다. 고닉과 류는 라틴계와 흑인 교회 성도들이 "하나님이 우리 도시에 계신다"라고 선포하는 셔츠를 입고 맨해튼을 행진하는 일종의 '순회 기도회' 장면을 묘사한다. 그들은 뉴욕에 하나님의 임재를 전하는 사명을 수행하고, 하나님은 가장 크고 가장 문제 많은 도시에도 계심을 증명한다.[13]

도시만이 아니라 음악과 금속 가공에도 양면, 곧 어두운 측면과 구속적 측면이 있다. 음악은 인간의 생각과 마음을 진정시키고 하나님을 향해 고양시킬 수 있다. 시편이 하나님을 찬양하고 간구하는 음악의 책이라는 점만 생각해 보면 된다. 고전 영화 〈지옥의 묵시록〉(Apocalypse Now)에서 헬리콥터 공격 중대의 리더(로버트 듀발 분)가 베트남 전쟁 중에 "발퀴레의 기승"(Ride of the Valkeries)을 연주하면서 무고한 민간인을 공중

폭격하는 장면에서 볼 수 있듯이, 음악은 폭력을 부추길 수도 있다. 바그너의 음악(또는 하드록이나 랩은)은 악이고 바흐의 음악(또한 기독교 음악)은 선이라고 말하는 것은 너무 단순하다. 하지만 음악은 하나님이나 거룩함을 향해 우리를 인도할 수도 있고, 하나님에게서 멀어져 악으로 향하게 할 수도 있다. 음악과 가인의 족보가 연결된다는 점이 이 사실을 기억하는 데 도움을 준다.

마지막으로 (유목은 이 주석을 읽는 대다수 독자의 생활 방식과 무관하므로) 가인의 족보와 관련된 세 번째 영역 금속 가공에 관해 설명하겠다. 도시 및 음악과 관련하여 이미 보았듯이, 이런 연관성은 금속 가공이 순전한 악이라는 뜻은 아니다. 원시적 형태의 금속 가공은 인류 사이에서 약 1만 년 전에 시작되었음이 입증되었다. 청동 가공은 약 3천 년 후에 산발적으로 시작되었지만, 그 전성기는 일반적으로 고대 근동의 청동기 시대라고 불리는 기원전 3400-1200년 사이였다. 철 가공은 훨씬 늦게, 우리가 철기 시대라고 부르는 기간에 시작되었다(기원전 1200년 이후). 이런 연대를 고려할 때 가인의 직계 후손이 실제로 이런 유형의 금속 가공업에 종사했다는 생각을 옹호하는 것은 무익해 보인다. 이 경건하지 않은 계보를 금속 가공과 연결함으로써, 이 본문은 금속 가공과 관련된 실제적 위험을 독자들에게 다시 상기시켜 준다. 구약의 나머지 부분을 읽으면서 우리는 금속 가공이 일반적으로 무기와 관련이 있고, 무기는 살해하고 불구로 만드는 데 사용된다는 점에 주목한다.

그렇다면 우리는 모든 금속 가공을 금지해야 하는가? 물론 아니다. 금속을 가공하는 능력에는 일일이 열거하기 어려울 만큼 많고 잘 알려진 온갖 종류의 유익한 용도가 있다. 핵심은 모든 기술이 선(집에 빛과 온기를 가져다주는 원자력, 지식을 확장하는 인터넷)을 위해 혹은 악(핵무기, 인터넷 포르노)을 위해 사용될 수 있다는 점이다.

가인의 족보는 도시, 유목, 음악, 금속 가공이 많은 유익을 줄 수도 있고 또한 큰 악과 해를 끼치는 데도 사용될 수 있음을 일깨운다. 문명의 창조자, 형성자, 참여자는 이런 것들이 완전무결한 재화가 아니라 유익을 끼치기 위해 하나님께 구속받아야 한다는 사실을 명심해야 한다.

의의 보상

오늘날 경건함이 성공으로 이어질 것이라고 설교하는 목회자를 너무 흔하게 볼 수 있다. 충분한 믿음을 갖고 있다면 하나님은 당신을 치유하실 뿐만 아니라 부유하게 만들어 주실 것이다. 이 '번영 복음'은 한편에서 경건과 보상 사이에, 다른 한편에서 악과 형벌 사이에 자동적이고 기계적인 연결을 주장한다는 점에서 심각한 문제가 있다.

하지만 번영 복음이 안고 있는 문제를 지적하려는 합당한 열심 속에서, 우리는 경건이 일반적으로 좋은 결과로 이어진다는 분명한 가르침을 놓치지 말아야 한다. 아무리 상상의 나래를 펴더라도 이제 이런 보상은 우리 행동에 대한 즉각적 결과로 자동적으로 보장되지 않는다. 하지만 신약의 분명한 가르침에 따르면 경건의 결과는 '결국에는' 보장된다. 그리스도와 우리의 관계는, 아버지의 하늘 저택 안에 그분이 우리를 위한 방을 마련하셨다는 것을 의미하기 때문이다(요 14:1-4),

하지만 지금 여기서 하나님과의 관계나 순종 때문에 좋은 결과가 나타나는 것은 결코 이상한 일이 아니다. 율법에 대한 순종과 축복을 연결하고 불순종과 형벌을 연결하는 언약의 구조 자체가 이렇게 가르친다(신 27, 28장을 보라). 혹은 지혜로운 사람에게 주어지는 보상과 어리석은 행동에 따른 나쁜 결과를 다루는 잠언을 깊이 생각해 보자.[14]

셋의 족보는 이런 경건과 보상의 관계에 관하여 무엇을 가르치는가? 여러 가지가 있다. 우선 경건한 사람은 장수한다. 이 숫자가 문자적이든 상징적이든(앞의 설명을 보라), 홍수 이전에 산 경건한 계보에 속한 사람들의 오랜 수명은 그들이 "여호와의 이름을 불렀[던]" 결과로 해석되어야 한다. 결국 하나님은 급격한 수명 단축을 인간의 죄와 연관시키셨고 (6:3), 따라서 이전의 더 긴 수명은 의로운 삶의 결과다. 둘째, 우리는 이 연관성을 에녹에게서 특별한 방식으로 볼 수 있다. 에녹은 "하나님과 동행"한 사람으로 주목받고, 결국 하나님은 그를 "데려가[셨다]"(5:22-24). 다시 말해서 그는 죽음의 고통을 경험하지 않고 하나님의 임재로 들어간다.

죄가 장수에 미친 영향

홍수 이전 사람들의 긴 수명을 문자 그대로 받아들이도록 의도한 것으로 이해해야 하느냐에 대해서는 의문이 있지만, 홍수 이전의 긴 수명과 홍수 이후의 짧은 수명 사이의 대조에 담긴 신학적 함의에 대해서는 의문의 여지가 없다. 단 두 사람을 제외하고, 홍수 이전 사람들은 10세기를 살았다.

> 아담은 930년을 살았다.
> 셋은 912년을 살았다.
> 에녹은 905년을 살았다.
> 게난은 910년을 살았다.
> 마할랄렐은 895년을 살았다.
> 야렛은 962년을 살았다.
> 에녹은 365년을 살다가 하나님께서 그를 데려가셨다.
> 므두셀라는 969년을 살았다.
> 라멕은 777년을 살았다.
> 노아는 홍수가 닥쳤을 때 500세였고 950세에 죽었다.

홍수 이후 수명은 확연히 줄어든다.

셈은 600세에 죽었다.

아르박삿은 438세에 죽었다.

셀라는 433세에 죽었다.

에벨은 464세에 죽었다.

벨렉은 239세에 죽었다.

르우는 239세에 죽었다.

스룩은 230세에 죽었다.

나홀은 148세에 죽었다.

데라는 205세에 죽었다.

아브라함은 175세에 죽었다.

이삭은 180세에 죽었다.

야곱은 130세에 죽었다.

시간이 지날수록, 죄의 영향이 커지면서 수명은 점점 짧아진다. 죄가 그 원인이라는 것은 하나님이 홍수 전에 하신 선언에서 확인할 수 있다. “나의 영이 영원히 사람과 함께하지 아니하리니 이는 그들이 육신이 됨이라. 그러나 그들의 날은 백이십 년이 되리라”(6:3). 하나님은 홍수 이전 세대의 지독한 죄를 배경으로 이렇게 진술하신다.

물론 위 홍수 이후 사람들의 명단에서 보듯이 그들은 모두 120년 이상 살았고, 따라서 아마 우리는 다시 문자 그대로의 숫자가 아닌 상징적 숫자를 다루고 있을 것이다. 이는 아마도 한 세대를 가리키는 상징적 숫자 40을 활용한 120이라는 숫자에서 가장 쉽게 확인할 수 있다. 40으로 세 번 나누어지는 숫자 120은, 사람이 손자나 증손자를 볼 수 있을 만큼 오래 살겠지만, 그 이상 살 수는 없을 것이라는 하나님의 의도를 나타낸다.

어떤 설명이든[15] 다시 말하지만 죄는 수명 단축의 이유로 보인다. 개인의 죄가 아니라 인류 일반의 죄 때문임을 알아야 한다. 아브라함이 선조들보다 더 짧게 산 것이 그가 개인적으로 선조들보다 더 심각한 죄인이었기 때문은 분명 아니다. 하지만 죄의 영향은 다시 수명을 단축시키고 있다.

전 세계 일부 지역에서 최근 의학 발달 덕분에 90세 또는 100세까지 사는 사람이 드물지 않지만, 오늘날의 수명은 아브라함보다 훨씬 짧다. 어쨌든 100세까지 사는 것도 짧은 기간이다. 예언자 이사야에 따르면,

> 모든 육체는 풀이요
> 그의 모든 아름다움은 들의 꽃과 같으니
> 풀은 마르고 꽃이 시듦은
> 여호와의 기운이 그 위에 붊이라.
> 이 백성은 실로 풀이로다.
> 풀은 마르고 꽃은 시드나…. (사 40:6-8)

영원히 살도록 창조된 사람들에게 100년은 아무것도 아니지만, 반역함으로 인해 그들은 생명을 상실했다(창 3장).

그런데 복음의 기쁜 소식은 하나님의 아들 예수님이 오셔서 우리 대신 죽으셨다는 것이다. 하지만 죽음은 그분을 붙잡아 두지 못했다(행 2:22-24; 빌 2:6-8). 이렇게 해서 예수님은 죽음을 이기셨다(고전 15:12-58).

아담의 아들, 하나님의 아들(눅 3:38)

우리는 누가의 예수님 족보에서 다시 셋의 족보를 만난다. 누가에게는 예수님이 (마태의 족보처럼) 다윗의 후손일 뿐 아니라 (아담의 후손이기 때문에) 모든 인류의 일부이심을 보여 주려는 의도가 있었다. 누가는 예수님의 계보를 거슬러 올라가, 열 세대[노아, 레멕(라멕), 므두셀라, 에녹, 야

렛, 마할랄렐, 가이난(게난), 에노스, 셋, 아담]를 마지막에 거명한다. 누가복음 3장의 관점에서 볼 때, 우리는 불경건한 가인의 계보가 아니라 경건한 셋의 계보에서 태어나신 예수님을 향해 가는 길 위에 있음을 알 수 있다.

흥미롭게도 예수님의 족보는 단순히 아담으로 끝나지 않는다. 누가는 여기서 유전적 혈통 그 이상을 염두에 둔다. 신학적으로 이 명단이 그리스도의 인성에 관한 진술로만 끝나지 않는다는 점이 중요하다. 따라서 누가는 "아담의 아들"(the son of Adam) 뒤에 "하나님의 아들"(the son of God)을 덧붙인다(NIV). 예수님은 온전한 인간인 동시에 온전한 하나님이시다. 놀런드(Nolland)가 통찰력 있게 주석하듯이 "누가는 예수님이 인간 가족 안에, 따라서 (아담의 불순종 때문에) 흠 있는 아들 됨(sonship)에 참여하신다는 것을 보여 준다. 하지만 그분의 인격 자체에서, 그분의 독특한 기원(눅 1:35)으로 인해, 또한 적극적 순종의 결과로(4:1-13), 예수님은 새로운 아들 됨의 시작을 나타내시고 완전히 새로운 토대 위에 아들 됨을 세우신다. 이 인간적 상황 속에서 예수님은 진정 하나님의 아들이시다."[16]

(창세기 2:2b-25을 다룬 장 후반부의 "결혼의 본질과 성이라는 선물"도 보라.)

6 창세기 6:1-9:17

— 이야기 경청하기 —

6:1사람이 땅 위에 번성하기 시작할 때에 그들에게서 딸들이 나니 2하나님
의 아들들이 사람의 딸들의 아름다움을 보고 자기들이 좋아하는 모든 여
자를 아내로 삼는지라 3여호와께서 이르시되 나의 영이 영원히 사람과 함
께하지 아니하리니 이는 그들이 육신이 됨이라 그러나 그들의 날은 백이십
년이 되리라 하시니라 4당시에 땅에는 네피림이 있었고 그 후에도 하나님
의 아들들이 사람의 딸들에게로 들어와 자식을 낳았으니 그들은 용사라 고
대에 명성이 있는 사람들이었더라 5여호와께서 사람의 죄악이 세상에 가득
함과 그의 마음으로 생각하는 모든 계획이 항상 악할 뿐임을 보시고 6땅 위
에 사람 지으셨음을 한탄하사 마음에 근심하시고 7이르시되 내가 창조한
사람을 내가 지면에서 쓸어버리되 사람으로부터 가축과 기는 것과 공중의
새까지 그리하리니 이는 내가 그것들을 지었음을 한탄함이니라 하시니라
8그러나 노아는 여호와께 은혜를 입었더라 9이것이 노아의 족보니라 노아
는 의인이요 당대에 완전한 자라 그는 하나님과 동행하였으며 10세 아들을
낳았으니 셈과 함과 야벳이라 11그때에 온 땅이 하나님 앞에 부패하여 포
악함이 땅에 가득한지라 12하나님이 보신즉 땅이 부패하였으니 이는 땅에
서 모든 혈육 있는 자의 행위가 부패함이었더라 13하나님이 노아에게 이르
시되 모든 혈육 있는 자의 포악함이 땅에 가득하므로 그 끝 날이 내 앞에 이
르렀으니 내가 그들을 땅과 함께 멸하리라 14너는 고페르 나무로 너를 위
하여 방주를 만들되 그 안에 칸들을 막고 역청을 그 안팎에 칠하라 15네가
만들 방주는 이러하니 그 길이는 삼백 규빗, 너비는 오십 규빗, 높이는 삼
십 규빗이라 16거기에 창을 내되 위에서부터 한 규빗에 내고 그 문은 옆으
로 내고 상 중 하 삼층으로 할지니라 17내가 홍수를 땅에 일으켜 무릇 생명
의 기운이 있는 모든 육체를 천하에서 멸절하리니 땅에 있는 것들이 다 죽
으리라 18그러나 너와는 내가 내 언약을 세우리니 너는 네 아들들과 네 아

내와 네 며느리들과 함께 그 방주로 들어가고 19혈육 있는 모든 생물을 너
는 각기 암수 한 쌍씩 방주로 이끌어들여 너와 함께 생명을 보존하게 하되
20새가 그 종류대로, 가축이 그 종류대로, 땅에 기는 모든 것이 그 종류대로
각기 둘씩 네게로 나아오리니 그 생명을 보존하게 하라 21너는 먹을 모든
양식을 네게로 가져다가 저축하라 이것이 너와 그들의 먹을 것이 되리라
22노아가 그와 같이 하여 하나님이 자기에게 명하신 대로 다 준행하였더라
7:1여호와께서 노아에게 이르시되 너와 네 온 집은 방주로 들어가라 이 세
대에서 네가 내 앞에 의로움을 내가 보았음이니라 2너는 모든 정결한 짐승
은 암수 일곱씩, 부정한 것은 암수 둘씩을 네게로 데려오며 3공중의 새도
암수 일곱씩을 데려와 그 씨를 온 지면에 유전하게 하라 4지금부터 칠 일
이면 내가 사십 주야를 땅에 비를 내려 내가 지은 모든 생물을 지면에서
쓸어버리리라 5노아가 여호와께서 자기에게 명하신 대로 다 준행하였더
라 6홍수가 땅에 있을 때에 노아가 육백 세라 7노아는 아들들과 아내와 며
느리들과 함께 홍수를 피하여 방주에 들어갔고 8정결한 짐승과 부정한 짐
승과 새와 땅에 기는 모든 것은 9하나님이 노아에게 명하신 대로 암수 둘
씩 노아에게 나아와 방주로 들어갔으며 10칠 일 후에 홍수가 땅에 덮이니
11노아가 육백 세 되던 해 둘째 달 곧 그 달 열이렛날이라 그날에 큰 깊음의
샘들이 터지며 하늘의 창문들이 열려 12사십 주야를 비가 땅에 쏟아졌더라
13곧 그날에 노아와 그의 아들 셈, 함, 야벳과 노아의 아내와 세 며느리가
다 방주로 들어갔고 14그들과 모든 들짐승이 그 종류대로, 모든 가축이 그
종류대로, 땅에 기는 모든 것이 그 종류대로, 모든 새가 그 종류대로 15무릇
생명의 기운이 있는 육체가 둘씩 노아에게 나아와 방주로 들어갔으니 16들
어간 것들은 모든 것의 암수라 하나님이 그에게 명하신 대로 들어가매 여
호와께서 그를 들여보내고 문을 닫으시니라 17홍수가 땅에 사십 일 동안
계속된지라 물이 많아져 방주가 땅에서 떠올랐고 18물이 더 많아져 땅에
넘치매 방주가 물 위에 떠 다녔으며 19물이 땅에 더욱 넘치매 천하의 높은

산이 다 잠겼더니 20물이 불어서 십오 규빗이나 오르니 산들이 잠긴지라
21땅 위에 움직이는 생물이 다 죽었으니 곧 새와 가축과 들짐승과 땅에 기
는 모든 것과 모든 사람이라 22육지에 있어 그 코에 생명의 기운의 숨이 있
는 것은 다 죽었더라 23지면의 모든 생물을 쓸어버리시니 곧 사람과 가축
과 기는 것과 공중의 새까지라 이들은 땅에서 쓸어버림을 당하였으되 오
직 노아와 그와 함께 방주에 있던 자들만 남았더라 24물이 백오십 일을 땅
에 넘쳤더라 8:1하나님이 노아와 그와 함께 방주에 있는 모든 들짐승과 가
축을 기억하사 하나님이 바람을 땅 위에 불게 하시매 물이 줄어들었고 2깊
음의 샘과 하늘의 창문이 닫히고 하늘에서 비가 그치매 3물이 땅에서 물러
가고 점점 물러가서 백오십 일 후에 줄어들고 4일곱째 달 곧 그 달 열이렛
날에 방주가 아라랏산에 머물렀으며 5물이 점점 줄어들어 열째 달 곧 그
달 초하룻날에 산들의 봉우리가 보였더라 6사십 일을 지나서 노아가 그 방
주에 낸 창문을 열고 7까마귀를 내놓으매 까마귀가 물이 땅에서 마르기까
지 날아 왕래하였더라 8그가 또 비둘기를 내놓아 지면에서 물이 줄어들었
는지를 알고자 하매 9온 지면에 물이 있으므로 비둘기가 발붙일 곳을 찾지
못하고 방주로 돌아와 그에게로 오는지라 그가 손을 내밀어 방주 안 자기
에게로 받아들이고 10또 칠 일을 기다려 다시 비둘기를 방주에서 내놓으매
11저녁때에 비둘기가 그에게로 돌아왔는데 그 입에 감람나무 새 잎사귀가
있는지라 이에 노아가 땅에 물이 줄어든 줄을 알았으며 12또 칠 일을 기다려
비둘기를 내놓으매 다시는 그에게로 돌아오지 아니하였더라 13육백일 년
첫째 달 곧 그달 초하룻날에 땅 위에서 물이 걷힌지라 노아가 방주 뚜껑을
제치고 본즉 지면에서 물이 걷혔더니 14둘째 달 스무이렛날에 땅이 말랐더
라 15하나님이 노아에게 말씀하여 이르시되 16너는 네 아내와 네 아들들과
네 며느리들과 함께 방주에서 나오고 17너와 함께 한 모든 혈육 있는 생물
곧 새와 가축과 땅에 기는 모든 것을 다 이끌어내라 이것들이 땅에서 생육
하고 땅에서 번성하리라 하시매 18노아가 그 아들들과 그의 아내와 그 며

느리들과 함께 나왔고 [19]땅 위의 동물 곧 모든 짐승과 모든 기는 것과 모든
새도 그 종류대로 방주에서 나왔더라 [20]노아가 여호와께 제단을 쌓고 모든
정결한 짐승과 모든 정결한 새 중에서 제물을 취하여 번제로 제단에 드렸
더니 [21]여호와께서 그 향기를 받으시고 그 중심에 이르시되 내가 다시는
사람으로 말미암아 땅을 저주하지 아니하리니 이는 사람의 마음이 계획하
는 바가 어려서부터 악함이라 내가 전에 행한 것같이 모든 생물을 다시 멸
하지 아니하리니 [22]땅이 있을 동안에는 심음과 거둠과 추위와 더위와 여름
과 겨울과 낮과 밤이 쉬지 아니하리라 [9:1]하나님이 노아와 그 아들들에게
복을 주시며 그들에게 이르시되 생육하고 번성하여 땅에 충만하라 [2]땅의
모든 짐승과 공중의 모든 새와 땅에 기는 모든 것과 바다의 모든 물고기가
너희를 두려워하며 너희를 무서워하리니 이것들은 너희의 손에 붙였음이
니라 [3]모든 산 동물은 너희의 먹을 것이 될지라 채소같이 내가 이것을 다
너희에게 주노라 [4]그러나 고기를 그 생명 되는 피째 먹지 말 것이니라 [5]내
가 반드시 너희의 피 곧 너희의 생명의 피를 찾으리니 짐승이면 그 짐승에
게서, 사람이나 사람의 형제면 그에게서 그의 생명을 찾으리라 [6]다른 사람
의 피를 흘리면 그 사람의 피도 흘릴 것이니 이는 하나님이 자기 형상대로
사람을 지으셨음이니라 [7]너희는 생육하고 번성하며 땅에 가득하여 그 중
에서 번성하라 하셨더라 [8]하나님이 노아와 그와 함께 한 아들들에게 말씀
하여 이르시되 [9]내가 내 언약을 너희와 너희 후손과 [10]너희와 함께 한 모든
생물 곧 너희와 함께 한 새와 가축과 땅의 모든 생물에게 세우리니 방주에
서 나온 모든 것 곧 땅의 모든 짐승에게니라 [11]내가 너희와 언약을 세우리
니 다시는 모든 생물을 홍수로 멸하지 아니할 것이라 땅을 멸할 홍수가 다
시 있지 아니하리라 [12]하나님이 이르시되 내가 나와 너희와 및 너희와 함
께하는 모든 생물 사이에 대대로 영원히 세우는 언약의 증거는 이것이니
라 [13]내가 내 무지개를 구름 속에 두었나니 이것이 나와 세상 사이의 언약
의 증거니라 [14]내가 구름으로 땅을 덮을 때에 무지개가 구름 속에 나타나

면 15내가 나와 너희와 및 육체를 가진 모든 생물 사이의 내 언약을 기억하
리니 다시는 물이 모든 육체를 멸하는 홍수가 되지 아니할지라 16무지개가
구름 사이에 있으리니 내가 보고 나 하나님과 모든 육체를 가진 땅의 모든
생물 사이의 영원한 언약을 기억하리라 17하나님이 노아에게 또 이르시되
내가 나와 땅에 있는 모든 생물 사이에 세운 언약의 증거가 이것이라 하셨
더라

이야기 속 다른 본문 경청하기

성경 본문: 창세기 3장; 4:1-16, 17-24; 고대 근동 문헌: 수메르 왕 명부; 에리두 창세기; 아트라하시스; 길가메시 서사시

메소포타미아 문학에는 홍수 이야기에 관한 풍부한 전승이 있었다. 우리는 이미 수메르 왕 명부에서 홍수에 관한 기록을 언급한 바 있다. 홍수 이전의 여덟 왕을 언급한 후, 이런 내용이 나온다.

> 홍수가 그곳을 휩쓸었다.
> 홍수가 그곳을 휩쓸고 난 후
> 왕권이 하늘로부터 내려왔을 때….[1]

더 상세한 수메르의 홍수 기사는 에리두 창세기(Eridu Genesis, 기원전 1600년경으로 추정됨)에 나오는데, 에리두 창세기는 창세기 1-11장과 비슷하게 창조 이야기와 홍수 이야기를 연결하고 있기에 가장 중요하다.[2] 여기서 엔키(Enki)는 지우수드라(Ziusudra)라는 사람에게 홍수를 대비해 방주를 만들라고 지시한다. 그는 순종하고 홍수가 끝난 후 제사를 드린다.

아트라하시스는 아카드(Akkad) 전승에 나오는 홍수 영웅의 이름이

다. 주인공의 이름으로 알려진 이 신화는 인류 창조 기사로 시작된다(앞의 창 2:4-25에 관한 주석을 보라). 그런데 잠시 후 인류의 소음이 중요 신들, 특히 엔릴신의 잠을 방해하자, 엔릴은 홍수로 인류를 멸하기로 한다. 엔키는 자기를 신봉하는 아트라하시스('매우 지혜로운'이라는 의미)에게 방주를 만들어 홍수를 견뎌 내라고 지시함으로써 엔릴의 노력을 좌절시킨다.

가장 유명한 메소포타미아 홍수 기사는 고바빌로니아 제국의 버전과 신아시리아 제국의 버전으로 알려진 길가메시 서사시다.[3] 홍수 이야기는 우루크(Uruk)의 왕 길가메시의 모험을 기술하는 긴 서사시의 마지막에 나온다. 이것은 과연 인생의 의미에 관한 이야기로, 쾌락을 추구하는 한 젊은 왕이 신하들을 분노하게 만들자 신하들은 이 무책임한 지도자에게 맞설 수 있도록 자기들을 도와 달라고 신들에게 기도하는 장면이 묘사되며 시작한다. 신들은 그 응답으로 태초의 사람 엔키두를 창조하여 길가메시와 싸우도록 만들지만, 결국 그에게 패배하고 만다. 그런데도 길가메시는 엔키두의 친구가 되어 그와 함께 모험을 떠난다.

길가메시는 여신 이슈타르(Ishtar)의 욕정 어린 시선을 받지만, 이슈타르의 접근을 거절하여 그녀의 분노를 산다. 이슈타르는 아버지 아누 신을 설득하여 건방진 자에게 천상의 황소를 보내지만, 길가메시는 황소를 죽이고 앞 갈기를 찢어 이슈타르의 얼굴에 던진다. 이 같은 모욕에 침묵할 수 없던 아누는 길가메시의 동료 엔키두를 살해한다.

친구의 죽음을 가까이에서 목격한 길가메시는 죽음에 대한 해답을 찾기 위해 길을 떠난다. 이 여정은 결국 영생을 얻은 유일한 인간 우트나피시팀에게로 그를 데려간다. 영생에 관심이 있던 길가메시는 우트나피시팀에게 어떻게 불멸을 얻었는지 묻고, 이 질문에 대한 대답으로 그는 홍수 이야기를 들려준다.

길가메시의 홍수 이야기는 성경의 홍수 이야기와 놀라울 만큼 비슷하지만 상당한 차이점도 있다. 우트나피시팀은 길가메시의 질문에 대한 응답으로 에아신(수메르의 엔키에 해당하는 아카드의 신)이 자기에게 홍수에 대비해 방주를 지으라고 했던 이야기를 들려준다. 인류가 신들의 잠을 방해했기 때문에 인류를 없애기 위해 엔릴의 통솔 아래 있는 신들이 홍수를 보낸 것이다. 에아는 다가오는 재난에 대해 어떤 인간에게도 알리지 않겠다고 맹세했기에, 우트나피시팀에게 직접 말하지 못하고 그 대신 갈대로 만들어진 그의 집에 대고 방주를 만들라고 외친다. 이 방주는 (배와 비슷한 구조물인 성경의 방주와 달리) 거대한 입방체로 묘사된다.

방주를 만든 후 우트나피시팀은 동물과 가족을 데리고 방주에 오른다. 폭풍우가 몰려와 인류를 휩쓸어 버리지만, 방주에 탄 그의 가족과 동물들은 살아남는다. 홍수가 물러가자 방주는 어떤 산(니무쉬산)에 안착한다. 그런 다음 우트나피시팀은 세 마리의 새를 내보내는데, 처음 두 마리(비둘기와 제비)는 마른 땅이 없어서 돌아왔지만 세 번째 새(까마귀)는 돌아오지 않았고, 그 덕에 홍수 물속에서 마른 땅이 나타났음을 알 수 있었다. 이때 우트나피시팀은 배에서 내려 제사를 드렸다. 신들은 제물의 달콤한 향기를 맡고 "제사를 드리는 자 주위로 파리 떼처럼 몰려들었다"라는 조금은 호의적이지 않은 모습으로 묘사된다.[4] 엔릴은 인간에게 홍수에 대해 알려 준 에아를 향해 화를 내지만, 에아는 자기를 변호하면서 엔릴이 도를 넘었다고 비난한다. 인간이 너무 많은 소음을 만들거든 다른 방법을 써서 그들의 수를 줄이라고, 신들에게는 결국 인간이 제사로 공급하는 음식이 필요하다고 말한다.

우트나피시팀은 다른 사람이 영생을 얻을 수 없다는 사실을 알려 주기 위해 길가메시에게 홍수 이야기를 들려준다. 영생을 찾으려는 길가메시의 시도는 이것으로 끝나지 않지만, 결국 그는 영원히 살 수 없음을 깨닫는다. 그는 비록 영원히 살지 못하지만 우르크의 성숙하고 현명한 통치자가 되어 영원한 유산을 남길 수 있음을을 깨닫고 우르크로 돌아간다. 다음에 나오는 '이야기 설명하기'에서 길가메시 홍수 이야기와 성경 홍수 이야기 사이의 가장 밀접하게 관련되는 유사점과 차이점에 관해 이야기하겠다.

창세기 배경에서 보았듯이 아담과 하와의 거역(창 3장)에서 시작하여 가인과 아벨 이야기(4:1-16)와 가인 이후 세대(4:17-24)까지, 인간은 계속해서 자기가 습관적 죄인임을 보여 주었다.

이야기 설명하기

하나님이 홍수를 일으키신 이유(6:1-8)

기술적으로 창세기 6:1-8은 5:1에서 시작된 아담의 '계보'(*toledot*)의 결론에 해당한다. 다음에 나오는 (노아의) '계보'는 6:9에서 시작된다. 그런데 흥미롭게도 아담 기사의 결론은 홍수 이야기의 서문에 해당하기 때문에, 우리는 이 부분을 5장과 분리해서 다루고 홍수 이야기의 도입부로서 역할을 강조하기로 했다. 본질적으로 우리는 매튜스(Mathews)의 말에 동의한다. "창세기 6:1-8은 결혼과 출산에 관해 이야기함으로써(창 6:1-4) 5장을 회고하고, 그 결과 일어난 홍수 내러티브를 소개함으로써(창 6:5-8) 앞을 내다보는 문학적 경첩 역할을 한다."[5]

길가메시 서사시의 우트나피시팀에 따르면, 신들은 사람들이 너무 많은 소음을 만들어 내기 때문에 홍수를 보냈다. 인구 과잉이 신들을 화나게 한 것이다. 성경의 홍수 기사는 판이한 신성한 근거를 제시한다.

창세기 6:1-5은 대개 홍수와 별개로 다루어지지만, 나는 이 부분이 홍수로 하나님의 심판을 받기 전 세대의 악함을 더없이 극명하게 보여 주는 예라고 생각한다. 창세기 3-11장의 모든 이야기는 죄를 범하는 이야기 다음에 하나님의 심판 말씀이 나오고 심판의 집행에 관한 설명으로 끝나는 특별한 구조로 되어 있다. 우리는 또한 반항적인 인간 피조물과 계속 관계를 유지하시려는 하나님의 뜻을 보여 주는 하나님 은혜의 징표도 보았다. 창세기 6:1-5은 이런 구조를 예고하면서 더 광범위한 홍수 이야기에 통합된다.

창세기 6장 첫 구절에 나오는 이 이야기의 대부분은 현대 독자들에게 수수께끼로 남아 있다. 기본 줄거리는 분명하다. "하나님의 아들들"이 "사람의 딸들"과 결혼하여 하나님의 진노와 심판을 초래하고, 그 결과 하나님은 인간의 수명을 120년으로 제한하신다(창세기 5장에서 홍수 이전 세대의 긴 수명과 비교하라).[6] 또한 이 이야기는 "하나님의 아들들"과 "사람의 딸들"의 결합으로 낳은 자손이 네피림, 곧 "용사…고대에 명성이 있는 사람들"이라고 알려 준다. 이 이야기를 어떻게 이해해야 할까?

이 질문에 대답할 때 우리는 명확한 것과 그렇지 않은 것을 구별해야 한다. 한 가지 분명한 사실은 모종의 범죄가 발생했다는 것이며, 이것은 이야기의 핵심 메시지에 이바지한다. 하나님의 아들들과 인간의 딸들이 누구든 그들은 결혼하여 아이를 낳아서는 안 된다. 이것이 하나님의 진노를 불러일으키는 범죄다.

확실하지 않은 것은 이 이야기의 중심인물의 정체다. 가장 개연성이 높은 두 가지 이론만 언급해 보겠다. 첫 번째 견해에 따르면 "하나님의 아들들"은 경건한 계보에서 태어났고(창 5장의 셋의 족보를 보라) "사람의 딸들"은 불경건한 계보에서 태어났다(창 4:17-24의 가인의 족보를 보라). 우리는 그와 같은 결합이 하나님을 불편하게 만들었을 거라고 상상할 수 있지만, 그들의 자손이 왜 그렇게 거대했는지 궁금증이 남는다. 특히 나중에 네피림의 용례(민 13:33)를 보면 이들 네피림이 이례적으로 키가 크고 두려운 전사임을 암시하기 때문이다.

내가 보기에는 두 번째 가능성이 훨씬 유력하다. 우리는 "하나님의 아들"이 종종 천사를 지칭하는 데 사용된다는 사실에서 시작한다(시 29:1;

82:1; 89:5-10). 이 해석에 따르면 천사와 인간 여성이 결혼하여 거대한 자손을 낳지만 하나님의 진노를 초래한다.

많은 독자는 천사가 성관계를 가질 수 없다고 생각하기 때문에 오해한다. 사실 예수님에 따르면 천사는 장가도 가지 않고 시집도 가지 않는다(눅 20:34-36). 하지만 창세기 6장에 나오는 천사들은 순종하는 천사가 아니라 거역하는 천사다. 그들은 하나님이 주신 본성에 따라 행동하지 않는다. 그들이 할 수 없다고 여긴 일들에 대해 생각해 보면, 이스라엘/유대인 독자들은 그 누구도 천사가 성관계를 할 수 없다고 생각하지 않았을 것이다. 그렇다. 천사는 영적 존재지만 인간의 모습을 취할 수 있다(창 18-19장; 막 16:5을 보라). 이와 반대되는 생각은 성경적 개념이 아니라, 영적인 것과 물질적인 것을 근원적으로 분리하는 신플라톤 철학의 영향을 받은 중세 시대 기독교 사상가들이 발전시킨 천사에 관한 잘못된 견해에서 비롯된 것이다.

앞서 말했듯이 고대 이스라엘/유대인은 이런 관점을 받아들이지 않았을 것이다. 사실 우리는 신구약 중간기의 『에녹1서』(6-36장을 보라)를 통해 많은 유대인이 창세기 6:1-5을 정확히 이런 방식으로 읽었음을 알고 있다. 그리스도인 독자에게 훨씬 설득력이 있는 사실은, 유다서 저자도 이 부분을 인간과 천사 사이의 성적 범죄로 이해했다는 점이다(유 1:6; 또한 벧후 2:4도 보라).

이 본문에서 네피림은 또 다른 수수께끼다. 우리는 그들에 대해 거의 알지 못하고 우리가 이해할 수 있는 것 이상으로 추측해서는 안 된다. 그들은 거대한 자손 곧 "옛날에 있던 용사들"이다(새번역). 이 설명은 좋게 들리지만, 대부분의 번역가는 이들이 악한 사람들이라고 생각한다. 아마 네피림은 길가메시 서사시나 다른 헤라클레스 같은 인물들에 관한 신화의 원천일 것이다. 정복 시대의 부족 이름도 네피림인데, 그렇다면 그들이 홍수에서 살아남았다는 뜻일까? 그보다는 약속의 땅에 있던 이례적으로 거대한 사람들이 이 초기 이야기에 관한 기억을 불러일으켰고, 그래서 네피림이라는 이름을 얻었을 가능성이 더 높다. 마지막으로 언급할 것은, 우리는 분명 그들의 이름을 "떨어진 자들"(the fallen ones)이라고 번역할 수 있다. 하지만 그것을 어떻게 이해해야 할지는 모른다고 할 수밖에 없다. 여전히 어디에서 떨어졌느냐는 의문이 남는다. 결론적으로 다시 우리가 확신 있게 말할 수 있는 것은, 창세기 6:1-5에서 서술하는 이야기가 홍수 심판을 초래한 더없이 끔찍한 악한 활동의 사례를 보여 준다는 것이다.

다음 문단은 인류에 대한 포괄적 비난으로 시작한다(5절). 하나님께 죄를 범한 것은 악한 천사들과 어울린 인간 여성들만이 아니었다. '인류'의 죄악이 가득하다는 것이 문제였다. 인류의 악함은 또한 깊고 광범위하다. 악함은 그들의 사고에도 영향을 미쳐 "마음으로 생각하는 모든 계획이 항상 악할 뿐"이었다. 후대의 유대 사상에서 말하는 인류의 "악한 성향"(*yetser ra*)이 여기서 처음으로 등장한다.

어떤 의미에서 6절은 인간에 대한 이런 부정적 평가와 잘 어울린다. 하나님은 슬퍼하시면서 인류를 창조하기로 한 애당초의 결정을 후회하신다. 다른 의미에서 이 절은 상당히 충격적이다. 하나님이 슬퍼하신다고? 하나님이 후회하신다고? 하나님은 결국 하나님이시다. 전지전능한 분 아니신가? 미래를 알지 못하셨는가? 마치 하나님이 인간 피조물의 진면목에 놀라신 것처럼 들린다.

여기에는 부정하기 힘든 해석상의 난점이 있다. 이 창세기 초기 장에서 신인 동형론적 언어가 광범위하게 사용되었다고 보는 것이 합당하다. 다시 말해서 하나님이 독자의 이해에 자신을 맞추시고자 스스로 낮아지셨다고 생각해야 한다. 요컨대, 이 언어는 비유적이다.

그렇기는 하지만 비유적이라는 이유로 이 절에서 말하는 바를 그냥 무시하는 것은 잘못이다. 진실을 전달하고자 일부러 은유적 언어를 택한 것이다. 이 언어가 단지 은유에 불과하다고 말하는 것은 부적절하다. 우리가 던져야 할 질문은 '그 은유가 무엇을 가리키는가?' 하는 것이다.

(하나님은 감정의 영향을 받지 않는다고 주장하는 일부 신학자들처럼) 하나님이 감정을 가지고 계심을 부정하는 것은 여기에 나오는 것과 같은 성경의 언어를 완전히 무시하는 듯 보인다. 우리의 죄는 하나님을 슬프게 만든다. 죄로 인해 하나님은 우리를 창조하신 일을 후회하신다. 하나님은 인간을 도덕적으로 순전하고, 도덕적 선택을 할 능력을 가진 존재로 창조하셨는데, 애석하게도 인간은 순종하기보다 계속 거역하기를 선택한다. 그래서 하나님은 홍수를 통해 인간 피조물과 생기를 지닌 나머지 피조물("가축과 기는 것과 공중의 새", 7절)을 멸하기로 결심하신다.

이렇게 생각할 때 이 이야기에서 가장 놀라운 요소는 아마 하나님이 자제력을 발휘하여 우리를 완전히 멸하지 않으셨다는 점일 것이다. 8절은 이 이야기의 전환점으로, 인간의 죄 및 홍수로 그 죄를 심판하겠다고 선언하신 하나님의 의도를 배경으로, 하나님 은혜의 징표를 독자들에게 보여 준다. "그러나 노아는 여호와께 은혜를 입었더라."

이렇게 해서 아담의 '계보'는 끝마친다. 노아의 '계보'는 창세기 6:9에서 시작되고, 여기서 그는 "의인이요 당대에 완전한 자"였고 "하나님과 동행"했다고 언급되는데(6:9), 이 평가는 7:1에도 나온다. 이 평가는 노아가 하나님의 은혜를 입은 것과 그의 의 사이의 관계에 대한 질문을 제기한다. 단도직입적으로 말해서, 하나님이 노아에게 은혜를 베푸신 이유는 그가 의로워서인가?

캐롤 카민스키(Carol Kaminski)는 이 질문을 능숙하게 탐구하면서, 노아는 그 세대에 대한 심판을 피하지만 6:5에 나오는 인류에 대한 부정적 평가에서 제외되지 않는다고 결론을 내린다. "여호와께서 사람의 죄악이 세상에 가득함과 그의 마음으로 생각하는 모든 계획이 항상 악할 뿐임을 보시고." 다시 말해 노아가 홍수에서 살아남은 것은 그에게 자격이

있었기 때문이 아니라 하나님의 과분한 호의 덕분이었다(이어지는 창 6:9에 대한 논의를 보라).[7]

노아에게 준 하나님의 지시(6:9-22)

우리는 6:1-8을 도입부로 다루었지만, 본격적인 홍수 이야기는 세 번째로 '톨레도트' 공식이 나오면서 시작된다. "이것이 노아의 족보니라." 이 공식은 9장까지 계속 이어지는 단락의 첫머리를 장식한다.

6:9b은 노아가 '의롭고'(*tsaddiq*) '완전하며'(*tam*) 하나님과 동행한 사람이라고 독자들에게 알려 준다. 앞에서 '하나님이 노아에게 은혜를 베푸신 이유는 그가 의로워서인가'라는 질문에 대한 카민스키의 훌륭한 연구는 우리의 흥미를 불러일으켰다.[8] 우리는 6:9b의 이 평가와 "노아는 여호와께 은혜를 입었더라"(6:8)고 하는 이전 진술의 관계에 대해 질문을 제기했으며, 나중 진술에 대한 올바른 이해는 노아가 생존하여 수행한 역할이 그의 의로움 때문에 얻은 것이 아니라, 하나님 은혜의 표현임을 보여 준다고 결론을 내렸다.

그렇다면 노아가 의인이라는 진술을 어떻게 이해해야 할까? 우선 카민스키가 보여 주듯이, 이 용어는 언약적 신실함의 관점으로 해석되지 말아야 하고[9] 오히려 창조법을 배경으로 창조 규범에 따라 행동하는 것으로 이해되어야 한다.[10] 둘째, 그녀의 핵심 주장은 노아가 "의인"이라는 6:9의 평가는 7:1의 예고라는 것이다. 다시 말해서 노아는 홍수와 관련하여 "하나님이 자기에게 명하신 대로 다 준행하였더라"는 의미에서 의롭다(6:22; 7:5). 따라서 노아에 대한 하나님의 선택은 은혜의 행위였으나 노아는 순종으로 응답했고, 그 결과 하나님께 대한 신실한 응답의 모델이 된다(겔 14:14, 20).

서술자는 노아와 함께 그의 세 아들 셈과 함과 야벳을 소개하는데, 그들은 아버지와 함께 홍수에서 살아남아 하나님의 심판 행위 직후 상황에서 중요한 역할을 한다. 11-13절은 인류에 대한 평가와 더불어 땅과 그 주민들을 멸하겠다는 6:5-7의 하나님의 결심을 되풀이한다. 이 장의 나머지 부분에서는 하나님이 노아를 통해 어떻게 은혜를 나타내셔서 인류가 홍수 이후에도 계속 살 수 있게 하셨는지를 기술한다.

하나님은 노아에게 배, 즉 노아와 그의 아들들과 며느리들이 홍수를 견딜 수 있는 방주를 만들라고 지시하신다. 덧붙여 하나님은 온갖 종류의 동물 두 마리와 모든 사람이 먹을 음식을 방주에 실으라고 말씀하신다.

방주에 대한 묘사는 길가메시 서사시에 나오는 방주와 다른데, 길가메시 서사시의 방주는 거대한 입방체여서 물속에서 안정적으로 유지되지 못했을 것이다. 방주는 실제 배 모양으로 묘사된다. 다만 그 크기를 보면 이것이 문자 그대로의 묘사인지 의문이 들기도 한다. 15절은 방주를 길이 137.2미터(300규빗), 너비 22.9미터(50규빗), 높이 13.7미터(30규빗)의 배라고 묘사한다. 이 치수는 고대에 만들어진 다른 어떤 배와도 비슷하지 않다.

그렇다고 해서 이 이야기에 역사적 실체가 있음을 부정하는 것은 아니다. 창세기 초기 장들 전반에서 보았듯이, 내러티브를 자극하는 역사적 동인(impetus)이 있지만, 이 이야기는 은유적 언어를 사용하고 고대 근동의 기사와 상호 작용한다. 따라서 역사적 정확성에는 관심이 없다. 그렇다면 이 이야기의 메시지는 무엇인가? 인류의 악함이 커지면서 인류는 형벌을 받아 마땅하고 또 형벌을 받지만, 하나님 덕분에 계속 살아갈 수 있다는 것이다.

의미심장하게도 하나님은 노아 자신과 직계 가족을 제외한 지상의 모든 생물을 멸하려는 목적을 노아에게 알려 주실 뿐 아니라, "너와는 내가 내 언약을 세우[겠다]"라고 선언하신다(6:18). 홍수의 여파를 서술하는 에피소드(8:20-9:17)에서 언약의 본질을 설명하겠지만, 여기서 이 본문은 하나님과 우리의 관계와 관련하여 지극히 중요한 이 개념에 대해 처음 명시적으로 언급한다는 점에 우리는 주목한다.

이 장은 노아가 하나님의 지시에 완벽하게 순종했다는 간단한 진술로 끝마친다. 심판의 순간이 다가왔다.

홍수(7:1-8:19)

하나님은 노아에게 먼저 가족들과 여러 종류의 동물과 새의 대표를 방주에 태우라고 지시하신다. 이전(6:19-21)에는 각 동물을 한 쌍씩 데려가야 했지만, 지금 본문에서 지시하는 바는 정결한 동물과 부정한 동물의 구별을 드러낸다. 이 본문은 성경에서 처음으로 그와 같은 구별을 언급하고, 여기서 이런 구별의 등장은 상당히 놀랍다. 정결한 것과 부정한 것에 대한 다른 설명은 모세 시대에 발전된다(레 11장). 부정한 동물은 한 쌍씩 가져와야 했던 것과 달리, 노아는 정결한 동물을 일곱 쌍씩 데려와야 했고 모든 새도 마찬가지였다. 다시 한번 노아는 하나님의 지시에 완전히 순종했다(7:5).

노아는 7일 동안 하나님의 명령을 따랐고 임무를 성공적으로 완수한 후, 하나님은 땅의 거주자들을 전멸시키기 위해 물을 끌어오셨다. 물은 아래("큰 깊음의 샘들")와 위("하늘의 창문들")에서 나왔다.

13-16절은 다시 노아와 그의 가족, 동물들이 방주에 들어갔다고 서술하면서 "여호와께서 그를 들여보내고 문을 닫으시니라"는 세부 설명을 덧붙인다(16절). 다음 문단(17-23절)에서는 홍수 자체를 묘사한다.

보수 학자들 사이에는 이 이야기가 전 세계적 폭우에 관한 것인지, 아니면 파괴적인 국지적 홍수에 관한 것인지에 대한 논쟁이 있다. 후자의 지지자들은 이 문단에서 "땅"(*erets*)으로 번역된 단어가 '육지'(land)로 번역될 수 있다고 주장한다. 하지만 물의 깊이(산 위로 15규빗, 곧 7미터)는 거의 확실하게 전 세계적인 홍수를 묘사한다. NIV 성경 각주에서 제시하는 대안적 번역도 홍수를 국지적으로 보이게 만들려는 시도이지만,

어느 경우든 의미심장한 표현은 물이 산을 덮었다는 것이다. 심판이 전 세계적인 것이라고 말한다는 사실은 이 본문이 전 세계적 홍수를 묘사한다는 생각을 뒷받침한다. 홍수 물이 땅을 덮은 후, 창조 기사를 연상시키는 언어를 사용하여 심판 대상을 묘사한다. "땅 위에 움직이는 생물이 다 죽었으니 곧 새와 가축과 들짐승과 땅에 기는 모든 것과 모든 사람이라.…오직 노아와 그와 함께 방주에 있던 자들만 남았더라"(7:21, 23).

물론 이것이 전 세계적 홍수라는 입장의 문제점은, 그 같은 홍수를 지지하는 지질학적 증거나 고고학적 증거가 티끌만큼도 없는데, 우리는 그와 같은 홍수가 있어야 한다고 기대하는 것이다.[11] 다시 반복하지만, 진짜 문제는 전 세계적 홍수라는 히브리어 본문 번역이나 그 같은 홍수의 증거가 없다는 사실보다는, 본문의 장르에 대한 잘못된 이해 때문에 엉뚱하게 문자 그대로의 정확한 역사 보도를 기대하는 것이다.

신학적으로 볼 때 지구 전체가 물로 뒤덮인 모습은 매혹적이게도 시사하는 바가 크다. 결국 세상이 처음 창조되었을 때 세상은 혼돈의 물로 시작되었고(창 1:2), 하나님은 다음 6일 동안 혼돈의 물을 기능적이고 질서 있는 우주로 만드셨다. 홍수는 창조 이전 상태로 돌아가는 회귀로, 클라인스(Clines)는 이를 역창조(uncreation)라고 부른다.[12] 사실 심판 대상에 관한 묘사는 창세기 1장과 2장에 있는 만물 창조의 언어를 반영하면서 다시 창조의 역전을 암시한다. 이런 관찰은 8장과 9장에서 홍수 직후 상황을 고려할 때 특히 도움이 될 것이다.

홍수 물은 40일 동안 불어난 뒤(7:17) 150일 동안 더 지속되었다(7:24). 내러티브는 홍수의 심판에 대한 강조에서 "[그러나] 하나님이 노아를 기억하셨다"라는 말씀과 함께 홍수 이후의 회복으로 옮아간다(8:1, 새한글성경). 마침내 방주는 일곱째 달 열이렛날 아라랏산에 안착했지만, 산 정상은 몇 달 후(열째 달 초하룻날)에야 볼 수 있었다. 튀르키예와 이란 국경에 있는 아라랏은 이 지역에서 해발 4,870미터가 넘는 가장 높은 봉

우리였을 것이다.

땅이 드러나기 시작할 때 길가메시 서사시를 강하게 연상시키는 장면에서 노아는 세 마리의 새(까마귀, 비둘기, 비둘기)를 연속으로 풀어 준다. 두 번째 새인 비둘기는 처음에 "감람나무 새 잎사귀"(8:11)를 가지고 돌아와 물이 확연히 줄어들었음을 알려 주었고, 그 뒤에 두 번째로 비둘기를 내보냈을 때 돌아오지 않아 이제 방주에서 나갈 수 있게 되었음을 알려 주었다.

하지만 노아는 땅이 완전히 마를 때까지 몇 달을 더 기다렸다(8:14). 마침내 하나님은 방주에 탄 이들에게 방주에서 나오라고 지시하셨다.

앞서 홍수는 하나님이 땅을 창조 이전의 '토후 와보후'(*tohu wabohu*, "혼돈하고 공허하며", 1:2) 상태로 되돌리는 역창조 행위라고 언급했다. 그래서 당연히 우리는 최초의 창조 언어가 반영된 언어를 만나기 시작한다. 이제 우리는 역창조(un-creation)에서 재창조(re-creation)로 넘어간다. 예를 들어 창조 명령(창 1:28)이 반복되는 "땅에서 생육하고 땅에서 번성하리라"는 구절에 주목하자(8:17).

마른 땅에 발을 디딘 후 노아가 한 첫 행동은 하나님께 제단을 쌓고 제사를 드리는 것이었다. 이는 표면적으로 길가메시 서사시의 우트나피시팀을 연상시키지만, 우리는 바빌로니아 신들이 보인 반응과 노아의 하나님이 보이신 반응의 근본 차이에 주목해야 한다. 처음에 홍수를 두려워했던 바빌로니아 신들은 "파리 떼처럼" 제물 주위로 몰려든다. 바빌론의 제물은 신들에게 양식을 제공한다고 믿었기 때문에, 그들은 홍수 동안 배가 고팠고 지금은 굶주린 상태였다. 하나님은 음식이 필요하시지 않지만, 노아의 헌신에 대한 응답으로 다시는 홍수로 인류를 멸하지 않겠다고 맹세하신다. 에아신은 전쟁의 신 엔릴이 똑같은 결론에 이르도록 설득했지만, (기근, 전염병, 전쟁 등) 인구를 줄일 대안을 제시한 뒤에야 가능했다.

노아와 맺은 하나님의 언약(8:20-9:17)

하나님과 노아 사이에 체결된 언약 협정의 일부로 보이는 내용에서 하나님은 마지막까지("땅이 있을 동안에") 창조 세계의 질서를 계속해서 유지하겠다고 약속하신다.

9장에서는 하나님이 노아와 그의 아들들에게 복을 주셨다는 언급을 시작으로, 노아와 맺은 언약의 내용을 계속 기술한다. 복은 창세기의 중심 주제 중 하나다. 하나님은 인류를 창조하신 후 복을 주셨다(1:22, 28; 5:2). 에덴에서 인류는 에덴의 물질적 축복만이 아니라, 하나님 및 서로와 조화롭게 관계 맺었다. 인간의 거역 때문에 이러한 복은 상실되었지만, 이제 홍수 심판으로 인류는 두 번째 기회를 얻고 지상의 사람들은 하나님의 복과 함께 시작한다.

두 번째 기회는 원점으로 돌아가는 움직임을 내포했다. 그래서 다시 인류는 처음(1:28)과 마찬가지로 "생육하고 번성하여 땅에 충만하라"는 명령을 받는다(9:1; 7절에서 세 번째로 반복된다). 그러나 창조 세계에 들어온 적대감을 고려하여, 최초의 상황과 달라진 점들이 있다. 예를 들어, 처음에 인간은 채소만 먹어야 했지만 이제 하나님의 피조물 사이에 새로운 차원의 갈등이 있고("땅의 모든 짐승[이]…너희를 두려워하며 너희를 무서워하리니", 9:2), 하나님은 인간이 동물을 식단에 추가하는 것을 허용하신다.

다만 한 가지 중요한 예외가 있다. 하나님은 "생명 되는 피"가 있는 채로 고기를 먹지 말라고 금지하신다. 이 금지 조항은 인간이 아직 살아 있는 동물을 먹지 못하게 막는다.

6절에서 '하나님의 형상'에 대한 언급은 창세기 1장에 대한 또 하나의 본문 간 연결 고리지만(27절을 보라), 다시 타락 이후 세계 안에 들어온 적대감을 고려하는 변화를 동반한다. 인간을 살해하는 것에 대한 '책임'이 있을 것이다. 만약 다른 사람이 생명을 빼앗을 경우 그 사람은 6절의 '렉스 탈리오니스'(*lex talionis*, 생명은 생명으로) 조항에 명시된 대로 자신의 생명을 몰수당하는데, 이 내용이 교차 구조 형식으로 표현된다. "쏟게 하는(a) / 피를(b) / 다른 사람의(c) / 사람은(c') / 자기 피를(b') / 쏟게 될 것이다(a')."(이 문장은 새한글 성경의 번역을 영어 어순을 따라 변형한 것이다—편집자) 이런 가혹한 형벌의 근거는 인간이 하나님의 형상으로 만들어졌다는 것이다. 인간의 생명은 존엄하고, 그들은 하나님의 영광을 드러내기 때문에(창 1:28에 대한 주석과 1:1-2:3을 다룬 장 '이야기 살아내기'의 "하나님의 형상으로 창조된 다른 사람을 사랑하기" 단락을 보라), 인간에 대한 폭행은 곧 하나님에 대한 폭행이다.

8-17절에는 하나님이 노아와 맺은 언약의 공적 선포가 나온다. 앞에서 언급했듯이 이 언약은 성경에 언급된 최초의 언약이며, 따라서 큰 중요성을 담고 있다(물론 아담과의 언약 가능성에 대해서는 아래를 보라).

언약(*berit*)을 가리키는 영어 번역어(covenant)는 두 당사자 간의 법적 합의를 가리키는 적절한 번역어다. 20세기 중반 이후 언약이라는 단어 배후에, 조약(treaty)이라는 특별한 유형의 법적 합의가 있다는 점이 분명해졌다. 특별히 하나님은 자기에게 속한 백성들과 조약 관계를 맺는 주권적 왕이시다. 이 합의는 동등한 당사자 간의 합의가 아니다. 봉신에게는, 그러니까 이 경우 인간에게는 책임이 생기지만, 조건을 설정하고 약속을 세우시는 분은 하나님이시다. 노아 언약의 강조점은 하나님이 노아에게, 실은 그와 "함께한 모든 생물"(9:10)에게 주신 약속, 즉 다시는 홍수로 땅을 멸하지 않겠다는 약속에 있다. 프로번의 표현대로 "세상의 지속적 안정과 번영이 끝 날까지 보장된다. 비록 악이 지금 이 세상에 들어와 그 안에서 왜곡된 방식으로 작동하고 있지만, 장기적으로 하나님의 복이 이 세상을 지탱할 것이다."[13]

이 언약에는 표징이 동반된다. 사실 거의 모든 후대의 언약에는 관련된 표징이 뒤따를 것이다. 표징은 도장과 같아서, 이 경우 무지개라는 표징을 볼 때 우리는 약속과 의무가 딸린 언약을 떠올린다.

언약의 표징은 언약의 맥락 및 내용과 모종의 일체적 관계성을 지닌다. 노아 언약에서 무지개에 관한 가장 분명한 것은 비가 온 후에 무지개가 뜬다는 점이지만, 무지개를 가리키는 히브리어 단어(*qeshet*)가 활이라는 무기를 가리킨다는 사실을 깨닫는다면, 더 많은 것을 말할 수 있다. 본질적으로 무지개는 하나님이 범죄한 인류를 향한 전쟁을 멈추셨다는 사실을 보여 준다. 다시 말해서 하나님은 활을 걸어 두셨다. 클라인(Kline)에 따르면 우리는 한 걸음 더 나아갈 수 있다. 그는 활이 하늘, 곧 하나님을 겨누고 있다는 사실에서 의미를 도출해야 한다고 제안한다. 요컨대 이 표징은 자기 저주 맹세(self-maledictory oath)다. 그러므로 하나님은 "이 약속을 어기면 내가 죽을 것이다"라고 말씀하고 계신다.

이 개념에 대한 우리의 첫 반응이 '하나님은 죽으실 수 없다'일지 모르지만, 실은 그게 핵심이다. 물론 하나님은 죽으실 수는 없지만, 이것이 거짓말일 수도 없다. 덧붙여 우리는 창세기에 적어도 하나의 분명한 하나님의 자기 저주 맹세가 있음에 주목해야 한다(창 15장을 보라). 물론 클라인의 생각은 흥미롭고 가능하지만, 확실하지는 않다.

마무리하기 전에 유의할 것이 있다. NIV 성경 번역에 따르면 이 언약은 "영원한 언약"이다(16절). 이 언약에서 하나님은 다시는 물을 사용하여 땅을 멸하지 않겠다고 약속하신다. 하지만 뒤에서 볼 것처럼 베드로에 따르면 홍수는 지구 종말에 대한 예고이며, 하지만 이번에는 불로 인한 종말이다. 하나님이 다시는 홍수로 지구를 멸하지 않으신다는 것은 문자 그대로 사실이지만, 하나님은 우리가 지구로 알고 있는 것을 불로 종식하실 것이다. 여기서 하나님이 본론으로 바로 들어가지 않고 주제를 빙빙 돌려 말씀하고 계신 것일까?

니하우스가 주장하듯이 "영원한 언약"(everlasting covenant)이 '베리트 올람'(*berit olam*)의 정확한 번역인지에 대해서는 의심의 여지가 있다.[14] 그는 '숨겨진'(hidden)이라는 '올람'의 '근본 의미'를 취하는데, 그 결과 더 정확한 번역은 "장구한 언약"(long-standing covenant)이 된다. 따라서 여기 있는 하나님의 말씀은 하나님이 언젠가 우리가 알고 있는 세상을 실제로 종식하실 것이라는 후대의 성경의 가르침과 상충되지 않는다(뒤에 나올 내용을 보라).

이야기 살아내기

"죄의 삯은 사망이요"(롬 6:23a)

홍수 이야기는 "죄의 삯은 사망"이라는 바울 진술의 생생한 그림이다. 노아 이전 세대에 두 집단의 사람, 곧 하나님을 따르는 이들(창 5장)과 따르지 않는 이들(창 4:17-25)이 있었다. 노아 시대에 이르러 인류는 널리 퍼졌고 (대부분) 보편적으로 악해졌다(6:5). 그래서 하나님은 홍수를 일으켜 모든 인류를 심판하기로 하셨다. 홍수는 창조의 역전, 곧 6일 창조 이전의 "혼돈하고 공허"한(창 1:2) 상태의 지구로 돌아가는 회귀를 의미한다.

홍수는 고대 근동의 신명재판(ordeal, 범죄자의 유죄 여부를 자연 현상을 해석하여 가려내는 재판 방식—편집자)의 한 형태라고도 볼 수 있다. 고대 바빌론에서는 범죄 혐의가 있는 사람을 강으로 데려가 강물에 던져 넣었다. 그 사람이 무죄라면 이 신명재판에서 살아남지만, 만약 그가 유죄라면 강이 심판자와 사형 집행자 역할을 하는 것이다. 민수기 5장에서 토기에 담긴 물을 사용한 심판은 구약이 신명재판 의식을 알고 있었음을 보여 준다. 홍수는 죄인을 심판하고 처형하는 동시에 의인은 홍수에서 살아남을 수 있다.

신약에서 전용한 홍수 전승에 따르면, 홍수는 최후 심판의 예고편이다. 예수님은 제자들에게 마지막의 재림과 최후의 심판에 대해 말씀하면서 다음과 같은 비유를 들려주신다.

> 노아의 때에 된 것과 같이 인자의 때에도 그러하리라. 노아가 방주에 들어가던 날까지 사람들이 먹고 마시고 장가들고 시집가더니 홍수가 나서 그들을 다 멸망시켰으며. (눅 17:26-27; 마 24:37-41과 비교하라)

오늘날 일부 교사와 설교자는 최후의 심판에 대한 성경의 가르침에 거의 당황하는 듯 보이지만, 예수님은 사람들에게 악한 태도와 행동을 버리고 심판을 피하라고 촉구하고자 바울의 표현대로 "죄의 삯은 사망"이라고 제자들에게 경고하신다.

베드로 역시 최후의 심판을 홍수에 비유한다(벧후 2:4-10을 보라). 니하우스에 따르면 "물론 하나님은 적들과 전쟁을 벌이기 위해 다시 오시겠지만, 물이 아니라 불을 갖고 오실 것이다. 그런 이유로 베드로는 홍수와 주님의 종말론적 심판 재림 사이에 분명한 유사점을 제시할 수 있다(벧후 3:5-7)."[15] 이 유사점이란 바로 악에 대한 갑작스럽고 철저한 하나님의 심판이다. 이 유비의 의도는 사람들에게 긴박감을 조성하여, 하나님과 그분의 보호로 이끌기 위한 것이다(다음 내용을 보라).

"[그러나] 하나님의 은사는 그리스도 예수 우리 주 안에 있는 영생이니라"(롬 6:23b)

바울은 죄인의 운명을 비웃으려는 의도로 죄의 삯이 사망이라고 가르친 것이 아니다. 그는 "죄의 종"인 사람들이 '하나님의 종'이 되고 "의에게 종으로 내주어 거룩함에 이르[기]"를 바란다(롬 6:19-23의 전체 논증을 보라).

홍수 이야기는 죄인의 심판만이 아니라 의인의 구원을 묘사하는 그림도 제시한다. 노아는 자기 세대의 극악한 죄인 중에 무작위로 선택되어 홍수에서 살아남은 것이 아니다. 노아가 "여호와께 은혜를 입[은]" 데는 이유가 있었다(6:8). "노아는 의인이요 당대에 완전한 자라 그는 하나님과 동행"했다(6:9).

사실 노아는 나중에 성경에서 자주 언급되지 않지만, 노아를 언급할 때면 대개 그의 의로움이 강조된다. 에스겔은 예루살렘 주민에게 하나님을 거역한 죄 때문에 심판받을 것이라고 말한다. "비록 노아, 다니엘, 욥, 이 세 사람이 거기에 있을지라도 그들은 자기의 공의로 자기의 생명만 건지리라"(겔 14:14, 또한 20절도 보라). 히브리서 저자는 이렇게 덧붙인다. "믿음으로 노아는 아직 보이지 않는 일에 경고하심을 받아 경외함으로 방주를 준비하여 그 집을 구원하였으니 이로 말미암아 세상을 정죄하고 믿음을 따르는 의의 상속자가 되었느니라"(히 11:7). 베드로는 노아를 "의를 전파하는 [자]"라고 부른다(벧후 2:5).

의란 무엇인가? 모든 사람은 죄인이 아닌가? 정말 의로운 사람이 있을 수 있는가?

노아, 욥, 다니엘을 포함하여 모든 사람이 죄인인 이유는 아담 때문이 아니라 "모든 사람이 죄를 지었[기]" 때문이다(롬 5:12, 창세기 3장을 다룬 장 '이야기 살아내기'의 "타락 이야기" 단락을 보라). 그렇다면 노아는 어떻게 의로울 수 있는가? 의로움은 죄가 없는 상태와 같지 않다. 의로운 사람은 거룩해지려고 노력하지만, 실패할 때 회개하고 하나님의 용서를 구한다. 노아 시대에 제사는 회개하는 마음의 가시적 표현이었고, 죄인은 마땅히 죽어야 한다는 인식을 보여 주는 것이었다. 제사는 죄인 대신 대속적 죽음을 허용하시는 하나님이 정하신 의식이자 은혜의 의식이었다. 따라서 노아가 의인이요 완전한(blameless) 자이며 하나님과 동행했다는 말을 들을 때, 우리는 그가 거룩해지기를 갈망하는 회개한 죄인이었다는 사실을 이해해야 한다.

이 점은 독자들이 "의에게 종으로 내주어 거룩함에 이르[기]"를 바라는 바울의 열망으로 우리를 이끈다. 거룩함을 추구하는 것은 교회와 우리의 삶에서 종종 경시된다. 케빈 드영(Kevin DeYoung)은 "지나간 시대의 기이한 잔재"로 여겨질 수 있다는 두려움을 포함하여, 거룩함을 추구하는 것이 경시되는 다양한 이유를 제시한다.[16] 또 어떤 사람들은 거룩함을 추구하는 것이 복음의 은혜와 상충되고 행위로 구원을 얻는다는 주장에 가깝다고 느끼기도 한다.

하지만 의와 거룩함을 올바르게 이해한다면, 거룩함을 추구하는 것이 행위로 구원을 얻는다는 주장과는 전혀 다르다는 사실을 깨달을 것이다. 앞서 보았듯이, 노아가 의롭고 완전했던 이유는, 그가 자기 죄를 인정하고 용서를 구했으며 하나님이 은혜를 베풀어 그와의 관계를 회복하셨기 때문이다. 그런 다음 노아는 하나님께 순종하며 살았다. 그리스도인은 은혜로만 구원을 얻는다. 단번에 희생 제물이 되신 예수님이 우리 대신 죽으셨기 때문에 우리는 제사를 드리지 않는다(히 7:27). 하지만 이것은 이야기의 끝이 아니다. 이제 예수님은 순종과 거룩함을 추구하면서 하나님을 기쁘게 해 드리고, 다른 사람을 복음으로 이끌라고 우리를 부르신다.

"물은…곧 세례라"(벧전 3:21)

첫 번째 편지에서 베드로는 홍수를 언급하면서, 하나님과 언약 관계에 들어가는 것을 상징하는 의식인 세례의 물과 홍수의 물 사이에 유사성을 보여 준다. 홍수의 물은 어떻게 세례의 물과 같은가?

이 질문에 대한 대답은 위에서 설명한 대로 홍수를 물의 신명재판으로 이해하면 얻을 수 있다. 범죄 혐의가 있는 어떤 사람을 물에 던지면 죄인은 죽고 무고한 사람은 살아남는다. 베드로에 따르면 무고한 자("몇 명뿐…겨우 여덟 명")는 "물로 말미암아 구원을 얻[었다]"(벧전 3:20). 마찬가지로 그리스도께로 돌아와 세례를 받은 사람들도 "예수 그리스도께서 부활하심으로 말미암아" 구원을 얻는다(3:21).

이런 이해를 통해 우리는 세례가 구약에서 그에 해당하는 의식인 할례와 마찬가지로 자기 저주 맹세라는 사실을 깨달아야 한다(창 17장을 다룬 장 '이야기 살아내기'의 "할례와 세례" 단락을 보라). 할례도 마찬가지로 하나님과 언약 관계에 들어가는 것을 상징하는 의식이다. 포피를 잘라 내는 것은 하나님과의 약속을 배반할 경우 자기가 잘려져 나갈 수 있다는 가능성을 상징했다. 따라서 그리스도인은 세례라는 일종의 매장에서 살아났지만, 진실하지 못한 사람은 물속에 계속 묻혀 있을 것이라는 암묵적 가정이 깔려 있다(할례와 매장의 연관성에 관해서는 골 2:9-12을 보라).

인류와 맺은 언약

위에서 언급했듯이 홍수 이야기에서 우리는 하나님과 인간 피조물 사이의 언약에 관한 최초의 명시적 언급을 만난다. 언약은 성경 전반에서 중요한 개념이다. 사실 신약의 독자들은 그리스도인이 예수님의 사역을 통해 새로운 언약을 맺었음을 알고 있다(눅 22:20; 히 8장).

이는 여러 질문으로 이어진다. 언약이란 무엇인가? 오늘날 사람들은 노아와 맺은 언약과 무슨 관련이 있는가? 이 언약은 구약에 나오는 다른 언약과 무슨 관련이 있는가? 노아 언약은 새 언약과 무슨 관련이 있는가?

언약은 두 당사자 사이의 공적인 법적 합의다. 지난 수십 년에 걸친 연구에 따르면, 초강대국과 약소국 사이에 맺은 고대 근동의 조약(소위 속국 조약)과 성경의 언약이 밀접하게 연관되는 것으로 나타났다. 이런 조약은 성경에 있는 특정 언약 본문(특히 모세 언약의 갱신인 신명기)과 비슷한 구조를 가지고 있다. 조약을 체결하는 두 당사자를 소개한 후(신 1:1-5), 왕이 대표하는 큰 나라와 작은 나라 사이의 관계를 요약하는 역사적 서문이 나오고, 그 관계가 속국과 그 왕에게 얼마나 유익했는지 강조한다(신 1:9-3:29). 이 역사적 회고는 뒤에 나오는 법률의 기초와 근거를 제공한다(신 4-26장). 이 법률에서 대국의 왕은 속국에 의무를 부과하고 이 의무는 일련의 축복과 저주를 통해 강화된다(신 27-28장). 법적 문서이므로 증인들을 호명한다(신 30:19).

노아 언약에는 이런 조약과 비슷한 형태의 상세한 내용이 없다. 대신 하나님이 노아를 통해 언약이라고 칭하는 관계를 개시하시고, 선포하시고, 세우시는 장면만 볼 수 있다. 성경에서 이 언약은 모든 피조물과 맺은 언약이라는 점에서 독특하다. 아브라함과 맺은 언약(다음을 보라. 창 12:1-3; 15장; 17장)을 시작으로, 이후의 언약에서는 훨씬 구체적으로 하나님 백성에게 초점을 맞춘다. 노아를 통해 창조 세계와 맺은 언약의 핵심은 창조 세계의 보존 및 창조된 생명의 규칙적인 리듬을 끝까지("땅이 있을 동안") 유지하겠다는 하나님의 약속이다. 하나님은 더 이상 홍수 같은 전 세계적 대재앙으로 그 리듬을 방해하지 않으실 것이다.[17] 벡(Beck)과 밴드루넨(VanDrunen)이 지적하듯이 "노아 언약이 약속하는 바는 '보존'이다. 하나님은 세상에서 악을 없애는 것이 아니라, 그 영향을 완화하여 창조 질서가 한동안 유지되게 하겠다고 약속하신다. 이 언약은 자연 질서의 파괴를 막고(창 8:21; 9:11, 15), 자연의 순환을 유지하고(창 8:22), 동물과 인간의 관계를 규제하고(창 9:2-4), 인간의 번식과 인간 사회의 질서를 유지하기 위한 사법 제도의 집행을 명령한다(창 9:1, 5-7)."[18]

홍수 이후에 하나님은 홍수가 실수였다고 여기실까? 누군가는 이렇게 질문할 수도 있을 것이다. 결국 하나님은 홍수가 인간의 죄 문제를 해결하지 못함을 깨달으셨고, '그럼에도 불구하고'(8:21) 그와 같은 심판을 되풀이하지 않으실 것이다. 이와 관련해서는 로버트슨(Robertson)의 말이 옳다. 아래 단락 "최후의 심판에 대한 예고, 1부"에서 다루겠지만, 하나님의 목적은 "죄 아래 있는 세상의 궁극적 운명에 대한 적절한 역사적 본보기를 보여 주는 것"이다.[19] 하지만 우리가 이야기한 것처럼 이제 하나님은 끝까지 우주의 질서를 유지하겠다고 결심하시고, 이로써 완고한 인류와 화해하기 위해 애쓰시는 구속 사역의 여지를 마련하신다.

노아 언약의 자리매김

위에서 노아를 통해 창조 세계와 맺은 언약은 구약 전반을 거쳐 신약에 이르는 일련의 언약 중 최초의 명시적 언약이라고 지적했었다. 나중에 창세기에서 우리는 아브라함과 맺은 언약을 볼 것이다(창 12:1-3; 또한 창 15장과 17장을 보라). 출애굽기 19-24장에서 하나님은 모세와 언약을 맺으시는데, 이스라엘은 이 언약을 나중에 모세가 죽기 직전에(신명기), 여호수아가 죽기 직전에(수 24장), 초대 왕 사울에게 기름을 부은 후에(삼상 12장), 에스라의 지도 아래 율법을 재확립하고 느헤미야의 지도 아래 에루살렘성벽을 재건한 후에(느 9-12장) 갱신한다. 모세와 언약을 맺은 후, 왕권 특히 왕조와 관련하여 다윗과 맺은 언약이 나온다(삼하 7장). 마지막으로 구약 시대 말기로 가면서 하나님은 예레미야를 통해 더 진지하고, 더 내면적이고, 더 직접적이고, 더 친밀한 "새 언약"이 도래하고 있다고 선포하신다(렘 31:31-34). 이 새 언약은 예수님이 제자들과 맺으시는 언약이다(눅 22:20; 히 8장).

노아 언약은 이렇게 발전하는 언약 개념과 어떻게 어우러지는가? 특히 노아 언약은 새 언약, 즉 신약에서 예수님이 세우셨다고 선포되고 그리스도인을 그들의 하나님과 결속시키는 언약과 무슨 관련이 있는가?

먼저, 우리는 노아 언약이 정말 성경에서 최초의 언약인지를 질문해야 한다. 분명 언약(*berit*)이라는 용어가 하나님과 그분 백성의 관계에 사용된 것은 이번이 처음이다. 하지만 몇몇 학자는 언약이라는 용어 자체는 사용되지 않았지만, 하나님 그리고 아담과 하와의 관계가 언약의 형태를 띤다고 지적하는데, 이것은 옳다. 결국 하나님과 아담의 관계에는 선악을 알게 하는 나무의 열매를 먹지 말라는 율법이 존재하고, 여기에 순종 혹은 불순종에 대한 축복과 저주가 딸려 있다.

아담과 하와를 통해 인류와 맺은 이전의 관계가 언약의 성격을 띤다는 또 다른 단서는, 우리가 언급한 창세기 9장과 창세기 1-2장의 본문 간 연결을 통해 암시된다. 노아와 맺은 관계는 아담 및 하와와 맺은 최초의 관계를 재확립하는 것으로 보인다. 따라서 하나님 그리고 아담과 하와의 관계가 최초의 창조 언약이다. 그러므로 우리 생각에 노아 언약을 재창조 언약으로 이해하는 것이 적절하다.

노아 언약 이후 아브라함 언약, 모세 언약, 다윗 언약이 있고 그 뒤에 새 언약이 나온다. 중요한 질문은 '나중 언약이 이전 언약을 폐기하느냐?'는 것이다. 그렇다면 아브라함 언약은 노아 언약을 대체하게 되고, 노아 언약은 더 이상 효력이 없었을 것이다. 다행히 이 질문에 바울은 응답한다. 그는 구체적으로 모세 언약과 아브라함 언약의 관계에 대해 말하고 있지만, 이 원리는 노아 언약과 그 이후에 오는 언약의 관계에도 여전히 유효하다. 바울은 이렇게 말한다. "하나님께서 미리 정하신 언약[아브라함 언약]을 사백삼십 년 후에 생긴 율법[모세 언약]이 폐기하지 못하고 그 약속을 헛되게 하지 못하리라"(갈 3:17). 이 원리에 따라 노아 언약은 여전히 유효하다.

바울은 계속해서 아브라함 언약이 예수 그리스도 안에서 성취된다고 말한다. 사실 모든 언약은 그리스도 안에서 궁극적으로 성취되는 것으로 보인다. 앞으로 보겠지만, 예수님은 아브라함에게 약속한 궁극적 씨이시다(11:27-12:9을 다룬 장 '이야기 살아내기'의 "예수, 아브라함의 씨" 단락을 보라). 예수님은 율법을 지키실 뿐 아니라 우리 대신 율법의 형벌을 받으심으로써 모세 언약을 성취하신다. 예수님은 왕좌에서 영원히 통치하는 왕(메시아)이 되심으로써 다윗 언약을 성취하신다.

그렇다면 노아 언약은 어떤가? 노아 언약은 그리스도 안에서 성취되었는가? 이 대목에서 노아 언약은 아담 및 하와와 맺은 이전 언약과 연결된다는 사실을 깨닫는 것이 중요하다. 즉 첫 번째 언약은 창조 언약이고 두 번째 언약은 재창조 언약이다.[20] 이 주장이 옳다면, 이 두 창조 언약의 성취는 예수님이 "마지막 아담"이시라는 표현과 새 하늘과 새 땅에 관한 약속에서 찾을 수 있다.

고린도전서 15:44b-49에서는 예수님을 더없이 분명하게 그와 같이 묘사한다.

> 육의 몸이 있은즉 또 영의 몸도 있느니라. 기록된 바 첫 사람 아담은 생령이 되었다 함과 같이 마지막 아담은 살려 주는 영이 되었나니. 그러나 먼저는 신령한 사람이 아니요 육의 사람이요 그다음에 신령한 사람이니라. 첫 사람은 땅에서 났으니 흙에 속한 자이거니와 둘째 사람은 하늘에서 나셨느니라. 무릇 흙에 속한 자들은 저 흙에 속한 자와 같고 무릇 하늘에 속한 자들은 저 하늘에 속한 이와 같으니 우리가 흙에 속한 자의 형상을 입은 것같이 또한 하늘에 속한 이의 형상을 입으리라.

바울의 논증은 우리도 땅의 흙으로 창조된 아담과 똑같이 흙에 속한다는 것이다. 그런데 예수님 덕분에 그분을 따르는 우리도 하늘에 속한 분이신 예수님, 곧 마지막 아담의 형상을 지닌다. 바울은 내세의 맥락에서 이런 것들에 관해 말한다. 그는 인간인 첫 아담과 우리의 관계는 죽음으로 이어지지만, 마지막 아담이신 예수님과 우리의 관계는 생명으로 이어진다고 말한다.

둘째, 우리는 창세기 1-9장의 흐름이 창조에서 역창조로, 다시 재창조로 나아가는 과정이라고 언급했다. 노아가 방주에서 나왔을 때 그는 새로운 창조 세계로 들어섰다. 이전의 창조 세계는 죄로 인해 부패했고, 하나님은 놀라운 심판을 통해 만물을 새롭게 하셨다.

베드로는 홍수를 최후의 심판의 예고편으로 생각한다(뒤에 나오는 "최후의 심판에 대한 예고, 1부" 단락을 보라). 따라서 우리는 신약이 예언서의 언어를 채택하여(사 65:17; 66:22) 심판 이후의 미래를 새 하늘과 새 땅이라고 말한다는 데 놀랄 것 없다(벧후 3:13; 계 21:1).

노아는 환경운동가이자 동물 보호론자였는가?

이 주석을 집필하고 있을 즈음, 대런 아로노프스키(Darren Aronofsky) 감독이 각본을 쓰고 제작한 노아의 생애에 관한 영화가 개봉되었다. 아로노프스키는 성경 기사에 나온 묘사를 따라 노아를 그리고 있다는 시늉조차 내지 않는다. 분명 영화 제작자가 고대 이야기에 문학적 허용을 적용하여 현대의 문제를 다루는 것을 비난할 수 없지만, 성경신학자로서 나는 이 대중 영화가 [세실 드밀(Cecil B. DeMille)의 모세 묘사가 모세와 출애굽 이야기에 관한 우리 문화의 이해에 영향을 준 방식과 비슷하게] 앞으로 수십 년간 이 성경 이야기에 관한 사람들의 인식에 영향을 주지 않을까 염려된다.

간단히 말해 아로노프스키의 노아는 급진적 환경 운동가요, 동물 권리 옹호론자다. 노아는 환경을 파괴하고 동물을 학대하는 인류를 하나님이 심판하신다고 믿는다. 정말로 영화에서 노아는 자기 가족의 목적이 오로지 홍수에서 동물을 보호하는 것이고, 그 의무를 다한 후 자녀를 낳지 말고 마지막 가족이 죽으면 인류는 사라져야 한다고 생각한다. 그래야만 하나님의 창조 세계가 살아남을 기회를 얻는다는 것이다. 과연 노아는 임신한 며느리에게, 만약 여자아이가 태어날 경우 자기가 죽이겠다고 말하기까지 한다.

이 영화에서 각색된 노아는 성경이 묘사하는 바와 거리가 너무 멀기에, 이 영화에 대한 그리스도인들의 반응은 압도적으로 부정적이었다.[21] 인류란 하나님의 창조 세계가 번영하기 위해 제거되어야 할 암이라는 암시는, 인간과 자연 양자에 관한 성경의 그림을 뒤집는다.

하지만 노아 이야기에 대한 이러한 왜곡된 해석에 반박하려다가, 노아 이야기(또한 그 이전의 아담 이야기)에서 창조 세계를 돌보는 인류의 역할과 책임이라는 중요한 가르침을 놓치지 말아야 한다.

먼저 노아 이야기의 배경 역할을 하는 첫 번째 창조 기사의 인류 창조 기사로 돌아가 보자. 그 내용을 상기하면서 자세히 설명해 보자면, 인간(아담과 하와)은 어떤 목적을 위해 하나님의 형상으로 창조되었다.[22] 그 목적은 땅을 정복할 뿐 아니라 "바다의 물고기와 하늘의 새와 땅에 움직이는 모든 생물을 다스리[기]" 위한 것이었다(창 1:28, 또한 26절도 보라). "정복"과 '다스림'이라는 용어는 왕권의 영역에서 유래한 것이다. 인간은 하나님의 부섭정자(vice-regent)다. 하나님은 그들을 동산에 두시고 그들은 동산의 질서와 결실을 온 땅으로 확장해야 한다. 인간은 무책임한 독재가 아니라 신민의 안녕을 돌보는 현명한 군주로서 동물의 영역을 다스려야 한다.

두 번째 창조 기사는 자연 창조 세계와 동물에 대한 청지기와 보존자로서의 인간 이해를 더 발전시킨다. 앞서 우리는 아담이 동산을 "경작하고" '돌보도록'(또는 '지켜야') 하나님이 위임하셨음을 살펴보았다(2:15). 덧붙여 인류가 동물을 통치하는 모습은 아담이 동물의 이름을 지어 줌으로써 더욱 분명하게 나타난다(2:19-20).

따라서 창조 기사는 풍요로운 환경과 동물 보호를 위한 확고한 기독교적 관심의 토대를 제공한다. 또한 해당 장에 대한 주석에서 보았듯이, 인류가 창조의 정점 또는 절정이라는 점도 분명하다.

그런데 창조 기사와 노아 이야기 사이에는 창조주를 거스르는 인류의 반역에 관한 기사가 있다(창 3장 주석을 보라). 나중에 바울이 설명하듯이 이때 "피조물이 허무한 데 굴복하는 것은 자기 뜻이 아니요 오직 굴복하게 하시는 이로 말미암음"이었다. 그 결과 창조 세계는 "썩어짐[에] 종노릇" 한다(롬 8:20-21). 하나님이 직접 아담에게 땅이 "너로 말미암아 저주를 받[았다]"라고 말씀하신다. 아담과 하와는 지혜롭고 자애로운 통치자라기보다는 어리석게 착취한 자들이고, 그들의 죄는 그들만이 아니라 모든 창조 세계에 영향을 미친다.

이제 이런 배경을 염두에 두고 노아 이야기로 넘어가 보자. 고다와(Godawa)가 통찰력 있게 지적하듯이 인류는 창조 세계를 황폐하게 만들었기 때문이 아니라, 인류에게 저지른 폭력 때문에 심판을 받는다. 아로노프스키가 각색한 노아 이야기에서 하나님은 주로 자연에 대한 폭력과 동물에 대한 학대 때문에 인류를 벌하신다. 우리는 이런 질문을 던질 수 있다. 만약 하나님이 동물과 식물을 그렇게 염려하셨다면, 왜 자연 질서를 창조 이전의 혼돈 상태로 되돌려 놓으셨을까?

물론 "하나님이 동산에서 아담에게 동물의 이름을 짓고 다스리는 임무를 주셨듯이, 이제 동물을 보전하는 임무가 노아에게 맡겨진다"라는 벡과 밴드루넨의 지적은 옳다.[23] 우리는 위에서 홍수 이후에 하나님이 자연의 리듬을 보전하겠다고 약속하시는 장면을 보았다("땅이 있을 동안에는 심음과 거둠과 추위와 더위와 여름과 겨울과 낮과 밤이 쉬지 아니하리라", 창 8:22). 노아 언약은 단순히 인류와 맺은 언약이 아니라 하나님과 "땅에 있는 모든 생물" 사이의 언약이다.

노아는 두 번째 아담이고, 하나님의 형상으로 창조된 인간인 노아와 그의 가족 및 후손(모든 인류)은 창조 세계를 돌보라는 부르심을 받았다. 그들(우리)은 창조 세계에서 하나님의 왕권 대리인이고, 우리는 긍휼과 지혜로 창조 세계에 대한 우리의 의무를 이행해야 한다.

최후의 심판에 대한 예고, 1부

창세기는 만연해 있고 악명 높은 인간의 죄에 대한 하나님의 심판으로 홍수를 묘사한다. 그래서 신약에서는 홍수가 그리스도께서 다시 돌아오시는 역사의 종말에 있을 더 결정적인 심판의 예고편으로 이해한다.

마태복음과 누가복음 모두 미래의 최후 심판과 노아 시대의 이전 심판을 연결한다. 예수님은 이 유사점을 다음과 같이 제시하신다.

> 그러나 그날과 그때는 아무도 모르나니 하늘의 천사들도, 아들도 모르고 오직 아버지만 아시느니라. 노아의 때와 같이 인자의 임함도 그러하리라. 홍수 전에 노아가 방주에 들어가던 날까지 사람들이 먹고 마시고 장가들고 시집가고 있으면서 홍수가 나서 그들을 다 멸하기까지 깨닫지 못하였으니 인자의 임함도 이와 같으리라. (마 24:36-39)
>
> 노아의 때에 된 것과 같이 인자의 때에도 그러하리라. 노아가 방주에 들어가던 날까지 사람들이 먹고 마시고 장가들고 시집가더니 홍수가 나서 그들을 다 멸망시켰으며. (눅 17:26-27)

홍수는 하나님의 심판에 사로잡힌 이들에게 갑작스럽고 예기치 않게 임했고, 그래서 예수님은 자기가 돌아올 때 함께 임할 미래의 최후 심판도 그럴 것이라고 말씀하신다. 그러므로 홍수는 본질적으로 최후 심판의 예고편이다. 따라서 홍수는 그리스도를 거부하는 자들에게 억압받는 하나님의 백성을 격려하고, 또한 심판받을 자들에게 경고하는 역할을 한다. 심판은 예고 없이 언제든 올 수 있다.

따라서 예수님이 언제 돌아오실지 모르기 때문에 신실한 자들은 "깨어" 있어야 하고 "준비"해야 한다(마 24:42-44). 그리스도를 거부하는 자들은 회개해야 한다. 그러지 않으면 그들은 돌연 하나님의 심판 대상이 되어, 노아 시대의 악한 세대처럼 당혹스러운 상황에 처할 것이다.

홍수에 관한 이 단락을 "최후의 심판에 대한 예고, 1부"라고 부르는 이유는 창세기가 두 번째 사례, 곧 소돔과 고모라에 대한 심판을 제시할 것이기 때문이다(이에 관해서는 창 18-19장을 다룬 장 후반부의 "최후의 심판에 대한 예고, 2부" 단락을 보라).

7

창세기 9:18-28

— 이야기 경청하기 —

9:18방주에서 나온 노아의 아들들은 셈과 함과 야벳이며 함은 가나안의 아
버지라 19노아의 이 세 아들로부터 사람들이 온 땅에 퍼지니라 20노아가 농
사를 시작하여 포도나무를 심었더니 21포도주를 마시고 취하여 그 장막 안
에서 벌거벗은지라 22가나안의 아버지 함이 그의 아버지의 하체를 보고 밖
으로 나가서 그의 두 형제에게 알리매 23셈과 야벳이 옷을 가져다가 자기들
의 어깨에 메고 뒷걸음쳐 들어가서 그들의 아버지의 하체를 덮었으며 그들
이 얼굴을 돌이키고 그들의 아버지의 하체를 보지 아니하였더라 24노아가
술이 깨어 그의 작은아들이 자기에게 행한 일을 알고 25이에 이르되 가나
안은 저주를 받아 그의 형제의 종들의 종이 되기를 원하노라 하고 26또 이
르되 셈의 하나님 여호와를 찬송하리로다 가나안은 셈의 종이 되고 27하나
님이 야벳을 창대하게 하사 셈의 장막에 거하게 하시고 가나안은 그의 종
이 되게 하시기를 원하노라 하였더라 28홍수 후에 노아가 삼백오십 년을
살았고

이야기 속 다른 본문 경청하기

성경 본문: 창세기 1:1-2; 3장; 6-9장; 고대 근동 문헌: 아크하트 서사시

홍수를 통한 하나님의 인류 심판은 창조 자체의 역전을 내포했다. 하나님은 형태 없는 물질["땅이 혼돈하고 공허하며"(*tohu wabohu*)]을 사용하셔서 6일 동안 질서 있게 작동하는 우주를 창조하셨다. 고대 근동의 유비에 따르면 이 '혼돈하고 공허한' 물질은 물 덩어리(watery blob)였다. 홍수로 인해 창조 세계는 한 걸음 후퇴하여 다시 '토후 와보후'가 되었다. 물이 물러가고 노아와 그의 가족이 방주에서 나왔을 때, 하나님은 창조 세계를 다시 세우는 언약을 노아와 맺으셨다. 본질적으로 노아는 자녀들을

통해 모든 민족을 낳은 두 번째 아담이다. 그렇다면 '이제 상황은 달라질 것인가? 아니면 하나님이 창조하신 인간 피조물은 창세기 3장에서 아담과 하와의 거역에서 처음 드러난 것처럼, 홍수 이전의 세상에서 물려받은 익숙한 죄의 패턴에 빠질 것인가?'라는 질문이 남는다. 이 이야기는 후자의 질문에 애석하면서도 명확하게 '그렇다'고 대답한다.

우가리트의 아크하트(Aqhat) 서사시는 현재 이야기의 배경을 제공한다. 이후에 설명할 '이상적 아들'에 대한 묘사를 배경으로, 우리는 함이 벌거벗은 노아와 관련하여 얼마나 악하게 행동했는지를 알 수 있다.

이야기 설명하기

하나님은 홍수를 통해 인류에 대한 심판을 실행하셨지만, 자기 피조물을 포기하지 않으셨다. 그분은 노아가 홍수에서 살아남아, 역시 홍수에서 살아남은 세 아들 셈, 함, 야벳으로 시작되는 또 다른 세대를 낳도록 허락하셨다. 어떤 의미에서 노아는 두 번째 아담이고, 인류는 홍수 이후 어떻게 반응할 것이냐는 질문이 제기된다. 이제 그들은 하나님께 순종하고 의롭게 행동할 것인가? 그렇지 않을 것인가?

창세기 9:18-28에 나오는 노아와 그의 아들들에 관한 이야기는 미래를 위해 좋은 징조가 아니다. 그렇지만 이 기사에서 노아를 죄인으로 지목할 경우 현대 독자들은 종종 요점을 놓친다. 진짜 범인은 가나안이고, 이 이야기의 목적은 일차적으로 가나안 사람들이 왜 문제인지를 설명하는 데 있다.

18-19절은 노아가 아니라 그의 아들들과, 손자 중 하나인 가나안에게 초점을 맞춘다. 서술자는 그들이 "온 땅에 퍼[진]" 사람들의 조상이라고 규정한다. 이 어구는 가인에게 내린 하나님의 형벌(4:12)을 회고하는 동

시에 바벨탑 이야기를 예고한다(11:1-9, 특히 9절과 10장을 보라). 하나님은 이렇게 인류를 흩으심으로써 벌하셨다. 한 가지 중요한 지점은, 이 형벌에는 구속적 목적이 있다는 것이다. 흩어짐을 통해 악한 사람들이 집단으로 모여 그들의 죄를 증식시키지 못하도록 막기 때문이다.[1]

줄거리는 노아가 "밭을 가는 사람"(새번역)이 할 것이라고 기대하는 일, 곧 포도나무를 심는 것으로 시작된다. 수확을 거두어들인 후, 노아는 포도주를 만들어 마시고 취하여 장막에 들어가 벌거벗은 채로 누워, 아마도 정신을 잃었을 것이다.

여기서 노아의 행동을 어떻게 평가해야 할까? 노아가 술에 취해 알몸으로 장막에 쓰러져 있었던 것은 죄를 범한 것인가? 많은 현대 그리스도인 독자들은 주저하지 않고 '그렇다'고 대답할 것이다. 하지만 흥미롭게도 후대의 모세 율법에는 [직무 중인 제사장(레 10:9)이나 나실인 서약을 한 사람(민 6:2-3)이 아니라면] 음주를 금하는 금지 규정이 없다. 노아는 이 이야기에서 문제가 되는 장본인이 아니다.[2] 음주는 죄가 아니라 인류에게 주신 하나님의 선한 선물을 즐기는 것이다(삿 9:13; 시 104:15; 요 2:1-12). 음주 자체가 죄라고 주장하기는 힘들다. 분명 노아는 장막에 벌거벗은 채 누워 있을 때 아무도 해치지 않았다(물론 이것이 죄의 유일한 기준은 아니지만 말이다). 그렇지만, 나중에 잠언에서 규정하듯이 노아는 지혜롭게 행동하지 않은 명백한 사례라고 할 수 있다(잠 20:1; 21:17; 23:19-21, 29-33; 31:1-9). 술에 취하면 지혜롭게 말하고 행동하는 능력이 흐려지고, 이 이야기 속 노아처럼 다른 사람에게 약점을 노출하기 쉽다.

노아는 가해자가 아니고(노아는 벌을 받지 않았다는 점에 유의하라) 함이 가해자다. 그는 아버지를 보고도 돕지 않음으로써 아버지의 명예를 실추시켰다. 실제로 고대 근동, 특히 우가리트에는 그와 같은 상황에서 아들의 의무가 무엇인지 들려주는 증언이 있다. 아크하트 서사시에서 다니일루(*Dani'ilu*) 왕이 묘사하는 "이상적인 아들"의 의무에는 "(아버지가)

술에 취했을 때 (아버지의) 손을 잡고, (아버지가) 포도주에 만취했을 (때) 아버지를 붙들어 주는 것"이 포함된다.[3]

따라서 이 이야기에서 함은 유책 당사자다. 어떤 학자들은 함이 노아의 벌거벗은 몸을 본 것이 성관계(노아 또는 노아의 아내에 대한 근친강간)를 가리키는 완곡한 표현이라고 하는, 내 생각에 너무 과도한 주장을 펼친다.[4] 함이 아버지가 취약해진 순간에 그를 돌보는 자식의 의무를 이행하지 않은 것은 아주 나쁘다. 함이 들어오지 않는 사이 다른 두 형제 셈과 야벳은 옳은 일을 하여 기민하게 아버지의 벗은 몸을 덮어 준다.

결국 노아는 벌을 받지 않는다. 오히려 그는 미래에도 영향을 미칠 벌을 내린다. 그는 함을 벌하는 대신 함의 아들 가나안에게 저주를 내린다. 그 이유는 이 이야기에서 명시되지 않는다. 함이 노아를 극악무도하게 방치하는 동안 그의 아들 가나안이 그 자리에 같이 있었을지도 모른다. 하지만 본문은 명확히 밝히지 않는다. (셈과 야벳의 모든 후손이 축복을 받았듯이) 아마 함의 혈통 전체가 저주를 받았겠지만, 가나안이 두드러진 이유는 가나안이 낳은 백성이 향후 성경 내러티브에서 특별한 역할을 하기 때문일 것이다. 다시 말해서 이 이야기의 주요 목적 중 하나는 후대 가나안 민족의 부끄러운 기원을 보여 주는 것이다. 하나님이 자기 백성으로 하여금 가나안 사람들과 거리 두기를 원하시는 것은 당연하다.

그리고 노아는 다른 두 자녀를 축복한다. 다른 민족 중에 이스라엘 백성의 조상인 셈(노아의 모든 세 자녀의 후손에 관해서는 창 10장을 보라)은 가나안의 주인이 될 것이다. 야벳과 그의 후손도 가나안 정복의 혜택을 입을 것이다. 노아의 이야기(*toledot*)는 이 에피소드를 끝으로 막을 내린다.

이야기 살아내기

네 부모를 공경하라(출 20:12)

하나님은 조금 전 뿌리 깊이 만연한 인간의 죄 때문에 온 땅을 심판하셨다. 노아의 의로움 덕분에 노아와 그의 가족들만 살아남았다. 홍수 이후 하나님은 노아를 통해 모든 피조물과 언약을 맺으셨다. 어떤 측면에서 새로운 첫 사람 노아를 통해 홍수 물이 빠지고 난 뒤 이른바 제2의 창조가 이어졌기 때문에, 이 언약은 재창조 언약이라고 부를 수도 있다. 이런 방식의 자료 해석은 홍수 후 내러티브와 창세기 1-2장 사이의 본문 간 연결 고리들로 인해 힘을 얻는다(6:1-9:17을 다룬 장 '이야기 살아내기'의 "노아 언약의 자리매김" 단락을 보라).

이렇게 이해할 때, 물론 정확하지는 않지만, 창세기 9:18-28은 아담과 하와의 거역 이야기의 위치에 자리한다. 위에서 우리는 이 이야기에서 노아가 죄인이 아니라고 주장했다. 그렇지만 술에 취해 인사불성 상태에서 모든 능력을 상실하고 아들 함의 손에 수치를 당할 여지를 남겨 두었다는 점에서 그는 어리석은 사람이다.

엄밀히 말해서 함이 죄인인데, 그의 죄는 아버지의 명예를 실추시킨 것이다. 우리는 위에서 함의 부끄러운 행동이 더 넓은 문화권에서도 비난받았음을 보여 주고자 우가리트 문헌을 인용했지만, 당연히 더 의미 있는 것은 이 문제에 대한 하나님의 가치 평가다. 십계명은 역사적으로 훨씬 나중에 등장하지만 하나님의 기준을 명확히 규정하기 때문에, 술 취한 노아의 이야기를 오늘 우리 삶에 비추어 평가할 때 제5계명을 적용해 볼 수 있다. 함은 자기 행동을 통해 "네 부모를 공경하라. 그리하면 네 하나님 여호와가 네게 준 땅에서 네 생명이 길리라"는 하나님의 명령을 어겼다(출 20:12).

이 계명은 자녀가 항상 부모에게 순종해야 한다고 요구하지 않는다.

부모는 자녀에게 경건하지 않은 악한 일을 하도록 요구할 수 있고, 부모가 그런 일을 요구할 때 자녀는 거부해야 한다. 하지만 자녀는 모든 일에서 부모를 공경해야 한다. 함은 부모를 공경하지 않는 사람의 대표 사례고, 그가 받은 형벌은 부모를 공경하기 위해 노력하도록 독자들을 격려해야 한다.

술의 오용

우리는 이 이야기의 초점이 노아의 지나친 음주가 아니라 부모를 공경하지 않는 함의 죄(제5계명)에 있다고 주장했다. 사실 성경 어디서도 술을 금지하지 않는다.

포도주를 언급하는 성경 구절을 선별하여 빠르게 검토해 보면 포도주는 본질적으로 악한 것이 아니라 실제로 축복이라는 생각을 뒷받침한다. 창세기 조금 뒤에서 우리는 제사장-왕 멜기세덱이 떡과 포도주를 아브람과 나누는 장면을 볼 수 있다(창 14:18). (에서로 가장한) 야곱은 아버지 이삭을 위해 포도주 등 식사를 준비하고, 이삭은 그 뒤에 하나님이 "풍성한 곡식과 포도주"를 주실 것이라고 아들을 축복한다(창 27:28). "포도주 빛보다 진[한]" 눈을 가졌다고 묘사되는 유다에 대한 임종 축복에서(새번역, 창 49:12) 야곱은 유다를 두고 "그의 나귀를 포도나무에 매며…그 옷을 포도주에 빨며 그의 복장을 포도즙에 빨 [것]"이라고 묘사한다(49:11). 율법에서는 하나님께 포도주를 전제로 드리도록 권장한다(출 29:40; 레 23:13; 민 15:5, 7, 10; 18:12; 28:14). 잠언에서는 재물로 하나님께 영광을 돌리는 사람은 "포도즙 틀에 새 포도즙이 넘치[는 것]"을 볼 것이라고 말한다(3:10). 야웨의 지혜, 실은 야웨 자신을 상징하는 여성 지혜는 자기를 찾는 모든 사람을 위해 포도주를 포함하여 잔치를 준비한다(잠 9:2). 아가서의 남자는 포도주의 즐거움보다 여인의 사랑을 더 칭송한다(1:2). 시편 저자는 "사람의 마음을 기쁘게 하는 포도주"를 주신 하나님을 찬양한다(104:15). 신약에서 예수님은 물을 포도주로, 실은 아주 좋은 포도주로 바꾸셨다(요한복음 2:1-12). 바울은 디모데에게 위를 달래기 위해 포도주를 마시라고 조언한다(딤전 5:23).

따라서 성경은 알코올음료의 유익에 대해 긍정적이라는 점을 인정해야 하지만, 좋은 것들이 대부분 그렇듯 과용이나 중독도 심각한 문제가 될 수 있음을 이해하는 것이 중요하다. 잠언은 중독에 대한 경고와 과음으로 인한 문제를 분명히 언급한다(20:1; 21:17; 23:19-21, 29-35; 31:1-9). 특히 왕은 술이 의사 결정 능력을 둔화시킬 수 있기 때문에 술의 영향을 경계해야 하지만(31:4), 삶이 힘든 사람들에게 술은 유익하다고 여겨진다(31:6).

두 부류의 사람들에게만 음주가 금지된다. 바로 성소에서 직무를 수행 중인 제사장(레 10:9)과 봉헌 서약 중에 있는 나실인이다(민 6:1-21). 나머지 사람들에게 적당한 음주는 율법이 아닌 지혜의 문제다.

이런 관점에서 노아의 잘못(또한 나중에 롯의 잘못, 창 19:30-38을 보라)을 볼 수 있다. 룻이 타작마당에서 보아스에게 몸을 내주었을 때 "마음이 즐거[울]"(룻 3:7, 약간 취했다는 뜻을 가진 성경의 관용구) 정도로 충분히 술을 마셨지만 의사 결정 능력을 유지한 보아스와 달리, 노아(와 나중 이야기의 롯)는 술을 너무 많이 마셔서 자기에게 무슨 일이 일어나는지를 깨닫지도 못했다.

술을 마시는 사람을 정죄하는 것은 매우 잘못된 일이다. 왜냐하면 하나님의 좋은 선물에 참여하는 것이기 때문이다. 하지만 술을 마시지 않기로 결정한 사람을 정죄하는 것도 잘못이다. 결국 어떤 사람들은 중독 성향을 가지고 있고, 그런 사람들은 유혹에서 멀리 떨어져야 한다. 사역을 위해 전략적 이유로 술을 마시지 않기로 결정한 사람들도 있다. 나는 오래 전 유명한 기독교 복음 전도자 빌리 그레이엄(Billy Graham) 목사와 점심을 먹는 엄청난 특권을 누린 적이 있다. 그때 웨이터가 (실수로) 내 앞에 칵테일을 놓았는데, 그 음료는 내가 주문한 것이 아니라고 웨이터에게 말하면서 불편해하는 모습을 본 그레이엄 박사는 성경적으로 음주는 전혀 잘못된 것이 아니지만 자기는 사역을 위해 그렇게 하지 않을 거라고 차분하게 말했다. 그에게 금주는 율법의 적용이 아니라 지혜를 발휘하여 도달한 결정이었다.

8

창세기 10:1-11:26

— 이야기 경청하기 —

[10:1]노아의 아들 셈과 함과 야벳의 족보는 이러하니라 홍수 후에 그들이 아
들들을 낳았으니 [2]야벳의 아들은 고멜과 마곡과 마대와 야완과 두발과 메
섹과 디라스요 [3]고멜의 아들은 아스그나스와 리밧과 도갈마요 [4]야완의 아
들은 엘리사와 달시스와 깃딤과 도다님이라 [5]이들로부터 여러 나라 백성으
로 나뉘어서 각기 언어와 종족과 나라대로 바닷가의 땅에 머물렀더라 [6]함의
아들은 구스와 미스라임과 붓과 가나안이요 [7]구스의 아들은 스바와 하윌
라와 삽다와 라아마와 삽드가요 라아마의 아들은 스바와 드단이며 [8]구스
가 또 니므롯을 낳았으니 그는 세상에 첫 용사라 [9]그가 여호와 앞에서 용
감한 사냥꾼이 되었으므로 속담에 이르기를 아무는 여호와 앞에 니므롯
같이 용감한 사냥꾼이로다 하더라 [10]그의 나라는 시날 땅의 바벨과 에렉과
악갓과 갈레에서 시작되었으며 [11]그가 그 땅에서 앗수르로 나아가 니느웨
와 르호보딜과 갈라와 [12]및 니느웨와 갈라 사이의 레센을 건설하였으니 이
는 큰 성읍이라 [13]미스라임은 루딤과 아나밈과 르하빔과 납두힘과 [14]바드
루심과 가슬루힘과 갑도림을 낳았더라 (가슬루힘에게서 블레셋이 나왔더
라) [15]가나안은 장자 시돈과 헷을 낳고 [16]또 여부스 족속과 아모리 족속과
기르가스 족속과 [17]히위 족속과 알가 족속과 신 족속과 [18]아르왓 족속과 스
말 족속과 하맛 족속을 낳았더니 이후로 가나안 자손의 족속이 흩어져 나
아갔더라 [19]가나안의 경계는 시돈에서부터 그랄을 지나 가사까지와 소돔
과 고모라와 아드마와 스보임을 지나 라사까지였더라 [20]이들은 함의 자손
이라 각기 족속과 언어와 지방과 나라대로였더라 [21]셈은 에벨 온 자손의
조상이요 야벳의 형이라 그에게도 자녀가 출생하였으니 [22]셈의 아들은 엘
람과 앗수르와 아르박삿과 룻과 아람이요 [23]아람의 아들은 우스와 훌과 게
델과 마스며 [24]아르박삿은 셀라를 낳고 셀라는 에벨을 낳았으며 [25]에벨은
두 아들을 낳고 하나의 이름을 벨렉이라 하였으니 그때에 세상이 나뉘었음

이요 벨렉의 아우의 이름은 욕단이며 [26]욕단은 알모닷과 셀렙과 하살마웻
과 예라와 [27]하도람과 우살과 디글라와 [28]오발과 아비마엘과 스바와 [29]오빌
과 하윌라와 요밥을 낳았으니 이들은 다 욕단의 아들이며 [30]그들이 거주하
는 곳은 메사에서부터 스발로 가는 길의 동쪽 산이었더라 [31]이들은 셈의
자손이니 그 족속과 언어와 지방과 나라대로였더라 [32]이들은 그 백성들의
족보에 따르면 노아 자손의 족속들이요 홍수 후에 이들에게서 그 땅의 백
성들이 나뉘었더라 [11:1]온 땅의 언어가 하나요 말이 하나였더라 [2]이에 그들
이 동방으로 옮기다가 시날 평지를 만나 거기 거류하며 [3]서로 말하되 자,
벽돌을 만들어 견고히 굽자 하고 이에 벽돌로 돌을 대신하며 역청으로 진
흙을 대신하고 [4]또 말하되 자, 성읍과 탑을 건설하여 그 탑 꼭대기를 하늘
에 닿게 하여 우리 이름을 내고 온 지면에 흩어짐을 면하자 하였더니 [5]여호
와께서 사람들이 건설하는 그 성읍과 탑을 보려고 내려오셨더라 [6]여호와
께서 이르시되 이 무리가 한 족속이요 언어도 하나이므로 이같이 시작하
였으니 이후로는 그 하고자 하는 일을 막을 수 없으리로다 [7]자, 우리가 내
려가서 거기서 그들의 언어를 혼잡하게 하여 그들이 서로 알아듣지 못하
게 하자 하시고 [8]여호와께서 거기서 그들을 온 지면에 흩으셨으므로 그들
이 그 도시를 건설하기를 그쳤더라 [9]그러므로 그 이름을 바벨이라 하니 이
는 여호와께서 거기서 온 땅의 언어를 혼잡하게 하셨음이니라 여호와께서
거기서 그들을 온 지면에 흩으셨더라 [10]셈의 족보는 이러하니라 셈은 백 세
곧 홍수 후 이 년에 아르박삿을 낳았고 [11]아르박삿을 낳은 후에 오백 년을
지내며 자녀를 낳았으며 [12]아르박삿은 삼십오 세에 셀라를 낳았고 [13]셀라
를 낳은 후에 사백삼 년을 지내며 자녀를 낳았으며 [14]셀라는 삼십 세에 에벨
을 낳았고 [15]에벨을 낳은 후에 사백삼 년을 지내며 자녀를 낳았으며 [16]에벨
은 삼십사 세에 벨렉을 낳았고 [17]벨렉을 낳은 후에 사백삼십 년을 지내며
자녀를 낳았으며 [18]벨렉은 삼십 세에 르우를 낳았고 [19]르우를 낳은 후에 이
백구 년을 지내며 자녀를 낳았으며 [20]르우는 삼십이 세에 스룩을 낳았고

21스룩을 낳은 후에 이백칠 년을 지내며 자녀를 낳았으며 22스룩은 삼십 세
에 나홀을 낳았고 23나홀을 낳은 후에 이백 년을 지내며 자녀를 낳았으며
24나홀은 이십구 세에 데라를 낳았고 25데라를 낳은 후에 백십구 년을 지내
며 자녀를 낳았으며 26데라는 칠십 세에 아브람과 나홀과 하란을 낳았더라

이야기 속 다른 본문 경청하기

성경 본문: 창세기 3-9장; 고대 근동 문헌: 족보; 엔메르카르와 아라타의 군주

하나님이 인간의 언어를 다양한 언어로 나누신 사건을 이야기하는 바벨탑 이야기와 세상의 언어를 기술하는 이전 장은 인간의 죄와 하나님의 심판과 은혜를 다루는 네 이야기(타락, 가인과 아벨, 홍수) 중 마지막 이야기다. 이후에 보겠지만, 이 이야기는 또한 세상의 악에 대처하는 하나님의 전략으로써 아브라함의 부르심도 예고한다.

창세기 10장은 족보의 형태를 띠지만, 세계 민족에 대한 일종의 언어 지도와 지침 역할을 한다. 고대 족보에 대한 자세한 설명은 창세기 4:17-5:32를 다룬 장의 '이야기 속 다른 본문 경청하기'를 보라.

수메르의 엔메르카르와 아라타의 군주(Enmerkar and the Lord of Aratta) 신화는 여신 이난나(Inanna)의 사랑을 받았지만 패권 투쟁에 가담한 두 군주에 관한 기사다. 지금 우리가 가진 본문은 흔히 "누딤무드(Nudimmud, 지혜의 신 엔키의 다른 이름)의 주문"이라고 불리는 단락으로 시작된다. 이 문헌은 "하나의 혀만" 있었던 시대를 언급한다. 일부 해석자[1]는 이것이 언어가 도입된 때보다 앞선 시기와 비슷한 원시 시대를 회고한다고 믿고, 따라서 종종 바벨탑 이야기와 비교한다. 하지만 이 문헌이 과거를 가리키는지가 분명하지 않고, 미래의 복된 시간을 가리킬 수도 있다. 따라서 우리는 이 연관성에 너무 큰 의미를 부여하지 말아야 한다.[2]

— 이야기 설명하기 —

이전 단락은 노아의 아들들과 손자 한 명에 초점을 맞추었고 (6:9에서 시작된) 노아의 '톨레도트'(*toledot*)를 마무리했다. 창세기 10:1은 세 아들(셈, 함, 야벳)의 톨레도트("족보")를 시작하고, 모든 다른 '톨레도트'와 마찬가지로 이 '톨레도트'도 공식에 언급된 사람 혹은 민족의 후손에 초점을 맞춘다. 따라서 창세기 10장에서 노아의 세 아들에게서 난 후손을 상세히 묘사하는 것은 당연하다.

그런데 창세기 10장의 목적은 정확히 무엇인가? 이 장은 단선 족보와 반대되는 다선 족보 형식을 취한다.[3] 다시 말해 세대마다 한 명 이상의 후손이 나온다. 하지만 내용을 보면 이 장은 혈통에 대한 관심보다 국가 및 언어 관계에 대한 고대의 인식을 설명하려는 의도가 있음을 알 수 있다. 월턴이 지적하듯이 "성경에서 친족 언어는 간혹 정치적 연관성을 드러낼 때 사용된다(왕상 9:13)."[4] 이 목적은 이 장의 세 단락 마지막에 약간씩 변형되어 반복되는 후렴구에서 확인할 수 있다. "각기 족속과 언어와 지방과 나라대로"(5, 20, 31절). 각 단락은 노아의 자녀 가운데 한 사람이 낳은 "아들들"에 초점을 맞춘다. 창세기에서 세 아들은 항상 셈, 함, 야벳의 순서로 나열된다. 하지만 야벳이 가장 나이가 많고(10:21, 다만 NIV 성경의 각주는 셈이 가장 나이가 많다고 소개한다) 함이 가장 어릴 가능성이 크다(창 9:24). 야벳, 셈, 함의 순으로 그들의 실제 나이 순서가 반영된 것이라면, 이 장에서 야벳, 함, 셈의 순서는 (이스라엘이 셈의 후손이기 때문에) 가장 중요한 셈을 마지막에 다루려 한 결과일 수 있다.

물론 가능성은 낮지만 이론적으로 가능한 것은 이 고대의 언어와 국가가 나타난 지도에 족보를 제시하려는 의도도 있다는 것이다. 다시 말해서 이들은 열방(또한 궁극적으로 언어)의 시조인 노아의 세 아들의 실제 후손이다. 그러나 만약 그렇다면 이 '족보'에 민족만이 아니라 나라(즉,

"깃딤과 도다님", 4절)까지 등장하는 것은 이상하다. 어쨌든 분명히 명심할 사실은, 위에서 언급했듯이 이것은 언어와 나라의 관계에 대한 당대의 인식이지 실재가 아니라는 점이다(월턴이 지적한 것처럼 가나안어는 함족이 아니라 셈족 언어다, 10:6).[5] 사실 약 2세기 전 현대 언어학이 시작되었을 때, 언어학은 이 장의 기본 용어를 채택하여 오늘날까지 고수하고 있다. 오늘날 우리는 여전히 셈어와 함어와 야벳어에 대해 이야기한다. 그렇지만 현대 언어학이 이 장에서 제시된 것과 동일한 언어 간 연관성을 제시하지는 않는다.

중세 시대 이후로 불행하게도 현재에 이르기까지, 인류를 이 세 그룹으로 나누는 경향은 인종 정치학에 악용되었는데, 함 족속은 아프리카의 흑인종으로, 야벳 족속은 백인과 유럽인으로, 셈 족속은 아시아의 셈 민족으로 묘사되었다. 더 나아가 유럽인을 비롯한 다른 노예 상인들은 (9:18-28의 기사에는 전혀 그런 암시가 없음에도) 함이 저주받았다고 말하면서 자기들의 끔찍한 관행을 정당화했고, 하나님이 야벳의 영토를 확장하실 것이라고 선언하는 창세기 9:27을 거론했다. 이 같은 견해는 완전히 신뢰를 잃었으며 비난받아 마땅하다.

줄거리에 관해서는 창세기 10장과 창세기 11:1-9이 시간적 순서 면에서 분명하지 않다. 앞서 언급한 것처럼 여기서 우리는 원시적 언어 지도를 만나지만, 다음에 이어질 바벨탑 이야기에 따르면 그 시점에 이를 때까지 하나의 언어뿐이었다. 앞으로 보겠지만 10:25은 언어의 분열을 암시하는 듯 보여도 여전히 창세기 10장의 메시지는 연대기적으로 창세기 11:1-9 이후의 내러티브와 어울린다.

더 나아가 이 장에 각각 후대의 나라/언어 집단을 반영하는 70명의 후손이 등장한다는 점을 지적해야 한다. 이 숫자는 세상에 일흔 개의 나라가 있었다는 후대 이스라엘의 사상과 일치한다. 숫자 70은 완성 또는 완전성을 상징한다.

이 '족보'는 실제로 나중 시대, 분명 모세 시대보다 이르지 않은 후대의 현실을 반영하는 원시적 언어와 정치 지도다. "이 일흔 개의 집단은 노아 세대의 관점을 반영하는 것이 아니라, 저자 모세 시대 이스라엘의 관점을 반영한다"는 월턴의 말은 옳다. 우리는 또한 "2천 년대 중반 고대 근동에서 알려진 세계 외부에 있는 사람을 전혀 다루지 않는다는 점에 주목해야 한다. 본문은 이스라엘 백성이 알았던 집단에 대해서만 설명하려 할 뿐, 고대 근동 너머의 세계는 내비치지 않는다. 달리 말하면 저자는 노아의 아들들이 낳은 모든 민족에 관한 포괄적 목록을 제공하려고 시도하지 않았다. 그 대신 당대에 알려진 모든 민족과 나라가 노아의 아들들과 어떤 관련이 있는지 다루었다."[6] 이 연관성은 당대의 인식에서 유래한 것으로, 과학적인 언어 분석과 혼동하지 말아야 한다.

야벳 족속(10:2-5; 또한 대상 1:5-7도 보라)

야벳에게는 일곱 아들이 있었다. 역대기에 반복되는 목록 외에 다른 성경 본문에서도 그 가운데 일부를 언급한다. 에스겔 38장에서는 고멜(6절), 메섹, 두발(2, 3절; 39:1)과 함께 마곡 땅을 언급한다. 메섹과 두발은 에스겔 27:13에서 야완과 나란히, 또한 에스겔 32:26에서 (스올에 있는 것으로) 같이 언급된다. 메섹은 시편 120:5에서도 아랍 부족 게달과 나란히 언급되지만, 이 두 곳은 같은 장소에 있지 않고, 둘 다 이스라엘에서 아득하게 멀리 떨어져 있다.

위치와 관련해서 단 한 가지만 비교적 확실한데, 그것은 야완이 그리스인, 구체적으로는 이오니아 그리스인을 가리킨다는 것이다(사 66:19; 겔 27:13, 19도 보라). 가장 유력한 추측이면서 일반적인 합의는, 다른 이름들이 이스라엘 북쪽에서 살던 민족과 아나톨리아 및 아시아 북부의 다른 고대 셈족 민족을 대표한다는 것이다. 고멜은 기원전 2천 년경에 러시아 남부에 알려졌고 기원전 7세기에 아시리아를 위협한 키메르인

(Cimmerians)으로, 마곡은 오늘날 튀르키예의 일부인 두발과 실리시아(Cilicia)인으로 확인된다는 제안이 있었다. 마대와 디라스는 창세기 10장과 역대상 1장에만 등장하지만, 이름이 갖는 연관성에 근거하여 각각 메데인과 투르샤(Turscha) 바다 민족과 동일하다는 제안이 있었다.

3절과 4절에서는 고멜과 야완의 후손이 나온다. 고멜의 후손은 아스그나스, 리밧, 도갈마다. 아스그나스는 소아시아 북동부의 반(Van) 호수와 우르미아(Urmia) 호수 근처에 위치한 아라랏(Urartu, 우라르투) 및 민니(Manneans, 만나이인)와 함께 예레미야 51:27에서만 다시 언급된다. 리밧은 창세기 10장과 역대상 1장[여기서는 흡사한 형태의 히브리어 알파벳 '레쉬'(*resh*)와 '달렛'(*dalet*)의 혼동으로 인해 디밧으로 표기되었다]에서만 언급된다. 도갈마는 에스겔 27:14에서 야완, 두발, 메섹 바로 다음에 언급된 도갈마 족속 및 에스겔 38:6에서 "북쪽 끝"에 있고 고멜과 동맹을 맺었다고 묘사된 도갈마 족속과 같다고 여겨져야 한다.

야완(그리스)의 아들은 엘리사와 달시스와 깃딤과 도다님으로, 앞의 둘은 개인이고 뒤의 둘은 민족이다. 일반적으로 에게해에 위치한 엘리사는 에스겔 27:7에서 청색과 자색 차일을 만드는 섬으로 묘사된다. 달시스는 성경에 자주 등장하고 보통 스페인 남부의 타르테소스(Tartessos)와 같다고 여겨진다. 깃딤(민 24:24; 렘 2:10을 보라)은 종종 키프로스와 관련 있다. 도다님(Rodanites, 새번역의 "로도스")은 성경 다른 곳에서 언급되지 않지만, 소리 연상에 의해 종종 에게해의 로도스(Rhodes)섬과 연결된다.

함 족속(10:6-20; 대상 1:8-16)

창세기 10장 '족보'의 두 번째 부분은 불명예스러운 노아의 아들 함(창 9:18-27)의 후손에게 할애된다. 창세기 10:9-12과 18b-20절의 산문체로 확장된 부분을 제외한 족보가 역대상 1:8-16에서 되풀이된다. 함의 후손은 이집트인, 가나안인, 블레셋인, 바빌로니아인, 아시리아인과 관련 있다. 현대의 기준으로 볼 때 이 모든 집단 사이에 언어적·정치적 연관성은 없지만, 구약 시대 전반에서 이스라엘의 가장 잔인한 적들의 목록이다.

이 목록은 함의 네 아들(구스, 미스라임, 붓, 가나안)의 이름으로 시작한 다음, 구스부터 (붓을 제외한) 아들들의 후손을 하나씩 따라간다. 구스는 구약 전반에서 잘 알려져 있고, 이집트 남부 지역과 관련하여 50회 정도 등장한다. 많은 경우 영어 번역에서는 구스를 에티오피아(Ethiopia)나 누비아(Nubia)로 번역한다. 구스의 형제가 이집트(개역개정의 "미스라임")라는 사실에 근거하여, 자연스럽게 여기서 그와 같은 남부 지역과 연관되는 것을 의도했다고 생각할 수 있다.

하지만 구스의 아들 니므롯은 분명 이집트가 아니라 메소포타미아와 관련된다. "그가 다스린 나라의 처음 중심지는, 시날 지방 안에 있는 바빌론과 에렉과 악갓과 갈레"였고(새번역, 메소포타미아 남부의 유명한 도시들), 11-12절에 따르면 그는 계속해서 메소포타미아 북부에 성(니느웨, 르호보딜, 레센)을 건설했기 때문이다. 실제로 아시리아는 미가 5:6에서 "니므롯 땅"이라고 불린다. 문제를 더 복잡하게 만드는 것은, 구스의 다른 아들(스바, 하윌라, 삽다, 라아마, 삽드가)과 라아마의 아들(스바, 드단)이 모두 아라비아 부족이거나 홍해[갈대 바다, Re(e)d Sea] 지역 또는 이집트 남쪽에 있다는 점이다.

니므롯의 정체도 문제가 된다. 그의 이름은 흔히 반란을 뜻하는 히브리어 동사(*mrd*)와 관련된다고 여겨진다. 그는 "세상[의] 첫 용사", "여호와 앞에…용감한 사냥꾼"으로 불리고, 앞서 언급한 것처럼 메소포타미아 남부와 연결되며, 메소포타미아 북부를 건설한다. 그의 정체에 관한 다양한 가설이 제기되지만[유력한 후보는 사르곤(Sargon) 대왕, 슐기(Shulgi) 혹은 함무라비 등이지만 각각에는 문제가 있다[7]], 이 인물에게 영감을 주었을 민족의 정체성에 관해서 확실한 결론을 내릴 수는 없다. 다만 메소포타미아 왕들은 흔히 위대한 전사만이 아니라 사냥꾼, 보통은 사자 사냥꾼으로 묘사된다. 니하우스에 따르면 "우리는 니므롯에서 고대 근동 황제의 원형을 찾을 수 있다. 바로 전투에 강하고 사냥에 능숙하며 성을 건설하고 나라를 통치하는 인간이다. 그는 인간이 갖춰야 할 모든 것을 갖추어, 사실상 신이라는 인상을 준다(또는 그런 인상을 기대한다). 당연히 고대의 많은 통치자는 신 또는 반신(半神)의 지위를 주장했다."[8]

초기 유대교와 기독교의 해석에서 니므롯은 바벨탑 건축자로 여겨지기도 했다. 물론 그렇다는 연관성을 보여 주는 직접적인 성경의 단서는 없다. 그러나 10:10에 대한 한 가지 가능한 번역에 따르면 "그가 다스린 나라의 처음 중심지"가 바빌론이 되고(새번역), 이 번역이 그가 바벨탑 건축자라는 점을 암시한다고 할 수 있다. 이는 또한 그가 다른 성을 세우기 위해 왜 바빌론을 떠나야 했는지를 설명해 준다.[9]

함의 둘째 아들은 이집트(미스라임)로, 당연히 기원전 4천 년대 말부터 구약 시대 내내 흥망성쇠를 거듭하며 다른 문명들 위에 우뚝 솟은 강대국을 가리킨다. 이집트의 자녀들은 개인이 아닌 민족 집단이다. 여기서 루딤은 (22절과 반대로) 아프리카 나라들과 연결된다(또한 렘 46:9; 겔 30:5도 그렇다). 14절은 가슬루힘과 블레셋을 연결시키고, 다른 본문도 갑도림을 똑같이 연결시킨다(갑돌 사람, 신 2:23; 렘 47:4; 암 9:7). 블레셋은 에게해에서 왔다고 여겨지므로 여기서 이집트와의 관련성을 의심스럽게 만든다. 하지만 일부 학자는 블레셋의 기원이 이집트에서 시작되어 에게해로 이주한 후, 나중에 바다 민족 이동(the Sea People's movement)의 일부로 지중해 동부 해안에 도달했다고 추측한다.

함의 셋째 아들은 저주를 받은 가나안이다(9:18-27). 물론 가나안은 약속의 땅과 그 북쪽 지역을 점령한 후대 이스라엘의 적이다. 가나안 사람들은 이집트와 유전적 연관성이 전혀 없었지만, 정복 직전 상황에 그들은 대개 그 강대국과 정치적 관계를 맺고 있었다. 이는 곧 이 '족보'가 유전적 관계를 보여 주는 지도라기보다는 정치적·언어적 지도에 더 가깝다는 사실을 상기시켜 준다.

가나안의 아들로 알려진 여러 민족 집단은, 정복 시대에 약속의 땅을 차지하고 있던 것으로 알려진 다양한 민족이다(헷 족속, 여부스 족속, 아모리 족속, 기르가스 족속, 히위 족속). 장자 시돈은 이스라엘 북쪽의 같은 이름을 가진 가나안의 큰 성 및 그 북쪽의 아르왓과 연결된다. 하맛 족속은 아마 다메섹과 알렙포 사이 시리아에 있는 헷 족속 성의 주민일 것이다. 우리는 신 족속과 스말 족속이 후대 이스라엘 북쪽에 위치한 같은 지역에 거주했다고 추정할 수 있다.

마지막으로, 앞서 언급했듯이 함의 아들 붓은 추가 족보가 없는 유일한 인물이다. 하지만 성경 다른 곳에서 붓은 이집트와 관련된 아프리카의 나라로, 일반적으로 리비아로 표기된다.

18b-19절은 가나안 사람들이 북쪽 시돈에서 후대의 블레셋 성 그랄을 지나 멀리 (이집트에 접경한) 남쪽 가사까지 내려가 그 지역을 가득 채울 때까지 확장된 과정을 묘사한다. 나중에 아브라함 시대에 멸망하고 일반적으로 사해 부근 어딘가에 위치했던 악명 높은 '평지의 성읍들'(소돔, 고모라, 아드마, 스보임)은 가나안의 동쪽 경계다. 서쪽 경계는 지중해 연안으로 추정된다.

셈 족속과 요약 진술(10:21-32; 대상 1:17-20)

앞서 셈은 노아의 둘째 아들일 가능성이 크다고 지적했지만, 그는 선택받은 자 아브라함의 조상이기 때문에 여기서는 마지막에 가장 중요하게 다루어진다(창 12:1-3을 보라). 역대하 1:17-20은 창세기 10:22-29를 글자 그대로 반복한다. 단선 족보인 창세기 11:10-26은 아브라함으로 이어지는 다선 족보인 현재의 셈 족보의 요소들을 포함한다.

셈 족보에 대한 현재의 기사는, 최선의 문법 이해를 따르면 셈이 야벳의 동생이라는 도입부의 설명으로 시작된다(NIV 성경 각주를 보라; NIV 성경 각주의 변형처럼 개역개정은 셈을 야벳의 형으로 번역한다—옮긴이). 창세기 9:24에 따르면 함은 노아의 막내아들이었고, 따라서 셈이 둘째 아들이었음을 의미한다. 이 도입부는 셈이 앞으로 아브라함의 조상이 될 에벨의 조상이라고 언급함으로써(창 11:10-26), 셈이 족보에서 세 번째로 등장하는 이유는 그가 상대적으로 중요하기 때문임을 독자에게 알려 준다.

22절에 셈의 다섯 아들이 나오는데, 아르박삿을 제외한 모든 아들이 나중에 잘 알려진 나라를 상징하지만 앗수르와 룻의 경우는 약간의 혼란이 있다. 엘람은 오늘날 이란 남서부 지역에 위치해 있었고 기원전 3천 년부터 1천 년 사이에 메소포타미아 권력의 빈번한 경쟁자였던 엘람국의 시조다. 성경에서 엘람은 창세기 14장부터 언급되는데, 그곳에서 근동의 네 왕 중 한 명이 엘람 왕 그돌라오멜이다(또한 스 4:9; 사 11:11; 21:2; 22:6 등도 보라).

앗수르는 분명 기원전 2천 년대 중반부터 기원전 7세기 말까지 간간이 고대 근동을 지배한 대제국 아시리아의 시조로 이해해야 한다. 앞서 큰 성 앗수르를 건설한 사람으로 니므롯을 언급한 데서 약간의 혼선이 생기지만(11절), 아시리아가 함족 왕국이 아니라 셈족 왕국이었다는 것은 조금도 의심의 여지가 없다.

지금은 24-28절에서 다선 족보 형태로 세분화되어 이어지는 아르박삿을 건너뛰고, 룻으로 넘어가자. 우리는 이미 룻(Rud, 개역개정은 "루딤") 족속으로 알려진 집단이 함의 계보와 연결된다고 언급한 바 있다(13절을 보라). 이 집단은 아프리카의 부족일 수도 있지만, 지금 다루는 인물 룻은 소아시아의 리디아인일 수도 있다. 하지만 그 집단은 셈족이 아니어서 이렇게 연결하는 것은 이상해 보인다.

다시 아르박삿을 건너뛰고 다섯째 아들 아람에 관해 이야기해 보자.

그의 이름은 나중에 시리아의 아람 부족에게 주어지고, 이스라엘은 다윗 시대부터 그들과 충돌했다. 아람은 아르박삿을 제외하고 족보가 자기 시대를 넘어 확장되는 유일한 아들인데, 여기서는 그의 네 아들에 관한 언급으로 단 한 세대만 기록되어 있다. 첫째 아들은 우스다. 욥의 고향 이름을 연상시키지만(욥 1:1), 욥의 고향은 아람 지역이 아닌 에돔에 있다.[10] 창세기 22:21에서는 아람과 관련된 또 다른 우스도 언급한다. 아람의 다른 두 아들은 훌과 게델인데, 그들에 관해서 추가로 알려진 바는 없다. NIV 성경에서는 넷째 아들의 이름을 (위에 열거된 야벳의 후손과 비슷한) 메섹(Meshek)으로 번역하지만 히브리어로는 마스다(NIV 성경 각주를 보라).

세 번째로 열거된 아들 아르박삿은 후대 나라의 시조가 아닌 유일한 아들이지만, 그의 계보는 결국 이스라엘로 이어진다. 24-28절에서 셀라에서 시작되는 그의 족보로 넘어가는데, 흥미롭게도 70인역에서는 아르박삿과 셀라 사이에 가이난을 배치하고, 누가복음 3장에 나오는 예수님의 족보는 70인역의 순서를 따른다(개역개정 누가복음 3장에서는 각각 "아박삿"과 "살라"로 표기된다—옮긴이).

셀라의 아들 에벨은 21절의 도입부와 관련하여 이미 언급되었다. 에벨의 중요성은 히브리(Hebrew)라는 이름이 그의 이름에서 유래했을 가능성이 크다는 데 있다.

에벨의 두 아들의 이름은 벨렉과 욕단이다. 25절에 따르면 '나뉨'을 의미하는 이름 벨렉은 "그때에 세상이 나뉘었[다]"는 사실에서 유래한다. 이 나뉨은 아마 인간의 언어가 다양하게 분화된 바벨탑 이야기를 가리키는 듯하다(창 11:1-9). 이 본문은 벨렉이라는 이름의 의미를 자세히 설명하지만, 족보는 열세 아들을 둔 욕단으로 이어진다(27-29절).

성경 다른 곳에는 세 아들의 이름만 나온다. 스바는 그 여왕이 와서 솔로몬의 지혜를 체험한 왕국이고(왕상 10:1-13; 대하 9:1-12) 다른 곳에서도 언급된다. 이 왕국은 아라비아 남부에 있었지만, 이 스바와 동일한 것인지 아니면 함의 족보에 언급된 왕국(7절)과 동일한 것인지 확신하기 어렵다. 오빌은 성경 다른 곳에서도 금 생산 지역으로 자주 언급된다(왕하 9:26-28; 대하 8:18 외 여러 곳). 학자들은 때로 오빌의 위치를 아라비아 남부로 생각하지만, 이것은 추정일 뿐이다. 하윌라는 에덴동산의 네 지명 중 하나다(창 2:11-12). 이곳도 종종 아라비아 남부에 위치한 것으로 추정된다. 요밥은 성경 다른 곳에서 언급되지 않지만, 일부 고대 전통에서는 엉뚱하게도 욥과 동일시된다.[11]

이 열세 아들과 그들이 낳은 민족들은 동쪽 산간 지방의 메사와 스발 사이에 거주한다고 말하지만(30절), 다른 기록에서는 그 위치가 알려져 있지 않다. 31절은 셈 족보에 대한 간단한 마무리 진술에 해당하고, 뒤이어 32절은 장 전체에 대한 요약 진술이다.

바벨탑(11:1-9)

우리는 먼저 언어에 관한 이 본문이 심오한 문학적 예술성과 정교한 설계의 본보기라는 점에 주목한다.[12] 이 이야기에는 여러 가지 눈에 띄는 언어유희가 나온다. 비슷한 발음 때문에 특정 단어 그룹이 함께 묶인다. "벽돌을 만들어"(*nilbenah lebenim*)와 "견고히 굽자"(*nisrepa serepa*), "역청"(*hemar*)과 "진흙"(*homer*)이 그렇다. "벽돌"(*lebenah*)과 "돌을 대신하며"(*leaben*) 사이에도 두운이 있다. 이렇듯 거의 비슷한 소리는 이야기에 리듬감을 부여하여 독자의 주의가 단어의 내용만이 아니라 단어 자체에도 끌리게 한다.

"이름"(*shem*)과 "거기/그곳"(*sham*), "하늘"(*shamayim*) 등 반복되는 다른 단어들도 비슷하게 들린다. "거기"(*sham*)는 반역자들이 자기들의 "이름"(*shem*)을 내기 위해 "하늘"(*shamayim*)을 기습하는 거점으로 사용되는 장소다. 하지만 하나님은 상황을 역전시키신다. 하나님은 "거기서"(8절)

반역자들을 흩으시고 그들의 계획을 무산시키시기 때문이다. 반역자들의 악한 의도가 역설적으로 뒤엎어지는 반전은, 서술자의 예술적인 단어 선택을 통해 여러 방식으로 강조된다. 이 이야기에는 자음군 *lbn*이 포함된 여러 단어와 어구가 등장하는데, 전부 하나님께 맞서는 인간의 반역을 가리킨다. 하나님은 심판하러 오실 때 그들의 언어를 혼잡하게 하신다(*nbl*). 이렇게 역전된 자음은 하나님의 심판이 반역자들의 계획에 가져다준 역전을 보여 준다. 이 역전은 이 이야기의 교차 구조에 관한 포켈만(Fokkelman)의 분석에서도 나타난다.

A	11:1
B	11:2
C	11:3a
D	11:3b
E	11:4a
F	11:4b
X	11:5a "여호와께서…내려오셨더라"
F'	11:5b
E'	11:5c
D'	11:6
C'	11:7
B'	11:8
A'	11:9

언어(A)와 장소(B)의 통일성과 강력한 의사소통(C)은 사람들을 계획과 발명(D)으로, 특히 성읍과 탑(F)의 건설(E)로 유도한다. 하나님의 개입은 전환점이다(X). 그분은 사람들이 만드는(E') 건축물(F')을 지켜보

시고, 반대 계획(D')을 세우시는데, 그로 인해 의사소통은 불가능해지고(C') 장소(B')와 언어(A')의 통일성이 깨진다. 여기서 문학적 예술성은 이 본문의 메시지에 이바지하는데, 이제 더 자세히 살펴보려고 한다.

이 이야기는 모든 인류가 단 하나의 언어만 공유하던 때에 시작된다. 하나님은 앞서 가인에게 방랑자가 되는 형벌을 주셨지만(창 4:10-14), 그의 아들이 최초의 성을 건설했다고 전해진다(창 4:17). 11:1-2에서 묘사하는 사람들은 아직 정착하지 못하고 동쪽으로 방황하고 있었다. 동쪽 방향이라는 것은 에덴에서 (그룹이 배치된) 동쪽으로 추방되고, 가인이 에덴 동쪽으로 더 멀리 추방된 사건을 다시 이어 가는 것일 수 있다(물론 에덴이 어디에 있다고 생각했는지 확실하지 않다). 하지만 이 이야기는 이스라엘을 기준점으로 삼을 수 있기에 본문은 그들이 나중에 이스라엘이 자리 잡은 곳에서 동쪽으로 이동하고 있다고 말하고 있다.[13]

물론 가장 중요한 것은 이 흩어진 사람들이 정착하기 위해 함께 일하기 시작했다는 점이다. 그들의 시도는 오늘날 우리에게 좋은 생각으로 들릴 수 있지만, 하나님이 기뻐하시는 일은 아니었다. 우선 이것은 하나님이 정하신 형벌에 반하는 것이었다. 그러나 한 걸음 더 나아가서 우리는 하나님의 형벌에 은혜의 요소가 있음을 깨달아야 한다. 그들은 죄인이었고, 죄인들을 한데 모을 경우 죄 문제를 해결하지 못하고 오히려 강화한다. 따라서 여기서 그들의 집단적 노력은 하나님에 대한 거역 행위로 이해되어야 하며, 그래서 하나님은 그것을 막기 위해 조치를 취하신다.

그들이 정착하기로 택한 곳은 시날 평지인데, 시날은 바빌론을 가리키는 또 다른 이름이다. 따라서 이곳은 메소포타미아 남부로 알려지게 될 티그리스 강과 유프라테스 강 사이의 퇴적 평야를 가리킨다.

그들은 정착한 곳에 탑이 있는 성을 건설하기로 결정하고, 돌과 진흙이 아닌 이 지역에서 널리 사용한 건축 재료인 벽돌과 역청을 사용한다.

이 탑은 "꼭대기가 하늘에 닿[는]" 것으로 묘사된다. 어떤 종류의 구조물이 이런 모습일까? 최선의 대답은 지구라트, 즉 이 지역에서 역시 잘 알려진 계단식 피라미드일 가능성이 크다. "이 계단식 구조물은 인간과 신이 교제할 수 있는 신성한 산 개념을 모방하여 바빌로니아의 성읍들 안에 지어졌다."[14] 가장 유명한 바빌로니아의 지구라트는 바빌론성에 있었고 '에테멘앙키'(*E-temen-an-ki*)라는 이름을 가졌는데, 수메르어에서 가져온 이 이름은 '하늘과 땅의 기초가 되는 집'을 의미한다. 요컨대 이 탑은 땅이 하늘에 닿은 장소였고, 그런 의미에서 이 건물을 일종의 하늘에 대한 습격으로 보는 견해는 옳다. 분명 오만한 행동이었다. 성과 탑의 목적은 흩어짐을 막기 위한 것이었지만, 또한 건축자들의 "이름을 내[기]" 위한 것이었다. '이름'은 명성으로 번역될 수 있다.

위에서 언급했듯이 이 이야기의 전환점은 주님이 성과 탑에 주목하시는 5절에 있다. 그런 다음 주님은 천상 회의(1:26에 관한 설명을 보라)를 향해 사람들의 언어를 혼란시켜서 의사소통을 어렵게 하는 데 그들의 도움이 필요하다고 말씀하신다.

언어가 나누어져 혼란에 빠진 후 사람들은 자기 의도를 실행할 수 없었고 다시 흩어지기 시작한다. 흥미롭게도 서술자는 바빌론의 이름(바벨)과 이 사건을 연결한다. 그는 바벨이라는 이름과 동사 '혼란스럽게 하다'(*balal*)의 비슷한 발음을 근거로 이 이름이 언어적 혼란에서 비롯되었다고 주장한다. 물론 서술자/저자는 이 설명에 경멸적 어조가 담겼고, 이것이 이 이름이 생겨난 과정에 관한 실제적 묘사가 아님을 충분히 알고 있었다. 바벨은 히브리어가 아니라 아카드어고, '신들의 문'을 뜻하는 어구 '바브일루'(*bab-ilu*)에서 유래한다.

바벨탑 기사는 아담과 하와의 거역 이야기 이후 모든 주요 내러티브와 동일한 기본 구조를 공유한다. 이것은 인간의 죄에 관한 이야기다. 이 경우 죄는 하늘에 닿는 탑과 성을 건설하여 자기 이름을 내려는 시도를 포함한다. 그들은 교만하게 행동하면서 아브라함에게 약속하신 대로 명성을 높여 주시는 하나님의 자리에 자기들을 둔다(창 12:2을 보라, "내가…네 이름을 창대하게 하리라").[15] 그들은 또한 흩어져 살라는 하나님의 요구에 저항함으로써, 우리가 보았듯이 은혜의 요소가 포함된 하나님의 이전 형벌을 피하려 한다.

이전 이야기와 마찬가지로, 하나님은 인간의 죄가 형벌 없이 그냥 지나가게 하지 않으신다. 하나님은 6-7절에 있는 심판의 말씀으로 시작하시는데, 여기서 그들의 언어를 혼잡하게 하겠다는 의도를 밝히시고, 그런 이유로 본문은 하나님의 심판 집행에 대한 묘사로 마무리된다(8-9절). 앞서 보았듯이 이런 요소는 아담과 하와의 거역(창 3장), 가인과 아벨(창 4장), 홍수(창 6:1-9:17)를 서술하는 이전 내러티브에서 반복된다.

그런데 언뜻 보기에, 네 번째 요소 곧 은혜의 징표가 빠진 것 같다. 바벨탑 이야기에서 은혜의 징표는 어디 있는가? 우리가 보았듯이 창세기 10장은 창세기 11장 앞에 나오지만, 이것은 분명 연대순이 아니다. 창세기 10장은 시간상 창세기 11:1-9보다 뒤에 와야 한다. 창세기 10장은 언어 집단으로 나뉜 세계를 묘사하기 때문이다.

그리고 여기서 우리는 은혜의 징표를 본다. 바로 언어다. 어쨌든 하나님은 간단히 모든 언어를 없애시고 인간의 의사소통 가능성을 사실상 폐기하실 수도 있었다. 하지만 하나님은 그렇게 하지 않으신다. 의사소통은 훨씬 어려워졌지만, 언어의 장벽을 넘는 것도 가능하다. 언어를 통한 의사소통의 가능성을 보전하심으로써 하나님은 인간이 다른 인간에게 말하도록 허용하시고, 더 나아가 하나님과 인간의 의사소통도 허용하신다.

바벨탑 이야기에서 언어가 은혜의 표징이라고 말하는 것은 적절하다. 그렇지만 창세기 3-11장의 네 가지 이야기 가운데서 은혜의 표징이 이야기 자체에 나오지 않는 유일한 이야기라는 사실도 인식해야 한다. 사실 우리는 왜 언어에 대한 기록이 바벨탑 이야기 뒤가 아니라, 앞(창 10장)에 나오는지를 질문해야 한다.

최선의 설명은 바벨탑 이야기가 원시 내러티브의 마지막 이야기라는 것이다. 창세기의 이 첫 번째 주요 부분 마지막에는 죄 문제의 해결책이 없다. 하나님의 때에 하나님은 새로운 무언가를 들여오시는데, 그것은 곧 아브라함이라는 남자와 그의 아내 사라를 의미한다.

셈에서 아브라함까지(11:10-26)

원시 역사는 또 하나의 족보로 마무리된다. 이 족보의 주목적은, 창세기 처음의 두 가지 큰 단락인 원시 역사와 족장 내러티브를 연결하는 다리 역할을 하는 것이다. 원시 역사는 전 세계에 초점을 맞춘 반면, 족장 내러티브는 그 초점을 한 사람, 곧 아브라함과 그의 후손으로 좁힐 것이다. 따라서 마지막 족보가 노아의 아들 셈에서 아브라함으로 이어지는 것은 적절하다.

이 족보를 문자 그대로의 혈통에 대한 철저한 서술로 받아들이면, 노아의 아들 셈은 아브라함이 죽은 후 40년을 살았다. 사실 노아가 죽었을 때 아브라함은 두 살이었을 것이다. 어떤 사람들은 그와 같은 어색한 본문 읽기를 지지하지만, 그럴 가능성은 없다.[16] 고대의 족보는 현대의 족보와 같은 기능을 하지 않고, 대개 역사적 목적보다는 문학적·신학적 목적을 위해 만들어졌다.[17] 또한 이 족보에는 열 개의 이름이 나오는데, 이것도 문학적 구성을 암시한다.

이 족보의 첫 부분은 10:21-29에 나오는 셋의 족보 및 역대상 1:17-23에 나오는 병행 족보와 동일한 범위를 다루지만, 이 족보는 한 세대에 여러 자손이 나오는 것(다선 족보)이 아니라 (창 5장의 족보와 비슷하게 구성된) 아버지에서 한 아들로 이어지는 단선 족보다. 그래서 족보는 셈에서 아르박삿으로, 셀라로, 에벨로, 벨렉으로 이동한다. 벨렉의 족보에서 우리는 이전 족보와의 차이를 볼 수 있다(대상 1:24-27도 보라). 창세기 10장에서는 에벨의 두 아들, 벨렉과 욕단을 언급한다. 10장의 족보는 다음 세대로 넘어가 욕단의 후손을 열거하는데, 벨렉은 벨렉이라는 이름의 의미만 설명할 뿐 그냥 넘어간다. 이 장에서 서술자가 벨렉에게 관심을 갖는 이유는 그의 계보가 르우, 스룩, 나홀, 데라를 거쳐 아브라함으로 이어지기 때문이다. 흥미롭게도 이 족보의 마지막 세대는 다선 형태로 표현된다. 데라의 아들은 아브람, 나홀, 하란이다. 따라서 이 족보는 아브람(아브라함)에게 초점을 맞춘 데라의 족보(*toledot*)를 준비한다.

— 이야기 살아내기 —

의사소통의 문제

바벨탑 이야기는 하나의 언어만 있던 고대 시대를 기술한다. 물론 우리가 사는 세상에는 수천 개의 언어가 있는데, 정확한 수를 알 수 없을 만큼 많아서 헤아리는 방법에 따라 그 수가 달라진다.

여러 언어를 가진 세상에 너무 익숙해진 우리는 모든 인간이 서로 소통할 수 없다는 사실로 인해 발생하는 어려움을 자주 숙고하지 않는다. 하나의 언어로 소통한다고 해서 모든 문제가 사라지는 것은 아니다. 어쨌든 자기 모국어로 말하는 사람을 우리가 얼마나 자주 오해하는지 곰곰이 생각해 보자(이것도 바벨탑 이야기에 기록된 죄의 결과일 수 있다). 그런데 많은 언어가 존재하기 때문에 문제는 더 심각해진다.

우리는 이 문제를 (예를 들어, 사업이나 정치나 일상 의사소통에서 발생하는 문제 등) 다양한 각도에서 살펴볼 수 있지만, 한 가지 사례만 생각해 보자. 바로 성경 자체다. 여러 언어가 존재하기 때문에 성경에 대한 이해는 더욱 복잡해졌고, 따라서 죄가 우리 삶에 어떤 영향을 미쳤는지를 보여 주는 중요한 실례가 된다.

성경은 고대 히브리어와 그리스어로 쓰였고, 구약의 몇몇 장은 아람어로 쓰였다. 하지만 세계 인구의 대다수는 이 언어들을 모국어로 사용하지 않는다(모국어로 사용하는 사람들도 현대의 형태로 사용한다). 전 세계 수천 개의 언어로 번역해야만 성경을 이해할 수 있다.

성경, 적어도 신약성경은 전 세계 주요 언어로 번역되었지만, 여전히 성경이 조금도 번역되지 않은 언어가 많이 있다.[18] 하지만 영어처럼 성경 전체의 여러 번역본이 있는 언어에서도 번역의 필요성은 의사소통의 문제를 야기한다. 다시 말해서, 흔히 말하듯 항상 "번역 과정에서는 무언가가 손실되기 마련이다." 서로 완벽하게 일치하는 두 언어는 없고, 이 점은 영어와 세 가지 성경 언어에도 적용된다.

물론 성경 번역자들은 성경의 주요 가르침 가운데서 이런 번역상의 문제로 인해 독자가 영향받은 부분이 전혀 없다고 단언한다. 하지만 그들도 성경의 언어를, 영어를 비롯한 현존하는 언어로 번역할 때 단어의 뉘앙스 특히 희귀한 단어의 뉘앙스를 때로는 알 수 없고, 보통은 정확히 복원할 수 없음을 인정할 것이다. 성경 번역에 있어서 여러 언어가 존재한다는 사실이 갖는 모든 함의를 모조리 탐구하는 것이 이 글의 요점은 아니다. 그보다는 이 주석을 읽는 독자에게 죄가 서로 소통하는 우리의 능력에 어떤 영향을 미쳤는지 보여 주는 한 가지 중요한 사례를 제시하려는 것이다.

오순절: 바벨탑의 역전

사도행전 2장은 성령의 놀라운 역사를 서술한다. 성령께서 그리스도를 따르는 사람들에게 충만하게 임하시자, 그들은 밖으로 나가 예루살렘성에서 유대인의 오순절 절기를 경축하기 위해 여러 나라에서 온 사람들에게, 그러니까 여러 언어 집단에게 "하나님의 큰일"(11절)을 선포한다. 일반적으로 바벨 이후 세계에서, 바대와 메대와 엘람을 비롯한 세계의 각지에서 예루살렘을 방문한 유대인은 아람어(또한 아마 그리스어)를 말하는 제자들을 이해하지 못했겠지만(행 2:9-11의 목록을 보라), 이 경이로운 날에 하나님은 그들에게 복음을 직접 전할 능력을 주셨다. 여기서 우리가 보는 것은 바벨탑에서 일어난 언어 혼란의 진정한 역전이다.

이날은 그리스도께서 재림하신 후 하나님의 구속이 완전히 실현되는 날, 곧 완성을 미리 엿보는 날로 이해하는 것이 가장 적절하다(계 21-22장을 보라). 이렇듯 하늘의 실재를 일별할 때, 하나님을 찬양하고 그날이 오기를 갈망하도록 우리를 이끈다. 당분간 하나님의 백성 또는 적어도 그리스도의 몸 가운데 일부 지체는 효과적이지만 완벽하지 않은 의사소통과 번역을 위해 외국어를 계속 연마한다.

은혜의 징표: 하나님은 계속 관계를 유지하신다

우리는 이제 창세기의 첫 번째 주요 부분, 이른바 원시 역사(창 1-11장, 더 정확히는 1:1-11:26)의 마지막에 이르렀다. 창조 기사(창 1-2장)는 조화를 이룬 세계를 묘사한다. 아담과 하와는 하나님과 서로와, 또한 하나님이 그들을 두신 세상과 생기 넘치는 관계를 누린다.

인간의 거역은 하나님과 인간의 조화를 깨뜨리고, 이로써 인간과 인간 사이에, 또한 인간과 세계 사이에 소외를 가져온다(창 3장). 맨 처음부터 우리는 하나님이 죄를 심판하신다는 사실을 알게 된다. 아담과 하와가 금지된 열매를 먹어 죄를 범한 직후(3:6) 하나님은 심판을 선언하시고(3:14-19), 3장 마지막은 하나님이 어떻게 심판을 수행하시는지를 서술한다(3:22-24).

하지만 죄와 심판은 거역하는 인류와 하나님의 관계에 관한 이야기의 마침표가 아니다. 하나님은 심판을 집행하시기 전에 아담과 하와에게 은혜의 징표로, 이제 죄 때문에 부끄럽다고 느끼는 벌거벗은 몸을 가릴 옷을 주신다(3:21). 이런 식으로 하나님은 인간의 거역에도 불구하고 결함 있는 인간 피조물과 계속 관계를 유지하시겠다는 의지를 보여 주신다.

원시 내러티브에서 세 가지 주요 내러티브가 타락 기사 뒤에 나오고, 각 내러티브는 동일한 4중 패턴을 가지고 있다. 다시 말해서 세 가지 주요 내러티브는 모두 인간이 죄를 범하고, 하나님이 심판을 선포하시고, 심판을 집행하시는 이야기다. 마지막 이야기(바벨탑 이야기)에서는 흥미롭게 변형되지만, 모든 내러티브에서 하나님은 은혜의 징표를 주신다. 관련 본문 해설의 '이야기 설명하기'에서 이 패턴에 대해 이미 설명했으며, 다음 도표는 관련 본문을 보여 준다.

	죄	선언	은혜	형벌
타락	3:6	3:14-19	3:21	3:22-24
가인	4:8	4:11-12	4:15	4:16
홍수	6:2, 5, 11-12	6:7, 13-21	6:8, 18-21	7:6-24
바벨	11:4	11:6-7	10:1-32	11:8

그리스도인으로서 우리는 창세기 3-11장에서 보는 반복적 패턴에서 하나님에 대해 또한 하나님과 우리의 관계에 대해 무엇을 배울 수 있는가? 실제로 우리는 창세기 본래 독자들이 본문에서 얻은 것과 같은 교훈을 얻는다.

우리는 죄인임을 깨닫는다. 요한이 말하듯이 "만일 우리가 죄가 없다고 말하면 스스로 속이고 또 진리가 우리 속에 있지 아니할 것이요…만일 우리가 범죄하지 아니하였다 하면 하나님을 거짓말하는 이로 만드는 것이니 또한 그의 말씀이 우리 속에 있지 아니하니라"(요일 1:8, 10).

또한 타락한 인류를 심판하시려는 하나님의 결심에는 전혀 변함이 없다. 그리스도의 오심은 죄인에게 면죄부를 주지 않는다.

그런데 복음의 핵심 메시지는 하나님이 아들 예수 그리스도 안에서 궁극적인 은혜의 징표를 주셨다는 것이다. 요한은 다른 모든 신약의 저자와 함께 이 놀라운 소식을 공유한다. "그 아들 예수의 피가 우리를 모든 죄에서 깨끗하게 하실 것"이고(요일 1:7), 따라서 "만일 우리가 우리 죄를 자백하면 그는 미쁘시고 의로우사 우리 죄를 사하시며 우리를 모든 불의에서 깨끗하게 하실 것"이다(요일 1:9).

9

창세기 11:27-12:9

11:27데라의 족보는 이러하니라 데라는 아브람과 나홀과 하란을 낳고 하란
은 롯을 낳았으며 28하란은 그 아비 데라보다 먼저 고향 갈대아인의 우르
에서 죽었더라 29아브람과 나홀이 장가 들었으니 아브람의 아내의 이름은
사래며 나홀의 아내의 이름은 밀가니 하란의 딸이요 하란은 밀가의 아버지
이며 또 이스가의 아버지더라 30사래는 임신하지 못하므로 자식이 없었더
라 31데라가 그 아들 아브람과 하란의 아들인 그의 손자 롯과 그의 며느리
아브람의 아내 사래를 데리고 갈대아인의 우르를 떠나 가나안 땅으로 가고
자 하더니 하란에 이르러 거기 거류하였으며 32데라는 나이가 이백오 세가
되어 하란에서 죽었더라 12:1여호와께서 아브람에게 이르시되 너는 너의
고향과 친척과 아버지의 집을 떠나 내가 네게 보여 줄 땅으로 가라 2내가
너로 큰 민족을 이루고 네게 복을 주어 네 이름을 창대하게 하리니 너는
복이 될지라 3너를 축복하는 자에게는 내가 복을 내리고 너를 저주하는 자
에게는 내가 저주하리니 땅의 모든 족속이 너로 말미암아 복을 얻을 것이
라 하신지라 4이에 아브람이 여호와의 말씀을 따라갔고 롯도 그와 함께 갔
으며 아브람이 하란을 떠날 때에 칠십오 세였더라 5아브람이 그의 아내 사
래와 조카 롯과 하란에서 모은 모든 소유와 얻은 사람들을 이끌고 가나안
땅으로 가려고 떠나서 마침내 가나안 땅에 들어갔더라 6아브람이 그 땅을
지나 세겜 땅 모레 상수리나무에 이르니 그때에 가나안 사람이 그 땅에 거
주하였더라 7여호와께서 아브람에게 나타나 이르시되 내가 이 땅을 네 자
손에게 주리라 하신지라 자기에게 나타나신 여호와께 그가 그곳에서 제단
을 쌓고 8거기서 벧엘 동쪽 산으로 옮겨 장막을 치니 서쪽은 벧엘이요 동
쪽은 아이라 그가 그곳에서 여호와께 제단을 쌓고 여호와의 이름을 부르
더니 9점점 남방으로 옮겨갔더라

월터 브루그만(Walter Brueggemann)은 12:1-3을 두 번째 창조 기사로 묘사하는 유용한 설명을 제시했다.[1] 첫 번째 창조 기사에서 하나님은 말씀의 능력으로 우주와 그 안에 포함된 모든 것을 창조하셨는데, 여기서는 말씀의 능력으로 새로운 백성을 태어나게 하신다.

창세기 11:27[데라의 족보(*toledot*)의 시작]에서 내러티브의 초점에 큰 변화가 일어난다. 이전(1:1-11:26)에는 초점이 전 세계에 맞춰졌지만, 이제는 한 사람 아브라함을 집중 조명한다. 직전까지는 내러티브가 매우 빠르게 진행되었지만, 아브라함 내러티브가 시작되면서 시간이 느려진다. 인간의 죄가 들어온 후 하나님은 모든 사람과 화해하기 위해 일하셨지만, 앞서 보았듯이 창세기 1-11장(타락, 가인과 아벨, 홍수, 바벨탑)의 이야기는 '죄-심판-은혜의 징표'라는 패턴에 의존했다. 하나님은 이제 아브라함이라는 인물과 그에게 주실 약속을 통해 죄 문제를 해결하시고 인류와 화해하려 하신다.

이야기 설명하기

데라의 가족 소개(11:27-32)

창세기의 다음 주요 부분은 데라의 "족보"(*toledot*)를 고지하는 11:27에서 시작된다. 이것은 창세기에서 '톨레도트' 공식의 여섯 번째 반복이고(2:4; 5:1; 6:9; 10:1; 11:10을 보라), 데라의 '톨레도트'는 25:11에서야 끝나기 때문에 야곱의 '톨레도트'(37:1)와 함께 가장 긴 '톨레도트' 중 하나다. 물론 이미 설명했듯이 아무개의 '톨레도트'는 실제로는 직계 후손의 이야기고, 따라서 데라의 '톨레도트'의 중요성은 이 이야기가 그의 아들 아브라함에 관한 것이라는 데 있다. 또한 성경 드라마에서 아브라함의 중요성은 아무리 강조해도 지나치지 않다. 레벤슨이 말하듯 이 시점까지 하나님은 "피해를 억제하는 데" 관여하셨지만 이제 "그분은 새로운 시작을 하고 계신다. 아브람과 그에게서 태어나기로 약속된 아직 이름 없는 백성은 하나님과 인간 사이에 원시 인류의 특징과 근본적으로 다른 관계를 대변한다."[2]

아브라함의 이야기는 12:1에서 본격적으로 시작되는데, 장을 구분한 사람들의 결정 배후에는 분명 이곳에서 새로운 장을 시작하려는 의도가 담겨 있다. 하지만 '톨레도트'는 실제로 11:27에서 시작한 다음 데라의 족보로 이어지는데, 거기에 포함된 내러티브 요소는 12:1-3에서 하나님이 아브람에게 말씀하는 중요한 순간으로 우리를 데려간다.

족보는 다선 족보며, 데라의 세 아들의 이름이 나온다. 첫째는 아브람으로, 족장의 짧은 본명이고(17:5을 보라), 그 뒤에 그의 형제 나홀과 하란이 나온다. 우리는 그들이 출생 순으로 나온다고 추측한다. 하란은 그의 출생지라고도 표현되는 갈대아 우르에서 죽었지만, 우르는 이 가족 선조들의 고향이 아니라는 사실을 우리는 곧 알게 될 것이다.

흥미롭게도 우르는 갈대아 우르로 표기되는데, 분명 동명의 다른 도시와 구별하기 위한 것이다. 메소포타미아 남부에 위치한 이 우르는 역사상 가장 오래된 도시 중 하나다. [오늘날 텔 엘-무카이야르(Tell el-Muqayyar)로 확인되는] 우르의 고고학 유물은 거의 기원전 5천 년으로 거슬러 올라간다. 데라와 그의 가족이 그곳에 있던 때는 중기 청동기 시대(기원전 2000-1550년)라는 것 외에 정확한 연대를 추정할 수 없지만, 그렇다 해도 우르가 건설되고 나서 오래 지난 후다. 갈대아 우르라는 표현은 아브라함 시대는 물론이고 심지어 저자로 추정되는 모세 시대와도 연대적으로 맞지 않는 표현이다. 아람어를 쓰는 부족 갈대아인은 기원전 9세기가 되어서야 메소포타미아 남부에서 살았기 때문이다. 따라서 이 표현은 대개 서술자가 어떤 우르를 의도했는지 후대의 독자들이 알 수 있도록 돕기 위해 추가된 기록으로 여겨진다.

하란의 족보는 다음 세대로 이어지면서 롯이 그의 아들로, 따라서 아브람의 조카로 나온다. 롯의 이름이 여기에 나오는 이유는, 그가 삼촌과 함께 약속의 땅으로 동행할 것이고, 따라서 이 내러티브에서 중요한 인물이기 때문이다.

다음으로 우리는 아브람과 나홀에게 시선을 돌린다. 나홀은 동생의 딸 밀가와 결혼했다(밀가의 자매 이스가는 달리 알려지지 않았지만, 나중에 사래는 아브람의 이복누이로 밝혀지기 때문에 일부 랍비들은 사래와 그녀를 같은 사람으로 보기도 한다, 창 20:12). 밀가는 리브가의 할머니였다(창 24:24). 나중에 모세 율법은 그처럼 가까운 관계의 결혼을 금지하지만(레 18:6, 9; 20:17), 당시에는 금지되지 않고 심지어 장려되었다. 처음 읽을 때 사래의 불임은 그저 한 가지 사실로 진술되지만, 하나님이 아브람이 많은 자손을 낳을 것이라는 약속을 주신 후에 사래가 아이를 낳지 못하는 상황은 줄거리를 이끌어 가는 주요 동인이 될 것이다.

31절은 우르에서 하란으로 처음 이동하도록 부추긴 인물이 데라라고 묘사한다. 하란은 유프라테스강과 발릭(Balikh)강이 만나는 곳에서 북쪽으로 약 97킬로미터 떨어진 도시고, 오늘날 시리아와 국경을 접한 튀르키예 남동부에 있다. 하란은 달의 신을 숭배하는 중심지로 잘 알려져 있었는데, 아마 이는 '달'을 의미하는 데라의 이름을 설명해 줄 것이다. 데라는 아브람, 사래, 롯을 데리고 선조들의 고향이었을 가능성이 있는 곳으로 향한다(전통적 입장은 아브라함 가족을 우르 출신으로 보지만, 저자는 하란 출신으로 보는 것 같다—옮긴이). 이 이주의 원래 목적은 하란에서 가나안으로 이동하는 것이었지만(따라서 12:1-3에서 아브람의 부르심이 이주보다 앞서 있었다고 가정한다. 이후의 내용을 보라), 그들은 데라가 죽은 뒤에야 그곳으로 이주했다. 이주가 지연된 이유는 아마도 데라가 이교도였기 때문일 것이다(수 24:2).[3] 그는 205세에 죽었다.

하나님의 명령과 약속(12:1-3)

이 족보 내러티브가 끝난 뒤 아브라함 이야기는 12:1-3에서 본격적으로 시작된다. 아브라함 이야기와 오경만이 아니라 성경 전체, 구약과 신약에서 이 세 절의 중요성은 아무리 강조해도 지나치지 않다.

하나님은 먼저 아브람에게 고향을 떠나 하나님이 보여 주실 땅으로 가라고 말씀하시는데, 그 땅은 가나안으로 밝혀진다. 하나님이 아브람에게 말씀하실 때 그가 어디에 있었는지는 불분명하다. 앞 장 마지막 절에서 가족들은 선조들의 고향으로 보이는 하란에 있었다. NIV 성경은 대부분의 번역본과 달리 동사를 과거 완료로 번역하여 그들이 하란에 있던 시간 이전으로 거슬러 올라간다. 이 본문에 관한 나중의 언급에 근거하면(창 15:7; 느 9:7; 행 7:2-4), 하나님이 우르에서 아브람에게 말씀하셨다는 NIV 성경의 번역이 옳다고 보인다.

하나님이 아브람에게 명령하시는 방식은 편안한 상태에서 불편한 상태로의 이동을 강조한다. 우르는 "너의 고향과 친척과 아버지의 집"으로 묘사된다. 따라서 하나님은 아브람에게 익히 아는 세계에서 알지 못하는 세계로 믿음의 발걸음을 옮기라고 요청하시며, 순종하면 얻게 될 약속들로 그의 결단을 격려하신다(2-3절).

약속을 읽을 때 우리는 먼저 (히브리어 어근 *brk*에서 유래한) 복이라는 단어가 여러 번 반복되는 것에 놀란다. 하나님은 아브람에게 복을 주시고, 그런 다음 아브람은 다시 다른 사람들, 궁극적으로 "땅의 모든 족속"에게 복이 될 것이다.

이어지는 해석은 복 약속에 대한 NIV 성경의 번역을 따른다. 다만 계속 진행하기에 앞서 이 번역에 논란의 여지가 있음을 인정해야 한다. 쟁점은 3절에 있는 동사 '축복하다/복을 주다'의 정확한 효력에 관한 것이다. 이 동사는 니팔(*niphal*) 형으로, 세 가지의 번역이 가능하다. NIV 성경 본문은 이 동사를 수동형으로 받아들이고, 따라서 열방이 아브람과 그의 후손을 통해 복을 받는다는 의미가 된다. 니팔의 또 다른 가능한 번역은 재귀적 용법으로, 열방이 '스스로 축복한다'는 뜻이다. 이 의미는 "네 이름을 축복에 사용할 것이라"는 NIV 성경 각주의 번역을 낳았다. 다시 말해서 이 번역은 미래에 아브라함의 후손이 열방을 축복하는 도구가 되는 것이 아니라, 열방이 '네가 아브라함처럼 되기를 바란다'와 비슷한 말로 서로 축복할 것을 암시한다. 세 번째 가능한 의미는 니팔을 중간태로 취하는 것인데, 이는 '축복을 획득하다'라는 의미를 낳는다. 우리는 그뤼네버그(Gruneberg)의 말을 인용하는 앤더슨(Anderson)의 다음 주장에 동의한다. "재귀적 의미는 이것이 하나님이 아브라함에게 주신 약속이지 열방에 주신 약속이 아니라는 사실을 놓친다. 그러나 중간태 의미에는 어떤 언어학적 근거도 없다. 수동태 의미는 야웨께서 이 약속의 말씀을 아브라함에게 주시고, 그가 모든 사람에게 복을 가져다주는 도구가 될 것이라는 사실을 잘 담고 있다."[4]

그렇다면 복을 받는다는 것은 어떤 의미인가? 하나님이 아담과 하와를 복된 상태로 창조하셨다는 사실에서 시작해 보자(1:28). 그들은 하나님과 조화롭게 관계 맺었고, 그 결과 서로와도 조화롭게 관계 맺었다. 또한 에덴동산에 살 때 그들의 모든 물질적 필요는 충족되었다. 동산의 삶은 복이 어떤 모습인지를 정의해 주는데, 여기에는 영적·정서적·심리적 측면과 더불어 물질적 측면도 있다. 우리는 한 걸음 더 나아가 신명기 27-28장에서 하나님의 언약에 순종하는 사람들에게 임하는 하나님의 복에 관한 묘사로 시선을 돌릴 수 있다. 복의 전제는 그들이 하나님과 활기찬 관계를 맺어 물질적·정서적 온전함을 얻는 것이다.

아담과 하와는 복된 상태로 창조되었지만, 그들의 죄는 그 복을 박탈하고 저주로 바꾸어 놓았다. 그들은 더 이상 하나님이나 서로와 조화로운 관계를 맺지 못했다. 관계만이 아니라 그들의 일도 어려움으로 가득했다.

창세기의 주요 주제의 중심에는 복과 복의 상실 그리고 인류와 맺은 관계 및 복을 회복하기 위한 하나님의 구속 사역이 있다. 여기서 하나님은 세상에 복을 가져다줄 도구로 아브람을 택하신다.

하나님은 미래에 얻을 복의 일환으로, 순종하는 아브람에게 그의 이름을 창대하게 하고 그를 큰 민족으로 만들겠다고 약속하신다. 우리는 앞서 바벨탑을 건설한 세대가 자기 이름을 창대하게 하려 한 죄에 대해서 살펴보았다. 그들의 행위는 교만 행위였다. 물론 큰 이름, 혹은 더 나은 표현으로 큰 명성을 얻는 것이 본질적으로 악한 일은 아니지만, 명성을 부여하는 분은 하나님이시다.

아브람을 "큰 민족"으로 만드시겠다는 하나님의 약속은 두 가지 주요 측면으로 풀이될 수 있다. 아브람이 큰 민족이 되려면 후손과 더불어 땅이 있어야 한다. 이 시점에 아브람은 두 가지 모두를 갖지 못했고 우리는 그의 아내 사래가 불임이라는 사실을 이미 안다.

이제 아브람 이야기의 다양한 에피소드로 넘어갈 때, 일차적으로 땅의 부재와 특히 후손의 부재에 초점이 맞추어질 것이다. 큰 민족이 되고 많은 후손을 가지려면 아브람과 사래에게서 난 한 사람이 시작되어야 하는데, 이 한 사람의 출산이 즉각 이루어지지 않는다.

사실 아브람(아브라함) 이야기의 주제는 이 약속의 성취를 가로막는 위협과 장애물에 대한 그의 반응에 초점이 맞춰져 있다고 보는 것이 옳다.[5] 그는 대담하게 그 땅으로 이동하지만, 그곳에 이르렀을 때 하나님은 약속을 즉각 성취하지 않으신다. 아브라함은 이런 위협과 장애물에 믿음으로 반응하는가? 아니면 두려움으로 반응하는가?

우리는 이 본문 어디서도 언약이라는 단어가 사용되지 않는다는 점에 주목해야 한다. 하지만 창세기 15장과 17장에 이르자 하나님은 아브라함에게 오랫동안 지연된 약속을 반드시 성취하시겠다는 확신을 다시 주시고, 이 본문에서 하나님과 아브라함의 관계는 언약이라고 불린다. 어떤 사람들은 아브라함 언약이 창세기 15장부터 존재하는 것으로 생각하지만, 가장 좋은 것은 이런 본문들을 언약 갱신 이야기로 생각하고, 언약 관계는 복이 덧붙은 명령("너의 고향…을 떠나")이 나오는 창세기 12:1-3에서 맺어졌다고 생각하는 것이다. 사무엘하 7장의 다윗 언약도 그 당시에는 다윗과 하나님의 관계를 언약이라고 부르지 않지만, 나중에 이 본문을 재고하면서 이 용어를 사용한다는 점에서 비슷하다(예를 들어, 시 89편과 132편).

하란에서 세겜과 벧엘 근처로, 그리고 네게브로(12:4-9)

아브람은 약속(창 12:2-3)과 명령(12:1)을 들었고 하나님이 보여 주신 땅으로 갔는데, 그 땅은 가나안 땅으로 밝혀졌다. 우르에서 하나님의 명령을 받았다면, 그들은 정확히 알 수 없는 얼마간 하란에 머물렀기 때문에 가나안에 도착하기까지는 약간의 지연이 있었다(11:27-32의 논의를 보라). 그렇지만 하나님의 말씀 바로 뒤에 "아브람이 여호와의 말씀을 따라갔[다]"라는 구절이 나오기 때문에 이 내러티브는 그의 순종을 강조한다.

물론 아브람은 혼자 가지 않고 아내 사래와 조카 롯을 데리고 갔다. 롯의 동행으로 인해 아브람에게 나중에 문제가 생기기 때문에 어떤 사람들은 롯을 데려가지 말았어야 한다고 추측한다. 하지만 그와 같은 생각은 이야기를 지나치게 해석하는 것일 수 있다. 이들은 약속의 땅으로 내려가는 여정의 주요 인물들이지만, 자기 소유물과 하란에서 얻은 모든 사람도 데려갔다. 아브람은 이미 재력가인 것으로 보이고, 그의 재산은 시간이 흘러도 늘기만 할 것이다. 우리는 아브람의 모습을 묘사할 때 외로운 유목민이 아니라, 나중에 318명의 군대를 통제할 수 있고(14:14) 헷 족속 에브론과의 협상에서 "지도자"(mighty prince)로 불리는(23:6) 강력한 족장으로 그려야 한다.

이렇게 해서 아브람과 그의 일행은 세겜이라는 가나안의 북쪽 중심지에 도착하는데, 모레라는 곳에서 눈에 띄는 나무를 특별히 언급한다. 여기서 하나님은 아브람과 그의 후손에게 이 땅을 주시겠다는 약속을 재확인해 주셨다. 이에 대한 응답으로 아브람은 제단을 쌓고 하나님의 이름을 불렀다.

제단은 제사를 드리는 장소였다. 실제로 히브리어 단어 제단(*mizbeah*)은 '제사를 드리다'라는 동사와 관련된다. 동산에서 인류의 거역 사건 이후, 인간은 더 이상 하나님 앞에서 마음 편히 살 수 없었다. 다시 말해서 하나님의 백성은 그분 앞에 나아가기 위해 제단으로 표시된 특별히 거룩한 장소를 만들어야 했다. 상수리나무에 관한 언급은 특히 흥미롭다. 거룩한 장소는 종종 나무 혹은 출애굽기 25:31-40에서 살구나무로 묘사된 등잔대 같은 상징적 나무와 연결되기 때문이다. 거룩한 장소와 나무 사이의 이런 연관성에 대한 최선의 설명은, 인간이 하나님과 완벽한 조화를 이루며 살았던 에덴동산의 기억을 떠올리게 한다는 것이다.

세겜을 지난 후 아브람은 벧엘과 아이의 성읍들 사이에 있는 한 장소, 즉 여전히 중앙 산지에 있지만 더 남쪽에 있는 장소로 가서, 그곳에 제단을 쌓았다. 마지막으로 네게브(개역개정의 "남방")로 알려진 지역까지 훨씬 더 남쪽까지 이동하여 그곳에도 제단을 쌓았다.

다소 짧은 거리지만, 이 내러티브는 아브람이 약속의 땅에 도착하여 세 곳(북부, 중부, 남부 가나안)에 연이어 정착했고, 매번 제단을 쌓았음을 전해 준다. 그는 땅을 소유하지 않았지만, 그 땅 곳곳에 하나님의 임재의 표식을 남긴다.

믿음의 여정

위에서 언급했듯이 창세기 12:1-3은 성경 나머지 부분에 깊은 영향을 미친다. 아브라함 내러티브는 대부분 약속의 성취를 가로막는 위협과 장애물에 대한 족장의 반응을 따라간다. 이어지는 아브라함 삶의 에피소드에서 우리는 그가 가끔 믿음으로 반응하지만, 더 자주 의심하고 두려움과 자기 보호로 반응하는 것을 볼 것이다. 생애 마지막에 하나님은 아브라함을 극한까지 시험하실 것이고, 그는 자신이 매우 신실하다는 것을 보여 줄 것이다(창 22장을 보라).

이런 이유로 신약은 아브라함을 믿음의 삶의 모델로 제시한다. 히브리서 저자는 믿음을 "바라는 것들의 실상이요 보이지 않는 것들의 증거"라고 정의한 후(히 11:1), 과거 믿음의 본보기들의 초상화 전시관을 보여 준다. 저자는 아브라함에게 두 부분을 할애한다. 우리는 이 중심 주제와 오늘 우리의 삶과의 연관성을 상기시키기 위해 아브라함을 연구하는 동안 곳곳에서 히브리서의 여러 부분을 인용할 것이다.

> 믿음으로 아브라함은 부르심을 받았을 때에 순종하여 장래의 유업으로 받을 땅에 나아갈새 갈 바를 알지 못하고 나아갔으며 믿음으로 그가 이방의 땅에 있는 것같이 약속의 땅에 거류하여…장막에 거하였으니 이는 그가 하나님이 계획하시고 지으실 터가 있는 성을 바랐음이라. (11:8-10)

히브리서 저자는 그리스도인의 이 이야기가 믿음의 삶과 어떤 관련이 있는지를 이해했다. 우리도 하나님으로부터 약속을 받았다. 그분은 우리가 살아가는 동안 우리와 함께하실 것이고, 다시 오셔서 요한계시록 21-22장에 묘사된 하늘의 성으로 자기 백성을 데려가실 것이다. 그런데 우리도 아브라함처럼 그 약속의 성취를 가로막는 위협과 장애물의 도전을 끊임없이 받고 있다. 하나님은 정말 나와 함께하시는가? 삶의 실망과 고통은 반증을 내놓는 것 같다. 천국은 정말 존재하는가? 아니면 내 상상력으로 꾸며 낸 산물인가? 의심이 우리를 괴롭힌다. 우리는 어떻게 반응하는가? 두려움으로? 아니면 믿음으로?

아브라함은 우리의 모델이고, 곧 보게 되겠지만 그는 완벽과는 거리가 한참 먼 사람이다. 우리도 완벽과는 한참 멀기 때문에, 아브라함은 자신이 그랬듯 우리도 견뎌 내도록 다독이는 격려가 될 것이다.

확신의 신화[6]

아브라함의 믿음의 여정과 우리 자신의 여정을 성찰하면서, 믿음의 반대는 의심이 아니라 불신이라는 사실을 깨달아야 한다. 우리가 무언가를 확신한다면, 믿음은 필요하지 않다. 마비시키는 의심은 믿음에 해를 입히겠지만, 성찰하는 그리스도인은 종종 의심으로 인해 고심할 것이다. 테일러(Taylor)가 지적하듯이 확신은 질문과 의심을 억누르는 일종의 맹목적 권위를 수용할 때만 얻을 수 있다. 물론 다른 한편, 믿음의 대상(우리의 경우 예수님)에 대한 헌신을 회피하는 의심은 건강하지 않다. 교회는 믿음을 키우는 건강한 의심이 존재할 수 있고 표현될 수 있는 문화를 조성해야 한다.

이스라엘, 아브라함의 씨

하나님은 아브라함에게 "큰 민족"이 되게 하겠다고 약속하셨다(12:2). 위에서 보았듯이 이 약속의 성취는 아브라함이 많은 후손을 낳고 또한 땅을 소유하게 될 것이라는 의미였다. 사실, 약속의 성취를 가로막는 가장 즉각적인 위협은 사라의 오랜 불임일 것이다. 많은 후손을 가지려면 부부는 한 사람을 낳는 데서 시작해야 한다!

물론 우리가 이미 알고 있고 곧 보겠지만, 줄거리가 계속 진행되면서 결국 한 아들 이삭이 태어난다. 그러나 큰 민족의 약속은 단순히 대가족 정도가 아니라 엄청난 인구를 의미하고, 약속의 이 측면은 나중에 족장 내러티브에서 더 자세히 서술된다. 나중에 하나님은 아브라함에게 이렇게 말씀하신다. "하늘을 우러러 뭇별을 셀 수 있나 보라. 또 그에게 이르시되 네 자손이 이와 같으리라"(15:5; 또한 22:17; 26:4도 보라).

출애굽기를 시작할 때 "이스라엘 자손은 생육하고 불어나 번성하고 매우 강하여 온 땅에 가득하게 되었더라"는 설명에서 알 수 있듯이(1:7), 이 약속은 출애굽 사건에서 이스라엘 민족의 탄생으로 성취되었다. 여호수아 이야기는 수많은 이스라엘 백성이 어떻게 그 땅에 들어가 그 땅을 점령하기 시작했는지를 서술한다. 이 큰 백성 이스라엘은 하나님의 복을 받고 세계 모든 민족에게 복을 가져다줄 것이다. 따라서 우리는 12:1-3에서 아브라함에게 주신 약속이, 창세기를 넘어 아브라함의 씨인 이스라엘의 이야기를 담은 나머지 구약에 어떻게 깊이 영향을 미치는지 볼 수 있지만, 그것 또한 이야기의 끝은 아니다. 신약으로 시선을 돌리면 우리는 이스라엘이 아브라함의 유일한 씨가 아니며, 더욱 중요한 사실은 예수님이 **바로 그** 아브라함의 씨이심을 본다.

예수, 아브라함의 씨

안타깝게도 구약은 승리의 이야기가 아니라 처음부터 끝까지 험난한 이야기다. 아브라함처럼 이스라엘도 항상 하나님께 믿음과 신뢰로 반응한 것은 아니었다. 괜찮은 부분도 많이 있지만 사실 여호수아에서 열왕기까지는 끈질긴 죄의 이야기를 들려준다. 이스라엘은 열방의 빛이 되지 못하고 열방(특히 아시리아와 바빌론)을 통해 독립 국가의 지위를 박탈당하는 하나님의 심판을 받았다. 포로로 끌려가는 상황이 분명 이야기의 끝은 아니지만(에스라-느헤미야, 에스더), 구약의 이야기는 문제가 끈질기게 남아 있음을 보여 준다(느 13장을 보라).

신약은 아브라함에게 주신 약속, 특히 후손 혹은 씨에 관한 약속을 어떻게 바라보는가? 바울은 놀라운 답을 내놓는다.

> 형제들아 내가 사람의 예대로 말하노니 사람의 언약이라도 정한 후에는 아무도 폐하거나 더하거나 하지 못하느니라. 이 약속들은 아브라함과 그 자손에게 말씀하신 것인데 여럿을 가리켜 그 자손들이라 하지 아니하시고 오직 한 사람을 가리켜 네 자손이라 하셨으니 곧 그리스도라. (갈 3:15-16)

언뜻 보기에 바울의 진술은 터무니없다. 방금 살펴보았듯이 씨에 관한 약속은 나중 본문(창 15:5 등)에서 분명히 이스라엘 나라를 가리키는 것으로 자세히 설명되었고, 성경을 잘 교육받은 바울은 이 사실을 알았을 것이다. 물론 바울은 여기서 '씨'라는 집합적 단수를 지렛대로 삼아 예수님이 아브라함 약속의 궁극적 성취라는 대담한 진술을 내놓는다. 그분은 아브라함의 '씨'이시고, 그분을 통해 보편적 복의 약속이 흘러갈 것이다. 바울이 갈라디아의 그리스도인들에게, 또한 그들을 통해 우리에게, 예수님과의 관계를 통해 바로 우리가 아브라함의 씨가 된다고 말하면서, 자기 논증을 어떻게 끝맺는지 주목해 보자.

> 너희가 다 믿음으로 말미암아 그리스도 예수 안에서 하나님의 아들이 되었으니 누구든지 그리스도와 합하기 위하여 세례를 받은 자는 그리스도로 옷 입었느니라. 너희는 유대인이나 헬라인이나 종이나 자유인이나 남자나 여자나 다 그리스도 예수 안에서 하나이니라. 너희가 그리스도의 것이면 곧 아브라함의 자손이요 약속대로 유업을 이을 자니라. (갈 3:26-29)

따라서 그리스도인도 아브라함에게 주신 약속의 성취다. 교회는 영적 실체지만, 은유적으로 하나님의 복을 받아 세상에 나누는 '큰 민족'이기도 하다. 베드로가 교회를 향해 이렇게 선포했다. "너희는 택하신 족속이요 왕 같은 제사장들이요 거룩한 나라요 그의 소유가 된 백성이니 이는 너희를 어두운 데서 불러내어 그의 기이한 빛에 들어가게 하신 이의 아름다운 덕을 선포하게 하려 하심이라. 너희가 전에는 백성이 아니더니 이제는 하나님의 백성이요 전에는 긍휼을 얻지 못하였더니 이제는 긍휼을 얻은 자니라"(벧전 2:9-10).

고향과 친척을 떠나

아브라함을 향한 하나님의 급진적 부르심은 그가 "너의 고향과 친척과 아버지의 집"을 떠나야만 했다. 하나님은 자기와의 관계를 가장 중요하게 여기는 것에 초점을 맞춘 믿음의 여정으로 아브라함을 부르고 계셨다. 그는 갈대아 우르와 조상의 고향 하란을 떠났다. 그는 또한 더 많은 가족을 밧단 아람(또는 메소포타미아 북서부)에 남겨 두었다. 훗날 이삭과 야곱의 아내를 둘 다 밧단 아람에서 거주하는 친척들 가운데서 데려오지만, 그렇다고 해도 아브라함은 그들과 다른 길을 개척했다. 그는 아내와 더불어 조카 롯을 데리고 갔다. 아브라함이 왜 롯을 데려왔는지는 불분명하고, 그렇게 했어야만 하는지를 두고 논쟁이 오간다. 서술자는 결코 롯을 남겨 뒀어야 한다고 말하지 않지만, 롯의 존재는 아브라함에게 곤란한 짐 그 이상이었고 롯을 남겨 두었다면 아브라함은 더 일관되게 순종했을지도 모른다. 이 일 외에도 아브라함의 순종은 그의 확대 가족과 갑작스럽게 이별하게 했는데, 이는 고대 근동에서 매우 이례적이었다.

하나님은 오늘 우리에게 그와 같은 일을 요구하시는 일은 절대 없을 것이다. 과연 그럴까? 12:1을 읽으면 말씀을 듣기 위해 모인 많은 군중에게 예수님께서 하신 말씀이 떠오른다. "무릇 내게 오는 자가 자기 부모와 처자와 형제와 자매와 더욱이 자기 목숨까지 미워하지 아니하면 능히 내 제자가 되지 못하고 누구든지 자기 십자가를 지고 나를 따르지 않는 자도 능히 내 제자가 되지 못하리라"(눅 14:26-27).

가족을 미워하라고? 예수님 자신도 어머니에게 깊은 애정을 품었다. 여기서 예수님은 과장법을 사용하고 있다는 주석가들의 말이 맞는 것 같다. 예수님의 논점은 제자들이 자기 부모나 분명 자기 나라보다 주님을 우선순위에 두어야 한다는 것이다. 하나님은 아브라함처럼 가족을 떠나거나 나라를 떠나라고 우리를 부르시지 않겠지만, 하나님이 그렇게 하라고 우리를 부르시면 그렇게 할 준비가 되어 있어야 한다.

기원후 3세기의 위대한 해석자 오리게네스(Origen)는, 레이턴(Layton)이 지적하듯이 이 점을 이해했다. "나라와 친척, 그 땅을 떠나라는 명령은 아브라함만이 아니라 그의 자녀가 될 모든 사람에게 하신 말씀이라고 오리게네스는 주장한다. 하나님의 명령이 오기 전에 우리 모두에게는 선하지 않은 특정한 나라와 친척이 있었고, 하나님의 말씀이 우리에게 오기 전에 아버지의 집이 있었다. 우리는 하나님의 말씀에 따라 이 모든 것에서 떠나야 한다."[7]

물론 이것은 우리 가족들과 우리나라에 대한 의무와 책임을 소홀히 하라는 핑계가 아니라 우선순위의 문제다. 사실 우리가 그렇게 한다면 그 보상은 크다. 열두 제자는 예수님을 따르기 위해 가족과 고향을 떠났다. 베드로가 제자들을 대표하여 예수님께 물었다. "우리가 모든 것을 버리고 주를 따랐사온대 그런즉 우리가 무엇을 얻으리이까?" 이때 예수님은 이렇게 대답하셨다. "세상이 새롭게 되어 인자가 자기 영광의 보좌에 앉을 때에 나를 따르는 너희도 열두 보좌에 앉아 이스라엘 열두 지파를 심판하리라. 또 내 이름을 위하여 집이나 형제나 자매나 부모나 자식이나 전토를 버린 자마다 여러 배를 받고 또 영생을 상속하리라. 그러나 먼저

된 자로서 나중 되고 나중 된 자로서 먼저 될 자가 많으니라"(마 19:27-30).

하나님의 임재 안에서 살기

12:4-9은 가나안으로 가라는 하나님의 명령을 따르는 아브람의 순종을 강조하고, 또한 하나님의 임재 안에서 살려는 아브람의 의지를 보여준다. 후자는 아브람이 제단을 쌓고 하나님의 이름을 부르는 것을 거듭 강조하는 데서 드러난다.

아브람의 믿음의 여정은 순조롭게 시작한다. 그는 순종하고 하나님과 친밀한 사귐을 유지한다. 우리 믿음의 여정을 생각할 때, 우리는 지속적인 기도를 통해 하나님과의 관계를 유지하는 아브라함 삶의 이러한 측면을 배울 수 있다(살전 5:17).

하나님과 우리의 관계를 생각해 보면 우리는 그리스도의 사역과 성령의 임재가 하나님과 함께하는 삶에 미치는 엄청난 영향에 놀란다. 위에서 말했듯이 거역 사건이 일어난 뒤 죄는 인간이 하나님의 임재로 자연스럽게 나아가지 못하도록 가로막는 장벽을 만들었다. 이 친밀한 사귐은 지정된 거룩한 장소에서 제사를 동반할 때만 일어날 수 있었다. 하나님의 이야기를 계속해서 따라가다 보면 우리는 다음과 같은 거룩한 장소들을 만난다. 이스라엘이 단지 대가족이 아닌 한 나라가 되었을 때는, 성막에 소박한 제단이 딸려 있었다. 그 뒤에 백성이 그 땅에 영구적으로 정착했을 때는 성막이 성전으로 대체되었다.[8]

하지만 그리스도인은 하나님과 친밀한 사귐을 나누고자 거룩한 장소로 갈 필요가 없다. 예수님은 오셔서 "우리 가운데 거하[셨다]"(요 1:14, "거하시매"의 그리스어 단어는 '장막을 치셨다'로 번역될 수 있다). 그분이 죽으실 때 거룩한 것과 속된 것을 분리하는 성전 휘장이 찢어지는데(마 27:51), 이는 온 세상을 향해 거룩함이 터져 나왔음을 상징했다. 이제 성령께서 우리 안에 거하신다. 그러므로 우리는 개인적으로(고전 6:19) 또한 공동체적으로(고후 6:16) 하나님의 성전이다.

이 사실은 하나님과 지속적이고 친밀하게 교제하는 일에 얼마나 큰 격려인가. 아브람처럼 우리도 '하나님의 이름을 불러야' 한다.

10

창세기 12:10-20

12:10 그 땅에 기근이 들었으므로 아브람이 애굽에 거류하려고 그리로 내려
갔으니 이는 그 땅에 기근이 심하였음이라 11 그가 애굽에 가까이 이르렀을
때에 그의 아내 사래에게 말하되 내가 알기에 그대는 아리따운 여인이라
12 애굽 사람이 그대를 볼 때에 이르기를 이는 그의 아내라 하여 나는 죽이
고 그대는 살리리니 13 원하건대 그대는 나의 누이라 하라 그러면 내가 그
대로 말미암아 안전하고 내 목숨이 그대로 말미암아 보존되리라 하니라
14 아브람이 애굽에 이르렀을 때에 애굽 사람들이 그 여인이 심히 아리따움
을 보았고 15 바로의 고관들도 그를 보고 바로 앞에서 칭찬하므로 그 여인을
바로의 궁으로 이끌어들인지라 16 이에 바로가 그로 말미암아 아브람을 후
대하므로 아브람이 양과 소와 노비와 암수 나귀와 낙타를 얻었더라 17 여호
와께서 아브람의 아내 사래의 일로 바로와 그 집에 큰 재앙을 내리신지라
18 바로가 아브람을 불러서 이르되 네가 어찌하여 나에게 이렇게 행하였느
냐 네가 어찌하여 그를 네 아내라고 내게 말하지 아니하였느냐 19 네가 어
찌 그를 누이라 하여 내가 그를 데려다가 아내를 삼게 하였느냐 네 아내가
여기 있으니 이제 데려가라 하고 20 바로가 사람들에게 그의 일을 명하매
그들이 그와 함께 그의 아내와 그의 모든 소유를 보내었더라

이야기 속 다른 본문 경청하기

성경 본문: 창세기 12:1-3; 창세기 37장-출애굽기 15장; 고대 근동 문헌: 파피루스 아나스타시 VI

우리는 이미 12:1-3에서 아브람에게 주신 하나님의 약속이 아브라함 내러티브의 줄거리를 이끌어 간다고 언급했었다(11:27-12:9을 다룬 장 '이야기 살아내기'의 "믿음의 여정" 단락을 보라). 아브람은 약속의 성취를 가로막

는 위협과 문제에 어떻게 대응하는가? 여기서 위협은 당시의 공통 문제인 기근이다. 아브람은 이집트에서 피난처와 식량을 구함으로써 기근 문제를 해결한다. 이집트 파피루스 아나스타시 VI과 기원전 19세기 초의 무덤 벽화와 같은 고대 자료는 셈 민족이 이집트에서 그 같은 도움을 구하는 일이 드물지 않았음을 보여 준다.[1] 앞으로 보겠지만 결국 이 이야기는 후대 출애굽(창 37장-출 15장) 이야기의 기본 윤곽을 보여 준다.

이야기 설명하기

"그 땅에 기근이 들었으므로"(10절). 이로써 아브람은 창세기 12:2에서 받은 '큰 민족'이 될 것이라는 약속의 성취를 가로막는 첫 번째 장애물에 직면한다. 아브람은 편안한 고향을 떠나 자기와 자기 후손의 소유가 되리라고 하나님이 약속해 주신 이 땅에 왔다. 하지만 이제 그 땅은 그와 사래의 생명조차 유지시켜 줄 수 없었고, 그래서 그들은 위기를 헤쳐 나가기 위해 이집트에 내려가기로 결정했다. 아브람이 약속의 땅에서 이집트로 이동할 때 그의 믿음은 어떤 상태였을까? 그는 믿음으로 반응하는가? 아니면 두려움으로 반응하는가?

그 대답은 이 이야기에서 아브람이 아내 사래에게 자기 아내가 아닌 누이라고 거짓말하도록 지시하는 장면에서 금방 드러난다. 사실 사래는 이복누이지만(20:12) 아브람은 단 하나의 유일한 목적, 곧 자신의 생명을 구하기 위해 그녀와의 관계에서 가장 중요한 부분인 결혼을 숨겨 달라고 요청한다. 이뿐 아니라 아브람은 "대접을 잘 받[기]" 위해 사래의 아름다움을 이용하기로 마음먹는다(새번역, 13절). 사래는 아름답고 그는 이집트의 권력자들이 사래를 원할 거라고 예상한다. 고대 근동에서 오라버니의 역할이 그랬기 때문에, 아브람은 사래의 '오라버니'로서 그녀의 청혼을 협상하는 위치에 있을 것이다(창 34장에 나오는 레위와 시므온을 보라).

또한 실제로 사건은 아브람이 예상대로 전개되었다. 그들이 도착할 때 이집트 사람들은 그녀의 아름다움에 매료되었다. 그들은 바로에게 사래에 관해 알렸고, 바로는 아브람을 궁전으로 데려왔다. 아브람이 사래의 오라버니라고 생각한 바로는 남종과 여종을 주기도 하면서 아브람을 부유하게 만들어 주었다. 받은 여종 중에 하갈이 있었을 가능성이 큰데, 그녀는 훗날 그의 첩이 되어 이스마엘을 낳는다(창 16-17장을 보라).

사래를 이런 식으로 행동하게 함으로써 아브람은 아내를 소유물처럼 취급한다. 실제로 그는 아내의 성적 매력을 이용해 이익을 얻기를 바라면서 포주처럼 아내를 이용한다. 더 나아가 아브람은 후손에 관한 약속을 위험에 빠뜨린다. 만약 사래가 바로의 아이를 낳는다면, 여성 족장으로서 그녀의 지위는 위태로워질 것이다.

이런 식으로 아브람은 자신을 돌보고 보호하는 하나님의 능력에 대한 확신이 부족한 가운데, 두려움 속에서 행동하고 있음이 드러난다. 그는 기근을 하나님이 자기를 돌보실 능력이 없거나 의지가 없는 것으로 해석한다.

하지만 하나님은 아브람의 의심 속에서도 그를 보호하시고 약속을 보전하신다. 하나님은 바로와 그의 가족에게 "큰 재앙"을 내리신다(17절). 흥미롭게도 이 본문에서는 사래가 바로와 성관계를 가졌는지를 명확히 밝히지 않는다. 나중에 아브람이 다시 사래의 지위에 대해 이방 왕에게 거짓말할 때, 서술자는 그들이 성관계를 갖지 않았을 뿐만 아니라 사래가 임신하지 않았다고 아주 명확히 밝힌다. 어쨌든 두 번째 이야기는 이삭이 태어나기 직전에 일어났고, 아버지가 누구인지는 의심의 여지가 없다. 그래서 하나님은 블레셋 왕궁의 여성들이 임신하지 못하게 하신 것이다.

아브람이 자기를 속였고 사래를 하렘에 들임으로써 큰 재앙이 왔다는 사실을 알게 된 후, 바로는 아브람을 자기 앞으로 불러 그 이유가 무엇인지 물었다. 아브람은 왜 그와 같은 일을 했을까? 본문에는 이 질문에 대한 아브람의 대답이 나오지 않고, 바로는 그냥 사래를 데리고 떠나라고 아브람에게 명령한다. 바로는 아브람이 이집트에 있는 동안 얻은 재산을 전부 가져가도록 허락하는데, 아마 자기 왕궁에 치명적인 질병을 보내신 아브람의 하나님이 두려웠기 때문일 것이다.

— 이야기 살아내기 —

외적 상황은 그렇지 않더라도 하나님 신뢰하기

하나님은 아브람에게 약속하셨지만, 약속과 성취 사이에는 시차가 있다. 삶의 경험들이 이런 약속은 결코 성취되지 않을 거라고 암시하는 때도, 하나님은 아브람에게 자기를 신뢰하라고 요청하신다. 한마디로 하나님은 아브람에게 믿음의 삶을 살라고 요구하신다. 히브리서 11:1은 믿음을 "바라는 것들의 실상이요 보이지 않는 것들의 증거"라고 묘사한다. 기근 중에 이집트로 내려갈 때 아브람에게는 분명 하나님을 믿는 이런 확신이 부족하다.

하나님은 오늘날에도 자기를 따르는 이들에게 약속하셨다. 하나님은 우리를 자녀로 삼을 것이고 우리를 보호하겠다고 약속하신다. 결국 우리는 그분의 임재 안에서 영원히 살 것이라고 약속하신다.

아브람과 마찬가지로, 그리스도인도 우리를 돌보시는 하나님의 능력이나 의지에 대해 의문을 제기하는 삶의 경험을 한다. 그분이 약속하신 대로 마침내 우리를 영원히 그분의 임재로 인도하실지 의문을 품는다.

> 너희는 마음에 근심하지 말라. 하나님을 믿으니 또 나를 믿으라. 내 아버지 집에 거할 곳이 많도다. 그렇지 않으면 너희에게 일렀으리라. 내가 너희를 위하여 거처를 예비하러 가노니 가서 너희를 위하여 거처를 예비하면 내가 다시 와서 너희를 내게로 영접하여 나 있는 곳에 너희도 있게 하리라. 내가 어디로 가는지 그 길을 너희가 아느니라. (요 14:1-4)

사실 하나님은 아무 문제 없는 삶을 결코 약속하지 않으시지만, 삶에 어려움이 닥칠 때 우리는 종종 그것을 약속의 성취를 가로막는 위협이나 장애물로 받아들인다. 그때 우리는 어떻게 반응하는가? 이 이야기에서 아브람이 그랬듯 두려움으로 반응하는가? 아니면 믿음으로 반응하는가? 두려움은 자기방어적 방식으로 행동하거나 자기 이익을 위해 사건을 조작하게 만든다. 물론 하나님은 그분을 신뢰하고 그분에 대한 확신을 가지라고 우리를 부르신다.

하나님은 자기 백성을 구원하신다

성경에 기록된 역사는 결코 순수한 고고학적 목적으로 쓰이지 않았다. 다시 말해서 저자들은 과거를 위한 과거에는 관심이 없다. 엔스(Enns)와 바이어스(Byas)는 아브람이 이집트로 내려간 이야기에 대해 다음과 같이 정확하게 짚는다. "이 이야기를 구성한 이스라엘 사람은 그들의 현재를 위해 글을 썼던 것이다. 하나님은 자기 백성(심지어 최초의 이스라엘 백성인 아브라함까지)을 이방인의 땅에서 구해 내신 오랜 전적이 있으시다."[2]

'서론'("구성")에서 언급했듯이 이 책이 정확히 언제 기록되었는지 또한 이 책이 한순간에 완성되었는지 아니면 오랜 시간에 걸친 과정의 결과물인지는 논쟁의 여지가 있는 문제다. 하지만 이 책이 (전통적으로 생각했듯이) 모세 시대에 기록되었든, 바벨론 포로 생활이나 포로 귀환 시기

(또는 두 시기 모두)에 기록되었든, 이 이야기는 동시대의 사건과 공명했을 것이다. 하나님이 자기 백성, 심지어 범죄한 백성을 어려움에서 구하신다는 메시지는 모세 시대, 바빌론 포로 생활 시대, 실로 오늘을 포함한 모든 시대와 관련이 있는 메시지다.

먼저, 우리는 여기서 아브람의 경험이 창세기 37장부터 출애굽기 15장까지, 곧 요셉과 모세 시대에 묘사된 나중 후손들의 경험과 얼마나 비슷한지를 관찰해야 한다. 요셉 시대에 아브람의 후손들은 극심한 기근을 견디기 위해 이집트로 내려갔다. 그들은 이집트에 머물렀고, 결국 나중에 의심 많은 바로 왕의 종이 되었다. 하나님은 바로가 이스라엘 백성을 보낼 때까지 이집트에 재앙을 보내셨고, 그들이 떠날 때 이집트 사람들은 은과 금과 옷으로 그들을 부유하게 만들었다(출 12:35).

그런데 둘째, 우리는 바빌론 포로기 때나 그 직후에 산 사람도 아브람의 이집트 이야기를 통해 격려받을 수 있다는 점도 주목해야 한다. 결국 성경의 예언자들은 이스라엘이 이집트에서 나오는 구출과 후대 이스라엘이 포로에서 해방되어 나오는 미래의 구출 사이에 유사성을 보았다. 오늘날 학자들은 이사야, 예레미야, 에스겔, 호세아 같은 예언자들의 이런 가르침 경향을 보통 제2의 출애굽 주제라고 부른다. 범죄한 백성을 향한 하나님의 심판을 이야기하면서 예언 활동을 시작한 8세기 예언자 호세아를 예로 들어 보자(호 1:1-2:13). 우리는 2:14과 그 이후 본문에서, 범죄한 하나님의 백성이 광야에서 돌아오는 귀환을 묘사하는 구원 또는 회복의 신탁을 본다. 이 귀환은 광야를 거쳐 약속의 땅으로 돌아온 이전의 이집트 체류에 비유된다.

> 그러므로 보라 내가 그를 타일러
> 거친 들로 데리고 가서
> 말로 위로하고

거기서 비로소 그의 포도원을 그에게 주고
아골 골짜기로 소망의 문을 삼아 주리니
그가 거기서 응대하기를 어렸을 때와
애굽 땅에서 올라오던 날과 같이 하리라. (호 2:14-15)

이 제2의 출애굽의 기대는 세스바살과 스룹바벨의 지휘 아래 포로 생활에서 돌아올 때 처음 성취된다. 고레스가 그 땅으로 귀환을 허용하는 칙령을 발표했을 때 그는 또한 귀금속을 비롯한 귀중품을 귀환자들에게 주라고 백성들에게 권고한다(스 1:2-4). 이 내용을 읽을 때 우리는 이스라엘 백성이 이집트를 떠날 때 이집트 사람들이 금과 은을 주었던 때만이 아니라(출 12:33-36) 아브람과 사래가 이집트에서 체류한 후 가져온 이집트 사람의 재산을 떠올린다.

하나님의 백성이 바빌론 포로 생활로부터 돌아오는 귀환은 사실 예언자들이 기대한 제2의 출애굽에 대한 성취지만, 그것의 완전한 표현은 아니다. 사실 에스라서와 느헤미야서는 포로 귀환이 기대했던 전부가 아니었음을 분명히 한다. 우리는 특히 마지막 장, 느헤미야 13장에 주목해야 한다. 느헤미야 13장은 귀환하기로 결심한 소수의 유대인은 말할 것도 없고, 하나님의 백성 가운데 여전히 심각한 문제가 있었음을 보여준다.

신약의 메시지는, 제2의 출애굽에 대한 기대가 궁극적으로 성취되는 것과 하나님이 자기 백성을 구원하신다는 사실의 가장 강력한 표현이 자기 백성을 죄와 죄책과 죽음에서 구원하시는 예수 그리스도의 사역에서 일어난다는 것이다. 예수님의 삶과 사역이 출애굽 이야기의 패턴을 따른다는 것은 제2의 출애굽을 고대한 이사야와 말라기의 신탁을 인용하는 마가복음 첫머리에서 드러난다. "내가 내 사자를 네 앞에 보내노니 그가 네 길을 준비하리라. 광야에 외치는 자의 소리가 있어 이르되 너희는 주의 길을 준비하라 그의 오실 길을 곧게 하라"(막 1:2-3).

출애굽 전통을 잘 아는 사람들은 복음서에서 저자들, 특히 마태가 종종 강조하는 여러 연결 고리를 발견할 수 있다. 예수님이 어렸을 때 헤롯의 박해로 인해 요셉과 마리아는 이집트로 예수님을 데려간다. 헤롯이 죽자 예수님은 돌아오셨고 복음서 저자는 호세아 11:1을 인용한다. "애굽으로부터 내 아들을 불렀다"(마 2:15).

세례 요한은 예수님이 지상 사역을 시작하실 때 세례를 주고(마 3:13-17), 그 뒤에 예수님은 광야에서 40일 밤낮을 보내신다. 세례는 그분의 '홍해 건너기'이고(바다 건너기를 세례라고 부르는 고전 10:1-6을 보라), 광야에서 예수님은 이스라엘이 광야에서 40년 동안 맞닥뜨린 세 가지 유혹(배고픔, 하나님 시험, 거짓 신 숭배)을 똑같이 경험하셨다. 이스라엘은 광야에서 유혹에 굴복했지만, 예수님은 유혹을 거부하고 모세가 광야에서 한 마지막 설교인 신명기를 인용하여 마귀의 유혹에 맞섬으로써 신실함을 보여 주셨다(마 4:1-11).

학자들은 예수님의 삶과 사역 사이의 다른 여러 연관성을 강조했지만, (특히 창 37장-출 15장, 또한 창 12:1-10을 포함하는) 출애굽 이야기는 궁극적으로 예수님을 가리키고, 출애굽 기념 의식인 유월절 전날 예수님이 돌아가심으로써 절정에 이른다. 예수님은 참으로 출애굽의 성취이시고, 그분은 유월절 어린양이시다(고후 5:7-8).

11

창세기 13장

13:1아브람이 애굽에서 그와 그의 아내와 모든 소유와 롯과 함께 네게브로
올라가니 2아브람에게 가축과 은과 금이 풍부하였더라 3그가 네게브에서
부터 길을 떠나 벧엘에 이르며 벧엘과 아이 사이 곧 전에 장막 쳤던 곳에
이르니 4그가 처음으로 제단을 쌓은 곳이라 그가 거기서 여호와의 이름을
불렀더라 5아브람의 일행 롯도 양과 소와 장막이 있으므로 6그 땅이 그들
이 동거하기에 넉넉하지 못하였으니 이는 그들의 소유가 많아서 동거할 수
없었음이니라 7그러므로 아브람의 가축의 목자와 롯의 가축의 목자가 서
로 다투고 또 가나안 사람과 브리스 사람도 그 땅에 거주하였는지라 8아브
람이 롯에게 이르되 우리는 한 친족이라 나나 너나 내 목자나 네 목자나
서로 다투게 하지 말자 9네 앞에 온 땅이 있지 아니하냐 나를 떠나가라 네
가 좌하면 나는 우하고 네가 우하면 나는 좌하리라 10이에 롯이 눈을 들어
요단 지역을 바라본즉 소알까지 온 땅에 물이 넉넉하니 여호와께서 소돔
과 고모라를 멸하시기 전이었으므로 여호와의 동산 같고 애굽 땅과 같았
더라 11그러므로 롯이 요단 온 지역을 택하고 동으로 옮기니 그들이 서로
떠난지라 12아브람은 가나안 땅에 거주하였고 롯은 그 지역의 도시들에 머
무르며 그 장막을 옮겨 소돔까지 이르렀더라 13소돔 사람은 여호와 앞에
악하며 큰 죄인이었더라 14롯이 아브람을 떠난 후에 여호와께서 아브람에
게 이르시되 너는 눈을 들어 너 있는 곳에서 북쪽과 남쪽 그리고 동쪽과
서쪽을 바라보라 15보이는 땅을 내가 너와 네 자손에게 주리니 영원히 이
르리라 16내가 네 자손이 땅의 티끌 같게 하리니 사람이 땅의 티끌을 능히
셀 수 있을진대 네 자손도 세리라 17너는 일어나 그 땅을 종과 횡으로 두루
다녀 보라 내가 그것을 네게 주리라 18이에 아브람이 장막을 옮겨 헤브론
에 있는 마므레 상수리 수풀에 이르러 거주하며 거기서 여호와를 위하여
제단을 쌓았더라

이야기 속 다른 본문 경청하기

창세기 12:1-3

창세기 12:1-3에서 하나님은 아브람에게 그가 큰 민족을 이룰 것이라고 약속하셨는데, 이 약속은 땅과 후손을 모두 포함했다. 이 시점까지 아브람은 땅을 전혀 소유하지 않았지만, 이 약속은 그 땅이 롯의 것이 아니라 자기 것이라는 인식을 심어 주었다. 이런 이해는 아브라함과 롯이 너무 부유해져서 서로 다른 지역에 정착해야 하는 창세기 13장 이야기의 중요한 배경이 된다.

이야기 설명하기

이집트에서 돌아온 뒤 아브람은 사래 및 롯과 함께 약속의 땅 가장 남쪽에 있는 네게브로 돌아온다. 네게브는 이집트로 내려가기 직전에 머문 곳이다. 2절은 귀금속(은과 금)만이 아니라 가축 수로 측정할 수 있는 아브람의 부가 늘어났음을 상기시킨다. 결국 아브람이 이집트에서 보낸 시간 덕분에 그의 재산은 엄청나게 늘어났다(창 12:10-20을 보라).

아브람은 네게브에서부터 전에 장막을 치고 제단을 쌓은 베델과 아이 사이 지역까지 (한 단계씩) 자신의 발자취를 되짚었다. "그가 처음으로 제단을 쌓은 곳"(where he had first built an altar)이라는 NIV 성경 번역은 오해를 낳을 수 있다(4절). 이 번역은 마치 아브람이 약속의 땅에서 이때 처음으로 제단을 쌓은 것처럼 들리게 하지만, 12:6-7에 따르면 그는 이전에 세겜에서 제단을 쌓은 적이 있기 때문에 문제가 된다. 따라서 "그가 전에 제단을 쌓았던 곳"(where he had made an altar at the first)이라는 NRSV 성경 번역이 더 낫다. 다시 말해서 그가 전에 장막을 쳤을 때 제단을 만들었다는 것이다. 따라서 요점은 이전부터 그곳에 이미 제단이 있었으므로 아브람은 다른 제단을 쌓을 필요가 없었다는 것이다.

롯이 아브람 및 사래와 함께 이집트로 갔다는 단서는 전혀 없지만, 본문은 그의 존재에 대해 그냥 침묵했을 수도 있다. 어쨌든 가나안에서 기근을 견뎠든 아브람과 함께 갔든, 롯도 소유가 너무 많아서 그 땅 원주민(가나안 족속과 브리스 족속)의 존재까지 고려할 때, 그 많은 수의 양 떼와 가축을 유지하기에는 땅과 물이 너무 부족했다. 사람은 말할 것도 없고 양 떼와 소 떼도 너무 많아서 아브람의 목자와 롯의 목자 사이에 싸움으로 번졌다. 그들은 갈라서야 했다.

이 상황은 12:10-20에 묘사된 것과 다른 종류이기는 하지만, 아브람의 믿음을 또 한 번 시험했다. 이전 이야기에서 아브람은 부정적 상황(기근)으로 인해 자기를 돌보시는 하나님의 능력과 선하심에 의문을 품었다. 돌아온 아브람은 그 땅에서 다시 하나님을 예배하는데(4절), 아마 아브람이 하나님을 신뢰하지 못했을 때도 그분의 보호하는 손길을 보았기 때문일 것이다.

현재 상황에서 아브람은 풍요로운 재산으로 인해 롯과 헤어져야 하는데, 이는 이전 시험보다는 훨씬 나은 믿음의 시험이다. 그렇다고 해도 이는 아브람의 믿음을 시험하는 계기가 된다. 어쨌든 그는 롯의 삼촌이었고, 롯에게 스스로 꾸려 나가라고 말하거나 아브람에게 약속된 땅 중에 척박한 부분을 롯에게 넘겨줄 수도 있었다. 아브람은 더 나아가 롯이 아닌 자기를 "큰 민족"으로 만들어 주겠다는 하나님의 약속을 인용할 수도 있었다(12:2). 아브람은 어떻게 행동하는가?

아브람은 문제에 대한 해결책을 모색하면서 롯에게 매우 합리적으로 접근한다. 그는 "한 친족"(close relatives)이라는 사실에 근거하여 갈등을 피하려 한다(8절). 그런 다음 어디든 롯이 원하는 땅 일부를 직접 택하도록 허락한다. 아브람은 그 뒤에 남은 것을 취할 것이다.

이 문제에 대한 아브람의 접근 방식에서 중요한 점은 그가 약속의 성취에 집착하지 않는다는 것이다. 그는 자기를 보호하거나 상황을 조작한 흔적을 전혀 보여 주지 않는다. 우리는 아브람의 말과 행동에서 믿음의 반응을 보아야 한다. 그는 약속을 쟁취하기 위해 자기가 해야 할 일이 있다고 여기지 않고, 약속을 성취하실 하나님을 신뢰한다. 아브람이 하나님이 행동하시기를 기다리기보다 자기 이익을 위해 상황을 조작해야 한다고 느끼던 때와 비교하면, 이는 진귀한 순간이다.

롯은 적어도 겉으로 보기에 가장 좋아 보이는 땅을 선택한다. 그는 "소알에 이르[는]" "요단 온 들판"을 선택했는데(새번역, 10절), 이곳은 여기서 소돔이라고 불리는 성을 포함하여 "평지의 여러 성읍" 근처에 있다(새번역, 12절). 결국 이 지역은 이집트나 에덴("여호와의 동산", 10절)과 비교될 만큼 아주 울창한 지역이었다. 이집트는 매해 나일강 범람과 광범위한 관개 덕분에 물이 잘 공급되었다. 물론 에덴에서는 네 강이 흘러나오는 것으로 묘사된다(창 2:10-14).

당연히 창세기가 기록된 당시의 독자들은 머릿속에 이 지역에 관한 다른 그림을 가지고 있었을 것이다. 이런 이유로 저자는 "여호와께서 소돔과 고모라를 멸하시기 전이었으므로"라는 일종의 삽입구를 덧붙임으로써(10절) 창세기 18-19장의 사건을 예고한다. 이 이야기를 읽는 독자들은 이 지역이 생명을 지탱해 줄 만큼 물이 풍부한 곳이 아니라, 식물이 자랄 수 없는 소금 평야임을 알고 있었을 것이다. 롯이 선택한 지역에 임할 심판은 13절에서도 예고된다. "소돔 사람은 여호와 앞에 악하며 큰 죄인이었더라." 창세기 18-19장으로 넘어갈 때 우리는 이 이야기를 계속 이어 갈 것이다.

하나님은 아브람과 그의 결정을 기뻐하신다. 롯이 떠난 후, 하나님은 그에게 땅을 주겠다는 약속을 새롭게 하신다. 하나님은 사방을 둘러보게 한 다음 아브람과 그의 후손이 그 땅을 소유하게 될 것이라고 재확인해 주신다. 또한 그의 후손이 "땅의 티끌"처럼 많을 것이라고 말씀하심으로써(16절), 큰 민족이 될 것이라는 약속의 두 번째 요소도 재확인해 주신다. 현재 아브람은 공식적으로 땅을 전혀 소유하고 있지 않지만, 하나님은 아브람에게 그 땅을 두루 다니면서 그 땅이 자기 소유가 될 것임을 깨달으라고 촉구하신다.

이 장 마지막에 서술자는 아브람이 새로운 장소, 헤브론[유대 산지에서 예루살렘 남쪽과 약간 동쪽으로 29킬로미터 떨어진, 오늘날 텔 알칼릴(Tel al-Khalil)로 확인되는 곳]으로 간다고 보도한다. 마므레는 헤브론 근처(북쪽으로 약 3킬로미터)에 있는 하람 라멧 엘칼릴(Haram Ramet el-Khalil)로 확인되는 지역이다. 특히 본문에서 마므레의 큰 나무를 언급하는 이유는 아마 서술자가 독자에게 아브람이 이 새로운 장소에 다시 제단을 쌓았음을 알려 주기 위해서일 것이다. 우리는 이미 12:4-9에 대한 주석에서 나무와 제단이 나란히 등장하는 것의 구체적인 의미에 관해 설명한 바 있다. 나중에 아브람(아브라함) 이야기에서 족장은 실제로 이 근처에서 약속의 땅 일부를 처음으로 구입하여 소유할 것이다(창 23:17-20).

— 이야기 살아내기 —

보는 것과 믿는 것

일이 잘 풀릴 때 우리는 하나님과 어떻게 관계 맺는가? 아브람은 인생의 이 시점에 매우 성공적이었다. 그는 유목민 족장으로서 엄청나게 부유했고 힘도 있었다. 그의 조카 롯도 번성해 갔다. 두 사람 모두 풍성한 양 떼와 가축을 소유하고 있었고 그 양이 많았기 때문에, 그들이 공유한 땅은 더 이상 두 사람의 이익을 모두 지탱할 수 없으며 그들은 헤어져야만 한다.

위에서 우리는 이 문제에 대한 아브람의 접근 방식이 어떻게 하나님을 향한 마음을 드러냈는지 논의한 바 있다. 그는 하나님의 약속을 성취하기 위해 조작하거나 집착하지 않고, 실제로 롯이 어떤 땅을 차지할지 선택하도록 양보한다.

위에서 우리는 아브람 행동의 본질을 분석하고 그 행동이 하나님을 향한 신뢰에서 비롯되었다는 결론을 내렸다. 롯은 어떤가? 서술자가 "롯이 눈을 들어 요단 지역을 바라본즉 소알까지 온 땅에 물이 넉넉하니…여호와의 동산 같고 애굽 땅과 같았더라"고 전할 때 많은 것이 드러난다(13:10). 여호와의 동산에 관한 언급은 에덴에 대한 기억과 아담과 하와 이야기를 떠올리게 한다. 그러면서 우리는 여자가 "그 나무를 본즉 먹음직도 하고 보암직도" 했을 때(3:6) 시작된 죄의 진행 과정과 비슷한 점을 볼 수 있다. 한편으로 하와와 롯의 유사점을, 다른 한편으로는 아브람과 롯의 차이점을 분명히 깨닫는다. 롯은 눈으로 보는 것에 근거하여 결정하고, 아브람은 보이지 않는 것에 근거하여 믿음으로 결정한다.

여기서 하나님이 아브람의 접근 방식을 인정하신 것은 아브람의 후손이 "큰 민족"이 될 것이라는 단언(12:2, 또한 13:14-17을 보라)에 암시된 땅과 후손에 관한 약속의 반복과 상세한 설명에서 분명하게 드러난다. 롯의 선택이 낳은 결과는 소돔과 고모라 및 그 주변 지역의 파괴를 서술하는 18-19장에 이르러서야 알게 된다.

아브람은 번영하는 삶 속에서 경건한 자의 모델이 되고, '영혼의 거울'('서론'의 "21세기 관점으로 읽기" 단락을 보라)로서 우리네 삶에서 일이 순조롭게 진행될 때 어떻게 반응해야 하는지를 성찰하게 한다. 우리는 이 질문에 스스로 대답할 수 있지만, 여기에는 몇 가지 전형적인 반응이 나타난다.

롯의 반응은 하나님을 잊은 채 그것이 영적으로 건강한지 아닌지에 대해 생각하지 않고 보이는 것을 따라가는 것이다. 소돔과 고모라 주변 지역은 겉보기에는 울창하지만, 이 성읍들은 악하다. 롯이 이 성읍들에 대해 이 사실을 알았든 몰랐든, 그 방향으로 이동하기 전에 알았어야 한다. 롯의 가족들만 이 성읍들에 임한 심판에서 살아남을 만큼 의로운 자들로 여겨졌다는 사실을 고려할 때, 이 성읍들이 18장과 19장의 묘사처럼 부패했으리라는 것은 단순한 의심을 넘어선다.

롯은 일이 잘 풀릴 때 우리 중 많은 사람이 어떻게 반응하는지를 보여주는 한 사례다. 도움이 필요할 때 하나님은 우리에게 중요하지만, 일이 잘 풀릴 때는 자신을 신뢰하는 것으로 기우는 경향이 있다. 시편 30편에서 시편 기자는 자기 삶에서 이런 일이 일어났다고 고백한다.

> 내가 형통할 때에 말하기를
> 영원히 흔들리지 아니하리라 하였도다.
> 여호와여 주의 은혜로
> 나를 산같이 굳게 세우셨더니
> 주의 얼굴을 가리시매
> 내가 근심하였나이다. (6-7절)

하나님은 시편 저자를 번성하게 하셨지만, 그때 시편 저자는 오만하게 자기를 신뢰했다. 시편 저자의 경우 하나님은 그를 버리셨고, 그래서 시편 저자는 하나님의 임재 없이 사는 것이 어떤 것인지를 느꼈다. 이것은 하나님 편에서 은혜의 행동이었다. 시편 나머지 부분에서 기뻐하듯이, 하나님이 버리신 것이 하나님과의 관계를 회복하고 싶은 시편 저자의 간절한 열망을 불러일으켰기 때문이다.

하나님과 생기 넘치는 관계를 맺고 있다면, 우리는 바울과 함께 이렇게 말할 수 있다. "어떠한 형편에든지 나는 자족하기를 배웠노니 나는 비천에 처할 줄도 알고 풍부에 처할 줄도 알아 모든 일 곧 배부름과 배고픔과 풍부와 궁핍에도 처할 줄 아는 일체의 비결을 배웠노라. 내게 능력 주시는 자 안에서 내가 모든 것을 할 수 있느니라." (빌 4:11-13)

화평 추구하기

아브람은 조카 롯과의 갈등 속에서 화평을 추구한다. 그는 롯과 화해하기 위해 모든 땅에 대해서 그의 권리로 여겨지는 것을 기꺼이 포기한다. 아브람은 화평케 하는 자(peacemaker)고, 그들은 "하나님의 아들이라 일컬음을 받을 것"이기에 복된 사람들이다(마 5:9).

화평은 인간과 하나님의 조화에서 비롯된다. 이 조화는 인간 사이의 화평으로 이어진다. 이 화평은 에덴의 자연스러운 상태였지만, 자아를 중심에 두는 죄 때문에 갈등이 일상적 상태가 되었다. 예수님은 하나님과 인간 사이에, 또한 인간들 사이에 화해를 이루기 위해 오셨다. 바울에 따르면 예수님은 "우리의 화평이신지라. 둘로 하나를 만드사 원수 된 것 곧 중간에 막힌 담을 자기 육체로 허시고…이 둘로 자기 안에서 한 새 사람을 지어 화평하게" 하셨다(엡 2:14-15). 이런 이유로 히브리서 저자는 그리스도인 청중들에게 "모든 사람과 더불어 화평함…을 따르라" 고 권고한다(12:14).

예수와 땅

하나님은 아브라함의 후손이 "큰 민족"이 될 것이라고 말씀하실 때 암묵적으로 땅을 약속하셨지만(12:2), 13:14-17에서 땅의 약속은 훨씬 명확히 구체화된다. 아브라함 후손에게 땅이 지니는 중요성에 대해 올바르게 이해한 버지(Burge)는 이렇게 말한다. "땅은 단순히 부동산을 소유하는 것과는 관련이 없다. 땅은 안전 및 정체성과 관련되고, 문화적 응집력 및 목적과 관련된다. 가장 심오한 의미에서 땅은 장소와 관련 있고, 우리가 방어할 수 있고 세상으로부터 우리에게 안전을 줄 수 있는 터전을 소유하는 것이다."[1]

창세기를 계속 읽어 가면서, 우리는 이야기의 주요 초점이 후손에 관한 약속에 맞춰져 있음을 알게 될 것이다. 이 후손에 대한 약속은 원래 아브라함의 후손이 '큰 민족'이 될 것이라는 약속에 이미 암시되어 있었다. 하지만 땅 약속은 아브라함에게 반복된 후(15:18-21; 17:7-9), 이삭에게(26:2-4) 또한 야곱에게(28:13-15) 전해질 것이다. 아브라함과 사라의 첫 후손인 이삭의 탄생과 마찬가지로, 땅은 쉽게 얻어지지 않는다. 아브라함의 생애가 끝날 때 그가 소유할 최대치는 헤브론 성읍 근처의 작은 매장지일 것이고(창 23장을 보라), 대대로 그 정도에 그칠 것이다. 실제로 창세기 말미에 선택받은 가족은 심지어 그 땅에서 살지도 못하고 오히려 이집트에서 살고 있다.

수백 년이 지난 여호수아 시대에 이르러서야 약속의 땅은 하나님 백성의 소유가 되는데, 그때도 시작에 불과했다. 여호수아 13-24장에서 지파들에게 땅을 분배하는 기사와 더불어 사사기 1장에 기록된 여호수아의 죽음 이후 사건들은, 약속의 땅 일부만이 실제로 이스라엘의 통제 아래 있었음을 분명히 보여 준다. 이스라엘 내부의 마지막 적을 진압한 다윗 시대에 이르러서야 이스라엘은 그 땅을 참으로 소유한다. 땅의 주인은 사실 하나님이시지만(레 25:23), 그분이 자기 백성에게 땅을 선물로 주셨다.

안타깝게도 솔로몬 통치 말기부터 특히 열왕기에 기록된 이스라엘 역사는 불순종, 심지어 배교의 이야기다. 버지가 지적하듯이 땅 약속은 언약 신학에 깊이 내재하고 "그 땅에서의 삶은 하나님이 기대하시는 의를 견지하느냐에 달려 있다."[2] 버지의 주장을 뒷받침하기 위해서는 신명기 27-28장에서 언약 불순종에 따라오는 저주만 살펴보면 되는데, 그중 상당수가 땅을 빼앗기는 것과 관련 있다. 또한 (이스라엘과 유다의 행동을 고려하면 놀랄 일도 아닌데) 그들은 처음에 아시리아에게, 그 뒤에 바빌로니아에게 땅을 잃었다.

그 결과 신약 시대에는 로마가 그 땅을 지배했다. 처음에 바빌로니아는 페르시아(바사)로 대체되었고, 페르시아는 그리스의 셀레우코스(Seleucid) 제국으로 대체되었으며, 셀레우코스는 로마로 대체되었다. 하나님이 다윗왕, 곧 메시아를 보내셔서 유대 백성의 땅을 되찾아 주실 거라고 기대하는 사람들이 있었다. 사실 예수님을 따르던 자들 가운데도 그분에게 그런 기대를 품은 사람들이 있었다. 예수님이 돌아가신 후 엠마오로 가는 길에 "우리는 이 사람이 이스라엘을 속량할 자라고 바랐노라"고 말한 두 제자의 실망에서 이것을 볼 수 있다(눅 24:21). 또한 예수님이 승천하실 때 제자들이 "주께서 이스라엘 나라를 회복하심이 이때니이까?"라고 물었을 때 이런 오해를 감지할 수 있다(행 1:6).

예수님은 그들의 질문에 '그렇다' 또는 '아니다'로 직접 대답하지 않으시지만, 그분은 제자들이 품은 기대의 본질을 바꾸어 놓으시면서 이렇게 말씀하신다. "오직 성령이 너희에게 임하시면 너희가 권능을 받고 예루살렘과 온 유대와 사마리아와 땅끝까지 이르러 내 증인이 되리라"(행 1:8). 다시 말해서 예수님은 여기서 초점을 바꾸신다. 그분은 부동산을 소유하는 데 관심이 있는 것이 아니라 복음을 온 땅에 전파하는 데 관심이 있으시다. 버지는 바울의 중요한 가르침을 요약하면서 "바울은 모든 민족을 포함시키기 위해 그리스도를 믿는 믿음을 보편화하고, 모든 땅을 포함시키기 위해 아브라함에게 준 약속을 보편화한다"고 말한다.[3]

구약에서는 특정 장소만 거룩하다. 그러니까 특정 장소에만 하나님의 특별한 임재가 스며든다. 분명 성소는 그와 같은 장소이고, 그 연장선상에서 예루살렘과 이스라엘 땅도 마찬가지다. 이제는 그리스도의 오심으로 모든 공간이 거룩하다. 우리는 어디서든 하나님을 만날 수 있다. 신약에 비추어 볼 때 성소와 예루살렘과 이스라엘 땅은 훨씬 더 큰 것, 곧 하나님의 임재 안에서 영원히 사는 것에 대한 예고였음을 알 수 있다.

그리스도인은 하나님의 백성의 부동산 회복에 관심을 두지 않고, 새 하늘과 새 땅에 관심을 둔다. 히브리서 저자가 표현하듯이 우리는 "여기에는 영구한 도성이 없으므로 장차 올 것을 찾[는다]"(13:14). 아브라함의 땅 약속과 관련하여 더 중요한 것은, 히브리서 저자가 이 주제에 대해 성찰한 내용이다. 그가 주목한 바에 따르면 족장들은 "약속을 받지 못하였으되 그것들을 멀리서 보고 환영하며 또 땅에서는 외국인과 나그네임을 증언하였으니 그들이 이같이 말하는 것은 자기들이 본향 찾는 자임을 나타냄이라. 그들이 나온 바 본향을 생각하였더라면 돌아갈 기회가 있었으려니와 그들이 이제는 더 나은 본향을 사모하니 곧 하늘에 있는 것"이다(히 11:13-16).

현대 기독교 시오니즘(구약의 땅 약속이 현대 이스라엘 국가에서 성취되었다는 견해)은 바로 여기서 잘못되었다. 그들은 구약에서 신약으로 옮겨 가는 성경의 땅 신학을 따르지 않는다. 그들은 예언서에 나오는 포로 귀환 후 땅 회복에 관한 약속을 인용하고(렘 16:15; 사 9:1-9; 호 2:14-23; 11:8-11), 에스라서와 느헤미야서에 기록된 귀환에서 이 약속이 처음 성취되었지만, 궁극적으로 예수님 안에서 성취되었음을 보지 못한다. 신약에 따르면 예수님은 특정 민족을 특정 땅으로 다시 인도하시지 않고, 오히려 죄와 죽음이라는 궁극의 적으로부터 사람들을 구출하고 그분과의 영원한 관계로 데려가심으로써 궁극적으로 출애굽을 성취하신다.

12

창세기 14장

이야기 경청하기

[14:1]당시에 시날 왕 아므라벨과 엘라살 왕 아리옥과 엘람 왕 그돌라오멜과
고임 왕 디달이 [2]소돔 왕 베라와 고모라 왕 비르사와 아드마 왕 시납과 스
보임 왕 세메벨과 벨라 곧 소알 왕과 싸우니라 [3]이들이 다 싯딤 골짜기 곧
지금의 염해에 모였더라 [4]이들이 십이 년 동안 그돌라오멜을 섬기다가 제
십삼년에 배반한지라 [5]제십사년에 그돌라오멜과 그와 함께 한 왕들이 나
와서 아스드롯 가르나임에서 르바 족속을, 함에서 수스 족속을, 사웨 기랴
다임에서 엠 족속을 치고 [6]호리 족속을 그 산 세일에서 쳐서 광야 근방 엘
바란까지 이르렀으며 [7]그들이 돌이켜 엔미스밧 곧 가데스에 이르러 아말
렉 족속의 온 땅과 하사손다말에 사는 아모리 족속을 친지라 [8]소돔 왕과 고
모라 왕과 아드마 왕과 스보임 왕과 벨라 곧 소알 왕이 나와서 싯딤 골짜
기에서 그들과 전쟁을 하기 위하여 진을 쳤더니 [9]엘람 왕 그돌라오멜과 고
임 왕 디달과 시날 왕 아므라벨과 엘라살 왕 아리옥 네 왕이 곧 그 다섯 왕
과 맞서니라 [10]싯딤 골짜기에는 역청 구덩이가 많은지라 소돔 왕과 고모라
왕이 달아날 때에 그들이 거기 빠지고 그 나머지는 산으로 도망하매 [11]네
왕이 소돔과 고모라의 모든 재물과 양식을 빼앗아 가고 [12]소돔에 거주하는
아브람의 조카 롯도 사로잡고 그 재물까지 노략하여 갔더라 [13]도망한 자가
와서 히브리 사람 아브람에게 알리니 그때에 아브람이 아모리 족속 마므
레의 상수리 수풀 근처에 거주하였더라 마므레는 에스골의 형제요 또 아
넬의 형제라 이들은 아브람과 동맹한 사람들이더라 [14]아브람이 그의 조카
가 사로잡혔음을 듣고 집에서 길리고 훈련된 자 삼백십팔 명을 거느리고
단까지 쫓아가서 [15]그와 그의 가신들이 나뉘어 밤에 그들을 쳐부수고 다메
섹 왼편 호바까지 쫓아가 [16]모든 빼앗겼던 재물과 자기의 조카 롯과 그의
재물과 또 부녀와 친척을 다 찾아왔더라 [17]아브람이 그돌라오멜과 그와 함
께 한 왕들을 쳐부수고 돌아올 때에 소돔 왕이 사웨 골짜기 곧 왕의 골짜

기로 나와 그를 영접하였고 18살렘 왕 멜기세덱이 떡과 포도주를 가지고
나왔으니 그는 지극히 높으신 하나님의 제사장이었더라 19그가 아브람에
게 축복하여 이르되 천지의 주재이시요 지극히 높으신 하나님이여 아브람
에게 복을 주옵소서 20너희 대적을 네 손에 붙이신 지극히 높으신 하나님
을 찬송할지로다 하매 아브람이 그 얻은 것에서 십분의 일을 멜기세덱에
게 주었더라 21소돔 왕이 아브람에게 이르되 사람은 내게 보내고 물품은
네가 가지라 22아브람이 소돔 왕에게 이르되 천지의 주재이시요 지극히 높
으신 하나님 여호와께 내가 손을 들어 맹세하노니 23네 말이 내가 아브람
으로 치부하게 하였다 할까 하여 네게 속한 것은 실 한 오라기나 들메끈
한 가닥도 내가 가지지 아니하리라 24오직 젊은이들이 먹은 것과 나와 동
행한 아넬과 에스골과 마므레의 분깃을 제할지니 그들이 그 분깃을 가질
것이니라

이야기 속 다른 본문 경청하기

성경 본문: 창세기 12:1-3

아브라함 이야기의 주요 주제(11:27-12:9을 다룬 장 '이야기 살아내기'의 "믿음의 여정" 단락을 보라)는 그의 믿음의 여정과 연결된다고 설명한 바 있다. 아브라함은 창세기 12:1-3에서 받은 약속의 성취를 가로막는 위협과 장애물에 어떻게 반응하는가? 창세기 14장은 흔히 아브라함 이야기의 주요 주제에 잘 들어맞는 창세기 13장부터 창세기 15장까지 이야기 흐름을 방해하는 것 같다고 지적되었다. 여러 면에서 근동의 네 왕과 싸우는 아브라함의 이야기는 위협이나 약속에 대한 반응과 연결되지 않고, 동떨어진 이야기로 보인다.

그렇지만 자세히 살펴보면 창세기 14장은 분명 창세기 12:1-3의 약속과 관련된다. 이 장에서 우리는 족장 아브라함이 소돔, 고모라, 아드

마, 스보임, 벨라(소알) 왕을 돕기 위해 등장하는 것을 본다. 그는 시날(바빌론), 엘라살, 엘람, 고임 왕들을 공격하고 물리침으로써 그렇게 한다. 아브람을 싸움에 몰아넣은 것은 롯의 납치 사건이었다. 따라서 이 이야기는 아브람에게 주신 하나님의 약속을 분명히 보여 준다. "너를 축복하는 자에게는 내가 복을 내리고 너를 저주하는 자에게는 내가 저주하리니 땅의 모든 족속이 너로 말미암아 복을 얻을 것이라"(12:3). 네 왕은 롯을 납치하여 아브람에게 해를 끼쳤다. 그래서 하나님은 아브람의 개입을 통해 그들을 물리치셨고, 이 과정에서 가나안 다섯 왕에게 복을 준다. 이야기 마지막에 아브람은 예상 밖의 인물, 곧 살렘의 제사장-왕 멜기세덱의 축복을 받는다. 이례적이기는 하지만, 멜기세덱이 아브람이 예배하는 참 하나님이 승인하신 대표자라는 점에는 의심의 여지가 없다.

아래에서 설명하겠지만 이 이야기의 고대 근동 배경은 확실하지 않다. 이 주제에 대한 논의는 이 장에 대한 해설 이후로 미루겠다.

이야기 설명하기

창세기 14장에는 아브람이 동방에서 온 네 왕과 가나안 땅 안에 있는 다섯 왕 사이의 국제적 갈등에 연루된 기사가 나온다. (12:10-20에 언급된 이집트 왕과 달리) 이 왕들과 그들의 땅의 이름이 명시되었기 때문에 아브람을 구체적인 특정 시기 안에 둘 가능성이 커진다. 곧 드러나겠지만, 우리의 기대는 결국 좌절된다. 그러나 우선 그저 이야기를 따라간 다음 이 사건의 시기를 확정할 가능성을 살펴볼 것이다.

동방의 왕들이 가나안 왕들을 약탈하다(14:1-12)

첫 문단(1-4절)은 분쟁의 주역들을 소개한다. 한편에는 동방에서 온 네 왕이 있다. 아므라벨은 바빌론의 또 다른 이름인 시날의 왕이다. 그돌라오멜은 이란 남서부에 있다고 알려진 나라인 엘람의 왕이다. 우리는 이 두 왕이 다스리는 나라를 확인할 수 있지만, 다른 두 왕에 대해서는 확실성이 더 떨어진다. 아리옥은 엘라살의 왕이고 디달은 고임의 왕이다. 분명한 것은 네 왕이 모두 고대 근동에서 중요한 국가 권력과 관련된다는 것이다. 아래에서 여러 가능성에 대해 논의할 것이다.

반대편에는 다섯 명의 지역 왕이 있다. 베라와 비르사는 각각 소돔과 고모라의 왕으로, 창세기 13장과 18-19장에서 잘 알려진 성읍임에도 이 성읍들이 정확히 어디에 위치했는지는 알 수 없지만, 대부분 사해 남쪽 인근으로 추정한다. 나머지 세 왕[그중 이름이 나오는 두 왕, 아드마의 시납과 스보임의 세메벨, 또한 소알(아마 기록 당시에 알려진 이름)이라고도 알려진 벨라 왕]은 추측건대 소돔과 고모라 근처에 있던 더 작은 지역일 것이다. 이 성읍들은 종종 다른 곳에서 한꺼번에 혹은 부분적으로 같이 언급된다 (창 10:19; 신 29:23; 호 11:8).

서술자는 후자의 왕들이 12년간 그돌라오멜의 지배를 받았지만 13년째 되던 해에 반란을 일으켜 엘람 왕과 그 동맹국들의 보복 공격으로 이어졌다고 독자에게 알려 준다. 가나안 연합군은 (싯딤 골짜기로도 알려진) 사해 골짜기에 집결했다.

반란은 가나안 사람이 그돌라오멜의 속국이 된 지 13년째 되는 해에 일어났지만, 기습 공격은 14년째에 일어났는데, 아마 그돌라오멜이 군대를 모아 엘람에서 가나안까지 긴 행군을 하는 데 1년이 걸렸기 때문일 것이다. 그런 다음 본문은 근동 연합군이 가나안에 도착하여 정복한 여러 부족을 그 위치와 함께 열거한다(5-7절). 아스드롯 가르나임(길르앗의 한 성)에서 르바 족속(거인 족속인 아낙 족속일 것으로 알려짐, 민 13:33; 신 2:11; 3:11; 수 12:4)을, 함에서 수스 족속(아마 큰 키로 유명한 삼숨밈으로도 알려짐, 신 2:20)을, 사웨 기랴다임(또는 '기랴다임 초원', 요단 동쪽의 한 마을)에서 엠 족속(신 2:10-12에서 역시 큰 키로 언급됨)을, 세일 산지(사해 남쪽 지역, 나중에 에돔에 점령됨)에서 호리 족속[후르리인(hurrians)으로도 알려진 셈 민족]을, 멀리 광야 근처의 엘바란(아마 홍해 북단에 있는 엘랏)까지 정복했다. 그 후 그들은 엔미스밧('심판의 샘', 시내산 북쪽의 가데스 바네아로도 알려진 가데스의 초기 이름)으로 가서, 아말렉 족속(출 17:1-8을 시작으로 하나님의 백성과 오랜 갈등의 역사를 갖게 되는 네게브의 특히 두려운 부족)과 하사손다말에 사는 아모리 족속(가나안 사람들을 통칭할 때 가끔 사용된 이름)을 정복했다. 무시무시한 전사가 있었다는 것 외에 이 부족(또는 그 위치)에 대해 알려진 바는 많지 않다.

초기 정복 이후, 이 장 첫 문단에 소개된 다섯 왕은 이제 동방의 네 왕과 대결하기 위해 싯딤 골짜기(사해 골짜기, 3절)로 출정한다. 네 왕은 다섯 명의 지역 왕을 결정적으로 궤멸시키고 그들의 군대를 흩어 버린다. 후퇴하는 동안 일부가 역청 구덩이에 빠지기 때문에 서술자는 그 지역의 역청 구덩이를 언급한다. 10절의 문법은 약간 모호한데, 문자적으로 "소돔과 고모라의 왕들이 도망갈 때, 그들은 구덩이에 빠졌다"라고 읽을 경우 마치 왕들이 구덩이에 빠진 것으로 들린다. 이 왕들은 나중에 이 장에 등장하기 때문에 이 긴장에 대해 일부 학자들은 창세기가 여러 자료를 엮어 만들어졌음을 암시하는 증거라고 생각한다('서론'을 보라). NIV 성경은 "일부 사람들이 그 안에 빠졌다"(some of the men fell into them)라고 번역하여 다른 접근 방식을 취한다. 전장에서 죽거나 구덩이에 빠지지 않은 사람들은 목숨을 보호하기 위해 산으로 도망쳤다.

승리한 왕들은 약탈품과 포로들을 모았다. 여기에는 우리가 알다시피 13장에서 소돔 근처에 정착한 롯도 포함되어 있었다. 롯이 사로잡힘으로써 아브람은 조카를 구출하기 위해 전투에 뛰어든다.

아브라함이 약탈품과 포로들을 되찾다(14:13-16)

아브람은 전쟁터에서 도주하는 데 성공한 이들 가운데 한 사람에게서 롯이 사로잡혔다는 소식을 접했다. 그런 다음 본문은 아브람이 "마므레의 상수리 수풀 근처"에 있었다는 사실을 상기시키는데(창 13:18), 마므레는 여기서 에스골과 아넬이라는 두 사람(달리 알려진 바 없음)과 관련이 있거나 동맹을 맺은 인물로 확인된다(NIV 성경의 각주를 보라). 아브람은 그들 모두와 동맹을 맺었다. 주목할 점은 마므레가 아모리 족속이라고 나온다는 것인데, 아모리 족속은 때로 가나안 사람과 같은 의미로 쓰인 포괄적 용어고, 이들은 이전에 동방의 네 왕 연합군에게 패배한 하사손다말의 거주민이었다(7절).

아브람은 동맹한 사람들과 "집에서 길리고 훈련된 자" 318명을 동원하여 단성까지 왕들을 추격했다. 단에 대한 언급은 오랫동안 포스트모사이카(postmosaica, 모세 이후에 기록된 자료; '서론'의 "저자와 연대" 단락을 보라)로 인정되어 왔다. (이전에 라이스로 알려진) 이 성은 사사 시대가 되어서야 이 이름을 얻었는데(삿 18:29), 아직 태어나지 않은 아브람의 증손자에게서 그 이름이 유래하기 때문이다.

아브람이 사용한 전략의 자세한 내용은 알 수 없지만, 밤에 아브람은 부하들을 나누어 기습 공격을 감행했을 가능성이 크다. 아브람은 그들을 물리친 다음 다메섹을 거쳐 고향으로 퇴각하려던 그들을 추격했다. 그는 다메섹 북쪽의 달리 알려진 바 없는 호바라는 곳에서 약탈품과 롯을 포함한 포로들을 되찾는 데 성공했다.

우리는 여기서 잠시 멈춰 이 승리의 본질을 살펴보아야 한다. 표면적으로 볼 때 제한된 병력을 가진 아브람이 네 명의 근동 왕을 격파한 것은 믿기지 않는 일 같다. 분명 후자는 우세한 군사력을 소유했지만, 그들이 자기 나라의 군대를 함께 데리고 왔다는 단서는 전혀 없다. 그들의 가나안 침입군은 아마 습격 부대 정도였을 것이다. 그렇지만 아브람이 돌아올 때 살렘의 제사장-왕 멜기세덱이 할 말 "너희 대적을 네 손에 붙이신 지극히 높으신 하나님을 찬송할지로다"를 과소평가해서는 안 된다(20절). 다시 말해서 하나님은 앞으로 모세, 여호수아, 다윗 등의 지도력 아래 이스라엘 역사 전반에서 행하실 일과 같이 아브람에게 승리를 주셨다.

아브람과 멜기세덱(14:17-24)

아브람은 승리한 후 사웨 골짜기에서 소돔 왕을 만났는데, 서술자는 이곳이 왕의 골짜기로도 알려져 있다고 독자들에게 알려 준다. 만약 이곳이 나중에 압살롬이 자기 기념비를 세울 왕의 골짜기와 동일한 곳이라면(삼하 18:18), 예루살렘 남쪽에 위치했을 가능성이 크다. (예루살렘의 이전 이름인) 살렘의 제사장-왕과의 만남은 이 위치를 확증한다.

구약에서 가장 신비로운 인물 중 하나인 멜기세덱이 난데없이 등장한다. 그는 살렘 왕으로 확인된다. 예루살렘이라는 나중 이름은 수메르어 한정사 '우루'(*uru*)가 살렘 앞에 붙어서 만들어진 것일 가능성이 크다.

그는 좋은 주인처럼 떡과 포도주를 가져왔다. 멜기세덱과 관련하여 놀랍고 신비로운 점은 아브람이 그를 자기가 예배하는 하나님과 동일한 분을 예배하는 사람으로 인정하는 것인데, 가나안 왕이 지극히 높으신 하나님(*el elyon*)의 제사장처럼 행동하는 것이라 매우 놀랍다. 이 이름은 가나안의 종교적 맥락에서 나온 것일 수 있지만, 우리가 가지고 있는 우가리트 문헌은 정확히 이 이름을 사용하지 않는다. 가나안 판테온의 최고신은 '엘'(*el*)이라고 불렸지만, 이 단어는 단순히 신/하나님을 가리키는 일반적인 단어이기 때문에 아브라함의 신도 '엘'이라고 불렸다. 지극히 높으신(*elyon*)이라는 별칭은 가나안 문헌에서 엘(El) 신과 함께 사용된 적이 없고 바알과 함께 사용되지만, 다시 아브라함의 하나님에게도 함께 사용되었다. 결론은 아브람이 멜기세덱을 동일한 하나님을 믿는 사람으로 분명히 인식하고 있다는 것이고, 가나안의 제사장-왕이 어떻게 이런 지식을 얻었는지는 알 수 없지만 우리는 그대로 받아들여야 한다. 아브람은 멜기세덱을 참 하나님을 섬기는 동료 예배자로 여길 뿐만 아니라, 멜기세덱의 축복을 받을 때 그에게 경의를 표하고(윗사람이 복을 주고 아랫사람은 복을 받는다), 그 응답으로 약탈품의 십일조(10분의 1)를 바친다.

멜기세덱은 나중에 아브라함의 후손 중에 제사장 제도가 등장하기 이전의 제사장이고, 제사장처럼 행동하면서 하나님의 백성, 여기서는 아브람에게 복을 내린다(민 6:22-27을 보라). 그는 아브람을 축복하면서 아브람이 하나님과 조화롭게 살고 다른 사람들과 좋은 관계를 맺고 그의 물질적 필요를 채워 주시기를 하나님께 간구한다(복에 대해서는 '서론'의 "구약 맥락에서 읽기" 단락을 보라). 멜기세덱은 하나님을 "천지의 주재"로 부르고, 이로써 아브람을 충분히 공급하실 수 있는 분이라고 부른다. 멜기세덱은 하나님의 대리인으로서 행동하고, 아브람이 복 받기를 바라는 하나님의 의도와 조화를 이루며 행동한다(창 12:2-3). 또한 이 왕-제사장은 하나님을 찬양하고 아브람이 동방의 네 왕을 상대로 거둔 승리의 공을 하나님께 돌린다. 20절 마지막 문장은 단순히 '그에게 모든 것의 열의 하나를 주었다'고 말하기 때문에 어떤 사람들은 멜기세덱이 아브람에게 선물을 준다고 생각하지만, 문맥상 또한 후대 성경에 따르면 이런 이해는 잘못된 것이다. 아브람은 멜기세덱에게 약탈품의 10분의 1을 주는데, 이는 성경에 처음 나온 십일조다. '이야기 살아내기'에서 이 선물의 의미를 살펴볼 것이다.

멜기세덱에 대한 아브람의 반응과 행동은 소돔 왕에 대한 반응 및 행동과 극명한 대조를 이룬다. 약탈품을 갖고 포로들은 돌려보내 달라고 아브람에게 요청할 때 소돔 왕은 고마운 마음으로 관대하게 행동하는 듯 보인다.

아브람은 자신이 소돔이나 소돔 왕과 전혀 관련이 없기를 바란다고 분명히 밝히고 여호와(19절에서 멜기세덱이 사용한 이름, 창세기에서 여호와의 용례에 관해서는 26:23-35의 주석을 보라)께 맹세함으로써, 아브람이 멜기세덱을 참 하나님을 예배하는 자로 여긴다는 사실에 어떤 의심의 여지도 남기지 않는다. 아브람은 약탈품을 받아 부유해지지 않겠다고 거절함으로써 소돔 왕과 공식적으로 관계 맺을 의사가 없음을 분명히 한다. 그는 아무것도 받지 않을 것이다("실 한 오라기나 들메끈 한 가닥도", 23절). 아브람은 자신의 동맹(아넬, 에스골, 마므레)이 승리의 혜택을 누리도록 허락하지만, 소돔 왕에게 신세를 지지는 않을 것이다.

사실 아브람은 이방 왕에게 선물 받는 것을 싫어하지 않는다(12:10-20을 보라). 소돔 왕의 호의를 거절한 이유는 틀림없이 소돔의 극악무도함으로 인해(13:13) 그 성에 의존했다고 여겨지는 어떤 관계도 맺지 않으려 했기 때문일 것이다. 이런 점에서 아브람은 이제 자유의 몸이 되어 소돔으로 돌아갈 롯과 자신을 차별화한다.

보론: 창세기 14장과 고대 근동 역사의 연관성

이 이야기가 오늘 우리 삶에 주는 함의로 시선을 돌리기 전에, 이 기사가 더 넓은 고대 근동의 역사 속에 어떻게 들어맞는지 살펴보겠다. 서론("창세기 내용의 역사적 배경")에서 족장들을 고대 근동의 연대 속 정확한 시점에 배치하기가 얼마나 어려운지를 이야기했었다. 여기서 우리는 [적어도 시날(바빌론)과 엘람의 경우] 잘 알려진 지역 왕들의 이름이 나오는 이야기를 접한다. 이 지역 왕들의 상당히 광범위한 명단도 접한다. 하지만 복잡한 문제가 있다. 지금 창세기 14장과 성경 외 역사를 연결하려 할 때 우리가 아는 것과 모르는 것을 살펴보려고 한다.

우리의 목적상 이 장에 나오는 왕들의 정체에 대한 논의는 가장 중요한 사안이면서, 결국은 가장 흥미진진한 동시에 실망스러운 것으로 드러났다.[1] 각 왕을 한 명씩 논하는 것이 가장 좋은 접근법이다. 엘람 왕 그돌라오멜은 첫 번째 왕으로, 외국 연합군의 수장으로 나온다. 이 왕이 진짜 엘람어 이름을 가졌다는 사실에는 의심의 여지가 없다. 그돌은 엘람 왕족 이름에서 흔히 쓰이는 첫 부분인 쿠두르(Kudur)를 나타낸다. 하지만 두 번째 부분은 분명 엘람어에서 유래했을 수 있지만, 알려진 엘람 왕의 이름과 관련은 없어 보인다.[2] 다음으로 시날 왕 아므라벨은 성경의 다른 언급들을 볼 때 바빌론 왕을 가리키는 게 분명하다. 처음에는 아므라벨이 함무라비(Hammurapi)라고 생각되었지만, 문헌학적 차이가 너무 커서 극복할 수 없었기 때문에 이러한 동일시는 완전히 폐기되었다. 엘라살 왕 아리옥의 정체도 비슷한 과정을 거쳤다. 처음에 엘라살이 지리적으로 라르사(Larsa)성이라고 생각되었지만, 최근에는 메소포타미아 북부의 알시(Alsi)나 갈그미스 근처의 일란수라(Ilansura)처럼 덜 알려진 지역을 포함한다. 아리옥은 처음에 (고바빌로니아 시대 초기의) 마리(Mari) 지역의 왕 짐리림(Zimri-lim)의 다섯째 아들 아리우크(Arriwuk)로 생각되었지만, 이 주장은 이제 가능성이 희박하다고 여겨진다. 네 번째 왕 디달은 네 명의 히타이트 왕에서 확인되는 이름(Tudhaliya)을 지녔다. 그는 고임의 왕으로 확인되는 데, 고임이란 '나라들'을 의미한다. 이런 표현은 매우 낯설지만, 스키타이인(Scythians)이나 킴메르인(Cimmerians)과 관련해서 '사람들'을 지칭할 때 일반적으로 사용된 용어인, 잘 알려진 고대 이름 움만만다(Umman-manda)와 같은 방식일 수 있다.

따라서 이 이름들은 진짜처럼 들린다.[3] 물론 성경 밖에 언급된 이름과 특정 왕을 확신을 갖고 동일시할 수는 없지만 말이다. 또한, 키친(Kitchen)이 올바르게 지적하듯이 이 왕들의 정체를 직접적으로 분명히 할 수는 없더라도, 고바빌로니아 이전 시기가 그 같은 연합이 가능했던

유일한 시기일 수 있다.[4]

결국 함무라비 이전 시기는 메소포타미아가 힘이 부족한 여러 지도자 간에 분열되어 있던 때였다. 함무라비는 자신의 제국주의적 성향 때문에 많은 지도자를 굴복시킨 인물이었다.[5] 사실 이런 개요 외에 할 수 있는 말은 많지 않다. 결국 창세기 14장은 성경 외 역사, 적어도 현재 우리가 알고 있는 성경 외 역사와 구체적 연결 고리를 제공하지 않는다.

— 이야기 살아내기 —

"너희 대적을 네 손에 붙이신" 분(14:20a)

아브람은 부하들과 동맹을 이끌고 가나안을 습격한 동방의 네 왕을 급습하는 데 성공했다. 그는 약탈품을 되찾고 롯을 포함하여 그들이 납치한 사람들을 돌려보냈다. 우리는 적군의 규모나 아브람이 사용한 전략에 관하여 상세한 내용을 알지 못한다. 멜기세덱은 정말 결정적인 승리의 요인을 지적하면서 "너희 대적을 네 손에 붙이신" 하나님 덕분이었다고 말한다(20a절).

이 어구는 하나님이 아브람의 군사적 성공에 적극적으로 참여하셨음을 시사하고, 실제로 하나님이 대개 자기 백성을 위해 그들보다 훨씬 강한 적들과 맞서 싸우는 전사라는 생각을 처음으로 우리에게 소개한다. 홍해를 건넌 후 모세와 이스라엘 백성이 노래할 때 이런 하나님의 모습은 분명해진다.

> 여호와는 나의 힘이요 노래시며
> 나의 구원이시로다.
> 그는 나의 하나님이시니 내가 그를 찬송할 것이요.

내 아버지의 하나님이시니 내가 그를 높이리로다.

여호와는 용사시니

여호와는 그의 이름이시로다. (출 15:2-3)

구약 전반에서 하나님은 사면초가에 몰린 자기 백성을 위해 싸우러 오신다. 그분은 여리고에서 여호수아와 함께하셨고(수 6장), 기드온과 함께 미디안에 맞서 싸우셨고(삿 7장), 골리앗과의 전투에서 다윗과 함께하셨고(삼상 17:45-47), 드고아 전투에서 여호사밧과 함께하셨다(대하 20장). 이 목록은 계속 이어진다.[6]

하지만 전사로 묘사된 하나님의 모습은 오늘날 그리스도인들과 어떻게 관련되는가? 사실 하나님의 폭력이 동방의 네 왕과 같은 악한 사람들을 겨냥할 때도, 많은 사람에게 하나님이 전사이시라는 개념은 혼란스럽고 당혹스럽게 다가온다.[7] 우리는 이처럼 일견 타당해 보이지만 오해의 소지가 있는 정서와 충분히 대화할 수는 없겠지만, 전사이신 하나님의 모습은 구약과 신약이 대립하는 문제가 아니라는 점을 인정해야 한다.

사실 그리스도인은 예수님이 우리의 전사이시라는 사실을 알고 거기서 용기를 얻어야 한다. 구약에서 하나님은 자기 백성을 위해 싸우셨을 뿐 아니라, 그들이 불순종할 때는 그들에 맞서 싸우셨고, 궁극적으로 하나님은 "원수같이" 오셔서 예루살렘을 멸하신다(애 2장). 하지만 구약성경이 끝나기 전에 하나님은 악인의 압제에서 자기 백성을 구원할 신성한 전사가 올 것을 알리도록 예언자들에게 지시하셨다(다음을 보라. 단 7장; 슥 14장; 말 4장).

신약이 열릴 때 이런 구약 예언자들의 정서를 반복하는 세례 요한의 목소리를 듣는다. 그는 자기 뒤에 오실 분에 대해 이렇게 선포한다. "그는 성령과 불로 너희에게 세례를 베푸실 것이요. 손에 키를 들고 자기의 타작마당을 정하게 하사 알곡은 모아 곳간에 들이고 쭉정이는 꺼지지 않는 불에 태우시리라"(마 3:11-12).

세례 후 요한은 감옥에 갇히고 예수님은 사역을 시작하신다. 요한은 혼란스러운 소문을 듣기 시작한다. 예수님은 악인을 심판하는 대신 복음을 전하고 사람들을 치유하신다. 깜짝 놀란 요한은 제자들을 예수님께 보내 "오실 그이가 당신이오니이까? 우리가 다른 이를 기다리오리이까?"라고 묻는다(마 11:3). 예수님은 그 대답으로 병자를 고치고 기쁜 소식을 전하는 등 이제껏 하신 일을 더 많이 하신다. 예수님은 자기 행동을 통해 요한에게 이렇게 말씀하신 것이다. 자신은 신성한 전사이지만 영적 힘과 권세에 집중할 수 있도록 전투를 확장하고 심화시켰고, 이 적을 패배시키는 방법은 그들을 죽이는 것이 아니라 자신이 죽는 것이라고 말이다.

따라서 예수님의 십자가 구속 사역은 군사적 승리에 비유된다(엡 4:8; 골 2:13-15). 그분의 사역은 악의 세력에 대한 궁극적 승리를 보장했지만, 그분이 다시 오실 때까지 전투는 끝나지 않을 것이다.

그러므로 신약은 아브람이 악의 인간 화신인 네 왕과 충돌했던 것처럼, 그리스도인도 "권세들과…주관자들"에 맞선 전투에 참여하고 있다고 묘사한다. 또한 바울에 따르면 우리는 하나님의 능력으로 이런 적들과 싸운다(엡 6:10-20).

신약은 그리스도인이 악의 세력과 평생에 걸쳐 전투를 벌인다고 말한다. 하지만 우리는 하나님의 갑옷을 입고 하나님의 무기를 들고 이 전투에 임한다는 사실에서 자신감을 얻을 수 있다. 우리가 승리할 때 아브람처럼 우리는 하나님이 적을 우리 손에 넘겨주셨기 때문에 승리한다는 사실을 깨달아야 한다.

아브람은 소돔 왕과 아무 관계도 맺지 않을 것이므로, 소돔 왕은 "내가 아브람으로 치부하게 하였다"라고 말할 수 없다(14:23). 명시적으로 언급되지 않았지만, 아브람이 스스로 거리를 둔 동기는 "소돔 사람은 여호와 앞에 악하며 큰 죄인"이라는 것이 거의 확실하다(13:13). 여기서 아브람의 행동은 이미 살펴보았듯이 소돔 근처에 살기로 선택한 조카 롯의 행동과 대조된다. 롯의 선택은 이미 그에게 문제를 안겨 주었다. 침략하는 근동의 왕들에게 롯이 납치되었기 때문이다. 아브람은 그를 구해 주었지만, 우리는 창세기 18-19장에서 롯이 다시 소돔으로 돌아가는 것을 볼 것이다. 그의 행동과 선택에 관해서는 18-19장에서 살펴보기로 하고, 지금은 아브람에 대해 살펴보자.

자신을 악에서 분리한 아브람의 선택은 먼저 구약의 맥락 속에서 이해해야 한다. 당시에 하나님은 자기 백성이 다른 민족과 섞이지 않기를 바라셨다. 다른 백성의 악이 그들의 행동에 영향을 미치고 합당한 예배에서 멀어지게 할까 두려워, 하나님은 자기 백성이 다른 민족과 교제하는 것조차 원하지 않으신다. 여호수아는 이스라엘에게 "너희 중에 남아 있는 이 민족들 중에 들어가지 말라"고 권면했다(수 23:7). 이 거룩한 열망은 모든 가나안 사람을 죽이라는 명령으로 이어질 것이다(신 20:16-18을 보라). 물론 사사기나 열왕기를 읽어 본 사람이라면 누구나 이스라엘이 하나님께 순종하여 자기를 악에서 분리하지 않고, 오히려 다른 신들을 숭배하고 부패한 방식으로 행동하는 유혹에 자주 굴복했다는 사실을 알고 있다.

아브람과 그의 후손이 악에서 구별되기를 바라시는 하나님의 열망은 하나님이 열방을 미워하셨기 때문에 생긴 것이 아니다. 아브람을 선택하신 목적(창 12:1-3)은 궁극적으로 열방의 복으로 이어지기 위한 것이었지만, 만약 아브람이 그냥 그 안에 섞여 산다면 이 복은 성취될 수 없음을 기억해야 한다.

어쨌든 소돔 왕이 주는 어떤 것도 받지 않겠다는 아브람의 매정한 거절은 멜기세덱에 대한 긍정과 대조를 이룬다. 멜기세덱도 가나안 왕이지만 악에서 멀었던 이 살렘의 제사장-왕은 아브람과 같은 하나님을 예배했다.

경건한 사람은 악한 사람들과 어울리지 않는다. 시편 1:1에 따르면

> 복 있는 사람은 악인들의 꾀를 따르지 아니하며
> 죄인들의 길에 서지 아니하며
> 오만한 자들의 자리에 앉지 아니하고….

> 사악한 자의 길에 들어가지 말며
> 악인의 길로 다니지 말지어다.
> 그의 길을 피하고 지나가지 말며
> 돌이켜 떠나갈지어다.
> 그들은 악을 행하지 못하면 자지 못하며
> 사람을 넘어뜨리지 못하면 잠이 오지 아니하며
> 불의의 떡을 먹으며
> 강포의 술을 마심이니라. (잠 4:14-17)

아브람은 적어도 이 이야기에서 악한 사람들과 거리를 유지하는 자의 모델인데, 이는 구약에서 찬양하는 미덕이다. 아브람과 그의 후손들이 확장시킬 복은 자기를 거룩하게 지킬 때 임할 것이고, 하나님은 그들에게 복을 주어 주변 민족의 관심을 끄실 것이다. 주변 민족은 순종하는 백성에게 임한 하나님의 복 덕분에 하나님의 백성이 번영하고 의미 있는 삶을 살았음을 깨달을 것이고, 그들은 하나님과의 관계로 이끌릴 것이다.

하지만 백성의 죄로 인해 복은 그런 방식으로 작동하지 못했다. 신약으로 눈을 돌리면, 우리는 분명 경건하지 않은 사람들과 분리되라는 것보다는 거룩하라는 부르심을 듣게 되고(고전 1:2; 살전 3:13; 4:7; 딤전 2:8), 예수님은 교회를 세상 한가운데로 보내셨다. "그러므로 너희는 가서 모든 민족을 제자로 삼아 아버지와 아들과 성령의 이름으로 세례를 베풀고 내가 너희에게 분부한 모든 것을 가르쳐 지키게 하라. 볼지어다. 내가 세상 끝 날까지 너희와 항상 함께 있으리라"(마 28:19-20).

바울은 그리스도인들에게 죄인들과 어울리지 말되, 특히 교회 밖이 아니라 교회 안의 죄인들과 어울리지 말라고 말한다. "내가 너희에게 쓴 편지에 음행하는 자들을 사귀지 말라 하였거니와 이 말은 이 세상의 음행하는 자들이나 탐하는 자들이나 속여 빼앗는 자들이나 우상 숭배하는 자들을 도무지 사귀지 말라 하는 것이 아니니 만일 그리하려면 너희가 세상 밖으로 나가야 할 것이라"(고전 5:9-10).

핵심은 우리가 복음을 위해 불신자들과 어울리지만, 그들의 악한 활동과 생각에는 동참하지 않는다는 것이다. 예수님은 제자들을 악한 세상으로 보내시지만("내가 너희를 보냄이 양을 이리 가운데로 보냄과 같도다"), 지혜롭게 소통하고 악을 멀리해야 한다("뱀같이 지혜롭고 비둘기같이 순결하라", 마 10:16).

십일조

"아브람이 그 얻은 것에서 십분의 일을…주었더라"(14:20). 성경에서 십일조에 대한 첫 번째 언급이 여기에 나온다. 두 번째 언급도 창세기에 나오는데(28:22), 야곱은 하나님이 자기를 밧단 아람에서 안전하게 돌아오게 해 주신다면 10분의 1을 바치겠다고 약속한다. 오늘날 일부 교회에서는 성도들에게 수입의 10분의 1을 교회 사역에 바치도록 권장한다. 이것은 오늘날에도 따라야 할 성경의 원리인가?

창세기에 나오는 두 사례는 의무가 아닌 자발적 헌물이다. 아브람의 헌물은 소돔 왕 멜기세덱이 가나안 연합의 지도자였고(연구에 따르면 왕에게 10분의 1을 바치는 것은 고대 근동의 관습이었다[8]), 또한 아브람이 이 왕을 아브람 자신이 경배하는 분과 같은 하나님의 제사장으로 인정했음을 나타낸다. 야곱의 서약도 자발적 헌물이었다.

이런 선물은 자발적이었지만, 후대의 모세 율법에서 이스라엘 백성에게 10분의 1을 바치라고 명령했다는 데는 의문의 여지가 없다. 후대 율법 어디서도 이 관행의 근거를 창세기에 기록된 이전 사건에 두지 않는다. 사실 토라에 있는 다양한 십일조 법이 서로 어떻게 관련되는지에 대해서는 약간 의문이 있다.

민수기 18:21-24(레 27:30-33도 보라)에서 하나님은 "이스라엘 안에서 바치는 열의 하나를 모두 그들이 받을 유산으로 준다. 이것은 그들이 회막 일을 거드는 것에 대한 보수이다"라고 선언하신다(21절, 새번역). 다음 문단(25-29절)에서는 레위인이 받은 십일조에서 10분의 1을 떼어 제사장에게 바쳐야 한다고 모세에게 지시하신다. 다시 말해, 여기서 우리는 하나님이 레위인과 제사장을 위한 양식을 어떻게 마련하셨는지 알 수 있다.

신명기에서도 십일조 문제를 다루지만(신 12:6, 11, 17; 26:12-15; 특히 14:22-29), 어떤 사람들은 민수기(및 레위기)에 나오는 율법과 상충되는 부분이 있다고 생각한다. 신명기 14:12-15에 따르면 성소로 가져온 십일조는 헌물하는 사람이 소비한다. 곡식과 새 포도주, 감람유의 10분의 1과 가축과 양 떼의 맏배를 가져오거나 혹은 성소까지의 거리가 너무 멀 경우 이 물품을 은으로 바꾼 다음 "네 마음에 원하는 모든 것을 그 돈으로 사되 소나 양이나 포도주나 독주 등 네 마음에 원하는 모든 것을 구하고 거기 네 하나님 여호와 앞에서 너와 네 권속이 함께 먹고 즐거워할" 수 있다(신 14:26). 또한 3년마다 십일조를 성소로 가져오지 말고 레위인과 가난한 자를 비롯한 불우한 사람들을 위해 여러 마을에 보관하라는 규정이 있다.

초기 랍비들은 세 가지 십일조를 상정했다[첫 번째 십일조는 레위인과 제사장을 위한 것이고(민 18:21-29), 두 번째는 예배자들의 기쁨을 위해 사용되었고(신 14:22-27), 세 번째는 여러 마을의 레위인과 가난한 이들을 위해 3년째 되는 해에 사용된다(신 14:28-29)]. 현대의 다른 학자들은 십일조의 역사적 발전을 받아들여서 이런 율법을 조화시키려고 하지만, 애버벡(Averbeck)은 여기에 동의하지 않고 이런 율법들이 서로를 어떻게 보완하는지에 관한 합리적 관점을 제시한다.[9] 단 하나의 십일조가 있었는데, 그것은 성소에서 열리는 연례 절기 중에 바쳐졌다. 민수기 18장에 따라 그 십일조에서 예배자들의 기쁨을 위해 자원을 지출했지만, 십일조의 일부만을 지출했을 것이다. 레위인을 위한 십일조의 10분의 1은 제사장 제도를 유지하는 데 사용되었다. 그리고 3년마다(안식년 주기에서 3년째와 6년째)의 십일조는 중앙 성소가 아니라 지역 마을에 두어, 지역 레위인과 가난하고 취약한 이들의 생계를 위해 사용되었다.

따라서 십일조는 모세 시대부터 하나님의 백성에게 부과된 법적 요구 사항이었다는 데는 의문의 여지가 없다. 구약에 묘사된 이스라엘 백성의 역사에 익숙한 사람들은, 이스라엘이 이 사상에 부응하지 못했다는 사실에도 그다지 놀라지 않을 것이다.

하지만 오늘날 그리스도인에게 십일조가 여전히 법적 요구 사항인지는 의문으로 남는다. 그리스도인은 수입의 10분의 1을 교회에 기부하거나 최소한 복음의 발전을 위해 따로 떼어 놓아야 하는가?

복음서에서는 십일조가 당시 유대인들의 관습이라고만 언급한다. 실제로 예수님은 십일조를 지키지만 정의, 긍휼, 믿음이라는 더 광범위한 원리를 무시하는 유대 지도자들을 비판하신다(마 23:23; 눅 11:42; 또한 눅 18:12도 보라). 신약에서 십일조를 언급하는 다른 유일한 곳은 히브리서

7:1-10인데, 여기서 저자는 아브라함이 멜기세덱에게 십일조를 바친 창세기 14장 이야기를 인용하면서 예수님이 가장 큰 대제사장이시라고 주장한다.

다시 말해서 그리스도의 죽음과 부활 이후 신약은 신약 시대 그리스도인에 대한 규범으로 십일조 율법을 제시한 적이 없다. 애버벡은 이런 관찰이 침묵에서 나온 주장에 불과하다고 지적한다. 바울은 다양한 기회를 활용하여 그리스도인들에게 아낌없이 헌금하라고 여러 차례 호소하면서 십일조의 필요성을 언급하기 때문이다(롬 15:25-28; 고전 9:16-18; 16:1-3; 고후 8-9장; 엡 4:28 등).[10]

십일조에 대한 이런 성경신학적 관찰은 그리스도인이 수입의 10분의 1을 하나님의 일에 바치는 관행을 되찾아야 한다는 생각보다, 십일조로 충분한지에 대한 의문으로 이어져야 한다. 구약의 신자가 10분의 1을 드렸다면, 예수님 안에서 하나님의 은혜와 자비를 받는 그리스도인은 무엇을 드려야 할까? 여기에 법적 공식은 없다. 우리는 우리 삶에서 이루어진 주님의 사역에 대한 감사와 기쁨으로 드려야 한다.

예수, "멜기세덱의 반차를 따른 영원한 대제사장"(히 6:20)

멜기세덱은 동방의 네 왕과의 전투가 끝난 후 갑자기 등장한 수수께끼 같은 인물이며, 아브람과 함께 참 하나님을 섬기는 동료 예배자인 제사장-왕이다. 족장 아브람이 그의 축복을 받고 약탈품의 10분의 1을 주며 그를 높은 자로 대할 때 신비는 더 깊어진다. 멜기세덱은 조용히, 거의 등장하자마자 신속하게 무대를 떠난다.

멜기세덱은 구약에서 단 한 번 더 언급되고, 시편 110편에서 그의 두 번째 등장은 첫 번째 등장에 대해 그 무엇도 명확히 설명해 주지 않는다. 창세기 14:18-20이 구약에서 수수께끼 같은 내러티브 본문 중 하나라면, 시편 110편은 분명 시편에서 가장 수수께끼 같은 본문 중 하나로 어깨를 나란히 한다.

시편 110편의 표제어는 다윗과 이 시편을 연결하고, 이 시편은 "내 주"에게 주신 신적 신탁 선언으로 시작된다. 만약 말하는 사람이 다윗이라면 그의 주의 정체는 불분명하다. 시편 110편과 아시리아 궁중 예언을 비교한 최근 연구에 따르면 "시편 110편은 새로 즉위한 왕과 관련된 이스라엘 제의의 일부로, 아마 성전 직원으로 보이는 예언자에 의해 성전에서 전달되었을 것이다."[11] 예언자는 하나님을 대신하여 다윗 계통의 왕에게 이렇게 선포했다.

> 내가 네 원수들로
> 네 발판이 되게 하기까지
> 너는 내 오른쪽에 앉아 있으라. (1절)

이어지는 두 절은 적에 대한 왕의 승리를 선언한다. 그런 다음 4절에서 시편 저자는 두 번째 신탁을 내놓는다.

> 여호와는 맹세하고
> 변하지 아니하시리라.
> 이르시기를 너는 멜기세덱의 서열을 따라
> 영원한 제사장이라 하셨도다.

마지막 연에서는 하나님이 멜기세덱의 반차를 따른 제사장인 이 왕을 어떻게 지원하실지 설명하면서 다시 그의 승리를 선포한다.

다른 본문은 왕이 제사장의 직무를 침해해서는 안 된다고 시사하기 때문에(삼하 13:8-15) 4절의 선포는 수수께끼 같다. 사실 이 시편의 작곡자로 추정되는 다윗은 때때로 제사장처럼 행동했고(삼하 6장), 그의 아들들은 제사장으로 불렸지만 말이다(삼하 8:18). 이스라엘에서는 왕에게 제사장의 특권이 허용되지 않았기 때문에 아마도 작곡자는 왕이 속한 제사장 반차의 창시자로 아론이 아닌 멜기세덱을 언급했을 것이다.

신약으로 눈을 돌려 히브리서에서 멜기세덱 전승이 어떻게 사용되는지 볼 때, 창세기 14장과 시편 110편 두 본문 모두에 대한 의문이 남는다. 이름이 알려지지 않은 무명의 히브리서 저자는 예수님이 가장 큰 대제사장이시라는 아주 중요한 신학적 주장을 펼치기 위해 멜기세덱 전통을 인용한다.

우선 히브리서 저자의 많은 관심을 끄는 것은 다름 아닌 멜기세덱에 대한 구약의 신비로운 두 언급이라고 할 수 있다. 저자는 제사장이신 그리스도에 관한 중요한 논점을 주장하기 위해 구약 인물의 모호함을 활용한다. 그는 고귀한 제사장, 일반적인 범주를 초월할 만큼 무척이나 고귀한 제사장이다. 그는 제사장 아론보다 훨씬 나은 제사장이고, 완전히 다른 반차에 속한 레위인이다.

히브리서 저자의 목적은 구약의 인물 멜기세덱에 관해 더 많이 알려주는 것이 아니고, 분명 멜기세덱이 예수님의 성육신 이전 모습이라고 말하는 것도 아니다. 멜기세덱에 대한 저자의 암시는 1세기의 문학적 관습을 따라 예수님이 **탁월한** 제사장이시라고 말하는 자기만의 표현 방식이다.

이를 염두에 두고 가장 큰 대제사장이신 예수님에 관한 히브리서의 논증을 따라가 보자. 히브리서 4장은 하나님이 자기를 따르는 이들에게 주시는 미래의 안식에 관해서 설명하면서 시작한다. 그런데 그 어조는 하나님의 심판 가능성에 대해 경고하는 느낌이다. 저자의 청중은 "너희 중에는 혹 이르지 못할 자가 있을까" 조심해야 한다(히 4:1). 이 단락은 하나님의 말씀이 어떻게 외과적으로 정확하게 우리의 영혼을 드러내는지를 설명하면서 마무리된다. 하나님의 말씀은 "혼과 영과 및 관절과 골수를 찔러 쪼개기까지" 한다(12절). 우리 하나님은 심판과 공의의 하나님이시다.

히브리서는 이 엄중한 경고를 전한 뒤, 예수님이 우리를 위해 계신다는 위로의 메시지로 바뀐다. 히브리서 4:14은 "그러므로 우리에게 큰 대제사장이 계시니 승천하신 이 곧 하나님의 아들 예수시라. 우리가 믿는 도리를 굳게 잡을지어다"라고 말한다. 가야 하는 길은 험하지만, 예수님이 우리를 하나님 앞에 흠 없는 자로 데려가기 위해 거기 계신다.

제사장은 하나님 앞으로 사람들을 인도하는 사람이다. 그는 또한 백성들의 예물을 하나님께 가져간다. 아론과 그의 아들들이 그렇게 했고, 이제 예수님도 그렇게 하신다. 히브리서는 더 나아가 예수님도 인간 제사장과 마찬가지로 유혹을 경험하신다는 것을 알려 준다. 우리 모두 유혹을 받기 때문에, 제사장은 우리와 하나가 되고 우리가 누구인지를 잘 대변할 수 있다.

그런데 바로 이 대목에서 히브리서는 예수님과 전형적인 인간 제사장의 엄청난 차이점을 지적한다. 제사장은 유혹을 받고 종종 죄에 빠졌다. 예수님은 유혹을 받으셨지만 결코 죄를 범하지 않으셨다. 그분은 죄 없는 제사장이시다. 여기에는 기념비적 의미가 있다. 제사장은 백성을 위해 제사를 드렸을 뿐 아니라 자기를 위해서도 제사를 드려야 했다. 대제사장은 심지어 속죄일에 자기를 위해 제사를 드려야 했다(레 16:6). 하지만 예수님은 자기 죄를 위해 제사를 드리실 필요가 없다. 그분은 아무 죄가 없으시다. 그분은 유일무이한 존재로서 하나님 앞에서 우리를 대표하신다.

이 대목에서 저자는 처음으로 예수님과 멜기세덱의 제사장 반차를 연결한다. 시편 2편을 인용하여 예수님이 하나님의 아들이시라고 밝힌 후, 히브리서 5:6에서 시편 110:4을 인용한다(앞의 내용을 보라).

예수님과 멜기세덱의 관계를 설명하기 전에, 저자는 독자들에게 믿음의 단순한 사실(젖)에서 성숙한 신자가 다루는 더 복잡한 개념(단단한 음식)으로 나아가라고 촉구한다. 명시적 연결이 나오지는 않지만, 문맥은 그리스도와 멜기세덱이라는 수수께끼 같은 인물 사이의 관계가 결코 단순한 가르침이 아님을 시사한다. 이 본문의 질문에 손쉬운 답을 가진 사람들(예를 들어, 멜기세덱이 진짜 예수님이라고 주장하는 사람들)은 이 훈계의 어조에 반한다.

히브리서 6장 말미에서 멜기세덱 주제로 다시 돌아오고, 이 주제는 7장과 8장에서 전개된다. 이 단락은 창세기 14장 및 아브라함과 멜기세덱의 만남에 관한 해석적 요약으로 시작된다. 이제 여기에 드러난 해석적 관점을 전면적으로 다루어 보겠다.

히브리서 7:3의 해설에 따르면, 살렘의 제사장 왕은 "아버지도 없고 어머니도 없고 족보도 없고 시작한 날도 없고 생명의 끝도 없어 하나님의 아들과 닮아서 항상 제사장"으로 있다. 현대인의 안경을 쓰고 이 진술을 읽어 보면 멜기세덱은 인간의 방식으로 태어나지 않았고 여전히 살아 있다는 말로 오해할 것이다. 하지만 히브리서를 만들어 낸 고대 세계 속에서 생각하면, 저자는 멜기세덱을 문학적 인물로 다룬다는 사실을 알 수 있다. 그의 출생이나 죽음은 어디에도 기록되지 않았다. 그는 창세기 내러티브에 갑자기 등장했다가 다시 갑자기 사라진다. 히브리서 저자는 예수님이 레위보다 낫고 그분의 제사장직이 레위의 제사장직을 능가한다는 중요한 주장을 펼치기 위해 이 문학적 사실을 활용한다.

사실 본문은 멜기세덱이 아브라함보다 우월하다고 말한다! 아브라함은 믿음의 조상이었지만 스스로 멜기세덱에게 복종했다. 반복하지만 1세기 유대인의 사고방식에 따르면, 만약 아브라함이 멜기세덱에게 경의를 표하며 절했다면, 그의 후손, 말하자면 그의 허리에서 나온 레위도 멜기세덱에게 절한 것이다. 이것이 히브리서 7:9-10의 핵심 논리다.

> 또한 십분의 일을 받는 레위도 아브라함으로 말미암아 십분의 일을 바쳤다고 할 수 있나니 이는 멜기세덱이 아브라함을 만날 때에 레위는 이미 자기 조상의 허리에 있었음이라.

또한 레위가 아닌 멜기세덱과 그리스도의 연관성은 히브리서 저자가 또 하나의 잘 알려진 사실을 설명하는 데도 도움이 된다. 아론 계통의 제사장이 레위의 후손인 반면, 예수님은 유다 왕족 출신이셨다. 이와 관련된 것이 멜기세덱이 제사장일 뿐 아니라 살렘의 왕이기도 했다는 사실이다. 이스라엘에는 제사장과 왕 사이에 분명하고 중요한 구분이 있었다. 실제로 사울은 제사를 드렸다가 여러 곤경에 처하기도 했다(삼상 13장).

히브리서의 가르침은 8장을 시작하는 진술에 요약되어 있다. "지금 우리가 하는 말의 요점은 이러한 대제사장이 우리에게 있다는 것이라. 그는 하늘에서 지극히 크신 이의 보좌 우편에 앉으셨으니 성소와 참 장막에서 섬기는 이시라. 이 장막은 주께서 세우신 것이요 사람이 세운 것이 아니니라." 이 본문은 예배 장소에 관한 가르침과 예배의 주체에 관한 가르침을 연결한다. 실제로 이어지는 내용에서도 예배의 방식에 대해 말하는데, 그 내용은 바로 예수님은 거룩한 장막에 들어가셔서 제사를 드리신다는 것이다.

13 창세기 15장

이야기 경청하기

15:1이후에 여호와의 말씀이 환상 중에 아브람에게 임하여 이르시되 아브
람아 두려워하지 말라 나는 네 방패요 너의 지극히 큰 상급이니라 2아브람
이 이르되 주 여호와여 무엇을 내게 주시려 하나이까 나는 자식이 없사오
니 나의 상속자는 이 다메섹 사람 엘리에셀이니이다 3아브람이 또 이르되
주께서 내게 씨를 주지 아니하셨으니 내 집에서 길린 자가 내 상속자가 될
것이니이다 4여호와의 말씀이 그에게 임하여 이르시되 그 사람이 네 상속
자가 아니라 네 몸에서 날 자가 네 상속자가 되리라 하시고 5그를 이끌고
밖으로 나가 이르시되 하늘을 우러러 뭇별을 셀 수 있나 보라 또 그에게 이
르시되 네 자손이 이와 같으리라 6아브람이 여호와를 믿으니 여호와께서
이를 그의 의로 여기시고 7또 그에게 이르시되 나는 이 땅을 네게 주어 소
유를 삼게 하려고 너를 갈대아인의 우르에서 이끌어 낸 여호와니라 8그가
이르되 주 여호와여 내가 이 땅을 소유로 받을 것을 무엇으로 알리이까
9여호와께서 그에게 이르시되 나를 위하여 삼 년 된 암소와 삼 년 된 암염
소와 삼 년 된 숫양과 산비둘기와 집비둘기 새끼를 가져올지니라 10아브람
이 그 모든 것을 가져다가 그 중간을 쪼개고 그 쪼갠 것을 마주 대하여 놓
고 그 새는 쪼개지 아니하였으며 11솔개가 그 사체 위에 내릴 때에는 아브
람이 쫓았더라 12해 질 때에 아브람에게 깊은 잠이 임하고 큰 흑암과 두려
움이 그에게 임하였더니 13여호와께서 아브람에게 이르시되 너는 반드시
알라 네 자손이 이방에서 객이 되어 그들을 섬기겠고 그들은 사백 년 동안
네 자손을 괴롭히리니 14그들이 섬기는 나라를 내가 징벌할지며 그 후에
네 자손이 큰 재물을 이끌고 나오리라 15너는 장수하다가 평안히 조상에게
로 돌아가 장사될 것이요 16네 자손은 사대 만에 이 땅으로 돌아오리니 이
는 아모리 족속의 죄악이 아직 가득 차지 아니함이니라 하시더니 17해가
져서 어두울 때에 연기 나는 화로가 보이며 타는 횃불이 쪼갠 고기 사이로

지나더라 18그 날에 여호와께서 아브람과 더불어 언약을 세워 이르시되 내
가 이 땅을 애굽 강에서부터 그 큰 강 유브라데까지 네 자손에게 주노니
19곧 겐 족속과 그니스 족속과 갓몬 족속과 20헷 족속과 브리스 족속과 르
바 족속과 21아모리 족속과 가나안 족속과 기르가스 족속과 여부스 족속의
땅이니라 하셨더라

이야기 속 다른 본문 경청하기

성경 본문: 창세기 12:1-3; 고대 근동 문헌: 누지를 비롯한 기타 고바빌로니아 문헌

'이야기 설명하기'에서 밝히겠지만, 창세기 15장은 창세기 12:1-3에서 아브라함에게 주신 약속의 재확인이다. 하나님은 아브람의 후손이 복을 받아 "큰 민족"이 될 것이고 세상에 복을 전할 것이라고 약속하셨지만, 지금까지 아브람에게는 한 명의 아들 조차 없었다.

하나님과 아브람의 대화와 더불어 이 장 마지막에 행하는 의식은 현대인의 귀에 낯설게 들리지만, 고대 독자들은 납득할 수 있었을 것이다. 고대의 누지(Nuzi, 오늘날의 요간 테페)를 비롯한 기타 고바빌로니아 유적지에서 발견된 문헌을 통해 고대 근동의 사회적 관습이 어떤 것인지가 복원되었는데, 현대 독자들은 여기에서 도움을 받을 수 있다. 이 이야기를 설명하면서 그 관련성에 관해 살펴보겠다.

이야기 설명하기

하나님이 아브람에게 다시 확신을 주시다(15:1-6)

동방의 네 왕과의 싸움에서 하나님이 아브람에게 승리를 주신 14장의 사건과 환상을 통해 족장에게 하나님이 자기를 나타내시는 15장 사

이에 얼마나 오랜 기간이 경과했는지를 알 수는 없다("이후에", 1절). 하나님은 아브람에게 다시 확신을 주시기 위해 그에게 다가오셨다. 아브람의 나중 반응으로 미루어 짐작할 때 그는 하나님의 약속, 특히 "큰 민족"이 될 것이라는 약속(12:2)을 성취하시려는 하나님의 목적을 다시 의심했기 때문에 거듭 확신이 필요했다. 이 약속은 많은 후손을 낳을 것이라는 생각을 내포했지만, 사래는 여전히 임신하지 못한 상태였고 아브람은 점점 절망해 갔다.

하나님은 먼저 아브람에게 주신 유익을 언급하신다. 하나님의 첫 말씀에 대한 가장 그럴듯한 번역은 NIV 성경에서 볼 수 있는데, NIV 성경 번역에서 하나님은 아브람의 삶에서 보호자가 되셨고("나는 네 방패요") 또한 그가 경험하는 모든 좋은 것의 원천이라는 사실("너의 지극히 큰 상급")을 상기해 주신다. 우리는 또한 명사 방패(*magen*)가 하나님이 "너희 대적을 네 손에 붙이[셨다](*miggen*)"는 14:20 멜기세덱의 진술과 관련이 있다는 점에 주목해야 한다. 대안적 번역(NIV 성경의 각주)도 가능하지만 가능성은 높지 않다. '마겐'(*magen*)을 "주권자"(sovereign)로 번역하려면 '마간'(*magan*)으로 수정해야 하는데, 이는 같은 어원을 지녔다고 확신할 수 없는 우가리트 단어에 근거한다. 다음 콜론(행)의 대안적 번역("네 상급이 매우 클 것이다")은 하나님 그분이 상급이 아니라 아브람에게 상급을 주는 행위자가 되신다는 초점의 변화를 낳는다.

어느 경우든, 하나님은 아브람을 두려움에서 확신으로 이끌고자 이 말씀을 하신다("두려워하지 말라"). 아브람의 두려움이 쉽게 가라앉지 않았다는 사실은, 하나님의 짤막한 말씀에 대한 그의 반응에서 분명히 드러나는데, 여기에서 그가 느낀 불안의 원인 또한 확인된다. 아브람은 점점 나이가 들어 가는데도 자식이나 자연 상속인이 없는 상태다.

친자식이 없으므로 아브람은 다메섹 사람 엘리에셀을 상속자로 지목한다(2-3절). 엘리에셀은 "저의 집에 있는 이 종"으로 묘사된다(새번역).

랜들 가르(Randall Garr)는 이 아브라함의 말에 대해 NIV 성경의 명료한 번역 이면에는 문자적으로 '내 가족의 벤 메셰크('나의 상속자'라는 의미—옮긴이)는 바로, 다메섹의 엘리에셀이니이다'라고 번역될 수 있는 횡설수설하는 말이 있음에 주목한다. 다만 가르가 지적하듯 이것은 본문상의 혼란이 아니라 아브람의 실망한 마음 상태를 드러낸다.[1]

그런데 왜 이 엘리에셀이 상속자일까? 가령 조카 롯도 있는데 말이다. 1930년대에 누지(=요간 테페)의 고대 유적지에서 발견된 다수의 설형 문자 점토판에 비추어 보면, 현대 독자는 여기서 아브람의 설명을 더 잘 이해할 수 있다. 누지는 아브람 선조들의 고향인 하란에 있는 도시였다(창 11:27-32). 이 점토판들은 대체로 아브람 선조들의 고향 인근 지역에서 나왔을 뿐 아니라 비슷한 시기에 나온 유물이다(기원전 2천 년대 전반). 그곳에서 발견된 문헌들은 아카드어로 쓰였고, 족장 내러티브에서도 볼 수 있는 여러 사회적 관습을 드러내 준다. 처음에 이 문헌들은 족장 내러티브의 본질적인 역사성을 확증하고자 하는 시도에 활용되었지만,[2] 이 같은 주장은 이러한 관습이 이 시기와 지역만의 고유한 것이라는 전제에 의존했기 때문에, 이런 관습이 더 광범위하게 있었다는 점이 분명해지자 이런 변증적 주장은 크게 약화되었다.[3] 그렇지만 누지 문헌은 다메섹 사람 엘리에셀이 자기 상속자라는 아브람의 주장을 포함하여, 족장들의 특정 발언과 행동의 의미를 조명하는 데 도움을 준다.[4]

가족의 종을 입양하는 것은 자녀를 낳지 못해서 초래되는 가장 심각한 결과 중 하나를 해결하기 위한 시도였다. 부부가 점점 나이 들어 감에 따라 신체적·정신적 능력이 저하되면서 도움이 필요했을 것이다. 자녀가 없다면 누가 그들을 보살피겠는가? 결국 고대 세계에는 고령자를 위한 시설이 없었다. 노년기에 부부를 돌보고 그 대가로 그들의 재산을 상속하는 엘리에셀 같은 집안의 하인을 입양하는 것이 해결책으로 제시되었다.

따라서 이제 아브람의 진술은 자녀가 없는 상황에서 상속자를 만들어 내려는 시도로 볼 수 있다. 그러니 그에게는 하나님이 약속을 끝까지 성취하실 거라는 믿음이 없는 것이다. 다시 한번 아브람은 믿음의 여정에서 밑바닥에 있다(12:4-9의 주석 다음에 나오는 "믿음의 여정"을 보라). 실제로 그는 자신의 곤경과 상속자를 만들어 내고자 사회적 관습을 조작하려고 시도한 이유에 대해서 하나님을 직접 비난한다("주께서 내게 씨를 주지 아니하셨으니", 이 비난은 분명 아브람이 미래에도 어떤 변화가 있으리라고 생각하지 않음을 암시한다, 3절).

그런데도 하나님은 분노로 반응하지 않으시고, 아브람의 비난을 즉각 부정하신다. 하나님은 엘리에셀이 아브람의 상속자가 될 것이라는 발상을 거부하시고, 아브람과 사라가 아이를 낳을 것이라고 다시 약속하신다. 또한 그 아이에게서 여러 후손이 나올 것이다. 하나님은 아브람에게 별을 보라고, 또 별처럼 많은 후손을 낳을 것임을 깨달으라고 요청하신다. 오늘날 도시에서 사는 사람들은 도시나 마을의 불빛에 둘러싸인 밤하늘이 아브람이 목격한 하늘의 풍경과 전혀 다르다는 것을 기억해야 한다. 그가 보기에 하늘은 실제로 무수히 많은 별로 가득했다. 그는 이 유비를 사용하신 하나님이 그 별의 창조자이시기도 하다는 사실을 기억했거나 적어도 기억했어야 한다. 분명 하나님은 나이 든 아브람과 사라에게 자녀를 주실 수 있었다.

하나님의 말씀은 아브람에게 다시 확신을 심어 주는 소기의 효과를 거둔 것으로 보인다. 그리스도인들이 볼 때 구약에서 가장 중요한 구절 중 하나(뒤에 나오는 "믿음으로 말미암는 의의 모델인 아브람"을 보라)에서 서술자는 독자들에게 아브람이 하나님을 믿었고 하나님이 그것을 의로 여기셨다고 말한다.

이번 경우에 하나님은 아브람의 정체성과 더불어 과거 그의 삶에 함께하신 자신의 임재를 떠오르게 하시면서("나는…너를 갈대아인의 우르에서 이끌어 낸 여호와니라", 7절), 큰 민족이 될 것이라는 약속(12:2)의 두 번째 특징도 상기시키셨다. 큰 민족이 되려면 아브람에게는 많은 후손뿐 아니라 땅도 필요했을 것이다. 이 장에서 아브람의 관심은 첫 부분에 집중되지만, 여기서 하나님은 두 번째 부분까지 두 가지를 다 성취하려는 자기의 의도를 기억하게 하신다. 그런데 이제 하나님은 땅 약속을 거론하셨고, 아브람은 현재 거류민으로 살고 있는 그 땅을 하나님이 실제로 자기에게 주실 거라는 확신을 달라고 요구한다.

재확신 의식(15:7-21)

하나님은 아브람의 염려를 무시하거나 단순히 약속을 되풀이하지 않으시고 오히려 의식을 수행하는 데 필요한 지시를 족장에게 내리신다. 이 의식은 현대 독자에게는 기이하고 이해하기 어려울 수 있다. 그러나 고대 근동의 유사 사례들을 통해 적어도 큰 윤곽에서 그 의미를 분명히 이해하는 데 도움을 얻을 수 있다.

요컨대 이 의식은 알랄라흐(Alalakh), 마리, 하티(Hatti)에서 나온 고대 근동 문헌을 통해 조명할 수 있다. 이 모든 문헌은 기원전 2천 년대에 나온 것이다.[5] 알랄라흐 문헌은 기원전 17세기의 것으로 다음과 같이 번역할 수 있다. "압반은 이아림림에게 맹세하고 양의 목을 자르며 (말했다.) '내가 그대에게 준 것을 취소한다면 (이렇게 죽을 것이다)'!"[6]

창세기 15장과의 유사성은 제물과 언약 조약의 성립 사이의 연관성에서 볼 수 있다. 특히 우리는 우월한 위치에 있는 계약 당사자(알랄라흐 문헌에서는 압반)가 계약 이행을 확약하면서 자기 저주를 내리는 것을 볼 수 있다. 창세기에서 불과 연기의 형태를 취하신 하나님은 그와 같은 자기 저주를 스스로에게 내리신다.

그런데 여기에서는 갈라진 사체 사이를 통과하는 부분이 누락되어 있다. 이를 위해 우리는 또 다른 고대 근동 문헌, 이번에는 히타이트 문헌을 인용한다. 군사적 패배 후 치르는 의식을 이 문헌은 이렇게 묘사한다.

> 군대가 적에게 패배했을 때 강 '뒤'에서 다음과 같은 의식을 수행한다. 그들은 사람, 염소, 강아지, 작은 돼지를 '반 갈라서' 절반은 이쪽에, 절반은 저쪽에 놓고 그 앞에 나무…문을 만들고 그 위에…을 펴고, 문 앞에서 이쪽과 저쪽에 불을 붙이고, 군대는 곧장 쭉 걸어가고, 강에 다다르면 그들 위에 물을 뿌린다.[7]

이와 비슷한 다른 문헌들을 창세기 15장과 연계하여 함께 연구할 때, 우리는 이 동물들을 도살하고 하나님이 그 사이를 통과하시는 의식의 의미를 이해할 수 있다. 고대 근동의 사례와 마찬가지로, 하나님은 자기 저주 의식을 수행하시면서 약속을 지키지 않을 경우 사실상 이 동물들처럼 죽임을 당해 쪼개질 것이라고 말씀하신다. 하나님은 그 시대에 행해진 관습을 통해 아브람에게 다시 확신을 심어 주신다.

이 의식의 큰 윤곽은 자기 저주 맹세를 구성하는 것이다. 그 시대 사람들의 관습상 동물의 반쪽 사이를 함께 걷는 두 사람은 자기 자신과 서로에게 "이 합의를 배신할 경우 나도 이 동물들처럼 끔찍한 죽음을 맞을 수 있다"고 말하는 것이다.

하지만 하나님만이 동물의 사체 사이를 지나가시는데, "연기 나는 화덕과 타오르는 횃불"의 모습으로 지나가신다(17절, 새번역). 하나님은 성경 어디서도 정확히 이런 모습으로 자신의 존재를 알리시지 않지만, 이 신의 현현은 불이라는 매우 흔한 요소를 사용한다. 하나님은 종종 불이라는 매개체를 통해 자신의 임재를 구체적으로 드러내신다. 불타는 떨기나무(출 3장)와 시내산에서 뿜어져 나오는 불과 연기(출 19:16-19), 광야를 방황하는 동안 나타난 불기둥과 구름 기둥(출 40:34-38)을 생각해 보면 된다.

따라서 하나님은 본질적으로 아브람에게 "내가 내 약속을 지키지 않으면 이 동물들처럼 될 것이다"라고 말하는 의식을 행하신다. 물론 하나님은 죽으실 수 없지만, 그게 바로 핵심이다. 그분은 거짓말도 하실 수 없기 때문이다. 하나님은 아브람의 후손이 “큰 민족”(12:2)이 되어 복을 받고 열방의 복이 될 수 있도록(12:3) 후손과 땅을 주겠다는 약속을 반드시 지키실 것이다.

흥미롭게도 아브람이 동물의 반쪽을 서로 반대쪽에 배열하는 동안 ‘육식조’가 시체를 가져가려 하지만 아브람은 쫓아내는 데 성공한다. 레위기 11:13-19에 부정한 것으로 나열된 새는 육식조로, 아마 시체와 접촉하기 때문일 것이다. 육식조에 모종의 상징적 의미가 담긴 것이 아니라면 이 의식에서 언급되지 않았겠지만, 그것이 무엇인지에 관한 명확한 합의는 없다. 하지만 육식조가 미래에 이스라엘과 하나님의 언약 관계를 위협할 적대 세력, 아마 이방 나라들을 상징한다는 견해에는 어느 정도 신빙성을 부여할 수 있다.

동물을 도살하고 사체를 배열하는 동안 아브람은 깨어 있었다. 그러나 그가 깊은 잠에 빠질 때까지 하나님은 자신의 모습을 드러내지 않으셨다. 이 잠은 그에게 “큰 흑암과 두려움”을 가져다주었고(12절) 하나님이 나타나실 엄숙한 분위기를 조성했다.

하나님은 아브람에게 땅 약속이 즉각 또는 가까운 장래에도 이루어지지 않을 것이라고 선언하신다. 그들은 400년 동안 자기들을 노예로 삼고 학대할 땅에서 “객”이 될 것이다. 성경에 다른 연대 표시가 없기 때문에, 이 400년의 기간(분명 열 세대를 가리키는 상징적 숫자 또는 어림수[8])이 가나안에서의 시간을 포함하는지 아니면 이집트에서 실제 노예로 산 기간만 가리키는지는 불분명하다. 이 기간은 분명 후자에 초점을 맞추고 있고, 이 구절은 출애굽은 물론 이스라엘 백성이 종살이하던 땅을 떠날 때 이집트인들이 주는 선물까지도 예고한다(출 12:36).

16절은 가나안 주민들을 아모리 족속이라고 칭하고, 그들이 결국 그 땅에서 사라진 이유가 그들의 극심한 죄의 결과임을 시사한다. 역사의 이 시점에 그들의 행동은 이런 형벌을 받을 정도는 아니지만, 불가피하게 그들은 결국 패망할 수밖에 없는 지경에 이르고 말 것임을 암시한다. 이 절은 가나안 족속을 그 땅에서 근절하라는 명령이 심판 행위고, 법적으로 마땅하다는 견해에 정당성을 부여한다.[9]

흥미롭게도 하나님은 모세에게 아브람의 후손이 이방 땅(이집트)에서 학대당한 후 4대 만에 약속의 땅으로 돌아올 것이라고 말씀하신다. 이 언급은 그의 후손이 400년 동안 이방 나라에 있을 것이라는 하나님의 진술 이후에 나왔기 때문에, 4대에 대한 언급은 문자 그대로 4대를 가리키기보다 네 번의 완전한 시간 경과를 가리키는 게 틀림없다. 4대를 가리켰다면 출애굽은 요셉의 자녀 시대에 일어났을 것이기 때문이다.[10]

처음으로 약속하신 땅의 범위가 이집트의 와디(Wadi)부터 유프라테스까지 이어지고, 현재 열 민족(겐, 그니스, 갓몬, 헷, 브리스, 르바, 아모리, 가나안, 기르가스, 여부스 족속)이 차지한 땅을 포괄한다고 자세히 설명된다. 아브람은 "큰 민족"이 되는 필수 요소인 땅 약속의 성취를 볼 때까지 살지 못하겠지만, 품위 있고 명예로운 죽음을 맞을 것이다.

아브라함에게 주신 하나님의 약속은 여기서 처음으로 구체적인 언약의 맥락을 얻는다. 창세기에서 명시적으로 언약이라고 부르는 두 번째 언약이다(창 6:18; 9:8을 다룬 장에서 노아 언약에 대한 해설을 보라). 언약은 두 당사자 간의 법적 합의고 최근 연구에서는 언약을 구체적으로 두 국가 사이의 봉신 조약에 비유한다.

하지만 여기 하나님이 아브람과 맺은 약속에서 새로운 것은 아무것도 없다. 그러므로 이것은 하나님이 12:1-3에서 아브람과 맺으신 언약의 갱신이라고 생각하는 게 더 정확할 것이다. 다윗 언약을 세우는 본문에서 언약이라는 용어가 나오지 않는다는 점을 고려할 때 언약이라는 구체적 단어가 없다는 것은 문제가 되지 않는다.

실망감 다루기

나는 소위 예수 혁명이 한창이던 1970년에 그리스도인이 되었다. 그 시기에 하나님의 영은 미국 전역의 대학 캠퍼스를 감동시키셨고 많은 사람이 그리스도께 자기 삶을 맡겼다. 현재 복음주의 교회와 선교회 지도자로 일하는 많은 사람이 그 시기에 그리스도인이 된 뒤, 기숙사 룸메이트들과 캠퍼스 친구들에게 열심히 복음을 전했다. 어떤 사람이 다른 사람에게 "하나님은 당신을 사랑하시고 당신의 삶에 놀라운 계획을 가지고 계십니다!"라고 전하는 일이 드물지 않았다.

아브람은 하나님이 자신의 삶에도 놀라운 계획을 가지고 계시다는 말을 들었다. 그 계획에는 가나안으로의 이주가 포함되었는데, 그곳에서 하나님은 그의 후손을 큰 민족으로 만들어 그들에게 복을 주시고 온 세상에 복을 주는 존재가 되게 하실 것이었다.

아브람은 과감한 결단을 내렸다. 우리 시대에 많은 사람이 과감하게 결단하여 자신의 삶을 향해 "놀라운 계획"을 갖고 계신 하나님께 삶을 바치는 것과 똑같다. 하지만 아브람은 얼마 지나지 않아 그 '놀라운 일'에 기근, 방황, 불임, 전쟁, 상실 등이 포함된다는 사실을 깨달았다. 이 점에서 아브람은 1970년대에 그리스도께 삶을 바친 동시대 사람들과 다르지 않다. 현재 자신의 삶을 향한 하나님의 계획에 삶을 바친 이들도 질병, 고난, 아픔, 포기, 상실이 삶에 없지 않다는 것을 발견할 것이다.

우리는 아브람의 삶을 연구하면서 약속의 성취를 가로막는 위협과 장애물에 그가 어떻게 반응했는지를 정리했다. 이미 이야기의 이 시점에서 우리는 그가 때때로 믿음으로 반응하기도 했지만, 더 자주 두려움과 실망으로 반응했음을 본다. 현재 에피소드에서 아브람의 초기 반응은 확실히 그렇다. 그는 자기 집의 하인 엘리에셀을 입양하여 약속의 성취를 조작하려 했고, 또한 하나님이 자녀 약속의 신실함을 다시 확신시켜 주려 다가오셨을 때 그의 반응은 씁쓸했다.

하나님이 '놀라운 삶'에 관한 약속을 철저히 이행하지 않으시는 듯 보일 때 우리는 어떻게 반응하는가? 우선, 우리가 그리스도인이 되었을 때 많은 사람이 받은(또한 준) 인상에 의문을 제기할 필요가 있다. 자기 삶을 그리스도께 바친 사람들이 문제없이 행복한 삶을 살 것이라는 약속은 성경 어디에도 없다. 우리는 기쁨을 경험하겠지만, 그것은 고난 중에 누리는 기쁨이다. 예수님은 이렇게 말씀하셨다. "이것을 너희에게 이르는 것은 너희로 내 안에서 평안을 누리게 하려 함이라. 세상에서는 너희가 환난을 당하나 담대하라. 내가 세상을 이기었노라"(요 16:33).

우리는 어떻게 고난 중에 기쁨을 누릴 수 있는가? 하나님이 고통 중에 우리와 함께 계시기 때문에 우리는 기쁨을 누린다. 하나님은 외적 상황이 그렇지 않더라도 약속을 성취하겠다는 다짐과 사랑의 임재를 다시 확신시켜 주시기 위해 아브람에게 오신다. 우리 그리스도인은 하나님이 우리와 함께하심을 안다. 예수님은 우리에게 자신의 임재를 알리셨고 성령은 우리 마음속에 거하신다. 우리는 이 삶이 어려움으로 가득하겠지만, 다음과 같은 때가 오고 있음을 안다. "모든 눈물을 그 눈에서 닦아 주시니 다시는 사망이 없고 애통하는 것이나 곡하는 것이나 아픈 것이 다시 있지 아니하리니 처음 것들이 다 지나갔음이러라"(계 21:4).

믿음으로 말미암는 의의 모델인 아브람

하나님이 '씨'에 대한 약속을 지키실지 의심하던 상황에서 그분이 다시 확신을 주셨을 때 아브람은 그 응답으로 하나님을 믿었다. 서술자에 따르면 하나님은 "이를 그의 의로 여기[셨다]." 다시 말해서 하나님이 약속을 끝까지 지키실 것이라는 아브람의 믿음 때문에 하나님은 그가 올바르게 행동하고 믿는다고 여기셨다. 아브람의 의심은 하나님과의

관계의 친밀함을 위협했지만, 이제 아브람의 신뢰는 그 관계를 확고히 했다.[11]

바울은 율법에 대한 순종을 하나님과 맺은 관계의 전제조건으로 삼으려는 사람들과 논쟁하면서 이때를 결정적 순간으로 여긴다. 그들의 입장에 반대하여 바울은 "사람이 의롭다 하심을 얻는 것은 율법의 행위에 있지 않고 믿음으로 되는 줄 우리가 인정하노라"고 말한다(롬 3:28). 그런 다음 창세기 15:6을 가리키며 아브람이 "하나님을 믿으매 그것이 그에게 의로 여겨진 바 되었느니라"고 주장한다(롬 4:3). 그는 아브라함이 할례를 받기 전에 하나님이 의롭다고 선언하셨다고 지적한다. 따라서 아브람은 할례받은 자(유대인 신자들)만이 아니라 할례받지 않은 자(이방인 신자들)의 조상이다. 바울은 하나님과 우리의 관계가 우리의 행위가 아니라 믿음을 통해 맺어진다고 확고하게 믿었다. 그는 갈라디아서 3:6에서도 창세기 15:6을 인용하면서, 유대인과 이방인을 하나님과의 관계로 데려가는 것은 행위가 아니라 믿음이라고 주장한다. 로마서에서 바울은 연대순에 근거하여 창세기 17장에서 아브라함이 할례를 받기 전에도 하나님은 아브라함이 의롭다고 인정하셨다고 지적한다.[12] 바울은 그리스도인들이 스스로 구원을 얻는 것이 아니라 구원은 하나님의 선물이고, 유대인의 믿음의 조상인 아브라함이 거기에 가장 적합한 사례임을 깨닫게 하는 데 관심이 크다.

물론 바울은 창세기 15:6을 인용하는 유일한 인물이 아니다. 야고보도 이 구절을 인용한다(약 2:23을 보라). 바울과 야고보를 갈등 관계로 보는 학자들과 달리, 두 사람 모두 의롭다 하심은 오직 믿음으로 이루어지지만, 행함이 없는 믿음은 죽은 것이라는 데 동의한다(창 22장을 다루는 주석 뒤에 나오는 "행함이 있는 믿음" 단락의 자세한 논의를 보라).

"네 자손은…이 땅으로 돌아오리니 이는 아모리 족속의 죄악이 아직 가득 차지 아니함이니라"(15:16)

하나님은 아브라함에게 출애굽을 예고하면서 말씀하신다. 그들은 "이방에서"(이집트) 종살이하고 학대받을 것이다. 하지만 하나님은 그 나라를 벌하시고(재앙) 부유해진 그들을 이끌어 내실 것이다.

다시 말해서 하나님은 여기서 출애굽, 즉 야곱의 후손이 돌아와 가나안 땅을 차지할 때를 예고하신다. 출애굽은 구약에서 가장 탁월한 구원 사건이고 궁극적으로 예수님이 주실 더 큰 구원을 가리킨다(창 12:10-20을 다룬 장 '이야기 살아내기'의 "하나님은 자기 백성을 구원하신다" 단락을 보라).

약속의 땅 주민들은 여기서 아모리 족속으로 묘사된다. 하나님이 아브라함에게 즉시 땅을 주시지 않은 이유는 그들의 죄가 "아직 가득 차지 [않았기]" 때문이다. 이 진술은 정복에 관한 신학적 이해에 있어서 매우 중요하다. 하나님은 단지 이스라엘 백성을 위한 공간을 마련하시기 위해 약속의 땅에서 이전에 살던 사람들을 내쫓지 않으신다. 그것은 그들의 죄에 대한 심판이었다. 하나님은 아브라함 때에 아모리 족속이 그와 같은 심판을 받지는 않겠지만, 미래에는 그럴 것이라고 지적하신다. 또한 그때 하나님은 이스라엘에게 그 땅을 주실 것이다. 그리고 정복 자체는 신성한 전사이신 예수 그리스도에 대한 예고다. 그분은 영적 정사와 권세를 물리치시고, 궁극적으로 마지막 날에 악을 결정적으로 물리치실 것이다[창 14장을 다룬 장의 "'너희 대적을 네 손에 붙이신' 분"(창 14:20b) 단락을 보라].

14

창세기 16장

— 이야기 경청하기 —

16:1아브람의 아내 사래는 출산하지 못하였고 그에게 한 여종이 있으니 애
굽 사람이요 이름은 하갈이라 2사래가 아브람에게 이르되 여호와께서 내
출산을 허락하지 아니하셨으니 원하건대 내 여종에게 들어가라 내가 혹 그
로 말미암아 자녀를 얻을까 하노라 하매 아브람이 사래의 말을 들으니라
3아브람의 아내 사래가 그 여종 애굽 사람 하갈을 데려다가 그 남편 아브
람에게 첩으로 준 때는 아브람이 가나안 땅에 거주한 지 십 년 후였더라
4아브람이 하갈과 동침하였더니 하갈이 임신하매 그가 자기의 임신함을
알고 그의 여주인을 멸시한지라 5사래가 아브람에게 이르되 내가 받는 모
욕은 당신이 받아야 옳도다 내가 나의 여종을 당신의 품에 두었거늘 그가
자기의 임신함을 알고 나를 멸시하니 당신과 나 사이에 여호와께서 판단
하시기를 원하노라 6아브람이 사래에게 이르되 당신의 여종은 당신의 수
중에 있으니 당신의 눈에 좋을 대로 그에게 행하라 하매 사래가 하갈을 학
대하였더니 하갈이 사래 앞에서 도망하였더라 7여호와의 사자가 광야의
샘물 곁 곧 술 길 샘 곁에서 그를 만나 8이르되 사래의 여종 하갈아 네가 어
디서 왔으며 어디로 가느냐 그가 이르되 나는 내 여주인 사래를 피하여 도
망하나이다 9여호와의 사자가 그에게 이르되 네 여주인에게로 돌아가서
그 수하에 복종하라 10여호와의 사자가 또 그에게 이르되 내가 네 씨를 크
게 번성하여 그 수가 많아 셀 수 없게 하리라 11여호와의 사자가 또 그에게
이르되 네가 임신하였은즉 아들을 낳으리니 그 이름을 이스마엘이라 하라
이는 여호와께서 네 고통을 들으셨음이니라 12그가 사람 중에 들나귀같이
되리니 그의 손이 모든 사람을 치겠고 모든 사람의 손이 그를 칠지며 그가
모든 형제와 대항해서 살리라 하니라 13하갈이 자기에게 이르신 여호와의
이름을 나를 살피시는 하나님이라 하였으니 이는 내가 어떻게 여기서 나
를 살피시는 하나님을 뵈었는고 함이라 14이러므로 그 샘을 브엘라해로이

라 불렀으며 그것은 가데스와 베렛 사이에 있더라 15하갈이 아브람의 아들
을 낳으매 아브람이 하갈이 낳은 그 아들을 이름하여 이스마엘이라 하였
더라 16하갈이 아브람에게 이스마엘을 낳았을 때에 아브람이 팔십육 세였
더라

이야기 속 다른 본문 경청하기

성경 본문: 창세기 12:1-3; 고대 근동 문헌: 여러 결혼 계약서

이 장에서 아브람은 자기 후손이 큰 민족이 될 것이라는 하나님의 약속(창 12:1-3)에 내포된, 아들을 주시겠다는 하나님의 약속이 성취되지 않아 다시 좌절한다. 이 에피소드에서 아브람은 본처가 불임일 때 자녀를 낳기 위해 첩을 들이는 고대 근동의 관행을 직접 활용한다. 월턴은 여기서 아브람과 사래의 행동과 관련하여 특히 적절한 두 개의 결혼 계약서를 인용한다. 하나는 누지에서 나온 점토판인데(누지에 대한 자세한 정보는 15:1-6의 주석을 보라), 여기서 셴니마라는 남자는 길림니누와 결혼하면서 그녀가 아이를 낳을 수 없을 때도 첩을 들이지 않겠다고 약속한다. 다른 하나는 족장 시대에 근접한 구아시리아 시대의 것으로, 라키품이라는 사람은 아내가 2년 안에 아이를 낳지 못하면 첩을 취할 수 있다는 조건으로 하탈라와 결혼한다.[1]

이야기 설명하기

사래가 아브람에게 첩을 주다(16:1-4a)

1절은 아브람의 아내가 아직 자식을 낳지 못했다는 고통스러운 설명으로 시작된다. 앞 장(15장)에서 하나님은 아브람과 사래가 정말 자식을

낳을 거라는 확신을 주셨지만, 여기서 아브람은 이전에 믿었던 바를 의심하고 있다.

사래는 아브람이 흔쾌히 받아들인 계획, 즉 이집트인 첩 하갈과 자식을 낳는 계획을 개시한 장본인이다. 하갈은 아브람이 이집트에 있었을 때 이집트 왕 바로가 아브람에게 준 선물이었던 것이 거의 확실하다(12:16). 이 시점에서 사래는 아브람이 하갈과 동침하여 아기를 낳고 가족을 이룰 수 있기를 바란다. 레벤슨의 통찰력 있는 설명을 따르면, 아브라함에게 하갈을 주는 사래의 행동은 하와가 아담에게 선악과를 주는 것과 유사한 방식으로 표현되고, 이 둘을 연결시킴으로써 사래의 행동의 부정적 성격을 나타내 준다.

> 아브람의 아내 사래가 그 여종 애굽 사람 하갈을 데려다가(*wattiqqah*) 그 남편(*ishah*) 아브람에게 첩으로 준(*wattitten*) 때는 아브람이 가나안 땅에 거주한 지 십 년 후였더라. (창 16:3)
>
> 여자가 그 나무를 본즉 먹음직도 하고 보암직도 하고 지혜롭게 할 만큼 탐스럽기도 한 나무인지라 여자가 그 열매를 따(*wattiqqah*)먹고 자기와 함께 있는 남편에게(*le'ishah*)도 주매(*wattitten*) 그도 먹은지라. (창 3:6) [2]

요약하면 아브람과 사래는 상속자를 만들어 내기 위해 동시대의 고대 근동 관습을 활용하고 있다. 다시 말하지만 그들은 하나님이 약속을 성취하시기를 기다리지 못하고 상속자를 낳기 위해 동시대의 사회적 관습을 조작한다. 특히 예외도 있었지만, 스스로 자녀를 낳을 수 없는 부부가 대리모나 첩을 통해 자녀를 낳는 것은 잘 알려져 있고 용인되는 관행이었다.

이스마엘의 탄생(16:4b-16)

그들의 전략은 아이를 낳는 데 성공했다. 아브람은 하갈과 동침했고 하갈은 임신했다. 임신한 하갈은 사래와의 관계에서 중요한 실수를 저지르고 만다. 그녀는 임신으로 인해 자기가 주인보다 더 우월해졌다고 믿는다. 아마 하갈은 임신했다는 사실에 아브람이 무척이나 기뻐할 것이고 아내보다 자기를 더 좋아할 거라고 짐작했을 수 있는데, 만약 그랬다면 이는 비참한 오판이었다. 잠언 30:21-23에서 지적하듯이 "세상을 뒤흔들 만한 일이 셋, 세상이 감당하지 못할 일이 넷이 있으니, 곧 종이 임금이 되는 것과, 어리석은 자가 배불리 먹는 것과, 꺼림을 받는 여자가 시집을 가는 것과, 여종이 그 안주인의 자리를 이어받는 것이다"(새번역). 사래가 아브람에게 상황을 알리자 아브람은 그냥 기분이 상한 아내의 손에 하갈의 운명을 맡긴다. 그러자 사래는 그녀를 구박하고("사래가 하갈을 학대하였더니", 6절), 하갈은 당연히 장막에서 달아난다.

하갈은 인간 부부에게서는 도망쳤지만, 그녀를 만나 어디로 가고 있는지 묻는 하나님의 천사는 피하지 못한다. 이 만남은 "술 길" 곧 가나안에서 이집트로 가는 최남단 길 근처 광야의 샘에서 이루어진다.[3] 하갈은 유일한 목표가 자기를 억압하는 사래에게서 달아나는 것이라고 솔직하게 고백한다.

그런 다음 주님의 천사는 하갈을 향해 사래에게 돌아가 복종하라고 말한다. 이 명령이 반드시 학대 관계로 돌아가야 한다는 요구는 아니다. 학대는 하갈이 사래에게 주인처럼 행동했기 때문에 일어난 것이고, 하갈이 사래에게 복종하면 학대도 완화될 것이라고 기대할 수 있었다. 한 걸음 더 나아가 하갈이 돌아가면 보상으로 그녀도 (사래처럼) 수많은 후손을 낳는 축복을 받을 것이다. 또한 하나님은 하갈과 미래의 자손에 관한 신탁을 전하신다(11-12절).

하갈은 아들을 낳을 것이고 그 아들은 이스마엘이라고 불릴 것이다.

이 이름은 '듣다'라는 의미를 지닌 어근에서 형성되었고, 하나님이 하갈의 비참한 처지를 들으신 일을 가리킨다는 설명이 나온다. 그는 들나귀처럼 통제하기 어렵고 위험한 인물이 될 것이다. 그가 위험하므로 (미래의 동생 이삭의 후손 포함하는) 다른 사람들이 그를 통제하려고 할 것이다. 그는 다른 사람들과 끊임없이 적대적 상태에 있을 것이다.

본문은 하갈이 이제 천사가 다름 아닌 하나님이시라고 믿고 있으며, 하갈이 하나님을 향해 자기를 보시는 하나님이라고 고백하고, 그녀가 하나님을 보았다는 것을 기록한다("나를 살피시는 하나님", 13절). 이 사건을 통해 이곳의 이름이 만들어진다. 브엘라해로이는 "나를 살피시는 살아 계신 분의 우물"을 의미하기 때문이다. 하나님이 살피신다는 것은 여기서 그분의 돌보심을 암시한다. 그분은 멀리서 지켜보기만 하지 않으시고 하갈을 구하기 위해 행동하신다. 이 장소는 네게브에 있는 가데스와 베렛 사이에 있다.

이렇게 해서 하갈은 돌아와 이스마엘을 낳는다. 이때 아브람의 나이는 여든여섯 살이다. 이때도 아브람은 이미 출산할 수 있는 나이를 훨씬 지났다는 사실을 독자들에게 알리기 위해 그의 나이를 언급한 것이다.

이스마엘의 탄생 이야기는 앞 장에서 아브람이 궁극적으로 믿음으로 반응했지만 하나님이 상속자를 주실 거라는 확신이 다시 한번 시들해졌음을 보여 준다. 따라서 당연히 하나님은 이 족장을 바로 잡기 위해 다시 한번 그에게 오실 것이다.

이야기 살아내기

어려움 견디기

하갈과 이스마엘 이야기에서 우리는 다시 한번 아브람이 당대의 관습을 이용하여 약속의 성취에 집착하는 것을 본다. 이번 경우에는 아내의 조언에 따라 첩과 동침한다. 하지만 하갈은 상황을 오판하고 주인을 "멸시"한다. 그녀는 집안에서 자기 위치를 망각했고, 옳든 그르든 누가 정말 권력을 가지고 있는지 생각하지 않았다. 사래는 불임이지만 하갈의 운명은 여전히 주인의 결정에 달렸다. 그래서 사래는 하갈을 "학대"하기 시작한다. 우리는 이 학대의 세부 사항이나 정도에 대해 알지 못하지만, 임신한 하갈이 도망할 만큼 어려워졌음을 확신할 수 있다.

누가 그녀를 비난할 수 있을까? 누가 그와 같은 못마땅한 상황에서 달아나지 않을까? 어려움에 대한 우리의 첫 반응은 도망하는 것이 아니던가?

물론 하나님의 대답은 어리둥절하게 만든다. "네 여주인에게로 돌아가서 그 수하에 복종하라"(9절). 이게 정말 공평한가? 하나님은 우리가 즐거워하기를 원하지 않으시는가? 그분은 정말로 우리가 어려운 상황에 계속 머물기를 바라시지는 않을 것이다. 하나님은 하갈이 안주인에게 돌아가서 복종하기를 원하시는 듯하다. 물론 그분의 지시에는 보상이 뒤따른다. 그녀는 아브람의 아들을 낳을 것이고, 비록 약속한 아들은 아니지만 그녀의 후손은 번성하고 강성해질 것이다. 하나님은 하갈에게 하나님의 목적을 위해 힘든 상황에서 인내하라고 요구하시지만, 그녀와 장차 태어날 아들을 축복하실 것이다.

우리는 여기서 조심해야 한다. 간혹 어려운 상황을 떠나야 할 때도 있다. 사실, 나중 이야기에서 우리는 하나님이 하갈과 이스마엘더러 떠나라고 하시는 것을 보겠지만(창 21장을 보라), 지금 하나님은 하갈이 머물기를 원하신다. 요점은 힘든 상황이 그 자체로 떠나야 할 핑곗거리는 아니라는 것이다. 때로 우리는 인내하라는 부르심을 받는다.

결혼을 예로 들어보자. 나는 신체적 학대의 대상이 된 여성이나 남성에게 즉시 그 관계를 떠나 경찰과 교회의 도움을 구하라고 말하고 싶다.

화해가 불가능하다는 말이 아니다. 하나님에게 불가능한 일은 없지만, 이 같은 경우 화해를 위한 노력은 결별 후 다른 사람의 도움을 통해서만 이루어질 수 있다.

그런데 나는 관계가 너무 힘들다는 이유로 남편이나 아내가 결혼 생활을 떠나는 상황에 있는 사람들을 관찰하고 상담한 적이 있다. 내가 아는 한 남성은 아내가 말기 암에 걸렸을 때 떠났고, 또 다른 남성은 아내가 불안으로 힘들어했기 때문에 아내를 떠났다. 관계의 열정이 식어 버렸기 때문에 친구나 가족의 결혼 생활이 깨진 경우도 너무 많았다.

단지 친구가 더는 재미없기 때문에 우정이 깨지는 것도 슬픈 일이다. 그 사람이 '자기 가치보다' 더 큰 노력을 필요로 하게 된 것이다. 업무 관계와 관련해서, 어떤 사람이 업무나 직장 내 인간관계가 힘들다는 이유로 다른 직장으로 떠나는 것은 훨씬 잘 이해할 수 있다. 그렇지만, 단지 일이 즐겁지 않다는 이유로 다른 일자리도, 청구서를 지불할 돈도 없이 직업과 안정적인 수입을 포기하는 사람에게는 의문을 품지 않을 수 없다.

모든 상황은 개별적으로 다루어져야 하지만, 단지 어떤 일이 힘들다는 것 자체가 떠나야 할 이유는 아니다. 다시 말하지만, 때때로 우리는 인내하라는 부르심을 받는다.

구원하는 천사

하갈은 안주인 사래의 학대를 피해 도망가다가 이내 광야에 홀로 남는다. 그런데 주님의 천사는 그녀를 만나 돌아가라고 명령한다. 앞 단락에서 보았듯이, 이 요구는 힘들지만 하나님은 하갈과 곧 태어날 아들에게 복을 주겠다고 격려하신다.

그런데 이 주님의 천사는 정확히 누구인가? 이 이야기는 주님의 천사가 등장하는 유일한 이야기는 아니다.

창세기 21장에서 하갈은 다시 광야로 나갈 테지만, 이번에는 아브라함과 사래에게로 돌아가야 한다. 창세기 21장에서도 주님의 천사가 와서 하갈과 그녀의 아들 이스마엘에게 도움을 줄 것이다. 사실 주님의 천사가 개입하지 않았다면, 하갈과 이스마엘은 광야에서 죽었을 것이다.

주님의 천사는 창세기 22장에서 이삭을 결박할 때 또 한 번 등장한다. 주님의 천사는 아브라함의 손을 붙잡고 이삭을 대신하여 바칠 숫양을 마련해 준다. 천사는 또한 아브라함에게 언약의 약속을 다시 확증한다(22:15-18).

주님의 천사는 아브라함의 종이 이삭의 아내를 찾기 위해 메소포타미아 북서부(밧단 아람)로 떠나는 여정을 기술하는 이야기에서 등장한다. 종이 떠나기 전 아브라함은 확신에 차서 이렇게 말한다. 하나님이 "그 사자를 너보다 앞서 보내실지라. 네가 거기서 내 아들을 위하여 아내를 택할지니라"(24:7; 또한 40절도 보라).

메소포타미아 북서부에서 오래 체류한 후 야곱은 약속의 땅으로 돌아가기로 했다. 하지만 그는 임금을 받아서 돌아가야겠다고 생각했다. 마침내 라반이 임금을 지불하기로 동의했을 때 야곱은 자기 양 떼를 늘리기 위한 계획을 세우면서 아롱지고 점 있는 양, 모든 검은 새끼 양, 그리고 모든 점 있고 아롱진 염소를 취하겠다고 말한다(30:32). 나중에 라헬과 레아에게 자기가 세운 전략을 설명할 때, 그는 이 계획이 주님의 천사가 알려 준 것이라고 말했다(31:11). 인생의 마지막에 야곱은 요셉의 두 아들 에브라임과 므낫세를 축복했고, 그때 천사를 언급하면서 "나를 모든 환난에서 건지신 여호와의 사자(the Angel)"라고 불렀다(48:16).

주님의 천사는 그분의 백성을 돕는 천사다. 그는 두 번에 걸쳐 광야에서 하갈을 도왔다. 그의 중재로 아브라함은 이삭을 제물로 바치지 않았고, 그런 뒤 주님의 천사는 약속을 재확인해 주었다. 주님의 천사는 아브라함의 종이 이삭의 아내를 찾도록 도왔다. 그는 야곱을 학대한 라반에 대항하려 애쓰는 야곱을 도왔고, 야곱은 생애 마지막에 천사가 자신을 위험에서 구해 준 존재라고 회상한다.

천사는 누구인가? 월턴은 천사가 하나님의 사자(messenger)고, 따라서 사자는 마치 자기를 보낸 사람이 된 것처럼 말한다.[4] 하지만 이런 관점은 천사와 하나님의 긴밀한 관계를 고려하지 않은 듯하다. 지금 살펴보고 있는 이 장에서 하갈의 반응을 보면, 그녀는 분명 주님의 천사가 다름 아닌 하나님이라고 인식했다("나를 살피시는 하나님이라…내가 어떻게 여기서 나를 살피시는 하나님을 뵈었는고", 16:13).

하나님과 주님의 천사의 관계는 창세기 21:17-21에서 명확하지 않다. 한 가지 해석 방식은 하나님이 소년의 울음소리를 들으셨을 때, 하나님은 소년을 직접 부르시지 않고, 제2의 당사자(second party)인 하나님의 천사를 통해 부르셨다는 것이다. 하지만 창세기 16장의 긴밀한 관계를 고려할 때 주님의 천사가 곧 하나님이라고 생각하는 게 더 타당하다. 천사를 하나님의 현현 혹은 하나님의 사자로 이해할 수 있는 창세기 24장에 대해서도 똑같이 해석할 수 있다.

창세기 22장에서 천사의 등장은 물론 천사가 하나님일 때 가장 자연스럽게 읽힌다. 특히 15절, "여호와의 사자가 하늘에서부터 두 번째 아브라함을 불러 이르시되 여호와께서 이르시기를 내가 나를 가리켜 맹세하노니…"에서 이를 확인할 수 있다. 야곱이 라헬과 레아에게 한 말에서도 똑같이 밀접한 연관성을 볼 수 있다. "꿈에 하나님의 사자가 내게 말씀하시기를 야곱아 하기로 내가 대답하기를 여기 있나이다 하매 이르시되 네 눈을 들어 보라. 양 떼를 탄 숫양은 다 얼룩무늬 있는 것, 점 있는 것과 아롱진 것이니라. 라반이 네게 행한 모든 것을 내가 보았노라. 나는 벧엘의 하나님이라. 네가 거기서 기둥에 기름을 붓고 거기서 내게 서원하였으니 지금 일어나 이곳을 떠나서 네 출생지로 돌아가라 하셨느니라"(31:11-13). 야곱이 에브라임과 므낫세를 축복할 때도 하나님과 천사

사이에 똑같이 밀접한 연관성을 볼 수 있는데, 이때 "나를 모든 환난에서 건지신 여호와의 사자"와 "내가 태어난 날로부터 오늘에 이르기까지 나의 목자가 되어 주신 하나님"은 유사점을 지닌 병행 관계에 있다(48:15-16, 15절은 새번역).

따라서 천사는 곧 하나님이다. 하나님은 천사의 모습으로 여기서는 하갈에게, 또 아브라함과 나중에 야곱에게 나타나셔서 돕고 구원하신다.

그런데 어떤 사람들은 하나님을 보고도 살 수 있는 사람은 없다고 믿기 때문에 이런 동일시에 반대한다. 하나님은 무척이나 위엄과 능력이 있고 영광스러운 분이시다. 강력한 그룹조차 지성소에서 그들 위에 앉으신 하나님을 보지 못하고 아래를 내려다보아야 한다(출 25:17-22). 하나님은 모세에게 "네가 내 얼굴을 보지 못하리니 나를 보고 살 자가 없음이니라"고 말씀하신다(출 33:20).

그런데 여기서 하갈은 주님의 천사를 통해 하나님을 보았다고 말한다. 이를 어떻게 이해해야 할까?

어떤 이들은 삼위일체에 기댄다. 요한복음 6:46은 "이는 아버지를 본 자가 있다는 것이 아니니라. 오직 하나님에게서 온 자만 아버지를 보았느니라"고 진술한다. 그래서 어떤 사람들은 주님의 천사를 신의 현현(theophany, 하나님 자신의 등장)이 아닌 그리스도 현현(christophany, 성육신 이전의 예수님이 나타나신 것)으로 간주한다.

물론 삼위일체에 대한 가르침은 성경에서 시간이 지남에 따라 발전되지만 구약에서는 명확히 가르치지 않는다는 문제가 있다. 요컨대 창세기가 기록되던 당시나 구약 시대에 창세기를 읽은 사람은 아무도 그런 관점으로 생각하지 않았을 것이다.[5]

하갈은 하나님을 보았다. 우리는 나중에 주님의 천사가 삼손의 부모를 찾아와 아들을 낳을 것이라고 알려 주던 때를 떠올린다. 삼손의 아버지 마노아는 그분이 누구인지 깨달은 후 "우리가 하나님을 보았으니 반드시 죽으리로다!"라고 말하지만(삿 13:22), 그의 아내는 이렇게 대답했다. "여호와께서 우리를 죽이려 하셨더라면 우리 손에서 번제와 소제를 받지 아니하셨을 것이요. 이 모든 일을 보이지 아니하셨을 것이며 이제 이런 말씀도 우리에게 이르지 아니하셨으리이다"(13:23).

모순적으로 보이는 가르침을 어떻게 이해해야 하는가? 사람이 하나님의 얼굴을 보는 것은 불가능하지만 하나님을 볼 수는 있다니 말이다.

사실 하나님은 항상 인간에게 나타나시지만 자기 영광을 전면에 직접 드러내지 않으신다. 하나님은 연기 나는 화덕과 타오르는 횃불로(창 15장), 불타는 떨기나무로(출 3장) 그리고 지금 살펴보고 있는 본문에서는 천사로 나타나신다.[6] 하나님은 자신의 임재를 알리시고자 이런 모습으로 나타나시지만, 그분의 능력과 위엄을 경험하는 사람들을 확실히 압도할 정도로 전면적으로 임재하시는 것은 아니다.

결론적으로 천사를 성육신 이전의 그리스도의 등장으로 생각하는 것은 옳지 않고, 오히려 하나님의 등장으로 생각해야 한다. 하지만 그리스도인의 관점으로 읽을 때 우리는 여기서 하갈에게 나타나신 하나님이 예수님이 가장 분명하게 계시해 주신 삼위일체 하나님이심을 알고 있다. "말씀이 육신이 되어 우리 가운데 거하시매 우리가 그의 영광을 보니 아버지의 독생자의 영광이요 은혜와 진리가 충만하더라"(요 1:14). 그리스도인은 하갈과 아브라함과 야곱이 갈망했던 방식으로 하나님의 임재를 경험한다.

15

창세기 17장

17:1아브람이 구십구 세 때에 여호와께서 아브람에게 나타나서 그에게 이
르시되 나는 전능한 하나님이라 너는 내 앞에서 행하여 완전하라 2내가 내
언약을 나와 너 사이에 두어 너를 크게 번성하게 하리라 하시니 3아브람이
엎드렸더니 하나님이 또 그에게 말씀하여 이르시되 4보라 내 언약이 너와
함께 있으니 너는 여러 민족의 아버지가 될지라 5이제 후로는 네 이름을
아브람이라 하지 아니하고 아브라함이라 하리니 이는 내가 너를 여러 민
족의 아버지가 되게 함이니라 6내가 너로 심히 번성하게 하리니 내가 네게
서 민족들이 나게 하며 왕들이 네게로부터 나오리라 7내가 내 언약을 나와
너 및 네 대대 후손 사이에 세워서 영원한 언약을 삼고 너와 네 후손의 하
나님이 되리라 8내가 너와 네 후손에게 네가 거류하는 이 땅 곧 가나안 온
땅을 주어 영원한 기업이 되게 하고 나는 그들의 하나님이 되리라 9하나님
이 또 아브라함에게 이르시되 그런즉 너는 내 언약을 지키고 네 후손도 대
대로 지키라 10너희 중 남자는 다 할례를 받으라 이것이 나와 너희와 너희
후손 사이에 지킬 내 언약이니라 11너희는 포피를 베어라 이것이 나와 너
희 사이의 언약의 표징이니라 12너희의 대대로 모든 남자는 집에서 난 자
나 또는 너희 자손이 아니라 이방 사람에게서 돈으로 산 자를 막론하고 난
지 팔 일 만에 할례를 받을 것이라 13너희 집에서 난 자든지 너희 돈으로 산
자든지 할례를 받아야 하리니 이에 내 언약이 너희 살에 있어 영원한 언약
이 되려니와 14할례를 받지 아니한 남자 곧 그 포피를 베지 아니한 자는 백
성 중에서 끊어지리니 그가 내 언약을 배반하였음이니라 15하나님이 또 아
브라함에게 이르시되 네 아내 사래는 이름을 사래라 하지 말고 사라라 하
라 16내가 그에게 복을 주어 그가 네게 아들을 낳아 주게 하며 내가 그에게
복을 주어 그를 여러 민족의 어머니가 되게 하리니 민족의 여러 왕이 그에
게서 나리라 17아브라함이 엎드려 웃으며 마음속으로 이르되 백 세 된 사

람이 어찌 자식을 낳을까 사라는 구십 세니 어찌 출산하리요 하고 18아브
라함이 이에 하나님께 아뢰되 이스마엘이나 하나님 앞에 살기를 원하나이
다 19하나님이 이르시되 아니라 네 아내 사라가 네게 아들을 낳으리니 너
는 그 이름을 이삭이라 하라 내가 그와 내 언약을 세우리니 그의 후손에게
영원한 언약이 되리라 20이스마엘에 대하여는 내가 네 말을 들었나니 내가
그에게 복을 주어 그를 매우 크게 생육하고 번성하게 할지라 그가 열두 두
령을 낳으리니 내가 그를 큰 나라가 되게 하려니와 21내 언약은 내가 내년
이 시기에 사라가 네게 낳을 이삭과 세우리라 22하나님이 아브라함과 말씀
을 마치시고 그를 떠나 올라가셨더라 23이에 아브라함이 하나님이 자기에
게 말씀하신 대로 이 날에 그 아들 이스마엘과 집에서 태어난 모든 자와
돈으로 산 모든 자 곧 아브라함의 집 사람 중 모든 남자를 데려다가 그 포
피를 베었으니 24아브라함이 그의 포피를 벤 때는 구십구 세였고 25그의 아
들 이스마엘이 그의 포피를 벤 때는 십삼 세였더라 26그 날에 아브라함과
그 아들 이스마엘이 할례를 받았고 27그 집의 모든 남자 곧 집에서 태어난
자와 돈으로 이방 사람에게서 사온 자가 다 그와 함께 할례를 받았더라

이야기 속 다른 본문 경청하기

성경 본문: 창세기 12:1-3; 15장

창세기 17장은 창세기 15장과 비슷하게 시작되고, 계속 읽다 보면 이 장은 두 번째 언약 갱신에 주목하게 된다. 하나님은 다시 한번 믿음이 흔들리고 있는 아브람에게 오셔서 창세기 12:1-3에서 처음 주신 약속을 성취하겠다는 의지를 재확신시켜 주신다.

하나님이 아브라함에게 두 번째로 확신을 주시다(17:1-6)

1절을 보면 아브람은 이제 아흔아홉 살이 되었다. 그가 하나님을 의심

하는 것은 당연하다! 아흔아홉 살인데 아직도 약속된 상속자가 없다니! 그의 (또한 당연히 사래의) 나이는 인간의 생산 능력을 훌쩍 넘어섰다.

하나님은 다시 확신을 주시기 위해 먼저 그분이 전능한 하나님(엘 샤다이)임을 상기시키면서 자기 능력을 강조하신다. 엘 샤다이(El Shaddai)의 정확한 의미는 분명하지 않지만, 최선의 설명은 이 호칭이 '산의 하나님'이라는 의미고, 산은 그분의 큰 힘을 상징한다는 것이다.

족장에게 다시 확신시켜 주신 후 엘 샤다이께서는 아브람에게 언약의 순종을 요청하신다. 아브람과 하나님의 관계가 하나님의 은혜에 근거한다고 하더라도(창 15:6과 바울의 롬 4:3; 갈 3:6을 보라), 그는 순종해야 한다(창 22:15-18에 근거한 약 2:22을 보라). 어떤 의미에서 약속의 성취가 그의 순종에 달려 있다는 것이 2절의 논리다. 처음에 약속은 아브람이 우르를 떠나 약속의 땅으로 가는 순종에 달려 있었다. 당연히 아브람은 믿음으로 말미암는 구원과 더불어 언약적 순종의 모델이다(창 26:6). 아브람의 삶은 하나의 여정이고, 그는 순종으로 삶의 여정을 걸어가야 한다.

아브람은 하나님 앞에 엎드림으로써 하나님께 대한 올바른 두려움을 보여 준다(3절). 그리고 하나님은 이 순종 행위에 대한 응답으로 언약을 다시 확증하시며 또한 그와 그의 후손을 위해 행하실 놀라운 일들의 더 풍성한 의미를 보여 주신다. 12:2에서 하나님은 그의 후손이 "큰 민족"이 될 것이라고 약속하셨지만, 이제 그는 "여러 민족의 아버지"가 될 것이다. 이를 위해 하나님은 그에게 큰 의미가 담긴 새 이름을 주신다. 이야기의 이 시점까지 그는 '고귀한 아버지'(아브람)라고 불렸지만, 이제 아브라함("여러 민족의 아버지")이라는 이름을 받는다.

아브라함은 많은 민족을 낳을 것이고, 더 나아가 이 민족들에게는 왕이 있을 것이다. 이 시점에서 아브라함에게서 나와 왕을 가진 민족 가운데 이스라엘이 포함될 것인지는 분명하지 않지만, 나중에 전개되는 과정을 보면 이것이 사실임을 알 수 있다(아래 창 49:8-12에서 유다 신탁에 대한 해설을 보라). 이 언약은 영원한 언약이라고 불릴 것이며, 아마 당시에 상상 가능한 방식은 아니겠지만 실제로 영원한 언약이 될 것이다(11:27-12:9을 다룬 장 '이야기 살아내기'의 "예수, 아브라함의 씨" 단락을 보라).

하나님은 아브람이 상속자를 낳아 많은 후손으로 이어질 것이라는 약속을 성취하겠다는 의도를 다시 확신시켜 주시면서, 그의 후손이 "큰 민족"이 될 것이라는 약속(12:2)의 다른 차원에 대해서도 말씀하시는데, 그것은 땅에 대한 약속이다. 지금 당장 아브람이 그 땅을 소유한 것은 아니다. 그는 이 땅에서 '이방인' 또는 더 나은 표현으로 '거류민'으로 살고 있다[8절의 동사는 '나그네'를 뜻하는 명사 '게르'(*ger*)와 관련된 '구르'(*gur*)에서 유래했다]. 그것이 아브람의 현재 신분이지만, 가나안 땅은 언젠가 그와 그의 후손에게 "영원한 기업"으로 주어질 것이다(창 23:3, 9, 20; 48:4; 49:30; 50:13을 보라).

다음 문단(9-14절)에서 하나님은 아브람과 그의 후손에게 하나님의 언약적 약속에 응답할 의무가 있다고 아주 분명히 밝히신다. 언약을 지키는 것은 마음 상태나 태도 그 이상이고 순종을 동반한다. 구체적으로 하나님은 할례가 "나와 너희 사이의 언약의 표징"이라고 언급하신다(11절).

앞서 주목했듯이, 노아 언약에는 무지개라는 표징이 있었다(9:13-16). 이런 언약의 표징은 일종의 낙인처럼 언약 백성이 하나님과 맺은 관계를 상기시키는 역할을 한다. 이런 표징은 언약의 구체적 특징과 큰 관련이 있고, 할례도 예외가 아니다. 하나님이 아브라함에게 주신 약속의 초점은 지금 후손 또는 '씨'(*zera*)에 있다. 따라서 이 언약의 표징이 남성의 생식 기관과 관련되는 것은 적절하다.

또한 할례는 무지개와 마찬가지로 자기 저주 맹세를 암시하지만, 이번에는 언약의 파트너인 인간에게 내려진다. 사실 아브라함 언약의 관점에서 이미 하나님은 자기 저주 의식을 거치셨지만(창 15장을 보라), 여기서 이 의식을 실행하는 것은 인간 파트너다. 할례는 본질적으로 언약 입문 의식으로, 아마 남자아이가 안전하게 시술할 수 있는 가장 빠른 시기인 생후 8일째에 수행된다. 포피를 잘라 내는 이 의식의 암묵적 의미는 이 아이가 언약을 깰 경우 하나님과 공동체로부터 잘려 나간다는 것이다. 실제로 가족 구성원이 할례를 받지 않는 것은 그 자체로 언약에 대한 거역을 나타내고 그 사람이 잘려 나가는 결과를 낳을 것이다.

가장의 생물학적 상속자만이 아니라, 가족 전체가 할례를 받아야 한다는 점에 유의해야 한다. 여기에는 노예로 산 이방인도 포함된다. 이 대목에서 우리는 하나님의 약속이 아브라함의 직계 자손만이 아니라 "땅의 모든 족속"(12:3)을 포함한다는 사실을 기억해야 한다.

또한 일부 통속적 이해와 달리 아브람과 그의 후손은 할례 의식을 채택한 최초의 민족이 아니라는 점도 지적해야 한다(렘 9:25-26을 보라).[1] 다른 고대 근동 민족도 모종의 형태로 할례를 시행했다. 하나님이 제정하신 할례 의식은 이전 문단에서 설명했듯이 신학적 의미 측면에서 혁신적이다.

이 시점에 아브라함만 아니라 사래도 새로운 이름을 받는데, 이는 하나님의 계획에서 여성 족장이 매우 중요하다는 사실을 강조한다. 그렇지만 사라의 개명이 갖는 의미는 아브라함의 개명만큼 명확하지 않다. 하나님은 아브라함에게 그의 아내가 더 이상 '공주'(사래)라고 불리지 않고 이제 '공주'(사라)라고 불리게 될 것이라고 말씀하신다. 그녀의 이름의 의미에는 변화가 없는 듯하지만, 아마 사래는 '공주'를 가리키는 동부 셈족 발음이고 사라는 서부 셈족 발음이라는 사실에서 의미를 찾아야 할 것이다. 그렇다면 하나님은 그녀가 더 이상 옛 메소포타미아 세계의 일부가 아니고 말씀하시는 것이다. 그녀와 아브라함 모두 이제 약속의 땅에 있는 새로운 세계의 중요한 일부다.

이스마엘이 아닌 이삭(17:7-27)

하나님이 다시 확신을 주셨음에도 불구하고, 아브람은 여전히 후손에 대한 약속을 성취하실 하나님의 의도나 능력을 의심한다. 그는 하나님 앞에 합당한 자세를 유지하면서 다시 한번 하나님 앞에 엎드리지만, 속으로는 웃으면서 고령에 이른 자신과 사라(각각 100세와 90세)가 과연 아이를 낳을 수 있을지 의문을 품는다. 결국 그들은 아이를 낳을 수 있는 시기를 훨씬 넘어섰다.

아브라함은 의심을 말로 직접 표현하지 않지만, 은근히 의심을 드러내면서 하나님께 큰 소리로 "이스마엘이나 하나님 앞에 살기를 원하나이다!"라고 말한다(18절). 아마 "손안에 든 새 한 마리가 숲에 있는 새 두 마리보다 낫다"고 믿었을 것이다. 하나님은 그 대답으로 아브라함과 사라에게 아들을 주겠다는 약속을 재확인하신다. NIV 성경은 아브라함에 대한 하나님의 대답을 "맞는 말이다만"(Yes, but)으로 시작하는 반면, NRSV 성경은 서두의 불변화사(*'abal*)를 "그렇지 않다"(No, but)로 번역한다. 히브리어 단어 '아발'(*abal*)은 "믿음이나 기대의 반전"을 나타내는 단어고,[2] 따라서 두 주장을 모두 지지할 수 있다. NRSV 성경은 12:1-3의 언약 축복이 이스마엘과 그의 후손에게 임할 것이라고 아브라함이 잘못 생각하고 있다는 점을 포착한다. 반면에 NIV 성경 번역은 이스마엘이 본래 아브라함에게 주어진 약속의 수혜자는 아니지만, 하나님이 20절에서 분명히 밝히시듯 그 또한 하나님의 복을 받을 것이라는 사실에 의해 정당화될 수 있다(21:18과 특히 '부족 우두머리'인 열두 아들의 이름이 나오는 25:12-18도 보라). 아브라함의 복과 마찬가지로 이스마엘의 복에는 많은 후손을 낳을 것이라는 약속이 포함된다(20절). 요약하면 이스마엘은 아브라함에게서 나올 많은 민족 중 하나의 조상이 될 것이다(이어질 내용을 보라).

그렇지만 아브라함과 사라 사이에 태어난 아들이 이 내러티브의 초점인 "영원한 언약"의 수혜자가 될 것이다. 우리는 처음으로 그 아들의 이름을 듣는다. 하나님은 그를 이삭이라고 부르시는데, 나중에 보겠지만, 이 이름은 그와 같은 고령의 부부가 실제로 아들을 낳았다는 사실에서 비롯된 웃음과 관련이 있다(21:1-7의 주석을 보라). 하나님은 아브라함을 떠나가시기 직전에 이삭이 약속의 자녀가 될 것이고 이 아이는 1년 안에 태어날 것이라고 분명히 밝히신다("내 언약은 내가 내년 이 시기에 사라가 네게 낳을 이삭과 세우리라", 21절).

이 장은 가족에게 할례를 행하라는 하나님의 명령에 순종하는 아브라함의 모습을 묘사하면서 끝난다. 약속의 아들은 아니지만 이스마엘도 할례를 받는다. 이 문제에서 보여 준 순종으로 인해 아브라함은 생애 마지막에 "내 말을 순종하고 내 명령과 내 계명과 내 율례와 내 법도를 지[킨]" 자라는 하나님의 평가를 받는다(26:5).

— 이야기 살아내기 —

의심과 하나님의 끈기

불신은 믿음의 반대다. 의심은 이 둘을 아우른다. 믿음은 어떤 것 혹은 어떤 사람이 자기 말에 진실할 것이라는 확고한 신념이다. 불신 역시 그렇지 않을 것이라는 확고한 신념이다. 의심은 두 가지 가능성을 모두 품는다. 아브라함의 경우, 의심은 불신으로 기우는 경향이 있다. 적어도 하나님이 정말 아들을 주실 거라고 다시 확신시켜 주시기 전까지는 말이다.

그리스도인도 의심을 붙들고 씨름한다. 우리는 하나님의 약속을 받았다. 비록 악이 세상에서 맹위를 떨치지만 하나님은 그분이 다스리신다는 사실을 말씀을 통해 보여 주신다. 물론 우리의 삶은 고통과 고난으로 얼룩져 있지만, 하나님은 우리를 사랑한다고 말씀하신다. 그분은 우리를 자기에게 데려가기 위해 다시 오고 있다고 말씀하시지만, 시간은 계속 늘어진다.

아브라함은 하나님께 투명하게 자기 의심을 드러냈고, 그리스도인도 하나님께 솔직할 수 있어야 한다. 댄 테일러(Dan Taylor)는 『확신의 신화』(*The Myth of Certainty*)라는 책에서 의심을 용인하지 않는 기독교 공동체와의 싸움을 공유한다(창 11:27-12:9를 다룬 장 '이야기 살아내기'의 "확신의 신화" 단락을 보라).

하나님은 아브라함의 의심에 금지나 비난으로 대응하지 않으시고 오히려 차분하고 구체적인 확신을 다시 주신다. 예수님도 제자들에게 똑같이 하셨다. 한번은 예수님이 물 위를 걷는 모습을 보고 제자들이 두려움에 질린 반응을 보였다. 예수님은 "안심하라. 나니 두려워하지 말라"고 제자들을 안심시키셨다(마 14:27). 확신에 찬 믿음으로 응답한 베드로는 물 위를 걸을 수 있었지만, 그러다가 믿음이 흔들려 물속에 가라앉고 말았다. 예수님은 그의 손을 붙잡고 물 밖으로 끌어내며 "믿음이 작은 자여 왜 의심하였느냐?"고 말씀하신다(마 14:31). 예수님은 연약한 제자를 거부하지 않으시고 그를 배 위로 끌어 올리셨고, 배 위에서 제자들은 모두 그분께 경배드렸다. 하나님이 아브라함과의 관계에서 끈기를 발휘하셨듯이, 예수님도 의심하는 제자들과의 관계를 지속하시고 세워 나가신다.

물론 예수님은 우리가 의심하기를 바라지 않으신다. 위대한 기도 응답으로 이끄는 것은 의심이 아닌 믿음이다. "내가 진실로 너희에게 이르노니 만일 너희가 믿음이 있고 의심하지 아니하면 이 무화과나무에게 된 이런 일만 할 뿐 아니라 이 산더러 들려 바다에 던져지라 하여도 될 것이요. 너희가 기도할 때에 무엇이든지 믿고 구하는 것은 다 받으리라"(마 21:21-22; 또한 막 11:22-25도 보라).

제자들의 의심 앞에서 보여 주신 예수님의 끈기는, 그분이 부활한 후 제자들에게 나타나신 상황에서도 볼 수 있다. 제자들에게 질문하시고 ("어찌하여 두려워하며 어찌하여 마음에 의심이 일어나느냐?") 다시 확신을 심어 주신다. "내 손과 발을 보고 나인 줄 알라. 또 나를 만져 보라. 영은 살과 뼈가 없으되 너희 보는 바와 같이 나는 있느니라"(눅 24:37-38; 또한 요 20:26-27도 보라).

분명 우리는 의심하지 말고 믿어야 한다("오직 믿음으로 구하고 조금도 의심하지 말라. 의심하는 자는 마치 바람에 밀려 요동하는 바다 물결 같으니", 약 1:6). 그런데도 예수님은 의심하는 제자들을 거부하시기보다 온화하게 다독이셨고, 그래서 유다에 따르면 우리도 "의심하는 자들을 긍휼히 여[겨야]" 한다(22절).

"내가 네게서 민족들이 나게 하며 왕들이 네게로부터 나오리라" (17:6)

하나님은 아브라함이 아들을 낳을 것이고, 그 아들은 "큰 민족"(12:2)을 이룰 그 후손의 선구자가 될 것이라는 확신을 다시 주실 뿐만 아니라 그 약속을 확장하신다. 우선, 그는 하나의 "큰 민족"(이스라엘)만이 아니라 여러 민족의 아버지가 될 것이다. 예를 들어, 우리는 이미 아브라함의 첩 하갈의 후손이 "그 수가 많아 셀 수 없[을]" 것이라는 말을 들었고(창 16:10), 실제로 이스마엘의 후손은 유목 민족인 이스마엘 족속으로 알려질 것이다(창 25:12-18). 또한 사라가 죽은 후 아브라함은 또 다른 아내 그두라를 취하여 여러 아들을 낳았는데, 그들 역시 다른 민족의 족장이 되었다(창 25:1-4을 보라).

신약의 독자들은 아브라함이 여러 민족에서 온 백성들의 영적 아버지라는 사실을 알고 있다.

> 너희가 다 믿음으로 말미암아 그리스도 예수 안에서 하나님의 아들이 되었으니 누구든지 그리스도와 합하기 위하여 세례를 받은 자는 그리스도로 옷 입었느니라. 너희는 유대인이나 헬라인이나 종이나 자유인이나 남자나 여자나 다 그리스도 예수 안에서 하나이니라. 너희가 그리스도의 것이면 곧 아브라함의 자손이요 약속대로 유업을 이을 자니라. (갈 3:26-29)

우리는 또한 여기서 처음으로 왕들이 아브라함에게서 날 것이라는 말을 듣는다. 여러 민족의 조상이 된다는 사실을 고려하면, 이 말은 미래 이스라엘의 왕권에 국한되지 않고, 이스라엘의 왕권이 그 가운데 포함되며, 이 사실이 여기서 더욱 강조되고 있는지도 모른다. 왕권에 대한 하나님 진술의 중요성은, 이스라엘이 적절한 시기에 왕정을 갖는 것이 항상 하나님의 의도였다고 이해하는 사람들을 지지하는 쪽으로 기울게 한다는 점에서다.

왕정에 의구심을 갖는 이유는 이스라엘에서 군주제의 등장을 서술하는 사무엘상 8-12장을 읽을 때 나온다. 결국 왕권은 다른 나라처럼 지도자를 갖고 싶다는 백성들의 악한 요청에 대한 응답에서 유래한 것이다. 이 요청은 적에게서 자신들을 보호할 수 있는 하나님의 능력과 사무엘 모두에 대한 확신이 부족하여 생긴 결과다. 사무엘은 그들의 요청에 격분하고 하나님도 불쾌하게 여기시지만, 그래도 하나님은 그들의 요구에 응하시고, 초대 왕 사울이 이런 생각에 저항했는데도 결국 기름 부음을 받는다. 사울은 우리가 사무엘상 8-12장을 읽으면서 왕권이 정말 이스라엘을 위한 하나님의 기대였는지 의구심을 품을 만큼 미숙한 왕이었음이 드러난다.

왕들이 아브라함에게서 날 것이라는 약속은 왕권을 훨씬 긍정적인 시각으로 볼 수 있게 한다. 창세기 말미에 우리는 왕권이 유다 지파에서 등장할 것이라는 말을 듣는다(49:8-12에 대한 주석을 보라). 왕권에 대한 다른 긍정적인 예상은 발람의 네 번째 신탁(민 24:15-19)과 신명기의 왕의 율법(신 17:14-20)에 나온다.

이스라엘의 왕권은 사울로 인해 순조롭지 않게 출발하지만, 다윗이 곧 사울을 대체한다. 그는 '하나님의 마음에 드는' 왕이다. 다윗에게 죄가 없지는 않지만(삼하 11장을 보라), 사울과 반대로 그는 자기 죄를 진심으로 회개하고 하나님의 용서를 구한다(삼하 12장; 시 51편). 이런 이유로 하나님은 다윗에게 언약을 주시고 그의 아들이 "영원히" 왕좌에 앉을 것이라고 단언하신다(삼하 7:16).

다윗이 고대 근동에서 (대략 기원전 1004년부터 587년까지 지속된) 유례없이 긴 왕조를 세운 것은 사실이지만, 이를 단순히 문자 그대로 이스라엘/유다의 왕위에 오른 다윗의 후손으로만 이해할 경우 난관에 봉착한다. 그런데 다윗 왕조가 바빌로니아에 포로로 끌려가는 것으로 끝난 뒤, 다윗 언약의 약속에 근거하여 미래 다윗 계통의 통치자가 다시 한번 하나님의 백성을 이끌 것이라는 소망이 생겨났다. 신약의 분명한 메시지는 다윗 언약의 약속을 결정적으로 성취하는 다윗의 후손이 다름 아닌 예수 그리스도("기름 부음 받은" 왕)시라는 것이다. 따라서 아브라함으로부터 '왕이 나올 것'이라는 약속은 궁극적으로 만왕의 왕이시고 만주의 주이신 예수 그리스도를 가리킨다(계 19:16).

유대교와 이슬람교와 기독교의 아브라함

아브라함은 3대 유일신 종교인 유대교, 기독교, 이슬람교에서 중요 인물이다. 아브라함은 자기 후손이 '큰 민족'이 될 것이라는 약속을 받았고, 그 큰 민족은 유대교의 선조 이스라엘이다. 바울을 따르는 그리스도인들도 아브라함이 그들의 위대한 선조라고 주장한다. "이 약속들은 아브라함과 그 자손에게 말씀하신 것인데 여럿을 가리켜 그 자손들이라

하지 아니하시고 오직 한 사람을 가리켜 네 자손이라 하셨으니 곧 그리스도라.…너희가 그리스도의 것이면 곧 아브라함의 자손이요 약속대로 유업을 이을 자니라"(갈 3:16, 29). 무슬림은 그들의 종교가 이스마엘을 거쳐 아브라함에게서 유래한다고 믿는다. 따라서 세 종교는 아브라함을 그들의 조상이라고 주장한다.

따라서 어떤 사람들은 세 종교가 실제로 하나의 종교라는 신념의 토대가 아브라함이라고 주장한다.[4] 우리는 서로 다른 역사와 서로 다른 전통을 가졌을지 모르지만, 같은 하나님을 예배하고 같은 창시자를 두고 있다.

존 레벤슨은 이같은 견해를 철저하고 강력하게 비판했다.[5] 우리는 모두 같은 인물의 다른 부분을 더 자세히 들여다보고 있는 것일 수 있다. 다시 말해서 3대 종교 전통은 똑같이 아브라함을 바라보지만 그의 이야기에서 서로 다른 측면을 강조한다.

앞의 글에서(창 15장을 다룬 장의 "믿음으로 말미암는 의의 모델인 아브람" 단락), 신약이 창세기 15:6을 자주 인용한다고 언급했었다. 그리스도인에게 아브라함은 오직 믿음으로 말미암는 의의 모델이다. 유대인에게는 창세기 26:4-5이 핵심이다. "네 자손을 하늘의 별과 같이 번성하게 하며 이 모든 땅을 네 자손에게 주리니 네 자손으로 말미암아 천하 만민이 복을 받으리라. 이는 아브라함이 내 말을 순종하고 내 명령과 내 계명과 내 율례와 내 법도를 지켰음이라." 한편에서 볼 때, 모세 율법을 예고하는 "계명", "율례", "법도"와 같은 단어는 아브라함 시대에 맞지 않는 표현이다. 하지만 요점은 분명하다. 아브라함은 토라를 모범적으로 지킨 인물이다. 이슬람의 관심은 아브라함의 믿음이나 율법 준수가 아니라 창세기 22장에 나타난 대로 하나님의 뜻을 수용하는 전적 복종에 쏠린다. 여기서 아브라함은 외아들, 자신이 그토록 사랑하는 아들을 기꺼이 바친다. 무슬림 전통에는 그 아들이 이스마엘(일반적으로 히브리 성경에서 이삭이 맡은 역할을 코란에서 맡는 아랍 민족의 조상)이었는지 여부에 대해 다양한 견해가 있지만, 아케다(Akedah, 히브리어로 '묶음'을 뜻하는 이 단어는 아브라함이 이삭을 결박하여 하나님께 바치려 했던 사건을 가리킨다—편집자)가 무슬림 경건의 모범이 되는 완전한 복종 행위였다는 점에는 의문이 전혀 없다.

따라서 아브라함이 이 세 종교의 창시자로서 중요한 역할을 했다는 점에서 세 종교에는 유사성이 있지만, 이 유사성은 세 종교 간의 차이점도 강조한다. 따라서 아브라함은 유대교, 기독교, 이슬람교가 실제로 하나의 동일한 종교라고 말할 수 있는 근거를 제공하지 않는다. 그렇지만 세 종교가 깊은 존중과 예의를 가지고 서로 관계를 맺어야 할 여러 이유 가운데 하나를 제공한다. 차이가 있을 때, 우리는 사랑의 맥락 속에서 그 차이를 논해야 한다.

할례와 세례

창세기 17장에서 하나님은 아브라함에게 할례를 가르치신다. 보통 생후 8일째에 행해지는 이 의식은 언약 공동체의 일원임을 나타낸다. 위에서 할례의 상징은 포피를 잘라 내는 것과 관련이 있다고 언급한 바 있다. 포피를 잘라 내듯 나중에 언약을 어긴 사람도 잘려 나갈 것이다. 본질적으로 할례는 언약 입문 의식이다.

하지만 구약 시대에도 할례라는 물리적 행위만으로는, 하나님과 좋은 관계를 지속하는 데 충분하지 않았다. 마음에도 할례를 받지 않는다면, 몸의 할례는 전적으로 쓸모가 없었다.

> 유다인과 예루살렘 주민들아
> 너희는 스스로 할례를 행하여
> 너희 마음 가죽을 베고 나 여호와께 속하라.

> 그리하지 아니하면 너희 악행으로 말미암아
> 나의 분노가 불같이 일어나 사르리니
> 그것을 끌 자가 없으리라. (렘 4:4; 또한 신 10:16; 30:6; 레 26:41; 렘 6:10; 9:26; 겔 44:7, 9도 보라; 참조. 롬 2:25-29).

이처럼 할례는 이스라엘과 하나님의 관계에서 중심을 차지했고, 매우 중요하게 여겨졌다. 그런데 신약으로 넘어가면 할례를 받지 않은 이방인이 하나님과 언약 관계를 맺으면서, 할례의 지위를 둘러싼 격렬한 갈등이 벌어진다. 한쪽에서는 그리스도인이 이제 하나님과 언약 관계 안에 있다는 표시로 할례를 받아야 한다고 주장했다(행 15:1; 딛 1:10). 하지만 바울은 이 생각에 반대했다.

> 무릇 육체의 모양을 내려 하는 자들이 억지로 너희에게 할례를 받게 함은 그들이 그리스도의 십자가로 말미암아 박해를 면하려 함뿐이라. 할례를 받은 그들이라도 스스로 율법은 지키지 아니하고 너희에게 할례를 받게 하려 하는 것은 그들이 너희의 육체로 자랑하려 함이라. 그러나 내게는 우리 주 예수 그리스도의 십자가 외에 결코 자랑할 것이 없으니 그리스도로 말미암아 세상이 나를 대하여 십자가에 못 박히고 내가 또한 세상을 대하여 그러하니라. 할례나 무할례가 아무것도 아니로되 오직 새로 지으심을 받는 것만이 중요하니라. 무릇 이 규례를 행하는 자에게와 하나님의 이스라엘에게 평강과 긍휼이 있을지어다. (갈 6:12-16; 또한 골 3:11도 보라.)

잘 알려진 대로, 바울의 견해가 승리했다(행 15:1-21).

모벌리(Moberly)는 창세기에서 "영원한 언약"이라고 말한 의식이 그리스도가 오심으로 인해 어떻게 더는 중요하지 않아졌는지를 이해하도록 돕는다. 그는 이렇게 말한다.

> 또 다른 요인은 신약에서 구약을 어떻게 수용하는지와, 예수님이 이스라엘을 대하는 하나님의 방식에 어떤 차이를 가져오셨는지와 관련된다. 분명한 사례는, 아브라함과 맺은 하나님의 할례 언약이 다시 한번 종료 시점을 상정하지 않은 '무기한의'(in perpetuity) 약속이라는 차원에서 명시적으로 '영원하다'(*berit 'olam*; 창 17:7, 13을 보라)는 사실이다. 하지만 (이미 구약에서 엘리 가문에 대한 하나님의 약속이 종료되었듯이) 신약에서 이 약속은 종료된다. 주류 기독교 신학이 따르는 바울 신학에 따르면, 할례는 더 이상 필요하지 않다. 오히려 할례는 기껏해야 선택 사항이고 문제를 일으킬 수도 있다.[6]

따라서 그리스도인에게 할례는 더 이상 언약 입문에 필요한 의식으로 기능하지 않는다. 하지만 성경적인 기독교에는 의식이 없지 않고, 신약은 세례가 새 언약에 들어가는 입문의 표시라고 규정한다. 실제로 바울은 풍부하고 복잡한 골로새서 본문에서 세례와 할례를 연결한다.

> 그 안에는 신성의 모든 충만이 육체로 거하시고 너희도 그 안에서 충만하여졌으니 그는 모든 통치자와 권세의 머리시라. 또 그 안에서 너희가 손으로 하지 아니한 할례를 받았으니 곧 육의 몸을 벗는 것이요 그리스도의 할례니라. 너희가 세례로 그리스도와 함께 장사되고 또 죽은 자들 가운데서 그를 일으키신 하나님의 역사를 믿음으로 말미암아 그 안에서 함께 일으키심을 받았느니라. (골 2:9-12)

그리스도인은 랍비가 포피를 잘라내는 할례가 아닌, 그리스도로 말미암은 할례를 받은 것이다. 사람의 손으로 행하지 않은 할례란 그리스도의 죽음을 가리킨다. 갈런드(Garland)는 그리스어 속격을 주격 속격으로 해석한 NIV 성경 번역("너희는 그리스도에 의해 할례를 받았다", 11절)은 부정확하고, 오히려 그리스도가 경험한 할례를 가리키는 목적격 속격으로, 따라서 그분의 죽음에 대한 언급으로 이해해야 한다고 설득력 있게 주장한다.[7]

바울에 따르면, 그리스도인은 사람의 손이 아니라 그리스도의 할례(죽음)를 통해 할례받은 사람들이다. 그분 안에서 그리스도인은 신명기 30:6을 비롯한 여러 곳에 묘사된 마음의 할례를 경험한다. 더 나아가 바울은 이를 세례 의식과 연결한다("세례로 그리스도와 함께 장사되고"). 따라서 이 본문에서 세례는 정결의 상징이라기보다는 오히려 죽음의 상징이다. 물론 우리는 물속에 머물지 않고, 예수님이 부활을 통해 죽음에서 나오셨듯이 물에서 나온다("죽은 자들 가운데서 그를 일으키신 하나님의 역사를 믿음으로 말미암아 그 안에서 함께 일으키심을 받았느니라").

따라서 할례와 세례는 언약 입문 의식일 뿐만 아니라 언약의 인간 파트너가 행하는 자기 저주 맹세라는 점에서 유사점을 지닌 병행 관계에 있다. 우리가 새 언약을 깬다면 이는 물에서 나오지 않는 것과 같다.

이와 관련하여 "예수, 아브라함의 씨"(11:27-12:9을 다룬 장)와 "모든 민족을 위한 약속"(25:12-18을 다룬 장) 단락을 보라.

16

창세기 18-19장

— 이야기 경청하기 —

18:1여호와께서 마므레의 상수리나무들이 있는 곳에서 아브라함에게 나타
나시니라 날이 뜨거울 때에 그가 장막 문에 앉아 있다가 2눈을 들어 본즉
사람 셋이 맞은편에 서 있는지라 그가 그들을 보자 곧 장막 문에서 달려나
가 영접하며 몸을 땅에 굽혀 3이르되 내 주여 내가 주께 은혜를 입었사오
면 원하건대 종을 떠나 지나가지 마시옵고 4물을 조금 가져오게 하사 당신
들의 발을 씻으시고 나무 아래에서 쉬소서 5내가 떡을 조금 가져오리니 당
신들의 마음을 상쾌하게 하신 후에 지나가소서 당신들이 종에게 오셨음이
니이다 그들이 이르되 네 말대로 그리하라 6아브라함이 급히 장막으로 가
서 사라에게 이르되 속히 고운 가루 세 스아를 가져다가 반죽하여 떡을 만
들라 하고 7아브라함이 또 가축 떼 있는 곳으로 달려가서 기름지고 좋은
송아지를 잡아 하인에게 주니 그가 급히 요리한지라 8아브라함이 엉긴 젖
과 우유와 하인이 요리한 송아지를 가져다가 그들 앞에 차려 놓고 나무 아
래에 모셔 서매 그들이 먹으니라 9그들이 아브라함에게 이르되 네 아내 사
라가 어디 있느냐 대답하되 장막에 있나이다 10그가 이르시되 내년 이맘때
내가 반드시 네게로 돌아오리니 네 아내 사라에게 아들이 있으리라 하시
니 사라가 그 뒤 장막 문에서 들었더라 11아브라함과 사라는 나이가 많아
늙었고 사라에게는 여성의 생리가 끊어졌는지라 12사라가 속으로 웃고 이
르되 내가 노쇠하였고 내 주인도 늙었으니 내게 무슨 즐거움이 있으리요
13여호와께서 아브라함에게 이르시되 사라가 왜 웃으며 이르기를 내가 늙
었거늘 어떻게 아들을 낳으리요 하느냐 14여호와께 능하지 못한 일이 있겠
느냐 기한이 이를 때에 내가 네게로 돌아오리니 사라에게 아들이 있으리
라 15사라가 두려워서 부인하여 이르되 내가 웃지 아니하였나이다 이르시
되 아니라 네가 웃었느니라 16그 사람들이 거기서 일어나서 소돔으로 향하
고 아브라함은 그들을 전송하러 함께 나가니라 17여호와께서 이르시되 내

가 하려는 것을 아브라함에게 숨기겠느냐 [18]아브라함은 강대한 나라가 되
고 천하 만민은 그로 말미암아 복을 받게 될 것이 아니냐 [19]내가 그로 그 자
식과 권속에게 명하여 여호와의 도를 지켜 의와 공도를 행하게 하려고 그
를 택하였나니 이는 나 여호와가 아브라함에게 대하여 말한 일을 이루려 함
이니라 [20]여호와께서 또 이르시되 소돔과 고모라에 대한 부르짖음이 크고
그 죄악이 심히 무거우니 [21]내가 이제 내려가서 그 모든 행한 것이 과연 내
게 들린 부르짖음과 같은지 그렇지 않은지 내가 보고 알려 하노라 [22]그 사
람들이 거기서 떠나 소돔으로 향하여 가고 아브라함은 여호와 앞에 그대
로 섰더니 [23]아브라함이 가까이 나아가 이르되 주께서 의인을 악인과 함께
멸하려 하시나이까 [24]그 성 중에 의인 오십 명이 있을지라도 주께서 그곳
을 멸하시고 그 오십 의인을 위하여 용서하지 아니하시리이까 [25]주께서 이
같이 하사 의인을 악인과 함께 죽이심은 부당하오며 의인과 악인을 같이
하심도 부당하니이다 세상을 심판하시는 이가 정의를 행하실 것이 아니니
이까 [26]여호와께서 이르시되 내가 만일 소돔성읍 가운데에서 의인 오십 명
을 찾으면 그들을 위하여 온 지역을 용서하리라 [27]아브라함이 대답하여 이
르되 나는 티끌이나 재와 같사오나 감히 주께 아뢰나이다 [28]오십 의인 중
에 오 명이 부족하다면 그 오 명이 부족함으로 말미암아 온 성읍을 멸하시리
이까 이르시되 내가 거기서 사십오 명을 찾으면 멸하지 아니하리라 [29]아브
라함이 또 아뢰어 이르되 거기서 사십 명을 찾으시면 어찌 하려 하시나이
까 이르시되 사십 명으로 말미암아 멸하지 아니하리라 [30]아브라함이 이르
되 내 주여 노하지 마시옵고 말씀하게 하옵소서 거기서 삼십 명을 찾으시
면 어찌 하려 하시나이까 이르시되 내가 거기서 삼십 명을 찾으면 그리하
지 아니하리라 [31]아브라함이 또 이르되 내가 감히 내 주께 아뢰나이다 거
기서 이십 명을 찾으시면 어찌 하려 하시나이까 이르시되 내가 이십 명으
로 말미암아 그리하지 아니하리라 [32]아브라함이 또 이르되 주는 노하지 마
옵소서 내가 이번만 더 아뢰리이다 거기서 십 명을 찾으시면 어찌 하려 하

시나이까 이르시되 내가 십 명으로 말미암아 멸하지 아니하리라 33여호와
께서 아브라함과 말씀을 마치시고 가시니 아브라함도 자기 곳으로 돌아갔
더라 19:1저녁 때에 그 두 천사가 소돔에 이르니 마침 롯이 소돔성문에 앉아
있다가 그들을 보고 일어나 영접하고 땅에 엎드려 절하며 2이르되 내 주여
돌이켜 종의 집으로 들어와 발을 씻고 주무시고 일찍이 일어나 갈 길을 가
소서 그들이 이르되 아니라 우리가 거리에서 밤을 새우리라 3롯이 간청하
매 그제서야 돌이켜 그 집으로 들어오는지라 롯이 그들을 위하여 식탁을
베풀고 무교병을 구우니 그들이 먹으니라 4그들이 눕기 전에 그 성 사람 곧
소돔 백성들이 노소를 막론하고 원근에서 다 모여 그 집을 에워싸고 5롯을
부르고 그에게 이르되 오늘 밤에 네게 온 사람들이 어디 있느냐 이끌어 내
라 우리가 그들을 상관하리라 6롯이 문 밖의 무리에게로 나가서 뒤로 문을
닫고 7이르되 청하노니 내 형제들아 이런 악을 행하지 말라 8내게 남자를
가까이하지 아니한 두 딸이 있노라 청하건대 내가 그들을 너희에게로 이
끌어 내리니 너희 눈에 좋을 대로 그들에게 행하고 이 사람들은 내 집에
들어왔은즉 이 사람들에게는 아무 일도 저지르지 말라 9그들이 이르되 너
는 물러나라 또 이르되 이 자가 들어와서 거류하면서 우리의 법관이 되려
하는도다 이제 우리가 그들보다 너를 더 해하리라 하고 롯을 밀치며 가까
이 가서 그 문을 부수려고 하는지라 10그 사람들이 손을 내밀어 롯을 집으
로 끌어들이고 문을 닫고 11문 밖의 무리를 대소를 막론하고 그 눈을 어둡
게 하니 그들이 문을 찾느라고 헤매었더라 12그 사람들이 롯에게 이르되
이 외에 네게 속한 자가 또 있느냐 네 사위나 자녀나 성 중에 네게 속한 자
들을 다 성 밖으로 이끌어 내라 13그들에 대한 부르짖음이 여호와 앞에 크
므로 여호와께서 이 곳을 멸하시려고 우리를 보내셨나니 우리가 멸하리라
14롯이 나가서 그 딸들과 결혼할 사위들에게 말하여 이르기를 여호와께서
이 성을 멸하실 터이니 너희는 일어나 이 곳에서 떠나라 하되 그의 사위들
은 농담으로 여겼더라 15동틀 때에 천사가 롯을 재촉하여 이르되 일어나

여기 있는 네 아내와 두 딸을 이끌어 내라 이 성의 죄악 중에 함께 멸망할
까 하노라 16그러나 롯이 지체하매 그 사람들이 롯의 손과 그 아내의 손과
두 딸의 손을 잡아 인도하여 성 밖에 두니 여호와께서 그에게 자비를 더하
심이었더라 17그 사람들이 그들을 밖으로 이끌어 낸 후에 이르되 도망하여
생명을 보존하라 돌아보거나 들에 머물지 말고 산으로 도망하여 멸망함을
면하라 18롯이 그들에게 이르되 내 주여 그리 마옵소서 19주의 종이 주께
은혜를 입었고 주께서 큰 인자를 내게 베푸사 내 생명을 구원하시오나 내
가 도망하여 산에까지 갈 수 없나이다 두렵건대 재앙을 만나 죽을까 하나
이다 20보소서 저 성읍은 도망하기에 가깝고 작기도 하오니 나를 그곳으로
도망하게 하소서 이는 작은 성읍이 아니니이까 내 생명이 보존되리이다
21그가 그에게 이르되 내가 이 일에도 네 소원을 들었은즉 네가 말하는 그
성읍을 멸하지 아니하리니 22그리로 속히 도망하라 네가 거기 이르기까지
는 내가 아무 일도 행할 수 없노라 하였더라 그러므로 그 성읍 이름을 소알
이라 불렀더라 23롯이 소알에 들어갈 때에 해가 돋았더라 24여호와께서 하
늘 곧 여호와께로부터 유황과 불을 소돔과 고모라에 비같이 내리사 25그 성
들과 온 들과 성에 거주하는 모든 백성과 땅에 난 것을 다 엎어 멸하셨더
라 26롯의 아내는 뒤를 돌아보았으므로 소금 기둥이 되었더라 27아브라함
이 그 아침에 일찍이 일어나 여호와 앞에 서 있던 곳에 이르러 28소돔과 고
모라와 그 온 지역을 향하여 눈을 들어 연기가 옹기 가마의 연기같이 치솟
음을 보았더라 29하나님이 그 지역의 성을 멸하실 때 곧 롯이 거주하는 성
을 엎으실 때에 하나님이 아브라함을 생각하사 롯을 그 엎으시는 중에서
내보내셨더라 30롯이 소알에 거주하기를 두려워하여 두 딸과 함께 소알에
서 나와 산에 올라가 거주하되 그 두 딸과 함께 굴에 거주하였더니 31큰딸
이 작은딸에게 이르되 우리 아버지는 늙으셨고 온 세상의 도리를 따라 우
리의 배필 될 사람이 이 땅에는 없으니 32우리가 우리 아버지에게 술을 마
시게 하고 동침하여 우리 아버지로 말미암아 후손을 이어 가자 하고 33그

밤에 그들이 아버지에게 술을 마시게 하고 큰딸이 들어가서 그 아버지와
동침하니라 그러나 그 아버지는 그 딸이 눕고 일어나는 것을 깨닫지 못하
였더라 34이튿날 큰딸이 작은딸에게 이르되 어제 밤에는 내가 우리 아버지
와 동침하였으니 오늘 밤에도 우리가 아버지에게 술을 마시게 하고 네가
들어가 동침하고 우리가 아버지로 말미암아 후손을 이어 가자 하고 35그
밤에도 그들이 아버지에게 술을 마시게 하고 작은딸이 일어나 아버지와
동침하니라 그러나 아버지는 그 딸이 눕고 일어나는 것을 깨닫지 못하였
더라 36롯의 두 딸이 아버지로 말미암아 임신하고 37큰딸은 아들을 낳아 이
름을 모압이라 하였으니 오늘날 모압의 조상이요 38작은딸도 아들을 낳아
이름을 벤암미라 하였으니 오늘날 암몬 자손의 조상이었더라

이야기 속 다른 본문 경청하기

성경 본문: 창세기 12:1-3; 15장; 17장(18:1-15에 대해); 창세기 11:31-12:5; 13장; 14장 (18:16-19:29에 대해); 창세기 9:18-28(19:30-38에 대해)

시간은 계속 흘러가는데 사라는 여전히 임신하지 못한다. 아브라함의 후손이 "큰 민족"이 될 것이라는 약속(12:2)은 아직 성취를 향한 첫걸음조차 내딛지 못했다. 하나님은 이미 아브라함에게 두 번이나 오셔서 "씨"에 대한 약속을 성취하겠다는 의지를 다시 확인해 주셨고, 이 본문에서는 두 천사를 대동하여 세 번째로 오셔서, 선택된 부부에게 한 번 더 재확인해 주신다. 하지만 이야기가 계속되면서 천상의 세 인물이 소돔과 고모라성의 악함을 조사하러 가는 길이라는 사실이 드러난다.

아브라함은 약속의 땅으로 가라는 하나님의 부르심에 응답하여 아내 사라와 함께 조카 롯을 데리고 갔다. 과묵한 서술자는 롯을 데려온 것이 좋은 일인지 아닌지 독자들에게 명확히 말하지 않지만, 좋든 나쁘든 혹은 무관심하든 서술자는 이제 이 족장에게 롯은 근심의 대상이고, 이런

일이 이번이 처음이 아님을 보여 준다.

많은 양 떼에게 풀을 먹이고자 아브라함과 롯이 서로 떨어진 곳을 찾아야 했을 때, 롯은 소돔성으로 가기로 선택했다(창 13장). 아브라함 이야기의 바로 다음 에피소드에서 족장은 가나안을 약탈하던 근동의 네 왕에게 납치된 롯을 구출하기 위해 그들과 전투를 벌어야 했다. 소돔 왕에 대한 아브라함의 냉담한 반응은 비록 롯이 그곳에 살기로 선택했지만, 아브라함은 그와 아무 관계도 맺지 않기를 바랐음을 보여 준다(14:21-24). 현재 이야기에서 아브라함은 소돔을 위해 하나님께 탄원하는데, 이 족장의 동기가 롯과 그의 가족이 그곳에서 살기 때문이라는 것은 거의 확실하다.

창세기 19:30-38은 또한 창세기 9:18-28과 같이 읽어야 한다. 거기서 노아는 술에 취한 상태에서 가까운 가족에게 성적 학대를 당한다.

이야기 설명하기

아브라함이 세 방문객을 대접하다(18:1-8)

17장의 에피소드 이후 시간이 얼마나 지났는지에 관한 명시적 단서가 나오지는 않지만, 그리 오래되지 않았을 것이다. 결국 하나님은 아브라함과 사라가 "내년 이 시기에" 아들을 낳을 것이라고 말씀하셨는데(17:21), 이 이야기에서 아브라함을 방문한 사자들이 전달한 메시지와 동일하다(10절). 그런데 이 사자들은 누구일까?

처음에 사자들의 정체는 적어도 독자에게 분명하지 않다. 사실 이 장이 시작될 때 아브라함이 그들을 정확히 누구로 생각하는지가 명확하지 않다. 그는 분명 사자들을 매우 존중한다. 이 방문객들에 대한 아브라함의 환대는 소돔 주민들이 보여 준 부실한 환대와 인상적인 대조를 이룬다. 물론 롯은 삼촌처럼 그들에게 보호와 음식을 제공할 것이다(19장).

한낮 더운 시간에 장막 입구에서 쉬던 아브라함은 그들이 다가오는 모습을 본다. 그의 다급함과 방문객에 대한 깊은 존중은 그들이 평범한 손님이 아니라는 사실을 알고 있음을 잘 보여 준다. 아브라함은 방문객이 자기에게 올 때까지 기다리지 않고 서둘러 장막에서 나와 맞이하고, 그들을 만날 때 땅에 엎드려 절한다. 적어도 아브라함은 자기가 그들보다 낮은 신분임을 인식하지만, 그 가운데 한 분이 다름 아닌 하나님이심을 알았을 가능성은 훨씬 크다.

세 명의 방문객이 있지만 아브라함은 두드러진 한 리더에게 직접 말을 건넨다. '아도나이'(*adonay*)에 대한 NIV 성경의 번역[주님(Lord)이 아닌 "내 주"(my lord)]은 아브라함이 말을 건넨 사람이 하나님이심을 알고 있는지에 대하여, 번역자들 사이에 애매한 데가 있음을 보여 준다. 아브라함은 그들에게 계속 여행하지 말고(나중에서야 우리는 그들이 소돔으로 가는 중임을 알게 된다), 아브라함의 장막에서 재충전하는 시간을 가지라고 강권한다.

아브라함은 훌륭한 접대자로서 그들이 발을 씻고, 물을 조금 마시고, 음식을 먹고, 나무 아래에서 쉴 시간을 제공한다. 어쨌든 지금은 "날이 뜨거울 때"다(1절). 그들은 그의 너그러운 환대를 받아들이기로 한다.

그런 다음 아브라함은 사라에게 급히 가서 가장 고운 밀가루로 떡을 준비하라고 말한다. 그는 구체적으로 밀가루 "세 스아"를 사용하라고 말한다. 월키는 1스아가 "8리터의 곡물"이라고 말하고,[1] NIV 성경 각주에서는 이것이 약 16킬로그램의 곡물이라고 알려 준다. 서술자는 이같이 많은 양을 언급함으로써 아브라함이 손님들에게 얼마나 관대하게 베푸는지를 보여 준다.

아브라함은 "고운 가루"로 만든 떡 외에, "기름지고 좋은 송아지"를 하인에게 주며 준비하라고 지시한다. 그는 엉긴 젖, 우유와 함께 이것을 대접했다. 이 본문 전반의 서두르는 분위기는 긴급함을 강조하고, 이런 분위기와 음식의 질은 아브라함이 훌륭하게 손대접하는 사람인 동시에 그 손님의 중요성을 잘 알고 있음을 보여 준다. 손님들이 먹는 동안 아브라함은 나무 옆에 서서 수발을 든다.

아들에 대한 약속(18:9-15)

앞서 주장했듯이 아브라함은 이미 손님의 진짜 정체에 관해 무언가 알고 있었을 가능성이 높지만, 전에 알지 못했더라도 식사 중에 대화를 나눈 뒤에는 알았을 것이다. 그들은 먼저 사라의 근황을 묻는다. 그들은 어떻게 사라의 이름을 알았을까? 게다가 이 질문을 일반 손님이 던진 것이라면 무례하다고 여겨졌을 수도 있다.

하지만 아브라함은 화내지 않고 오히려 사라가 장막 안에 있다고 말한다. 이 시점에 셋 중 한 사람, 분명 리더—하나님—는 약속이 곧 성취될 거라고 다시 말해 준다. "내년 이맘때 내가 반드시 네게로 돌아오리니 네 아내 사라에게 아들이 있으리라"(10절).

사라는 이 대화에 함께하지 않았지만 부르면 들을 만한 거리에 있었다. 그녀는 방문객의 말을 엿듣고 "속으로" 웃으며 자신들의 많은 나이를 떠올렸다. 자신이 성적 즐거움(이 단어의 명백한 의미가 여기서는 그냥 "즐거움"으로 번역되었다)을 느낄 거라는 발상이 사라는 우스웠다.

사라의 반응은 공개적인 것이 아니라 속으로 한 말이다. 하지만 방문객들은 들었고, 이때 처음으로 방문객이 명시적으로 여호와라고 표현된다. 하나님은 마음과 생각을 읽으실 수 있다. "여호와께 능하지 못한 일이 있겠느냐?"라는 수사적 질문을 통해 단언하시듯이 하나님은 무엇이든 성취하실 수 있다. 하나님이 우주를 창조하실 수 있다면("슬프도소이다. 주 여호와여 주께서 큰 능력과 펴신 팔로 천지를 지으셨사오니 주에게는 할 수 없는 일이 없으시니이다", 렘 32:17), 그분은 분명 노부부가 아이를 낳게 하실 수 있다.

방문객들이 자기 속마음을 알고 있다는 사실에 분명 당황한 사라는 하나님의 선언에 대한 자신의 반응을 부정해 보려 시도하지만 아무 소용이 없다. 하나님은 아이를 낳을 수 있다는 가능성을 사라가 비웃었다는 말만 반복하신다.

아브라함이 소돔을 위해 탄원하다(18:16-33)

방문객들은 아브라함의 장막에서 휴식을 마치고 계속 여행을 이어 간다. 이제 우리는 그들의 목적지가 소돔, 곧 롯이 살기로 택한 장소임을 알게 된다. 이미 소돔이 악한 곳이라는 말을 들었기에, 독자들은 이제 하나님으로 알고 있는 분이 그곳을 향해 움직이실 때 불길함을 강하게 느낀다.

그런 다음 하나님은 여행을 시작할 때 전송하러 나온 아브라함에게 소돔에서 수행할 자기 임무에 관해 말하기로 하신다. 하나님이 그렇게 결심하신 이유는 아브라함과 그의 후손이 하나님의 구속 목적에서 중추적 역할을 할 것이기 때문이다. 이 에피소드는 또한 아브라함이 예언자임을 보여 준다. 하나님은 예언하는 사자들에게 자기 계획을 숨기지 않으시기 때문이다(창 20:7; 렘 23:16-22; 암 3:7; 요 15:13).[2] 아브라함은 악한 성에 어떤 일이 일어날지를 알아야 한다. 족장은 자기 후손에게 소돔성이나 그 주변과 달리 "의와 공도"로 어떻게 행동해야 하는지를 가르칠 것이기 때문이다(19절).

하나님은 소돔성이 자기에게 도와 달라고 외치는 이들의 부르짖음처럼 악한지 확인하기 위해 소돔으로 가고 있다고 아브라함에게 알려 주신다. 하나님은 정의롭고 공정한 분이시고, 벌을 받지 않아야 할 사람을 벌하지 않으실 것이다. 성경 다른 곳에서 하나님은 전지전능하시다고 가르친다는 점을 고려할 때(시 139:1-6; 147:5), 하나님이 실제로 그 성에 가서 그들이 얼마나 악한지를 판단해야 한다는 신인 동형론적 하나님 묘사는 하나님이 매우 정의롭게 심판하신다는 사실을 전달하려는 목적에 부합한다.

브루크너(Bruckner)가 주장한 것처럼 서술자는 법적 언어를 사용하여 이 장면을 묘사한다. 하나님께 닿은 소돔과 고모라에 대한 "부르짖음"은 '구조를 요청하는 법적 항의'의 지위를 갖는다.[3] 하나님은 혐의를 판단하기 위해 오셨다.

아브라함은 이제 무고한 자들을 위해 하나님께 탄원한다. NIV 성경 각주에서 보여 주듯이, 번역문은 마소라 본문을 따라 아브라함이 하나님 앞에 서 있다고 표현한다. 하지만 거의 확실하게 원문을 보전했다고 보이는 고대 서기관 전승(*tiqqune sopherim*) 본문에 따르면 "여호와께서 아브라함 앞에 서셨다"이다. 그런데 항상 아랫사람이 윗사람 앞에 서는 것이었기 때문에, 이 표현은 서기관들의 신경에 거슬렸을 것이다. 원문은 아브라함의 호소에 귀 기울이기 위해 하나님이 기꺼이 낮은 사람의 위치를 취하셨음을 보여 주는 것일까? 정말로 브루크너는 법적 소송을 제기하는 사람이 재판관 앞에 선다는 점을 지적한다.[4]

아브라함은 하나님이 악인과 함께 무고한 자에게 심판을 내리지 않으시리라는 확신을 기대한다. 명시되지는 않지만, 이러한 탄원의 동기는 아마 롯과 그의 가족이 이 악한 성의 주민이라는 사실이었을 것이다. 동기가 무엇이든 소돔성에 있는 무고한 자들을 위해 하나님께 드린 아브라함의 중보 기도는 모세(출 32:31-33:23), 사무엘(삼상 12:19-25), 예레미야와 같이 다른 이들을 위해 하나님께 중보 기도를 드린 후대의 예언자들과 이 족장을 연결해 준다. 사실 다름 아닌 중재자로서 아브라함의 역할 때문에 하나님은 그랄 왕 아비멜렉에게 아브라함의 중보 기도를 청하도록 지시하신다. "그는 선지자"이기 때문이다(창 20:7).

흥미롭게도 아브라함의 중보 기도에는 자신과 하나님 사이의 타협을 내포한다. 아브라함은 만약 성안에서 의인 50명을 찾을 수 있다면 그 성을 살려 달라고(또는 용서해 달라고) 하나님께 요청한다. 아브라함은 단순히 의인을 살려 달라고 요청하지 않고, 의인이 그 성에 있기 때문에 성 전체를 살려 달라고 요청한다.

아브라함은 고대 근동(또는 오늘날 미국의 자동차 대리점)에서 잘 알려진 일종의 거래에 참여한다. 그는 50명으로 시작한다. "그 성 중에 의인 50명이 있다면 그들을 살려 주지 않으시겠습니까?" 그런 다음 열 명으로 줄어들 때까지 하나님과 대화한다. 하나님은 만약 의인 열 명이 성안에 있다면 그 성을 살려 주겠다고 동의하신다. 이렇게 해서 하나님과 아브라함은 헤어지고, 하나님은 소돔을 향해 가시고 아브라함은 집으로 돌아간다. 이 에피소드는 아브라함을 기꺼이 의인을 옹호하는 사람으로, 또한 하나님을 자기 백성이 의인을 대변할 때 그들의 호소를 기꺼이 들으시는 분으로 묘사한다.

천사들이 소돔에 도착하다(19:1-3)

앞 장 마지막에서 하나님은 두 동행 천사와 함께 소돔과 고모라를 향해 출발하셨다(그들은 19:1에서 처음으로 천사라고 명시적으로 언급된다). 하지만 두 천사만 실제로 소돔성에 들어간다. 아마 그 성의 악함 때문에 거룩하신 하나님은 실제로 그 경내에 들어가지 않으셨을 것이다.

그들이 성에 들어올 때 롯이 가장 먼저 그들을 맞이한다. 그는 소돔 성문에 있다. 고대 도시의 성문은 광장이었을 뿐 아니라 성의 지도자들이 만나는 장소이기도 했다. 성문에 있다는 것은 롯이 성의 지도자임을 암시할 수도 있다. 성을 찾은 낯선 방문객에게 환대를 베푼다는 사실은 그가 악한 성의 영향을 받아 완전히 부패하지 않았음을 시사한다. 롯은 그들에게 쉼터와 보호를 제공하고, 이로써 곧이어 그들을 착취하려고 할 성 주민들과 자신을 차별화한다. 그는 환대를 통해 성의 다른 주민들과 자기를 구별하고, 자신을 방문한 나그네를 신속하고 너그럽게 환대했던 삼촌 아브라함에 비견된다.

롯은 소돔 주민들보다 아브라함과 더 비슷하지만, 둘 사이에는 여전히 눈에 띄는 정도 차이가 있다. 레벤슨은 다음과 같이 그 차이를 잘 잡아낸다.

> 아브라함은 달려 나가는데 롯은 일어나기만 한다. 아브라함은 물과 음식을 제공하지만 롯은 그러지 않는다. 또한 아브라함이 실제로 제공하는 음식, 곧 "기름지고 좋은 송아지…엉긴 젖과 우유"와 사라에게 속히 만들어 오라고 지시한 떡은 '구운 무교병'만 언급하는 롯이 '베푼 식탁'과 대조된다(18:6-8; 19:3).…가장 큰 차이는 두 사람이 방문한 최초의 목적에 있다. 아브라함에게 온 목적은 출산을 알리기 위한 것이고, 롯에게 온 목적은 임박한 죽음을 알리기 위한 것이다.[5]

천사 방문객들은 처음에 롯의 초대를 거절하면서 광장에서 밤을 보내겠다고 말한다. 하지만 롯은 아마 그들이 광장에 머물 경우 위험에 노출될 수 있음을 알고, 그 말을 듣지 않는다. "환대를 고집했던…롯은 자기 권력을 행사하여 그들을 위험으로부터 보호할 뿐 아니라 자기 가정에 해를 가하지 않겠다는 암묵적인 사회적 계약에 그들을 묶어 둔다."[6] 롯은 그들이 자기 집에서 밤을 보내도록 설득하는 데 성공하고 그들에게 음식을 제공한다. 식사에는 미래의 출애굽을 생각나게 하는 누룩 없는 떡이 포함되는데(출 12:8 및 첫 번째 유월절과 실제 출애굽에 관한 기사 전반에서), 창세기를 기록할 당시에 물론 출애굽은 이미 일어난 사건이므로, 우리는 이 이야기를 쓴 저자가 이런 연관성을 의도했다고 생각해야 한다. 롯이 제공한 누룩 없는 떡에서 더 주목해야 할 부분은 이것이 아브라함이 최고급 밀가루로 만든 풍성한 떡과 대조된다는 점이다.

성폭력 시도(19:4-11)

하루의 끝 무렵이 되자, 독자들은 롯이 왜 방문객들이 완전히 무방비 상태에 놓일 광장을 떠나라고 고집했는지 그 이유를 알게 된다. 성의 남자들, 저자가 강조하듯이 성의 남자 전체("소돔성 각 마을에서, 젊은이 노인 할 것 없이 모든 남자", 새번역)가 와서 사실상 롯의 집을 포위하고, 방문객들을 넘겨주어 그들과 성관계를 갖게 해 달라고 요구한다. 고대 상황에서 강압적 성관계 시도는 말할 것도 없고, 이처럼 낯선 방문객을 환대하고 보호하지 않는 일은 끔찍한 것이었다(이후에 나오는 '이야기 살아내기'의 "소돔의 죄" 단락을 보라).

롯은 적어도 그들에게 쉼터를 제공하는 사람으로 나서지만, 아직 그들의 진짜 정체를 알지 못한다(이후에 나오는 '이야기 살아내기'의 "부지중에 찾아온 천사들"을 보라). 롯은 그들이 의도한 행동을 "악"이라고 말하지만, 그런 다음 계속해서 두 처녀 딸을 그들 대신 내줌으로써 롯의 도덕적 사고에 대해서도 의문을 제기한다. 환대법은 이런 고대 사회에서 중요한 법이었고["이 사람들은 내 집에 들어왔은즉"(they have come under the protection of my roof, NIV; 여기서 'protection'의 문자적 의미는 '그늘'로, 보호를 가리키는 은유다)], 취약한 상태에 놓일 수 있는 낯선 사람에게 보호와 식량을 제공하는 것은 고결한 관습이다. 물론 롯은 남자들 대신 딸들을 내줌으로써 이 관습을 왜곡한다. 롯은 주인으로서 자신의 미덕을 유지하기 위해 아버지로서 부끄러운 일을 자초하고 만다.

성의 남자들이 롯의 제안을 거절한다는 사실 때문에 그들의 범죄의 초점을 동성애 자체에 두어서는 안 된다. 여기서 죄는 여전히 환대받아 마땅한 낯선 사람을 향한 강압적 성관계와 공격이다.

또한, 현대 청중들은 방문한 남자들과 성관계를 맺으려는 소돔 남자들의 욕망이 그들이 동성애자라는 사실에 기인하지 않는다는 점을 인식해야 한다. 오히려 그들의 욕망은 방문한 이방인들에게 권력을 행사하는 한 방식이었다.

이 남자들은 이제 자신들의 마을에 살고 있는 이방인 롯을 위협한다. 롯 자신도 한동안 그곳에서 살았지만 이방인이었고, 이제 그는 폭력의 대상이 된다. 이 시점에 롯의 방문객들은 자신들이 단순한 여행자가 아님을 나타내는 식으로 행동하기 시작한다. 그들은 롯을 붙잡아 안으로 데려오는 동시에 영적으로 눈먼 소돔 남자들이 집 안으로 쳐들어올 문을 찾지 못하도록 육신의 눈을 멀게 만든다.

소돔에서의 탈출(19:12-26)

신비한 존재인 방문객들은 이제 소돔을 멸하려는 의도를 롯에게 밝힌다. 소돔의 악함은 이제 하나님의 심판을 받기에 이르렀다. 흥미롭게도 하나님은 단순히 소돔의 악에 대한 혐오감 때문에 응답하신 것이 아니라, "그들에 대한 부르짖음"에 응답하여 행동하신다. 물론 정확히 누가 하나님께 외쳤는지를 명시적으로 언급하지는 않는다. 그들이 누구든 분명 그들은 소돔 사람들의 억압과 폭력을 경험했을 것이다. 하나님의 심판은 그분의 거룩한 본성에서 비롯되지만, 또한 억압받는 사람들에게 도움을 제공한다.

롯은 그들을 보호하고자 잘못된 방법으로 노력했지만, 이제 천사들이 롯과 그의 가족을 보호할 것이다. 그들은 성이 멸망하고 주민들이 죽기 전에 모두 성을 탈출할 수 있도록 자녀들과 그 배우자들을 모으라고 롯에게 말한다. 롯의 딸들과 결혼하기로 서약한(또는 '이미' 결혼한, NIV 성경 각주를 보라. 하지만 이 딸들은 앞서 8절에서 "남자를 가까이하지 [않은]" 것으로 묘사되기 때문에 본문이 정확할 것이다) 남자들은 성을 떠나자는 롯의 제안을 비웃는다. 그들의 반응은 부족한 영적 감수성을 보여 주고, 그들이 그 성의 죄에 동참하고 있음을 드러낸다.

게다가 롯과 함께 아내와 두 딸이 빨리 떠나지 않자, 천사들은 그들을 붙잡아 성 밖으로 이끌어 내야 했다. 성적 욕망에 굶주린 소돔 남자들에게 자기 딸들을 내주는 행동을 통해 우리는 롯이 도덕적 귀감은 아님을 보았다. 앞으로 이어질 이야기에서 우리는 그의 아내와 딸들에 대해서도 똑같은 일을 볼 것이다. 노아와 달리(6:9) 롯과 그의 가족은 의로워서 구원받은 것이 아니다. 아마 롯은 소돔 주민들에 비해 상대적으로 의롭다고 말하는 것이 공정하겠지만, 그렇다 하더라도 만약 그 안에 의인 열 명이 살고 있다면 소돔성을 멸하지 말라고 하나님께 매달린 아브라함(19:27-29) 덕분에 그들이 구원받았다고 보는 것이 더 솔깃한 설명이다. 결론적으로 말해서, 그 성에는 상대적으로 의로운 사람이 다섯 명도 되지 않는다. 하나님은 성을 살려 두지 않으시지만, 롯과 그의 아내와 두 딸을 구원하기 위해 행동하신다.

천사들은 롯에게 가족들을 데리고 성에서 아주 멀리 떠나라고 재촉한다. 그들은 성만이 아니라 지역 전체를 멸할 계획이기 때문이다. 그들은 멈추지 말고 뒤돌아보지 말아야 한다. 롯은 천사들에게 그 지역의 작은 마을에 피신하게 해 달라고 애원한다. 실제로 그 성의 이름은 '작음'(소알)이다.

롯은 천사들이 자기에게 은혜와 친절을 베풀어 주었다고 인정하면서도 더 많은 자비를 요청한다. 그는 멸망이 임하기 전에 산에 도착할 수 없을 것 같다고 느꼈는데, 아마도 나이가 많은 탓이었을 것이다. 천사들은 롯이 소알에 피신하도록 허락하고, 이 이야기는 아마 이 작은 성이 어떻게 그 주변 지역의 파괴를 피할 수 있었는지를 설명해 줄 것이다. 그렇지만 천사들은 롯에게 빨리 움직이라고 떠민다.

성의 남자들은 저녁이 시작될 무렵 롯의 집을 습격하여 그 남자들을 데려가려 했는데, 이제는 롯과 그의 가족들이 소알에 도착한 다음 날 아침의 해가 떴다(23절). 이때 하나님은 유황불을 비같이 내리는 형태로 소돔과 고모라에 형벌을 내리셨다. 브루크너에 따르면 "아침은 하나님의 개입이나 심판이 자주 일어나는 시간대다."[7] 우리는 여기서 화산 활동을 떠올릴 가능성이 큰데, 오늘날에도 이 고대 성들의 주변 지역에 그 흔적이 남아 있다. 실제로 오늘날에도 이 사해 주변 지역은 황무지처럼 보인다.

하나님의 천사 사자들은 롯과 그의 가족에게 성을 돌아보지 말라고 경고했다. 뒤를 돌아본다는 것은 흔히 하나님이 멸하실 성에 대한 그리움을 의미한다고 생각하지만, 그 이유가 무엇인지는 언급하지 않는다. 26절은 그냥 롯의 아내가 뒤를 돌아보았고 하나님이 소금 기둥으로 만드셨다고 말한다. 월키는 [펜섐(Fensham)의 말을 인용하여] 여기서 소금의 의미에 관해 "성경의 세계에서 영원한 불모와 황폐로 그곳을 정죄하기 위해 소금을 뿌렸다(예를 들어, 신 29:23; 삿 9:45; 시 107:34; 렘 17:6)"라고 지적한다.[8]

하나님이 아브라함을 생각하시다(19:27-29)

이제 장면은 소알의 롯에서 하나님께 탄원하던 장소에 선 아브라함으로 바뀐다. 아브라함은 소돔과 고모라가 있던 곳을 바라보면서, 연기가 피어오르는 것을 보았다. 이것은 옹기 가마의 연기와 같았고, 다시 화산에 대한 묘사와 일치한다.

이 시점에 그는 하나님이 성안에서 의인 열 명을 찾지 못하셨음을 알았고, 이 시점에 롯이 살아남았다고 생각할 이유도 전혀 없다. 그런데 이 에피소드는 끝나면서 하나님이 아브라함을 "생각"하셨기(remembered, 새번역도 "기억하셨다") 때문에 롯과 그의 가족을 구원하셨다고 말한다. 이번에 아브라함은 롯을 두 번째로 구했다(14:1-16을 보라).

하나님이 아브라함을 기억하셨기 때문에 롯을 구원하셨다는 사실은 여러 의미를 지닐 수 있다. 하나님은 아브라함과 자신의 특별한 관계를 기억하셨고, 그 덕분에 그의 가까운 친족을 구하셨다. 다른 한편, 성안의 "의인"을 위한 아브라함의 열정적인 간청을 기억하셨을 수도 있다(18:22-31을 보라). 물론 성을 보전하는 데 필요한 요건인 의인 열 명은 없었지만 롯이 의인이었으므로 롯과 그의 가족을 함께 구원하셨을 수도 있다. 창세기 본문에서는 롯을 '의인'이라고 부르지 않지만, 환대 행위는 그 악한 성의 다른 주민들과 롯을 명확히 차별화한다. 나중에 성경 전통에서도 그를 의인이라고 부른다(특히 벧후 2:6-8).

모압과 암몬의 뒤틀린 기원(19:30-38)

하나님이 홍수 때 세상을 심판하신 후, 우리는 역기능 가족을 보여 주는 노아와 그의 아들들에 관한 기사를 보았다. 이제 소돔과 고모라의 심판 기사에는 자기 의로움 덕분에 심판에서 살아남은 한 남자의 가족에 초점을 맞춘 이야기가 이어진다(이어질 내용에서 롯의 의로움에 관하여 살펴보라).

소금 기둥으로 변한 롯의 아내는 화염 속에서 죽었고(19:26), 롯과 두 딸만 남았다. 천사들은 그들이 소알에 피신하도록 허락했고, 소알을 멸망에서 구해 주었다. 하지만 어떤 이유 때문인지 롯은 소알에 머물기를 두려워했는데, 소알은 소돔과 고모라의 악에 가담했지만 단지 롯이 그곳에 있었기 때문에 살아남았을 가능성이 크다. 어쩌면 이제 주민들이 등을 돌릴지 모른다. 혹은 폐허가 잠재적 위험을 계속 떠올리게 했을 수도 있다. 어떤 이유에서든 롯은 두 딸을 데리고 동굴로 피신했다. 평지에 있는 성 주변 지역은 동굴로 가득했다.

따라서 롯의 가족은 고립되었다. 결혼 적령기의 두 딸은 소돔에서 약혼한 적이 있지만, 믿음 없는 약혼자(또는 아마 남편)는 성에서 떠나기를 거부했고, 그래서 심판 중에 죽었다.

두 딸에게는 남편이 없다. 주변에 남자는 아무도 없지만 그들은 아이를 갖고 싶었다. 그래서 아버지를 술에 취하게 만들어 그를 통해 임신하려는 악한 계획을 꾸민다. 아버지는 소돔의 남자들에게 폭행을 당하도록 그들을 내주었는데, 이제 그들은 아버지를 성적으로 이용할 것이다. 앞서 설명했듯이, 이전의 노아와 그의 아들들의 이야기와 몇 가지 비슷한 점이 있다. 두 기사 모두에서 자녀(들)는 아버지를 이용하고 아버지는 포도주에 취해 있다. 두 이야기 모두에서 그들의 범죄는 분명 성적인 것이다.

두 딸은 아버지를 취하게 했고, 그래서 첫째 날 밤에는 언니가, 둘째 날 밤에는 여동생이 아버지와 동침할 때 무슨 일이 일어나고 있는지 전혀 모른다. 이 이야기(또한 노아와 관련된 이야기)는 음주를 정죄하지 않지만, 올바른 결정을 내릴 수 없게 만드는 지나친 탐닉에 대해 경종을 울린다(뒤에 나오는 '이야기 살아내기'의 "술의 지혜로운 용도" 단락을 보라). 사위들이 롯을 조롱하고 딸들이 이런 식으로 그를 학대한다는 것은, 롯이 소돔 사람들처럼 악하지는 않았지만 약하고 무능했음을 보여 준다.

두 딸은 아버지를 통해 임신하려는 목표에 성공했다. 결국 두 딸은 각각 한 아들을 낳았다. 그들의 이름은 근친상간 관계를 통해 태어났다는 사실을 강조한다. 또한 그들의 이름은 나중에 이스라엘 백성의 역사에서 이 이야기가 갖는 광범위한 의미를 강조한다.

첫째 아이의 이름은 모압으로, NIV 성경 각주가 시사하듯 '아버지에게서'(from father)라는 의미로 이해할 수 있고, 둘째 아이의 이름은 벤암미로 '내 아버지 백성의 아들'로 이해할 수 있다. 그들에게서 태어날 모압과 암몬은 아브라함이 이삭과 야곱을 통해 낳을 이스라엘 백성의 경쟁자와 적이 될 것이다.

미래의 모압은 이스라엘 바로 동쪽, 사해 서쪽 해안에 있다. 오늘날 이 지역은 요르단이 점령하고 있다. 이곳은 깊은 와디와 넓은 고원으로 대표된다. 이스라엘과 모압의 미래 관계는 적대감과 갈등으로 가득할 것이다. 이스라엘이 이집트의 속박에서 해방되어 약속의 땅을 향해 갈 때 그들은 모압의 영토를 통과해야 한다. 모압 왕 발락은 발람이라는 이교도 예언자를 고용하여 이스라엘을 막거나, 심지어 멸하려는 시도도 한다(민 21-23장). 이 전략이 실패했을 때 모압의 여자들은 남자들을 유혹하여 이방 신을 숭배하게 한다(민 25장). 비느하스라는 제사장의 재빠른 조치만이 사태를 수습할 수 있었다. 이런 이유로 모세 율법은 모압 사람이나 그 후손이 10대에 걸쳐 거룩한 집회에 들어오지 못하도록 금지한다(신 23:3-6).

사사 시대에 모압의 에글론은 사사 에훗이 구출할 때까지 이스라엘 일부 지역을 억압했다. 모압과의 갈등은 이스라엘 역사 내내 계속되었다. 모압 및 그 왕 메사(Mesha)와 이스라엘 왕 오므리의 갈등을 모압의 측면에서 기록한 모압 비문(Moabite stone)으로 알려진 문서가 지금까지 남아 있다. 이 험난한 역사를 염두에 둘 때, 독자들은 모압을 꾸짖는 다양한 예언 신탁의 길이와 강도를 이해할 수 있다(사 15-16장; 렘 48장; 겔 25:8-11).

모압 바로 북쪽에 암몬이 있는데, 요단강 동쪽에서 그 나라 동쪽 경계의 광야까지 이어진다. 모세의 지휘 아래 이스라엘은 약속의 땅을 향해 가는 동안 암몬과 접촉한다. 하나님은 이스라엘에게 암몬을 괴롭히지 말라고 말씀하셨지만(신 2:19), 암몬은 이스라엘 백성이 목적지에 도달하지 못하도록 막으려 했다. 신명기 23:3-6에서는 이스라엘 백성을 저주하려는 헛된 시도를 위해 발람을 고용한 책임이 그들과 모압 자손에게 있다고 지목한다.

정착 시대에 갓 지파는 "야셀과 길르앗 모든 성읍과 암몬 자손의 땅 절반 곧 랍바 앞의 아로엘까지"를 받았다(수 13:25). 암몬과 이스라엘이 공유하는 역사 내내 전쟁이 그들을 괴롭혔다. 악명 높은 사례만 인용하자면, 사사 입다는 이스라엘이 주장하는 영토로 진출하려는 암몬의 시도에 맞서야 했다(삿 10-11장). 사울은 길르앗 야베스성을 놓고 암몬 왕 나하스와 싸웠다(삼상 11장). 요압이 이스라엘 군대를 이끌고 암몬에 맞서 싸우는 동안 다윗은 밧세바와 동침했다(삼하 10장). 역대하 20장에서는 암몬 및 모압 연합군과 여호사밧 사이의 전투를 기록한다.

예레미야서까지 이어지는 나중 역사에서 암몬은 바빌로니아의 속국이 되어 기원전 597년에 여호야김이 반란을 일으켰을 때 바빌로니아를 도왔다(왕하 24:2). 또한 나중에 암몬은 유다의 이익에 반하는 일을 함으로써 약화된 유다의 지위를 이용하려 했다. 전하는 바에 따르면 멸망 후 바빌로니아가 임명한 유다 총독 그다랴에 대한 암살이 성공을 거둔 배후에 바알리스왕이 있었다(렘 40:7-41:15). 하지만 결국 바빌로니아는 암몬을 정복했고(기원전 582년), 이는 이 신탁이 예고했던 사건이었을 가능성이 크다. 암몬을 꾸짖는 관련 신탁은 에스겔 25:1-7과 스바냐 2:8-11을 보라. 역사적 관점에서 볼 때, 훗날 이스라엘이 이 이야기를 적들의 어두운 기원에 대한 설명으로 어떻게 읽었을지 이해할 수 있다.

이야기 살아내기

의인의 구속적 영향력

하나님은 악한 사람들이 사는 성에 의인 열 명만 있으면 그 성을 기꺼이 보전하겠다는 의지를 보여 주신다. 앞으로 드러나듯이 소돔에는 의인 열 명이 없었기 때문에 하나님은 소돔성을 멸하시지만, 롯과 그의 아내(그녀는 나중에 성을 돌아보다가 죽는다)와 두 딸의 생명은 보전하신다. 하나님이 소돔에 임한 심판에서 롯과 그의 가족을 구해 주신 이유에 대해 나중에 더 자세히 설명하겠지만, 이 시점에 우리는 의인이 공동체에 미치는 구속적 영향력을 깨달아야 한다. 결국 베드로가 지적하듯이, 하나님이 롯을 구원하신 이유는 그가 의인이었기 때문이다. 따라서 이 이야기는 "주께서 경건한 자는 시험에서 건지실 줄 아시고 불의한 자는 형벌

아래에 두어 심판 날까지 지키[신다]”는 사실을 보여 준다(벧후 2:9).

의인 열 명만 있어도 지극히 악한 사람들이 사는 성 전체를 하나님이 기꺼이 보전하신다는 것은 잠언의 가르침을 보여 주는 사례다. 잠언은 흔히 개인 윤리와 개인에게 주어지는 혜택이나 벌에 관한 책이라고 잘못 생각하지만, 자세히 읽어보면 개인의 지혜, 의로움, 경건이 공동체에 어떤 유익을 주는지를 보여 준다.

> 성읍은 정직한 자의 축복으로 인하여 진흥하고
> 악한 자의 입으로 말미암아 무너지느니라. (잠 11:11)

> 공의는 나라를 영화롭게 하고
> 죄는 백성을 욕되게 하느니라. (잠 14:34)

잠언은 여기서 동일한 진리의 양면을 명확히 표현하고, 소돔과 고모라 이야기는 이 진리를 분명히 방증한다. 의인은 사회를 개선하는 결과를 낳지만, 악한 사람은 파괴한다는 것은 진리다. 다시 잠언에 따르면, 특히 중요한 것은 의로운 지도자다.

> 의인이 득의하면 큰 영화가 있고
> 악인이 일어나면 사람이 숨느니라. (잠 28:12)

> 악인이 일어나면 사람이 숨고
> 그가 멸망하면 의인이 많아지느니라. (잠 28:28)

> 의인이 많아지면 백성이 즐거워하고
> 악인이 권세를 잡으면 백성이 탄식하느니라. (잠 29:2)

이 원리는 오늘날 가정(잠 20:7을 주목하라, “온전하게 행하는 자가 의인이라 그의 후손에게 복이 있느니라”), 사회, 교회 등 여러 차원에서 유의미하다.

부패하여 교회를 무너뜨리고 기독교에 수치를 안겨 준 그리스도인 지도자들의 통탄할 이야기가 너무도 많다. 이들은 종종 공적 폭로와 조롱의 대상이다. 그러나 하나님의 백성이 지역 공동체에 치유하는 영향력을 발휘한 다른 이야기도 많이 있다. 지도자와 성도들이 볼티모어시의 어려운 이웃에게 구속적 영향력을 발휘한 뉴 송 교회(New Song Church) 이야기를 살펴보자.

마크 고닉은 샌드타운으로 알려진 그 도시 일부 지역의 변화에 관한 이야기를 들려준다. 그 지역의 공동체는 한때 번성했지만 제조업 일자리가 다른 지역과 나라로 이탈하면서 빈곤과 마약 거래로 대체되어 큰 타격을 입었다. 많은 집이 오랫동안 비어 있었고, 마약 거래를 제외한 대부분의 사업은 주류 판매점과 당일 대출 가게였다.

마크와 그의 아내 리타(Rita)는 앨런과 수잔 티벨(Allan and Susan Tibbel) 부부와 함께 이 동네로 이사했다. 샌드타운의 변화에 관한 이야기는 여기서 다 말하기에는 너무 장황하고 세세하지만,[9] 하나님 백성의 영향력이 어떻게 실제적이고 긍정적인 변화를 이끌어 낼 수 있는지를 분명히 보여 주는 한 사례다. 고닉 부부와 티벨 부부가 지역 사회, 특히 그곳에 사는 그리스도인들을 사귀면서 교회는 화해와 중보 기도와 변화의 주체가 되었다. 그 후 10년 동안 교회는 해비타트를 통해 수백 채의 집을 재건했고, 사람들이 일자리를 찾도록 도왔으며, 다음 세대가 대학에 진학할 수 있도록 격려했다. 이 사례는 이 지역 공동체의 긍정적인 변화 외에도 “미국 도심의 변화를 위한 하나님이 이루시는 평화의 약속과 가능성”을 대변한다.[10]

교사 아브라함

최근 논문에서 프렛하임(Fretheim)은 창세기 18:19이 교사로서 아브라함의 역할을 강조하는 본문이라고 지목했다.[11] 여기서 하나님은 동행하는 천사들에게 "내가 그로 그 자식과 권속에게 명하여 여호와의 도를 지켜 의와 공도를 행하게 하려고 그를 택하였나니 이는 나 여호와가 아브라함에게 대하여 말한 일을 이루려 함이니라"고 말씀하신다. 따라서 하나님이 아브라함에게 주신 임무 중 하나는 자녀와 가족을 가르치는 것이다. 그가 가르치는 주제는 "여호와의 도"이고, 그 결과 그들은 "의와 공도"를 행할 것이다. 그의 가르침의 결과("이루려 함이니라")로 하나님은 자기 약속을 실현하실 텐데, 아브라함이 큰 민족을 이루고 그와 그의 후손에게 복을 주어 그들이 다시 열방에 복을 줄 것이라고 약속하시는 창세기 12:1-3에 대한 언급이라고 이해하는 게 최선인 것 같다(12:1-3을 보라). 하나님이 명하신 가르침을 아브라함이 철저히 따랐다는 것은 "아브라함이 내 말을 순종하고 내 명령[을]…지켰[다]"고 진술하는 창세기 26:5에서 확인할 수 있다.

프렛하임은 아브라함에게 주어진 이 책임을 "여호와의 도"를 자녀에게 가르칠 의무가 모든 경건한 부모에게 있다는 토라의 나중 훈계와 연결한다. 부모는 자녀에게 출애굽을, 특히 유월절을 가르쳐야 한다(출 12:26-27; 13:8-10). 그들은 하나님과 그분의 위대한 업적, 그분의 율법에 대해 말해야 한다(신 4:9-10; 6:4-9, 2-25; 11:13-21; 31:9-13).

그런데 자녀에게 주님의 길을 가르쳐야 한다고 말하는 것은 토라만이 아니다. 시편 저자도 자녀에게 과거에 행하신 하나님의 위대한 업적과 더불어 율법을 가르치는 것이 얼마나 중요한지 언급한다. "이는 그들로 후대 곧 태어날 자손에게 이를 알게 하고 그들은 일어나 그들의 자손에게 일러서 그들로 그들의 소망을 하나님께 두며 하나님께서 행하신 일을 잊지 아니하고 오직 그의 계명을 지키[게]" 하기 위해서다(시 78:6-7).

지혜 문헌은 부모가 자녀를 가르쳐야 한다고 매우 강하게 강조한다. 특히 잠언이 여기에 해당하는데, 잠언에서 아버지(다만 1:8에서 어머니의 역할에도 유의하라)는 아들에게 세상에서 어떻게 생산적이고 경건하게 살 수 있는지를 가르친다. 아들을 가르치는 아버지의 역할은 전도서에서도 볼 수 있는데, 무명의 지혜자는 "하나님을 경외하고 그의 명령들을 지킬지어다"(12:13-14)라는 전도자라고 불리는 다른 지혜자의 사상을 아들에게 전달한다.[12]

따라서 부모는 자녀에게 하나님과 그분의 위대한 행적만이 아니라 율법에 대해서도 가르쳐야 했다. 물론 부모는 이스라엘에서 유일한 교사가 아니었다. 모세가 레위 지파를 축복하면서 진술하듯이 제사장 지파 레위는 이스라엘에 율법을 가르쳐야 할 신성한 사명을 부여받았다. "[그는] 주의 법도를 야곱에게, 주의 율법을 이스라엘에게 가르[친다]"(신 33:10).

흥미롭게도, 구약 시대 말기로 가면서 예레미야는 모세의 옛 언약을 성취하고 대체할 새 언약의 도래를 선포했다. 이 새 언약에 관한 묘사에서 주목할 점은 "그들이 다시는 각기 이웃과 형제를 가리켜 이르기를 너는 여호와를 알라 하지 아니하리니 이는 작은 자로부터 큰 자까지 다 나를 알기 때문이라"는 사실이다(렘 31:34). 새 언약에서 백성들은 하나님과 매우 친밀하고 직접적인 관계를 맺을 것이므로, 그 관계를 중재할 교사가 필요하지 않을 것이다. 신약은 예수 그리스도께서 이 새 언약을 시작하고 중재하신다고 선언한다(눅 22:20; 히 8:7-13; 10:15-18).

우리는 새 언약에 대한 묘사를 과도하게 해석하여 교사의 역할이 전혀 없다고 생각하지 말아야 한다. 사람들은 하나님과의 관계에 대해 가르칠 인간 중개자가 필요하지 않지만, 교사는 여전히 그리스도인들을 인도하는 데 있어서 중요하다. 실제로 많은 신약 본문은 교회에서 교사의 고귀한 소명과 큰 책임에 관해 이야기한다. 실제로 그리스도께서 교회에 "교사"를 주셨다. 그 목적을 바울은 이렇게 적는다. "성도를 온전하게 하여 봉사의 일을 하게 하며 그리스도의 몸을 세우려 하심이라 우리가 다 하나님의 아들을 믿는 것과 아는 일에 하나가 되어 온전한 사람을 이루어 그리스도의 장성한 분량이 충만한 데까지 이르리니"(엡 4:11-13). 사실 이 일은 무척이나 중요하기 때문에 야고보는 "너희는 선생 된 우리가 더 큰 심판을 받을 줄 알고 선생이 많이 되지 말라"고 경고한다(약 3:1). 결국, 교사는 하나님을 아는 지식과 그분의 길에 관해 다른 사람들에게 영향을 미친다.

어떤 의미에서 모든 그리스도인은 교사다. 하나님에 관해 이야기할 때마다 또는 하나님은 우리가 어떻게 살기 원하시는지를 사람들에게 말할 때마다 우리는 다른 사람들을 가르친다. 우리는 친구와 동료를 가르치고, 우리 자녀와 배우자를 가르친다. 이 점에 있어서 우리는 아브라함의 모범을 따르고, 담대하면서도 세심하게 가르쳐야 한다.

소돔의 죄

소돔의 심판으로 이어진 소돔의 죄는 무엇이었는가? 많은 사람에게 그 대답은 분명하다. 바로 동성애 죄 또는 적어도 동성애 관행이다. 이 성경 이야기에 근거하여 '남색자'(sodomite, 소돔 사람)라는 용어가 남성 동성애자에게 적용되기에 이르렀다. 사실 소돔과 고모라의 멸망 내러티브는 다른 어떤 이유보다 동성애 문제에 대한 논란 때문에, 현대의 문화 전쟁에서 널리 유포되고 있다. 이런 현상은 정당한가? 이 질문에 대답하기 위해 우리는 먼저 이 이야기 자체를 살펴본 다음, 후대의 성경 본문에서 이 이야기가 어떻게 다루어지는지를 검토할 것이다.

이야기 자체를 들여다보면, 이 성에 하나님의 심판을 초래한 죄는 동성애 또는 동성애 관행 자체라고 확신하기 힘들다. 결국, 우리는 이 이야기에서 합의된 성관계가 아닌 강간과 집단 강간을 접한다. 사실 동성애든 이성애든 결혼 이외의 모든 성관계는 잘못된 것으로 간주해야 한다. 비록 이 이야기가 이성 간의 성관계와 관련되더라도, 원치 않는 사람과 강제로 성관계를 하려 했기에 죄라고 할 수 있다.

더 나아가 이 이야기는 또한 고대 세계에서 심각한 범죄로 간주하던 환대 부재와 관련된다. 결국 성경은 여행자가 쉼터와 음식을 찾을 수 있는 호텔과 식당이 많지 않던 시대에 기록되었다. 나그네의 양식과 안전은 숙소와 음식을 기꺼이 제공하려는 사람들의 의지에 달려 있었다.

실제로, 나중에 성경에서 죄로 인해 하나님의 백성이나 다른 여러 이방 민족에 임할 끔찍한 심판에 대한 본보기로 소돔과 고모라의 멸망을 으레 언급할 때, 그들의 형벌을 초래한 죄의 성격이 무엇인지를 구체적으로 명시하지 않는다(사 1:9, 10; 13:19; 렘 23:14; 49:18; 50:40; 암 4:11; 습 2:9; 이후에 나올 "최후의 심판에 대한 예고, 2부" 단락을 보라).

죄를 명시한 구절에서는 동성애를 지목하지도 않고, 심지어 그에 관한 언급도 없다. 예언자 에스겔은 "네 아우 소돔의 죄악은 이러하니 그와 그의 딸들에게 교만함과 음식물의 풍족함과 태평함이 있음이며 또 그가 가난하고 궁핍한 자를 도와주지 아니하며 거만하여 가증한 일을 내 앞에서 행하였음이라"고 선포한다(16:49-50a). 복음서에서 예수님은 제자들을 환대하지 않는 성들이 소돔과 고모라보다 더 악하다고 말씀하시는데, 이는 이 성들의 죄가 환대 부재에 있음을 암시한다(마 10:9-15; 눅 10:8-12).

소돔과 고모라의 죄가 성적 도착이라고 지목하는 본문이 하나 있다. 유다는 독자들을 타락으로 이끄는 거짓 교사들의 성적 범죄에 대해 경고하면서 그들을 소돔과 고모라에 비교한다. "소돔과 고모라와 그 이웃 도시들도 그들과 같은 행동으로 음란하며 다른 육체를 따라가다가 영원한 불의 형벌을 받음으로 거울이 되었느니라"(유 1:7). 하지만 여기서도 성적 부도덕은 구체적으로 동성애가 아니라 집단 강간일 수 있다.

따라서 우리는 소돔과 고모라의 죄를 현대의 동성애 관행 논의에 끌어들이는 것에 신중해야 한다. 동성애 자체가 이 성들에 대한 끔찍한 심판을 초래했다는 말은 이 이야기 자체나 후대의 인용에 근거할 때 분명하지 않다.

그렇기는 하지만, 동성애 관행은 인간 피조물에 대한 하나님의 뜻을 거스르는 범죄라고 정경이 증언한다는 생각을 뒷받침하기 위해 적절하게 인용되는 다른 본문도 있다. 웜키가 지적하듯 "구약에서 동성애는 사형에 해당하는 범죄"고(레 18:22; 20:13),[13] 더 나아가 신약은 동성애 행위가 악한 행동이라는 구약의 단언을 재확인한다(롬 1:24-27; 고전 6:9). 이런 일관된 성경의 가르침에 비추어 볼 때, 소돔 주민들의 동성애적 의도는 그 악명 높은 도시의 어두운 그림에 일조한다고 생각하지 않을 수 없다.

물론 성경이 동성애 행위를 죄악으로 규정한다고 인정한다고 해서 논의가 끝나는 것은 아니며, 특히 교회 내에서도 훨씬 허용적인 태도가 증가하고 있는 21세기 서구에서는 더욱 그렇다. 성경을 정경(신앙과 실천의 표준)으로 여기는 교회는 동성애에 대한 성경의 가르침을 무시할 수 없겠지만, 교회의 지도자와 성도들은 동성애자를 악마화하거나 기피하지 않도록 매우 주의해야 한다.

동성애에 관한 성경의 가르침을 옹호하면서도 동성애자 친구와 친척들에게 사랑을 보여 주는 것은 쉬운 문제가 아니다. 한 가지는 분명하다. 교회는 동성애자들이나 그 밖의 다른 어떤 이들도 교회에서 쫓아내서는 안 된다. 그들도 우리와 똑같은 죄인으로서 복음을 들을 수 있어야 하기 때문이다. 사실 이것은 이 문제에 대해 생각할 때 중요한 고려 사항으로 보인다. 우리 중 누구도 죄가 없지 않고 우리 모두에게 구세주가 필요하다는 사실을 기억해야 한다. 형제들의 눈 속에 있는 티에 대해 말할 때 우리 눈의 들보를 빼야 한다는 예수님의 가르침을 기억해야 한다(마 7:1-5).

다시 말하지만, 이것이 실제로 어떻게 작동하느냐는 까다로운 문제고 교회 전통에 따라 다를 수 있다. 동성애에 대한 성경의 가르침을 인정하는 면에서 물러서지 않으면서도 훨씬 개방적인 태도로 동성애 활동가들과 대화를 나누고 가족들에게 동성애자 친척을 피하지 말라고 권고하는 남침례교회(Southern Baptist Church) 같은 대형 교회의 이야기를 듣는 것은 가슴 벅차다.[14] 프란치스코(Francis) 교황이 이끄는 로마 가톨릭교회는 동성애 행동에 대한 기본 입장을 바꾸지 않으면서도 신실한 그리스도인으로서 정체성을 유지하는 동성애자들을 사랑의 태도로 대했다.

최근에 내가 설교한 미국 중서부의 한 대형 복음주의 교회에서는 동성애 그리스도인이 교회에 가입할 수 있지만 교회 안에서 지도자로 봉사할 수 없다는 정책을 채택했다. 그들은 동성애를 동거 중인 미혼 이성애 커플과 동등한 목회적 문제로 고려하지만, 그것이 "강단의 중심 주제"라고 여기지 않는다. 이와 같은 접근 방식은 이 교회에서 효과적으로 보이지만, 이 문제의 양쪽에 있는 사람들 일부에게는 불만족스럽다.

다시 말하지만 이 단락의 목적은, 오늘날 우리 문화에서 동성애를 대하는 태도 변화에 교회가 어떻게 대응해야 하느냐에 대한 기계적 답을 제시하는 것이 아니다. 성경의 가르침은 분명하지만, 다른 모든 사람을 사랑하라는 명령도 분명하다. 교회 지도자들은 앞으로도 오랫동안 이 문제를 붙들고 계속 씨름할 것이다. 하나님은 우리에게 다른 사람의 불완전함을 숙고할 때 우리 자신의 불완전함을 깨닫는 데도 힘쓰라고 요청하신다.

이 사람들은 누구인가?

창세기 18-19장은 처음에 "사람 셋"(18:2)으로 묘사된 세 방문객의 등장으로 시작한다. 아브라함은 그들을 열렬히 맞이하고 환대를 베풀었다(다음 단락 "부지중에 찾아온 천사들"을 보라). 그런데 이 사람들은 누구인가?

이 내러티브에서는 곧이어 그들의 리더가 다름 아닌 주님이라고 분명히 밝힌다(18:13). 19:1에서 다른 두 사람은 "천사"라고 불린다. 이것은 주님이 자신의 임재를 아브라함에게 '여호와의 천사'로서 알리신다는 생각을 뒷받침한다. 앞서 창세기 16장에서 주님의 천사를 만났을 때, 주님께서 족장들에게 자신의 임재를 알리는 한 방법으로 주님의 천사를 명시적으로 언급하는 여러 본문에 대해 논의한 바 있다(창세기 16장을 다룬 장의 "구원하는 천사" 단락을 보라). 거기서 소돔과 고모라를 멸하시기 전날 아브라함에게 나타나신 하나님의 모습을 포함시키지 않은 이유는, 주님의 모습이 주님의 천사로서 나타나신 것은 여기에만 암시되어 있기 때문이다.

그런데 우리 생각이 옳다면, 앞서 논의한 구절들처럼 우리는 천사를 신의 현현으로 이해해야 하며, 구체적으로 성육신 이전 예수님의 등장, 곧 그리스도의 현현으로 보아서는 안 된다. 그렇지만 그리스도인들이 자기 백성에게 나타나신 이런 하나님의 물리적 현현을 예수님의 오심과 관련하여 생각하는 것은 틀리지 않는다. 예수님의 오심으로 인해 하나님의 임재는 족장들이 상상할 수 있는 그 무엇보다 훨씬 명료해진다.

부지중에 찾아온 천사들(히 13:2)

이번 연구에서 우리는 소돔과 고모라에 관한 내러티브에서 환대가 어떤 역할을 하는지 여러 번 언급했다. 롯은 나그네에게 환대를 베풂으로써 소돔 사람들과 자신을 차별화하지만, 아브라함의 환대에 비하면 롯의 환대는 미약하다. 나그네를 향한 환대는 경건과 상관관계가 있어 보이고, 하나님은 여기에 응답하여 아브라함에게 복을 주시고, 롯을 구원하시고, 소돔과 고모라를 멸하신다.

물론 여행자에 대한 환대는 숙박 시설이 없던 시절에 매우 중요했다. 아마 우리는 요즘 하나님이 환대에 그만큼 관심을 두지 않으신다고 생각할지도 모른다.

그와 같은 결론에 도달하기 전에 우리는 신약 저자들이 독자들에게 나그네를 포함한 다른 사람들에게 환대를 베풀라고 촉구한다는 사실을 인정해야 한다. 실제로 히브리서 저자는 창세기의 현재 내러티브를 암시하면서 독자들에게 "손님 대접하기를 잊지 말라. 이로써 부지중에 천사들을 대접한 이들이 있었느니라"고 가르친다(히 13:2). 환대에 대한 권고는 다른 신약의 저자들도 공유한다(롬 12:13; 딤전 5:10; 벧전 4:9; 요삼 1:8). 정말로 교회의 직분자들은 환대해야 한다(딤전 3:2; 딛 1:8).

이러한 여러 본문은 그리스도인들이 서로 환대하는 데 초점을 맞추지만, 우리의 책임은 거기서 끝나지 않는다. 또한 현재 창세기 본문은 물론이고 히브리서도 "나그네"(새번역)를 환대의 대상으로 명시한다.

양과 염소에 관한 예수님의 말씀이 이를 잘 드러낸다(마 25:31-46). 예수님은 자신을 인자라고 칭하시는데, 인자가 영광 가운데 돌아와 보좌에 앉을 때 사람들을 두 범주, 양과 염소로 구분하실 것이다. 양은 영광으로 초대받겠지만 염소는 영원한 형벌로 간다. 우리를 염소가 아닌 양으로 만드는 요소는 무엇인가? 예수님의 말씀에 따르면, 양은 그분이 배고플 때 먹을 것을 주고 목마를 때 마실 것을 주었으며 옷이 없을 때 옷을 입히고 감옥에 갇혔을 때 찾아간 사람들이다. "내가…나그네 되었을 때에 영접하였고"(35절). 의로운 양들은 의아해하면서, 자기들이 언제 주님을 위해 이런 친절한 행동을 했는지를 기억하지 못한다. 그때 예수님은 그들에게 이렇게 말씀하신다. "내가 진실로 너희에게 이르노니 너희가 여기 내 형제 중에 지극히 작은 자 하나에게 한 것이 곧 내게 한 것이니라"(40절).

이 성경의 권고는 이주에 관한 현대의 논쟁에 관하여 무엇을 말하는가? 다음 단락에서 우리는 이 질문으로 시선을 돌려 볼 것이다.

나그네 환대하기: 이주 문제

개인, 가족, 공동체의 이주는 인류 역사 전반에서 일어났다. 이 주석을 쓰는 시점에 이주는 미국을 비롯한 다른 서방 국가들이 직면한 가장 논쟁적 문제 중 하나다. 올해(2014년) 미국 남부 주 국경을 불법적으로 넘어온 보호자 없는 소아의 수가 전례 없이 많았고, 우리 사회는 그 대응으로 무엇을 해야 하는지를 두고 분열되어 있다. 이런 문제는 수십 년, 심지어 수백 년 동안 나라들을 괴롭혀 왔기 때문에, 나는 이 문제가 앞으로 곧 사라지지 않을 거라고 짐작한다.

그렇다면 성경, 특히 창세기는 이주 문제를 다루는가? 성경의 청사진을 바탕으로 현대의 정책을 구상할 수 있는가? 물론 직접적이고 결정적인 내용은 아니지만 말이다.

구약의 상황은 현대의 상황과 상당히 다르다. 신약은 국가가 아닌 교회를 향해 말한다. 성경은 국경을 개방하거나 사람들을 시민으로 받아들이는 것을 찬성하거나 반대하는 논거를 제시하지 않는다. 그렇지만 아브라함이, 또한 더 나아가 롯이 나그네에게 환대를 베푼 사람이라는 인정(또한 천사인 줄도 모르고 나그네에게 환대를 베푼 아브라함의 행동에 대한 신약의 긍정)은 분명 하나님의 백성이 일과 생존을 위해 우리나라에 온 이주민을 냉담하고 무심하게 대해서는 안 된다고 역설한다. 그리스도인은 성난 목소리로 사람들, 특히 어린이들을 빨리 추방하라고 요구해서는 안 된다. 우리는 자기 비용을 치르면서라도 모든 나그네에게 사랑을 보여 주고 돌봄과 긍휼을 베푸는 동시에 이주 문제를 처리하는 가장 현명한 방법을 논의해야 한다. 국경을 넘는 사람들을 비방하고 학대하는 것은 나그네를 돌보라는 성경의 권면에 정면으로 배치된다. 이 점에서 우리는 다음과 같이 유용하게 논평하는 벡과 밴드루넨의 의견에 동의한다.

창세기 19장과 20장은 분명 이주 정책에 대한 구체적 지침을 제시하지 않는다. 하지만 놀랍게도 상대적으로 의로운 성 그랄은 자기들 가운데 있던 이방인 아브라함을 존중함으로써 구별되었던 반면, 정죄받은 소돔 성은 성안의 이방인에게 폭력적 위협을 가함으로써 악함을 보여 주었다. 사람들이 자기와 다른 사람들을 어떻게 대하는지는 그들의 의로움을 판단하는 근본적인 시험대인 것 같다. 오늘날 많은 사회에서 이주와 (특히 불법) 이주자의 지위에 대한 논쟁이 광범위하게 벌어지고 있는 가운데, 이 창세기 내러티브는 이 같은 문제의 중요성을 확증하면서 풍성한 성찰거리를 제공한다.[15]

덧붙여 우리는 이주 문제에 영향을 미치는 성경 자료에 관한 대니얼 캐럴(M. Daniel Carroll R.)의 신중하고 사려 깊은 논의를 추천한다.[16]

해로운 문화에서 살아가는 위험

롯은 자신이 살던 소돔성의 다른 주민들과 달랐다. 그는 나그네에게 환대를 베풀었지만, 나머지 성 사람들은 그들을 폭행하려고 시도했다. 그렇지만 창세기 19장을 자세히 읽어 보면 소돔의 해로운 문화가 롯과 그의 가족에게 끼친 영향이 드러난다. 롯은 근본적으로 하나님과의 관계를 지속했지만, 소돔의 악한 문화에도 매료되어 있었고 그 문화에 사로잡혀 있었다.

롯이 나그네 대신 두 딸을 내주었을 때(6-8절) 우리는 소돔이 롯에게 끼친 영향을 볼 수 있다. 그가 다가올 소돔의 멸망을 경고했을 때 사위들이 농담한다고 생각한 것은 롯이 항상 솔직 담백하게 말하지 않았다는 사실을 드러내 주는 듯하다(14절). 롯은 성을 떠나기 주저했고(16절), 산으로 도망가라는 천사들의 지시를 따르기를 거부하면서 대신 근처의 작은 마을로 가게 해 달라고 요청했다(18-20절). 뒤를 돌아보다가 소금 기둥으로 변한 롯 아내의 행동은 그녀가 살았던 악한 문화의 해로운 영향력을 한층 더 큰 목소리로 말한다.

롯의 이야기는 우리 모두 자신이 살고 있는 문화에 미묘하게, 또한 훨씬 노골적으로 영향을 받는다는 사실을 시의적절하게 상기시킨다. 우리는 모두 해로운 문화 속에 살고 있다. 우리는 현대 서구 문화와 소돔의 문화가 얼마나 닮았는지에 대해 논쟁할 수 있지만, 만약 우리 문화가 해롭고 우리의 믿음에 위험하다는 사실을 깨닫지 못한다면, 그것이야말로 우리는 매우 위험한 토대 위에 있는 것이다.

물론 신실한 그리스도인이 해로운 문화의 상황 속에서 어떻게 살아야 하는지 단순한 공식이 있는 것은 아니다. 믿음을 단순히 우리 삶과는 별개의 영역으로 취급하는 것은 옳지 않아 보인다. 믿음은 모든 삶에 영향을 미친다. 하지만 우리는 문화로부터 물러서야 하는가? 아니면 맞서 싸워야 하는가? 문화에 침투하여 안으로부터 문화를 바꿔야 하는가? 그 땅이 덜 해로워지도록 그 땅의 법을 바꾸려고 노력해야 하는가? 별도의 구별된 기독교 문화를 개발해야 하는가?

내가 보기에, 믿음에 해롭고 때로는 적대적인 환경에서 신실한 사람으로 살아가는 것에 대한 단 하나의 올바른 접근 방식은 없다. 성경의 내러티브 측면에서 롯은 우리에게 부정적 사례를 제시하지만, 다니엘은 특히 그의 이름을 딴 책의 처음 두 장에서, 믿음에 극도로 해롭고 적대적인 문화 속에서 살아가는 믿음의 사람에 관한 훨씬 희망적이고 긍정적인 사례를 제시한다. 다니엘이 바빌로니아에서 살기로 택한 과정을 살펴보면, 그가 항상 반대만 한 것은 아니다. 심지어 자기 이름을 바꾸고 다니엘과 세 친구를 바빌로니아의 체제에서 지혜로운 신하로 훈련하기 위해 느부갓네살이 세운 학교에서 적대적인 교육 과정을 공부해야 할 때도 말이다. 하지만 그들은 느부갓네살이 지정한 음식과 음료를 거부함으로써 은밀하게나마 믿음을 실천한다.[17]

롯과 다니엘의 이야기는 오늘날에도, 또한 서구에서도 우리가 믿음에 우호적이지 않은 문화 속에서 산다는 것을 상기시킨다. 이런 이야기는 어떻게 살아야 하는지 공식을 주지는 않지만, 어떻게 믿음을 지키고 더 나아가 북돋아야 하는지 신중하게 숙고하도록 촉구한다.

최후의 심판에 대한 예고, 2부

앞서 우리는 신약에서 시대의 마지막에 일어날 그리스도의 재림에 수반되는 최후 심판의 예고로 홍수를 어떻게 묘사하는지에 관해 논의했다(창 6:1-9:17를 다룬 장의 "최후의 심판에 대한 예고, 1부" 단락을 보라). 소돔과 고모라의 멸망은 또한 범죄한 공동체에 대한 하나님의 갑작스럽고 결정적인 심판의 생생한 예시다. 따라서 이 사건은 미래 심판의 전조가 된다. 벡과 밴드루넨이 지적하듯 "매우 악한 이 성들에 대한 하나님의 특별한 심판은 성경 나머지 부분에서 마지막 날에 있을 하나님의 심판을 잘 나타내 주는 전형적인 사례가 된다.…인간의 심판은 하나님의 정의에 부합해야 하고, 하나님은 모든 사람에게 책임을 물으실 것이다."[18]

예를 들어, 모세는 백성들에게 하나님의 언약법을 깨지 말라고 경고할 때 소돔과 고모라의 멸망을 언급했다. 그와 같은 위반은 "여호와께서 진노와 격분으로 멸하신 소돔과 고모라와 아드마와 스보임의 무너짐과 같[은]" 심판으로 이어질 것이다(신 29:23; 또한 사 1:9-10; 3:9; 렘 23:14; 암 4:11도 보라). 구약에서 이교 국가의 멸망도 소돔과 고모라의 멸망에 견준다[사 13:19; 렘 50:40(바빌론); 렘 49:18(에돔), 습 2:9(모압)].

신약으로 넘어가면 미래에 있을 하나님의 최후 심판이 소돔과 고모라의 멸망과 같을 것이라는 말을 듣는다. 베드로는 불순종한 천사들에게 임한 심판(창 6:1-3에 대한 언급)과 홍수를 인용한 후, 하나님이 미래에 죄인을 심판하러 오실 때 일어날 일을 보여 주는 생생한 교훈으로 소돔과 고모라 이야기에 초점을 맞춘다.

> 소돔과 고모라성을 멸망하기로 정하여 재가 되게 하사 후세에 경건하지 아니할 자들에게 본을 삼으셨으며 무법한 자들의 음란한 행실로 말미암아 고통당하는 의로운 롯을 건지셨으니 (이는 이 의인이 그들 중에 거하여 날마다 저 불법한 행실을 보고 들음으로 그 의로운 심령이 상함이라.) 주께서 경건한 자는 시험에서 건지실 줄 아시고 불의한 자는 형벌 아래에 두어 심판 날까지 지키시며 특별히 육체를 따라 더러운 정욕 가운데서 행하며 주관하는 이를 멸시하는 자들에게는 형벌할 줄 아시느니라. (벧후 2:6-10a)

소돔과 고모라 이야기는 오늘 우리에게도 이 두 성의 운명을 겪지 않을까 두려워하며 죄를 피하라는 경고다. 베드로는 우리에게 성의 나머지 주민의 운명을 맞지 않도록 하나님에게 구원받은 의로운 사람 롯을 본받으라고 촉구한다.[19]

요즘 하나님이 죄의 심판자시라는 개념을 경시하거나 심지어 부정하는 것이 대중적 인기를 누렸다.[20] 그런데 신약에서 미래의 심판을 비유하기 위해 소돔과 고모라의 기억을 환기시키는 것은 하나님을 거부하거나 혹은 하나님을 따른 후 죄의 삶을 갈망하며 뒤돌아보기로 결심한 사람들에게 어떤 일이 기다리고 있는지를 상기시켜 준다. 사실 소돔과 고모라의 운명은 그분의 메시지를 거부하는 사람들에 비하면 아무것도 아닐 것이다. "누구든지 너희를 영접하지도 아니하고 너희 말을 듣지도 아니하거든 그 집이나 성에서 나가 너희 발의 먼지를 떨어 버리라. 내가 진실로 너희에게 이르노니 심판 날에 소돔과 고모라 땅이 그 성보다 견디기 쉬우리라"(마 10:14-15). 누가복음의 또 다른 본문에서 우리는 예수님이 돌아오시는 그날이 롯의 시대와 비슷할 것임을 알게 된다. "사람들이 먹고 마시고 사고팔고 심고 집을 짓더니 롯이 소돔에서 나가던 날에 하늘로부터 불과 유황이 비 오듯 하여 그들을 멸망시켰느니라. 인자가 나타나는 날에도 이러하리라"(눅 17:28-30). 예수님은 계속해서 청중들에게 뒤를 돌아보다가 목숨을 잃은 롯의 아내처럼 되지 말라고 경고하신다(17:33).

"그러나 롯이 지체하매…"(19:16)

롯의 경험은 우리 중 많은 사람이 공감할 수 있다. 칼뱅이 말했듯이 성경은 영혼의 거울이라는 점을 기억하자. 성경을 읽으면서 우리는 하나님과의 관계가 어떤지 깨닫는다. 우리는 하나님을 향해 나아가고 있는가? 아니면 하나님에게서 멀어지고 있는가?

역사 내러티브를 읽을 때, 우리는 보통 등장인물과 동일시하고 종종 우리 자신의 경험이 그들의 행동에 반영된 것을 본다. 소돔과 고모라 이야기에서 가장 나은 인물은 롯이지만, 그는 상대적으로 더 나은 인물일 뿐이다. 롯이 환대한 '나그네' 대신 처녀 딸을 내줄 때 우리는 분명 그의 진실성에 의문을 제기할 수 있다. 롯은 다른 거주자들보다 돋보이지만, 위에서 설명한 것처럼 그는 곁에 거주하던 자들의 영향을 받았다. 하나님은 아브라함에게 소돔성에 의인 열 명이 있으면 그 성을 심판하지 않겠다고 약속하셨다. 하지만 의인은 열 명도 없었고, 롯 또한 상대적 관점에서만 의롭다고 할 수 있다.

그렇지만 하나님은 자애롭게 또한 아브라함을 생각하셔서 롯과 그의 가족(아내와 딸들)을 그 성에 곧 임할 심판에서 제외하기로 결정하셨다. 그런데 뜻밖에도 롯은 구출되기를 꺼린다! 하나님의 천사들이 서둘러 성 밖으로 나가라고 말할 때(15절), 롯은 망설이고 천사들은 그를 강제로 성 밖으로 데리고 나가야만 했다. 그는 또한 천사들이 자기를 안전한 곳으로 데려다줄 것이라고 믿지 않고 근처의 작은 마을 소알로 가게 해 달라고 간청한다.

천사들은 그 응답으로 롯의 손목을 붙잡고 마을 밖으로 데리고 나간다. 그들은 근처의 작은 마을로 가자는 요청까지 들어주었다.

우리 중 많은 사람이 롯에게 공감할 수 있다. 하나님은 우리를 구원하시지만, 우리는 안주하는 것이 멸망을 의미한다는 사실을 알 때에도 이전 삶의 쾌락을 버리기 주저한다. 롯의 이야기는 죄 가운데 거하기를 원하는 삶의 어리석음을 보여 준다. 롯이 계속 안주했다면 그는 성에 임한 심판의 불길 속에서 죽었을 것이다. 이 이야기를 통해 하나님이 우리를 안전한 곳으로 데려가시려고 할 때 과거의 삶에 한 발을 딛고 있지 말라고 우리도 경고를 받는다.

믿음이 아닌 보이는 것을 따라가는 삶의 결과

롯의 딸들은 절망한다. 그들은 고향의 멸망을 피했지만, 이제 아버지와 함께 동굴 안에 있다. 아마 그들은 자신들이 살았던 지역에서 피어오르는 연기를 볼 수 있을 것이다. 두 딸은 소돔만이 아니라 온 세계가 조금 전에 종말을 맞이했다고만 알고 있다. 그들은 세상에 자기들 셋만 있다고 알고 있고, 이 사실은 그들을 절망적인 행동으로 몰아간다.

두 딸은 보이는 것에 근거하여 행동하고, 이로 인해 아버지를 속여 술에 취하게 만들고 아버지와 동침한다. 그들은 제한된 선택지만 있다고 생각하고, 이 생각은 그들을 죄로, 딸이 아버지와 동침하는 근친상간 죄로 몰아간다. 두 딸은 자신들이 처한 상황 때문에 이렇게 행동할 수밖에 없었다고 주장할 수도 있겠지만, 그들은 분명 이 행위가 잘못되었고 아버지가 술에 취하지 않은 올바른 정신이었다면 절대 동의하지 않았을 행위임을 알았다.

우리는 대부분 이 이야기의 구체적인 내용에 공감할 수 없지만, 솔직히 말해서 우리는 가끔 자기가 인식한 상황에 근거하여 행동을 합리화한다. 공과금을 낼 수 없는 상황만 아니었다면 세금을 착복하지 않았을 것이고, 고객을 속이지 않았을 것이고, 도둑질하지 않았을 것이다…배우자가 나를 무시하는 상황만 아니었다면, 감정적 혹은 육체적 외도를 범하지 않았을 것이다. 이 일이 절실히 필요한 상황만 아니었다면, 과거 경력에 대해 거짓말하지 않았을 것이다. 목록은 계속 늘어날 수 있다.

우리는 보이는 것이 아니라 믿음을 따라 살아야 한다. 우리의 시각은 제한적이고 흠이 있다. 우리는 하나님과 그분의 요구 사항을 따라야 한다. 단기적으로 어떤 불편이나 고통을 겪어야 하든, 그것이 더 나은 길, 옳은 길이기 때문이다.

술의 지혜로운 용도

앞서 언급했다시피, 이 이야기는 성경 속 인물이 지나치게 술에 탐닉하여 곤경에 처한 두 번째 이야기다. 노아는 술을 너무 많이 마셨고 함은 "그의 아버지의 하체를 보[았다]"(9:22). 여기서 롯의 딸들은 두 번이나 롯을 취하게 만들고 그와 동침했다. 두 사건 모두 과음과 불법적 성관계를 연결하는데, 오늘날에도 이런 연관성을 드물지 않게 볼 수 있다. 이런 성경의 이야기는 분명 술의 위험성을 경고한다.

하지만 그렇다고 해서 모든 음주가 나쁘다는 결론으로 이어지는가? 성경의 대답은 '아니요'다. 포도주는 부정적 맥락만이 아니라 긍정적 맥락에서도 사용된다. 살렘 왕 멜기세덱이 아브라함에게 포도주와 떡을 가져다준 것을 기억하자(창 14:18). 야곱을 축복할 때, 그가 에서라고 착각한 이삭은 "하나님은 하늘의 이슬과 땅의 기름짐이며 풍성한 곡식과 포도주를 네게 주시기를 원하노라"라고 말한다(창 27:28). 야곱은 유다를 축복하면서 "그의 나귀를 포도나무에 매며 그의 암나귀 새끼를 아름다운 포도나무에 맬 것이며 또 그 옷을 포도주에 빨며 그의 복장을 포도즙에 빨리로다. 그의 눈은 포도주로 인하여 붉겠고 그의 이는 우유로 말미암아 희리로다"라고 말한다(창 49:11-12). 더 많은 예를 들 수 있지만, 하나님이 "사람의 마음을 기쁘게 하는 포도주"를 공급하는 분이라고 찬양하는 시편 104:15을 인용하면서 이 문단을 마무리하겠다.

포도주 자체에 문제가 있는 것이 아니라 포도주를 마실 때의 자제력 부족이 문제다. 다른 많은 것들과 마찬가지로, 지나친 탐닉은 심각한 문제고 노아와 롯은 대표적 사례다. 또한 지나친 탐닉은 모든 사람에게 진정한 위험이다. 하나님이 주신 좋은 선물인 술은 너무 즐거워서 중독될 수 있다.

잠언은 포도주가 하나님의 축복의 표시라고 말한다("네 재물과 네 소산물의 처음 익은 열매로 여호와를 공경하라. 그리하면 네 창고가 가득히 차고 네 포도즙 틀에 새 포도즙이 넘치리라", 3:9-10). 포도주는 여성으로 표현되는 지혜(Woman Wisdom)가 자기를 구하는 남성에게 제공하는 잔치의 일부다(9:2, 5). 그런데 잠언은 중독과 남용의 위험에 대해서도 언급한다.

> 재앙이 뉘게 있느뇨. 근심이 뉘게 있느뇨.
> 분쟁이 뉘게 있느뇨. 원망이 뉘게 있느뇨.
> 까닭 없는 상처가 뉘게 있느뇨. 붉은 눈이 뉘게 있느뇨.
> 술에 잠긴 자에게 있고
> 혼합한 술을 구하러 다니는 자에게 있느니라.
> 포도주는 붉고 잔에서 번쩍이며
> 순하게 내려가나니
> 너는 그것을 보지도 말지어다.
> 그것이 마침내 뱀같이 물 것이요.
> 독사같이 쏠 것이며
> 또 네 눈에는 괴이한 것이 보일 것이요.
> 네 마음은 구부러진 말을 할 것이며
> 너는 바다 가운데에 누운 자 같을 것이요.
> 돛대 위에 누운 자 같을 것이며
> 네가 스스로 말하기를 사람이 나를 때려도 나는 아프지 아니하고

나를 상하게 하여도 내게 감각이 없도다.

내가 언제나 깰까

다시 술을 찾겠다 하리라. (23:29-35)

과도한 음주는 자제력을 떨어뜨리고 의사 결정을 둔화시키고 나쁜 행동으로 이어진다. 이것은 르무엘왕의 어머니가 왕에게 가르쳐 준 교훈이었다. "르무엘아 포도주를 마시는 것이 왕들에게 마땅하지 아니하고 왕들에게 마땅하지 아니하며 독주를 찾는 것이 주권자들에게 마땅하지 않도다. 술을 마시다가 법을 잊어버리고 모든 곤고한 자들의 송사를 굽게 할까 두려우니라"(31:4-5). 물론 왕의 어머니는 계속해서 가난한 사람들이 술을 마시고 슬픔을 잊도록 허용하지만(31:6-7), 의사 결정 능력을 상실할 정도로 술을 마시지 말라는 왕에게 주는 조언은 우리 모두에게도 해당한다.

근친상간의 결과

모든 면에서 21세기 서구는 성적 표현에 관하여 가장 관용적인 태도를 보인다. 동성 결혼과 성전환 수술, 결혼 외 동거, 양성애 관계는 더 이상 사회 전반에서 비난받지 않는다. 실은 이런 전반적인 문화 규범에 불만을 품거나 동의하지 않는 사람들이 비난받고 소외되고 있다.

그렇지만 가까운 친척 간의 결혼이나 성관계에 대한 보편적 거부감은 여전히 존재한다. 광장에서 근친상간을 지지하는 주장을 공개적으로 펼치는 사람은 아무도 없다. 그렇지만 근친상간은 닫힌 문 뒤에서 계속 큰 문제가 되고 있다. 특히 젊은 여성들이 아버지, 삼촌, 형제 또는 기타 가까운 친척에게 이용당하고 있다. 그런데 가족 내에서 여성들만 성적으로 학대받는 것은 아니다. 미아 폰테인(Mia Fontaine)이 「애틀랜틱」(*The Atlantic*)에 쓴 기사에 나오는 가장 신뢰도 높은 통계에 따르면, 여아

3-4명 중 1명은 18세가 되기 전에 학대당하고, 남아 5-7명 중 1명도 학대당한다.[21] 이런 폭력의 상당수는 가까운 가족에 의해 자행된다. 폰테인의 기사에서 보도한 통계에 따르면 2010년 캘리포니아에서 보고된 근친상간 사건은 약 10만 5천 건이었고, 그중 9만 2천 건은 부모가 자녀를 학대한 경우였고, 다른 4천6백 건은 다른 친척이 학대한 경우였다.

근친상간은 현대 미국, 실은 전 세계의 문제다. 연구 결과를 보면 나중에 중독 및 특히 매춘 같은 범죄 행위와 근친상간의 피해자가 되는 것 사이에는 밀접한 상관관계가 있다.

공적으로 혐오감이 표현되고 있음에도 근친상간은 전 세계적으로 높은 발생률을 보이므로, 롯과 그의 딸들의 이야기가 제공하는 기회를 활용해 근친상간 관계를 단호하게 거부하는 성경의 가르침을 상기할 필요가 있다. 특히 근친상간은 사회 전반의 문제일 뿐 아니라 애석하게도 교회 안의 문제이기 때문이다.[22]

제7계명은 간음을 금지하는데, 이는 결혼 관계 이외의 모든 성관계를 의미한다. 판례법은 계명의 의미와 중요성을 더 구체적으로 명시해 주고, 레위기 18장 및 20장과 더불어 신명기 27장은 가까운 친척(근친상간)과 남성(동성애), 동물(수간), 생리 중인 여성과의 성관계를 금지함으로써 간음에 대한 계명이 어떻게 적용되는지를 이해하는 데 도움을 준다.

모든 판례법이 신약 시대에도 계속 유효한 것은 분명 아니다. 일부 판례법은 구약 시대와만 관련되지만, 근친상간의 경우 그리스도께서 오심으로써 근친상간에 대한 율법의 지속적 관련성이 폐기되었다고 생각할 이유가 전혀 없다. 실제로 바울은 어머니와 동침하는 어떤 남자를 징계하지 않았다고 고린도교회를 훈계한다(고전 5장). 지금 다루는 본문은 이례적 형태의 근친상간(술 취한 아버지를 강간하는 딸)에 대해 언급하지만, 그 행위를 매우 추악하게 묘사함으로써 여전히 모든 근친상간에 대해 경고한다.

17

창세기 20장

[20:1]아브라함이 거기서 네게브 땅으로 옮겨가 가데스와 술 사이 그랄에 거
류하며 [2]그의 아내 사라를 자기 누이라 하였으므로 그랄 왕 아비멜렉이 사
람을 보내어 사라를 데려갔더니 [3]그 밤에 하나님이 아비멜렉에게 현몽하
시고 그에게 이르시되 네가 데려간 이 여인으로 말미암아 네가 죽으리니
그는 남편이 있는 여자임이라 [4]아비멜렉이 그 여인을 가까이하지 아니하
였으므로 그가 대답하되 주여 주께서 의로운 백성도 멸하시나이까 [5]그가
나에게 이는 내 누이라고 하지 아니하였나이까 그 여인도 그는 내 오라비
라 하였사오니 나는 온전한 마음과 깨끗한 손으로 이렇게 하였나이다 [6]하나
님이 꿈에 또 그에게 이르시되 네가 온전한 마음으로 이렇게 한 줄을 나도
알았으므로 너를 막아 내게 범죄하지 아니하게 하였나니 여인에게 가까이
하지 못하게 함이 이 때문이니라 [7]이제 그 사람의 아내를 돌려보내라 그는
선지자라 그가 너를 위하여 기도하리니 네가 살려니와 네가 돌려보내지
아니하면 너와 네게 속한 자가 다 반드시 죽을 줄 알지니라 [8]아비멜렉이
그날 아침에 일찍이 일어나 모든 종들을 불러 그 모든 일을 말하여 들려주
니 그들이 심히 두려워하였더라 [9]아비멜렉이 아브라함을 불러서 그에게
이르되 네가 어찌하여 우리에게 이렇게 하느냐 내가 무슨 죄를 네게 범하
였기에 네가 나와 내 나라가 큰 죄에 빠질 뻔하게 하였느냐 네가 합당하지
아니한 일을 내게 행하였도다 하고 [10]아비멜렉이 또 아브라함에게 이르되
네가 무슨 뜻으로 이렇게 하였느냐 [11]아브라함이 이르되 이곳에서는 하나
님을 두려워함이 없으니 내 아내로 말미암아 사람들이 나를 죽일까 생각
하였음이요 [12]또 그는 정말로 나의 이복누이로서 내 아내가 되었음이니라
[13]하나님이 나를 내 아버지의 집을 떠나 두루 다니게 하실 때에 내가 아내
에게 말하기를 이 후로 우리의 가는 곳마다 그대는 나를 그대의 오라비라
하라 이것이 그대가 내게 베풀 은혜라 하였었노라 [14]아비멜렉이 양과 소와

종들을 이끌어 아브라함에게 주고 그의 아내 사라도 그에게 돌려보내고
15아브라함에게 이르되 내 땅이 네 앞에 있으니 네가 보기에 좋은 대로 거
주하라 하고 16사라에게 이르되 내가 은 천 개를 네 오라비에게 주어서 그
것으로 너와 함께한 여러 사람 앞에서 네 수치를 가리게 하였노니 네 일이
다 해결되었느니라 17아브라함이 하나님께 기도하매 하나님이 아비멜렉
과 그의 아내와 여종을 치료하사 출산하게 하셨으니 18여호와께서 이왕에
아브라함의 아내 사라의 일로 아비멜렉의 집의 모든 태를 닫으셨음이더라

이야기 속 다른 본문 경청하기

성경 본문: 창세기 12:1-3; 12:10-20; 고대 근동 문헌: 우가리트의 아카드어 문헌(PRU IV, 139)과 이집트 결혼 계약서

이 이야기의 배경은 아브라함 후손이 "큰 민족"이 될 것이라는 애당초의 약속이고(12:2), 여기에는 후손만이 아니라 땅도 포함된다. 이전(12:10-20)과 마찬가지로 기근은 땅 약속의 실현 가능성을 위협하고 그 약속의 성취를 가로막는 위협을 만들어 낸다. 아브라함이 이집트로 피난한 이전 기근 이야기와 마찬가지로, 이번 기근 역시 아브라함의 믿음 여정에 도전을 제기한다. 그는 다시 두려움과 조작하는 방식으로 반응할 것인가? 아니면 믿음으로 대응할 것인가?

아브라함은 그랄에 "하나님을 두려워함"이 없기에 왕이 그냥 자기를 죽이고 아내를 빼앗아 갈지 모른다고 생각했다. 하지만 고대 근동 사회는 대체로 간음을 금지했다. 실제로 암미시탐루(Ammishtamru) 왕의 부인이 간음이라는 "큰 죄"를 범했다고 비난하는 우가리트어 문헌이 있다. 또한 간음으로 인해 그 땅이 "큰 죄(*hata'a*)"에 빠질 뻔했다는 아비멜렉의 언급 배후에는 실제로 바로 이 '큰 죄'라는 표현이 있었을 가능성이 크다. 이 어휘는 이집트 결혼 계약서에서도 볼 수 있다.[1]

이야기 설명하기

아브라함이 사라에 대해 다시 거짓말을 하다(20:1-2)

우리가 본 마지막 장면에서 아브라함은 헤브론 근처 마므레에서 세 명의 방문객을 맞이하여 대화했는데, 그중 한 명은 다름 아닌 하나님이셨다(18:1). 소돔과 고모라와 그 주변이 멸망한 후, 아브라함은 알 수 없는 이유로 남쪽 네게브로, 전에 이집트로 가기 위해 지나간 지역(창 12:9)으로 이동한다. 네게브에 대한 언급은 아브라함이 이집트 왕에게 사라에 대해 거짓말한 이전 에피소드를 상기시키려는 의도가 있는 듯 보인다. 그 뒤에 아브라함은 한동안 더 남쪽으로 이동하여 가데스와 술 사이에서 살았던 것으로 보인다. 가데스는 가데스 바네아라고도 알려져 있는데, 나중에 이스라엘이 이집트에서 가나안으로 이동할 때 한동안 체류할 시내산 북부에 있는 곳이다(민 20:1; 33:16). "술은 이집트인이 아시아인과의 완충 지대를 만들기 위해 세운 방어벽을 가리킬 수도 있고(창 14:7; 16:7), 할랄산(Gebel Halal)과 마하라산(Gebel Maghara)의 세노마눔절(Cenomanian) 시대의 석회암 벽 같은 급경사면을 가리킬 수도 있다."[2]

그런데 아브라함과 사라가 브엘세바와 가사 사이에 있는 블레셋 도시 그랄(창 21:32, 34에서 암시됨)에 도착하면서 사건은 시작된다. 이는 이스라엘 역사에서 중요한 역할을 하게 될 블레셋에 대한 [열방의 표(Table of Nations, 창 10:14)를 제외한] 최초의 언급이다. 실제로 블레셋은 다윗이 성공적으로 정복할 때까지 약속의 땅 점령 과정에서 이스라엘의 숙적이 될 것이다. 흥미롭게도 하틀리(Hartley)는 이 이야기 그리고 이스라엘과 블레셋의 미래 관계 사이에, 특히 블레셋이 언약궤를 탈취한 기사 사이에 흥미로운 유사점이 있다고 지적하는데, 그 내용은 뒤에서 자세히 살펴볼 것이다.[3]

2절을 보면, 아브라함은 이집트에 체류할 때 채택한 것과 동일한 계책을 사용했다. 그는 사라가 자기 아내가 아니라 누이라고 말했고, 서술자는 그랄 왕 아비멜렉이 사라를 자기 하렘으로 데려갔다고 독자들에게 신속하게 알려 준다.

아비멜렉이 사라를 데려갔다는 보도는 간결하고 명확하다. 창세기 12:10-20 내러티브와 반대로, 이 계획에 사라의 동의를 구하거나 왜 아브라함이 그와 같은 일을 하려 했는지에 관해서는 전혀 설명하지 않는다. 아브라함은 그냥 그렇게 하고, 나중에 아비멜렉이 아브라함의 계략을 알고 난 뒤에야 설명이 나온다.

하나님이 아비멜렉을 대면하시다(20:3-7)

내러티브는 아비멜렉이 사라를 데려갔다는 보도에서 아비멜렉의 꿈으로 빠르게 이동한다. 꿈에서 하나님은 그와 여성 족장과의 관계로 인해 그가 죽게 될 것이라고 경고하신다. 하나님은 아브라함이 말하지 않은 것, 즉 사라가 결혼한 여자라는 사실을 아비멜렉에게 말씀하신다. 간음 금지는 후대의 이스라엘에만 국한된 것이 아니라 고대 근동 전역에 널리 퍼져 있었다. 월키는 "우가리트 문헌과 이집트 결혼 계약서에서 입증되듯이, 간음은 많은 셈족 집단 사이에서 '큰 죄'로 여겨졌다(창 26:10; 39:9 등을 보라)"고 올바르게 지적한다.[4] 사르나(Sarna)도 동의하면서 이렇게 말한다.

> 문자적으로 "큰 죄"(9절)라는 어구는 우가리트의 아카드어 문헌과 이집트의 결혼 계약서에 나오는 고대 근동의 법률 용어를 반영한다. '큰 죄'란 간음이다.…고대 메소포타미아에서도 간음에 대해 비슷한 관점을 가지고 있었던 것 같다. 즉 간음은 신에 대한 범죄다.[5]

아비멜렉의 변론은 아브라함과 사라가 알려 준 사실에 따라 행동했을 뿐이라고 지적하는 것이다(5절). 그는 사라가 미혼이라고 생각했기에 "온전한 마음과 깨끗한 손"으로 그렇게 했다. 아비멜렉은 그와 같은 상황에서 처벌은 불공평하다고 지적한다. 그는 자신의 생명만이 아니라 나라의 복지도 걱정한다. 실제로 우리는 앞서 하나님이 이집트에 어떤 고통을 안겨 주셨는지 보았다(12:17).

이제 우리는 이번에 하나님의 개입이 아주 신속하게 일어나서 아비멜렉이 아직 사라와 성관계를 갖지 않았음을 알게 된다. 흥미롭게도 이집트 에피소드에는 바로와 사라가 성관계를 갖지 않았다는 명확한 진술이 없다. 여기서 서술자는 아비멜렉이 사라와 접촉하지 않았음을 알리기 위해 최선을 다한다. 실제로 이 장 마지막에(17-18절) 우리는 하나님이 아비멜렉과 그의 아내, 여종에게 괴로움을 주어 임신하지 못하게 막으셨다는 말을 듣는다. 이 사실이 아브라함 이야기의 이 단계에서 이토록 중요한 이유는, 다음 장에서 사라는 임신하고 그 아버지가 누구인지에 대해 어떠한 의심도 없어야 하기 때문이다.

다음으로 하나님은 아비멜렉에게 아브라함을 찾아가 자기를 위한 중보 기도를 요청하라고 지시하신다. 애초에 문제를 일으킨 장본인이 블레셋 왕을 구하기 위해 중보 기도를 요청해야 하는 바로 그 사람이라는 사실은 얼마나 역설적인가? 제이컵스(Jacobs)는 "하나님이 호의를 입은 자의 잘못을 덮어 주고, 피해 입은 자를 그 피해를 입힌 장본인의 통제 아래 두는 분으로 묘사되는 것은 이번만이 아니다(16:5)"라고 올바르게 지적하면서,[6] "하나님의 목적이 그 이야기에 연루된 사람보다 더 중요하다"는 점을 시사한다.[7] 여기서 제시된 이유도 똑같이 놀랍다. 아브라함은 예언자이기 때문이다.

이것은 아브라함이 예언자라는 최초의 언급인 동시에, 이 용어가 성경에서 사용된 최초의 사례다. 따라서 어떤 의미에서 아브라함은 최초의 예언자고, 모세는 예언자의 전형이 될 것이다(민 12:6-8; 신 18:15-22;

34:10-12).

분명 아브라함은 일반적으로 이해하는 의미에서, 이사야나 예레미야나 에스겔과 나란히 심판과 구원 신탁을 전달하는 예언자는 아니다. 사실 이 문맥에서 아브라함을 예언자라고 부르는 것은 예언자의 핵심 기능인 중보 기도를 강조한다. 우리는 이미 아브라함이 소돔성의 운명과 관련하여 하나님께 중보할 때(18:16-33) 이런 역할을 하는 것을 보았다. 여기서는 사라를 하렘으로 데려간 행위에 대해 하나님이 벌을 내리시지 않도록 아비멜렉왕을 위해 중보하도록 아브라함은 요청받는다.

아브라함의 예언자라는 호칭이 그의 중보와 관련이 있음을 깨달을 때 모세(출 33장; 신 9-10장), 사무엘(삼상 12장), 예레미야(렘 14:1-9, 19-22; 18:18-23), 요엘(욜 2장) 등 나중에 이스라엘 역사에서 예언자로 더 잘 알려진 사람들에게 중보 기도가 얼마나 중요한지를 알 수 있다.[8]

아비멜렉이 아브라함을 대면하다(20:8-13)

하나님이 아비멜렉과 대면하신 후, 그는 신하들에게 이 사실을 알리고, 신하들은 왕이 그런 것처럼 두려워한다. 그런 다음 아비멜렉은 아브라함을 불러 대면하면서 그 이유가 무엇이었는지를 묻는다. 족장은 왜 블레셋 왕을 그 같은 처지에 두었는가?

아브라함의 대답은 많은 것을 드러내며, 완벽한 합리화의 전형적인 사례다. 그는 그랄에 "하나님을 두려워함"(fear of God)이 전혀 없으리라고 짐작했는데, 하나님의 요구에 대한 블레셋 사람들의 반응을 읽은 독자들에게 이 말은 역설적으로 다가온다. 지혜 문헌에서 가장 상세히 발전되는 이 중요한 어구와 개념이 성경의 이 사건에서 처음 나온다(가장 중요한 언급은 욥 28:28; 잠 1:7; 전 12:13에서 볼 수 있는데, 이는 수많은 언급 중 몇몇 대표적 사례에 불과하다). 하나님을 두려워하는 사람은 하나님의 탁월한 능력과 지혜를 인정하며 순종한다. 역설적인 것은, 이 이야기에서 하나님을 두려워하지 않는 사람이 있다면, 그건 다름 아닌 아브라함이라는 점이다.

아브라함은 자기 행동을 합리화하려고 애쓰면서 사라가 실제로 누이, 더 정확히는 이복누이라고 말한다. 사라는 아버지와 다른 어머니가 낳은 딸이었기 때문이다. 흥미롭게도 이와 같은 결혼은 후대의 모세 율법에서 금지되었다(레 20:9). 하나님이 아브라함과 사라의 결혼을 축복하신 것을 볼 때, 당시에는 이 같은 결혼이 잘못이라고 여겨지지 않았을 가능성이 크다. 사실 이 결혼은 후대 이스라엘의 감수성과 맞지 않기 때문에, 족장 내러티브의 기록 연대를 늦추려는 시도에 반하는 논거로 제시된다.[9]

하지만 이 경우, 절반의 진리는 새까만 거짓말이다. 결국 아브라함은 사라와 자기 관계에서 가장 중요한 부분, 즉 그녀가 누이일 뿐 아니라 아내라는 사실을 누락시켰다. 사실 성경에서 모든 거짓말이 잘못은 아니다. 고전적인 사례가 산파들이 바로에게 한 거짓말이다(출 1:15-22). 산파들의 경우는 거짓말이 적절한 상황을 잘 보여 준다. 즉 하나님 백성의 안전이 위태로울 때다. 그와 같은 때에, 해를 가하려는 사람에게는 거짓말을 할 수도 있다(또 해야 한다).

아브라함은 (엉뚱하게) 해를 입으리라고 예상했지만, 그가 아내를 위험에 빠뜨렸다. 또한 내러티브의 관점에서 보면 설상가상으로 후손에 대한 약속을 위험에 빠뜨렸다. 한술 더 떠서 아브라함은 여기서 그들이 "가는 곳마다" 이렇게 했었다고 말한다(13절).

이 설명은 아브라함이 이집트(12:10-20)와 이곳 그랄에서 거짓말을 했고, 더 나아가 잠재적으로는 그들이 간 모든 적대적 장소에서 항상 거짓말을 했다는 사실을을 보여 준다. 물론 이 사건에서 중요한 점은 이 반응이 아브라함이 아직 하나님을 전적으로 신뢰하는 경지에 이르지 못했음을 드러낸다는 것이다.

앞서 아브라함 내러티브를 어떻게 족장의 믿음 여정에 관한 기사로 읽을 수 있는지 논했다. 아브라함은 약속의 성취를 가로막는 위협과 장애물에 어떻게 대응하는가? 우리가 보았듯이 아브라함의 믿음은 기복이 심했고 실은 대체로 바닥 상태였다. 아브라함은 가끔 확신을 가지고 반응하지만, 보통은 두려움으로 자기를 보호하려고 들고 조작하면서 반응한다. 아브라함이 여전히 자신을 보호하기 위해 아내를 위험에 빠뜨리려고 하는 것은, 그가 여전히 창세기 12장의 옛 아브람과 똑같다는 사실을 보여 준다.

하나님이 아브라함을 부유하게 하시다(20:14-18)

그런데도 하나님은 자기가 택한 종을 돌보신다. 아브라함이 하나님을 경외하기 때문에 그분은 사라를 돌려주실 뿐 아니라 12:10-20의 에피소드를 다시 상기해 주시면서 그를 부유하게 하신다(14-16절). 또한 족장 아브라함이 선택하는 땅 어디서든 살 수 있도록 허락하신다. 매우 중요한 것은 아비멜렉이 사라의 정당성을 공개적으로 인정하고 아브라함에게 은 천 세겔을 주는 것인데, NIV 성경 각주가 시사하듯 이는 상당한 양인 11.3킬로그램이다. 월턴에 따르면 이 정도의 거액은 아비멜렉이 "사라에게 손을 대지 않았다는 보증이요, 아브라함의 중보 역할에 대한 대가며, 자기 가족의 생식 능력을 실제로 끊어 버린 신을 달래려는 행동"이다.[10]

이 기사는 아브라함이 아비멜렉과 그의 가족 및 왕궁을 위해 기도하면서 끝마친다. 하나님은 기도에 대한 응답으로 블레셋 여인들의 아이 낳는 능력을 회복시켜 주신다.

현대의 독자들은 아브라함이 이처럼 비겁하게 행동한 듯 보이는데도 결국 이익을 얻는다는 사실에서 어려움을 겪는다. 이 지점을 올바로 이해한 브루그만은 이렇게 말한다.

내러티브의 결말에서 아브라함은 힘과 권위가 손상되지 않을 뿐 아니라 더 강화된 상태로 나타난다. 다시 말해, 거짓말을 하는 사람이…여전히 호의를 입고 있다. 도덕적으로 정직한 사람[아비멜렉]은 여전히 이스라엘에게 의존해야 하는 처지다. 여기서 아브라함의 탁월함은 아브라함의 미덕이 아니라, 하나님의 약속에 기초한다.…이 이야기에는 이상한 점이 있는데, 아마 신학적 서술자가 자기가 다루어야 할 전통적 자료와 잘 맞지 않는 주장을 하고 싶었기 때문일 것이다. 있는 그대로의 본문은 아브라함이 말이나 심지어 믿음(여기서는 연약한 믿음) 때문이 아니라, 오직 하나님의 놀라운 은혜 덕분에 하나님의 선택을 받았다고 주장한다. 따라서 우리는 칼뱅의 요약 "인간의 결함과 하나님의 은혜"에서 한 치도 더 나아갈 수 없다. 두 남자의 결함은 명백하다. 하지만 하나님의 은혜가 이긴다.[11]

이제 이 에피소드와 나중에 블레셋이 언약궤를 탈취한 기사 사이의 유사성에 대한 하틀리의 상세한 설명을 살펴볼 때가 왔다. 둘 다 탈취로 시작하는데, 현재 이야기에서는 사라가 탈취되고, 사무엘상 3장에서는 언약궤가 탈취당한다(1-11절). 현재 이야기에서 하나님은 블레셋 여인들에게 불임을 초래하는 질병을 주셨고, 나중 이야기에서는 언약궤를 다곤 신전으로 가져간 블레셋 사람들에게 질병을 주셨다. 또한 하나님이 아비멜렉을 밤에 대면하셨듯이, 다곤 신상을 밤에 쓰러지게 하셨다(삼상 5:1-8). 마침내 언약궤가 돌아오자 이스라엘은 부유해졌다(삼상 6:3-6).[12]

습관적인 죄

아브라함이 자기를 보호하기 위해 아내의 신분에 대해 거짓말하여(후손에 대한 하나님의 약속은 말할 것도 없고) 아내를 위험에 빠뜨린 두 이야기가 있다. 현재 기사에서 우리는 이 두 이야기가 말하자면 빙산의 일각에 불과하다는 것을 알게 된다. 아브라함은 사라에게 "우리의 가는 곳마다 그대는 나를 그대의 오라비라 하라"고 지시했다고 아비멜렉에게 말한다(창 20:13).

습관적인 죄의 전형이 여기 있다. 이집트에 갔던 첫 번째 사건(창 12:10-20) 이후, 아브라함은 하나님이 자기 행동을 기뻐하지 않으신다는 사실을 알았지만, 적어도 인생의 이 시점까지 자기 보호를 위한 거짓말 때문에 계속 어려움을 겪었다.

누구나 습관적인 죄, 다른 표현을 사용하자면 떨쳐 버리지 못하는 나쁜 행동이나 태도로 인해 어려움을 겪는다. 이런 죄를 성 중독이나 알코올 의존성 혹은 분노 조절 장애라고 부를 수도 있지만, 결론적으로 말해서 우리가 계속 되풀이하는 죄다. 우리는 죄를 범하고 회개한다. 우리는 한동안 자기 행동과 감정을 관리할 수 있지만 계속 반복해서 다시, 또다시 똑같이 행동한다. 아브라함의 삶으로부터 습관적인 죄 그리고 하나님과 우리의 관계에 관해 무엇을 배울 수 있는가?

먼저, 하나님은 우리의 죄를 그냥 방치하지 않으신다. 현재 이야기에서 하나님은 그 같은 행동 때문에 초래될 수 있는 일반적인 심각한 결과를 막기 위해 행동하신다. 이 상황에서 아브라함이 범한 죄의 결과는 다른 사람들에게 영향을 미쳐 병에 걸리게 만들었고, 사라를 위험에 빠뜨려 다른 사람의 아이를 배게 할 수도 있었다. 하나님의 은혜 덕분에 상황은 더 나빠지지 않았다. 이것은 두 번째 요점으로 이어진다. 즉 하나님은 아브라함의 습관적인 죄로 인해 아브라함과의 관계나 그의 삶의 목적이 이탈하지 않도록 막으셨다.

물론 우리는 아브라함이 하나님의 구속 계획에서 특별한 위치를 차지한다는 사실을 기억해야 하고, 그의 삶에 관한 이야기를 너무 성급하게 우리 삶에 적용하지 않도록 주의해야 한다. 사실, 습관적인 죄의 결과는 이 본문에서 나타나는 아브라함의 경우보다 훨씬 더 심각하고 골치 아플 수 있다. 언약 관계 속에서 하나님에게 아브라함은 반드시 살아남아야만 했다.

더 나아가 우리는 아브라함의 끈질긴 죄에도 불구하고 하나님이 아브라함을 잘라 버리지 않으셨다는 사실이 우리의 죄에 대한 안일한 태도로 이어지지 않도록 주의해야 한다. 히브리서 저자는 "무거운 것과 얽매이기 쉬운" 죄가 있다고 인정하지만, 이런 죄를 "벗어 버리[라]"고 권면한다(히 12:1). 그럼에도 불구하고 아브라함의 삶 이야기는 하나님이 죄인을 벌하시지만, 우리가 죄를 한 번 지었든 여러 번 지었든 우리의 구원을 위해 계속 일하신다는 소망을 준다. 자기에게 해를 끼치는 사람을 일곱 번만이 아니라 "일곱 번을 일흔 번까지라도" 용서하라고 제자들에게 요구하시는 분(마 18:22)은, 회개하는 습관적인 죄인을 용서하실 것이다. 다음 단락에서는 습관적인 죄에 직면할 때 우리가 활용할 수 있는 자원을 살펴볼 것이다.

불완전한 중보자

그랄에서의 아브라함 이야기는 여러 차원에서 서글프다. 아브라함은 자기 생명을 구하기 위해 오래된 악한 속임수를 써서 아내의 신분에 관해 거짓말하고 아내를 위험에 빠뜨린다("습관적인 죄" 단락을 보라). 그는 믿음이 아닌 두려움으로 행동한다. 그런데도 하나님은 아비멜렉에게 아브라함에게로 가서 족장의 중보 기도를 부탁하라고 말씀하신다. 얼마나 놀라운가. 아브라함같이 자기 행동을 회개해야 하는 사람도 다른 사람을 위해 하나님께 중보할 수 있다.

위의 '이야기 설명하기'에서 언급했듯이 사실 아브라함의 중보는 예언자라는 그의 특별한 지위와 관련된다. 예언자 임무의 핵심은 중보다. 중보 기도는 구약의 예언자에게만 국한된 것은 아니지만, 예언자 직분과 특별한 관련이 있다.

성경은 모든 그리스도인이 본질적으로 예언자라고 말한다. 신약에서 '모든 신자가 제사장'이라고 언급되듯이(벧전 2:9), '모든 신자가 예언자'라고 암시된다. 이는 특히 오순절 사건에서 읽힌 요엘 2:28-32 인용문에서 확인할 수 있다. "하나님이 말씀하시기를 말세에 내가 내 영을 모든 육체에 부어 주리니 너희의 자녀들은 예언할 것이요 너희의 젊은이들은 환상을 보고 너희의 늙은이들은 꿈을 꾸리라. 그때에 내가 내 영을 내 남종과 여종들에게 부어 주리니 그들이 예언할 것이요"(행 2:17-18, 욜 2:28-29을 인용).

성령 충만한 예언자인 그리스도인에 관하여 많이 말할 수 있겠지만, 여기서는 다른 사람을 위해 하나님께 중보하는 우리의 소명에만 집중하겠다. 우리는 가족과 친구, 공동체, 우리 자신을 위해 쉬지 말고 기도해야 한다(살전 5:17). 야고보는 "의인의 간구는 역사하는 힘이 큼이니라"고 말하지만(5:16), 우리는 죄 많은 아브라함의 기도도 역사하는 힘이 크고 또한 '의인'은 죄 없는 사람이 아니라 서로 자기 죄를 고백하고 서로를 위해 기도하는 사람이라는 점을 기억해야 한다(다시, 16절).

중보라는 주제와 관련하여 기억해야 할 가장 중요한 것은, 우리 안에 살아 계신 성령께서 우리를 위해 중보하신다는 점이다. 바울은 이렇게 진술한다. "이와 같이 성령도 우리의 연약함을 도우시나니 우리는 마땅히 기도할 바를 알지 못하나 오직 성령이 말할 수 없는 탄식으로 우리를 위하여 친히 간구하시느니라. 마음을 살피시는 이가 성령의 생각을 아시나니 이는 성령이 하나님의 뜻대로 성도를 위하여 간구하심이니라"(롬 8:26-27). 성령께서 중보하신다는 사실을 알 때, 우리는 어떻게 살아야 하는지에 대한 확신을 얻게 되고, 또한 다른 사람을 위해 중보할 때도 신뢰할 수 있게 된다.

예수, 완벽한 예언적 중보자

본질적으로 모든 신자는 (제사장인 것과 마찬가지로) 예언자지만, 예수님은 (궁극적 제사장이신 것과 마찬가지로) 궁극적 예언자시다[창세기 14장을 다룬 '이야기 살아내기'의 '예수, "멜기세덱의 반차를 따른 영원한 대제사장"(히 6:20)' 단락을 보라]. 이 단언을 뒷받침하는 주요 본문은 사도행전에서 찾을 수 있다. 베드로가 신명기 구절들 18:15, 18, 19의 집합적 단수 표현을 활용하여 다음과 같이 진술한다. "주 하나님이 너희를 위하여 너희 형제 가운데서 나 같은 선지자 하나를 세울 것이니 너희가 무엇이든지 그의 모든 말을 들을 것이라. 누구든지 그 선지자의 말을 듣지 아니하는 자는 백성 중에서 멸망 받으리라"(행 3:22-23).

궁극적 예언자이신 예수님은 또한 자기 백성을 위해 중보하는 분이시다. 요한복음 17장 예수님의 기도는 흔히 대제사장 기도라고 적절하게 불리지만, 예언자의 중보 기도라고도 부를 수도 있다. 예수님은 자신의 죽음과 부활과 승천을 예고하시면서 제자들을 보호해 달라고 하나님께 간구하신다. 그분의 제사장 역할과 분명히 연결되는 히브리서 7:25에서는, 우리를 위한 예수님의 중보가 승천 이후에도 계속된다고 말한다. "자기를 힘입어 하나님께 나아가는 자들을 온전히 구원하실 수 있으니 이는 그가 항상 살아 계셔서 그들을 위하여 간구하심이라."

이와 관련해서 (창 41장을 다룬 장 후반부의) "하나님은 꿈을 통해 소통하시는가?" 단락을 보라.

18

창세기 21:1-21

이야기 경청하기

[21:1]여호와께서 말씀하신 대로 사라를 돌보셨고 여호와께서 말씀하신 대로
사라에게 행하셨으므로 [2]사라가 임신하고 하나님이 말씀하신 시기가 되어
노년의 아브라함에게 아들을 낳으니 [3]아브라함이 그에게 태어난 아들 곧
사라가 자기에게 낳은 아들을 이름하여 이삭이라 하였고 [4]그 아들 이삭이
난 지 팔 일 만에 그가 하나님이 명령하신 대로 할례를 행하였더라 [5]아브
라함이 그의 아들 이삭이 그에게 태어날 때에 백 세라 [6]사라가 이르되 하
나님이 나를 웃게 하시니 듣는 자가 다 나와 함께 웃으리로다 [7]또 이르되
사라가 자식들을 젖먹이겠다고 누가 아브라함에게 말하였으리요마는 아
브라함의 노경에 내가 아들을 낳았도다 하니라 [8]아이가 자라매 젖을 떼고
이삭이 젖을 떼는 날에 아브라함이 큰 잔치를 베풀었더라 [9]사라가 본즉 아
브라함의 아들 애굽 여인 하갈의 아들이 이삭을 놀리는지라 [10]그가 아브라
함에게 이르되 이 여종과 그 아들을 내쫓으라 이 종의 아들은 내 아들 이
삭과 함께 기업을 얻지 못하리라 하므로 [11]아브라함이 그의 아들로 말미암
아 그 일이 매우 근심이 되었더니 [12]하나님이 아브라함에게 이르시되 네
아이나 네 여종으로 말미암아 근심하지 말고 사라가 네게 이른 말을 다 들
으라 이삭에게서 나는 자라야 네 씨라 부를 것임이니라 [13]그러나 여종의
아들도 네 씨니 내가 그로 한 민족을 이루게 하리라 하신지라 [14]아브라함
이 아침에 일찍이 일어나 떡과 물 한 가죽부대를 가져다가 하갈의 어깨에
메워 주고 그 아이를 데리고 가게 하니 하갈이 나가서 브엘세바 광야에서
방황하더니 [15]가죽부대의 물이 떨어진지라 그 자식을 관목 덤불 아래에 두
고 [16]이르되 아이가 죽는 것을 차마 보지 못하겠다 하고 화살 한 바탕 거리
떨어져 마주 앉아 바라보며 소리 내어 우니 [17]하나님이 그 어린 아이의 소
리를 들으셨으므로 하나님의 사자가 하늘에서부터 하갈을 불러 이르시되
하갈아 무슨 일이냐 두려워하지 말라 하나님이 저기 있는 아이의 소리를

들으셨나니 [18]일어나 아이를 일으켜 네 손으로 붙들라 그가 큰 민족을 이
루게 하리라 하시니라 [19]하나님이 하갈의 눈을 밝히셨으므로 샘물을 보고
가서 가죽부대에 물을 채워다가 그 아이에게 마시게 하였더라 [20]하나님이
그 아이와 함께 계시매 그가 장성하여 광야에서 거주하며 활 쏘는 자가 되
었더니 [21]그가 바란 광야에 거주할 때에 그의 어머니가 그를 위하여 애굽
땅에서 아내를 얻어 주었더라

이야기 속 다른 본문 경청하기

성경 본문:창세기 12:1-3; 15장; 17장; 18:9-15(21:1-7에 대해); 창세기 16장(21:8-21에 대해)

아브라함 이야기가 시작하자마자, 하나님은 아브라함의 후손을 "큰 민족"으로 만들겠다고 말씀하셨다(12:2). 그의 후손이 큰 민족이 되려면 아브라함과 사라는 아이를 낳아야 했지만, 사라는 불임이었다. 자손이 없으므로 아브라함은 믿음의 위기를 겪었고, 하나님은 그 응답으로 아브라함과 사라에게 오셔서 그들이 정녕 자녀를 낳을 것이라는 확신을 주셨다. 하나님은 두 번 오셔서 아브라함에게 다시 확신을 주시면서 아브라함과 맺은 언약을 재확인해 주셨다(창 15장과 17장). 가장 최근에 하나님은 두 천사와 함께 오셔서는 1년 안에 그 중요한 사건이 일어날 것이라고 알려 주셨다(창 18:9-15).

약속의 자녀가 세상에 태어난 후 새로운 문제가 발생했다(21:8-21). 아브라함과 사라의 조급함 때문에 아브라함은 아내가 준 첩과의 사이에서 한 아이 이스마엘을 낳았고(창 16장), 아브라함은 그를 상속자로 삼으려 하기도 했다(17:18). 사라가 하갈에게 느낀 원한은 여종으로 하여금 안주인에게서 도망치게 했는데(창 16장), 이 원한이 이제 보복으로 되돌아온다.

이야기 설명하기

아들이 태어나다! (21:1-7)

아브라함 이야기가 시작된 후 이따금 보았듯이, 이 내러티브의 중심 주제는 아브라함 믿음의 여정과 관련이 있다. 아브라함은 "큰 민족"이 될 것이고, 그와 그의 후손이 복을 받아 열방의 복이 될 것이라는 하나님의 중대한 약속을 받았다(창 12:1-3). 하지만 아브라함은 약속의 성취를 가로막는 수많은 장애물과 위협에 직면했고, 약속이 성취되지 않을 것처럼 보일 때 그가 보인 반응을 통해 그가 지닌 믿음의 정도를 알 수 있었다. 모든 약속 중에 큰 민족이 될 것이라는 약속이 가장 혹독한 시험을 받았다. 큰 민족이 되려면 아브라함은 먼저 그 약속을 다음 세대에 물려줄 첫 아들을 낳아야 했다. 하지만 아브라함과 사라는 적어도 지금까지는 아이를 낳지 못했다.

이렇게 해서 우리는 아브라함 이야기 절정에 이른다. 마침내 아브라함과 사라는 오랫동안 기다려 온 자녀, 이삭이라는 아들을 낳는다. 독자의 눈에 가장 먼저 띄는 것은 이삭의 탄생에 관한 비교적 간단하고 직설적인 표현이다. 1절은 이삭의 탄생 배후에 하나님이 계셨음을 강조한다. 사실 이 절은 마치 두 부분으로 이루어진 병행 구절처럼 시적 형식으로 표현될 수 있다.

> 여호와께서 말씀하신 대로 사라를 돌보셨고
> 여호와께서 말씀하신 대로(약속하신 대로, NIV) 사라에게 행하셨으므로

고대 랍비들은 두 부분이 서로 다른 두 가지 사안을 가리키는 것처럼 이 표현을 다루었다. 아마 아이의 탄생과 사라가 아이에게 수유할 수 있도록 하나님이 허락하셨다는 사실일 것이다. 실제로 7절에서 사라는 아

흔 살의 여성인 자기가 아이를 낳았을 뿐 아니라 수유까지 할 수 있다는 사실에 놀란다. 하지만 이 해석은 하나님은 반복하시지 않기 때문에 두 개의 다른 대상이 있어야 한다는 믿음에 근거한다.[1] 물론 이 절이 진짜 시는 아니지만, 그럼에도 병행법을 제대로 읽으면 두 번째 부분이 첫 번째 부분의 생각을 이어 가면서 약간 다른 관점을 표현한다는 것을 알 수 있다. 첫 번째 부분은 하나님의 은혜, 즉 그분이 사라를 '돌보셨다'(동사 *pqd*의 약간 다른 번역)는 것을 이야기하고, 두 번째 부분은 이 일이 이전 약속의 성취를 통해 이루어졌음을 강조한다. 다만 두 부분 모두 후손에 관한 약속의 놀라운 성취를 가리킨다.

사실 이 아이가 태어난 시기는 예상치 못한 것이 아니라 예상된 것이었다. 이 아이는 "하나님이 말씀하신 시기"에 태어났다(2절). 이 어구는 주님께서 아브라함에게 "내년 이맘때 내가 반드시 네게로 돌아오리니 네 아내 사라에게 아들이 있으리라"고 말씀하셨던 18:10을 가장 직접적으로 가리키지만, 이 진술 배후에는 하나님이 처음부터 아브라함과 사라의 노년에 아이가 태어나도록 계획하셨다는 생각이 숨어 있다. 그런데 하나님은 왜 그러셨을까?

분명 자녀의 탄생이 지연되면서 아브라함의 믿음을 시험하는 상황이 만들어졌다. 우리는 그의 확신이 종종 흔들리는 것을 보았지만, 아브라함은 하나님에 대한 신뢰를 완전히 버리지는 않았다. 우리는 이 믿음의 시험이 끝나지 않았음을 곧 보게 될 것이다.

그런데 더 중요한 것은 이것이다. 이렇게 "기한이 이를 때"(appointed time, 18:14) 아이가 태어난 것은 이 아이가 단순히 자연스러운 인간적 과정의 결과가 아니라, 하나님의 선물임을 분명히 보여 준다는 점이다. 100살 된 남자와 90살 된 여자가 아이를 낳을 수 있었던 것은 이삭의 탄생이 하나님이 개입하신 결과라는 아주 분명한 실증이다.

아브라함은 아들의 이름을 창세기 17장(19-22절)에서 이미 예고된 대로 이삭이라고 지었다. 이 이름은 '웃다'라는 뜻으로, 아브라함과 사라 두 사람의 이전 반응을 가리킨다(18:10-15을 보라). 사라는 여기서도 웃지만(6절), 회의나 불신의 웃음이라기보다는 자녀에 관한 약속이 성취되었기에 터져 나오는 행복한 웃음이다. 또한 아브라함은 하나님의 이전 명령에 따라(17:9-14) 이삭이 태어난 지 8일째 되는 날에 할례를 행했다.

가정 내 갈등(21:8-13)

다음 에피소드는 명시되지 않은 몇 년 후 이삭이 젖을 떼던 날 일어났다. 사라가 아이를 낳을 수 있었던 것은 하나님의 선물이었고, 아이를 수유할 수 있었던 것 또한 또 다른 선물이었다(21:7). 아브라함은 젖을 떼는 성장을 축하하기 위해 잔치를 열었다. 제이컵스에 따르면 "높은 유아 사망률 때문에 아이들은 세 살 때 젖을 뗀 것 같고, 잔치를 열어 아이들의 생존을 축하했다."[2]

우리는 이미 사라와 하갈의 불화를 살펴보았다. 실제로 창세기 16장에서 사라는 하갈을 심하게 학대했고 하갈은 도망쳤다. 주님의 천사가 곧 태어날 아이가 많은 후손을 낳을 것이라고 약속하면서 돌아가라고 지시한 뒤에야 하갈은 돌아왔다(16:9-12). 이스마엘이 추정컨대 이삭을 "놀리는" 것을 사라가 목격했을 때(히브리어 원문에는 놀린 대상이 '이삭'이라는 언급이 없다—옮긴이) 이 긴장은 새롭게 극으로 치닫는다. 여기서 우리는 이삭이라는 이름('웃다')의 토대가 되는 동사 '차하크'(*tsahaq*)의 또 다른 용례를 보는데, 여기서는 '피엘'(*piel*) 형으로 나와서 비웃는 웃음이나 조롱의 의미로 사용된다(삿 16:5도 보라). 몇몇 사례에서 이 동사는 실제로 성적 의미를 지니기도 하지만(창 26:9; 39:17; 출 32:6), 이 문맥에서 이런 의미가 의도되었는지는 분명하지 않다. 어떤 경우든 사라는 분노했고, 자기의 경쟁자와 그의 아들 그리고 그들이 유산에 대해 가질 수 있는 모든 권리를 없앨 기회를 잡았다(이것이 이스마엘을 내보낸 사라의 주된 동기다). 사라는 "이 여종과 그 아들을 내쫓으라. 이 종의 아들은 내 아들 이삭과 함께 기업을 얻지 못하리라"고 말하면서 아브라함을 압박했다(10절).

아브라함은 어쩔 줄 몰라 했다. 그는 이스마엘을 자기 아들로 인정하고 그를 돌보았다. 만약 하나님이 개입하지 않으셨다면 아브라함이 어떻게 했을지 정말 알 수 없다. 그런데 하나님은 아브라함에게 말씀하시면서, 하갈과 이스마엘이 가족에서 분리되는 것이 자기 뜻이라고 분명히 밝히신다. 그러나 이것이 반드시 사라의 동기를 승인한다는 의미는 아니다. 실제로 사라는 어머니와 아들을 내쫓기 원하고 그들에게 무슨 일이 일어나든 신경 쓰지 않지만, 하나님은 그들을 위해 중요하고 의미 있는 계획을 갖고 계시다는 확신을 아브라함에게 주신다.

먼저, 하나님은 창세기 12:1-3에 나오는 언약의 약속이 이스마엘이 아닌 이삭을 통해 이루어질 것이라고 다시 분명히 밝히신다. 다만 하나님은 아브라함을 위로하시면서 이스마엘의 후손도 장차 한 나라를 이룰 것이라고 말씀하신다. 앞서 주님의 천사는 하갈에게 이스마엘의 후손이 많을 것이라고 알려 주었지만(16:10), 이제 우리는 그의 많은 후손이 한 나라가 되리라는 사실을 알게 되는데, 이 약속은 창세기의 뒷부분에서 성취된다(창 25:12-18과 더불어 37:25-36 및 39:1의 주석을 보라. 또한 삿 8:24; 시 83:6도 보라). 여기서는 언급되지 않지만, 16:12은 이스마엘의 후손과 이삭의 후손 사이의 갈등을 예고한다("그가 모든 형제와 대항해서 살리라"). 이스마엘과 그의 후손에 대한 하나님의 보살핌은 아브라함과 하나님의 관계에서 비롯된 것으로, 복이 소위 선택된 혈통만이 아니라 다른 민족에게도 임한다는 점에 유념해야 한다.

하갈과 이스마엘을 내보내다(21:14-21)

하나님의 지시에 따라 아브라함은 아들 이스마엘과 함께 "그[하갈]를… 내보냈다"(14절, 새번역). '내보내다'로 번역된 동사(*shalah*)는 다른 곳에서는 법적 이혼에 관하여 사용된다(신 22:19, 29; 24:1, 3; 렘 3:1; 말 3:16). 따라서 아브라함은 특히 상속에 대하여 그들에게 지고 있던 모든 종류의 법적 의무를 끊어 냈다.

족장은 그들에게 식량과 물을 제공했지만, 이내 물이 다 떨어졌고, 그래서 아브라함과 함께 산 적이 있는 그랄 바로 외곽의 광야에서 그들은 목말라 죽을 위험에 처해 있었다. 우리는 하갈과 이스마엘이 왜 이런 곤경에 처하게 되었는지 추측할 수 없다. 아브라함이 신경 쓰지 않았거나 일부러 물을 충분히 주지 않았다고 단정하는 것은 너무 지나치다. 결국, 그들을 직접 내보내라는 사라의 고집에 대한 아브라함의 반응을 보면 그들을 염려하고 있음을 알 수 있다. 아마도 하갈은 길을 잃었을 것이다. 애석하지만 우리는 이것 또한 확신할 수 없다.

하갈은 자기들이 틀림없이 곧 죽을 거라고 생각했고, 차마 아들이 죽는 모습을 볼 수 없어서 아들을 관목 덤불 아래에 두었다. 이 세부 설명은 이스마엘의 나이에 대한 의문을 제기한다. 창세기 16장에서 태어난 이스마엘이 이삭이 태어났을 때 정확히 몇 살이었는지는 알 수 없지만, 그는 적어도 걸음마 나이 이상이었고 분명 유아는 아니었다. 아마 기진맥진한 이스마엘은 의식을 잃었을 것이고, 어머니는 그를 그곳으로 끌고 갔을 것이다. 나중에 이스마엘은 울고 있었다고 기록되었으니(17절), 그저 말도 안 될 만큼 쇠약한 상태였을 수도 있다. 어쨌든 이 장면은 매우 애처롭다. 독자들은 생필품도 충분하지 않은 상태로 집에서 쫓겨나 광야의 더위 속에 내몰린 두 사람에게 깊은 동정심을 느끼게 된다.

하나님은 독자들의 동정심에 공감하시고, 곧이어 다름 아닌 하나님으로 보이는 주님의 천사가 하늘로부터 하갈에게 말을 건네며 위로와 용기를 준다(17절). 하나님은 이스마엘의 눈물에 응답하셨고, 이스마엘을 일으켜 세워 인내로 여정을 이어 가라고 말씀하신다. 하나님은 앞서 아브라함에게 이스마엘의 후손이 한 나라가 될 것이라고 말씀하셨지만,

이 족장이 이 사실을 하갈에게 알려 주었는지는 알 수 없다. 어쨌든 이제 하나님은 그 약속을 하갈에게 알려 주신다. 이스마엘의 후손은 단순히 한 민족이 아니라 "큰 민족"이 될 것이다(18절).

이 시점에 하나님은 또한 하갈의 눈을 열어 생명수 우물을 보여 주셨다. 기운을 차린 그들은 계속 여행할 수 있었다. 하지만 그들은 성에 들어가지 않고 광야에 머문다. 앞으로 보겠지만 사실 후대 이스마엘 족속은 광야의 베두인족(Bedouins)이다(25:12-18).

의미심장하게도 서술자는 하나님이 "그 아이와 함께 계시매"라고 말한다. 본문은 언약의 약속을 상속할 사람이 이스마엘이 아니라 이삭이라고 아주 분명히 밝히지만, 이 어구는 언약 개념과 공명한다. 하나님이 이스마엘과 함께 계셨다는 사실은, 최소한 하나님이 선택받지 않은 족장의 자손들과 궁극적으로 그들로부터 태어날 나라들을 경멸이 아니라 사랑으로 대하신다는 사실을 다시금 보여 준다.

하나님이 그와 함께 계셨다는 가장 중요한 사실 말고도, 내러티브 말미에 이스마엘이 행복한 삶을 살았다는 암시가 나온다. 그는 활 쏘는 자가 되었고 이집트 출신의 여성과 결혼했다. 후자의 내용과 관련하여, 우리는 하갈이 아브라함이 이집트에 머무는 동안 바로가 아브라함에게 준(12:16) 이집트인으로 추정된다는 점을 기억해야 한다(16:1). 그들은 바란 광야에 정착했는데, 시내산과 가데스 북쪽에서 그리 멀지 않은 네게브의 한 지역일 가능성이 크다.

— 이야기 살아내기 —

하나님은 약속을 지키신다[3]

하나님은 아브라함의 후손을 "큰 민족"으로 만들겠다고 약속하셨지만(12:2), 이 약속이 실현되려면 아브라함과 사라는 아이를 낳아야 했다. 우리는 아브라함의 이야기를 그의 믿음의 여정으로 바라보며 따라 왔다. 그는 약속의 성취를 가로막는 위협과 장애물 앞에서 믿음으로 반응하는가? 아니면 두려움으로 반응하는가? 그런데 아브라함 내러티브는 족장에게 초점을 맞추기도 하지만, 또한 하나님을 계시한다. 여기서 우리는 하나님이 실제로 약속을 지키신다는 사실을 깨닫는다. 하나님은 아브라함이 아들을 낳을 것이라고 약속하셨고, 아브라함과 사라 모두 아이를 낳을 수 있는 일반적인 시기를 훌쩍 넘어섰지만 사라는 임신하여 이삭을 낳는다. 이 기적 같은 탄생은 큰 민족이 되어 복을 받고 세상에 복을 가져다줄 것이라는 약속 성취의 시작에 불과하지만(12:1-3; 또한 13:14-17; 17:4-8; 22:17-18; 26:1-5; 28:13-15도 보라), 이 사건은 하나님이 실제로 약속의 모든 차원을 철저히 이행하실 것이라는 확신을 준다.

창세기와 구약 성경 나머지 부분을 읽다 보면 우리는 하나님이 많은 약속을 하시는 것을 본다. (특히 하나님의 언약과 관련된) 핵심 내용을 살펴보면 뱀의 자손과 여자의 자손 사이에 대적하게 하여, 여자의 자손이 결국 악을 짓밟을 것이라는 약속으로 시작된다. 홍수 이후 하나님은 노아에게 다시는 홍수를 보내 땅을 멸하지 않겠다고 약속하신다(창 8:21-22). 시내산 기슭에서 하나님은 자기 백성 이스라엘이 자기 "소유"(treasured possession)가 될 것이라고 약속하신다(출 19:5). 나중에는 다윗의 후손이 영원히 왕좌에 앉을 것이라고 약속하신다(삼하 7:11-16).

이런 약속과 우리가 언급하지 않은 성경의 다른 많은 약속을 생각할 때, 이교도 예언자 발람이 한 선포를 기억해야 한다. "하나님은 사람이 아니시니 거짓말을 하지 않으시고 인생이 아니시니 후회가 없으시도다. 어찌 그 말씀하신 바를 행하지 않으시며 하신 말씀을 실행하지 않으시랴?"(민 23:19)

신약 성경으로 눈을 돌리면 우리는 예수님이 하나님 약속의 성취시라는 바울의 이해에 놀란다. 바울에 따르면 "하나님의 약속은 얼마든지 그리스도 안에서 예가 [된다]"(고후 1:20). 결국 그분은 다윗의 아들, 영원히 왕좌에 앉으신 메시아시다. 그분은 참 이스라엘, 하나님의 '소유'인 하나님의 순종하는 아들이시다. 그분은 아브라함의 씨이시다(갈 3:16). 그분은 뱀의 머리를 짓밟을 여자의 씨이시다(롬 16:20; 계 12:9).

하나님은 자기가 한 약속을 지키시고, 따라서 그리스도인은 하나님이 우리에게 하신 약속을 성취하실 것이라고 믿어야 한다. 그리스도께서는 자기 백성이 열방을 제자로 삼을 때 "세상 끝 날까지" 그들과 함께하겠다고 약속하셨다(마 28:16-20). 그분은 자기를 믿는 사람들이 "멸망하지 않고 영생을 얻[을]" 것이라고 약속하셨다(요 3:16). 예수님은 제자들이 '생명을 얻고 더 풍성히 얻을' 것이라고 약속하셨다(요 10:10). 그분은 성령께서 우리와 함께하실 것이고(요 14:16), 우리가 그분의 평화와 기쁨 안에서 살 것이라고 약속하셨다(요 14:27; 16:20-24). 또한 마지막으로 그에 못지않게 중요한 것은, 예수님이 다시 오셔서 새 하늘과 새 땅으로 인도하시고 우리에게 영생을 주실 것이라는 점이다(요 5:28-29; 11:25-26; 고전 15:48-57; 고후 4:14; 살전 4:13-18).

이 가르침에 비추어 볼 때, 우리는 어떻게 살아야 하는가? 고린도후서 1:20로 돌아가 보면, 바울은 하나님의 모든 약속이 예수님 안에서 "예"가 된다고 진술한 후, 독자들에게 "그런즉 그로 말미암아 우리가 아멘 하여 하나님께 영광을 돌리게 되느니라"고 말한다. 따라서 "우리는 어떻게 살아야 하는가?"라는 질문에, 우리는 "아멘, 그대로 이루어지이다"라고 신뢰하며 살아야 한다고 대답할 수 있을 것이다. 켄트 휴스(Kent Hughes)가 표현하듯이 "여러분과 나는 하나님 말씀의 모든 음절을 믿을 수 있고, 또 믿어야 한다. 이것이 모든 그리스도인이 살아야 하는 방식이다. 예수님이 그렇게 사셨듯이 하나님의 모든 말씀을 가장 깊이 신뢰하면서 말이다."[4]

하나님이 동정녀에게 주신 자녀의 선물!

> 보라 자식들은 여호와의 기업이요
> 태의 열매는 그의 상급이로다. (시 127:3)

분명 부모는 자녀의 탄생을 두고 하나님이 주신 좋은 선물로 생각해야 한다. 그러나 하나님은 이삭이 특별한 방식으로 주어진 선물이고, 그는 언약의 약속을 다음 세대로 전달할 사람이라고 분명히 밝히신다. 실제로 구약 성경에는 (리브가가 낳은 야곱과 에서; 무명의 어머니가 낳은 삼손; 한나가 낳은 사무엘 등) 불임의 어머니에게서 아이가 태어나는 여러 출산 사건이 나오고, 모세의 탄생 이야기에서도 이 주제의 변형이 나온다. 하나님은 이 모든 경우에 자신이 언약 백성에게 이런 매우 특별한 인물들을 주신다고 분명히 밝히신다.

우리는 예수님의 탄생 이야기를 이런 배경에서 읽어야 한다. 복음서에 따르면(예를 들어, 마 1:18-25), 마리아는 예수님을 낳을 때 동정녀였다. 불임 여성이 구속사에서 중요한 인물들을 낳은 내러티브를 배경에 두고 읽을 때, 예수님의 탄생 이야기에서 이 아이는 이삭이나 불임 여성이 낳은 다른 어떤 아이의 중요성을 훌쩍 뛰어넘는 정말 특별한 아이라는 메시지가 두드러진다.

두 종류의 웃음

창세기 21장에는 두 번의 웃음이 기록되어 있지만, 자세히 살펴보면 두 가지 다른 유형의 웃음이다. 첫 번째는 아브라함과 사라의 노년에 아이가 태어나는 놀라운 선물로 인한 기쁨의 웃음이다(21:6-7). 사라의 기쁨의 웃음은, 이전에 1년 안에 아이를 낳을 것이라고 하나님이 아브라함에게 말씀하셨던 때의 불신의 웃음(18:10-15)을 대신한다. 하지만 이

전에 사라의 불신을 담은 웃음도 이스마엘의 조롱하는 웃음과는 근본적으로 다르다(21:9). 이스마엘은 어린 이삭을 조롱했을지 모르지만, 이삭은 약속의 자녀이기 때문에 결국 그는 하나님을 조롱하는 것이 된다.

잠언에 따르면 어리석은 자는 악하고 불경건하지만, 더 나쁜 유형의 어리석은 자는 조롱하는 자다. 조롱하는 자는 어리석게 행동할 뿐만 아니라 경건한 의인을 비웃기 때문이다. 그들은 올바른 길을 지시하려고 애쓰는 사람들을 조롱한다(잠 9:7, 8, 12; 13:1; 15:22). 그래서 시편 저자는 조롱하는 자와 어울리지 말라고 조언한다[시 1:1, "복 있는 사람은…오만한 자들(mockers)의 자리에 앉지 아니하고"].

복음서를 읽다 보면 예수님이 조롱당하시는 장면을 볼 수 있다(마 9:24; 막 5:40; 눅 8:53). 따라서 그리스도를 따르는 자들인 우리도 하나님을 무시하거나 미워하는 자들에게 조롱당할 때 놀라지 말아야 한다. 우리의 반응은 미움이나 조롱을 되돌려주는 것이 아니어야 한다. 오히려 예수님처럼 우리의 말과 행동을 통해 사람들을 하나님과의 관계로 이끌기를 바라면서 참을성 있게 조롱을 견뎌야 한다.

학대받는 아내와 무시당하는 아이를 향한 하나님의 돌보심

창세기의 어린이에 관한 도발적인 글에서 프렛하임은 아버지에게 선택받지 못하고 무시당하는 이스마엘을 향한 하나님의 돌보심으로 우리의 시선을 돌린다.[5] 우리는 또한 이 이야기가 아브라함의 학대받는 아내 하갈을 향한 하나님의 돌보심의 이야기라고 덧붙일 수 있다.

하갈과 이스마엘을 대하는 아브라함의 태도는 주로 첫째 아내의 질투와 아들 이삭에 대한 염려에서 비롯된다. 상황이 악화되자 하갈은 이스마엘을 데리고 광야로 도망가고, 이내 거기서 곤경에 빠진다. 앞에서 우리는 하나님이 그들을 중요하지 않거나 소모품 취급하며 버리지 않으시고, 오히려 그들에게 손을 내밀어 구하시는 것을 보았다.

하갈이 자신과 울고 있는 아이가 광야에서 죽을 거라고 확신하던 바로 그때, 하나님은 그들에게 오셔서 생명을 구해 주시고, 이스마엘의 후손이 "큰 민족"이 될 것이라고도 알려 주신다. 사실 하나님은 그냥 그들을 구하기 위해 오셨다가 그들을 두고 떠나신 것이 아니다. 오히려 본문은 "그 아이가 자라는 동안에, 하나님이 그 아이와 늘 함께 계시면서 돌보셨다"는 사실을 강조한다(21:20, 새번역). 실질적으로 이스마엘에게는 아버지가 없는 것이나 마찬가지였지만, 하나님이 그를 돌보셨다.

프렛하임의 주장에 따르면 "이스마엘에 관한 창세기의 이 본문은 구약 성경에서 고아와 혜택받지 못한 다른 어린이에 대한 여러 언급을 이해하는 렌즈다. 이스마엘은 그러한 첫 번째 성경 인물이기 때문이다."[6] 우리가 아는 한 고대 근동 세계에는 고아원이 없었다. 아마 가까운 친척이 고아를 돌보아 주었겠지만, 고아가 혼자 힘으로 살아가야 하는 경우도 드물지 않았다. 따라서 고아의 삶은 고통스러운 삶이었고(애 5:2; 요 14:18), 하나님은 고통받는 이들을 돌보신다. 하나님이 고아를 돌보신다고 가르치는 구약의 본문은 많다(신 10:18; 시 10:14, 18; 68:5; 146:9; 렘 49:11; 호 14:3). 하나님의 사랑은 고아를 부양한다(출 22:21-24). 야고보서는 그리스도인들에게 과부와 고아를 돌보라고 권고한다(약 1:27).

두말할 필요도 없이, 고아를 돌보라는 이 확고한 성경의 가르침은 오늘날 교회가 살아 있는 부모가 없거나 부모에게 무시당하는 어린이에게 특별한 관심을 기울이는 방향으로 인도해야 한다. 그들은 하나님의 특별한 돌봄의 대상이고, 따라서 그리스도인의 특별한 관심의 대상이 되어야 한다. 이런 관심이 반드시 모든 그리스도인 가정이 입양하거나 위탁 아동을 맡아야 한다는 의미는 아니지만, 우리는 모두 도울 수 있다. 입양을 하지 않을 경우, 아이를 입양한 가족 옆에서 어떻게 그들을 도울 수 있을까? 우리는 아이를 봐주거나 혹은 자녀를 양육하는 힘든 임무를 위해 재충전할 시간을 부모에게 줄 수 있지 않을까? 어려운 시기에 식사를 제공할 수 있지 않을까? 우리가 공동체로서 부모가 없거나 방치된 아이들을 양육하는 사람들과 함께할 여러 가지 방법이 있다. 다행히 입양을 원하거나 입양하는 사람들 곁에 있기 원하는 사람들을 도울 수 있는 기독교 정신에 기반한 여러 훌륭한 기관이 있다(원서는 Angels Foster Care Santa Barbara와 Arrow Child and Family Ministries를 소개했지만, 아래에는 국내의 민간 전문 입양 기관을 소개했다—편집자).

동방사회복지회(http://www.eastern.or.kr)

홀트아동복지회(http://www.holt.or.kr)

"이 여자들은 두 언약이라"(갈 4:21-31)

갈라디아서에서 바울은 유대주의자라고 알려진 그룹을 다룬다. 그들은 율법에 순종하는 것이 구원의 핵심이라고 믿는 그리스도인들이다. 바울은 사라와 하갈의 관계에 대한 이야기를 활용하여 유대주의자들이 부추기는 율법주의적 종교의 유형은 일종의 노예제이지만, 복음은 자유를 상징한다는 점을 강조한다.

바울은 여기서 하갈과 사라의 이야기를 은유적으로 다룬다고 인정한다(갈 4:24). 오늘날 우리가 창세기 저자의 본래 의도로 돌아가려는 목적으로 수행하는, 이른바 본문에 대한 역사적-문법적 해석에 그는 관심이 없다. 하지만 바울은 고대 이야기와 자신의 현재 상황 사이에 유비가 있다고 보고, 이제 자기주장을 생생하게 전달하기 위해 독자들을 향해 연결 고리를 이끌어 낼 것이다. 이것이 우화적 읽기인지, 유형론적 읽기인지, 혹은 두 가지의 결합(내가 보기에 이 경우는 여기에 속할 것이다)인지는 핵심을 벗어난 문제고, 의미를 밝히는 데는 그다지 중요하지 않다.[7]

바울의 요점은 아주 분명하다. 그는 율법을 통해 하나님과 관계를 맺는 사람들을 상징하기 위해 여종 하갈의 자녀를 활용한다. 하갈은 시내산의(또는 모세의) 율법 언약을 상징하고, 율법을 통해 하나님과 관계를 맺는 사람들은 여종이 낳은 이스마엘(이 이름은 나오지 않지만 암시되어 있다)과 같다. 이스마엘은 아브라함과 하갈의 강요된 결혼의 산물이었다. 반면 사라는 아브라함과 결혼한 자유로운 여자였고 그녀가 낳은 자녀 이삭은 약속의 자녀였다(아브라함이 후손을 낳을 것이라는 하나님 약속의 성취는 이스마엘이 아닌 이삭이었다).

여종의 자녀는 아버지 아브라함과 안정적 관계를 맺지 못했다. 사실 이스마엘과 그의 어머니는 결국 가정에서 추방당했다. 그들이 추방된 이유는 이스마엘이 이삭을 조롱하는 실수를 범했다가 용서받지 못했기 때문이다. 따라서 율법으로 하나님과 관계를 맺으려고 애쓰는 사람은 그 율법을 어길 경우 추방될 것이기에 하나님과 안정적 관계를 맺지 못한다.

바울이 주는 메시지는 분명하다. 여종 하갈이 아니라 자유로운 여자 사라의 자녀가 되라. 우리의 관계는 성과가 아니라 은혜에 근거하여 사랑하시는 아버지와 아들의 관계임을 깨달으라.

이스라엘과 아랍

잘 알려진 것처럼 유대인은 이삭을 통해 자기들의 과거를 아브라함까지 거슬러 올라간다. 그리고 아랍인은 이스마엘을 통해 아브라함까지 거슬러 올라간다[적어도 희년서(20:12)까지 거슬러 올라가는 견해]. 유대-기독교 성경에서 이삭은 선택받은 아들, 언약의 약속을 이어 갈 아들, 아브라함이 하나님의 명령에 따라 제물로 바치기 위해 모리아로 데려갈 아들로 묘사된다(창 22장). 코란의 가르침을 받은 무슬림에게는 이스마엘이 그 역할을 담당한다.[8] 이스마엘과 아브라함은 [알바카라(*al-Baqara*)에 있는] 카바(Ka'bah)를 건설한 것으로 전해지는 인물이기도 하다.[9]

우리는 이미 3대 유일신 종교(유대교, 기독교, 이슬람교)의 창시자로서 아브라함의 역할을 살펴보았다(창 17장을 다룬 장 '이야기 살아내기'의 "유대교와 이슬람교와 기독교의 아브라함" 단락을 보라). 이 단락에서는 세 종교의 요소들 간의 이와 같은 적대감을 바라보는 현재의 정치적 분위기에 대해 몇 가지 논평을 제시하려고 한다. 분명 지면 관계상 또한 현대 정치에 대한 전문성 부족으로 인해 여기서 전면적 분석에 가까운 내용을 제시할 수는 없다. 다만 이삭과 이스마엘에 대한 성경의 그림을, 현재 상황을 옹호하는 정치적 수사의 도구로 사용하는 경향에 대해 이의를 제기할 수는 있을 것이다.

이삭과 이스마엘에 대한 성경의 그림을 받아들일 때, 이 기사에서 특히 이삭의 후손과 이스마엘 후손 사이의 미래 갈등의 뿌리를 보는 것은 잘못된 생각일 것이다. 물론 16:11-12에서 전달된 신탁에 이스마엘은 "사람 중에 들나귀같이 되리니 그의 손이 모든 사람을 치겠고 모든 사람의 손이 그를 칠지며 그가 모든 형제와 대항해서 살리라"는 논평이 포함되지만, 이 논평은 이스라엘과 아랍 민족 사이의 수백 년의 갈등보다는 이스마엘 미래 후손들의 유목 상태와 더 깊이 관련된다.[10]

사실 성경 기사에 따르면 이스마엘은 선택받은 아들이 아니었지만, 카민스키의 설득력 있는 세 가지 분류를 사용하자면, 그는 반선택자(anti-elect)가 아니라, 비선택자(nonelect)였다. 또한 선택받은 이삭의 지위는 자신의 향상만을 위한 것이 아니라 이스마엘에게서 태어나는 이들을 포함하여 모든 민족을 위한 것이었다(12:3). 실제로 이스마엘은 하나님의 복을 받았고 그의 후손도 "큰 민족"이 될 것이라는 말을 들었다(21:18).

사실 하나님은 하갈과 이스마엘을 향한 특별한 관심을 두 번 보여 주신다(창 16장과 21장). 또한 이스마엘은 어린 이삭을 조롱했을 수 있지만, 아브라함의 장례식에서 마지막으로 평화롭게 함께하는 모습을 보여 준다(25:7-11). 미래의 이스마엘 자손은 의외로 이후 문헌에서 거의 언급되지 않고, 단지 요셉을 이집트로 데려가는 역할만 한다(창 37:25-28).

이와 관련하여 (창 16장을 다룬 장의) "구원하는 천사" 단락을 보라.

19 창세기 21:22-34

이야기 경청하기

21:22그때에 아비멜렉과 그 군대 장관 비골이 아브라함에게 말하여 이르되
네가 무슨 일을 하든지 하나님이 너와 함께 계시도다 23그런즉 너는 나와
내 아들과 내 손자에게 거짓되이 행하지 아니하기를 이제 여기서 하나님
을 가리켜 내게 맹세하라 내가 네게 후대한 대로 너도 나와 네가 머무는
이 땅에 행할 것이니라 24아브라함이 이르되 내가 맹세하리라 하고 25아비
멜렉의 종들이 아브라함의 우물을 빼앗은 일에 관하여 아브라함이 아비멜
렉을 책망하매 26아비멜렉이 이르되 누가 그리하였는지 내가 알지 못하노
라 너도 내게 알리지 아니하였고 나도 듣지 못하였더니 오늘에야 들었노
라 27아브라함이 양과 소를 가져다가 아비멜렉에게 주고 두 사람이 서로
언약을 세우니라 28아브라함이 일곱 암양 새끼를 따로 놓으니 29아비멜렉
이 아브라함에게 이르되 이 일곱 암양 새끼를 따로 놓음은 어찜이냐 30아브
라함이 이르되 너는 내 손에서 이 암양 새끼 일곱을 받아 내가 이 우물 판
증거를 삼으라 하고 31두 사람이 거기서 서로 맹세하였으므로 그 곳을 브
엘세바라 이름하였더라 32그들이 브엘세바에서 언약을 세우매 아비멜렉
과 그 군대 장관 비골은 떠나 블레셋 사람의 땅으로 돌아갔고 33아브라함
은 브엘세바에 에셀 나무를 심고 거기서 영원하신 하나님 여호와의 이름
을 불렀으며 34그가 블레셋 사람의 땅에서 여러 날을 지냈더라

이야기 속 다른 본문 경청하기

성경 본문: 창세기 12:1-3; 20장; 고대 근동 문헌: 라르사성과 에슈눈나성 왕들이 주고받은 서신

우리는 이미 아브라함이 사라의 신분에 대해 거짓말했던 그랄 지역의 블레셋 왕 아비멜렉에 대해 소개한 바 있다(창 20장). 그때 아비멜렉은

아브라함에게 "네가 보기에 좋은 대로 거주하라"고 허락했다(20:15). 현재 이야기는 아브라함과 이 블레셋 왕의 관계를 이어 간다.

이 이야기가 아브라함 이야기의 내러티브 흐름에 어떻게 어울리는지는 즉각적으로 분명하게 들어오지는 않는다. 지금까지는 아브라함에게 자녀가 태어나는 것이 아브라함의 후손이 "큰 민족"이 될 것이라는 약속(12:2)의 성취의 시작이라는 데 초점이 맞춰져 있었다. 하지만 큰 민족이 되는 또 다른 측면은 땅을 갖는 것이고, 현재 에피소드는 땅 주제를 다룬다.

고대 근동의 관점에서 아브라함과 아비멜렉의 거래는 분명 특별한 것이 아니라고 생각할 수 있다. 이 지역은 물이 부족했으므로 용수권(用水權)은 씨족, 부족, 국가 간 협상의 주제였을 것이다. 월턴은 구바빌로니아 시대(기원전 18세기경)에 라르사(Larsa)의 림신(Rim-Sin)왕과 에슈눈나(Eshnunna)의 왕이 용수권을 놓고 주고받은 흥미로운 서신을 인용한다.[1]

— 이야기 설명하기 —

아브라함이 맹세하다(21:22-24)

아비멜렉은 그때 이후로 아브라함이 하는 모든 일에 하나님이 함께하시는 것을 목격했다(22절). 요셉이 보디발의 집에서 한 일을 서술하는 창세기 39장에서 이 어구가 사용된 것을 보면, 아비멜렉의 진술이 내포하는 의미가 아브라함이 점점 더 부유해지고 강성해지고 있다는 의미라고 유추할 수 있다(39:2-6을 보라). 따라서 아비멜렉은 족장과 조약을 맺기 원하고, 이 관계를 제안하고자 군대 장관 비골을 데리고 간다. 아브라함은 그의 국경 안에 이방인으로 거주했고, 아비멜렉은 아브라함이 자신을 이용하지 않을 거라는 확신을 직접 얻기를 원한다. 아브라함이 자기에게 "거짓되이 행하지" 말아야 한다는 요구 뒤에서 우리는 두 사람이 처음 만났을 때 아브라함이 사라에 대해 거짓말하여 하나님의 심판을 초래하던 때의 아픔을 볼 수 있다.

"나그네살이를 하는"(새번역)으로 번역된 단어는 '이방인으로 거주하다' 혹은 '피난민이 되다'로 번역될 수 있는 히브리어 동사의 어근(*gwr*)에서 유래한다. 이 동사 및 관련 명사(*ger*)는 그들이 사는 땅의 원주민이 아닌 사람들을 가리키지만, 그렇다고 해서 그저 단순히 거쳐 가는 사람들도 아니다. 이들은 영구 거주민과 어떤 면에서 비슷하다.

하지만 우리는 아브라함을 그 땅에서 겨우 생계를 이어 가는 가련한 베두인족으로 상상하지 않아야 한다. 만약 그랬다면 아비멜렉은 조약 관계에 관심이 없었을 것이다. 사실, 그리 머지않은 미래에 약속의 땅 다른 원주민들은 아브라함을 "우리 가운데 있는…지도자"라고 부를 것이다(23:6). 물론 우리는 이미 훨씬 전에 그가 근동의 네 왕과 싸우기 위해 상당한 전투력을 소집할 수 있었음을 보았다(창 14장). 그렇지만 이 단어는 아브라함이 아직 공식적으로 아무 땅도 소유하지 않았다는 사실을 떠올리게 한다. 창세기 12:1-3에 암시된 땅 약속은 아브라함 시대에는 성취되지 않겠지만, 향후 사건들은 미래에 실재가 될 것에 대한 징표를 그에게 제공할 것이다(창 23장의 주석을 보라).

아비멜렉은 아브라함이 자기와 자기 후손에게 거짓되게 행하지 않을 뿐만 아니라 자신과 그 나라를 "후대"하겠다고 약속하기를 바란다. '후대'(*hesed*)라는 단어는 조약/언약의 맥락에서 자주 사용되고, 이런 법적 관계의 동반자가 서로에게 보여 주어야 할 사랑의 유형을 가리킨다. "하나님의 '헤세드'는 헌신적이고 충성스러운 그런 종류의 사랑이다."[2] 사실 나중에 아브라함과 아비멜렉이 맺은 이런 공적 관계를 지칭할 조약(*berit*)이라는 용어와 조약을 맺는 절차를 가리키는 동사('조약을 맺다', 하지만 문자적 의미는 '조약을 자르다'이다; 27, 32절을 보라)는 전에 하나님이 아브라함과 '조약/언약을 맺으셨을' 때를 포함하여(예를 들어, 창 15:18을 보라), 다른 곳에서 하나님과 그분의 백성의 관계를 은유적으로 묘사하기 위해 사용된 인간 제도를 가리킨다.

아브라함과 아비멜렉의 조약(21:25-33)

아브라함은 협정에 동의하고(24절), 즉시 자신이 사용하던 우물 중 하나를 압류한 일에 대해 불만을 제기한다(25-26절). 아비멜렉은 자신이 조약에 대한 훌륭한 파트너가 될 것임을 보여 주고, 우물을 점유한 것에 대해서는 조금도 알지 못했고 가담하지 않았다고 부인하면서 아브라함이 우물을 다시 사용할 수 있도록 회복해 줄 것을 암시한다.

아브라함은 선의의 몸짓으로 아비멜렉에게 새끼 암양 일곱 마리를 선물로 주었는데(27-29절), 이를 우물 사용에 대한 일종의 대가로도 볼 수 있지만, 아브라함은 분명 직접 우물을 팠을 것이다. 또한 창세기에서 이미 자주 보았지만(예를 들어, 16:13-14), 이 사건이 일어난 장소에는 브엘세바라는 이름이 붙는다. 이 이름은 '일곱 우물' 또는 '맹세의 우물'을 의미한다. 31절의 원인을 나타내는 절("두 사람이 거기서 서로 맹세하였으므로")은 후자의 의미일 가능성을 키운다. 그렇지만 여기에는 늘 이중적 의미가 작용할 가능성도 있고, 그렇다면 아마 이것은 일곱 마리의 새끼 암양 선물에 대한 언급일 것이다.

이 이야기의 마지막 문단은 이 조약을 체결함으로써 끼진 직접적 영향을 알려 준다. 아비멜렉과 비골은 그냥 집으로 돌아가고, 내러티브의 초점은 브엘세바에 에셀 나무를 심고 주님의 이름을 부르는 아브라함에게 머문다. 하나님의 이름을 부르고 나무를 심는 장면의 병치는 앞서 아브라함이 눈에 띄는 나무 옆에 제단을 쌓았던 사실을 상기시킨다(12:6). 따라서 우리는 아브라함이 이곳 브엘세바에 제단을 쌓음으로써 약속의 땅 곳곳에 본질상 야웨를 위한 기념물을 세우는 관행을 지속했다고 생각해야 할 것이다(다음을 보라. 12:7; 13:18).

이 장은 아브라함이 아비멜렉의 블레셋 지역인 그랄에 오랫동안 머물렀다는 기록으로 마친다. 그 결과 이곳에서 아브라함은 이삭을 제물로 바치라는 하나님의 냉엄한 요구를 받는다.

— 이야기 살아내기 —

믿음의 성장[3]

우리는 아브라함이 약속의 땅에 처음 진입했을 때부터 지금까지 파란만장한 믿음의 여정을 따라왔다. 이 여행은 아직 끝나지 않았고 가장 큰 시험은 아직 오지 않았지만, 그의 믿음은 우리의 믿음과 마찬가지로 시험과 시련을 겪었고 가끔, 아니 어쩌면 자주 부족함을 드러냈다. 우리는 아브라함도 믿음으로 인해 어려움을 겪었다는 사실에서 어느 정도 위로를 얻을 수 있고, 또한 가장 어두운 여러 순간에도 하나님이 아브라함과 함께하셨고 그를 얻으려 애쓰셨다는 사실에서 더 큰 위로를 얻을 수 있다.

현재 이야기는 세월이 흐르면서 아브라함의 믿음이 성장했음을 보여준다. 아마 이 긍정적인 발전은 오랫동안 기다려 온 자녀 이삭의 탄생으로 인해 촉진되었겠지만, 우리는 현재 이야기에서 아비멜렉과의 교류를 통해 성장의 표지를 볼 수 있다.

과거에 아브라함은 이방 왕들과 교류하기를 두려워했고, 자기를 보호하시는 하나님의 능력에 대한 확신이 부족하여 스스로를 보호하려는 행동을 취했다. 우리는 이 문제를 아브라함이 이집트로 이주할 때(12:10-20) 또한 이 이야기에 등장하는 아비멜렉이 왕으로 다스리던 그랄 지역으로 처음 이주했을 때(20절) 가장 두드러지게 볼 수 있다. 두 번 모두 그는 숨어 지내면서 교류를 피하기 위해 사라와 자신의 관계에 대해 거짓 말했다. 하지만 현재 이야기에서 아브라함은 아비멜렉에게 대담하고 솔직하게 말한다. 그는 이 왕 및 그의 군대 장관과 조약을 맺고, 더 나아가 우물을 훔친 아비멜렉의 일부 백성의 위법 행위를 끄집어낸다. 에셀 나무를 심는 것은 아브라함이 한동안 그 지역에 있을 것이고, 자기가 그곳에 속했음을 나타내는 몸짓이다.

아브라함의 믿음의 여정을 성찰하며 우리 자신의 삶 속에서 그리고 하나님과 우리의 관계에서 겪는 어려움과 유사점을 발견할 때, 우리는 점점 커져 가는 하나님께 대한 아브라함의 신뢰와 어려운 세상을 살아가는 그의 확신이 성장하는 이 이야기에서 자신감을 얻어야 한다.

이와 관련하여 (창 13장을 다룬 장의) "예수와 땅" 단락을 보라.

20

창세기 22:1-19

22:1그 일 후에 하나님이 아브라함을 시험하시려고 그를 부르시되 아브라
함아 하시니 그가 이르되 내가 여기 있나이다 2여호와께서 이르시되 네 아
들 네 사랑하는 독자 이삭을 데리고 모리아 땅으로 가서 내가 네게 일러
준 한 산 거기서 그를 번제로 드리라 3아브라함이 아침에 일찍이 일어나
나귀에 안장을 지우고 두 종과 그의 아들 이삭을 데리고 번제에 쓸 나무를
쪼개어 가지고 떠나 하나님이 자기에게 일러 주신 곳으로 가더니 4제삼일
에 아브라함이 눈을 들어 그 곳을 멀리 바라본지라 5이에 아브라함이 종들
에게 이르되 너희는 나귀와 함께 여기서 기다리라 내가 아이와 함께 저기
가서 예배하고 우리가 너희에게로 돌아오리라 하고 6아브라함이 이에 번
제 나무를 가져다가 그의 아들 이삭에게 지우고 자기는 불과 칼을 손에 들
고 두 사람이 동행하더니 7이삭이 그 아버지 아브라함에게 말하여 이르되
내 아버지여 하니 그가 이르되 내 아들아 내가 여기 있노라 이삭이 이르되
불과 나무는 있거니와 번제할 어린 양은 어디 있나이까 8아브라함이 이르
되 내 아들아 번제할 어린 양은 하나님이 자기를 위하여 친히 준비하시리
라 하고 두 사람이 함께 나아가서 9하나님이 그에게 일러 주신 곳에 이른
지라 이에 아브라함이 그 곳에 제단을 쌓고 나무를 벌여 놓고 그의 아들
이삭을 결박하여 제단 나무 위에 놓고 10손을 내밀어 칼을 잡고 그 아들을
잡으려 하니 11여호와의 사자가 하늘에서부터 그를 불러 이르시되 아브라
함아 아브라함아 하시는지라 아브라함이 이르되 내가 여기 있나이다 하매
12사자가 이르시되 그 아이에게 네 손을 대지 말라 그에게 아무 일도 하지
말라 네가 네 아들 네 독자까지도 내게 아끼지 아니하였으니 내가 이제야
네가 하나님을 경외하는 줄을 아노라 13아브라함이 눈을 들어 살펴본즉 한
숫양이 뒤에 있는데 뿔이 수풀에 걸려 있는지라 아브라함이 가서 그 숫양
을 가져다가 아들을 대신하여 번제로 드렸더라 14아브라함이 그 땅 이름을

여호와 이레라 하였으므로 오늘날까지 사람들이 이르기를 여호와의 산에
서 준비되리라 하더라 [15]여호와의 사자가 하늘에서부터 두 번째 아브라함
을 불러 [16]이르시되 여호와께서 이르시기를 내가 나를 가리켜 맹세하노니
네가 이같이 행하여 네 아들 네 독자도 아끼지 아니하였은즉 [17]내가 네게
큰 복을 주고 네 씨가 크게 번성하여 하늘의 별과 같고 바닷가의 모래와
같게 하리니 네 씨가 그 대적의 성문을 차지하리라 [18]또 네 씨로 말미암아
천하 만민이 복을 받으리니 이는 네가 나의 말을 준행하였음이니라 하셨
다 하니라 [19]이에 아브라함이 그의 종들에게로 돌아가서 함께 떠나 브엘세
바에 이르러 거기 거주하였더라

이야기 속 다른 본문 경청하기

성경 본문: 창세기 11:27-21:34

아브라함 내러티브의 줄거리는 아브라함과 사라가 오랫동안 기다려 온 자녀 이삭의 탄생으로 분명 절정에 이르렀다(21:1-7). 이전 내러티브의 주요 주제는 아브라함 믿음의 여정과 관련된다. '씨' 또는 '후손'에 대한 약속을 포함하는 약속의 성취를 가로막는 위협과 장애물을 만날 때 아브라함은 어떻게 반응하는가? 약속의 자녀가 태어난 후 이 주제는 종결된 듯 보였다.

창세기 22장으로 시선을 돌리면, 이삭의 탄생은 아브라함의 믿음 이야기의 최종 결론이 아니라 오히려 그의 결박(유대 전통에서 '아케다'라고 불린다) 이야기가 최종 결론임을 알게 된다. 아브라함의 믿음은 상상할 수 있는 가장 끔찍한 방법으로 한 번 더 시험받을 것이다. 이 시험을 통해 하나님을 믿는 아브라함의 신뢰의 특성이 드러날 것이다. 그는 믿음으로 대응할 것인가? 아니면 다시 두려움으로 대응할 것인가?

— 이야기 설명하기 —

하나님의 명령(22:1-8)

21장에 기록된 사건 이후 알 수 없는 기간이 지났다. 우리는 이삭의 행동과 연결해서 그의 나이를 추측해야 할 것이다. 서술자는 처음에 아브라함을 다시 한번 시험하시려는 하나님의 의도를 알린다(1절). 하나님은 그의 이름을 부르시고 아브라함은 신속하게 대답한다. "내가 여기 있나이다." 이 짧은 도입부가 지나자 하나님은 자기 요구를 전달하신다. "네 아들 네 사랑하는 독자 이삭을 데리고 모리아 땅으로 가서 내가 네게 일러 준 한 산 거기서 그를 번제로 드리라"(2절).

아브라함 내러티브가 시작될 때, 하나님은 아브라함에게 믿음으로 고향을 떠나 하나님이 보여 주실 땅으로 가라고 명령하시면서, 순종하면 보상을 주겠다고 약속하셨다. 여기에는 순종을 조건으로 한 보상이 전혀 언급되지 않는데, 심지어 하나님의 요구는 훨씬 더 어려운 것이다.

하나님은 아브라함과 이삭의 특별한 관계에 대한 여러 묘사를 통해 아브라함이 치를 희생을 강조하신다는 점에 유의하자. 마치 상기시킬 게 있다는 듯, 하나님은 이삭을 "네 아들"이라고 지칭한 뒤 계속해서 족장의 "독자"라고 부르고, 마지막으로 "네 사랑하는" 자식이라고 부르신다(우리말 번역과 어순에 차이가 있다—옮긴이). 아브라함은 이삭을 모리아 지역, 즉 미래 예루살렘 근처의 어떤 곳으로 데려간다(이 이름의 중요성은 뒤의 내용을 보라). 아브라함은 하나님이 선택하여 자기에게 보여 주실 모리아에 있는 특정 산으로 이삭을 데려가야 한다. 그곳에 도착한 후 아브라함은 그 아이를 번제로 바쳐야 한다.

번제(*ola*)는 나중에 가장 기본적인 형태의 동물 제사 중 하나로 묘사된다(레 1장). 번제는 그렇게 바쳐진 동물을 도살한 후 완전히 불태운다는 점에서 독특하다. 하나님은 아브라함에게 친아들을 인신 제물로 바치라고 명령하고 계셨다.

우리는 광범위한 고대 근동에서 인신 제사가 행해졌음을 알지만(왕하 3:26-27), 어디에서도 정규적인 의식은 아니었던 것 같다. 인신 제사는 긴급 상황에서 신의 도움을 받기 위해 사용된 특별 제사였다. 아브라함이 인신 제사 관행에 관해서 무엇을 알았거나 몰랐는지, 혹은 심지어 그가 살던 정확한 시기에 어떤 관행이 유행했는지 우리는 알 수 없다. 그렇지만 이것이 하나님이 자기 추종자에게 그와 같은 요구를 하신 첫 번째 사례였다는 점은 거의 확실하다. 아브라함은 이 하나님이 인신 제사를 원하시는지는 알지 못했을 것이다.

우리는 그날 밤 아브라함이 어떤 생각을 했을지 끝없이 추측할 수 있다. 아마 아브라함은 화가 났거나, 우울했거나, 혼란스러웠을 것이고 혹은 이런 여러 감정이 복합적으로 느껴졌을 것이다. 서술자는 말해 주지 않는다. 그가 강조하는 바는 하나님의 명령에서 곧바로 아브라함의 여정 준비로 넘어가는 아브라함의 준비된 순종이다.

아브라함은 시간을 허비하지 않고 이삭만이 아니라 두 명의 종과 함께 아침 일찍 출발한다. 물자와 관련하여 아브라함은 블레셋 영토 그랄에 있는 자신의 본거지에서 나무를 가져왔다고만 말한다.

그랄에서 모리아까지 가는 여정은 사흘이 걸렸다. 그곳을 보자마자 아브라함은 나귀와 함께 머물라고 종들에게 지시하고, 이삭과 단둘이 제사 장소로 이동한다. 놀랍게도 아브라함은 종들에게 자기와 이삭이 "예배하고 우리가 너희에게로 돌아오리라"고 말한다(5절).

아브라함이 종들에게 이 말을 할 때 아브라함은 마음속으로 어떤 생각을 하고 있었을까? 서술자는 전형적인 방식을 따라 논평하거나 평가하지 않고 진술을 전한다. 아브라함은 종들이 당황하지 않도록 나중에야 설명을 해 주었을까? 당시 주인과 종의 관계의 특성을 고려할 때, 아브라함이 종들에게 그러한 설명을 할 의무는 없을 것 같다. 확실하진 않지만 더 많은 것을 알고 있는 우리는, 자신과 이삭이 모두 돌아올 것이라고 말하는 아브라함의 목소리에서 희망의 어조를 감지할 수 있다.

이삭과 아브라함이 마지막에 산에 오르면서 나누는 대화에도 같은 형태의 모호함이 존재한다. 이삭은 아버지에게 이렇게 질문한다. "불과 나무는 있거니와 번제할 어린 양은 어디 있나이까?"

이삭은 희생 제물이 없다고 지적했다. 이때 이삭은 몇 살이었을까? 분명하지는 않지만, 나무를 나르려면 일정 연령 이상이어야 했다. 그렇다고 해도 여전히 불확실하다. 그는 예닐곱 살 정도로 어릴 수도 있지만, 여러 세대에 걸쳐 많은 해석자는 그가 청소년이나 청년이라고 보았다. 나중에 본문에서 보듯이, 이것은 '아케다'(묶음)에서 정확한 이삭의 역할에 대한 더 깊은 추측으로 이어진다.

아들의 질문에 아브라함은 이렇게 대답한다. "내 아들아 번제할 어린 양은 하나님이 자기를 위하여 친히 준비하시리라"(8절). 이 말을 어떻게 이해해야 할까? 아브라함은 자신이나 아들이 모두 참담한 결과에 이를 때까지 감정적 트라우마를 겪지 않기 위해 이삭의 질문을 회피하는 것일까? 이러한 설명도 가능하지만, 아브라함이 혼잣말로 "내 아들아, 네가 제물이란다" 하고 중얼거렸다고 생각하기는 힘들다.

다시 말하지만 우리는 확신할 수 없다. 그러나 내 생각에 아브라함의 진술에서 희망의 조짐을 보는 것은 정당하다. 하나님이 정말 아들 대신 제물을 마련해 주실 것이라는 희망 말이다. 하지만 이 이야기의 진정성을 위해 중요한 것은, 아브라함이 어떤 희생을 치르더라도 하나님께 순종하기로 결심했다는 점을 인식하는 것이다. 희망도 한 가지 요소였지만, 순종을 통해 하나님의 뜻에 복종하는 것이 그의 주된 목표였으며, 이는 다음 문단(9-11절)에서 볼 수 있다.

대신 드릴 제물(22:9-14)

모리아 지역의 이름 없는 산에 있는 그 장소에 도착했을 때, 아브라함은 과거에 여러 차례 해 온 것처럼 제단을 쌓았다. 제단은 흙이었거나 혹은 다듬지 않은 돌이었을 가능성이 더 크다. 그런 다음 그 위에 불을 피울 나무를 올려놓았다. 그 시점에 아브라함은 제단 위에 있는 나무에 이삭을 묶었다.

여기서 이삭의 나이 문제가 다시 전면에 부각된다. 이삭이 나무를 나를 수 있었다는 사실만 보더라도 이삭은 자기를 제물로 바치려는 늙은 아버지의 시도에 저항할 수 있었을 것이다. 만약 이삭이 청년이었다면 노인에게는 기회조차 없었을 것이다. 따라서 오랫동안 해석자들은 이삭이 자기의 독자적 결정에 따라 이 순종 행위에 동참하러 왔다고 주장했다.[1] 재차 말하지만 본문 자체에서 명확히 언급되지는 않으므로 확신할 수는 없다.

10절은 아브라함이 원하지 않았지만 제물로 바치려는 의도가 있었다고 분명히 밝힌다. 아브라함의 행동이 그의 의도를 나타내는 시점에, 주님의 천사가 하늘에서 그의 이름을 불렀다. 주님의 천사는 종종 하나님 자신과 동일시된다.[2] 두 번의 반복("아브라함아! 아브라함아!")은 긴박감을 보여 주는데, 당연히 이 상황에 어울린다. 아브라함은 하늘의 음성에 두 번째로 "내가 여기 있나이다!"(*hinneni*; 1절도 보라[3])라고 대답하면서, 천사와 천사의 새로운 지시에 귀 기울일 수 있게 된다. 아브라함은 이삭을 죽이지 말아야 한다. 그때 천사는 아브라함에게 이전의 명령이 시험이었다고 말한다.

아브라함은 시험을 통과하여 하나님을 경외한다는 것을 입증했다. "하나님을 경외하[다]"라는 표현 및 이와 관련된 '여호와 경외'는 하나님과의 올바른 관계를 묘사한다. 하나님을 경외하는 사람은 우주에서 자신의 적절한 위치를 안다. 이 경외는 우리를 달아나게 만들지 않고 기꺼이 복종하고 순종하려는 태도를 보여 준다. 사실 이 경외는 "언약 관계 내에서의 섬김이라는 개념을 나타낸다."[4]

아브라함의 경우에서 자기 미래를 상징하는 아들을 기꺼이 희생시키는 그의 태도는 개인적으로 큰 대가를 치르더라도 기꺼이 하나님께 순종할 의지가 있음을 보여 준다. [쇠렌 키르케고르(Soren Kierkeguard)의 필명인] 요하네스 드실렌토(Johannes de Silento)는 이런 아브라함에 놀라며 이렇게 외친다.

> 자기를 의지하여 모든 것을 얻은 이가 있고, 자기 힘에 안주하다가 모든 것을 희생한 이가 있지만, 하나님이 모든 사람보다 크시다고 믿은 이가 있다. 지혜로 위대한 이가 있고 소망으로 위대한 이가 있으며 사랑으로 위대한 이가 있지만, 아브라함은 모든 사람보다 위대하다. 그를 위대하게 만든 능력의 힘은 무력함이었고, 그를 위대하게 만든 지혜의 신비는 어리석음이었으며, 그를 위대하게 만든 소망의 형태는 터무니없음(madness)이었고, 그를 위대하게 만든 사랑은 자기에 대한 미움이었다.[5]

그 순간 아브라함은 수풀에 뿔이 걸린 숫양을 보았다. 그는 이 '우연'을 하나님이 실제로 대신 드릴 제물을 주셨다는 신호로 받아들인 듯하다. 하나님은 아브라함에게 그 동물을 바치라고 지시하지 않으셨지만, 우연을 통해 하나님의 의도를 알아챌 수 있다는 점에 유의하자.

이 사건은 그 장소에 새로운 이름을 부여했다. NIV 성경을 비롯한 다른 여러 번역본에서는 '야웨-이레'(*Yahweh-yireh*)라는 이름을 "주님이 준비하시리라"로 번역하지만, 이 번역은 동사 '라아'(*raah*)의 일반적인 번역이 아니다. 이 어구의 더 분명한 번역은 "주님이 보실 것이다"가 된다(NAB 성경을 보라). 두 번역 모두 문맥상 의미가 통한다. 하나님은 실제로 아브라함의 큰 믿음의 행위를 보셨다. 다만 아마 여기서 더 강력한 주장은, 이렇게 이름 붙임으로써 하나님이 정말로 대신 드릴 제물을 준비하셨다고 분명하면서도 간접적으로 가르친다는 것이다.

14절에서 모리아는 "여호와의 산", 다시 말해서 하나님이 자기 존재를 알리시는 장소로 불린다. 아마 여기서 우리는 시내산, 곧 하나님이 이스라엘에게 자기 존재를 알리시고 율법을 계시하실 "하나님의 산"(출 3:1)에 대한 예고를 알아차릴 수 있어야 한다. 덧붙여 모리아는 미래에 성전이 세워질 장소인 예루살렘과 관련되기 때문에(뒤에 나올 "모리아로 가는 여정" 단락을 보라)., 하나님이 자기 백성 가운데 지속적으로 자기 존재를 알리시는 장소인 시온과의 연관성도 깨달아야 한다.

천사의 두 번째 발언(22:15-19)

아브라함은 자기의 신실함을 보여 주었다. 다시 말하지만, 아브라함 이야기의 주요 주제는 그의 믿음의 여정이다. 그는 12:1-3에 있는 약속의 성취를 가로막는 위협과 장애물에 어떻게 대응하는가? 대체로 그 대답은 긍정적이지 않다. 그는 상황을 조작하면서 두려움에 사로잡혀 행동한다. 그런데 여기 마지막에 가장 어려운 시험을 받는 동안 그는 훌륭하게 성공해 낸다. 그는 신약 성경에서 믿음의 본보기로 삼을 만한 그런 종류의 신뢰를 보여 준다.

하지만 아브라함 이야기가 시작되면서 주어진 약속을 성취하시겠다는 하나님의 단호한 확언에 관해 여기서 또 다른 차원을 만난다. 창세기 15:6은 아브라함 믿음의 중요성을 강조했다. 이제 하나님은 아브라함이 순종을 통해 믿음을 보여 주었기 때문에 약속이 성취될 것이라고 언급하시는데("이는 네가 나의 말을 준행하였음이니라", 22:18), 이는 신약 성경에서 야고보가 이어 가는 논점이다.

아브라함에게 주신 하나님의 약속에 대한 천사의 설명은 12:1-3의 원래 표현에 그 뿌리를 두고 있다. 15:12-16과 17:3-8도 보라. 하나님은 아브라함에게 복을 주시고 땅의 모든 민족이 복을 받을 것이다. 그런데 복을 받는다는 것은 어떤 의미인가? 하나님이 아담과 하와를 복된 상태로 창조하셨다는 사실에서 시작해 보자(1:28). 그들은 하나님과 조화롭게 관계 맺었고, 그 결과 서로와도 조화롭게 관계 맺었다. 그들은 또한 에덴동산에 살면서 자신들의 모든 물리적 필요를 충족했다. 동산의 삶은 복이 어떤 모습인지를 정의하고, 우리는 동산을 보면서 복에 물질적 측면만이 아니라 영적·정서적·심리적 측면도 있음을 깨닫는다. 더 나아가 우리는 다른 본문 중 신명기 27-28장에서 하나님의 언약에 순종하는 사람들에게 임하는 하나님의 복에 대한 묘사로 시선을 돌릴 수 있다. 복의 전제는 그들이 하나님과 생기 넘치는 관계를 맺고 그로 인해 물질적·정서적 온전함으로 이어지는 것이다.

열방에 임하는 복은 아브라함의 "자손" 또는 더 문자적인 의미로 "씨"로부터 흘러나올 것이다(22:18). 12:1-3에서 하나님은 아브라함의 후손이 큰 민족이 될 것이라고 약속하셨다. 큰 민족이 되려면 그들의 수가 많아야 한다. 여기서 천사는 하늘의 별과 바닷가의 모래라는 인상적인 비유를 사용한다. 그들은 무수히 많을 것이다. 이 표현은 앞으로 아브라함의 후손이 큰 민족이 될 때 인용될 것이다(삼하 17:11; 왕상 4:20; 또한 히 11:12도 보라). 또한 "큰 민족"의 두 번째 구성 요소는 땅이고, 천사는 이 점을 재확인하면서 미래에 "대적의 성문"을 차지할 것이라고 말한다(22:17). 천사는 아브라함에게 하나님의 뜻에 대한 확신을 심어 주면서 하나님이 "자기를 가리켜 맹세하셨다"라고 말하는데(22:16), 이는 하나님이 자기보다 더 높은 권위로 맹세하실 수 없기 때문이다.

천사의 두 번째 발언이 마친 후, 서술자는 아브라함이 브엘세바로 떠났다고 말하면서 에피소드는 마무리되는데(22:19), 이곳은 바로 아브라함이 그랄 왕 아비멜렉과 조약을 맺은 곳이다(21:22-34을 보라).

하나님은 우리를 시험하시는가?

아브라함 인생 말년에, 나이든 이 족장에게 자기 아들, 독자 이삭을 모리아로 데려가 그곳에서 제물로 바치라고 지시하실 때, 하나님은 그의 삶에서 가장 혹독한 시험을 겪게 하신다. 하나님이 자기 백성을 시험하신다는 생각은 아무리 좋게 보려 해도 끔찍한 일이다. 하나님은 아브라함을 시험하셨던 것처럼 우리를 시험하시는가? 아니면 이 시험은 그만의 독특한 경험인가?

더 나아가기 전에, 우리는 하나님이 아브라함을 시험하신 것과 정확히 똑같은 방식으로 우리를 시험하지 않으실 거라고 한 치의 의심도 없이 말할 수 있다. 단언컨대 만약 하나님이 우리 자녀나 다른 누군가를 죽이라고 말씀하신다고 생각한다면, 그것은 틀린 생각이다. 하나님은 우리에게 그렇게 하라고 요구하시지 않는다. 아브라함 시대에는 분명하지 않았더라도, 결국 하나님은 인신 제사를 원하지 않으신다고 분명히 밝히셨다(레 18:21; 20:2-5; 신 18:9-12; 미 6:6-8과 더불어 인신 제사 관행에 대한 예언자의 빈번한 꾸짖음을 보라). 이 가르침이 아브라함 시대에는 분명하지 않았을 수 있다. 그래서 아브라함은 이해할 수 없었지만, 우리는 명확히 이해하고 있듯이 하나님은 자기가 명백히 금지하신 일을 하라고 지시하지 않으신다. 실제로 신명기 19:10은 무고한 사람의 살인을 금지한다.

물론 하나님은 아브라함을 시험하셨던 것과 같은 방식으로 다시 누군가를 시험하지 않으시겠지만, 우리는 후대의 성경을 통해 하나님이 때로 자기 백성을 시험하여 그들 믿음의 특성을 드러내신다는 사실을 안다. 아마 이후 구약에서 가장 잘 알려진 사례는 광야 방황에 관한 기사일 것이다. 이 기사는 만나로 시작한다. 하나님은 광야에서 이스라엘에게 만나를 주시지만 하루 동안 먹기에 충분한 양만 모으라고 말씀하신다. 더 많이 모아 미래에 필요한 양식을 비축하고 싶은 유혹이 있었을 것이다. 만약 하나님이 다음 날에 만나를 보내지 않으시면 어떡하지? 그런데 하나님은 일주일에 6일 동안 만나를 주겠다고 말씀하셨다(안식일 전날에는 이틀 동안 필요한 양식을 충분히 모을 수 있게 하신다). 그들은 하나님을 믿고 그날 필요한 만큼만 만나를 모을 수 있을까? 이렇듯 하나님은 광야 기간 내내 그러셨듯이(출 20:20; 신 8:2, 16) 이스라엘을 시험하셨다(출 16:4). 잘 알려진 대로 이스라엘은 시험에 비참하게 실패하여 광야에서 하나님을 거역했고, 그래서 이집트에서 나온 세대는 광야에서 죽었다.

하나님은 또한 후대의 이스라엘 백성도 시험하셨다. 사사 시대에 하나님은 여호수아가 그 땅에서 쫓아내지 못한 민족들을 통해 이스라엘을 시험하셨다. 이스라엘은 그들의 존재에도 불구하고 계속 하나님을 따를 것인가?(삿 2:22; 3:1, 4) 사사기를 읽다 보면, 애석하게도 이 질문에 대한 답이 분명해진다.

흥미롭게도 우리는 시편 저자가 가끔 자기를 시험해 달라고 하나님께 요청하는 것을 볼 수 있다. 예를 들어 시편 139편 말미에 시편 기자는 이렇게 외친다. "하나님이여 나를 살피사 내 마음을 아시며 나를 시험하사 내 뜻을 아옵소서. 내게 무슨 악한 행위가 있나 보시고 나를 영원한 길로 인도하소서"(23-24절). 이 시편의 광범위한 맥락을 보면 시편 저자는 모종의 범죄 혐의로 기소되었지만, 모든 생각을 아시는 하나님이 자기를 살피고 무죄를 밝혀 달라고 요청한다.[6]

따라서 하나님이 구약 시대에도 믿음의 특성을 드러내기 위해 자기 백성을 시험하시는 것은 분명해 보인다. 하지만 신약에서는 어떤가? 오늘날에는 어떤가?

흥미롭게도 하나님이 임명한 대변인 바울은 고린도의 그리스도인들에게 "너희는 믿음 안에 있는가 너희 자신을 시험하고 너희 자신을 확증하라"고 촉구한다(고후 13:5). 바울은 청중들이 안주하지 말고 자기 삶을 돌아보면서 실제로 그들의 신앙 고백이 순종하는 삶으로 나타나고 있는지를 살펴보기 원한다. 그리스도인이 다른 사람들과 똑같이 살아간다면 그들의 행동은 위선을 폭로한다. 완벽한 사람은 아무도 없지만, 그리스도인의 삶은 진리를 반영하고 그리스도인은 "진리를 거슬러 아무것도 할 수 없고 오직 진리를 위할 뿐"이다(고후 13:8). 바울은 사도의 권위를 거역한 교회에 이 말을 하고 있고, 사도의 권위에 대한 거역은 그리스도께서 그들과 함께하지 않으신다는 표시다. 따라서 "시험을 견디는 것"은 "바울의 사역을 후원함으로써 바울의 복음에 대한 신뢰에서 흘러나오는 새로운 피조물의 생명을 드러내는 것(5:17)"으로 표현될 것이다.[7]

그리스도인의 삶이 시험을 받는다는 것은 베드로가 독자들에게 준 권고에서도 확인된다. "사랑하는 자들아 너희를 연단하려고 오는 불 시험을 이상한 일 당하는 것같이 이상히 여기지 말고 오히려 너희가 그리스도의 고난에 참여하는 것으로 즐거워하라. 이는 그의 영광을 나타내실 때에 너희로 즐거워하고 기뻐하게 하려 함이라"(벧전 4:12-13). 이로써 베드로는 인생의 어려움과 비극이 우리 믿음의 기개를 시험하는 수단이라고 말한다. 우리는 인생의 역경에 믿음으로 대응하는가? 아니면 두려움과 위축으로 대응하는가? 이 질문에 대한 대답은 우리 믿음의 강도를 드러낸다. 우리는 고난을 겪지만 고난 가운데서 기쁨을 경험할 수 있다. 실제로 야고보는 우리를 시험하는 인생의 시련이 기뻐할 기회이고 믿음을 키울 기회임을 상기시켜 준다. "내 형제들아 너희가 여러 가지 시험을 당하거든 온전히 기쁘게 여기라. 이는 너희 믿음의 시련이 인내를 만들어 내는 줄 너희가 앎이라"(약 1:2-3).

이생에서 그리스도인은 시험을 받을 것이라고 예상할 수 있고, 우리는 '시험을 견디라'는 바울과 베드로, 야고보의 격려에 귀를 기울여야 한다. 하지만 우리는 불완전하게만 그렇게 할 수 있다. 실제로 시험을 완벽하게 이겨 내신 분은 예수님밖에 없다. 예수님은 세 번이나 사탄의 시험/유혹을 받으셨고, 매번 그 유혹을 이겨 내셨다(마 4:1-11; 12:10-20을 다룬 장의 "하나님은 자기 백성을 구원하신다" 단락에서 이 주제에 관한 더 상세한 논의를 보라). 예수님은 완벽하게 순종하신 하나님의 자녀시고, 우리의 믿음의 대상이요 본보기시다.

우리는 하나님을 시험할 수 있는가?

하나님이 아브라함을 시험하신 이야기는 이전 단락 "하나님은 우리를 시험하시는가?"에서 살펴본 질문을 자연스럽게 제기하게 만든다. 또한 부차적으로 '우리는 하나님을 시험할 수 있는가?'라는 질문도 제기하게 만든다. 결국 하나님이 우리를 시험하실 수 있다면 우리도 하나님을 시험하도록 허용하셔야만 공평한 것 같다. "하나님이 정말로 계신다면…." 우리는 얼마든지 빈칸을 채울 수 있다. "내 병을 고쳐 주세요", "공과금을 낼 수 있도록 도와주세요", "하나님을 보여 주세요", "비가 내리게 해 주세요", "임신하게 해 주세요." 가능한 목록은 끝이 없다.

이 문제에 대해 성경은 더없이 분명하다. "너희의 하나님 여호와를 시험하지 말[라]"(신 6:16; 또한 출 17:2도 보라). 시편 저자는 이스라엘이 하나님을 시험한 것을 두고, 하나님을 거스르는 거역의 표시로 언급한다(시 78:18, 41, 56; 106:14). 사탄이 하나님을 시험하도록 예수님을 유혹했을 때 그분도 이 사실을 이해하셨기에 철저히 거절하셨다(마 4:7, 여기에서 신 6:16을 인용한다).

우리는 하나님을 시험하는 것이 이렇게 일관되고 분명하게 금지되어 있다는 사실을 염두에 두고, 예수님을 시험하기 위해 온 사람들에 관한 내러티브를 읽어야 한다(마 19:3; 막 8:11; 눅 10:25; 요 6:6; 또한 행 15:10; 고전 10:9도 보라). 다시 말해서 예수님을 시험하기 위해 온 사람들은 예수님을 신뢰하지 않는다는 부정적인 시각으로 그려진다.

그러므로 성경은 우리가 하나님을 시험하지 말고 오히려 신뢰해야 한다고 분명히 가르친다. 하지만 '주님 앞에 양털을 내놓는 것'은 괜찮지 않냐고 반문할 사람도 있을 것이다. 이 언급은 군대를 이끌고 미디안과 싸우라는 하나님의 명령을 받고 기드온이 하나님을 시험한 것을 가리킨다(삿 6장). 주님의 천사가 기드온에게 와서 이스라엘을 미디안에게서 구하라는 임무를 맡겼다. 주님이신 천사는 전투에서 기드온과 함께하겠다는 확신을 주신다. 주님은 희생 제물의 불을 일으켜 기드온에게 자신의 임재를 확약하신다. 덕분에 기드온은 자기가 하나님의 임재 안에 있다고 확신한다(삿 6:22). 이에 근거하여 바알의 제단을 무너뜨린다. 그런데 군대를 이끌고 미디안과 싸우는 일에 대해 확신이 없던 기드온은 마른 양털을 내놓은 뒤 양털이 젖고 땅이 마르게 해 달라고 하나님께 간구한다. 하나님은 그렇게 하셨지만 기드온은 하나님을 더 시험하여, 이번에는 거꾸로 양털이 마르고 땅이 젖게 해달라고 하나님께 간구한다.

하나님은 기드온을 위해 이렇게 하셨지만, 우리가 보았듯이 이 사건이 성경 나머지에서 금지하는 하나님을 시험하는 행위에 대한 전면적 승인은 아니다. 이 일에 관하여 곰곰이 생각해 보면 기드온이 하나님을 끈질기게 시험한 것은, 하나님이 자기 존재를 명확히 드러내신 후에도 하나님에 대한 근본적인 불신이 있었음을 보여 주는 분명한 단서다. 실제로 기드온의 이야기를 자세히 읽어 보면 그는 본받을 만한 본보기가 아님을 알 수 있다. 하나님은 그를 사용하시지만, 다른 여러 사사와 마찬가지로 그는 심각한 결함을 가진 인물이었다. 심지어 인생 말년에 우상 숭배 행위의 계기를 만들기도 했다(삿 8:22-27).[8]

하나님은 우리를 시험하시지만 우리는 하나님을 시험해서는 안 된다. 결국 우리는 실수하는 약한 피조물이라 믿음이 흔들린다. 반면에 하나님은 전적으로 신실하시다. 하나님을 시험하는 것은 그 확고한 사실에 의심을 드리우는 것이다.

그런데 시험이라는 주제를 벗어나기 전에 오해의 소지가 있는 부분을 명확히 할 필요가 있다. 하나님을 시험하는 것은 잘못이지만, 어떤 것이 하나님으로부터 온 것인지 아닌지 시험하는 것은 전혀 잘못이 아니다. 요한은 "영을 다 믿지 말고 오직 영들이 하나님께 속하였나 분별하라"고 말한다(요일 4:1). 저기 바깥세상에는 많은 거짓 종교와 심지어 거짓 그리스도인의 목소리도 있다. 우리는 하나님에 대해 말한다고 혹은 하나님의 이름으로 말한다고 주장하는 사람들을 시험해 봐야 한다. 다시 말해 그들에 대해 깊이 생각하고, 질문을 던지고, 조사해야 한다. 다행히 요한은 참된 목소리와 거짓 목소리를 구별할 기준도 제시한다. "예수 그리스도께서 육체로 오신 것을 시인하는 영마다 하나님께 속한 것이요. 예수를 시인하지 아니하는 영마다 하나님께 속한 것이 아니니"(요일 4:2-3).

행함 있는 믿음

앞서 보았듯이 바울은 오늘날 우리가 '이신칭의'라고 부르는 것의 실례로 종종 아브라함을 들어 호소한다(창 15장을 다룬 장 '이야기 살아내기'의 "믿음으로 말미암는 의의 모델인 아브람" 단락을 보라). 특히 그는 창세기 15:6("아브람이 여호와를 믿으니 여호와께서 이를 그의 의로 여기시고")에 호소하면서 할례를 받기 전 하나님이 아브라함을 의롭다고 여기셨다는 의미에 주목한다.

하지만 우리는 선행이 믿음과 아무 관련이 없다는 게 바울의 생각이라고 믿는 실수를 피해야 한다. 야고보가 아케다 사례를 들어 호소하면서 행함 없는 믿음은 죽은 것이라고 주장할 때, 이와 같은 오해는 있을 수 없다고 분명히 지적한다.

> 내 형제들아 만일 사람이 믿음이 있노라 하고 행함이 없으면 무슨 유익이 있으리요. 그 믿음이 능히 자기를 구원하겠느냐. 만일 형제나 자매가 헐

벗고 일용할 양식이 없는데 너희 중에 누구든지 그에게 이르되 평안히 가라, 덥게 하라, 배부르게 하라 하며 그 몸에 쓸 것을 주지 아니하면 무슨 유익이 있으리요. 이와 같이 행함이 없는 믿음은 그 자체가 죽은 것이라.

어떤 사람은 말하기를 너는 믿음이 있고 나는 행함이 있으니

행함이 없는 네 믿음을 내게 보이라. 나는 행함으로 내 믿음을 네게 보이리라 하리라. 네가 하나님은 한 분이신 줄을 믿느냐. 잘하는도다. 귀신들도 믿고 떠느니라.

아아 허탄한 사람아 행함이 없는 믿음이 헛것인 줄을 알고자 하느냐. 우리 조상 아브라함이 그 아들 이삭을 제단에 바칠 때에 행함으로 의롭다 하심을 받은 것이 아니냐. 네가 보거니와 믿음이 그의 행함과 함께 일하고 행함으로 믿음이 온전하게 되었느니라. 이에 성경에 이른 바 아브라함이 하나님을 믿으니 이것을 의로 여기셨다는 말씀이 이루어졌고 그는 하나님의 벗이라 칭함을 받았나니. 이로 보건대 사람이 행함으로 의롭다 하심을 받고 믿음으로만은 아니니라. (약 2:14-24)

이 본문을 길게 인용한 이유는 당연히 이 본문은 아케다 이야기만이 아니라 아브라함 이야기 전체에 대한 매우 섬세하고 심오한 신학적 성찰이기 때문이다. 게다가 개신교 신학은 나름의 타당한 이유로 이 점에 있어서 야고보를 경시하면서, 행함 없는 믿음에 대한 바울의 강조를 선호하는 경향이 있다. 하지만 앞으로 보게 될 것처럼 실제로 두 사람 사이에는 차이가 전혀 없고 그들의 관점은 쉽게 조화를 이룬다.

바울은 구원이 우리가 쟁취하는 것이 아니라 은혜 가운데 하나님의 선물로 주어졌다는 점을 더없이 명확히 지적하려고 한다. 야고보의 의견도 다르지 않다. 물론 야고보는 선행을 통해 믿음을 드러낼 필요가 없다고 말하는 사람들을 반박하고자 한다. 믿음은 항상 선행으로 나타난다. 야고보는 믿음의 사람이 선행만 할 것이라고 주장하지 않는다. 그는

최소한의 요건조차 설정하지 않는다. 하지만 하나님과 우리의 새로운 관계가 우리의 생각과 태도, 관계, 행동에 아무런 영향을 미치지 못한다면, 우리는 자신이 믿음의 사람인지 아닌지 의문을 가져야 한다.

다시 분명히 해두지만, 이것은 우리가 오직 믿음으로만 의롭게 된다는 분명한 성경의 가르침을 침해하지 않는다. 또한 우리는 분명 야고보의 가르침을 다른 사람의 믿음을 평가하는 도구로 사용하지 말아야 한다. 실제로 어떤 사람은 그리스도인이 되기 전에 너무 악했기 때문에 외부 관찰자의 눈에 여전히 악한 행동으로 보이는 것이 실은 믿음의 표현일 수 있다.

내가 아는 한 노인은 일평생 많은 사람에게 해를 끼쳤다. 양로원에서도 간병인과 누구든 아주 가까이 오는 사람에게 욕설을 퍼부으며 때리기까지 했다. 그는 죽기 3주 전에 복음을 들었고 하나님은 은혜를 베풀어 그를 구원하셨다. 그 노인은 마지막 몇 주 동안 천사가 되지는 못했지만, 사람들은 그의 태도와 행동에서 눈에 띄는 변화를 감지할 수 있었다. 그는 화를 덜 내고 덜 폭력적이었다. 내가 보기에 마지막 3주 동안 그의 믿음에는 행함이 없지 않았다.

하늘의 상

그런데 실용적으로 (또한 약간 냉정하게) 말해서, 선행에는 어떤 유익이 있는가? 혹은 실제로 선행을 추구하면 어떤 이점이 있는가? 물론 그와 같은 이기심이 동기가 되어서는 안 되기 때문에, 이 질문은 다소 엉뚱해 보일 수 있다. 변화된 마음은 어떤 이익을 위해서가 아니라 하나님의 영광을 위해 다른 사람 돕기를 열망해야 한다.

그런데도 성경은 우리 선행의 결과로 하늘의 상이 있다고 지적한다. 바울이 고린도 교회에 보낸 서신에서 진술한 내용부터 시작하여 몇 가지를 살펴보자.

> 내게 주신 하나님의 은혜를 따라 내가 지혜로운 건축자와 같이 터를 닦아 두매 다른 이가 그 위에 세우나 그러나 각각 어떻게 그 위에 세울까를 조심할지니라. 이 닦아 둔 것 외에 능히 다른 터를 닦아 둘 자가 없으니 이 터는 곧 예수 그리스도라. 만일 누구든지 금이나 은이나 보석이나 나무나 풀이나 짚으로 이 터 위에 세우면 각 사람의 공적이 나타날 터인데 그날이 공적을 밝히리니 이는 불로 나타내고 그 불이 각 사람의 공적이 어떠한 것을 시험할 것임이라. 만일 누구든지 그 위에 세운 공적이 그대로 있으면 상을 받고 누구든지 그 공적이 불타면 해를 받으리니 그러나 자신은 구원을 받되 불 가운데서 받은 것 같으리라. (고전 3:10-15)
>
> 그러므로 우리가 항상 담대하여 몸으로 있을 때에는 주와 따로 있는 줄을 아노니 이는 우리가 믿음으로 행하고 보는 것으로 행하지 아니함이로라. 우리가 담대하여 원하는 바는 차라리 몸을 떠나 주와 함께 있는 그것이라. 그런즉 우리는 몸으로 있든지 떠나든지 주를 기쁘시게 하는 자가 되기를 힘쓰노라. 이는 우리가 다 반드시 그리스도의 심판대 앞에 나타나게 되어 각각 선악 간에 그 몸으로 행한 것을 따라 받으려 함이라. (고후 5:6-10)

첫 번째 본문에서 바울은 신자를 두고 건물로 묘사한다. 이 건물의 기초는 그리스도다. 신자는 이 기초 위에 건물을 짓는데, 이는 사람의 행위를 가리키는 은유다. 어떤 사람은 금, 은, 값비싼 돌을 사용할 수 있는데, 이런 재료는 심판 날의 불에도 살아남을 선행을 상징한다. 하지만 다른 사람들은 나무나 건초 또는 짚을 사용할 것이다. 불이 임할 때 이런 것들은 썩기 쉬운 본질을 드러낼 것이다. 후자의 그룹은 간신히 구원받겠지만, 전자의 선행은 살아남을 것이고 건축자는 상을 받을 것이다.

바울은 고린도후서에서 독자들에게 "그리스도의 심판대 앞에 나타날" 때 그들이 합당한 상을 받을 것이라고 단도직입적으로 말한다. 따라서 우리는 이생에서 할 수 있을 때 하나님을 기쁘시게 해야 한다.

구약에 기초한 신약의 가르침은 분명하다. 우리는 믿음으로 구원을 받지만 그 믿음은 반드시 행함으로 나타나야 한다. 행함의 특성에 따라 하늘에서 우리가 받을 상이 결정된다(또한 골 3:23; 계 2:23도 보라).

혈통이 아닌 믿음과 순종

무엇이 사람을 진정한 하나님의 자녀로 만드는가? 하나님은 아브람을 부르셨고 그의 후손을 하나님의 복을 받은 큰 민족으로 만들겠다고 말씀하셨다(12:1-3). 이 말은 그의 모든 생물학적 후손은 여기에 속하지만, 유전적으로 그와 관련 없는 사람은 속할 수 없다는 뜻인가? 아브라함의 후손이 된다는 것은 어떤 의미인가?

신약은 이 문제에 있어서 명확하다. 아브라함의 육체적 후손이라는 사실만으로는 충분하지 않다. 세례 요한은 아브라함의 육체적 혈통의 특권을 내세우며 자기를 찾아온 이들을 꾸짖었다. "그러므로 회개에 합당한 열매를 맺고 속으로 아브라함이 우리 조상이라고 생각하지 말라. 내가 너희에게 이르노니 하나님이 능히 이 돌들로도 아브라함의 자손이 되게 하시리라"(마 3:8-9).

요한복음 8장에서 자신들이 하나님과 특별한 관계에 있다고 주장하면서 "우리 아버지는 아브라함이라"고 말하는 이들에게 예수님은 "너희가 아브라함의 자손이면 아브라함이 행한 일들을 할 것"이라고 대답하신다(8:39). 다시 말해서 아브라함의 진정한 자녀는 혈통으로 그와 연결된 이들이 아니라 믿음(창 15:6)과 순종(22:15-19)으로 아브라함을 따르는 이들이다. 아브라함의 육체적 후손은 예수님을 "죽이려" 했고(요 8:40), 그들은 하나님의 목적에 반하는 일을 하고 있기 때문에 아브라함의 진정한 (영적) 자녀라는 자격을 상실했다.

당신은 아브라함의 자녀인가? 성경의 관점에서 볼 때, 이 질문은 육체적 혈통의 문제가 아니라 영적 혈통의 문제다. 예언자 예레미야는 "몸에만" 할례를 받은 유대인도 언약 공동체의 일원이 아니고 "이스라엘 백성 전체[는]…마음에 할례를 받지 않은 자들"이라고 말했다(렘 9:25-26, 새번역). 바울에 따르면 당신이 "그리스도의 것이면 곧 아브라함의 자손이요 약속대로 유업을 이을 자"다(갈 3:29).

인신 제사: 하나님은 우리에게 무엇을 원하시는가?

고대 근동 종교에서 어린이 희생 제사 관행이 얼마나 널리 퍼졌었는지에 대해서는 논란이 있다.[9] 어떤 종교도 정기적으로 그러한 일을 행했다고 보이지는 않지만, 어린이 희생 제사가 가끔 행해졌다는 데는 의심의 여지가 없다. 실제로 성경에 나오는 모압 왕 메사의 어린이 희생 제사에 대한 보도는 자기 신의 관심을 끌기 위한 최후의 수단으로만 행해졌음을 시사한다.

> 모압 왕이 전세가 극렬하여 당하기 어려움을 보고 칼 찬 군사 칠백 명을 거느리고 돌파하여 지나서 에돔 왕에게로 가고자 하되 가지 못하고 이에 자기 왕위를 이어 왕이 될 맏아들을 데려와 성 위에서 번제를 드린지라. 이스라엘에게 크게 격노함이 임하매 그들이 떠나 각기 고국으로 돌아갔더라. (왕하 3:26-27)

모압 왕 메사가 이런 끔찍한 행동을 저지르게 된 배경에 대한 상세한 정보를 다는 알 수 없지만, 그는 이것이 최고의 제사라고 생각했을 가능성이 크다. 희생 제사가 소중하고 값진 것(제물도 값비싼 것)을 가져다가 신에게 바치는 것이라면, 모압 왕에게 맏아들보다 더 소중하고 값진 것이 무엇이겠는가?

위에서 보았듯이 아브라함은 인신 제사에 대한 하나님의 원칙을 몰랐을 가능성이 크다. 만약 알았다면 그것에 근거하여 반대했을 것이다. 실제로 아브라함 내러티브를 읽는 한 가지 방법은 하나님이 자신을 경배하는 수단으로 인신 제사를 거부하시고 그 대신 이미 알려진 관행인 동물 제사로 대체하셨다는 계시로 이해하는 것이다(예를 들어, 창 8:20-21을 보라).

모세 율법은 이와 같은 금지를 공식적이고 공개적으로 천명한다. 사실 하나님은 맏아들을 요구하셨다. "네 처음 난 아들들을 내게 줄지며"(출 22:29). 하지만 같은 책의 나중 본문에서 보여 주듯이, 맏배 동물과 달리 이 아들들은 모두 죽지 않고 구속되어야 한다("모든 첫 태생은 다 내 것이며 네 가축의 모든 처음 난 수컷인 소와 양도 다 그러하며 나귀의 첫 새끼는 어린 양으로 대속할 것이요. 그렇게 하지 아니하려면 그 목을 꺾을 것이며 네 아들 중 장자는 다 대속할지며", 34:19-20).

물론 그리스도인 독자들은 인신 제사 개념 자체에 대한 예언자들의 혐오를 공유한다(예를 들어, 렘 19:5-6). 그렇다면 최고의 제사는 무엇인가? 매우 감동적이고 깊이 기억에 남는 구약 본문 중 하나에서 예언자 미가는 이 질문을 던지고 대답한다.

> 내가 무엇을 가지고 여호와 앞에 나아가며
> 높으신 하나님께 경배할까.
> 내가 번제물로 일 년 된 송아지를 가지고
> 그 앞에 나아갈까.
> 여호와께서 천천의 숫양이나
> 만만의 강물 같은 기름을 기뻐하실까.
> 내 허물을 위하여 내 맏아들을,
> 내 영혼의 죄로 말미암아 내 몸의 열매를 드릴까.
> 사람아 주께서 선한 것이 무엇임을 네게 보이셨나니

여호와께서 네게 구하시는 것은
오직 정의를 행하며 인자를 사랑하며
겸손하게 네 하나님과 함께 행하는 것이 아니냐. (6:6-8)

하나님이 우리에게 원하시는 제사는 우리의 마음과 순종이라고 예언자는 분명히 밝힌다. 분명 하나님은 인신 제사를 원하지 않으신다. 하나님이 예레미야를 통해 직접 선언하셨듯이, 이런 생각은 "내 마음에 생각하지도 아니한 일"이다(렘 7:31). 토라(레 1-7장)에 따르면 하나님은 동물 제사를 원하셨지만, 그것은 최고의 제사가 아니다. 우리가 겸손하고 정의롭고 인자하지 않다면 세상의 모든 제사는 사람에게 아무 유익도 주지 못할 것이다.

예수님은 바리새인과 율법 교사를 대면했을 때 같은 주장을 하신다(마 23:13-39을 보라). 이 사람들은 모든 종교적 관행은 물론이고, 그 이상을 준수했지만 다른 사람을 착취하고 자기 자신을 뽐냈다. 그래서 예수님은 그들을 향해 일련의 다섯 가지 '화'를 선언하셨다.

오늘날 우리도 같은 함정에 빠질 수 있을까? 물론이다. 우리는 교회에 활동적으로 참여하고, 헌금을 많이 드리고, 성찬식에 참여하고, 더 나아가 성경을 연구하고, 정기적으로 기도할 수 있지만 우리 마음이 그 안에 있지 않고, 다른 사람에게 정의와 자비를 행하지 않고, 겸손하지 않다면 이런 종교 행위는 아무 의미가 없다.

그리스도와 '아케다'

신약에서 인용된 적은 없지만, 아케다를 주의 깊게 읽는 그리스도인 독자는 그리스도의 십자가 처형을 생각하지 않을 수 없다. 실제로 초기 기독교 교부들은 신속하게 그 연관성에 주목했다. 한 가지 예를 인용하면, 2세기 멜리토(Melito)의 시를 숙고할 수 있다.

그는 우리 주 예수 그리스도에 대해 말한다.
그분은 숫양처럼 결박당하셨고,
어린 양처럼 털을 깎이셨고,
어린 양처럼 십자가에 못 박히셨다.
또한 그분은 어깨에 나무를 짊어지고
이삭처럼 아버지의 손에 이끌려 도살자에게 가셨다.
다만 그리스도는 고난을 받으셨지만,
이삭은 고난을 받지 않았다.
그는 장차 올 그리스도의 수난의 예표였기 때문이다.[10]

하나님은 아브라함에게 "네 아들 네 사랑하는 독자"를 제물로 바치라고 명령하셨다(22:2). 이는 예수님이 세례를 받으실 때 주어진 하나님의 말씀 "너는 내 사랑하는 아들이라. 내가 너를 기뻐하노라"를 떠올리게 한다(막 1:11; 또한 마 3:17; 눅 3:22; 벧후 1:17, 사 42:1을 배경으로 하는 본문들도 보라). 아브라함이 모리아로 갈 때 하나님은 숫양을 이삭 대신 드릴 제물로 마련해 주셨다. 신약에서 아버지의 뜻은 예수님이 십자가로 가시는 것이었다("자기 아들을 아끼지 아니하시고 우리 모든 사람을 위하여 내주신 이", 롬 8:32). 아버지는 아들을 사랑하시므로, 이 같은 결단은 아들 편에서는 물론이고 아버지 편에서도 희생이 따르는 것이었다. 바울이 진술하듯 "그런즉 이 일에 대하여 우리가 무슨 말 하리요. 만일 하나님이 우리를 위하시면 누가 우리를 대적하리요. 자기 아들을 아끼지 아니하시고 우리 모든 사람을 위하여 내주신 이가 어찌 그 아들과 함께 모든 것을 우리에게 주시지 아니하겠느냐?"(롬 8:31-32). 우리가 앞에서 본 것처럼 나이를 고려하면 이삭이 하나님의 명령을 따르는 결정에 참여했을 가능성이 있지만, 확실하지는 않다. 겟세마네 동산 에피소드(막 14:32-42)는, 아버지의 뜻을 따라 십자가에서 죽는 일이 예수님에게 쉽지 않았음에도 결국 자발적으로 복종하고 십자가로 가셨음을 분명히 보여 준다. 예수님은 우리를 위해 그렇게 하셨다.

모리아로 가는 여정

하나님은 아브라함에게 이삭을 데리고 특정 장소, 모리아로 가서 사랑하는 아들 이삭을 제물로 바치라고 명령하셨다. 이 장소의 의미는 무엇인가? 그 대답은 성경 전체에서 이 장소가 언급된 유일한 다른 곳인 역대하 3:1에 나온다. "솔로몬이 예루살렘 모리아 산에 여호와의 전 건축하기를 시작하니." 아브라함이 아들을 제물로 바치기 위해 제단을 쌓은 그곳은 다름 아닌 하나님이 자기 백성 가운데 자신의 임재를 알리기 위해 선택하신 장소, 곧 미래의 성전 위치다. 성전이 건축된 후 그곳은 하나님의 백성이 하나님께 제사를 드리기 위해 올 수 있는 유일한 장소였다[신 12장의 성소 중앙화법(Law of Centralization)을 보라].

따라서 모리아는 거룩한 성 예루살렘 안에 위치한 시온이다. 아마 (호렙이 시내산의 다른 이름이듯이) 모리아는 시온의 다른 이름일 수도 있고 시온은 모리아 산줄기의 봉우리일 수도 있다. 하지만 모리아가 미래 예루살렘 및 그 성을 유명하게 만든 산과 연관되어 있다는 데는 의심의 여지가 없다.

모벌리가 지적하듯이 사실 아브라함이 이곳에 붙인 이름["여호와께서 준비하시리라(또는 보시리라)"] 역시 예루살렘을 가리킨다.[11] 그가 지적하듯이 결국 브엘세바에서 단지 사흘 길(짧은 기간을 의미하는 숫자) 떨어진 곳이었는데, 이 거리는 예루살렘에 적합하다. 둘째, 14절에서 "여호와의 산"에 대한 언급은 예루살렘에 알맞다.

모벌리는 또한 모리아라는 이름과 "여호와께서 준비하시리라(또는 보시리라)"는 표현 및 예루살렘 사이에 흥미로운 연관성을 제안한다. '준비하다' 또는 '보다'의 동사 어근은 '라아'(*ra'ah*)로, 모리아라는 이름에 영향을 준 어근일 수 있지만, 또한 동사 '야레'(*yare*', '두려워하다')의 의미를 이중적으로 내포한 어구일 수도 있다. 후자와 관련 있는 이유는, 이곳에서 아브라함이 자신을 두려워한다는 사실을 하나님이 알게 되셨기 때문이다. 또한 나중에 하나님이 자신의 임재를 알리시는 성전의 위치인 예루살렘은 하나님을 '볼 수 있는' 장소다.

요컨대 모리아는 예루살렘, 특히 후대의 성전 위치인 시온과의 연관성을 알고 나면 매우 중요한 장소임을 알 수 있다. 이곳은 하나님이 자기 존재를 알리신 장소다. 11:27-12:9을 다룬 장 '이야기 살아내기'의 "하나님의 임재 안에서 살기" 단락에서 보았듯이, 성전 자체는 말씀이 육신이 되어 우리 가운데 거하신 예수님을 예고한다(요 1:14).

이와 관련하여 (창 16장을 다룬 장의) "구원하는 천사" 단락을 보라.

21

창세기 22:20-23:20

22:20이 일 후에 어떤 사람이 아브라함에게 알리어 이르기를 밀가가 당신의
형제 나홀에게 자녀를 낳았다 하였더라 21그의 맏아들은 우스요 우스의 형
제는 부스와 아람의 아버지 그므엘과 22게셋과 하소와 빌다스와 이들랍과
브두엘이라 23이 여덟 사람은 아브라함의 형제 나홀의 아내 밀가의 소생이
며 브두엘은 리브가를 낳았고 24나홀의 첩 르우마라 하는 자도 데바와 가
함과 다하스와 마아가를 낳았더라 23:1사라가 백이십칠 세를 살았으니 이
것이 곧 사라가 누린 햇수라 2사라가 가나안 땅 헤브론 곧 기럇아르바에서
죽으매 아브라함이 들어가서 사라를 위하여 슬퍼하며 애통하다가 3그 시
신 앞에서 일어나 나가서 헷 족속에게 말하여 이르되 4나는 당신들 중에
나그네요 거류하는 자이니 당신들 중에서 내게 매장할 소유지를 주어 내
가 나의 죽은 자를 내 앞에서 내어다가 장사하게 하시오 5헷 족속이 아브
라함에게 대답하여 이르되 6내 주여 들으소서 당신은 우리 가운데 있는 하
나님이 세우신 지도자이시니 우리 묘실 중에서 좋은 것을 택하여 당신의
죽은 자를 장사하소서 우리 중에서 자기 묘실에 당신의 죽은 자 장사함을
금할 자가 없으리이다 7아브라함이 일어나 그 땅 주민 헷 족속을 향하여
몸을 굽히고 8그들에게 말하여 이르되 나로 나의 죽은 자를 내 앞에서 내
어다가 장사하게 하는 일이 당신들의 뜻일진대 내 말을 듣고 나를 위하여
소할의 아들 에브론에게 구하여 9그가 그의 밭머리에 있는 그의 막벨라 굴
을 내게 주도록 하되 충분한 대가를 받고 그 굴을 내게 주어 당신들 중에
서 매장할 소유지가 되게 하기를 원하노라 하매 10에브론이 헷 족속 중에
앉아 있더니 그가 헷 족속 곧 성문에 들어온 모든 자가 듣는 데서 아브라
함에게 대답하여 이르되 11내 주여 그리 마시고 내 말을 들으소서 내가 그
밭을 당신에게 드리고 그 속의 굴도 내가 당신에게 드리되 내가 내 동족
앞에서 당신에게 드리오니 당신의 죽은 자를 장사하소서 12아브라함이 이

에 그 땅의 백성 앞에서 몸을 굽히고 [13]그 땅의 백성이 듣는 데서 에브론에
게 말하여 이르되 당신이 합당히 여기면 청하건대 내 말을 들으시오 내가
그 밭 값을 당신에게 주리니 당신은 내게서 받으시오 내가 나의 죽은 자를
거기 장사하겠노라 [14]에브론이 아브라함에게 대답하여 이르되 [15]내 주여
내 말을 들으소서 땅 값은 은 사백 세겔이나 그것이 나와 당신 사이에 무
슨 문제가 되리이까 당신의 죽은 자를 장사하소서 [16]아브라함이 에브론의
말을 따라 에브론이 헷 족속이 듣는 데서 말한 대로 상인이 통용하는 은
사백 세겔을 달아 에브론에게 주었더니 [17]마므레 앞 막벨라에 있는 에브론
의 밭 곧 그 밭과 거기에 속한 굴과 그 밭과 그 주위에 둘린 모든 나무가
[18]성문에 들어온 모든 헷 족속이 보는 데서 아브라함의 소유로 확정된지라
[19]그 후에 아브라함이 그 아내 사라를 가나안 땅 마므레 앞 막벨라 밭 굴에
장사하였더라 (마므레는 곧 헤브론이라) [20]이와 같이 그 밭과 거기에 속한
굴이 헷 족속으로부터 아브라함이 매장할 소유지로 확정되었더라

이야기 속 다른 본문 경청하기

성경 본문: 창세기 11:27-32(22:20-24에 대해); 창세기 12:1-3; 15:17-21(23:1-20에 대해)

아브라함 이야기의 현재 에피소드는 독자들에게 아브라함의 동쪽 친족을 상기시키면서 시작한다. 이로써 11:27-32의 족보에 이어서 그쪽에 거주하는 가족에 어떤 변화가 있었는지를 다시 이어 간다. 앞으로 보겠지만, 이렇게 그들을 상기시키는 목적은 이삭과 리브가의 결혼 이야기를 소개하기 위해서다.

그런데 이삭과 리브가의 결혼 이야기가 진행되기 전에 사라는 죽어서 묻힌다. '이야기 설명하기'에서 설명하겠지만, 이 이야기는 하나님이 아브라함과 맺으신 언약에 내포된 땅 약속을 배경으로 한다. 이 언약에서 하나님은 족장에게 그의 후손이 큰 민족이 될 것이라고 말씀하셨다

(12:1-3에서 시작하여 또한 15:17-21에서 확장된 형태의 언약).

아브라함의 동쪽 친족(22:20-24)

아브라함은 형제 나홀이 (이미 고인이 된 형제 하란의 딸인) 아내 밀가와의 사이에서(11:29), 또한 여기서 처음 언급되는 첩 르우마와의 사이에서 자녀를 낳았다는 사실을 알게 된다. 나홀은 아브라함이 약속의 땅으로 내려왔을 때 하란에 머물러 있었다. 여기서 족보를 언급하는 이유는 독자들에게 가문의 동쪽 일가가 있음을 상기시켜 주기 위해서다. 곧이어 내러티브는 이삭이 가나안 사람 중 하나와 결혼하지 않고, 그와 결혼할 여성을 찾아 주고자 아브라함이 한 종을 조상의 고향으로 보내는 장면을 묘사한다. 그 여인은 리브가, 즉 나홀과 밀가가 아들 브두엘을 통해 얻은 손녀다(24장을 보라).

이후에 중요 인물인 리브가를 소개하는 것 외에, 이 짧은 가족사의 가장 흥미로운 특징은 아람인과 그들의 관계다. 그므엘은 "아람의 아버지"라고 불리지만, 나중 본문에서는 브두엘을 "아람 사람"으로 칭한다(25:20; 28:5; 31:20, 24). 훗날 이스라엘은 이 가문의 후손인 아람 부족과 자주 교류할 것이다. 하틀리가 지적하듯이 의미심장하게도 나홀에게는 아람인의 조상으로 추정되는 열두 아들이 있는데, 후대 이스라엘의 열두 지파(49:28) 및 이스마엘이 낳은 열두 지파(25:12-16)에 필적한다.[1]

아브라함이 에브론의 땅을 사다(23:1-20)

사라의 매장 이야기가 지니는 주된 의미는 아브라함이 약속의 땅 일부를 소유하게 되는 것이다. 아브라함은 헷 사람 에브론의 밭과 굴을 매입함으로써, 아브라함은 이제 그의 후손이 "큰 민족"이 될 것이라는 약속에 암시된 땅을 얻는 일에 첫발을 내딛게 된다(12:2).

사라는 장수했지만 아브라함만큼 장수하지는 못했다. 그녀는 127년을 살았다. 사라는 이야기 당시의 지명일 가능성이 있는 기럇아르바에서 죽었지만, 서술자는 이 성이 자기 시대에는 헤브론으로 알려져 있다고 독자들에게 알려 준다. 이 성은 예루살렘에서 남남서쪽으로 약 29킬로미터 떨어진 유대 산지에 있다.

아브라함은 사라의 죽음을 슬퍼했다. 그러나 죽은 사라 앞에서 눈물을 흘린 후, 매장지를 구입하는 절차를 시작했다. 이 내러티브는 이 지역에 헷 족속(Hittites)이 살았음을 알려 준다. 이 헷 족속은 기원전 1800-1200년경부터 아나톨리아 지역을 점령한 유명한 히타이트 나라와는 관련이 없는 것으로 보인다. 이들은 다른 집단일 수도 있고, 혹은 본문에서 헷 족속('헷의 아들들')을 그저 '다른 사람들'을 가리키는 일반적 의미로 사용하고 있을 수도 있다.

이 헷 족속은 가나안의 일부로, 당시 가나안 문화권에 속했을 것으로 추정된다(창 15:18-21; 출 3:8). 그들은 이스라엘의 적이 될 테고, 하나님은 그들을 그 땅에서 쫓아내실 것이다(출 23:28). 실제로 하나님은 나중에 이스라엘에게 그들을 완전히 전멸하라고 명하신다(신 7:1-2; 20:17).

하지만 이 갈등은 미래에 일어날 일이다. 지금 아브라함은 무덤을 구입하기 위해 토지 거래에 참여한다. 그는 먼저 공동체 안의 의사 결정자로 추정되는 헷 족속의 한 집단에게 말한다. 그는 자기 신분이 '외부인'임을 인정한 다음("나그네요 거류하는 자", 4절), 매장지로 사용할 땅을 살 수 있도록 허락해 달라고 요청한다. 이어지는 거래는 현대의 중동 시장에서 무언가 사본 적이 있는 사람들에게는 익숙한 모습일 것이다.

헷 족속은 먼저 한 집단으로 아브라함에게 대답하면서 그를 "우리 가운데 있는…지도자"로 존중한다(5절). 따라서 그들은 아브라함을 단순히 어떤 "나그네요 거류하는 자"가 아니라 그들 가운데 진정한 힘을 가진 사람으로 생각한다. '지도자'(mighty prince)는 '하나님의 지도자'로 번역될 수 있다는 사실에 비추어 볼 때, 그들은 또한 하나님의 호의를 받는 그의 지위도 인정했을 것이다. 결국 아브라함은 어떤 지역이든 선택할 수 있었다. 아무도 그를 거절하지 않을 것이다.

아브라함은 이미 염두에 둔 매장지가 있었던 것으로 보이고, 그래서 그는 그 집단에게 소할의 아들 에브론이라는 사람과 자기 사이를 중재해 달라고 요청한다. 그는 거래를 바라지 않는다. 에브론이 소유한 "밭머리"에 있는 "굴"의 제값 그 이상을 기꺼이 치를 것이다(9절). 우리는 땅을 공짜로 받기를 거부하는 것과 창세기 14장에서 소돔 왕의 선물 받기를 거절한 것을 비교할 수 있다. 족장은 가나안 족속에게 신세 지고 싶지 않다.

나중에 밝혀진 것처럼 에브론은 이미 그 자리에 있었고, 전통적 방식으로 그는 아브라함에게 땅을 그냥 주겠다고 제안한 다음 '제안'을 확장하여 밭을 포함시킨다(동사를 '드리다' 대신 '팔다'로 번역할 수도 있지만 그럴 가능성은 없다, NIV 성경 각주를 보라). 아브라함도 전통적 방식으로(정중하고 간접적으로) 땅을 거저 취하기를 거부한다. 그는 400세겔이라는 상당한 가격을 지급하겠다고 고집하는데(물론 에브론은 이 금액을 기대한다. 그는 실제로 아브라함에게 땅을 그냥 주지 않을 것이다), 이는 에브론이 자기에게는 돈이 그다지 중요한 문제가 아니라는 듯이 말하며 언급한 금액이다. 하지만 아브라함이 제값을 지급했다는 점이 중요하고, 따라서 향후에 소유권에 대한 의문은 있을 수 없다.

이렇게 해서 토지 거래는 완료되고 아브라함은 처음으로 약속의 땅에 대한 징표를 소유한다(17-18절). 이 거래는 공적이었고(18절) 따라서 향후 소유권에 대한 의문은 있을 수 없다. 그 땅은 밭과 굴(사라의 시신이 안치되었을 것으로 추정되는 곳), 나무 몇 그루로 구성되었다. 여기서 그 위치는 헤브론 근처에 있는 마므레 부근 막벨라의 밭으로 묘사된다. 오늘날 이곳은 족장들의 무덤으로 알려져 있다. 사라만이 아니라 결국 아브라함과 이삭, 리브가, 야곱, 레아도 전부 이곳에 묻혔기 때문이다(49:31).

사라: "아브라함을 주라 칭하여 순종한 [사람]"(벧전 3:5-6)

베드로는 사라를 순종하는 아내의 본보기로 제시한다. 그는 남편이 그리스도인이 아닐 경우 남편이 믿음에 매료되도록 아내더러 남편에게 순종하라는 권면으로 시작한다. 더 나아가 외면의 아름다움이 아닌 내면의 아름다움에 중점을 두라고 말한다. 베드로는 권면을 마무리하면서 아내들에게 이렇게 말한다. "전에 하나님께 소망을 두었던 거룩한 부녀들도 이와 같이 자기 남편에게 순종함으로 자기를 단장하였나니. 사라가 아브라함을 주라 칭하여 순종한 것같이 너희는 선을 행하고 아무 두려운 일에도 놀라지 아니하면 그의 딸이 된 것이니라"(벧전 3:5-6).

우리는 이제 11:29-31에서 사래라는 이름으로 자식을 낳지 못한 아브라함의 아내로 소개되었던 사라의 생애 마지막에 이르렀다. 그녀는 12:1-3에 나오는 하나님의 지시에 따라 아브라함과 함께 우르에서 하란으로 그리고 마침내 약속의 땅으로 갔다. 사라는 아브라함의 아내이기도 하지만, 그의 이복누이이기도 했다. 그래서 그녀는 알려진 두 경우와(12:10-20; 20절, 특히 13절을 보라) 알려지지 않은 다른 상황에서, 아브라함이 자기 목숨을 구하기 위해 그녀를 누이로 속이는 것에 족장과 공모했다. 사라는 아브라함과 함께 약속의 땅 전역을 여행했지만, 아브라함이 이제 그녀의 매장지로 사용할 땅을 구입할 때까지 그들은 실제로 그 땅을 조금도 소유하지 못했다.

사라는 아브라함이 하갈과 동침할 경우 자기가 "그로 말미암아 자녀를 얻을까 하노라"고 말했던 인물이다(16:2). 분명 그녀도 하나님이 자기를 통해 약속을 성취하실지 의심을 품었다. 여종 하갈이 자기보다 우월하다고 느끼기 시작했을 때 사라는 자기 결정을 후회하기에 이르렀고, 아브라함에게 거칠게 불평하면서 모든 게 아브라함의 잘못이라고 억지를 부렸다. 그 응답으로 아브라함은 무엇이든 사라가 원하는 대로 하갈에게 하도록 허락했고, 학대받던 하갈은 도망쳤다가 결국 사라에게로 돌아가 복종하라는 하나님의 지시를 받았다(16:9). 주님과 다른 두 방문객이 마므레 큰 나무 근처에서 나타났던 여든아홉 살 나이에도 사라에게는 여전히 자식이 없었다(18:1). 손님들에게 모범적인 환대를 보여주는 잔치를 준비한 후, 그녀는 장막으로 돌아가 아브라함과 사라에게 아들을 주겠다는 뜻을 재확인시켜 주시는 주님의 말씀을 우연히 들었다. 사라는 이 터무니없어 보이는 주장을 믿지 못하고 웃었다는 사실을 감추려 애썼지만 헛수고였다. 그런데 아니나 다를까, 사라는 아흔 살이 되던 해에 임신하여 이삭을 낳았다(21:1-6). 사라는 다시 웃었는데, 이 웃음은 기쁨의 웃음이었다.

하지만 사라와 하갈의 적대감은 계속 곪아 터졌고, 사라는 아브라함에게 하갈과 아이를 추방하라고 요구했다(21:8-21). 아브라함은 하나님이 허락하실 때까지 이 생각에 반대했다. 흥미롭게도 사라는 '이삭의 결박' 이야기(22:1-19)에서 아무 역할도 하지 않고, 그녀가 이 사건과 남편의 행동에 어떻게 반응했을지 생각해 보는 것은 그저 추측에 불과하다. 사실 하갈의 추방으로 이어진 에피소드 이후 우리는 사라가 127세에 죽어 장례를 치를 때까지(23장) 그녀에 대해 다시 듣지 못한다.

베드로가 순복하는 아내의 본보기로 제시한 인물이 바로 이 사라다. 특히 그는 그리스도인 아내들이 선을 행하고 두려워하지 않는다면 "그의 딸"이라고 말한다.

사라의 삶을 훑어보면 그녀가 항상 선을 행한 것은 아니고, 때로 아브라함과 함께 두려워하며 행동했음을 알 수 있다. 따라서 여성들은 사라의 삶에서 선을 행하고 두려워하지 않았던 순간에 주목해야 한다. 마찬가지로 신약성경에서도 아브라함을 믿음의 삶의 본보기로 삼지만(롬 4:18-25; 히 11:9-12, 17-19), 창세기의 아브라함 이야기를 표면적으로 읽기만 해도 그 역시 여러 차례 하나님에 대한 신뢰가 부족했음을 알 수 있다.

순종이란 단순히 배우자가 무엇을 원하든 그대로 행하는 것이 아니다. 맹목적으로 순종하는 문제가 아니다. 아브라함의 속임수에 동조했을 때 사라는 '선을 행하지' 않았고 두려워했다. 그녀는 남편에게 순종한 것이 아니라, 남편이 위험한 행동을 하도록 만들었다. 순종이란 자신의 이익보다 다른 사람의 최고 이익을 우선하는 것을 의미하고, 때로는 순종과는 정반대 행동으로 여겨지기도 한다.

물론 오늘날 우리는 다른 사람보다 '나'를 우선시하는 문화에서 산다. 여성만 아니라 남성도 마찬가지다. 결혼 생활에서 순종에 대한 진정한 성경적 관점은, 아내가 남편에게 순복해야 할 뿐 아니라 남편도 아내에게 순복해야 한다는 것을 인정한다. 문화적 이유로 베드로와 더불어 바울은 아내가 남편에게 순종해야 한다고 강조했지만, 바울이 남성과 여성, 남편과 아내에게 "그리스도를 경외함으로 피차 복종하라"고 말할 때 순종은 상호적인 것임을 아주 분명히 밝힌다(엡 5:21). 남편은 자기 이익보다 아내가 최고의 이익을 얻는 것을 우선하고, 아내는 자기 이익보다 남편이 최고의 이익을 얻는 것을 우선해야 한다. 이것이 성공적인 결혼 생활의 핵심이다.[2]

약속의 보증금: 족장들의 무덤

위의 해설에서 언급했듯이, 아브라함이 사라를 매장할 땅의 한 구획을 매입했을 때 그는 이제 약속의 땅 일부를 공식적으로 소유한다. 그의 후손이 "큰 민족"이 될 것이라고 하나님이 약속하셨을 때(12:2), 그 약속에는 많은 후손에 대한 약속만이 아니라 땅에 대한 약속도 포함되었다. 실제로 하나님이 쪼갠 동물 사이를 통과하면서 아브라함에게 주신 약속을 재확인하고 다음과 같이 선포하셨을 때, 하나님은 명시적으로 땅 약속을 상세히 설명하셨다. “내가 이 땅을 애굽 강에서부터 그 큰 강 유브라데까지 네 자손에게 주노니 곧 겐 족속과 그니스 족속과 갓몬 족속과 헷 족속과 브리스 족속과 르바 족속과 아모리 족속과 가나안 족속과 기르가스 족속과 여부스 족속의 땅이니라”(창 15:18-21; 다음도 보라. 13:14-17; 17:7-9; 26:2-4; 28:13-15).

사실 이 작은 토지는 오랫동안 아브라함과 그의 후손들이 소유한 땅의 전부였다. 수 세기 후 여호수아와 이스라엘 백성이 요단강을 건넌 뒤에야 그들이 소유한 땅의 범위는 확장되지만, 정복 후에도 약속의 땅은 대부분 여전히 가나안 족속의 소유로 남아 있었다. 다윗이 이스라엘 내부의 적들을 끝까지 정복한 뒤에야 그 땅에 대한 약속은 온전히 실현되었다(땅 신학에 대한 자세한 내용은 창 13장 해설 후반부의 “예수와 땅”에 대한 묵상을 보라).

이 작은 구획의 땅은 하나님이 주신 땅 약속의 착수금, 말하자면 아브라함의 후손에게 임할 복의 보증금이라고 할 수 있다. 그리스도인들은 이 말에 공감할 수 있다. 결국, 우리가 여러 차례 지적했듯이 우리도 하나님과의 영원한 관계, 더 나은 표현으로는 하나님의 임재 안에서 에덴의 삶을 회복하는 것(계 21-22장)에 대한 신성한 약속을 경험하는 믿음의 여정 중에 있다. 바울은 이 약속의 성취가 아직 미래의 일이지만, 우리는 성령 안에서 그 약속의 착수금 또는 보증금을 받았다고 말한다. 고린도후서에서 바울은 하나님이 약속을 반드시 완수하실 것이라는 확신을 독자들에게 준다. “하나님의 약속은 얼마든지 그리스도 안에서 예가 되니”(1:20). 그는 계속해서 그리스도께서 “우리에게 기름을 부으[시고]… 또한 우리에게 인치시고 보증으로 우리 마음에 성령을 주셨[다]”고 알려준다(1:21b-22). 이 보증금을 받았다는 것을 우리가 고난의 현재를 당당하게, 또한 미래를 직시하는 확실한 소망을 가지고 살아야 함을 의미한다.

이와 관련하여 (창 13장을 다룬 장 후반부의) “예수와 땅” 단락을 보라.

22

창세기 24장

24:1아브라함이 나이가 많아 늙었고 여호와께서 그에게 범사에 복을 주셨
더라 2아브라함이 자기 집 모든 소유를 맡은 늙은 종에게 이르되 청하건대
내 허벅지 밑에 네 손을 넣으라 3내가 너에게 하늘의 하나님, 땅의 하나님
이신 여호와를 가리켜 맹세하게 하노니 너는 내가 거주하는 이 지방 가나
안 족속의 딸 중에서 내 아들을 위하여 아내를 택하지 말고 4내 고향 내 족
속에게로 가서 내 아들 이삭을 위하여 아내를 택하라 5종이 이르되 여자가
나를 따라 이 땅으로 오려고 하지 아니하거든 내가 주인의 아들을 주인이
나오신 땅으로 인도하여 돌아가리이까 6아브라함이 그에게 이르되 내 아
들을 그리로 데리고 돌아가지 아니하도록 하라 7하늘의 하나님 여호와께
서 나를 내 아버지의 집과 내 고향 땅에서 떠나게 하시고 내게 말씀하시며
내게 맹세하여 이르시기를 이 땅을 네 씨에게 주리라 하셨으니 그가 그 사
자를 너보다 앞서 보내실지라 네가 거기서 내 아들을 위하여 아내를 택할
지니라 8만일 여자가 너를 따라 오려고 하지 아니하면 나의 이 맹세가 너
와 상관이 없나니 오직 내 아들을 데리고 그리로 가지 말지니라 9그 종이
이에 그의 주인 아브라함의 허벅지 아래에 손을 넣고 이 일에 대하여 그에
게 맹세하였더라 10이에 종이 그 주인의 낙타 중 열 필을 끌고 떠났는데 곧
그의 주인의 모든 좋은 것을 가지고 떠나 메소보다미아로 가서 나홀의 성
에 이르러 11그 낙타를 성 밖 우물 곁에 꿇렸으니 저녁때라 여인들이 물을
길으러 나올 때였더라 12그가 이르되 우리 주인 아브라함의 하나님 여호와
여 원하건대 오늘 나에게 순조롭게 만나게 하사 내 주인 아브라함에게 은
혜를 베푸시옵소서 13성중 사람의 딸들이 물 길으러 나오겠사오니 내가 우
물 곁에 서 있다가 14한 소녀에게 이르기를 청하건대 너는 물동이를 기울
여 나로 마시게 하라 하리니 그의 대답이 마시라 내가 당신의 낙타에게도
마시게 하리라 하면 그는 주께서 주의 종 이삭을 위하여 정하신 자라 이로

말미암아 주께서 내 주인에게 은혜 베푸심을 내가 알겠나이다 [15]말을 마치
기도 전에 리브가가 물동이를 어깨에 메고 나오니 그는 아브라함의 동생
나홀의 아내 밀가의 아들 브두엘의 소생이라 [16]그 소녀는 보기에 심히 아
리땁고 지금까지 남자가 가까이 하지 아니한 처녀더라 그가 우물로 내려
가서 물을 그 물동이에 채워가지고 올라오는지라 [17]종이 마주 달려가서 이
르되 청하건대 네 물동이의 물을 내게 조금 마시게 하라 [18]그가 이르되 내
주여 마시소서 하며 급히 그 물동이를 손에 내려 마시게 하고 [19]마시게 하
기를 다하고 이르되 당신의 낙타를 위하여서도 물을 길어 그것들도 배불
리 마시게 하리이다 하고 [20]급히 물동이의 물을 구유에 붓고 다시 길으려
고 우물로 달려가서 모든 낙타를 위하여 긷는지라 [21]그 사람이 그를 묵묵
히 주목하며 여호와께서 과연 평탄한 길을 주신 여부를 알고자 하더니
[22]낙타가 마시기를 다하매 그가 반 세겔 무게의 금 코걸이 한 개와 열 세겔
무게의 금 손목고리 한 쌍을 그에게 주며 [23]이르되 네가 누구의 딸이냐 청
하건대 내게 말하라 네 아버지의 집에 우리가 유숙할 곳이 있느냐 [24]그 여
자가 그에게 이르되 나는 밀가가 나홀에게서 낳은 아들 브두엘의 딸이니이
다 [25]또 이르되 우리에게 짚과 사료가 족하며 유숙할 곳도 있나이다 [26]이에
그 사람이 머리를 숙여 여호와께 경배하고 [27]이르되 나의 주인 아브라함의
하나님 여호와를 찬송하나이다 나의 주인에게 주의 사랑과 성실을 그치지
아니하셨사오며 여호와께서 길에서 나를 인도하사 내 주인의 동생 집에
이르게 하셨나이다 하니라 [28]소녀가 달려가서 이 일을 어머니 집에 알렸더
니 [29]리브가에게 오라버니가 있어 그의 이름은 라반이라 그가 우물로 달려
가 그 사람에게 이르러 [30]그의 누이의 코걸이와 그 손의 손목고리를 보고
또 그의 누이 리브가가 그 사람이 자기에게 이같이 말하더라 함을 듣고 그
사람에게로 나아감이라 그 때에 그가 우물가 낙타 곁에 서 있더라 [31]라반
이 이르되 여호와께 복을 받은 자여 들어오소서 어찌 밖에 서 있나이까 내
가 방과 낙타의 처소를 준비하였나이다 [32]그 사람이 그 집으로 들어가매

라반이 낙타의 짐을 부리고 짚과 사료를 낙타에게 주고 그 사람의 발과 그
의 동행자들의 발 씻을 물을 주고 [33]그 앞에 음식을 베푸니 그 사람이 이르
되 내가 내 일을 진술하기 전에는 먹지 아니하겠나이다 라반이 이르되 말
하소서 [34]그가 이르되 나는 아브라함의 종이니이다 [35]여호와께서 나의 주
인에게 크게 복을 주시어 창성하게 하시되 소와 양과 은금과 종들과 낙타
와 나귀를 그에게 주셨고 [36]나의 주인의 아내 사라가 노년에 나의 주인에
게 아들을 낳으매 주인이 그의 모든 소유를 그 아들에게 주었나이다 [37]나의
주인이 나에게 맹세하게 하여 이르되 너는 내 아들을 위하여 내가 사는 땅
가나안 족속의 딸들 중에서 아내를 택하지 말고 [38]내 아버지의 집, 내 족속
에게로 가서 내 아들을 위하여 아내를 택하라 하시기로 [39]내가 내 주인에
게 여쭈되 혹 여자가 나를 따르지 아니하면 어찌하리이까 한즉 [40]주인이
내게 이르되 내가 섬기는 여호와께서 그의 사자를 너와 함께 보내어 네게
평탄한 길을 주시리니 너는 내 족속 중 내 아버지 집에서 내 아들을 위하여
아내를 택할 것이니라 [41]네가 내 족속에게 이를 때에는 네가 내 맹세와 상
관이 없으리라 만일 그들이 네게 주지 아니할지라도 네가 내 맹세와 상관
이 없으리라 하시기로 [42]내가 오늘 우물에 이르러 말하기를 내 주인 아브
라함의 하나님 여호와여 만일 내가 행하는 길에 형통함을 주실진대 [43]내가
이 우물 곁에 서 있다가 젊은 여자가 물을 길으러 오거든 내가 그에게 청하
기를 너는 물동이의 물을 내게 조금 마시게 하라 하여 [44]그의 대답이 당신
은 마시라 내가 또 당신의 낙타를 위하여도 길으리라 하면 그 여자는 여호
와께서 내 주인의 아들을 위하여 정하여 주신 자가 되리이다 하며 [45]내가
마음속으로 말하기를 마치기도 전에 리브가가 물동이를 어깨에 메고 나와
서 우물로 내려와 긷기로 내가 그에게 이르기를 청하건대 내게 마시게 하
라 한즉 [46]그가 급히 물동이를 어깨에서 내리며 이르되 마시라 내가 당신
의 낙타에게도 마시게 하리라 하기로 내가 마시매 그가 또 낙타에게도 마
시게 한지라 [47]내가 그에게 묻기를 네가 뉘 딸이냐 한즉 이르되 밀가가 나

홀에게서 낳은 브두엘의 딸이라 하기로 내가 코걸이를 그 코에 꿰고 손목
고리를 그 손에 끼우고 48내 주인 아브라함의 하나님 여호와께서 나를 바
른 길로 인도하사 나의 주인의 동생의 딸을 그의 아들을 위하여 택하게 하
셨으므로 내가 머리를 숙여 그에게 경배하고 찬송하였나이다 49이제 당신
들이 인자함과 진실함으로 내 주인을 대접하려거든 내게 알게 해 주시고
그렇지 아니할지라도 내게 알게 해 주셔서 내가 우로든지 좌로든지 행하
게 하소서 50라반과 브두엘이 대답하여 이르되 이 일이 여호와께로 말미암
았으니 우리는 가부를 말할 수 없노라 51리브가가 당신 앞에 있으니 데리
고 가서 여호와의 명령대로 그를 당신의 주인의 아들의 아내가 되게 하라
52아브라함의 종이 그들의 말을 듣고 땅에 엎드려 여호와께 절하고 53은금
패물과 의복을 꺼내어 리브가에게 주고 그의 오라버니와 어머니에게도 보
물을 주니라 54이에 그들 곧 종과 동행자들이 먹고 마시고 유숙하고 아침
에 일어나서 그가 이르되 나를 보내어 내 주인에게로 돌아가게 하소서
55리브가의 오라버니와 그의 어머니가 이르되 이 아이로 하여금 며칠 또는
열흘을 우리와 함께 머물게 하라 그 후에 그가 갈 것이니라 56그 사람이 그
들에게 이르되 나를 만류하지 마소서 여호와께서 내게 형통한 길을 주셨
으니 나를 보내어 내 주인에게로 돌아가게 하소서 57그들이 이르되 우리가
소녀를 불러 그에게 물으리라 하고 58리브가를 불러 그에게 이르되 네가
이 사람과 함께 가려느냐 그가 대답하되 가겠나이다 59그들이 그 누이 리
브가와 그의 유모와 아브라함의 종과 그 동행자들을 보내며 60리브가에게
축복하여 이르되 우리 누이여 너는 천만인의 어머니가 될지어다 네 씨로
그 원수의 성 문을 얻게 할지어다 61리브가가 일어나 여자 종들과 함께 낙
타를 타고 그 사람을 따라가니 그 종이 리브가를 데리고 가니라 62그때에
이삭이 브엘라해로이에서 왔으니 그가 네게브 지역에 거주하였음이라
63이삭이 저물 때에 들에 나가 묵상하다가 눈을 들어 보매 낙타들이 오는지
라 64리브가가 눈을 들어 이삭을 바라보고 낙타에서 내려 65종에게 말하되

들에서 배회하다가 우리에게로 마주 오는 자가 누구냐 종이 이르되 이는
내 주인이니이다 리브가가 너울을 가지고 자기의 얼굴을 가리더라 66종이
그 행한 일을 다 이삭에게 아뢰매 67이삭이 리브가를 인도하여 그의 어머
니 사라의 장막으로 들이고 그를 맞이하여 아내로 삼고 사랑하였으니 이
삭이 그의 어머니를 장례한 후에 위로를 얻었더라

이야기 속 다른 본문 경청하기

성경 본문: 창세기 12:1-3

이삭은 아브라함과 사라가 많은 후손을 낳을 것이라는 하나님 약속의 성취였다. 적어도 그 시작이었다. 물론 그 약속이 미래로 지속되기 위해 아브라함과 사라에게는 손주들이 필요했다. 이 이야기는 이삭과 리브가의 결혼 기사로 시작된다.

이야기 설명하기

아브라함이 종에게 임무를 맡기다(24:1-9)

창세기 24장은 노년의 아브라함 생애에서 특정되지 않은 미래 한 시점에 일어난 일이다. 아마 창세기 22-23장의 중요한 사건으로부터 그리 멀지 않은 미래에 일어났을 것으로 추정할 수 있다. 이삭은 당시에 일반적으로 결혼하던 시기, 곧 사춘기가 지난 지 얼마 지나지 않은 나이에 결혼했을 것으로 짐작되기 때문이다. 다행히 당시 아브라함의 나이가 이 이야기가 갖는 의미에 영향을 미치지는 않는다. 서술자는 하나님이 아브라함에게 모든 면에서 복을 주셨다는 언급을 덧붙이는데, 이 언급은 당연히 창세기 12:1-3, 특히 하나님이 아브라함과 그의 후손에게 복

을 주시겠다는 약속으로 우리를 다시 데려간다.

물론 쉬운 길은 아니었지만, 아브라함에게는 상속자와 땅의 일부가 있었다. 이제 그의 아들이 결혼할 것이다.

가나안 족속과 결혼하지 않는 것은 아브라함에게 있어서도, 약속의 성취에 있어서도 중요했다. 따라서 족장은 "모든 소유를 맡은…종"에게 조상의 고향(아버지 데라가 죽은 후 그가 약속의 땅을 향해 출발한 지점인 하란 주변 지역)으로 가서, 자기 친척 중에서 아내를 찾으라는 임무를 맡겼다.

이 문제에 대한 아브라함의 결심은 종에게 맹세할 때 손을 "허벅지" 아래에 넣고 맹세하게 한 것에서 확인된다. 여기서 '허벅지'는 생식기를 가리키는 완곡어법인데, 이는 당연히 '씨'의 저장소이므로 신체의 신성한 부위다. "하늘의 하나님, 땅의 하나님"의 이름으로 맹세하는데(3절), 이 이름은 아브라함의 하나님의 보편성을 강조한다. 그분은 단순히 약속된 땅의 하나님이 아니시다. 휴스는 이 몸짓의 의미가 종들을 포함하여 아브라함 가족의 모든 남자가 받은 "언약의 표징"인 할례와 관련이 있다고 지적한다(창 17:12). "그러므로 이 맹세는 언약을 주신 전능하신 주 하나님의 능력과 임재를 불러오는 것이었다. 아브라함의 종이 매우 사적인 방식으로 이 맹세 의식을 치른 것은 아브라함에게 이 맹세의 성취가 생명 자체만큼 중요했음을 암시한다."[1]

종은 아브라함의 요청에 대답하면서 선택한 여자가 함께 오기를 거부하고 고향에 머물기를 원하면 어떻게 해야 하느냐고 묻는다. 아브라함은 어떤 상황에서도 이삭은 그곳으로 갈 수 없다고 고집한다. 그런 다음 하나님이 아브라함에게 맹세하셨던 땅 약속을 거듭 들려주면서, 이 약속이 그의 상속자 이삭에게 전해지리라는 사실을 알려 준다. 그는 하나님이 천사를 앞서 보내셔서 종을 위해 길을 예비하실 거라고 믿지만, 여자가 자원하지 않을 경우 종은 맹세에서 풀려나 아브라함에게 그냥 돌아와도 된다. 이로써 아브라함은 하나님이 천사를 통해 이삭의 배우자를 마련해 주실 거라는 확신을 어느 정도 표현하지만, 확신할 수 없음을 암시하는 작은 단서는 이 이야기의 긴장감을 높인다. 종은 아브라함 조상의 고향에서 이삭의 아내를 찾는 데 성공할 수 있을까? 종은 이런 조건 속에서 아브라함의 '허벅지' 아래에 손을 넣고 가나안 족속이 아닌 아람 나하라임("메소보다미아", 개역개정)에 사는 친척 중에서 이삭의 아내를 찾겠다고 맹세한다.

종이 아람 나하라임으로 여행하다(24:10-11)

아람 나하라임은 메소포타미아와 시리아 사이의 경계 지역(또는 NIV 성경 각주 설명처럼 '메소포타미아 북서부')에 있다. 나홀은 아브라함 형제의 이름으로(창 11:27), 그는 가족들이 거주하는 성읍에 자기 이름을 붙인 것으로 보인다. 종은 아브라함의 집에서 물건을 운반하던 낙타 열 마리에 많은 물건을 싣고 간다. 이 물건들은 종이 이끄는 대상들에게 음식을 제공하고, 더 나아가 아브라함이 새로운 땅에서 번성했음을 고향 가족들에게 보여 줄 수 있었을 것이다.

종은 도착하자마자 우물로 향한다. 이것이 우물에서 결혼 관계가 시작되는 성경의 유일한 장면은 아니다. 이삭과 리브가의 아들 야곱은 앞으로 우물에서 아내를 만날 것이고(창 29:1-14), 모세는 우물에서 아내 십보라를 만난다(출 2:15-25).

리브가, 기도의 응답(24:12-27)

종은 이삭에게 적합한 배우자를 찾기 위해 기도하는 마음으로 시험(test)을 고안해 낸다. 모벌리는 이 시험을 요셉이 자기 형들에게 적용한 시험(그들 자신을 구원하고자 베냐민을 희생시킬 것인가?, 창 44장)과 비교하면서, 종이 하나님께 어떤 예언적·표적을 요청하는 것이 아니라 인격을 드러낼 시험을 준비하는 것이라고 지적한다. "물을 긷기 위해 우물에 오는 소녀는 그에게 물을 제공할(즉, 친절할) 뿐 아니라 낙타에게도 물을 주겠다고 제안해야(즉, 자기희생적으로 시간과 에너지를 아끼지 않아야) 한다."[2] 레벤슨이 지적하듯이, 무명의 사절과 하나님의 의도는 "찾아낸 소녀가 관대하고 친절한 족장의 가족으로 시집가기에 윤리적으로 적합한지를 확인하는 것"이다.[3]

하나님의 응답은 즉각적이다. 본문은 기도가 끝나기도 전에 리브가가 물을 긷기 위해 우물로 다가왔다고 말하기 때문이다(15절). 그런 다음 서술자는 리브가의 가족 관계와 배경 정보를 제시한다. 그녀는 "아브라함의 동생 나홀의 아내 밀가의 아들 브두엘의 소생"이다(15b절, 이 만남을 예고하는 22:20-24의 가족 족보를 보라). 따라서 리브가는 아브라함의 종손녀이자 이삭의 사촌이며, 이는 아브라함이 찾던 조건에 완벽하게 들어맞는다. 서술자는 족보 외에 리브가가 아름다운 처녀였다고 덧붙인다. 사실 처녀라는 사실은 특히 약속을 상속할 아이를 낳을 사람에게 중요한 문제이기 때문에 두 번 언급된다.

리브가는 이삭의 아내를 택하기 위해 종이 만들어 놓은 시험을 통과했을 뿐 아니라, 모든 기대를 뛰어넘었다. 기도한 대로 그녀는 종에게 물을 주는데, 심지어 "급히" 그렇게 한다(18절). 종이 낙타를 부탁할 필요도 없이, 리브가는 자원하여 낙타에게 물을 준다. 그녀는 "급히" 물동이를 구유에 비운 다음 다시 우물로 "달려가서" 낙타들이 충분히 목을 축일 더 많은 물을 준다(20절).

이 모든 과정에서 종은 "여호와께서 과연 평탄한 길을 주신" 것을 말없이 지켜본다(21절). 분명 그가 원한 것은 "가능한 한 철저한 시험이었다. 리브가는 의지를 보여야 할 뿐 아니라, 끝까지 그 일에 열중해야 한다. 만약 중간에 포기한다면('낙타들에게 충분히 먹였으니, 이제 집으로 가야지!'), 그녀는 찾던 바로 그 사람이 아니다."[4] 종의 망설임은 그녀가 누구인지 또한 가족 관계가 어떤지 아직 완전히 확신하지 못한다는 사실

과도 관련될 것이다.

그런데 리브가가 바로 그 사람이다. 그녀는 민첩하게 임무를 완수한다. 그래서 종은 반 세겔(1.5돈)의 금 코걸이 한 개와 10세겔(75.6돈)의 금 팔찌 두 개를 선물로 주는데, 이는 결혼 비용의 착수금으로 보인다[5] 그 뒤에 종은 가족의 안부를 묻고, 자신과 동료 여행자들에게 환대를 베풀어 줄 수 있는지를 묻는다. 리브가는 서술자가 이미 독자들에게 알려 준 대로 자기가 브두엘의 딸이고 나홀과 밀가의 손녀라고 종에게 말한다. 그녀는 또한 그들에게 환대를 베풀 충분한 공간과 식량이 있다고 종을 안심시킨다.

이제 종은 하나님이 기도에 응답하셨다고 온전히 확신하고, 그래서 아브라함이 자기에게 준 임무를 완수할 수 있도록 이곳으로 인도해 주신 하나님을 찬양한다. 하나님은 아브라함에게 "사랑"과 "성실"을 보여 주셨다(27절). 이 두 단어는 언약과 밀접하게 관련되고, 하나님이 족장에게 하신 약속을 철저히 지키고 계신다는 의미를 전달한다.

라반과의 협상(24:28-61)

리브가는 다시 한번 손님을 대접하는 일에 넘치는 활기와 설렘을 보이며, "어머니 집"에 소식을 알리기 위해 달려간다. 가장 먼저 응대한 가족은 이어지는 장들에서 중요한 인물이 될 라반이다. 서술자의 묘사에 따라 느껴지는 그의 첫인상은 교활하고, 탐욕스럽고, 기회주의적인 청년으로 느껴진다. 그의 흥분은 종이 자기 누이에게 준 선물 때문에 생겨난 것이다. 그렇지만 오라버니가 결혼 협상에 개입하는 것은 당시의 관습이었으므로 그의 개입이 부적절한 것은 아니다(창 34:11-17; 아 8:8-12을 보라). 또한 그는 종을 따뜻하게 맞이하면서 자기 집에서 접대를 받으라고 권한다.

무명의 종과 수행원은 브두엘의 집에 도착한 뒤, 고대에 이루어진 환대의 최고 수준의 대접을 받는다. 낙타의 짐을 내려 주고 낙타에게 먹이를 주었고, 여행으로 더러워진 발을 씻을 수 있도록 사람들에게 물을 가져다주었다.

그들은 또한 먹을 음식도 가져왔지만, 종은 아브라함에게 완수하겠다고 맹세한 의무를 이행할 때까지 먹을 생각조차 하지 않는다. 물론 그 의무는 이 집안에서 이삭의 신붓감을 구하는 것이었다. 분명 리브가가 바로 그 여자인 듯하지만, 그녀나 그녀의 가족이 결혼에 동의할지가 아직 분명하지 않다.

이 시점에 종은 리브가의 아버지 브두엘과 오라버니 라반에게(50절), 자기 가족 중에서 이삭의 아내를 찾으려는 아브라함의 소망을 전달한다. 고대 사회에서의 전형적 모습을 따라 오라버니인 라반이 협상에 관여하고, 종이 말을 꺼내도록 권유하는 역할을 맡는다. 종은 아브라함의 재산에 대해 또한 아브라함과 사라가 노년에 아들을 낳았다는 사실을 알려 준다. 아브라함은 가나안 족속의 딸들이 아니라 자기 가족 중에서 아들의 신붓감을 얻기 원한다는 사실도 말해 준다. 또한 종은 만약 "그들[여자의 가문]이 네게 주지 않을" 경우 자기가 아브라함에게 한 맹세에서 풀려날 것임을 브두엘과 라반에게 알려 준다(41절).

종은 계속해서 우물가에서 리브가를 만난 이야기를 들려준다. 그는 하나님께 기도하면서 시험을 준비했는데, 리브가가 그 시험을 훌륭하게 통과했다. 그런 다음 브두엘과 라반에게 결단을 촉구한다. "이제 당신들이 인자함과 진실함[이 말들에 대해서는 앞의 내용을 보라, 27절에서 "사랑"과 "성실"로 번역되었다—옮긴이]으로 내 주인을 대접하려거든 내게 알게 해 주시고 그렇지 아니할지라도 내게 알게 해 주[소서]"(49절).

50절에서 라반이 브두엘보다 먼저 언급된다는 사실은 라반이 결정의 주동자라는 점에 추호의 의심도 없음을 암시할 것이다. 그들은 전심으로 동의하고 "이 일이 여호와께로 말미암았[다]"고 믿는다. 그들이 누구라고 방해하겠는가? 그뿐 아니라 그들은 누이/딸을 매우 부유하고 성공한 남자에게 시집보낼 것이다.

아브라함의 종은 감사해야 할 분이 하나님이심을 알고 그렇게 한다. 그 후에 종은 리브가와 그녀의 오라버니 라반 그리고 어머니에게 선물을 주었다(아마 나머지 결혼 대금이라고 할 수 있다, 22절을 보라). 이 중요한 일이 처리되었기에 그들은 모두 함께 음식을 먹은 뒤 밤을 보냈다.

이제 거래가 성사되었으므로 종은 아브라함에게 돌아가고 싶어 하지만, 라반과 그의 어머니는 출발을 늦추고 싶었다. 그들이 왜 상당 기간("며칠 또는 열흘", 55절) 그들의 귀환을 미루려 했는지 확실하지 않다. 그들이 결혼을 찬성하지 않았다고 생각할 이유는 전혀 없다. 사사기 19장에서 학대하는 레위인과 함께 딸의 출발을 늦추려 했던 첩의 아버지가 보인 행동에서 동기를 읽어 낼 수 있을 것이다. 아마 그들은 진심으로 리브가가 집을 떠나는 것을 아쉬워했거나 그럴 준비가 되지 않았다고 염려했을 것이다.

후자가 맞다면, 리브가는 58절에서 가족들의 걱정을 잠재우며 "가겠나이다"라고 말한다. 그래서 리브가의 가족은 그녀의 자손이 많을 것이고 그들이 적을 제압할 것이라고 축복하며 그녀를 떠나보냈다. 아마 우리는 훗날 왕정 시대에 이스라엘이 브두엘과 라반의 후손인 아람인들과 싸움을 벌일 것을 염두에 두고 이 축복을 읽어야 할 것이다(삼상 14:47, "소바의 왕들"; 삼하 8:3-8; 10-12장; 왕상 15:16-22; 22:1-38 등).

이삭이 리브가를 만나다(24:62-67)

그들이 아브라함과 이삭이 살던 네게브 지역으로 돌아온 후, 이삭과 리브가는 처음으로 만난다. 리브가가 도착할 때 이삭은 들판에 나와 있었고, 그는 "묵상"하고 있었다(63절). 하지만 NIV 성경 각주에서 분명히 지적하듯이 이것이 까다로운 동사의 정확한 의미인지는 확실하지 않고, 그래서 어떤 사람들은 그가 명상하거나 기도하고 있던 것이 아니라 돌아가신 어머니로 인해 슬퍼하고 있었다고 생각한다. 안타깝게도 우리는 아무것도 확신할 수 없다.[6]

그가 이삭이라는 사실을 알았을 때, 리브가는 얼굴을 가리고 겸손한 모습을 보였다. 이삭은 리브가를 이제 고인이 된 어머니 사라의 장막으로 데려갔는데, 이 장소는 두 사람의 관계가 그곳에서 완성되었음을 시사한다. 중매결혼이었지만, 본문은 이삭이 리브가를 사랑했고 어머니를 잃은 후 두 사람의 관계에서 위안을 얻었음을 분명히 보여 준다.

— 이야기 살아내기 —

합당한 사람과 결혼하기

아브라함은 아들 이삭을 '합당한'(right) 여성과 결혼시키기 위해 노심초사했다. 그에게 '합당한' 여성은 가나안 사람이 아니다. 가나안 사람은 결국 하나님이 아니라 바알과 아세라 같은 다른 신을 숭배했다.[7] 죄가 "가득 차"서(창 15:16) 심판받을 가나안 사람이 아니라, 아브라함의 후손이 약속의 땅을 받아야 한다. 그래서 아브라함은 이삭의 적합한 아내를 찾기 위해 자기 종을 메소포타미아 북서부로 보냈고, 우리는 방금 리브가와의 성공적인 만남 이야기를 읽었다.

이삭과 리브가의 이야기는 족장의 자녀들이 아내를 찾는 마지막 기사가 아니다. 사실 다음 세대에 우리는 이삭의 두 아들, 에서와 야곱의 인상적인 대조를 관찰할 것이다. 실제로 리브가는 에서와 헷 여인의 결혼을 싫어했고(창 27:46), 이 결혼은 리브가가 이삭을 부추겨 메소포타미아 북서부로 야곱을 보내 아내를 찾게 하는 동기로 작용한다. 나중에 에서는 이스마엘의 후손인 가까운 친척과 결혼하여 실수를 만회하려고 노력할 것이다(28:6-9). 실제로 창세기의 나머지 이야기를 읽다 보면, 아브라함이 낳은 선택된 혈통에 속한 사람들의 결혼을 이런저런 방식으로 다루는 여러 본문을 만날 것이다.

이것을 참 하나님에 대한 올바른 경배와 성품 문제가 아니라 민족적 순수성 문제로 생각하는 것은 실수라고 할 수 있다. 아브라함의 종은 단지 가족 안의 아무 여자에게나 관심이 있었던 게 아니라, 합당한 여자를 찾기 위해 고안한 시험에서 드러나는 합당한 성품을 가진 여자에게 관심이 있었다.

시간이 흐르면서 비이스라엘 여성이 구속 이야기에서 중요한 남성과 결혼하는 사례가 나올 것이다. 우리는 여기서 라합과 룻을 중요한 예시로 생각한다. 밧세바를 헷 족속으로 단정하기는 힘들지만, 그녀의 첫 남편 우리아는 분명 헷 족속이었다. 이처럼 구속의 혈통으로 시집온 이 이방인들은 구속사에서 맡은 중요성으로 인해 성경에서 언급되므로, 우리는 언급되지 않은 훨씬 더 많은 이방인이 있었을 것으로 추정할 수 있다. 나중에 에스라와 느헤미야가 유대인 아내와 이혼하고 이방 여인과 재혼한 유대인 남성들에게 이의를 제기했을 때, 그렇게 했던 이유는 여인들이 이방인이기 때문이 아니라 야웨를 예배하는 데 동참하지 않았기 때문이다. 따라서 그들은 많은 이방 여인과 결혼하여 여인들에 대한 사랑으로 인해 그들과 같은 거짓 신들을 숭배한 솔로몬과 같은 죄를 범하지 않을까 염려한다(왕상 11:1-13).

창세기 24장과 창세기의 다른 결혼 기사에서 결혼에 관하여 무언가 배울 수 있을까? 여기서 우리는 늘 그렇듯 단순히 고대 구약의 세계와 우리의 세계 사이에 연속성을 가정하지 않도록 매우 주의해야 한다. 예를 들어, 결혼 문화는 결국 가부장적이고 반(半)유목적인 씨족 배경에서 현대의 도시 환경으로 변화해 왔다. 다소 엄밀하게 말하자면 우리는 배우자 선택과 결혼 관습이 그대로 유지될 것이라고 가정해서는 안 된다.

사실 창세기 내에서도 가부장 관습이 아주 똑같지는 않다. 아브라함은 종을 보내 이삭의 아내를 찾지만, 이삭은 아들 야곱을 같은 장소로 보내 직접 아내를 찾게 한다. 또한 성경 전체를 통틀어 배우자 찾기와 결혼에 적용되는 단일한 성경적 패턴은 분명 존재하지 않는다. 간혹 부모가 자녀의 배우자를 선택하는 듯 보이지만, 아가서는 낭만적 열망이 부부의 결합으로 이어진 시대를 증언한다.

배우자 선택을 위한 성경의 청사진을 찾으려는 시도를 약화시키기에 충분한 말을 했다. 이하모니(E-Harmony) 같은 온라인 데이트 플랫폼에 본질적으로 비성경적인 것은 전혀 없고, 감사해야 할 것이 많다. 성경적인 방법으로 배우자 찾기를 위해서 우물가에 갈 필요는 없다.

배우자를 선택하는 방법에 관해서는 배울 수 있는 것이 없지만, 어떤 유형의 배우자를 선택해야 하는지에 관해서는 무언가 배울 수 있지 않을까? 내가 보기에 여기서 아브라함 전략의 기본 목적을 살펴보면 무언가 배울 점이 있다. 그는 자기 아들이 가장 근본적인 가치를 공유한 사람과 결혼하기를 원했고, 그래서 종을 가나안에서 고향으로 보내 경건한 여인, 즉 성품을 갖춘 여인을 찾게 한다.

결국 무엇이 중요한가? 여기서 아브라함의 생각과 무관하지 않다고 보이는 후대의 본문을 인용할 수 있겠다. "고운 것도 거짓되고 아름다운 것도 헛되나 오직 여호와를 경외하는 여자는 칭찬을 받을 것이라"(잠 31:30). 아가서는 아름다움도 그 나름의 자리가 있다고 말하지만, 현자들은 아름다움을 올바른 위치, 곧 부차적인 자리에 두었다. 배우자의 한 가지 중요한 특성은 하나님을 향한 올바른 태도다(남성에 대해 비슷한 내용은 시 112:1을 보라).

이런 배경을 염두에 두고 우리는 고린도후서 6:14-18에 나오는 사도 바울의 말에 귀를 기울여야 한다.

너희는 믿지 않는 자와 멍에를 함께 메지 말라. 의와 불법이 어찌 함께 하며 빛과 어둠이 어찌 사귀며 그리스도와 벨리알이 어찌 조화되며 믿는 자와 믿지 않는 자가 어찌 상관하며 하나님의 성전과 우상이 어찌 일치가 되리요. 우리는 살아 계신 하나님의 성전이라. 이와 같이 하나님께서 이르시되

내가 그들 가운데 거하며
두루 행하여
나는 그들의 하나님이 되고
그들은 나의 백성이 되리라.
그러므로
너희는 그들 중에서 나와서
따로 있고
부정한 것을 만지지 말라.
내가 너희를 영접하여
너희에게 아버지가 되고
너희는 내게 자녀가 되리라.
전능하신 주의 말씀이니라
하셨느니라.

물론 이 본문은 구체적으로 결혼에 관한 것이 아니지만, 결혼보다 더 친밀한 인간관계는 없다는 점을 고려할 때, 바울이 이 경고에 결혼을 포함하지 않았다고 상상할 수는 없을 것이다. 결국, 삶을 형성하는 가장 중요하고 기본적인 관계(하나님과의 관계)를 부부가 공통으로 공유하지 않으면 진정한 친밀감을 느끼기 매우 힘들다는 것은 상식만으로도 분명하다. 하나님과 우리의 관계가 삶의 중심이라면, 우리 삶에서 가장 중요

한 사람과 그 관계를 공유하는 것은 매우 중요하다. 인생의 결정이 하나님을 중심에 두고 내려져야 한다면, 함께 결정을 내리는 사람이 하나님을 인정하지 않을 경우 그러한 결정을 내리기 힘들어진다. 믿지 않는 배우자는 기껏해야 관용을 베풀거나 존중하거나 혹은 그냥 믿는 배우자 삶의 독립된 부분으로 대하기로 선택할 것이다.

따라서 성경 전체의 맥락에서 읽을 때 창세기 24장은 아직 결혼하지 않은 사람들에게 '합당한' 배우자, 즉 경건한 배우자를 선택하라는 격려가 될 수 있다. 바울은 이미 불신자와 결혼한 사람들에게 희망을 주면서, 믿지 않는 배우자가 믿는 배우자를 통해 "거룩하게 되고", 믿지 않는 배우자가 관계를 버리지 않는 한 믿는 배우자는 그와 함께 있어야 한다고 말한다(고전 7:12-16). 블롬버그(Blomberg)에 따르면 16절은 불신자가 구원을 받는다는 의미가 아니라는 것이 분명하지만, 이 절은 "가족 중 한 명이라도 주님을 따를 때 오는, 비그리스도인 배우자와 자녀에게 파생되는 축복"을 가리킨다.[8]

거룩한 배우자

창세기 24장은 이삭과 리브가의 만남과 결혼에 관한 달콤하고 비교적 순조로운 이야기다. 아브라함은 문제를 해결하려고 서두르지 않고 하나님을 신뢰하면서 이삭의 신부를 찾기 위해 집안의 종을 메소포타미아 북서부로 보낸다. 하나님이 리브가를 이삭의 아내로 데려오셨다는 사실은, 종이 하나님께 기도하는 마음으로 정한 성품 시험에 리브가가 통과했을 때 분명히 드러났다. 휴스가 지적하듯이 사실 "리브가는 종이 기도를 시작하기 전에 집을 떠났다고 결론을 내리는 것이 합리적이다. 따라서 우리는 모든 것이 하나님의 섭리라고 보아야 한다."[9] 우리가 곧 살펴볼 전형적으로 이기적인 라반조차 이 일을 방해하지 않는다. 종은 성실하게 리브가를 이삭에게 데려가고 두 사람은 결혼한다. 이야기는 잘 마무리된다. "이삭이…그를 맞이하여 아내로 삼고 사랑하였으니 이삭이 그의 어머니를 장례한 후에 위로를 얻었더라"(24:67).

이 평화롭고 서정적인 이야기는 창세기의 다른 소란스러운 결혼, 즉 자기 신부가 라헬이라고 착각한 야곱과 레아의 결혼(29:14-30)과 대조를 이룬다. 따라서 이것이 본래 의도된 결혼의 그림이다("이러므로 남자가 부모를 떠나 그의 아내와 합하여 둘이 한 몸을 이룰지로다", 2:24). 물론 이삭과 리브가의 관계에 관한 이야기는 여기서 끝나지 않고, 그들의 결혼 생활에서 타락의 결과가 드러나는 때가 많이 있겠지만("너는 남편을 [지배하기] 원하고 남편은 너를 다스릴 것이니라", 3:16b), 창세기 24장의 결말은 결혼이 어떠해야 하는지를 잠시 성찰해 보게 한다. 즉 하나님과 우리의 친밀한 관계에 대해 또한 그리스도와 우리의 관계에 대해 그리스도인의 관점에서 성찰하는 것이다.

우리는 이미 창세기 2장에서 결혼이 그리스도와 우리의 친밀하고 열정적이며 배타적인 관계를 묘사하는 데 널리 사용된 이미지라는 사실을 살펴보았고("그리스도: '심오한 신비'" 단락을 보라), 여기서는 그 내용을 자세히 설명하지 않고 언급만 하겠다. 그 대신 우리는 요한복음 4장과 예수님이 우물가에서 여인을 만나신 기사로 시선을 돌린다.

앞서 '이야기 설명하기'에서 언급했듯이, 이 이야기는 구약성경에서 남자(종 곧 이삭의 대리인, 야곱, 모세)와 여자(리브가, 라헬, 십보라)가 만나 결혼의 전조를 보여 주는 세 경우 중 첫 번째다. 예수님이 우물가에서 한 여성과 대화하는 모습을 볼 때 제자들은 (또한 복음서의 독자들 역시) 이 배경을 놓치지 않았을 것이다. 사실 사마리아의 수가라는 마을에 있는 그 우물은 족장 야곱의 삶과 관련된 우물이었으므로, 야곱에 대한 기억을 일깨웠을 것이다.

당연히 제자들은 "예수께서 여자와 말씀하시는 것을 이상히 여겼다"(요 4:27). 우물가라는 배경은 이 만남이 현대 독자들이 상상하는 것보다 더 친밀한 관계로 이어질 수 있었음을 암시한다. 또한 예수님은 결혼이나 성적 관계가 아니라 친밀한 관계, 훨씬 더 중요한 관계, 곧 하나님과의 관계로 그녀를 초대하고 계셨다. 실제로 (또한 여기서 우리는 창세기 2장 후반부에 관한 이전 해설을 고려하고 있다) 예수님은 "어린양의 혼인 잔치"에서 절정을 이룰(계 19:1-10) 자기와의 영적 결혼으로 우리 모두를 초대하신다.

이와 관련하여 (창 16장을 다루는 장 '이야기 살아내기'의) "구원하는 천사" 단락을 보라.

23

창세기 25:1-11

25:1아브라함이 후처를 맞이하였으니 그의 이름은 그두라라 2그가 시므란
과 욕산과 므단과 미디안과 이스박과 수아를 낳고 3욕산은 스바와 드단을
낳았으며 드단의 자손은 앗수르 족속과 르두시 족속과 르움미 족속이며
4미디안의 아들은 에바와 에벨과 하녹과 아비다와 엘다아이니 다 그두라
의 자손이었더라 5아브라함이 이삭에게 자기의 모든 소유를 주었고 6자기
서자들에게도 재산을 주어 자기 생전에 그들로 하여금 자기 아들 이삭을
떠나 동방 곧 동쪽 땅으로 가게 하였더라 7아브라함의 향년이 백칠십오 세
라 8그의 나이가 높고 늙어서 기운이 다하여 죽어 자기 열조에게로 돌아가
매 9그의 아들들인 이삭과 이스마엘이 그를 마므레 앞 헷 족속 소할의 아들
에브론의 밭에 있는 막벨라 굴에 장사하였으니 10이것은 아브라함이 헷 족
속에게서 산 밭이라 아브라함과 그의 아내 사라가 거기 장사되니라 11아브
라함이 죽은 후에 하나님이 그의 아들 이삭에게 복을 주셨고 이삭은 브엘
라해로이 근처에 거주하였더라

이야기 속 다른 본문 경청하기

성경 본문: 창세기 12:1-3; 17:3-8; 23장

하나님은 처음에 아브라함에게 그의 후손이 "큰 민족"이 될 것이라고 약속하셨고(12:2) 그래서 아브라함 내러티브의 강조점은 이삭의 탄생에 있었다. 그런데 하나님이 이 약속을 성취하실 뜻을 아브라함에게 재확인시켜 주시기 위해 두 번째 오셨을 때 "내가 너로 심히 번성하게 하리니 내가 네게서 민족들이 나게 하며 왕들이 네게로부터 나오리라"고 말씀하셨다(17:6). 이 시점에 그의 첩 하갈의 아들 이스마엘의 후손과 다른 첩 그두라의 아들들이 시야에 들어오는데, 이 장에서는 그두라의 아들

들에 대해 살펴볼 것이다.

이 본문의 마지막 문단은 아브라함이 에브론에게서 매장용 굴을 매입한 기사가 나오는 창세기 23장으로 거슬러 올라간다. 그곳에서 언급했듯이 이 이야기는 사라의 매장지를 마련하는 것 외에도, 아브라함의 자손들이 "큰 민족"(12:2)이 될 것이라는 하나님의 말씀에 내포된 땅 약속의 성취로서, 약속의 땅 일부를 소유하게 되었음을 독자들에게 알려 준다. 이삭의 탄생이 아브라함의 많은 후손 중 첫 번째 탄생이듯, 굴을 매입한 것은 땅 약속 성취의 전조다.

이야기 설명하기

아브라함과 그두라(25:1-4)

우리는 이제 이스마엘의 짧은 '톨레도트'(25:12-18)와 이삭의 긴 '톨레도트'(25:19-35:29)로 나아가기 전에 데라의 '톨레도트'(11:27-25:11) 마지막에 다다랐다. 아브라함의 죽음에 관한 기사 전에, 우리는 그의 노년에 또 다른 아내 그두라라는 여성이 있었다는 사실을 알게 된다. 이 아내에 대한 기록의 중요성은 그들의 후손이 다른 많은 나라의 조상이라는 사실과 관련된다. 창세기 17장에서 하나님은 아브라함에게 사라가 "여러 민족의 어머니가 되[리니]…민족의 여러 왕이 그에게서 나리라"고 약속하셨다(17:16). 아브라함과 그두라에게서 기원한 나라들[짧은 목록은 대상 1:32-33도 보라, 여기서 그두라는 "아브라함의 첩"(새번역)이라고 불린다]은 이 약속과 관련이 없지만, 우리는 하나님이 아브라함의 삶에서 이전에 주신 놀라운 약속도 넘어서시는 분이라고 이해해야 할 것이다.

우리는 시므란에 대해 추측만 할 수 있지만, 욕산은 두 아들을 낳았고, 그들은 스바 족속과 드단 족속의 조상이었다(물론 이 셈족 드단과 창 10:7에서 함의 후손 사이의 연관성은 불분명하지만 말이다, 렘 25:23-24; 49:8; 겔 25:13; 27:20을 보라). 드단의 후손은 앗수르 족속[아시리아인일 수도 있지만 더 작은 부족일 가능성이 크다]과 르두시 족속, 그리고 더 알려진 바 없는 르움미 족속이라고 언급된다.

아브라함과 그두라의 네 번째 열거된 아들 미디안은 미디안 족속, 즉 시나이 반도와 아라비아 반도 서쪽 광야를 떠돌던 유목 민족의 시조다. 그의 자녀들은 미디안 족속의 씨족 우두머리들로 여겨진다[에바와 미디안(또한 스바)을 함께 언급하는 사 60:6을 보라].

아브라함의 유산(25:5-6)

아브라함은 아직 살아 있을 때 자녀들에게 선물을 줌으로써 관심과 사랑을 보여 주었다. 그렇지만 이스마엘과 마찬가지로, 아직 자신이 살아 있을 때 그들을 멀리 내보냈다. 특히 아브라함은 그들을 (약속의 땅) 동쪽으로 보냈는데, 그들에게서 기원할 나라들이 그곳에 뿌리내렸다.

아브라함에게 많은 자녀가 있었지만 약속을 상속할 자녀는 이삭이었다. 그래서 내러티브는 아브라함이 죽었을 때 이삭이 아브라함의 재산을 상속한 사람임을 보여 주려고 애쓴다(5-6절).

아브라함의 죽음과 매장(25:7-11)

7-11절에 나오는 아브라함의 죽음에 관한 짧은 기사에서 데라의 '톨레도트'는 종결된다. 그는 175세까지 살았는데, 이 장수한 세월은 그가 하나님의 복을 받았음을 보여 준다. 사실 아브라함의 나이는 하나님이 홍수 때에 정하신 한계를 넘어선다(창 6:3). 그는 장수했을 뿐 아니라 충만한 삶을 살았다. 물론 그의 길고 충만한 삶은 때로 전혀 쉽지 않았지만, 이 죽음 기록은 모든 것이 마무리되는 이 시점에 그의 삶이 만족스러웠다는 인상을 준다.

아브라함은 헷 사람 에브론에게서 구입한 땅(창 23장)에 사라와 함께 묻혔다. 그곳은 약속의 땅에 체류하던 초기에 아브라함이 한동안 살았던 장소 마므레 근처 막벨라 굴이었다(창 13:18; 14:13; 18:1). 특히 이스마엘이 매장지에서 이삭과 함께 아버지와 이별하는 장면은 흥미롭고 감동적이다. 이스마엘을 마지막으로 본 것은 아브라함이 어머니 하갈과 함께 그를 내보낼 때였다(창 21:8-21). 그때 그들은 광야 여행에서 살아남아 바란 광야에 정착했다. 이스마엘은 결혼했다. 우리는 이스마엘에 대한 언급을 너무 깊이 읽지 않도록 주의해야 하지만, 그의 존재는 두 형제 사이에 모종의 관계가 유지되었음을 암시하는 듯하다. 그렇지 않다면 어떻게 아버지의 죽음을 알 수 있었겠는가? 이스마엘에 대한 언급은 또한 족장의 죽음에 관한 서술 이후의 첫 에피소드, 즉 이스마엘의 '톨레도트'를 준비한다.

이야기 살아내기

행복한 결말

아브라함은 길고 파란만장한 삶을 살았다. 이전 장들의 내러티브는 그가 이미 75세였을 때 시작되었다(12:24). 그는 175세에 죽었지만, 아브라함 이야기는 대부분 약속의 땅에 도착한 후와 (아브라함이 백 살일 때) 이삭이 태어나기까지의 기간에 초점을 맞춘다. 이삭을 결박하는 이야기(아케다, 창 22장)와 이삭의 신부를 선택하는 이야기(창 24장)는 그 후에 일어났고, 따라서 성경 저자가 언급하지 않기로 한 많은 일이 있었다.

그렇지만 아브라함의 삶에 대한 묘사를 보면 그의 삶은 잘 끝마쳤다고 할 수 있다. 우리는 그의 생애 대부분의 기간에 하나님과의 관계에서 어려움을 겪었고 약속의 성취를 가로막는 장애물에 맞닥뜨렸을 때 종종 두려움과 조작하는 방식으로 대응했음을 보았다. 그런데 이삭이 태어난 후 아브라함은 하나님에 대한 한결같은 신뢰를 보여 준다. 실제로 하나님은 그의 초기 실책에도 불구하고 나중에 이삭에게 그의 아버지가 "내 말을 순종하고 내 명령과 내 계명과 내 율례와 내 법도를 지켰[다]"고 말씀하실 것이다(26:5). 신약에서 아브라함을 회고할 때, 그의 성품이나 삶의 문제점을 보지 않는다. 오히려 신약은 그가 믿음의 사람임을 본다(히 11:8-12, 17-19). 이런 묘사는 왜곡이 아니라 그가 어떻게 삶을 마감했느냐는 렌즈를 통해 내린 평가다.

아브라함의 생애 마지막에 관한 기사는 모든 사람에게 영감을 주지만, 아마 특히 우리 중 60세가 넘은 이들에게 더욱 그렇다. 뜻밖의 획기적인 의학적 진일보가 없다면 우리 중 누구도 아브라함처럼 오래 살 수 없겠지만 오늘날 우리는 70세, 80세, 90세 심지어 100세까지 살 수도 있다. 우리는 언제 죽을지 모르고, 우리 모두 '이 삶을 어떻게 마감할 것인가?'라는 질문을 스스로에게 던지고 싶다. 두려움, 의심, 위축, 불안이 가득한 삶을 살 것인가? 아니면 나이나 신체 능력과도 관계없이 그리스도를 위해 세상에 영향을 미치려고 노력하면서 확신에 찬 믿음의 삶을 살 것인가? 사실은 우리 모두 나이와 관계없이 하나님이 우리를 영접하실 것을 기대하며 다음과 같은 칭찬을 받고자 분투하는 삶을 살아야 한다. "잘하였도다. 착하고 충성된 종아. 네가 적은 일에 충성하였으매 내가 많은 것을 네게 맡기리니 네 주인의 즐거움에 참여할지어다"(마 25:21).

24

창세기 25:12-18

25:12사라의 여종 애굽인 하갈이 아브라함에게 낳은 아들 이스마엘의 족보
는 이러하고 13이스마엘의 아들들의 이름은 그 이름과 그 세대대로 이와
같으니라 이스마엘의 장자는 느바욧이요 그 다음은 게달과 앗브엘과 밉삼
과 14미스마와 두마와 맛사와 15하닷과 데마와 여둘과 나비스와 게드마니
16이들은 이스마엘의 아들들이요 그 촌과 부락대로 된 이름이며 그 족속대
로는 열두 지도자들이었더라 17이스마엘은 향년이 백삼십칠 세에 기운이
다하여 죽어 자기 백성에게로 돌아갔고 18그 자손들은 하윌라에서부터 앗
수르로 통하는 애굽 앞 술까지 이르러 그 모든 형제의 맞은편에 거주하였
더라

이야기 속 다른 본문 경청하기

성경 본문: 창세기 12:1-3; 16장; 17:6; 21:8-21

우리는 이제 아브라함이 첩 하갈에게서 낳은 첫째 아들(창 16장) 이스마엘의 '톨레도트'에 이르렀다. 앞 본문에 포함된 문단(25:1-4)에는 아브라함이 그두라를 통해 낳은, 선택받지 않은 자손의 이름이 나온다. 이스마엘과 그의 후손도 언약에 대하여 같은 관계에 있지만, 이스마엘은 상속자로서 이삭의 지위를 위협하는 잠재적 적수로 등장하여 훨씬 두드러지는 인물이다. 그렇지만 그두라의 후손처럼 이스마엘과 그의 후손도 아브라함에게 주신 하나님의 약속, 곧 "내가 네게서 민족들이 나게 하며 왕들이 네게로부터 나오리라"의 성취다(17:6).

창세기 25:12에서는 이스마엘의 짧은 '톨레도트'("족보")를 소개하면서 그가 이집트인 하갈을 통해 낳은 아브라함의 아들이라고 설명한다. 이전 내러티브에서 충분히 명확해졌듯이 그는 아브라함 언약의 약속을 다음 세대로 이어 갈 인물이 아니다. 그렇지만 내러티브는 이스마엘에 대한 관심을 그냥 놓지 않는다. 사실 서술자는 선택받은 아들 이삭에게 관심을 돌리기 전에 선택받지 않은 아들 이스마엘을 다루는데, 에서와 야곱에서도 볼 수 있는 패턴이다. 아브라함과 사라에게서 쫓겨난 후, 광야에서 절망의 순간에 하나님은 하갈에게 "그가 큰 민족을 이루게 하리라"고 약속하셨다(21:18). 조엘 카민스키(Joel Kaminsky)가 지적한 것처럼 사실 "선택받지 않은 형제(이 경우에 이스마엘)라고 해서 반드시 하나님의 모든 호의에서 배제되는 것은 아니다. 이스마엘은 선택받은 자녀가 아니었고 그래서 언약에서 제외되었지만, 창세기 12장에 나오는 아브라함의 본래 약속을 부분적으로 받는다. 즉 그는 복을 받고, 많은 자녀를 낳고, 큰 민족이 된다."[1]

그런 다음 '톨레도트'는 이스마엘의 열두 아들을 열거하는데, 이 이름들은 "마을과 부락의 이름이며, 또한 이 사람들이 세운 열두 지파 통치자들의 이름"이다(16절, 새번역). 따라서 하나님의 약속이 성취되고 있다. 그들은 유목 민족으로, 18절에 따르면 "하윌라에서부터 앗수르로 통하는 애굽 앞 술까지…거주"했다(18절). 이미 보았듯이 술은 시나이 반도와 연결되지만(16:7), 대부분의 사람은 여기서 하윌라가 아라비아 반도를 가리킨다고 생각한다. 물론 앗수르는 메소포타미아 북부에 있다. 지리적 영역은 다소 광범위하고 정확하게 한정되지 않는데, 이는 이스마엘의 유목적 특성과 일치한다. 창세기 37:25-28에서 우리는 그들이 무역에 종사하는 것을 볼 것이다. 마지막으로 언급된 내용은 그들이 자기들과 관련된 불특정 부족에게 적대적이었다는 점이다(개역개정의 “그 모든 형제의 맞은편에 거주하였더라”는 새번역에서 “모든 형제들과는 적대감을 가지고 살았다”로 번역된다—옮긴이). 이 적대감은 이스마엘이 아주 어렸을 때 하갈에게 주어진 신탁에서 예고된 것이었다.

그가 사람 중에 들나귀같이 되리니
그의 손이 모든 사람을 치겠고
모든 사람의 손이 그를 칠지며
그가 모든 형제와 대항해서 살리라. (창 16:12)

이야기 살아내기

모든 민족을 위한 약속

이 짧은 이스마엘의 ‘톨레도트’(또한 더 길지만 여전히 상대적으로 짧은 에서의 ‘톨레도트’, 창 36장)는 창세기에서 선택받지 않은 이들의 지위에 관한 중요하고 인상적인 메시지를 전달한다. 이스마엘은 약속을 전수할 자는 아니지만, 적어도 잠재적으로 세상 모든 민족과 마찬가지로 언약 약속의 수혜자다(“땅의 모든 족속이 너로 말미암아 복을 얻을 것이라”, 12:3). 다시 말하지만 우리는 아브라함과 그의 후손만이 아니라, 그들을 통해 열방도 하나님의 복을 받는다는 사실을 계속해서 명심해야 한다. 하나님은 선택받지 않은 이들에게 적대적이거나 무관심하지 않으시다. 그분은 세상의 모든 민족을 세심하게 돌보신다.

그런데 카민스키의 분류를 사용하자면, 만약 비선택자(nonelect)가 하나님과 그분의 선택된 백성을 대적할 경우 그들은 반선택자(antielect)가 될 수도 있다. 결국 하나님은 아브라함에게 “너를 축복하는 자에게는 내가 복을 내리고" 그뿐 아니라 "너를 저주하는 자에게는 내가 저주하리니"라고 선언하신다(12:3).

그리스도인들이 창세기 12:3을 읽을 때(또한 17:4-6; 22:18; 26:4; 28:14도 보라), 우리는 예수님이 오신 후 이방인('열방')이 새 언약에 포함된다고 생각하며, 당연히 그래야 한다. 신약 저자들은 이방인의 언약 참여가 궁극적으로 창세기 12:3에서 유래한 구약의 예언적 기대(예를 들어, 사 2:2-5; 49:22-23; 51:4-5; 60:3-16; 66:12-13; 미 4:1-5; 7:12-15; 슥 14:16-21)의 성취라고 이해한다(또한 롬 3:21-4:25; 8:1-17; 9:30-10:17; 11:13-32; 갈 2:11-4:7; 엡 2:11-22; 3:4-6을 보라).

오늘날 이방 그리스도인들은 하나님의 구속 계획에서 우리가 추가된 사안이 아니라는 사실을 깨달아야 한다. 구약 시대에도 야웨께 동조하고 율법을 지키고 이스라엘과 동일시하는 이방인은 언약에 참여할 수 있었다(라합, 룻, 삼갈, 우리아, 나아만). 하지만 예수님이 오신 후에는 이방인이 이스라엘에게 오는 대신, 제자들이 나아가서 "모든 민족을 제자로 삼아"야 한다(마 28:19).

25

창세기 25:19-34

25:19아브라함의 아들 이삭의 족보는 이러하니라 아브라함이 이삭을 낳았
고 20이삭은 사십 세에 리브가를 맞이하여 아내를 삼았으니 리브가는 밧단
아람의 아람 족속 중 브두엘의 딸이요 아람 족속 중 라반의 누이였더라
21이삭이 그의 아내가 임신하지 못하므로 그를 위하여 여호와께 간구하매
여호와께서 그의 간구를 들으셨으므로 그의 아내 리브가가 임신하였더니
22그 아들들이 그의 태 속에서 서로 싸우는지라 그가 이르되 이럴 경우에
는 내가 어찌할꼬 하고 가서 여호와께 묻자온대 23여호와께서 그에게 이르
시되 두 국민이 네 태중에 있구나 두 민족이 네 복중에서부터 나누이리라
이 족속이 저 족속보다 강하겠고 큰 자가 어린 자를 섬기리라 하셨더라
24그 해산 기한이 찬즉 태에 쌍둥이가 있었는데 25먼저 나온 자는 붉고 전
신이 털옷 같아서 이름을 에서라 하였고 26후에 나온 아우는 손으로 에서
의 발꿈치를 잡았으므로 그 이름을 야곱이라 하였으며 리브가가 그들을
낳을 때에 이삭이 육십 세였더라 27그 아이들이 장성하매 에서는 익숙한
사냥꾼이었으므로 들사람이 되고 야곱은 조용한 사람이었으므로 장막에
거주하니 28이삭은 에서가 사냥한 고기를 좋아하므로 그를 사랑하고 리브
가는 야곱을 사랑하였더라 29야곱이 죽을 쑤었더니 에서가 들에서 돌아와
서 심히 피곤하여 30야곱에게 이르되 내가 피곤하니 그 붉은 것을 내가 먹
게 하라 한지라 그러므로 에서의 별명은 에돔이더라 31야곱이 이르되 형의
장자의 명분을 오늘 내게 팔라 32에서가 이르되 내가 죽게 되었으니 이 장
자의 명분이 내게 무엇이 유익하리요 33야곱이 이르되 오늘 내게 맹세하라
에서가 맹세하고 장자의 명분을 야곱에게 판지라 34야곱이 떡과 팥죽을 에
서에게 주매 에서가 먹으며 마시고 일어나 갔으니 에서가 장자의 명분을
가볍게 여김이었더라

이야기 속 다른 본문 경청하기

성경 본문: 창세기 12:1-3

아브라함이 약속을 받고 2세대에서 3세대로 넘어가는 이야기에 다다를 때도 창세기 12:1-3은 계속 내러티브에 영향을 미친다. 누가 이삭과 리브가의 선택받은 아들이 되고, 누가 선택받지 않은 아들이 될 것인가?

— 이야기 설명하기 —

야곱과 에서의 탄생(25:19-26)

창세기 25:19은 창세기 12:1-3에서 아브라함이 받은 언약의 약속을 후대로 전달할 아들 이삭의 '톨레도트'("족보")를 소개한다. 그래서 그의 '톨레도트'는 이스마엘의 '톨레도트'보다 상당히 길다. 그렇지만 이삭은 창세기에서 충분히 다루어지지 못한 인물로, 그에게 초점을 맞춘 특징적인 이야기는 거의 없다. 내러티브는 오히려 그의 자녀들, 특히 야곱에게 초점을 맞춘다. 물론 에서에게도 맞춰진다. 이 현상은 '톨레도트'에서 이례적이지 않다. '톨레도트'는 자녀에게 초점을 맞추는 경향이 있기 때문이다. 다만 이에 따라 이삭에게 초점을 맞춘 아브라함의 '톨레도트'가 없다는 점이 강조되고, 그래서 이삭은 과도기적 인물 정도라는 인상을 받는다. 그의 이야기는 아버지나 아들과 비교하면 별로 관심을 받지 못하기 때문이다.

그래서 이삭의 '톨레도트'는 먼저 그의 두 자녀 에서와 야곱의 탄생 이야기를 들려준다. 쌍둥이가 태어나는 방식은 이후의 관계와 줄거리 전개를 예고한다.

탄생 이야기는 이전 내러티브를 상기시켜 주면서 시작된다. 아브라함은 이삭의 아버지였고, 이삭은 브두엘의 딸이요, 라반의 누이인 리브가와 결혼했다(창 24장). 리브가도 시어머니와 마찬가지로 자녀가 없었다. 그녀의 상황은 이삭을 기도로 이끌었고, 그녀는 임신했다(뒤에 나오는 "끊임없는 기도의 능력" 단락을 보라). 사라가 아이를 갖지 못한 일과 관련하여 언급한 것처럼 하나님이 그때와 지금 여성 족장의 태를 열어 주신 사실은, '자손'이 인류를 향한 하나님의 목적에서 중요하다는 사실을 보여 준다. 다시 말해서 자손은 하나님의 선물이고, 태를 열어 주시는 하나님의 행동을 통해 세상에 태어난다.

미래에 대한 첫 번째 예고는, 복중에서 아이들이 싸우는 것을 느끼면서 리브가가 하나님께 질문할 때 나온다. 왜 이런 일이 일어나는지 그녀가 묻자 하나님은 중요한 신탁을 전하며 답하신다.

> 두 국민이 네 태중에 있구나.
> 두 민족이 네 복중에서부터 나누이리라.
> 이 족속이 저 족속보다 강하겠고
> 큰 자가 어린 자를 섬기리라. (25:23)

따라서 리브가는 처음부터 자기 자식이 둘 다 미래에 형성될 나라들의 조상이 되겠지만, 힘이 동등하지 않다는 사실을 안다. 또한 당시의 관습과 반대로, 나이 많은 자가 어린 자를 섬길 것이다.[1] 따라서 둘 중 누가 먼저 모태에서 나오느냐는 매우 중요한 의미가 있다.

아니라 다를까 리브가의 태에는 쌍둥이가 있었고, 싸움은 모태에서 산도를 거쳐 세상에 나올 때까지 계속된 듯하다. 아기 야곱은 아기 에서의 발뒤꿈치를 붙잡고 그를 따라 모태 밖으로 나왔다. 마치 에서를 끌어당겨 우선권을 차지하려는 것처럼 보인다. 물론 신탁을 들은 리브가는 하나님이 형이 아니라 동생에게 우선권을 주실 줄을 알았을 것이다.

부모는 태어날 때 두 아들을 설명하는 이름을 지어 주었다. 에서는 털이 너무 많아서 마치 털옷을 입고 있는 듯했고, 그래서 '털이 많은'이라는 뜻의 에서라는 이름을 주었다. 앞서 설명했듯이 야곱은 에서의 발뒤꿈치를 잡고 태어났고, 그래서 야곱 또는 '발뒤꿈치를 잡다'라는 이름을 주었다. NIV 각주에서 지적하듯이 후자에는 "속이다"라는 또 다른 관용적 의미가 있다. 부모들이 그런 의미를 의도했는지는 의심스럽지만, 이야기가 진행되면서 이 이름이 야곱의 성격에 딱 들어맞음을 알 수 있다. 그들이 태어날 때 이삭의 나이는 60세였다. 이삭이 태어날 때의 아브라함만큼 나이가 많지는 않았지만, 처음 아버지가 되기에는 여전히 많은 나이였다. 머지않아 리브가와 야곱은 그의 늙은 나이를 악용할 것이다.

에서가 장자의 명분을 팔다(25:27-34)

이 이야기는 소년들의 유년 시절에 머물지 않고, 27절에서 바로 방향을 돌려 청소년기 또는 청년기의 중요한 순간으로 넘어간다. 에서는 야외 활동을 좋아하는 사람이었고, 야곱은 집에 머물기를 좋아하는 청년이었다.[2] 실제로 털이 많은 에서의 몸과 들을 사랑하는 모습은 길가메시 서사시에 나오는 태초의 인간 엔키두와 비교되곤 했다.[3] 에서는 사냥꾼이고 아버지가 좋아했던 반면, 야곱은 어머니와 함께 있기를 선호하고 요리를 좋아한다.

어느 날 에서가 사냥을 마치고 돌아왔을 때, 그는 장막에 들어가 동생이 붉은 죽을 요리하고 있는 것을 보았다. 배가 고팠던 에서는 동생에게 죽을 좀 달라고 부탁했다. 올터의 주장에 따르면, 에서가 '먹다'에 사용한 단어(*l't*의 '히필' 형)는 동물에게만 사용되었고(물론 그는 이런 경우가 랍비 시대 히브리어 용법인지를 밝히지 않는데, 이것이 성경에서 이 동사의 유일한 용례이기 때문이다), "내 아가리에 쑤셔 넣어다오"(let me cram my maw)라고 번역하기를 제안한다.[4] 그런데 야곱은 에서에게 그것을 주기 전에 에서가 장자의 명분을 자기에게 팔아야 한다는 조건을 내건다.

에서는 맏아들이었고, 따라서 당시 관습에 따라 아버지의 재산 중 제일 좋은 몫을 상속받을 것이다. 야곱은 이 장자의 명분을 팥죽 한 그릇과 바꾸자고 부탁했고, 에서는 그렇게 하겠다고 맹세한다.

에서가 실제로 굶어 죽을 가능성은 극히 낮기 때문에("내가 죽게 되었으니"는 극적인 과장이다) 이 거래는 매우 불공평하다. 따라서 이 이야기는 에서를 미래보다 현재를 더 중시하는 사람으로 묘사한다. 또한 그를 영적인 것이 아니라 육욕적인 것에 관심을 두는 사람으로 그린다. 우리는 앞으로 이삭의 '톨레도트'의 에피소드에서 이런 특징이 계속되는 것을 볼 것이다.

이 이야기는 또한 에서에게 에돔이라는 두 번째 이름을 부여하는데, 이 이름은 장자의 명분과 바꾸고 먹은 팥죽의 색을 따온 '붉다'는 의미다. 후대의 독자들은 이 이름이 에서와 후대의 에돔 족속, 즉 이스라엘 동쪽 요단강 너머에, 사해 남동쪽에, 모압 남쪽에 살던 민족과의 관계를 알려 준다는 사실을 즉각 알아챌 것이다. 나중 역사에서 에돔과 이스라엘 사이에는 여러 면에서 갈등이 있을 것이다(민 20:14-21; 삼하 8:14; 왕상 22:47; 왕하 8:20). 바빌론이 예루살렘을 멸망시킬 때 에돔은 모종의 방법으로 상황을 이용했다. 정확한 설명은 나오지 않지만, 시편 137:7, 예레미야애가 4:22, 에스겔 35:15, 오바댜 1:10-14 같은 본문을 참조하면 이 내용을 확인할 수 있다.

이 이야기는 또한 야곱의 성품을 소개하는 역할도 한다. 그는 조작에 능했고, 미래를 생각할 때도 자기 이익을 위해 그렇게 했다.

그래서 에서는 "떡과 팥죽"을 위해 동생에게 장자의 명분을 팔았다(34절). 이 판매 행위의 정확한 의미는 분명하지 않다. 어떤 식의 법적 효력도 없는 듯하다. 나중에 리브가와 야곱은 이삭이 큰아들에게 주려고 의도한 복을 야곱이 받게 하려고 이삭을 속여야 했기 때문이다. 이 이야기는 야곱과 (특히) 에서의 인물 묘사를 통해 그 나중 이야기를 준비한다고 볼 수 있다. 이야기 전달자가 이 에피소드를 통해 남기고자 한 인상은 이 장 마지막 절에 표현된 생각이다. "에서가 장자의 명분을 가볍게 여김이었더라." 올터는 이 장면이 시사하는 바를 올바르게 파악하고 이렇게 말한다. "에서는…하나님의 선택을 이어 가는 통로, 곧 아브라함의 씨가 되는 장자의 명분을 전달하는 자가 되기에는 영적으로 적합하지 않다. 그는 일순간의 노예고 육체가 부리는 폭정의 노예라서, 하나님이 언약을 통해 어마어마한 역사적 운명을 성취할 것이라고 약속한 백성의 선조가 되기에는 부족하다."[5] 반대로 야곱은 미래에 대한 관심을 보여 주지만, 미래를 보장받기 위해 계산적 방식으로 애쓰는 것은 독자들에게 한 인간으로서 호감을 주지 못한다. 그렇지만 야곱이 이삭을 속여 축복을 받을 때 독자들은 장자의 명분보다 자신의 배에 더 관심이 있는 근시안적인 사람, 에서에 대한 동정심을 잃고 만다.

이야기 살아내기

"하나님께서 세상의 미련한 것들을 택하사"(고전 1:27)

월터 브루그만은 고린도전서에 나오는 바울 논평의 실례를 야곱에게서 본다. "그러나 하나님께서 세상의 미련한 것들을 택하사 지혜 있는 자들을 부끄럽게 하려 하시고 세상의 약한 것들을 택하사 강한 것들을 부끄럽게 하려 하시며 하나님께서 세상의 천한 것들과 멸시받는 것들과 없는 것들을 택하사 있는 것들을 폐하려 하시나니"(고전 1:27-28). 브루그만은 계속해서 야곱의 이야기가 "순순하지 않은 여러 동기가 거칠게 뒤섞인 야곱의 모습을 보여 준다. 이 약속의 손자는 신실한 할아버지 아브라함이나 성공한 아버지 이삭에 비하면 악한이다"라고 지적한다.[6]

실제로 야곱 이야기는 하나님이 자기 목적을 성취하시기 위해 세상에서 지혜롭고 힘 있고 존경받는 사람이 아니라, 어리석고 약하고 멸시받는 사람을 사용하신다는 사실을 일깨워 준다. 그 결과는 무엇인가? 바울에 따르면 하나님이 이렇게 하시는 이유는 다음과 같다. "아무 육체도 하나님 앞에서 자랑하지 못하게 하려 하심이라. 너희는 하나님으로부터 나서 그리스도 예수 안에 있고 예수는 하나님으로부터 나와서 우리에게 지혜와 의로움과 거룩함과 구원함이 되셨으니 기록된 바 자랑하는 자는 주 안에서 자랑하라 함과 같게 하려 함이라"(고전 1:29-31).

그리스도인은 예수님 시대는 물론이고 오늘날에도 불신자의 눈에 어리석고 약하게 보인다. 하지만 바울은 세상의 눈으로 볼 때 예수님도 그러셨다는 사실에서 우리가 용기를 얻기를 바란다. 바울은 "유대인은 표적을 구하고 헬라인은 지혜를 찾으나 우리는 십자가에 못 박힌 그리스도를 전하니 유대인에게는 거리끼는 것이요 이방인에게는 미련한 것"이라고 말했다(고전 1:22-23). 또한 특별히 하나님은 어리석고 약하다고 여겨지고 멸시받던 예수님을 택하셔서 세상을 구원하셨다. 따라서 "부르심을 받은 자들에게는 유대인이나 헬라인이나 그리스도는 하나님의 능력이요 하나님의 지혜"이시다(고전 1:24).

행위로 말미암지 않고 오직 부르시는 이로 말미암아(롬 9:11)

로마서 9장에 대한 무(Moo)의 탁월한 해설에 따르면, 바울은 자기 메시지가 유대인들에게는 대체로 배척당했지만, 많은 이방인에게는 환영받았던 상황을 배경으로 이야기하고 있다.[7] 구약의 약속은 이스라엘을 향하는 것처럼 보이기 때문에 이런 상황은 의문을 불러일으킨다. 바울은 이 문제에 대해 대답하면서 "하나님의 말씀이 폐하여진 것 같지 않도다"라고 선언한 다음, 구약으로 돌아가 "이스라엘에게서 난 그들이 다 이스라엘이 아니[다]"라고 주장한다(롬 9:6). 다시 말해서 아브라함의 육체적 후손(이스마엘이 아닌 이삭)이라고 해서 모두 약속을 받는 것이 아니며, 하나님이 선택하신 자녀들만 약속을 받는다. 요컨대 "하나님은 결코 모든 이스라엘에게 구원을 약속하지 않으셨다."[8] 따라서 유대 민족 중 일부만이 복음을 인정했다는 사실은 구약의 약속에 어긋나는 것이 아니다. 로마서 9:10-13에서 바울은 자기주장을 제시하기 위해 야곱과 에서의 이야기로 돌아간다.

이삭과 이스마엘의 이야기는 하나님과의 관계가 인간의 노력이나 지위에 따른 결과가 아니라 하나님의 자비하심에 따른 결과라고 주장한다. 둘 다 아브라함의 후손이지만, 한 사람은 선택받았고 다른 사람은 선택받지 못했다. 이와 같은 요점은 야곱과 에서를 다루는 10-13절에서 한층 더 극명해진다. 결국 이삭과 이스마엘은 둘 다 아브라함의 자녀이지만 서로 다른 시점에, 서로 다른 어머니에게 태어났다. 야곱과 에서는 그렇지 않았다. 그들의 아버지와 어머니는 같았고, 그들은 "우리 조상 이삭 한 사람으로 말미암아 임신"했다(10절). 물론 한 사람은 다른 사람보다 조금 먼저 태어났지만, 하나님은 예상된 순서를 뒤집어 형보다 동생을 선택하신다. 사실 바울은 하나님이 "무슨 선이나 악을 행하지 아니한 때"에 에서보다 야곱을 택하셨다고 청중에게 말한다(11절).

바울은 야곱과 에서의 이야기를 통해 소수의 유대인만 복음에 응답했다는 사실에도 불구하고 구약에서 하나님의 약속은 실패하지 않았음을 예증한다. 그러면서 또한 복음에 응답한 사람은 누구나 자기의 선함이나 지위나 노력 때문이 아니라, 하나님의 자비 때문에 그렇게 했다고 단언한다.

이 단락은 다소 귀에 거슬리는 말라기 1:2-3 인용문으로 끝난다. "내가 야곱은 사랑하고 에서는 미워하였다"(롬 9:13). 이것은 셈족의 수사적 과장일 수도 있지만, 무가 지적한 것처럼 이 말은 하나님이 약속의 수혜자로 야곱을 택하셨고 에서는 거부하셨다는 의미가 담긴 언약의 말로

해석될 가능성이 더 크다.[9]

로마서에서 사용한 이 야곱과 에서 이야기의 의미는 원래의 청중에게 그러했던 것처럼, 우리에게도 같은 영향을 끼친다. 우선, 이 이야기는 하나님이 구약의 약속에 신실하셨다는 확신을 우리에게 준다. 또한 그리스도를 통한 하나님과 우리의 관계가 자기 노력의 결과가 아니라, 하나님의 자비로운 선택의 결과임을 상기시킨다. 따라서 우리는 자기가 다른 사람보다 더 낫다고 느끼지 말고, 오히려 우리를 하나님과의 관계로 이끌어 주신 그분께 감사해야 한다. 우리의 적절한 반응은 예배와 순종이다.

우리는 또한 이삭과 야곱의 선택이 곧 하나님이 이스마엘과 에서를 버리셨다는 의미가 아니라는 점을 기억해야 한다. 실제로 창세기에서는 두 경우 모두 하나님이 선택받지 않은 자들을 돌보신다고 분명히 밝힌다. 구약 이야기가 말하는 선택은 구원을 위한 선택이 아니고, 구속사 내 특정 역할을 위한 선택이다. 그렇지만 바울이 구약 이야기를 사용하는 방식에는 다른 목적이 있기에, 그는 여기에서 에서가 비선택자가 아니고 반선택자라고 주장한다.[10] 이 점은 그의 마지막 말라기 인용문에서 확인된다. 이 인용문은 본래 맥락에서 개인 에서가 아니라 그에게서 기원한 나라, 곧 이스라엘에 폭력적으로 대항한 에돔 족속을 가리킨다. 창세기의 에서 묘사와 예언자가 에돔 족속을 배경에 두고 에서를 다루는 방식의 차이는 말라기 1:2-5(또한 아모스 1:11-12)을 고찰하는 자코비치(Zakovitch)에 의해 잘 표현된다. "이 새로운 예언에 비추어 볼 때, 에서는 더 이상 무고하게 속은 형이 아니라, 보복을 받아 마땅하고 그에 따라 벌을 받아야 하는 악한이 되었다."[11]

영적 장자의 명분을 가볍게 여기는 것

"에서가 장자의 명분을 가볍게 여김이었더라"(25:34). 이로써 현재 이야기는 끝난다.

어떻게 그럴 수 있었을까? 어떻게 팥죽 한 그릇이라는 보잘것없는 값에 그토록 귀한 선물을 내주었을까? 미뇬 제이컵스(Mignon Jacobs)가 잘 표현하듯이 "에서는 음식이 장자의 명분보다 더 가치 있다고 봄으로써 영구적 결과를 낳는 해결책으로, 일시적 문제를 해소할 수 있다고 확신했다. 그는 위스키 한 병이나 마약 한 알을 얻기 위해 자기 집을 내주는 사람의 풍자화다."[12]

우리는 에서의 행동에서 교훈을 얻어야 한다. 엄청난 영적 은사를 가진 우리 예수님의 제자들이, 이 사실을 당연하게 여기면서 번번이 그 은사를 사소한 것과 바꾸고 있지는 않은가? 나는 대학생 시절에 그리스도인이 되었고 새로 발견한 믿음에 흥분했다. 신학교에 갈 때 예수님을 따르면서 깊이 있고 지적으로 성경을 믿는 학교에 간다는 열망으로 불타올랐던 것을 기억한다. 물론 신학교에서 같은 열정을 가진 많은 사람을 만났지만, 또한 수업에 참석해서 예수님에 대해 심드렁하게 말하는 많은 학생의 소극적인 모습에 충격을 받기도 했다. 흥미롭게도 이 학생들은 대부분 신자의 자녀였다. 다시 말해, 그들은 교회에서 자랐고 항상 자신이 그리스도인이라고 생각했다. 그들은 신학교에 진학하기로 결심했지만, 믿음보다 그들을 흥분시키는 많은 것이 있었다. 청년 시절에 그리스도인이 되었다는 사실이 나를 기쁘게 했다.

물론 40여 년 전의 일이다. 지난 40년을 돌이켜 보면, 부끄럽지만 그리스도와 나의 믿음을 당연하게 여긴 때가 많았다. 나는 이제 여러 동료 신학생의 태도를 조금 더 잘 이해한다.

다시 말해, 팥죽 한 그릇을 위해 그리스도 안에서 우리가 가진 영적 장자의 명분을 기꺼이 팔아넘기는 에서의 순간을 우리 가운데 대부분은 경험한다. 결국 그리스도를 따르는 것이, 배고플 때 먹는 맛있는 팥죽 한 그릇이나 스테이크 같은 즉각적인 만족으로 이어지지 않는다. 그리스도인의 삶에는 깊은 의미가 있고, 그것이 우리 삶을 의미 있게 만들지만, 그 삶이 제공하는 '풍성한 생명'을 완벽하게 행복하고 고통 없는 삶으로 이해한다면, 우리는 금방 실망하게 되고 현재 우리가 누리는 영적 기쁨보다 못한 것을 허용하고 말 것이다.

우리는 히브리서 저자의 경고에 귀를 기울이는 것이 좋겠다. 그는 광야에서의 방황을 상기시키면서, 독자들에게 믿음으로 정진하고 이생의 많은 장애물에도 불구하고 그리스도인에게 천국을 의미하는 약속의 땅에 들어가는 상을 고대하라고 말한다. 우리의 영적 장자 명분은 새 하늘과 새 땅의 하나님 앞에서 누리는 영생이다. 당장의 만족을 주지만 영광스러운 미래를 상실할 수도 있는 팥죽 한 그릇이나 육욕적 쾌락을 위해 그것을 팔지 말자.

끊임없는 기도의 능력

"이삭이 그의 아내가 임신하지 못하므로 그를 위하여 여호와께 간구하매 여호와께서 그의 간구를 들으셨으므로 그의 아내 리브가가 임신하였더니"(25:21). 이삭은 기도했고 하나님은 기도에 응답하셨다. 이 절을 표면적으로 읽으면, 하나님이 이삭의 기도에 빨리 응답하신 것으로 들린다. 마치 어느 날 밤에 기도했더니 다음 날 아침 하나님이 응답하신 것처럼 말이다.

하지만 우리는 더 자세히 읽어야 한다. 20절을 보면 "이삭은 사십 세에 리브가를 맞이하여 아내를 삼았고" 27절을 보면 "리브가가 그들을 낳을 때에 이삭이 육십 세"였다. 이삭은 기도 응답을 받기까지 20년 동안 기도했다.

기술 문명의 시대에 우리는 즉각적인 만족을 요구한다. 하나님이 우리 기도에 즉시 응답하지 않으신다면, 기도에 문제가 있거나 혹은 하나님께 무언가 문제가 있는 게 분명하다. 우리는 종종 하나님이 우리의 필요와 욕구를 채우시는 분이라고 생각한다. 하나님이 그렇게 하지 않으시거나 즉시 그렇게 하지 않으신다면, 무슨 소용이 있겠는가?

하나님은 우리의 하늘 심부름꾼이 아니다. 때로 그분은 우리가 원하거나 심지어 필요한 것을 주지 않으신다. 후자와 관련하여 "오늘 우리에게 일용할 양식을 주옵소서"라는 기도에 하나님이 그분의 지혜 가운데 응답하지 않으심으로 인해 굶어 죽은 경건한 사람들이 있다. 우리는 왜 하나님이 어떤 기도에는 응답하시고 다른 기도에는 응답하지 않으시는지를 이해하지 못한다. 우리는 하나님이 찬양과 간구로 나아오라고 초대하신다는 사실만 안다. 구하지 않으면 받지 못한다. 또한 가끔 우리는 이삭처럼 끈질기게 구해야 한다. 이삭의 기도는 아버지와 어머니의 경험에서 또한 하나님이 다음 세대에 약속을 전달할 사람이 자기라는 사실에서 힘을 얻었을 것이다.

이삭이 드린 20년간의 기도 대장정은 예수님의 끈질긴 과부 비유를 떠올리게 한다(눅 18:1-8). 기도 제목은 정의의 문제였지만, 이 비유는 하나님께 끈질기게 청원하도록 우리 모두에게 동기를 부여하는 데 사용되어 왔고 지금도 사용될 수 있다. 이 비유에는 과부가 등장하여 하나님이나 다른 사람에게 관심이 없는 재판관에게서 정의를 구현하고자 애쓴다. 과부는 계속 재판관 앞에 나타나 정의를 구하고, 결국 재판관은 그녀가 자기를 귀찮게 하지 않도록 정의를 베푼다. 예수님은 "하물며 하나님께서 그 밤낮 부르짖는 택하신 자들의 원한을 풀어 주지 아니하시겠느냐. 그들에게 오래 참으시겠느냐"라고 결론을 맺으신다(눅 18:7). 이 비유와 이삭의 예에서 배울 교훈은 하나님이 정말 올바른 방법으로 올바른 때에 응답하실 것이라는 지속적인 소망을 품고 하나님께 끈질기게 기도해야 한다는 것이다.

26

창세기 26장

26:1아브라함 때에 첫 흉년이 들었더니 그 땅에 또 흉년이 들매 이삭이 그랄
로 가서 블레셋 왕 아비멜렉에게 이르렀더니 2여호와께서 이삭에게 나타
나 이르시되 애굽으로 내려가지 말고 내가 네게 지시하는 땅에 거주하라
3이 땅에 거류하면 내가 너와 함께 있어 네게 복을 주고 내가 이 모든 땅을
너와 네 자손에게 주리라 내가 네 아버지 아브라함에게 맹세한 것을 이루
어 4네 자손을 하늘의 별과 같이 번성하게 하며 이 모든 땅을 네 자손에게
주리니 네 자손으로 말미암아 천하 만민이 복을 받으리라 5이는 아브라함
이 내 말을 순종하고 내 명령과 내 계명과 내 율례와 내 법도를 지켰음이
라 하시니라 6이삭이 그랄에 거주하였더니 7그곳 사람들이 그의 아내에 대
하여 물으매 그가 말하기를 그는 내 누이라 하였으니 리브가는 보기에 아
리따우므로 그 곳 백성이 리브가로 말미암아 자기를 죽일까 하여 그는 내
아내라 하기를 두려워함이었더라 8이삭이 거기 오래 거주하였더니 이삭
이 그 아내 리브가를 껴안은 것을 블레셋 왕 아비멜렉이 창으로 내다본지
라 9이에 아비멜렉이 이삭을 불러 이르되 그가 분명히 네 아내거늘 어찌
네 누이라 하였느냐 이삭이 그에게 대답하되 내 생각에 그로 말미암아 내
가 죽게 될까 두려워하였음이로라 10아비멜렉이 이르되 네가 어찌 우리에
게 이렇게 행하였느냐 백성 중 하나가 네 아내와 동침할 뻔하였도다 네가
죄를 우리에게 입혔으리라 11아비멜렉이 이에 모든 백성에게 명하여 이르
되 이 사람이나 그의 아내를 범하는 자는 죽이리라 하였더라 12이삭이 그
땅에서 농사하여 그 해에 백 배나 얻었고 여호와께서 복을 주시므로 13그
사람이 창대하고 왕성하여 마침내 거부가 되어 14양과 소가 떼를 이루고
종이 심히 많으므로 블레셋 사람이 그를 시기하여 15그 아버지 아브라함
때에 그 아버지의 종들이 판 모든 우물을 막고 흙으로 메웠더라 16아비멜
렉이 이삭에게 이르되 네가 우리보다 크게 강성한즉 우리를 떠나라 17이삭

이 그곳을 떠나 그랄 골짜기에 장막을 치고 거기 거류하며 [18]그 아버지 아
브라함 때에 팠던 우물들을 다시 팠으니 이는 아브라함이 죽은 후에 블레
셋 사람이 그 우물들을 메웠음이라 이삭이 그 우물들의 이름을 그의 아버
지가 부르던 이름으로 불렀더라 [19]이삭의 종들이 골짜기를 파서 샘 근원을
얻었더니 [20]그랄 목자들이 이삭의 목자와 다투어 이르되 이 물은 우리의
것이라 하매 이삭이 그 다툼으로 말미암아 그 우물 이름을 에섹이라 하였
으며 [21]또 다른 우물을 팠더니 그들이 또 다투므로 그 이름을 싯나라 하였
으며 [22]이삭이 거기서 옮겨 다른 우물을 팠더니 그들이 다투지 아니하였으
므로 그 이름을 르호봇이라 하여 이르되 이제는 여호와께서 우리를 위하
여 넓게 하셨으니 이 땅에서 우리가 번성하리로다 하였더라 [23]이삭이 거기
서부터 브엘세바로 올라갔더니 [24]그 밤에 여호와께서 그에게 나타나 이르
시되 나는 네 아버지 아브라함의 하나님이니 두려워하지 말라 내 종 아브
라함을 위하여 내가 너와 함께 있어 네게 복을 주어 네 자손이 번성하게
하리라 하신지라 [25]이삭이 그 곳에 제단을 쌓고, 여호와의 이름을 부르며
거기 장막을 쳤더니 이삭의 종들이 거기서도 우물을 팠더라 [26]아비멜렉이
그 친구 아훗삿과 군대 장관 비골과 더불어 그랄에서부터 이삭에게로 온
지라 [27]이삭이 그들에게 이르되 너희가 나를 미워하여 나에게 너희를 떠나
게 하였거늘 어찌하여 내게 왔느냐 [28]그들이 이르되 여호와께서 너와 함께
계심을 우리가 분명히 보았으므로 우리의 사이 곧 우리와 너 사이에 맹세
하여 너와 계약을 맺으리라 말하였노라 [29]너는 우리를 해하지 말라 이는
우리가 너를 범하지 아니하고 선한 일만 네게 행하여 네가 평안히 가게 하
였음이니라 이제 너는 여호와께 복을 받은 자니라 [30]이삭이 그들을 위하여
잔치를 베풀매 그들이 먹고 마시고 [31]아침에 일찍이 일어나 서로 맹세한
후에 이삭이 그들을 보내매 그들이 평안히 갔더라 [32]그 날에 이삭의 종들
이 자기들이 판 우물에 대하여 이삭에게 와서 알리어 이르되 우리가 물을
얻었나이다 하매 [33]그가 그 이름을 세바라 한지라 그러므로 그 성읍 이름

이 오늘까지 브엘세바더라 [34]에서가 사십 세에 헷 족속 브에리의 딸 유딧
과 헷 족속 엘론의 딸 바스맛을 아내로 맞이하였더니 [35]그들이 이삭과 리
브가의 마음에 근심이 되었더라

이야기 속 다른 본문 경청하기

성경 본문: 창세기 12:1-3; 12:10-20; 20장

26장은 이삭에 초점을 맞춘 이야기가 나오는 몇 안 되는 곳 중 하나다. 이삭의 '톨레도트'는 대부분 야곱에 초점을 맞추지만, 여기서 우리는 이삭, 바로 그에 대해 듣는다.

이 장의 첫 에피소드는 그 땅의 기근에 대한 이삭의 대응을 묘사한다. 사실 첫 절은 아브라함 시대의 기근을 기억나게 한다(12:10-20과 20장을 보라). 아브라함 이야기는 약속의 성취를 가로막는 위협에 대한 아브라함의 반응을 보여 주므로, 아브라함의 믿음의 삶이라는 주제에 어울린다. 거기서 보았듯이, 아브라함은 자기를 보호하기 위해 두려움과 조작으로 반응하면서 사라의 신분에 대해 거짓말했다. 즉 사라를 자기 누이로 말하고 아내로서 사라의 신분을 숨겼다. 이렇게 하여 아브라함은 여성 족장(또한 약속의 자녀를 낳을 사라의 모태)을 위험에 빠뜨렸다. 여기서 이삭은 아브라함과 아주 비슷하게 행동할 것이다. 하지만 우리는 아브라함의 경우에 그러했던 것처럼 믿음의 여정이라는 주제를 발전시키지는 못한다. 여기서 우리는 아들이 아버지처럼 행동하는 것을 보는데, 바람직한 소식은 아니다.

아브라함은 기근 중에 두 번 이방 영토에 들어갔고 자기 목숨을 구하기 위해 사라에 관해 거짓말했다. 현재 이야기는 두 번째 이야기(20장)에 더 가깝다. 두 번 모두 족장은 그랄이라는 블레셋 지역, 곧 브엘세바와 가사 사이의 약속의 땅 남쪽에 위치하고 아비멜렉이라는 왕이 통치

하던 도시에 들어갔기 때문이다. 하지만 이삭이 만난 아비멜렉이 아버지와 거래한 사람과 동일 인물이라고 생각할 필요는 없다. '내 아버지는 왕이시다'라는 뜻의 아비멜렉은 왕위명(throne name)일 수 있고, 실제로 그렇게 들린다.

— 이야기 설명하기 —

이삭이 그랄에 가다(26:1-6)

하나님은 이삭이 기근을 피해 남쪽으로 더 먼 이집트로 가지 않기를 바라셨고, 그래서 계속해서 약속의 땅 경계 안에 있는 그랄에 머물라고 지시하셨다. 하나님은 또한 이 기회를 통해 이삭에게 언약의 약속을 재확인해 주신다(3-4절). 사실 아브라함에게 처음 주어진 약속의 모든 주요 요소가 여기서 반복된다. 하나님은 아브라함과 이삭의 후손을 큰 민족으로 만드실 텐데, 이는 땅과 함께 많은 자손을 낳는 것으로 풀이된다. 하나님은 아브라함과 이삭의 자손에게 복을 주실 것이고, 그들은 "천하 만민"에게 복이 될 것이다(4절).

5절은 특히 흥미롭다. 여기서 하나님은 아브라함의 순종으로 인해 마음이 움직여 이 약속을 성취하겠다고 말씀하신다(창 22장의 논의를 보라). 훨씬 흥미로운 점은 아브라함의 순종이 모세 이후 시대(post-Mosaic)의 언어로 묘사된다는 사실이다. "이는 아브라함이 내 말을 순종하고 내 명령과 내 계명과 내 율례와 내 법도를 지켰음이라"(5절). 한마디로 아브라함은 모범적인 율법 준수자고, 따라서 율법을 지키는 사람에게 주어지는 복을 받을 자격이 있다. 존 레벤슨은 이 절이 유대인들이 아브라함을 해석할 때의 핵심이라고 파악한다. 레벤슨에 따르면 많은 유대인 독자에게 아브라함의 가장 중요한 덕목은 (그리스도인 독자의 경우와 달리) 그의

믿음의 태도가 아니라 순종이다. 우리는 둘 다 아주 중요하다고 제안한 바 있다.[1]

이삭이 리브가에 대해 거짓말하다(26:7-11)

7절은 아버지가 전에 사라에 대해 거짓말했던 것처럼 이삭이 리브가에 대해 거짓말하는 모습을 보여 준다. 또한 그는 아름다운 아내를 차지하기 위해 자기를 죽일 수도 있는 사람들로부터 자신을 보호하겠다는 같은 이유로 거짓말한다.

분명 이 상황은 이삭과 리브가가 육체적으로 친밀한 것을 아비멜렉이 볼 때까지 "오래"(8절) 지속되었다. 이로써 이삭의 거짓말이 드러났다. 20장에 있는 아브라함과 아비멜렉의 이야기와 마찬가지로, 여기서 블레셋 왕은 족장의 거짓말에 도덕적으로 분노하는 모습을 보인다. 아비멜렉은 만약 이삭이 자기들에게 알려 준 정보에 따라 행동하면 어떻게 되었을지 생각하면서 몸서리친다. 이삭은 아버지가 그런 것처럼 자기를 정당화하면서, 만약 거짓말하지 않았다면 자신의 목숨이 위태로웠을 것이라고 왕에게 말한다. 아비멜렉은 그런 일은 일어나지 않았을 것이고, 따라서 누군가 이삭이나 리브가를 해치지 못하게 하려고 이삭이 체면을 구기면서까지 거짓말할 필요가 없었다고 분명히 지적한다.

이삭이 번영하다(26:12-22)

앞에서 보았듯이 이삭은 아버지 아브라함이 이방 영토로 이주할 때 두 번(실제로는 더 많이, 20:13을 보라) 행동한 것과 똑같이 처신했다. 실제로 두 번째 기사는 이삭 이야기와 매우 비슷하다. 이삭은 전에 아버지가 이주한 것과 같은 지역, 아비멜렉이라는 이름의 왕이 다스리는 블레셋 도시 그랄로 이주했기 때문이다.

이삭이 리브가에 대해 거짓말한 사건 뒤에 나오는 이야기는 흥미롭게도 아브라함이 사라에 대해 거짓말한 사건 뒤에 나오는 이야기와 비슷하게 들리지만, 정확히 같지는 않다. 창세기 13장에 나오는 이전 이야기는 아브라함과 조카 롯이 늘어난 재산 때문에 헤어져야 했던 과정을 서술한다. 여기, 특히 12-17절에서 이삭은 늘어난 재산 때문에 아비멜렉에게서 더 멀리 이동해야 한다.

이삭의 부는 하나님이 그와 함께하시면서 "복을 주[신]" 표시다(12절). 하지만 그 같은 번영을 가져온 하나님의 복에는 대가가 뒤따랐다. 이삭을 시기한 블레셋 사람들은 이전 세대에 아브라함이 파 놓은 우물을 막음으로써, 그의 노력을 좌절시키려 했다(21:22-34을 보라). 이 상황 때문에 아비멜렉왕은 이삭더러 자기들에게서 멀리 떠나 달라고 당부한다.

그래서 이삭은 아주 멀지 않은 그랄 골짜기로 이동했다. 그곳에는 블레셋 사람들이 전에 막은 우물들이 더 있었다. 이삭은 그 우물들의 덮개를 제거하고 그곳에 정착했다. 또한 아브라함이 우물들에 부여한 이름도 회복했다.

새로운 장소에 도착한 뒤 이삭의 종들은 새로운 우물을 팠지만, 그랄의 목자들과 여전히 갈등을 겪었다. 그들은 그 우물에 에섹, 곧 '분쟁'이라는 이름을 붙였다. 두 번째 우물에서도 분쟁이 있었고, 그들은 그 우물에 싯나, 곧 '다툼'이라는 이름을 붙였다. 세 번째 우물에서는 분쟁이 없었고, 이 우물은 그들 전용으로 사용할 수 있었으므로 르호봇, 곧 '넓음'이라는 이름을 붙였다. 이 일에서 이삭과 그의 종들은 하나님의 손길을 보았다.

이삭은 그랄 골짜기에서 브엘세바로 갔다. 여기서 우리는 아브라함이 전에 아비멜렉 및 그랄의 블레셋 사람들과 용수권을 두고 싸운 일을 떠올린다(창 21:22-34). 이삭이 브엘세바에 이르렀을 때 하나님은 다시 한 번 언약의 약속을 재확인시켜 주시면서, 자기가 "아브라함의 하나님"이라고 밝히시고 아브라함과의 관계 때문에 그에게 복을 주고 그의 후손이 번성하게 하겠다고 약속하신다.

그 응답으로 이삭은 아버지가 그와 같은 상황에서 한 일을 한다. 그것은 바로 제단을 쌓는 것이었다. 물론 제단은 제사와 예배를 드리는 장소고, 또한 제단은 그 장소가 야웨의 땅 일부임을 보여 준다. 이삭은 브엘세바에 정착하여 우물을 팠다.

이삭과 아비멜렉의 조약(26:23-35)

이 시점에 아비멜렉은 두 고위 관리와 함께 다시 이삭에게 온다. 앞서 아브라함 때에도 비골이라는 이름을 보았지만(21:22, 32), 그 사건 이후 60-70년이 지났기 때문에 이 사람은 그 후손이고 아들이 아버지의 직책을 물려받았다고 생각하는 것이 최선이다. 비골 외에 아비멜렉의 친구(personal advisor, 개인 고문)로 묘사된 아훗삿이 왕과 동행했다. 우리는 이 사람에 대해 더 아는 바가 없지만, 이 세 명의 중요한 관리가 온 것은 이삭에게 중요한 볼일이 있고 이삭을 유력한 사람으로 인정한다는 사실을 나타낸다.

하지만 그들이 이삭에게 떠나라고 한 적이 있기 때문에(26:16), 이삭은 그들을 경계하듯 맞이한다. 이삭은 이 조치를 적대적인 행동으로 여겼다. 이삭은 아비멜렉이 왜 지금 자기를 찾아왔는지 의문이 든다. 아비멜렉은 주님이 그와 함께 계심을 알기 때문이라고 대답한다. 일반적으로 아비멜렉과 같은 외부인에게 하나님이 함께하심은 그의 번영을 통해 확인된다(창 39:2을 보라).

흥미롭게도 아비멜렉은 야웨께 공을 돌린다. 그가 야웨라는 이름을 사용한 것은 여러 면에서 놀랍다. 먼저, 이 이름은 불타는 떨기나무에서 모세에게 처음 계시되었을 것이다(출 3장을 보라). 그렇다면 이 이야기를 창세기에 기록한 작가는 이 이름을 지금의 초기 시대로 소급하여 사용했을 수도 있지만, 확신할 수는 없다. 불타는 떨기나무에서 있었던 신명의 계시를 그 이름의 처음 사용이 아니라, 그 이름에 대한 더 깊은 설명으로 읽을 수도 있기 때문이다.

이 질문에 대한 답이 무엇이든, 블레셋 사람이 그 이름을 부르는 것은 놀랍다. 다만 이전의 아비멜렉은 블레셋 사람이지만 하나님을 두려워했고, 따라서 유일신론자는 아닐지라도, 그는 분명 이삭의 하나님을 향한 깊은 존경심을 표한다.

그래서 아비멕렉은 이삭과 공식적인 조약 관계를 맺고 싶어 한다. 여기에 이삭도 동의하고, 그래서 그들은 함께 식사를 나누면서 서로에게 맹세한다. 물론 블레셋과의 관계는 앞으로도 계속 긍정적이지 않을 것이다. 이 이야기는 아마도 나중에 이러한 문제가 생겼을 때, 그 책임을 블레셋 사람들에게 돌리려는 목적에 부합할 것이다.

이삭에게 초점이 맞춰진 이 에피소드는 이 지역의 삶에 매우 중요한 자원인 물을 발견하고 우물을 팠다는 보도로 마무리된다. 이것은 이미 25절에서 언급된 우물일 가능성이 높지만, 여기서 이 보도는 아비멜렉과 체결한 조약에 대한 하나님의 만족을 나타내는 표현일 수 있다.

이전의 우물처럼 이 우물에도 세바라는 이름이 붙는다. 세바는 '일곱'을 의미하거나 '맹세'를 의미할 수 있다. 이 우물은 또한 그 성읍에 브엘세바, 곧 '일곱 우물' 또는 '맹세의 우물'이라는 이름을 부여한다.

학자들은 브엘세바가 이미 아브라함 시대에 그 이름을 얻었다는 사실에 대해 오랫동안 논평해 왔다(21:31). 어떤 학자들은 이 유사성이 본래 분리되어 있던 문서들을 하나로 엮으면서 생긴 것으로 설명할 수 있다고 여기지만, 아브라함의 우물이 말라 버린 후 새로 발견된 이 우물이 아브라함 시대와 같은 이름을 이 성읍에 붙이는 계기가 되었을 가능성도 있다.

아버지의 죄…

이삭과 아비멜렉 이야기를 해설하면서 언급했듯이, 여기서 이삭은 아버지 아브라함의 죄를 반복한다. 아브라함 내러티브에는 자기를 보호하기 위해 아내의 신분에 관해 거짓말한 기사가 두 번 나온다(창 12:10-20; 20장). 실제로 아브라함은 이 속임수가 이방 땅에 들어갈 때마다 보통 행해진 관행이었음을 인정한다(20:13; 창 20장을 다룬 장 후반부의 "습관적인 죄" 단락을 보라). 여기서 이삭은 이전의 아버지처럼 자기를 보호하시는 하나님의 능력에 대한 확신 부족과 두려움으로 행동했다. 그들은 속임수 덕분에 해를 입지 않았겠지만, 분명 아내를 위험에 빠뜨리고, 후손에 대한 약속의 생명력과 고결함을 위태롭게 했다. 하나님은 매번 상황에 개입하셔서 약속의 성취를 확신시켜 주셨다. 약속이 하나님의 구속 목적을 진척시키기 위한 것이라는 특수한 상황을 고려할 때, 우리는 족장들의 죄가 초래한 더 심각한 결과로부터 그들을 지키기 위한 하나님의 개입이 모든 하나님의 백성에게 적용되는 원리라고 속단해서는 안 된다.

그런데 아브라함의 반복적인 죄를 되풀이하는 이삭의 행동은 자녀들이 부모의 발자취를 따르는 경향에 대해 성찰해 보게 한다. 우리는 이와 정반대의 현상이 일어날 것으로 생각할 수도 있고, 가끔 그럴 때도 있다. 하지만 대개 자녀는 성장하면서 부모의 악한 습성에 취약할 것을 예상할 수 있다. 학대받은 자녀는 자라서 학대하는 사람이 될 우려가 더 크다.[2] 알코올 중독자의 자녀는 알코올을 남용할 가능성이 더 크다. 이것은 이미 많이 논의되었고 잘 알려진 경향이지만, 온갖 건강에 해로운 행동을 하는 부모의 자녀는, 부모의 행동으로 인한 결과를 직접 겪은 경우에도 이런 패턴에 더 취약할 수 있다.

부모의 죄가 자식에게 돌아간다는 자주 비판받는 성경 말씀 배후에 이런 안타까운 경향이 자리할 가능성이 크다. 가장 주목할 만한 사례는 하나님이 우상을 숭배하는 자와 그 자녀를 "나를 미워하는 자의…삼사 대까지" 벌하겠다고 선언한 제2계명이다(출 20:5). 이 원리가 긍정적 방향으로도 작용한다는 사실은 하나님이 "나를 사랑하고 내 계명을 지키는 자에게는 천 대까지 은혜를 베푸느니라"고 말씀하는 그다음 절에서 확인할 수 있다(출 20:6).

이런 절들은 기계적인 원리가 아니라 경고다. 자녀들이 영향을 받기 쉬운 부모의 죄를 따르지 말도록 자녀들에게 경고하는 역할을 한다. 안타깝게도 이 경고는 운명론적 진술로 오해될 수 있고, 자녀들이 어떤 행동을 하든지 부모의 죄 때문에 벌을 받는다고 잘못 이해될 수 있다. 예레미야와 에스겔은 그와 같은 결론을 내린 자기 세대 사람들에게 반발한다. 그들의 세대는 여러 세대에 걸쳐 누적된 하나님 백성의 죄에 대한 하나님의 심판에 직면했다. 그들은 자기가 아니라 부모를 탓하는 경향이 있었을 것이다.[3] 예언자는 이런 사람들에게 이렇게 선포한다. "그때에 그들이 말하기를 다시는 아버지가 신 포도를 먹었으므로 아들들의 이가 시다 하지 아니하겠고 신 포도를 먹는 자마다 그의 이가 신 것같이 누구나 자기의 죄악으로 말미암아 죽으리라"(렘 31:29-30; 또한 겔 18:2-3도 보라).

이 본문에서 무엇을 배울 수 있을까? 우리는 대개 부모의 죄에 더 취약하다는 사실을 배운다. 우리가 이를 인식하고 우리를 위험에 빠뜨리는 생각과 행동을 피하기 위한 조치를 취하라는 게 지혜의 가르침이다. 우리 부모가 술을 남용했다면, 우리도 음주 행위를 극도로 조심해야 한다. 하지만 우리는 자기 암시를 통해 현실로 이어지는 일종의 운명론적 태도에도 주의해야 한다. 우리는 부모의 행동이 아니라 자기 행동에 책임을 져야 한다.

그리스도인의 경우, 우리는 죄에 저항하기 위해 자기 힘에 의존할 필요 없이 우리 안에 거하시는 하나님의 영에 의지할 수 있다. 또한 죄를 범할 때 우리는 우리 대신 죽으시고 능력으로 부활하신 예수님을 의지할 수 있다.

하나님의 임재 안에 사는 법

켄트 휴스는 우리에게 도움이 되는 사실에 주목한다. 이 이야기에서 하나님은 이삭에게 과거에도 함께 계셨고["여호와께서 너와 함께 계심"(the Lord has been with you), 28절], 현재에도 함께 계시며["내가 너와 함께 있어"(I am with you), 24절), 미래에도 함께 계실 것["내가 너와 함께 있어"(I will be with you and bless you), 3절)이라고 분명히 말씀하셨다는 것이다. 그는 계속해서 "이삭은 자기 삶에서 하나님이 역동적으로 늘 함께하셨다는 인식이 자라면서 비겁함에서 자신감으로 나아갔다. 이삭은 리브가를 누이라고 속인 불명예에서 회복되어 적대적인 블레셋 사람들 가운데 우뚝 서서 번영을 이루었다"라고 말한다.[4]

이삭의 세계는 적대적인 세계였다. 그는 적어도 처음에는 자기 상황을 제어할 권력이나 통제권이 전혀 없는 땅에 머물던 체류자였다. 하지만 그의 세계는 다른 사람들의 세계와 다르지 않다. 이 이야기에서 아비멜렉보다 더 큰 힘을 가진 사람은 등장하지 않는다. 하지만 이삭의 거짓말과 그를 보호하시려는 하나님의 열망 때문에 아비멜렉의 왕국은 그가 전혀 통제할 수 없는 질병에 걸렸다.

우리가 무력한 체류자든 혹은 유력한 정치인이나 비즈니스 리더든, 우리는 위험한 세상에서 살고 있기에 두려움 가운데 사는 것은 지극히 당연하다. 우리는 신체적으로나 정서적으로, 또는 어떤 식으로도 상처받고 싶지 않다. 어떤 사람들은 자기를 보호하려고 돈과 권력을 축적하지만, 우리는 이미 그것이 효과가 없음을 보았다. 불확실한 미래에 직면하여 위험한 현재를 살고 있는 우리에게 무엇이 평안을 줄 수 있는가?

하나님이 과거에 우리와 함께 계셨고, 지금 함께 계시고, 앞으로도 함께 계실 것을 아는 깨달음뿐이다.

세상 끝 날까지 제자들과 함께 계시겠다고 약속하실 때(마 28:20) 예수님은 그 사실을 잘 아셨다. 요한복음에는 예수님을 따르는 사람들을 위한 그분의 기도가 기록되어 있다. 여기서 예수님은 우리를 고아같이 버려두지 않고 우리에게 오겠다고 약속하신다(요 14:18).

우리는 어떻게 예수님이 우리와 함께하신다는 인식을 키워, (휴스가 이삭에 관해 말하듯이) "비겁함에서 자신감으로" 나아갈 수 있을까? '비법서'를 어디서도 구할 수 없지만, 성경은 하나님과 대화(기도)하고 (성경 읽기를 통해) 하나님의 말씀에 귀 기울임으로써 하나님과 건강한 관계를 발전시키라고 권면한다. 다른 영적 훈련도 하나님의 임재를 인식하는 데 도움을 줄 수 있다. 침묵, 고독, 봉사, 희생적 삶과 더불어 기도와 성경 묵상 등의 훈련을 탐구하고 싶은 사람들은 달라스 윌라드(Dallas Willard)의 글을 참조하는 것이 좋다.[5]

27

창세기 27:1-28:9

— 이야기 경청하기 —

27:1이삭이 나이가 많아 눈이 어두워 잘 보지 못하더니 맏아들 에서를 불러
이르되 내 아들아 하매 그가 이르되 내가 여기 있나이다 하니 2이삭이 이
르되 내가 이제 늙어 어느 날 죽을는지 알지 못하니 3그런즉 네 기구 곧 화
살통과 활을 가지고 들에 가서 나를 위하여 사냥하여 4내가 즐기는 별미를
만들어 내게로 가져와서 먹게 하여 내가 죽기 전에 내 마음껏 네게 축복하
게 하라 5이삭이 그의 아들 에서에게 말할 때에 리브가가 들었더니 에서가
사냥하여 오려고 들로 나가매 6리브가가 그의 아들 야곱에게 말하여 이르
되 네 아버지가 네 형 에서에게 말씀하시는 것을 내가 들으니 이르시기를
7나를 위하여 사냥하여 가져다가 별미를 만들어 내가 먹게 하여 죽기 전에
여호와 앞에서 네게 축복하게 하라 하셨으니 8그런즉 내 아들아 내 말을
따라 내가 네게 명하는 대로 9염소 떼에 가서 거기서 좋은 염소 새끼 두 마
리를 내게로 가져오면 내가 그것으로 네 아버지를 위하여 그가 즐기시는
별미를 만들리니 10네가 그것을 네 아버지께 가져다드려서 그가 죽기 전에
네게 축복하기 위하여 잡수시게 하라 11야곱이 그 어머니 리브가에게 이르
되 내 형 에서는 털이 많은 사람이요 나는 매끈매끈한 사람인즉 12아버지
께서 나를 만지실진대 내가 아버지의 눈에 속이는 자로 보일지라 복은 고
사하고 저주를 받을까 하나이다 13어머니가 그에게 이르되 내 아들아 너의
저주는 내게로 돌리리니 내 말만 따르고 가서 가져오라 14그가 가서 끌어
다가 어머니에게로 가져왔더니 그의 어머니가 그의 아버지가 즐기는 별미
를 만들었더라 15리브가가 집 안 자기에게 있는 그의 맏아들 에서의 좋은
의복을 가져다가 그의 작은 아들 야곱에게 입히고 16또 염소 새끼의 가죽
을 그의 손과 목의 매끈매끈한 곳에 입히고 17자기가 만든 별미와 떡을 자
기 아들 야곱의 손에 주니 18야곱이 아버지에게 나아가서 내 아버지여 하
고 부르니 이르되 내가 여기 있노라 내 아들아 네가 누구냐 19야곱이 아버

지에게 대답하되 나는 아버지의 맏아들 에서로소이다 아버지께서 내게 명
하신 대로 내가 하였사오니 원하건대 일어나 앉아서 내가 사냥한 고기를
잡수시고 아버지 마음껏 내게 축복하소서 [20]이삭이 그의 아들에게 이르되
내 아들아 네가 어떻게 이같이 속히 잡았느냐 그가 이르되 아버지의 하나
님 여호와께서 나로 순조롭게 만나게 하셨음이니이다 [21]이삭이 야곱에게
이르되 내 아들아 가까이 오라 네가 과연 내 아들 에서인지 아닌지 내가
너를 만져보려 하노라 [22]야곱이 그 아버지 이삭에게 가까이 가니 이삭이
만지며 이르되 음성은 야곱의 음성이나 손은 에서의 손이로다 하며 [23]그의
손이 형 에서의 손과 같이 털이 있으므로 분별하지 못하고 축복하였더라
[24]이삭이 이르되 네가 참 내 아들 에서냐 그가 대답하되 그러하니이다 [25]이
삭이 이르되 내게로 가져오라 내 아들이 사냥한 고기를 먹고 내 마음껏 네
게 축복하리라 야곱이 그에게로 가져가매 그가 먹고 또 포도주를 가져가
매 그가 마시고 [26]그의 아버지 이삭이 그에게 이르되 내 아들아 가까이 와
서 내게 입맞추라 [27]그가 가까이 가서 그에게 입맞추니 아버지가 그의 옷
의 향취를 맡고 그에게 축복하여 이르되 내 아들의 향취는 여호와께서 복
주신 밭의 향취로다 [28]하나님은 하늘의 이슬과 땅의 기름짐이며 풍성한 곡
식과 포도주를 네게 주시기를 원하노라 [29]만민이 너를 섬기고 열국이 네게
굴복하리니 네가 형제들의 주가 되고 네 어머니의 아들들이 네게 굴복하
며 너를 저주하는 자는 저주를 받고 너를 축복하는 자는 복을 받기를 원하
노라 [30]이삭이 야곱에게 축복하기를 마치매 야곱이 그의 아버지 이삭 앞에
서 나가자 곧 그의 형 에서가 사냥하여 돌아온지라 [31]그가 별미를 만들어
아버지에게로 가지고 가서 이르되 아버지여 일어나서 아들이 사냥한 고기
를 잡수시고 마음껏 내게 축복하소서 [32]그의 아버지 이삭이 그에게 이르되
너는 누구냐 그가 대답하되 나는 아버지의 아들 곧 아버지의 맏아들 에서
로소이다 [33]이삭이 심히 크게 떨며 이르되 그러면 사냥한 고기를 내게 가져
온 자가 누구냐 네가 오기 전에 내가 다 먹고 그를 위하여 축복하였은즉 그

가 반드시 복을 받을 것이니라 [34]에서가 그의 아버지의 말을 듣고 소리 질
러 슬피 울며 아버지에게 이르되 내 아버지여 내게 축복하소서 내게도 그
리하소서 [35]이삭이 이르되 네 아우가 와서 속여 네 복을 빼앗았도다 [36]에서
가 이르되 그의 이름을 야곱이라 함이 합당하지 아니하니이까 그가 나를
속임이 이것이 두 번째니이다 전에는 나의 장자의 명분을 빼앗고 이제는
내 복을 빼앗았나이다 또 이르되 아버지께서 나를 위하여 빌 복을 남기지
아니하셨나이까 [37]이삭이 에서에게 대답하여 이르되 내가 그를 너의 주로
세우고 그의 모든 형제를 내가 그에게 종으로 주었으며 곡식과 포도주를
그에게 주었으니 내 아들아 내가 네게 무엇을 할 수 있으랴 [38]에서가 아버
지에게 이르되 내 아버지여 아버지가 빌 복이 이 하나 뿐이리이까 내 아버
지여 내게 축복하소서 내게도 그리하소서 하고 소리를 높여 우니 [39]그 아
버지 이삭이 그에게 대답하여 이르되 네 주소는 땅의 기름짐에서 멀고 내
리는 하늘 이슬에서 멀 것이며 [40]너는 칼을 믿고 생활하겠고 네 아우를 섬
길 것이며 네가 매임을 벗을 때에는 그 멍에를 네 목에서 떨쳐버리리라 하
였더라 [41]그의 아버지가 야곱에게 축복한 그 축복으로 말미암아 에서가 야
곱을 미워하여 심중에 이르기를 아버지를 곡할 때가 가까웠은즉 내가 내
아우 야곱을 죽이리라 하였더니 [42]맏아들 에서의 이 말이 리브가에게 들리
매 이에 사람을 보내어 작은 아들 야곱을 불러 그에게 이르되 네 형 에서
가 너를 죽여 그 한을 풀려 하니 [43]내 아들아 내 말을 따라 일어나 하란으로
가서 내 오라버니 라반에게로 피신하여 [44]네 형의 노가 풀리기까지 몇 날
동안 그와 함께 거주하라 [45]네 형의 분노가 풀려 네가 자기에게 행한 것을
잊어버리거든 내가 곧 사람을 보내어 너를 거기서 불러오리라 어찌 하루
에 너희 둘을 잃으랴 [46]리브가가 이삭에게 이르되 내가 헷 사람의 딸들로
말미암아 내 삶이 싫어졌거늘 야곱이 만일 이 땅의 딸들 곧 그들과 같은
헷 사람의 딸들 중에서 아내를 맞이하면 내 삶이 내게 무슨 재미가 있으리
이까 [28:1]이삭이 야곱을 불러 그에게 축복하고 또 당부하여 이르되 너는 가

나안 사람의 딸들 중에서 아내를 맞이하지 말고 [2]일어나 밧단 아람으로 가
서 네 외조부 브두엘의 집에 이르러 거기서 네 외삼촌 라반의 딸 중에서 아
내를 맞이하라 [3]전능하신 하나님이 네게 복을 주시어 네가 생육하고 번성
하게 하여 네가 여러 족속을 이루게 하시고 [4]아브라함에게 허락하신 복을
네게 주시되 너와 너와 함께 네 자손에게도 주사 하나님이 아브라함에게
주신 땅 곧 네가 거류하는 땅을 네가 차지하게 하시기를 원하노라 [5]이에
이삭이 야곱을 보내매 그가 밧단 아람으로 가서 라반에게 이르렀으니 라
반은 아람 사람 브두엘의 아들이요 야곱과 에서의 어머니 리브가의 오라
비더라 [6]에서가 본즉 이삭이 야곱에게 축복하고 그를 밧단 아람으로 보내
어 거기서 아내를 맞이하게 하였고 또 그에게 축복하고 명하기를 너는 가
나안 사람의 딸들 중에서 아내를 맞이하지 말라 하였고 [7]또 야곱이 부모의
명을 따라 밧단 아람으로 갔으며 [8]에서가 또 본즉 가나안 사람의 딸들이
그의 아버지 이삭을 기쁘게 하지 못하는지라 [9]이에 에서가 이스마엘에게
가서 그 본처들 외에 아브라함의 아들 이스마엘의 딸이요 느바욧의 누이
인 마할랏을 아내로 맞이하였더라

이야기 속 다른 본문 경청하기

성경 본문: 창세기 12:1-3; 25:19-34

이 이야기의 뿌리는 12:1-3으로 거슬러 올라가 하나님이 아브라함에게 주신 약속에서 찾을 수 있다. 누가 하나님이 선택하신 아들이 되어 언약의 약속을 다음 세대로 중개할 것인가 하는 질문이 계속 이어진다. 이삭의 쌍둥이 아들이 태어났을 때 하나님은 "큰 자가 어린 자를 섬기리라"고 말씀하셨고(25:23), 그들이 자랐을 때 형 에서는 팥죽 한 그릇에 장자의 명분을 동생 야곱에게 팔았다. 이제 아버지 이삭이 선택받은 아들의 지위를 받을 사람에게 복을 주어야 할 때가 되었다.

— 이야기 설명하기 —

야곱이 이삭을 속이다(26:34-27:40)

26장이 끝나기 전에 서술자는 이삭의 큰아들 에서로 빠르게 전환하여, 그가 두 명의 헷 여인과 결혼했다고 보도한다. 한 명의 이름은 브에리의 딸 유딧이고 다른 한 명은 엘론의 딸 바스맛이다. 그는 나중에 느바욧의 누이요, 이스마엘의 딸인 마할랏과 결혼한다. 36:2-3에 나오는 아내들의 이름과 달라 적어도 표면적인 긴장이 있는데, 이 구절에서 헷 족속 엘론의 딸은 아다라고 불리고 (26:34처럼 헷 족속이 아닌) 이스마엘 족속 바스맛만 언급된다. 학자들은 그 이유에 대해 여러 추측을 하는데, 어떤 학자들은 서로 다른 문서 전승이 그로 인해 생길 긴장을 고려하지 않고 함께 엮여 있음을 보여 준다고 주장하고, 다른 학자들은 조화를 제안하거나 본문 전승 문제를 주장한다.

본문에서 분명하고 이 이야기에서 중요한 것은, 리브가와 이삭이 헷 족속 여인들과의 결혼을 전혀 달가워하지 않는다는 점이다. 부모가 인정하지 않은 여자와 에서가 결혼했다는 사실은 다시 에서의 자기중심적이고 충동적이며 감각적인 성격을 보여 주는데, 장자의 명분을 판 이야기에서도 이 성격이 드러났었다(25:19-24).

이런 에서의 결혼이 배경에 깔린 채 복을 빼앗기는 이야기가 이어진다. 앞서 에서는 야곱에게 팥죽 한 그릇에 장자의 명분을 팔았다(25:19-34). 우리는 이 거래에 법적 효력이 없다고 주장했다. 그렇기는 하지만 에서는 맹세했고, 현재 기사를 보면 그는 맹세를 존중할 의사가 전혀 없었던 것이 분명하며, 그의 평판에 다시 그림자가 드리운다. 그래서 리브가는 이 문제를 자기 손으로 직접 처리하게 된다. 결국 그녀는 에서보다 야곱을 더 사랑하고 에서의 아내들이 눈에 거슬린다.

이 이야기는 이제 늙고 눈먼 이삭이 가장 아끼는 아들 에서를 불러 사냥 기술을 발휘하여 별미를 만들어 달라고 요청하는 것으로 시작된다. 이삭은 자신의 죽음이 임박했고 큰아들에게 족장의 복을 내려 줄 때가 되었다고 생각한다.

대화를 엿들은 리브가는 이제 에서에게 복을 주려는 남편의 시도를 무산시키기 위해 재빨리 행동한다. 리브가가 야곱을 편애해서 행동했다고 너무 가혹하게 판단하기 전에, 우리는 그녀가 자식들이 태어날 때 야곱이 복의 수혜자가 될 것이라는 취지의 신탁을 들었음을 기억해야 한다.

> 두 국민이 네 태중에 있구나.
> 두 민족이 네 복중에서부터 나누이리라.
> 이 족속이 저 족속보다 강하겠고
> 큰 자가 어린 자를 섬기리라. (25:23)

한편, 리브가는 자기 손으로 문제를 직접 처리하기보다 하나님이 신비로운 방법으로 문제를 해결하시도록 놔두는 게 더 나았을 수도 있다. 아브라함 내러티브에서 우리는 족장이 (또한 사라의 경우 여성 족장이) 하나님을 기다리기보다 자신의 지혜와 힘으로 약속을 성취하려고 시도할 때 발생하는 문제를 자주 목격했다. 창세기에서, 또한 실은 성경 전체에서 하나님이 약속을 성취하실 때까지 기다리는 것은 미덕이고, 매달리고 조작하는 것은 종종 문제를 초래하는 악덕이다(뒤에 나올 '이야기 살아내기'의 "조작의 위험" 단락을 보라).

리브가는 늙고 눈먼 이삭을 속여 야곱이 에서라고 착각하게 만드는 계략을 세우는데, 에서는 털이 아주 많기 때문에 상당히 치밀한 속임수가 될 것이다. 또한 남편이 에서에게서 받고자 하는 요리를 준비하기 위해 신선한 사냥감 대신 새끼 염소 두 마리를 사용한다.

야곱은 자기 정체가 탄로 나면 복이 저주로 바뀔까 걱정하지만, 어머니는 야곱을 격려하면서 필요하다면 자기에게로 저주를 돌리겠다는 말까지 한다. 그런 다음 리브가는 계략에 따라 야곱을 준비시킨 후 야곱을 보내 아버지에게 음식을 가져다준다.

야곱이 왜 걱정했는지 충분히 이해된다. 과연 이삭은 자기가 그토록 좋아하는 야생 사냥감과 사육한 염소 고기의 차이를 알아차리지 못했을까? 또한 정말 리브가는 이삭에게 염소 털장갑과 염소 가죽옷을 입혀서 이삭을 속일 수 있었을까? (그랬다면 에서의 털이 말도 안 되게 많아야 한다!)

서술자는 말하지 않으므로 우리는 단정 짓지 말아야 한다. 어쩌면 이삭이 치매에 걸렸거나 눈이 멀었을 수도 있다. 어쩌면 이삭도 에서의 아내들에게 짜증이 났을 수도 있다. 어쩌면 그냥 속았을 수도 있다.

이유가 무엇이든, 리브가의 계획은 성공했지만 이삭은 분명 미심쩍었다. 야곱은 자기가 에서라고 밝히고 이삭에게 사냥 요리를 가져왔다고 말하면서 복을 달라고 부탁한다. 물론 이삭은 에서가 어떻게 이렇게 빨리 사냥하고 요리했는지 의심스러워한다. 그때 야곱은 "아버지의 하나님 여호와"께서 그렇게 되도록 허락하셨다고 주장한다.

하지만 이삭은 여전히 의심스러워하면서 확실히 하기 위해 아들을 만져 보겠다고 요청한다. 이삭이 아들을 만지자 털이 제 역할을 했다. 에서의 목소리가 아니라 야곱의 목소리라고 시인했음에도, 이삭이 쉽게 속은 이유는 그가 청각보다 촉각을 더 신뢰했기 때문이다.

이삭은 야곱에게 에서가 맞냐고 두 번째로 묻고, 야곱은 복을 받기 위해 두 번째로 거짓말한다. 이삭은 즉시 야곱을 축복하지 않고, 먼저 야곱이 가져온 음식과 음료를 즐긴다.

우리가 본 것처럼 이삭은 촉각을 통해 또한 이제 음식을 먹으면서 미각을 통해 야곱이 에서라고 확신했다. 마지막으로 그는 입맞춤을 부탁하고 야곱이 앞으로 나와 입맞춤할 때, 이삭은 그의 냄새를 맡는데 이삭에게 그 냄새는 에서의 냄새였다. 이처럼 이삭은 자신의 감각, 적어도 후각과 미각과 촉각을 따르지만, 청각은 무시한다. 그래서 이삭은 야곱을 에서라고 생각하면서 야곱을 축복한다.

그는 아들의 냄새 곧 야외 활동가의 냄새에 끌리는데, 이는 이삭이 어머니와 함께 머물며 요리하기를 좋아하는 야곱보다 야외 활동을 즐기는 에서를 좋아한 이유 중 하나다. 이삭은 에서가 부유하게 살아가도록 하나님이 음식과 음료를 생산할 기름진 밭을 주시도록 축복하는데, 사실 축복받은 사람은 에서가 아닌 야곱이다. 그런 다음 그가 형제들보다 우월해지도록 축복하는데, 이는 에서와 야곱 외에 다른 형제들이 있었음을 암시할 수 있다.[1] 아브라함에게 주신 약속과 가장 직접적으로 맞닿는 부분은 "너를 저주하는 자는 저주를 받고 너를 축복하는 자는 복을 받기를 원하노라"고 말하는 마지막에서 나온다(29절, 또한 12:3과 비교하라).

축복이 끝나자마자 야곱은 떠났고, 뒤이어 에서가 사냥한 음식을 들고 복 받을 준비를 하고 들어온다. 이 순간, 이삭은 속았음을 깨닫는다. 그는 야곱을 축복했고, 이제 자기가 할 수 있는 일은 아무것도 없었다. 에서는 아버지가 자기도 축복해 주기를 간절히 원하지만, 이삭은 형들보다 우월해지는 축복을 야곱에게 주었다고 말한다.

슬픔에 압도된 에서는 아버지에게 자기를 위해서도 축복해 달라고 애원한다. 그러자 이삭은 에서에게 야곱이 복을 훔쳤고 속임수(*mirmah*)로 그렇게 했다고 말한다. 에서는 속임수라는 주제를 이어받아 야곱이라는 이름의 의미로 주의를 환기시키는데, NIV 성경 각주가 지적하듯 이 이름은 '발뒤꿈치를 잡다'라는 뜻이지만(그의 출생에 대한 암시, 25:21-26), '이용하다' 또는 '속이다'라는 관용적 의미가 있다. 에서는 자기가 이번에 두 번째 속았는데, 첫 번째는 야곱에게 장자의 명분을 주었을 때라고 지적한다(25:27-34). 그런데 이 현재 이야기에서 야곱이 속임수를 사용했다는 데는 의심의 여지가 없지만, 이것이 장자의 명분이 걸린 경우인지는 분명하지 않다. 야곱은 에서를 속였다기보다 에서의 감각적이고 충동적인 본성에 호소하여, 현재의 먹을 것을 위해 미래의 중요한 것을 포기하도록 만들었다.

이삭의 반응은 에서에게 냉정하다. 그는 동생 야곱을 에서보다 우월하게 만들었고 풍성한 농작물로 야곱을 축복했다. 이삭은 에서를 위해 아무것도 남기지 않았지만, 에서는 축복해 달라고 몰아붙인다. 카민스키가 지적한 "창 27:33에서 축복을 철회해 달라는 에서의 요청에 대한 이삭의 거절은 한번 말한 복은 취소할 수 없다는 단서라기보다는, 사건의 진행 과정을 통해 야곱과 리브가의 행동이 어쨌든 하나님의 의도에 부합한다는 사실을 이삭이 깨달았음을 보여 주는 증거다"라는 해석은 분명 옳다.[2]

그 대답으로 이삭은 형식상 축복처럼 들리지만 실제로는 축복이 아닌 내용을 선언한다. "풍성한 곡식과 포도주"의 복을 받은 야곱(28절)과 반대로, 에서는 농사에 도움이 되지 않는 척박한 땅에 거주할 것이다. 따라서 에서는 쟁기가 아닌 "칼을 믿고 생활"할 것이다. 많은 민족이 야곱을 섬기겠지만, 에서는 동생을 섬길 것이고, 동생의 통치에 맞서 저항할 것이다.

이 축복은 야곱의 후손인 이스라엘과 에서의 후손(에돔) 사이의 나중 관계에 비추어 볼 때 이해가 된다. 후대 역사에서 에돔과 이스라엘 사이에는 여러 지점에서 갈등이 있을 것이다(민 20:14-21; 삼하 8:14; 왕상 22:47; 왕하 8:20). 바빌론이 예루살렘을 멸망시킬 때 에돔은 모종의 방식으로 상황을 이용했다. 정확하게 묘사되지 않지만 시편 137:7, 예레미야애가 4:22, 에스겔 35:15, 오바댜 1:10-14 같은 본문을 참조하면 이 점을 확증할 수 있다.

야곱이 어쩔 수 없이 도피하다(27:41-28:9)

에서는 분명한 이유로 장자의 명분과 복을 훔친 동생을 죽이려고 한다. 그는 아버지를 존중하여 이삭이 죽을 때까지 기다리기로 결심하는데, 그가 보기에 아버지의 죽음은 머지않았다.

에서의 살인 의도를 알아챈 리브가는 야곱에게 떠나야 한다고 말한다. 리브가는 야곱이 에서처럼 헷 여인과 결혼하는 것을 견딜 수 없다고 이삭하게 말하고(26:34-35을 보라), 그래서 아내를 찾기 위해 야곱을 조상의 고향 하란으로 보내자고 이삭을 부추긴다.

이삭은 동의하고, 야곱을 하란으로 보내기 전에 그를 불러 다시 축복한다. 이삭은 속아서 야곱을 축복했다는 사실을 깨달았을 때 분명 화가 났지만, 이제 받아들이게 된 것 같다.

그는 야곱에게 (에서처럼) 그 땅 여자 중에서 아내를 취하지 말라고 당부한다. 그보다 (자기처럼) 조상의 고향 출신인 여자, 특히 "네 외삼촌 라반의 딸"과 결혼하라고 조언한다(28:2). 마지막으로 이삭은 하나님이 아버지 아브라함에게 주신 복(12:1-3)과 훨씬 분명하게 연결된 복으로 야곱을 축복한다. 그는 하나님이 복을 주셔서 야곱이 많은 후손을 낳아 결국 "여러 족속"(a community of peoples, 28:3)이 되게 해 달라고 간구한다. 또한 아브라함에게 약속한 땅, 즉 가나안 땅을 야곱과 그의 후손에게 주시도록 하나님께 간구한다. 다시 말해서 이삭은 야곱을 그 땅 밖으로 보내지만, 결국 그가 돌아올 것으로 여긴다. 이렇게 해서 야곱의 파란만장한 삶의 국면이 시작된다. 하지만 밧단 아람(메소포타미아 북서부)에 도착하기 전에 야곱은 하나님과 만나는 중요한 경험을 한다.

이 중요한 만남에 관해 읽기 전에 서술자는 에서에게로 잠시 시선을 돌린다. 이삭과 리브가가 야곱에게 한 조언 때문에 에서는 헷 족속(가나안) 여성과 결혼한 것이 실수였음을 깨닫는다. 그래서 그는 다시 결혼하는데 이번에는 대가족 안에서 결혼하기로 결심한다. 물론 그는 어머니의 혈족이 살고 있는 밧단 아람으로 가서 새 아내를 찾을 수 없었다. 그것은 야곱이 받은 지시였기 때문이다. 다만 그는 이스마엘의 가족에게 갈 수 있다. 이스마엘은 물론 아버지의 이복동생이자 아브라함의 아들이다. 그는 "아브라함의 아들 이스마엘의 딸이요 느바욧의 누이"인 마할랏과 결혼한다(28:9). 우리는 그의 부모가 어떤 반응을 보였는지는 알지 못한다. 하지만 이 행동이 그의 부모를 달래기 위한 시도라는 점은 흥미롭다. 그는 제사가 거절당했을 때의 가인처럼 반응하지 않는다. 다시 말해서 분노로 속을 끓이지 않았다. 다음에 에서를 볼 때 우리는 그가 더는 동생을 죽이려는 분노한 형이 아님을 볼 것이다. 물론 약간은 추측에 근거한 것이지만, 아마 여기서 에서의 생각이 올바른 방향으로 바뀌었다고 보는 게 옳을 것이다.

이야기 살아내기

조작의 위험

이 이야기를 해설하면서, 이삭을 속인 리브가와 야곱의 행동이 윤리적인지에 대해 논한 바 있다. 과묵한 서술자가 늘 그렇듯 그는 그들의 행동이 칭찬받을 만한 것인지를 평가하거나 판단하지 않는다. 한편으로 창세기를 비롯한 다른 성경 내러티브를 주의 깊게 읽어 보면 속임수가 항상 잘못은 아니라는 것을 보여 준다(창 31:22-55를 다룬 장 후반부의 "속임수는 항상 허용되는가?" 단락을 보라). 또한 그들이 이삭을 속임으로써 두 아들이 태어날 때 선포된 신탁에 따른 하나님의 의도대로(25:23) 에서가 아닌 야곱의 선택으로 이어졌다는 점에는 의심의 여지가 없다. 그렇지만 앞서 아브라함 이야기에서 보았듯이(특히 창 15장과 17장), 상황을 조작하여 하나님의 약속을 성취하려고 매달리는 것은 항상 잘못이다. 현재 이야기를 자세히 읽어 보면, 리브가와 야곱의 계략은 비윤리적이고 문제를 일으킨다고 믿지 않을 수 없다.

하지만 최종 결과는 줄곧 하나님의 계획대로였다. 목적이 수단을 정당화하는 것 아닌가? 당연히 아니다.

우선, 이런 식의 조작은 하나님에 대한 신뢰가 극히 부족했음을 보여준다. 이삭의 출생에서 분명해졌듯이, 하나님은 약속을 성취하실 것이고 인간의 관점에서 볼 때 전혀 가능성이 없어 보이더라도 목적을 달성하실 것이다. 두 번째로, 야곱은 당연히 축복받지만 속이는 방법으로 선택되어 아버지의 축복을 받음으로써 바람직하지 않은 결과로 이어졌다.

이런 부정적 결과는 창세기 나머지 부분에서 자연히 발생할 것이다. 사실 이런 부정적 결과는 구약 역사를 거쳐, 당연히 신약으로 이어질 것이다.

가장 직접적인 결과는 야곱의 생명을 노리는 에서의 위협이고, 이 때문에 리브가는 이삭을 설득하여 야곱을 내보낸다. 야곱이 밧단 아람(메소포타미아 북서부)에 머무는 기간은 그의 인생에서 힘든 시기가 될 것이다. 더 장기적으로, 야곱과 에서는 나중에 화해하는 듯 보이지만(창 34장; 35:29), 에서의 후손인 에돔은 야곱의 후손인 이스라엘의 장기적인 적이 될 것이다. '이야기 설명하기'에서 언급한 것처럼 숙적 관계는 광야 세대가 약속의 땅으로 가기 위해 에돔 땅을 통과하지 못하도록 거부한 시점에 시작되어(민 20:14-21) 포로 생활을 하는 동안과 그 이후까지 이어진다(시 137:7; 애 4:22; 겔 35:15; 옵 1:10-14).

이 숙적 관계가 신약 시대까지 계속 이어졌다고 보는 것도 무리는 아니다. 결국 헤롯 대왕과 그의 가문은 에돔의 후손인 이두메인(Idumeans)이었다. 그들은 안티파트로스(Antipater)가 기원후 47년 로마 황제에 의해 유대 총독으로 임명되면서 권력을 잡았다. 헤롯 대왕은 물론 야곱의 후손이신 예수님이 태어나실 때 총독이었다. "유대인의 왕으로 나신 이"

를 찾으러 온(마 2:2) 동방 박사에게 경각심을 느낀 헤롯은 예수님을 살해하려 했지만 실패했다(마 2장). 나중에 헤롯 대왕의 아들 헤롯 안티파스(Herod Antipas)는 예수님의 오심을 예비하는 자 세례 요한을 살해했다(마 14:1-12; 막 6:14-29). 안티파스도 예수님을 살해하려 했다가 실패했다(눅 13:31-32). 나중에 이두메인(에돔인)인 헤롯 대왕의 후손은 초대교회도 박해했다(행 12:1-24).

리브가와 야곱은 훌륭한 목적을 달성하기 위해 비윤리적인 수단을 썼다. 하나님은 여전히 그들을 통해 구속 목적을 성취하셨지만, 그들의 '도움'이 없었더라도 그 목적을 이루셨을 것이다. 그들의 부족한 진실성은 하나님을 방해하지 않았지만, 자기들과 후손들의 삶에 불필요한 고통을 가져다주었다.

이 이야기가 우리에게 주는 교훈은 하나님의 목적을 달성하기 위해 비윤리적인 수단을 쓰지 말아야 한다는 것이다. 우리는 나중에(창세기 32:22-32을 다룬 장 후반부의 "절뚝거리는 지도자" 단락을 보라) 신학교의 기풍을 바꾸기 위해 강압적인 방법을 사용한 한 신학교 지도자의 사례를 숙고할 것이다. 이 사람들은 자기들의 전술로 신학교를 구하고 있다는, 내가 보기에는 엉뚱한 신념을 가지고 있다. 그들은 틀림없이 학교의 종신교수와 장기근속 교수를 내보냄으로써 부분적으로 '훌륭한' 목적을 달성할 것으로 생각한다. 그들의 목표에 동의하지 않더라도, 교수 핸드북과 교회 교육 기관의 윤리에 규정된 정상적인 수단을 통해 그들의 주장을 공개적으로 펼쳤다면 공감을 얻을 수도 있었을 것이다.

하지만 그들은 그 길을 택하지 않았다. 그들은 젊은 교수 한 명을 해고하고 자기 입맛에 맞는 다른 교수를 채용하기 위해 신학교의 정상적인 채용 및 해고 절차를 따르는 대신, 관련 부서와 협의 없이 그냥 행정 명령을 내렸다. 또한 선배 교수진에게 '은퇴'를 강요하는 선택지를 제시했는데, 퇴직 합의서에 서명하거나 재정적으로 치명적인 결과를 낳을 수 있는 오랜 검토 과정을 겪어야 한다는 것이었다. 이는 수많은 사례 중 단 두 가지에 불과하다.

나는 대학 교수면서 신학교 교수고, 따라서 당연히 내가 든 사례는 이 세계에서 나온다. 비즈니스 세계, 법조계, 의료계, 노동조합 세계, 정치계 등 목적을 달성하기 위해 부적절한 수단을 사용하는 사람들의 사례는 어디에나 있다. 우리 모두 자기 삶에서 그와 같은 대우를 듣거나 보거나 심지어 경험한 적이 있다. 안타깝게도, 중요하고 옳다고 생각하는 목표를 위해 다른 사람에게 불의를 저지르는 사람이 우리 가운데 있다.

우리가 원하는 목적을 얻기 위해 지름길을 택하려는 유혹에 빠질 때 기억해야 할 것이 있다. 항상 그런 것은 아니겠지만, 그와 같은 행동은 리브가와 야곱의 경우처럼 종종 역효과를 내거나 의도하지 않은 부정적인 결과를 초래한다는 것이다. 내가 사례로 든 신학교는 지금 졸업생과 은퇴한 전직 교수는 물론이고 일반 대중으로부터 거센 비판을 받고 있다. 학생들은 등록하지 않겠다고 하고, 재학생 중 일부는 학교를 떠날 것을 고려하고 있다. 교회와 교단 지도자들은 졸업생 채용을 주저하고 있다. 이는 학교의 평판에 엄청난 타격을 입혔다.

이와 같은 불의가 우리 자신이나 다른 사람들에게 영속적으로 계속된다면, 그와 같은 행동에 항의하는 것은 옳고 정당하다. 반드시 우리 기관과 그 지도자에게 책임을 물어야 한다. 물론 그와 같은 불의에 맞서는 정당한 대응은 의로운 분노고 불의를 바로잡기 위해 항의하며 노력하는 것이지만, 우리는 궁극적으로 그 문제가 하나님의 손에 달려 있음을 인정하고 절제해야 한다.

결국, 인류에게 알려진 가장 끔찍한 불의의 사례는 예수님이 당하신 불의다. 예수님이 유대의 안정에 위협이 된다고 느낀 대제사장 가야바는 예수님을 죽이려는 동기를 언급했다. "한 사람이 백성을 위하여 죽어서 온 민족이 망하지 않게 되는 것이 너희에게 유익한 줄을 생각하지 아니하는도다"(요 11:50). 그런 다음 그들은 날조된 협의를 통해 예수님을 사형에 처했다.

가야바는 자신이 하는 일이 로마 군대가 평화를 재확립할 수 있도록 자기 백성을 혼란에서 구하는 훌륭한 일이라고 생각했다. 하지만 얼마나 큰 불의인가! 그런데도 하나님은 선한 목적을 위해 이 악한 행위를 사용하셨다. "그가 하나님께서 정하신 뜻과 미리 아신 대로 내준 바 되었거늘 너희가 법 없는 자들의 손을 빌려 못 박아 죽였으나 하나님께서 그를 사망의 고통에서 풀어 살리셨으니 이는 그가 사망에 매여 있을 수 없었음이라"(행 2:23-24). 궁극적으로 하나님이 사람들에게 책임을 물으신다는 깨달음이 불의에 대한 소극적인 접근으로 이어지지 않아야 하지만, 또한 이것은 의로운 분노가 무정한 복수로 변하지 않도록 막아 줄 것이다.

맛있는 식사의 위험

이삭은 에서를 더 좋아한다. 왜 그런가? 이유 중 하나는 에서가 사냥꾼이고 자기가 먹고 싶은 사냥감을 줄 수 있기 때문이다. 실제로 우리가 본 것처럼 이삭은 복을 주기 전에 에서가 별미를 가져다주기를 바란다.

완전히 확실하지는 않지만, 이삭은 두 소년이 태어날 때 전달된 큰 자가 어린 자를 섬길 것이라는 신탁에 대해 알고 있었을 가능성이 매우 크다. 감각적인 삶의 쾌락을 바라는 욕망 때문에 이삭의 영적 분별력이 무뎌질 수 있었을까? 우리는 이미 에서가 장자의 명분을 팥죽 한 그릇과 맞바꾸는 것을 보았다(25:19-24). 야곱 내러티브에서 음식은 두 번 문제를 일으킨다.

내 생각에 이야기 전달자는 맛있고 좋은 품질의 음식에 본질적으로 악한 것이 있다고 말하려는 것이 아니다. 다만 요리나 성 등 감각적인 쾌락에 대한 갈망은 영적 삶을 왜곡할 수 있다고 경고한다. 우리는 하나님을 우선순위에 두고 합법적인 감각적 쾌락을 두 번째에 두어야 한다. 하나님만이 우리의 가장 깊은 갈망과 열망을 충족시키실 수 있다.

물론 전도서도 이 점을 잘 보여 준다. 지혜 교사는 쾌락, 지혜, 인간관계, 권력, 돈 등 모든 엉뚱한 곳에서 의미를 찾으려고 노력한다. 결론은? 인생은 헛되다는 것이다. 결국 그는 "해 아래" 다시 말해 타락한 세상에서 의미를 찾으려고 애쓰고 있다.

전도서 마지막에, 이름 없는 두 번째 현자가 등장하여(12:8-14) 의미를 찾는 지혜 교사의 시도에 관하여 자기 아들에게 이야기한다. 그는 지혜 교사의 말("해 아래에는" 의미가 없다)이 진리라고 인정한 후 아들에게 더 나은 방향을 지시한다. "하나님을 경외하고 그의 명령들을 지킬지어다 이것이 모든 사람의 본분이니라. 하나님은 모든 행위와 모든 은밀한 일을 선악 간에 심판하시리라"(12:13b-14). 다시 말해서 하나님을 우선순위에 두라. 그러면 다른 모든 것은 제자리를 찾을 수 있다.[3]

이와 관련하여 (창 24장을 다룬 장의) "합당한 사람과 결혼하기" 단락과 (창 31:22-55을 다룬 장의) "속임수는 항상 허용되는가?" 단락을 보라.

28

창세기 28:10-22

이야기 경청하기

28:10야곱이 브엘세바에서 떠나 하란으로 향하여 가더니 11한 곳에 이르러
는 해가 진지라 거기서 유숙하려고 그 곳의 한 돌을 가져다가 베개로 삼고
거기 누워 자더니 12꿈에 본즉 사닥다리가 땅 위에 서 있는데 그 꼭대기가
하늘에 닿았고 또 본즉 하나님의 사자들이 그 위에서 오르락내리락하고
13또 본즉 여호와께서 그 위에 서서 이르시되 나는 여호와니 너의 조부 아
브라함의 하나님이요 이삭의 하나님이라 네가 누워 있는 땅을 내가 너와
네 자손에게 주리니 14네 자손이 땅의 티끌같이 되어 네가 서쪽과 동쪽과
북쪽과 남쪽으로 퍼져나갈지며 땅의 모든 족속이 너와 네 자손으로 말미
암아 복을 받으리라 15내가 너와 함께 있어 네가 어디로 가든지 너를 지키
며 너를 이끌어 이 땅으로 돌아오게 할지라 내가 네게 허락한 것을 다 이
루기까지 너를 떠나지 아니하리라 하신지라 16야곱이 잠이 깨어 이르되 여
호와께서 과연 여기 계시거늘 내가 알지 못하였도다 17이에 두려워하여 이
르되 두렵도다 이곳이여 이것은 다름 아닌 하나님의 집이요 이는 하늘의
문이로다 하고 18야곱이 아침에 일찍이 일어나 베개로 삼았던 돌을 가져다
가 기둥으로 세우고 그 위에 기름을 붓고 19그 곳 이름을 벧엘이라 하였더
라 이 성의 옛 이름은 루스더라 20야곱이 서원하여 이르되 하나님이 나와
함께 계셔서 내가 가는 이 길에서 나를 지키시고 먹을 떡과 입을 옷을 주
시어 21내가 평안히 아버지 집으로 돌아가게 하시오면 여호와께서 나의 하
나님이 되실 것이요 22내가 기둥으로 세운 이 돌이 하나님의 집이 될 것이
요 하나님께서 내게 주신 모든 것에서 십분의 일을 내가 반드시 하나님께
드리겠나이다 하였더라

이야기 속 다른 본문 경청하기

성경 본문: 창세기 12:1-3; 15장; 17장; 27:27-29

족장 내러티브의 주요 주제는, 창세기 12:1-3에서 아브라함에게 전달되고 창세기 15장과 17장에서 재확인된 하나님의 약속과 관련이 있다. 하나님은 어디에서도 이 약속을 명시적으로 이삭에게 언급하지 않으시지만, 이삭이 자기 세대 중에 선택되어 아들 야곱에게 축복을 중재하는 사람이라는 데는 전혀 의문의 여지가 없다(27:27-29). 현재 에피소드에서 하나님은 야곱이 약속의 합당한 수혜자임을 직접 확증하실 것이다.

이야기 설명하기

하늘에 닿는 계단(28:10-15)

서술자는 약속의 땅 최남단 브엘세바에서 메소포타미아 북서부 하란으로 가는 여정 중에 일어난 이야기를 들려준다. 이야기가 시작될 때 우리는 시간이 얼마나 지났는지 또한 사건이 일어난 장소가 어디인지("한 곳", 11절) 알지 못한다. 사실 이 에피소드가 그 장소에 이름을 붙여 준다.

돌을 가져다가 베개로 사용한 후 잠이 든 야곱은 하나님의 메시지라고 생각한 꿈을 꾸었다. 꿈의 중심에는 하늘과 땅을 연결하는 계단이 있었다. 아마 지구라트(메소포타미아의 전형적인 계단식 피라미드)의 계단과 같았을 것이다. 다른 이들은 이것이 사다리라고 여긴다. 이 히브리어 단어(*sullam*)는 여기에만 등장하는데, '쌓다' 또는 '쌓아 올리다'라는 동사(*sll*)에서 유래한 것으로 추정된다. 이 단어의 정확한 의미에 대해서는 논란이 있을 수 있지만, 이 꿈이 하늘과 땅의 연결점이 있는 장소를 묘사한다는 데는 의심의 여지가 없다. 영적 존재인 천사들은 이곳에서 하늘과 땅 사이를 오갈 수 있다.

그때 하나님이 말씀하신다. 하나님이 하늘에서("그 위에서", 즉 계단 위에서) 말씀하시는지 아니면 (전치사 구를 '그의 옆에'로 번역하여) 야곱 옆에서 말씀하시는지는 불분명하지만, 어느 쪽이든 가능하다. 중요한 내용은 하나님이 이제 야곱에게 말씀하시고, 이 기회를 통해 이삭이 했던 일을 행하신다. 즉, 야곱이 아브라함에게 주신 언약 약속(12:1-3)의 수혜자임을 확신시켜 주신다.

하나님은 처음에 자신이 "여호와"(야웨)라고 밝히시는데, 이 이름은 불타는 떨기나무에서 모세에게 계시되었거나(그렇다면 시간을 거슬러 여기에 소급되어 적용되었거나) 설명된 것이다(출 3장).[1] 야웨는 또한 자신이 야곱 조상들의 하나님("너의 조부 아브라함의 하나님이요 이삭의 하나님", 13절)이라고 밝히신다. 그런 다음 하나님은 지금 야곱이 누워 있는 땅을 그와 그의 후손에게 주실 것이고, 그의 후손이 너무 많아져서 현재 위치를 중심으로 그 땅 사방에 거주할 것이라고 말씀하신다. 마지막으로 주님은 야곱과 그의 후손이 "땅의 모든 족속"에게 복이 될 것이라는 약속을 되풀이하신다(14절). 그다음 야곱에게 "너와 함께" 있을 것이고 그를 돌보실 것이라는 확신을 주신다(15절). 그는 지금 약속의 땅을 떠나는 중이지만, 하나님은 그가 돌아오는 것을 보실 것이다. 이로써 아버지 이삭이 야곱에게 언약의 약속을 물려주었을 뿐 아니라(27:27-29; 28:3-4), 이제 하나님도 다음 세대로 약속을 전달하는 자는 에서가 아니라 야곱일 것이라고 확증하신 것이다. 앤더슨이 지적하듯이 "가족을 흩어 놓은 속임수 직후 28:13-15에서, 야웨가 야곱에게 선조의 약속을 주신다니 얼마나 놀라운 계시의 순간인가."[2]

하나님의 집에서의 맹세(28:16-22)

이 모든 일은 꿈속 환상에서 일어났지만, 야곱은 이 환상이 현실을 전달하고 있음을 전혀 의심하지 않았다. 야웨는 이곳에서 자기 존재를 알리셨고, 따라서 야곱은 이곳이 "하나님의 집"이요 "하늘의 문"이라고 인정한다(17절). 그래서 그는 이곳에 옛 이름 루스 대신 '하나님의 집'을 의미하는 벧엘이라는 이름을 붙인다. 그는 베개로 사용한 돌을 가져다가 그 위에 기름을 부어 이 장소를 성별했다. 이와 같은 의식은 나중에 이스라엘에서 금지되었다. 돌을 세우는 것은 일종의 우상 숭배로 여겨졌고, 따라서 제2계명을 깨는 것으로 여겨질 수 있었기 때문이다. 하지만 여기서 야곱의 행동이 당시에 옳지 않았다는 암시는 전혀 없다. 여기서 돌기둥은 거짓 신을 상징하기보다 하나님과 그분의 종 사이에서 일어난 중요한 만남을 표시하는 기념비다. 이 돌이 거짓 신상이 되도록 의도하지 않았다는 사실은 야곱이 하나님이 주실 것의 십분의 일(십일조)을 기꺼이 바치겠다고 하는 데서 확인된다.

나중에 성경 내러티브에서 벧엘은 유명한 성읍이 되기 때문에, 우리는 이제 야곱이 약속의 땅에서 어디에 있는지를 알고 있다. 오늘날 우리는 벧엘을 예루살렘 북쪽으로 16킬로미터 조금 넘는 곳에 있는 베이틴(Beiten)으로 본다. 이 성읍은 아브람이 약속의 땅에 들어온 직후 처음 장막을 친 창세기 12:8에서 처음 언급된다. 서술자는 본문에서 아브라함 시대에 통용되었을 이름(루스)이 아닌, 야곱 이후 시대의 이름을 이 장소에 부여한 것으로 추정된다. 그곳에 처음 정착했을 때 아브람은 그곳에 주님을 위한 제단을 쌓았다. 아브람은 이집트에서 돌아온 후 잠시 그곳에 다시 살았을 것이다(창 13:3). 이후 역사에서 벧엘은 백성들이 예루살렘으로 예배하러 가지 못하도록 막기 위해 여로보암이 세운 두 송아지 신전 중 하나가 있는 장소로 가장 잘 알려져 있다(왕상 12:26-33). 여로보암이 이 장소를 택한 이유는, 아마도 하나님이 족장들에게 자기 존재를 알리신 장소라는 이 성읍의 명성 때문이었을 것이다. 이유가 무엇이든, 벧엘 곧 "하나님의 집"은 거짓 숭배의 장소로 변질되었다. 열왕기는 이 거짓 숭배 장소의 영속화가 궁극적으로 북왕국에 심판을 초래한 주요 요인 중 하나라고 분명히 밝힌다(렘 48:13; 호 10:15; 암 5:5-6).

하나님의 약속에 대한 응답으로 야곱은 자발적으로 서원한다. 그는 특별한 조건을 설정한다. 그 조건은 하나님이 자기와 함께하셔서 음식과 옷을 주시는 등 자기를 돌봐주시고, 밧단 아람에 체류한 뒤 마침내 약속의 땅으로 돌아오게 하신다는 것이다. 하나님이 이 모든 일을 행하신다면, 야웨는 그의 하나님이 되실 것이고 돌기둥은 하나님의 집이 될 것이며 야곱은 자기가 가진 모든 것의 십분의 일(십일조: 창 14:20과 해당 장의 '이야기 살아내기'의 "십일조" 단락을 보라)을 야웨께 드릴 것이다.

— 이야기 살아내기 —

예수: 세계의 축

야곱은 벧엘에서 하늘과 땅의 연결점, 세계의 축(*axis mundi*), 세상의 배꼽, 천사들이 땅으로 내려왔다가 다시 하늘로 올라가는 사다리를 보았다. 하나님은 이곳에서 야곱에게 자기 존재를 알리셨고, 이곳의 이름은 영어로 '하나님의 집'으로 번역된다. 실제로 기원전 8세기에 예언자 호세아는 이 사건을 언급할 것이다. "하나님은 벧엘에서 그를 만나셨고 거기에서 우리에게 말씀하셨나니"(호 12:4).

요한복음으로 시선을 돌리면, 예수님과 나다나엘이라는 한 남자의 만남을 본다. 조금 전 제자가 된 그의 친구 빌립은 나다나엘에게 예수님이 기다리던 분이라고 말했다. 예수님이 나사렛 출신이시므로 나다나엘은 의심하는 듯 보였고, 나사렛에서 선한 것이 나올 수 있다고 믿지 않았다. 예수님이 나다나엘을 마치 아는 사람처럼 맞이하시자, 그의 불신은 사라졌다. 그 응답으로 예수님은 벧엘에서의 야곱에 관한 기억을 상기시키며 나다나엘에게 이렇게 말씀하신다. "내가 너를 무화과나무 아래에서 보았다 하므로 믿느냐. 이보다 더 큰 일을 보리라. 또 이르시되 진실로 진실로 너희에게 이르노니 하늘이 열리고 하나님의 사자들이 인자위에 오르락내리락하는 것을 보리라 하시니라”(요 1:50-51). 나다나엘은 “그 속에 간사한 것이 없[는]” 사람이었지만(1:47) 이 계시를 처음 받은 야곱은 그 이름의 의미 자체가 속임수였음을 기억할 때, 이 대화는 풍성해진다.[3]

여기서 예수님은 하늘과 땅을 연결하는 분이라고 주장하신다. 버지의 말처럼 “야곱이 잠든 장소가 하나님이 세상에 내려오신 중심지였다면, 또한 이곳이 ‘하나님의 집’으로 알려졌다면, 분명 예수님은 이 이름들을 자기 안에 포괄하여 받아들이신다. 그분은 ‘하늘로 가는 문’인 동시에 ‘하나님의 집’이시다.”[4]

벧엘: 하나님의 집이 우상의 집이 되다

벧엘은 ‘하나님의 집’이고, 그 의미는 하나님이 야곱에게 나타나시고(아브라함의 제단도 주목하라, 창 12:8) 언약의 약속을 재확인하신 것과 관련된다. 구약에서 하나님의 임재는 공간을 거룩하게 만드는데, 벧엘은 특히 거룩한 장소였다.

하지만 벧엘의 나중 역사는 서글프다. 특히 분열 왕국의 출발점으로 시선을 돌릴 때 더욱 그렇다. 여로보암이 북쪽 지파를 이끌어 예루살렘의 다윗 왕조로부터 떼어 낸 후, 그는 백성들이 성전에 갈 경우 자기에 대한 충성을 저버리지 않을까 걱정했다. 그래서 금송아지 숭배를 위해 바쳐진 제단을 지을 장소로 (북쪽의 단과 함께) 벧엘을 선택했다(왕하 12장).

벧엘을 선택한 이유는 과거에 하나님이 야곱에게 나타나셨던 일과 관련이 있었음이 거의 확실하지만, 이 신성한 장소에 제단을 지음으로써 여로보암은 그곳을 거짓 숭배의 장소로 만들었다. 실제로 하나님은 거의 즉시 예언자를 보내 이 제단을 정죄하고 결국 제단이 무너질 것이라고 예고하셨다(왕하 13장). 나중에 예언자들은 전에 영광을 누린 이 장소를 한목소리로 거부했다(렘 48:13; 호 10:15; 암 4:4; 5:5-6).

신약 시대에 우리에게는 거룩한 장소가 따로 있지 않다. 어디서든 하나님의 임재 안에 있을 수 있다는 의미에서 모든 장소는 거룩하다.[5] 마찬가지로, 본질적으로 불경한 장소도 없다. 그렇지만 아주 거룩한 장소가 불경한 장소가 되어 버린 벧엘의 교훈은, 교회와 조직과 개인을 향해 경종을 울릴 수 있다. 비록 역사/삶의 한 시점에서는 하나님께 영광을 돌린다고 할지라도, 결국 죄와 타락의 장소로 변질될 수 있다는 점을 보여 주기 때문이다.

예를 들어, 미국에는 훌륭한 대학교가 많이 있다. 우리가 훌륭한 교육을 받을 수 있는 곳들이다. 대부분의 대학이 교회에 의해 설립되었다는 사실을 아는 사람은 많지 않고, 이 사실이 많은 사람에게 놀라움으로 다가오는 이유는 바로 이 위대한 대학들이 자기들의 종교적 뿌리를 경시하기 때문이다. 사실상 오늘날 대부분의 대학교와 대학에서는 기독교를, 실은 종교 전반을 기껏해야 중립적으로 취급하거나, 최악의 경우 혹독하게 취급한다.

벧엘의 이야기는 오만을 경계하라는 경고이면서, 종교 기관을 돌보고 염려하는 데 있어 지나치지는 말되, 동시에 늘 깨어있으라는 요청이다. 우리는 단순히 제도적 역사에 의존하거나 과거의 영적 자본에 기대어 살 수 없다. 기관은 사람으로 구성되고, 교회와 선교 단체와 더불어 기독교 대학교에서 일하는 사람들은 자기 영적 건강에 관심을 기울이고 다른 사람들이 하나님과의 관계에서 성장할 수 있도록 격려해야 한다.

이와 관련하여 (창 41장을 다룬 장의) "하나님은 꿈을 통해 우리에게 소통하시는가?" 단락을 보라.

29 창세기 29:1-30:24

29:1야곱이 길을 떠나 동방 사람의 땅에 이르러 2본즉 들에 우물이 있고 그
곁에 양 세 떼가 누워 있으니 이는 목자들이 그 우물에서 양 떼에게 물을 먹
임이라 큰 돌로 우물 아귀를 덮었다가 3모든 떼가 모이면 그들이 우물 아
귀에서 돌을 옮기고 그 양 떼에게 물을 먹이고는 우물 아귀 그 자리에 다
시 그 돌을 덮더라 4야곱이 그들에게 이르되 내 형제여 어디서 왔느냐 그
들이 이르되 하란에서 왔노라 5야곱이 그들에게 이르되 너희가 나홀의 손
자 라반을 아느냐 그들이 이르되 아노라 6야곱이 그들에게 이르되 그가 평
안하냐 이르되 평안하니라 그의 딸 라헬이 지금 양을 몰고 오느니라 7야곱
이 이르되 해가 아직 높은즉 가축 모일 때가 아니니 양에게 물을 먹이고
가서 풀을 뜯게 하라 8그들이 이르되 우리가 그리하지 못하겠노라 떼가 다
모이고 목자들이 우물 아귀에서 돌을 옮겨야 우리가 양에게 물을 먹이느
니라 9야곱이 그들과 말하는 동안에 라헬이 그의 아버지의 양과 함께 오니
그가 그의 양들을 치고 있었기 때문이더라 10야곱이 그의 외삼촌 라반의
딸 라헬과 그의 외삼촌의 양을 보고 나아가 우물 아귀에서 돌을 옮기고 외
삼촌 라반의 양 떼에게 물을 먹이고 11그가 라헬에게 입 맞추고 소리 내어
울며 12그에게 자기가 그의 아버지의 생질이요 리브가의 아들 됨을 말하였
더니 라헬이 달려가서 그 아버지에게 알리매 13라반이 그의 생질 야곱의
소식을 듣고 달려와서 그를 영접하여 안고 입 맞추며 자기 집으로 인도하
여 들이니 야곱이 자기의 모든 일을 라반에게 말하매 14라반이 이르되 너
는 참으로 내 혈육이로다 하였더라 야곱이 한 달을 그와 함께 거주하더니
15라반이 야곱에게 이르되 네가 비록 내 생질이나 어찌 그저 내 일을 하겠
느냐 네 품삯을 어떻게 할지 내게 말하라 16라반에게 두 딸이 있으니 언니
의 이름은 레아요 아우의 이름은 라헬이라 17레아는 시력이 약하고 라헬은
곱고 아리따우니 18야곱이 라헬을 더 사랑하므로 대답하되 내가 외삼촌의

작은 딸 라헬을 위하여 외삼촌에게 칠 년을 섬기리이다 19라반이 이르되 그
를 네게 주는 것이 타인에게 주는 것보다 나으니 나와 함께 있으라 20야곱
이 라헬을 위하여 칠 년 동안 라반을 섬겼으나 그를 사랑하는 까닭에 칠
년을 며칠 같이 여겼더라 21야곱이 라반에게 이르되 내 기한이 찼으니 내
아내를 내게 주소서 내가 그에게 들어가겠나이다 22라반이 그 곳 사람을
다 모아 잔치하고 23저녁에 그의 딸 레아를 야곱에게로 데려가매 야곱이
그에게로 들어가니라 24라반이 또 그의 여종 실바를 그의 딸 레아에게 시
녀로 주었더라 25야곱이 아침에 보니 레아라 라반에게 이르되 외삼촌이 어
찌하여 내게 이같이 행하셨나이까 내가 라헬을 위하여 외삼촌을 섬기지
아니하였나이까 외삼촌이 나를 속이심은 어찌 됨이니이까 26라반이 이르
되 언니보다 아우를 먼저 주는 것은 우리 지방에서 하지 아니하는 바이라
27이를 위하여 칠 일을 채우라 우리가 그도 네게 주리니 네가 또 나를 칠 년
동안 섬길지니라 28야곱이 그대로 하여 그 칠 일을 채우매 라반이 딸 라헬
도 그에게 아내로 주고 29라반이 또 그의 여종 빌하를 그의 딸 라헬에게 주
어 시녀가 되게 하매 30야곱이 또한 라헬에게로 들어갔고 그가 레아보다
라헬을 더 사랑하여 다시 칠 년 동안 라반을 섬겼더라 31여호와께서 레아
가 사랑받지 못함을 보시고 그의 태를 여셨으나 라헬은 자녀가 없었더라
32레아가 임신하여 아들을 낳고 그 이름을 르우벤이라 하여 이르되 여호와
께서 나의 괴로움을 돌보셨으니 이제는 내 남편이 나를 사랑하리로다 하
였더라 33그가 다시 임신하여 아들을 낳고 이르되 여호와께서 내가 사랑받
지 못함을 들으셨으므로 내게 이 아들도 주셨도다 하고 그의 이름을 시므
온이라 하였으며 34그가 또 임신하여 아들을 낳고 이르되 내가 그에게 세
아들을 낳았으니 내 남편이 지금부터 나와 연합하리로다 하고 그의 이름
을 레위라 하였으며 35그가 또 임신하여 아들을 낳고 이르되 내가 이제는
여호와를 찬송하리로다 하고 이로 말미암아 그가 그의 이름을 유다라 하
였고 그의 출산이 멈추었더라 30:1라헬이 자기가 야곱에게서 아들을 낳지

못함을 보고 그의 언니를 시기하여 야곱에게 이르되 내게 자식을 낳게 하
라 그렇지 아니하면 내가 죽겠노라 2야곱이 라헬에게 성을 내어 이르되 그
대를 임신하지 못하게 하시는 이는 하나님이시니 내가 하나님을 대신하겠
느냐 3라헬이 이르되 내 여종 빌하에게로 들어가라 그가 아들을 낳아 내
무릎에 두리니 그러면 나도 그로 말미암아 자식을 얻겠노라 하고 4그의 시
녀 빌하를 남편에게 아내로 주매 야곱이 그에게로 들어갔더니 5빌하가 임
신하여 야곱에게 아들을 낳은지라 6라헬이 이르되 하나님이 내 억울함을
푸시려고 내 호소를 들으사 내게 아들을 주셨다 하고 이로 말미암아 그의
이름을 단이라 하였으며 7라헬의 시녀 빌하가 다시 임신하여 둘째 아들을
야곱에게 낳으매 8라헬이 이르되 내가 언니와 크게 경쟁하여 이겼다 하고
그의 이름을 납달리라 하였더라 9레아가 자기의 출산이 멈춤을 보고 그의
시녀 실바를 데려다가 야곱에게 주어 아내로 삼게 하였더니 10레아의 시녀
실바가 야곱에게서 아들을 낳으매 11레아가 이르되 복되도다 하고 그의 이
름을 갓이라 하였으며 12레아의 시녀 실바가 둘째 아들을 야곱에게 낳으매
13레아가 이르되 기쁘도다 모든 딸들이 나를 기쁜 자라 하리로다 하고 그
의 이름을 아셀이라 하였더라 14밀 거둘 때 르우벤이 나가서 들에서 합환
채를 얻어 그의 어머니 레아에게 드렸더니 라헬이 레아에게 이르되 언니
의 아들의 합환채를 청구하노라 15레아가 그에게 이르되 네가 내 남편을
빼앗은 것이 작은 일이냐 그런데 네가 내 아들의 합환채도 빼앗고자 하느
냐 라헬이 이르되 그러면 언니의 아들의 합환채 대신에 오늘 밤에 내 남편
이 언니와 동침하리라 하니라 16저물 때에 야곱이 들에서 돌아오매 레아가
나와서 그를 영접하며 이르되 내게로 들어오라 내가 내 아들의 합환채로
당신을 샀노라 그 밤에 야곱이 그와 동침하였더라 17하나님이 레아의 소원
을 들으셨으므로 그가 임신하여 다섯째 아들을 야곱에게 낳은지라 18레아
가 이르되 내가 내 시녀를 내 남편에게 주었으므로 하나님이 내게 그 값을
주셨다 하고 그의 이름을 잇사갈이라 하였으며 19레아가 다시 임신하여 여

셋째 아들을 야곱에게 낳은지라 [20]레아가 이르되 하나님이 내게 후한 선물을 주시도다 내가 남편에게 여섯 아들을 낳았으니 이제는 그가 나와 함께 살리라 하고 그의 이름을 스불론이라 하였으며 [21]그 후에 그가 딸을 낳고 그의 이름을 디나라 하였더라 [22]하나님이 라헬을 생각하신지라 하나님이 그의 소원을 들으시고 그의 태를 여셨으므로 [23]그가 임신하여 아들을 낳고 이르되 하나님이 내 부끄러움을 씻으셨다 하고 [24]그 이름을 요셉이라 하니 여호와는 다시 다른 아들을 내게 더하시기를 원하노라 하였더라

이야기 속 다른 본문 경청하기

성경 본문: 창세기 12:1-3; 21:1-7; 24장; 25:19-26

결혼(창 24장)과 출산(21:1-7; 25:19-26) 이야기는 족장 내러티브에서 중요하다. 결국, 이 내러티브는 창세기 12:1-3의 하나님의 약속이 세대에서 세대로 전해지는 과정을 따라간다. 새로운 세대가 탄생하려면 결혼을 하고 출산이 뒤따라야 한다. '이야기 설명하기'에서 자세히 설명해 나가겠지만, 특히 우물가 배경과 관련하여 이삭과 리브가의 만남 이야기(창 24장)와 야곱과 라헬의 만남 이야기 사이에는 서로를 연결하는 유사점이 있다. 물론 상당한 차이점도 있다.

이야기 설명하기

야곱이 라헬을 만나다(29:1-14a)

벧엘에서 하나님을 만난 후 야곱은 계속 여행했고, 다음 에피소드는 최종 목적지인 하란 근처에서 일어난다. 많은 주석가는 이 장을 시작하는 동사 절에 주목한다.[1] NIV 성경에서 '야곱이 계속 여행했다'(Jacob continued on his journey, 이 구절을 개역개정은 29:1의 "야곱이 길을 떠나"로 번역한다—편집자)라고 번역한 구절은 문자적으로 '야곱이 발을 들어 올렸다'(Jacob picked up his feet)라는 의미다. 이것은 흔치 않은 관용구이므로 오늘날의 관용구를 빌려서, 하나님과의 만남 덕분에 야곱의 "발걸음이 경쾌해졌다"라고 최근에 표현되기도 하는데, 사실 이는 지나친 해석일 수 있다.

하란에 가까워지면서 야곱은 들판에 있는 우물을 본다. 이 우물이 아브라함의 종이 리브가를 만난 곳과 같은 우물인지는 분명하지 않지만(창 24장), 특히 아내를 찾는 남자에 관한 이야기에서 우물에 대한 언급은 한 남자와 한 여자의 중요한 만남에 대한 독자들의 기대를 불러일으킨다. 이 기대는 실망으로 돌아오지 않는다.

하지만 낭만적인 만남은 지연되고 내러티브의 긴장은 고조된다. 야곱은 이 우물에서 세 양 떼가 기다리고 있는 것을 본다. 이때 서술자는 이 우물이 큰 돌로 덮여 있고, 그곳에 있는 세 목자는 다른 목자들이 모두 와서 함께 돌을 옮길 때까지 기다린다고 설명한다. 양들에게 물을 준 다음 돌을 다시 제자리에 굴려 놓을 것이다(2-3절).

우물에 도착한 야곱은 우물 주위에 모인 목자들과 대화를 나눈다. 그는 나홀(아브라함의 형제)의 손자라고 알고 있는 라반의 안부를 묻는다. 목자들은 라반이 잘 있다고 확인해 준 뒤, 아버지의 양을 치고 있던 라반의 딸 라헬을 가리킨다.

서술자는 모든 목자가 그곳에 도착할 때까지 우물을 덮고 있던 돌을 옮기지 않는다고 독자들에게 이미 알려 주었지만, 야곱은 이제 기다릴 이유가 무엇이냐고 묻고, 목자들은 모든 목자가 그곳에 도착할 때까지 기다려야 한다고 설명해 준다. 그럼에도 라헬이 도착했을 때 야곱은 돌을 옮긴다. 아마 그의 강렬한 감정 덕분에 이례적인 물리적 힘을 발휘하여 크고 무거운 돌을 옮길 수 있었거나, 혹은 목자들의 동맹에 얽매이지 않아서 모두가 그곳에 와서 돌을 옮길 때까지 기다리지 않았다고 이해할 수 있다. 어쨌든 이 행동은 그가 라헬에게 첫눈에 사랑에 빠졌음을 드러내는데, 이 사랑은 시간이 지나도 약해지지 않을 것이다.

올터는 돌에 관한 구체적 언급이 "두 손으로 자기 운명을 붙잡고, 적을 공략하는 남자"로서 야곱의 성격에 대한 이해를 발전시킨다고 주장한다.[2] 그는 더 나아가 돌이, 야곱이 라헬과의 관계를 완성하기 위해 라반 때문에 겪게 될 장애물(29:15-30을 보라)을 예고한다고 생각한다.

돌을 옮긴 후 야곱은 외삼촌의 양에 물을 먹인다. 야곱은 라헬이 바로 그 사람이라고 생각하고, 그래서 벅찬 감격 속에서 입맞춤하고 자신이 누구인지 소개한다. 이삭과 리브가의 결혼을 배경에 둘 때, 그 의미는 분명하다. 야곱은 아내를 만나기 위해 여기에 있고, 라헬이 바로 그 사람임을 확인했다. 이렇게 하여 라헬은 라반에게 알리러 가고, 라반은 야곱을 자기 집으로 뜨겁게 맞이한다. 라반은 이삭이 리브가와 마침내 결혼하는 과정에서 이삭을 대리하는 아브라함의 종을 만났을 때도 뜨겁게 맞이했다. 그때 라반은 다른 무엇보다 아브라함의 부와 선물에 더 매료되었다. 야곱은 도망자였고 선물도 들고 오지 않았지만, 이 아브라함의 손자와 결혼하면 자연스럽게 부를 얻으리라고 생각했을 것이다. 그는 선물 때문에 실망할 것이다. 그러나 놀랄 것도 없이, 그는 결국 상황을 자기에게 유리하게 이용할 방법을 찾을 것이다. 적어도 처음에는 말이다.

야곱이 레아, 라헬과 결혼하다(29:14b-30)

성경에 따르면 라반은 야곱에게 바로 일을 시켰고 한 달 정도 일한 후, 라반은 품삯을 어떻게 지급하면 좋을지 야곱에게 물었다. "네가 비록 내 생질이나 어찌 그저 내 일을 하겠느냐?"라는 질문은 라반이 기대가 반영된 것처럼 들리지만, 어떤 이유에서든 앞서 보았듯이 라반은 무일푼으로 온 야곱에게 이 문제를 제기한다.

우물에서 만난 후 야곱이 노동의 품삯으로 라헬을 지목한 것은 놀랍지 않다. 하지만 여기서는 앞으로 이어질 장에서 중요한 역할을 담당할 언니 레아도 소개된다. 우리는 처음으로 라헬이 아름답다는 말을 듣지만, 야곱이 우물에서 만났을 때 즉시 그녀에게 끌린 듯 보이기 때문에, 이 묘사 역시 놀랍지 않다. 레아는 또한 시력이 '약한'(*rakkot*) 것으로 묘사된다. 이 묘사 이해의 난점은, 훨씬 긍정적인 특성이라고 할 수 있는 다른 의미 '섬세한'(delicate)을 제안하는 NIV 성경 각주를 통해 나타난다. 이 히브리어 단어는 이렇게 두 가지 의미를 가리킬 수 있기 때문에 문맥에 따라 적절한 해석이 결정될 것이다. 분명한 것은 레아와 라헬이 대조되고 있고, 따라서 라헬이 아름답다면 레아는 그렇지 않다는 것이다. 그런데 어떻게 눈이 약할 수 있을까?

어떤 사람들은 레아의 외모가 남자의 눈을 약하게 만든다고 주장했지만, 이것은 레아 눈의 특징일 가능성이 더 크다. 알다시피 아가서에서 여성의 눈은 매력의 원천이다(4:1, "너울 속에 있는 네 눈이 비둘기 같고"). 따라서 그녀의 눈에는 무언가 특이한 데가 있었음에 틀림없다. 어쩌면 흐릿하거나 생기 없는 눈이었을 수도 있고, 사시였을 수도 있다. 무언가가 레아의 아름다움을 손상시켰고, 그래서 그녀는 야곱에게 매력적으로 느껴지지 않았다.

우리는 레아의 성품에 관해서 아직 아무것도 모르지만, 나중에 하나님은 야곱이 레아를 사랑하지 않기 때문에 그녀를 불쌍히 여기실 것이다. 레아는 실제로 동생에 대한 질투에 이끌려 이른바 '아기 전쟁'에 참여할 텐데, 이 전쟁은 야곱과 동생 라헬이 레아를 대하는 방식 때문에 일어난다. 다시 말해서 레아에 대한 야곱과 라헬의 무시를 정당화할 만큼 중대한 성품의 결함은 그녀에게서 볼 수 없다. 우리는 앞서 에서가 즉각적인 육욕에 이끌리는 사람임을 보았고, 아마 같은 영역에서 야곱도 약점을 가졌을 것이다. 어쨌든 라헬에 대한 야곱의 편애는 나중에 그의 삶에서 온갖 종류의 분쟁으로 이어질 것이다.

우리는 너무 앞서 갔다. 지금 야곱은 라헬을 향한 사랑 때문에 라반의 어린 딸 라헬과 결혼하기 위해 7년간 일하기로 동의한다. 왜 7년일까? 이 숫자가 의미 있는 충분한 시간을 나타내는 상징적 숫자라는 점을 제외하면, 구체적으로 말하기 힘들다. 모세 율법(출 21:1-6)에 따르면, 히브리인 종은 7년째 되는 해에 해방되어야 한다. 신명기(15:12-18)에 따르면 해방된 종은 노역을 끝낼 때 품삯을 받기 때문에, 모세 이후의 독자들은 여기서 연관성을 찾을 것이다. 야곱의 7년 노동은 신붓값(bride-price)을 대신했을 가능성이 크다.

라반은 동의하지만, 그의 말에는 열의가 전혀 없다(19절, "그를 네게 주는 것이 타인에게 주는 것보다 나으니"). 사랑하는 연인 아름다운 라헬 앞에서, 또한 그녀와의 결혼을 허락받기 위해 일했으므로 야곱에게 시간은 아주 빠르게 흐르는 듯했다.

20절에서 7년을 한꺼번에 서술하기 때문에, 시간은 독자들에게도 쏜살같다. 이로써 우리는 21절에서 야곱의 7년 막바지에 다다르고, 야곱은 이렇게 요청한다. "내 기한이 찼으니 내 아내를 내게 주소서 내가 그에게 들어가겠나이다." 야곱은 간단명료하게 자기주장을 내놓는데, 약속을 철저히 지키도록 라반을 재촉해야 했음을 시사할 것이다. 결국 열심히 일하면 라헬과 결혼하리라는 야곱의 믿음 덕분에 라반은 일 잘하는 일꾼을 부릴 수 있었다. 어쨌든 라반은 결혼에 동의했지만, 여기에는 뜻밖의 조건이 붙었다.

결혼식은 논란 없이 진행되는 듯 보였는데, 이는 결혼식 중에 라헬이 신부였음을 암시한다. 결혼이 유효해지려면 첫날밤을 치러야 하는데(창 2:24을 보라), 그러나 다음 날 아침 깨어났을 때 야곱은 라헬이 아니라 레아와 동침했음을 깨달았다!

어떻게 이런 일이 일어날 수 있었을까? 야곱은 어떻게 결혼식 날 밤에 성관계를 가진 여자가 사랑하는 라헬이 아니라 “시력이 약[한]” 레아라는 사실을 모를 수 있었을까?

먼저, 당연히 우리는 야곱이 눈먼 아버지 이삭에게 저지른 속임수를 떠올리며 똑같은 의문을 제기했었다. 거기서 이삭은 눈이 멀었고 아마 가벼운 치매 증상이 있었을 것이라고 언급했다. 야곱은 눈이 멀지 않았지만, 밤이었으므로 이 에피소드는 어둠 속에서 일어났다. 야곱은 치매 증상이 없었고, 물론 본문에서는 명확히 언급하지 않지만 그때 야곱은 결혼 잔치에서 술을 많이 마셨던 것이 거의 확실하다. 레아와 라헬을 구분할 수 없을 정도로 아주 많이 말이다.

사기꾼이 또 다른 사기꾼에게 속은 것이다. 이번 경우에 라반은 야곱을 능가했다. 다만 우리는 여기서 하나님의 숨은 일하심도 보아야 한다. 결국 야곱은 레아와 결혼하여 여섯 아들과 딸 디나를 낳을 것이다. 또한 이때 라반은 레아에게 종 실바를 주었는데, 그녀도 야곱에게서 두 아들을 낳을 것이다. 결국 이 아이들은 라헬이 낳은 두 아들 및 여종 빌하가 낳은 두 아들과 함께, 이스라엘 지파의 시조들이다.

속이는 자 야곱은 라반과 대면하여 “어찌하여 내게 이같이 행하셨나이까?”라고 묻는다. 결국 라헬을 얻기 위한 거래였는데, 그는 레아를 얻고 말았다. ‘시력이 약한’ 딸을 시집보내지 못할까 걱정했던 라반은 큰딸을 먼저 시집보내는 것이 이 지역의 관습이라고 야곱에게 말한다. 물론 야곱은 7년 동안 그곳에 있었기 때문에, 그런 관습이 있었다면 아마 알고 있었을 것이다. 게다가 라반은 결혼식 전에 이 사실을 말할 수도 있었지만, 그게 정말 관습이었다고 하더라도, 라반은 그 관습을 야곱에게 숨기기로 했다. 야곱은 말문이 막혔다.

라반 편에서 볼 때 그는 큰딸을 시집보냈을 뿐 아니라, 야곱이 정말 원했던 둘째 딸을 얻기 위해 이제 7년 동안 자기를 위해 더 일하라고도 강요했다. 야곱에게는 다행이었지만 레아에게는 그렇지 않았을 것인데,

야곱은 다시 7년이 지날 때까지 기다릴 필요 없이 레아와 결혼한 첫 주간이 끝날 무렵 라헬과 결혼한다. 그렇더라도 이제 야곱에게는 라반을 위해 7년간 더 일해야 할 의무가 있다. 라반은 레아에게 그런 것처럼 라헬에게 빌하라는 종을 주었다. 그녀도 앞으로 이어질 내러티브에서 중요한 역할을 할 것이다. 다시 한번(30절, 또한 16-18절도 보라), 내러티브는 야곱이 레아보다 라헬을 더 사랑했다고 분명히 밝힌다.

레아가 야곱에게 아들을 낳아 주다(29:31-35)

고대 근동에서는 일반적으로 자녀가 중요했다. 아브라함의 가정에서도 그의 후손을 "큰 민족"으로 만들겠다는 하나님의 약속(12:2)과 함께 자녀가 매우 중요하다. 야곱은 레아와 라헬과 결혼한다. 그는 라헬을 사랑하지만, 자기가 강제로 떠맡은 레아에게는 별로 신경 쓰지 않는다. 흥미롭게도 하나님은 결혼 생활에서 외로웠을 레아를 긍휼히 여기신다. 그래서 레아의 태는 열어 주시고 라헬의 태는 닫으셨다. 레아를 향한 하나님의 보살핌으로 인해 우리는 그렇지 않았을 때보다 레아를 더 동정하게 된다. 레아가 야곱과 라헬에게 무시와 학대를 받아야 할 이유는 없다는 생각이 든다.

하나님이 라헬의 태가 아니라 레아의 태를 여신 일은 이른바 아기 전쟁의 시작이다. 아이를 낳는 것은 두 자매 사이에 다툼의 원인이 될 것이기 때문이다. 우리는 남편의 사랑에 만족하지 못하는 라헬에게 더 문제가 있다고 느낀다. 물론 이 아이들은 단순한 아이들이 아니라 미래 이스라엘 지파의 시조들이다. 그래서 이 내러티브에서는 그들의 탄생에 초점을 맞추고 또한 그들의 이름에 큰 의미를 둘 것이다.

맏아들은 르우벤으로, 그의 이름은 히브리어로 '그가 나의 비참함을 보았다' 또는 '보라, 아들이라' 비슷하게 들리는데, 둘 다 이 상황에 적합하다. 레아가 내놓은 이 이름에 대한 설명은 첫 번째 의미를 지지하지만, 아마 이름에서 두 의미가 모두 느껴지는 것을 의도했을 것이다. 그녀는 맏아들을 낳음으로써 자기를 대하는 야곱의 태도가 바뀌고 남편이 아내를 사랑해야 하듯이 자기를 사랑하게 되기를 바란다. 야곱의 태도 변화를 바라는 레아의 희망이 헛된 것이었음은 둘째 아들 시므온에게 준 이름에 대한 설명에서 분명히 나타난다. 그녀는 자기가 여전히 야곱의 사랑을 받지 못하므로 주님께서 이 아들을 주셨다고 말한다. 시므온이라는 이름은 '듣다'라는 동사와 연결되어 있고, '들으시는 분'과 비슷한 의미일 것이다.

자기에 대한 야곱의 태도 변화를 바라는 레아의 희망은 셋째 아들 레위의 출생에서도 지속되는데, 이 이름은 소리나 의미의 측면에서 '붙다'(attach)라는 뜻의 히브리어 동사와 연결된다. 그녀는 이 셋째 아이를 통해 자기에 대한 남편의 애정(attachment)이 커지기를 바란다.

야곱과의 관계에서 낳은 네 번째 아이에서 레아는 희망을 포기하는 듯 보이고, 야곱과 더 친밀한 관계에 대한 열망을 표현하는 방식으로 이름을 짓지 않는다. 이 아이는 유다로, 그의 이름은 '찬양하다'라는 동사와 관련된다. 레아는 이 이름을 설명하면서 "내가 이제는 여호와를 찬송하리로다"라고 말한다(35절). 이 시점에서 레아의 출산은 그친다.

라헬은 아이를 잘 낳는 언니에 대한 질투심으로 이성을 잃는다. 라헬은 자기도 아이를 낳게 해 달라고 야곱에게 요구한다. 야곱은 자신이 할 수 있는 일이 거의 없으므로, 아무것도 하지 못했을 것이다. 어쨌든 그는 레아와 아이를 낳을 수 있었고, 그래서 자기에게 잘못이 있지 않다고 생각한다. 오히려 야곱은 (정당하게도) 라헬이 아이를 낳지 못하게 한 분이 하나님이시라고 주장한다.

라헬의 종 빌하가 야곱에게 아들을 낳아 주다(30:1-8)

라헬은 이제 자기 종 빌하가 낳은 자식은 레아의 자식이 아니라 자기 자식에 포함될 것이라는 심산으로, 야곱이 빌하와 동침하게 한다. 그녀의 요청은, 혹은 '요구'라는 단어가 어감을 더 잘 담을 텐데, 야곱이 빌하와 동침하여, 히브리어 관용구를 문자 그대로 번역하면 "내 무릎 위에 아이를 낳을 수 있게" 하는 것이다. 이 관용구는 자기 종이 육체적으로 수고하겠지만 아이는 라헬의 아이로 간주될 것이라는 생각을 표현한다. 이런 이해는 "나도 그로 말미암아 자식을 얻겠노라"는 라헬의 마지막 설명을 통해 확인된다. 이 표현은 아브라함이 하갈과 동침하여 "그로 말미암아 자녀를 얻을까 하노라"고 바라면서 사라가 아브라함에게 한 말과 동일하다(창 16:2).

야곱은 라헬의 요구를 받아들이고, 빌하는 야곱과의 사이에서 여러 자녀를 낳는다. 첫째는 단으로, 히브리어 동사 '정당성을 입증하다'에서 나온 이름으며 이 이름에 대한 라헬의 설명과 어울린다. 아들을 달라는 호소에 하나님이 응답하셨다는 점에서 라헬은 단의 탄생을 통해 신적인 정당성을 얻은 것으로 여긴다. 그와 같은 해석은 의심스러울 수 있다. 라헬의 태는 아직 열리지 않았고, 하나님의 관심에 대해서 우리가 아는 전부는, 사랑받지 못하는 레아의 처지를 긍휼히 여기신 하나님이 레아가 자녀를 낳도록 허락하셨다는 사실뿐이기 때문이다.

우리는 또한 빌하의 둘째 아들 납달리의 이름에서도 상황을 바라보는 라헬의 관점을 엿볼 수 있다. 이 이름은 '나의 싸움' 같은 것을 의미하고, 라헬의 말에 따르면 이는 레아와의 싸움이며 이제 이 싸움에서 자기가 이겼다. 자녀를 생각해 보면 아들 네 명 대 두 명으로, 여전히 레아 쪽이 우세하다는 점에서 이 이름은 다소 당돌해 보인다.

레아의 종 실바가 야곱에게 아들을 낳아 주다(30:9-13)

실제로 레아는 도전에 응하기 위해 이제 자기 종을 끌어들인다. 실바는 두 자녀를 낳고, 이로써 빌하가 두 자녀를 낳기 전 레아가 누렸던 수적 우위를 회복한다.

레아는 실바가 낳은 첫째 아들에게 갓이라는 이름을 준다. NIV 성경 각주가 시사하듯 갓은 '행운' 또는 '군대'를 의미할 수 있다. 적어도 표면적으로는 전자가 문맥에 가장 적합해 보인다. '행운'이라는 의미는 레아가 아셀이라는 이름을 준 실바의 둘째 아들의 의미인 '행복'과도 잘 어울린다. 이 두 아이의 이름은 레아가 편애받는 동생보다 야곱에게 더 많은 아들을 '낳아 주는' 능력 때문에 행복을 누렸음을 보여 준다.

레아의 더 많은 아들(30:14-21)

하지만 나중에 드러나듯이, 레아는 아직 끝나지 않았다. 출생과 이름의 단순한 나열은 레아의 출산이 어떻게 다시 시작되는지 설명하는 에피소드 덕분에 중단된다. 이 에피소드는 밀 수확기에 레아의 맏아들 르우벤이 들판에 나가 합환채를 발견하면서 시작된다. 합환채를 발견했다는 소식을 들은 라헬은 그 가운에 일부를 달라고 요청하지만, 처음에 질투심 많은 언니는 합환채 주기를 거절한다.

이 이야기의 고대 맥락에서 합환채가 최음제 또는 사용자에게 임신과 출산을 가능하게 하는 재료로 간주되었다는 사실을 이해하지 못할 경우, 현대 독자들은 여기서 요점을 놓칠 수 있다. 아가서의 다음 본문에 유의하자.

> 내 사랑하는 자야
> 우리가 함께 들로 가서
> 동네에서 유숙하자.
> 우리가 일찍이 일어나서 포도원으로 가서
> 포도 움이 돋았는지,
> 꽃술이 퍼졌는지,

석류꽃이 피었는지 보자.

거기에서 내가 내 사랑을 네게 주리라.

합환채가 향기를 뿜어내고

우리의 문 앞에는 여러 가지 귀한 열매가

새것, 묵은 것으로 마련되었구나.

내가 내 사랑하는 자 너를 위하여 쌓아 둔 것이로다. (아 7:11-13)[3]

창세기와 아가서에서 합환채(mandrake)로 번역된 히브리어 단어는 '두다임'(*dudaim*)으로, 아가서의 히브리어에서 사랑 또는 연인을 뜻하는 일반적 단어(*dwd*)와 철자나 발음에서 매우 비슷하다. 이 사실은 이 단어가 이 시에 나오는 이유와 이 식물이 최음제이고 여성의 임신에 도움이 된다는 미신을 설명할 수 있다. 사실 마빈 포프(Marvin Pope)는 합화채가 "실제로 흥분제라기보다는 최면제나 마약에 더 가깝다"고 말한다.[4] 하지만 생리적 반응은 여기서 고려되지 않았을 수도 있다. 적어도 합환채가 성적 흥분제라는 믿음은 이러한 생리적 반응에서 비롯되지 않았을 것이기 때문이다. 합환채의 뿌리는 생식기 모습을 닮았다. 오늘날 서구에서 점점 인기를 얻는 아시아의 정력제인 인삼에 비유할 수 있다. 사실 '두다임'이 합환채라고 모든 사람이 동의하는 것은 아니고, 어떤 사람들은 인삼이라고 생각한다. 합환채라는 번역은 이 히브리어 단어를 맨드레이크(mandrake)의 공식 속명인 '만드라고라스'(*mandragoras*)로 번역한 칠십인역으로 거슬러 올라간다[라틴어 불가타(Vulgate) 성경은 전례를 따랐다]. 이 식물의 정확한 정체가 무엇이든지 이 내러티브에서 맡은 역할은 더없이 분명하다. 라헬은 이 식물이 아기를 갖는 데 도움이 될 것으로 생각했고, 그래서 그 식물의 대가로 레아가 야곱과 하룻밤을 보내도록 기꺼이 허락한다.

안타깝게도 라헬의 계획은 역효과를 냈다. 결국 라헬는 두 아들을 낳겠지만, 내러티브에서는 이런 사건의 전환을 그녀가 합환채를 사용한 것과는 연결하지 않는다(21절, "그 후에"를 보라). 한편, 레아가 야곱과 함께 보낸 시간은 세 아이를 더 낳는 계기가 된 것 같다.

17절은 야곱이 이 아기 전쟁의 볼모에 지나지 않는 것으로 묘사된다. 사실 그는 '팔려 간 남자'이지만, 돈을 받는 대신 한 아내에서 다른 아내에게로 팔려 가는 신세다. 레아는 이 새로운 출생 경쟁에서 낳은 첫째 아들의 이름을 잇사갈이라고 짓는다. "내가 내 시녀를 내 남편에게 주었으므로 하나님이 내게 그 값을 주셨[기]" 때문이다(18절). 잇사갈은 '보상'을 가리키는 히브리어 단어와 비슷하게 들린다. 새로운 경쟁의 둘째 아들이자 레아가 낳은 여섯째 아들은 스불론이다. 설명에 따르면, 이 이름은 '존중'이라는 의미와 관련이 있는 것으로 보인다. 레아는 아들을 여섯이나 낳았기 때문에 야곱이 자기를 존중하기 시작하리라고 생각한다. 마지막으로 우리는 디나라는 딸의 출생을 듣는다. 디나가 그들이 낳은 유일한 딸인지는 알 수 없다. 딸로서는 유일하게 디나가 언급된 이유는, 34장에 나오는 이야기에서 중요한 역할을 하기 때문이다.

라헬이 마침내 아들을 얻다(30:22-24)

열 명의 아들을 낳은 후 마침내 라헬의 때가 왔다. 하나님은 그녀가 아이를 낳지 못하도록 막으셨지만, 이제 라헬의 태를 열어 주신다. 라헬이 낳은 아이의 이름은 요셉이고, 그의 이야기는 창세기의 마지막 주요 부분(37-50장)을 주도할 것이다. 이 이름은 '더하다' 또는 '증가하다'를 뜻하는 히브리어 동사에서 유래한다. 따라서 라헬은 하나님이 더 많은 것을 허락하실 것이라는 호소로 이 아이의 이름을 짓는다. 실제로 하나님은 결국 둘째 아들을 더하시겠지만, 라헬의 목숨이라는 대가를 치른다(창 35:16-20).

남성의 세계 안에 있는 여성

"라헬은 양 떼를 치는 목동이다"(29:9, 새번역 참조). 최소한 야곱이 평가하기에 라헬은 아름다웠겠지만, 그녀에게는 아름다움보다 더 많은 것이 있었다. 고대 근동에서 목자가 되는 것은 쉽지 않았다. 목자에게는 양을 물가로 인도할 뿐 아니라 포식자나 도둑질하는 사람으로부터 양을 보호해야 할 책임도 있었다. 라헬은 성경에 언급된 유일한 여성 목자이기 때문에, 목자는 남성 중심의 직업이라고 생각해도 무리는 아니다. 실제로 그녀 앞에 나타난 세 명의 목자는 모두 남성이었다. 라헬은 남성이 지배하는 세상에서 어떻게 처신해야 하는지 알아야 했을 것이다. 특히 예뻤다면 더 그랬을 것이다.

오늘날 복음주의 교회 일각에는 남성에게 적합한 역할과 여성에게 적합한 역할이 무엇인지에 대해 논의하곤 한다. "남성은 일터에 있어야 하고, 여성은 부엌에 있어야 한다."

물론 라헬이 목자라는 평범한 언급이 그 자체로 이런 관점을 약화시키는 것은 아니다. 하지만 특히 "현숙한 여인"을 묘사하는 본문에서 현숙한 여인을 적극적인 사업가로 묘사하므로(잠 31:10-33), 남성과 여성의 역할에 구별이 있다는 주장에 성경적 근거가 있는지 의문이 든다. 우리가 이미 보았듯이 에서는 야외 활동을 좋아하고 '야성의 마음'을 가진 반면, 야곱은 실내에서 어머니와 함께 요리하기를 좋아했다. 누구도 자기 기호 때문에 비판받지 않으며, 사실 부엌에 있는 남자가 약속을 받고 전수하도록 하나님이 선택하신 사람이다. 결국 요점은 성경을 주의 깊게 읽어 보면 남성과 여성에 대한 틀에 박힌 역할을 지지하지 않는다는 것이다.

주는 대로 받는다

이름 자체가 속이는 자임을 암시하는 야곱은 외삼촌 라반에게 속는다. 사기꾼이 사기를 당한다. 야곱은 아버지에게 축복받기 위해 자기가 에서인 것처럼 변장했고, 이제 라반은 그를 레아와 억지로 결혼시키기 위해 레아가 라헬인 것처럼 변장시켰다. 야곱이 라반에게 항의하며 "외삼촌이 나를 속이심은 어찌 됨이니이까?"라고 질문했을 때(29:25b), 주의 깊은 독자는 이삭이 에서에게 했던 말 "네 아우가 와서 속여 네 복을 빼앗았도다"를 떠올린다(27:35).

잠언은 독자에게 악한 행동이 본래 의도한 피해자가 아닌 가해자에게 돌아와 해를 끼칠 수 있다는 경종을 울린다. "악인의 강포는 자기를 소멸하나니 이는 정의를 행하기 싫어함이니라"(잠 21:7). 아버지가 아들에게 주는 첫 번째 교훈(1:8-19)에서 아버지는 아들에게 무고한 사람을 해치려고 하는 자들과 어울리지 말라고 말한다. 그는 아들에게 "그들이 가만히 엎드림은 자기의 피를 흘릴 뿐이요 숨어 기다림은 자기의 생명을 해할 뿐이니 이익을 탐하는 모든 자의 길은 다 이러하여 자기의 생명을 잃게 하느니라"고 말한다(1:18-19). 야곱이 속임수를 사용하여 다른 사람을 이용했듯이, 라반도 속임수를 사용하여 야곱을 이용한다. 바울이 지적하듯이 "사람이 무엇으로 심든지 그대로 거두리라"(갈 6:7).

에스더서에 나오는 모르드개와 하만의 이야기는 자기가 심은 것을 거두고 다른 사람에게 의도한 일을 자기가 당하는 어떤 사람의 전형적 사례다. 하만은 모르드개를 죽이고 싶었고, 그래서 날카롭게 깎은 큰 장대를 세워 그를 매달려 했다(에 5:14). 하지만 (하나님의 숨은 섭리 덕분에) 상황은 불리하게 돌아가고, 왕은 신하들에게 하만을 장대에 매달고 모르드개를 존귀하게 하라고 명령한다(에 6-7장). 이야기가 계속되면서 유대인을 근절하려는 하만의 시도는 또한 유대인들이 지금도 해마다 기념하는 날에 하만의 백성을 근절하는 기회가 된다(에 8:15-9:19). 이날이 바로

부림절이다(에 9:20-32).

약 30년 전 미국의 유명한 성경 대학과 신학교에서 한 고위 교직원이 학교의 신학적 기준에서 벗어났다는 이유로 해고되었다. 이 사건에서 중요한 점은 바로 수년 동안 이 고위 교직원의 활동 때문에 수년 동안 25명이 넘는 후배 교직원들이 해고되었다는 사실이다. 그는 유력한 기부자와 구성원 사이에서 자기 영향력을 이용해 날조된 혐의와 학교의 신앙고백에서 벗어나는 사소한 이탈을 핑계로 자기 마음에 들지 않는 사람들을 해고한 것으로 유명했다. 인과응보란 바로 이런 것이다.

하지만 항상 그렇지는 않다. 심은 대로 거둔다는 원칙은 확고한 삶의 법칙이 아니다. 그렇지만 이 원칙이 경고가 되어야 한다. 황금률이 말하듯 우리는 남에게 대접받고자 하는 대로 남을 대접해야 한다.

또한 우리 모두 뿌린 대로 거둔다면 우리 모두 큰 곤경에 처할 수 있다는 사실을 명심해야 한다. 하나님 보시기에 우리는 모두 죄인이기 때문에 죽어 마땅하다.

그런데 우리는 왜 죽지 않을까? 우리 그리스도인들은 그리스도께서 우리가 심은 것을 십자가에서 거두셨다고 믿는다. 예수님은 우리가 살 수 있도록 우리 죄를 친히 짊어지고 돌아가셨다. 우리의 반응은 감사와 순종이어야 한다. 우리는 다른 사람을 대할 때 그리스도를 닮아야 한다.

레아: 야곱의 사랑에 매달리는 헛수고

레아는 야곱에게 아들을 낳아 주면 결국 야곱의 사랑을 얻을 거라고 생각했기 때문에 자녀를 낳았을 때 기뻐했다(29:22). 하지만 그녀는 처음 네 아들을 낳고 결국 열두 아들 중 여섯(그리고 딸 하나)을 낳았지만, 야곱은 분명 그녀에 대한 태도를 바꾸지 않았다. 제이컵스는 "현대인의 삶 많은 측면이 성경 내러티브 속 인물이나 상황과 비슷하다"고 올바르게 지적하면서,[5] 다음과 같은 성찰을 제시한다.

레아는 사적 삶의 영역과 공적 삶의 영역 모두에서 주변 남성에게 사랑받고자 하는 목표를 위해 자신의 행동을 재단하는 여성의 전형이다. 이는 남성과의 관계를 확보하기 위해 성관계를 갖거나, 임신하여 남성과 결혼하거나, 남편과 결혼 생활을 유지하기 위해 아이를 낳는 것을 의미할 수 있다. 공적 영역에서 일부 여성은 남성 동료의 부적절한 관심을 구하거나 인정받기 위해 부적절한 행동을 허용할 수 있다.[6]

제이컵스는 여성들이 레아의 사례에 유의하고, 그와 같은 조작 시도는 이런 방식으로 "사람들의 감정을 통제할" 수 없기 때문에 효과가 없음을 깨달아야 한다고 본다.[7]

제이컵스의 조언은 건전하고 또한 사랑을 얻기 위해 다른 사람을 조작하려는 남성에게도 적용된다. 그렇기는 하지만 우리는 하나님이 "레아가 사랑받지 못함을 보시고" 레아의 태를 열어 주셨음을 기억해야 한다(29:31). 그러나 자녀를 낳으면 레아에 대한 야곱의 태도가 바뀔 것이라고 하나님이 생각하셨는지는 전혀 분명하지 않다. 오히려 하나님은 자녀를 낳으면 레아가 가정에서 겪었을 혹독한 외로움의 강도가 완화될 거라고 여기셨을 것이다.

하나님은 사랑받지 못하는 자를 사랑하신다

"여호와께서 레아가 사랑받지 못함을 보시고 그의 태를 여셨으나 라헬은 자녀가 없었더라"(29:31). 야곱은 레아와 강제로 결혼했기 때문에 그녀를 사랑하지 않았다. 이어지는 아기 전쟁에서 명확히 알 수 있듯이, 라헬은 언니의 친구가 아니었다. 라반은 자신의 이익을 위해서만 행동했다. 우리가 아는 한 레아를 옹호하는 사람은 아무도 없었다. 하나님은 예외다. 하나님은 우리가 어떤 모습이든 신경 쓰지 않으시고 우리를 자기의 창조물로 사랑하신다. 외모가 좋든 아니든, 우리는 하나님의 형상으로 창조되었다. 하나님은 레아가 아이를 낳을 수 있도록 허락하심으로써 레아에 대한 관심을 구체적으로 표현하셨지만, 야곱의 사랑을 받는 아내는 아이를 낳을 수 없었다.

물론 사랑스럽지 않은 사람들에 대한 하나님의 사랑은 예수님의 십자가 희생에서 빛을 발한다. "하나님이 세상을 이처럼 사랑하사 독생자를 주셨으니 이는 그를 믿는 자마다 멸망하지 않고 영생을 얻게 하려 하심이라"(요 3:16). 우리는 하나님을 사랑하지 않았는데도 그분은 우리를 사랑하셨고, 우리 죄를 위해 십자가에서 죽으셨다.

따라서 우리 가운데는 레아가 없어야 한다. 레아는 아이를 낳는 능력을 통해 자기를 향한 하나님의 사랑을 구체적으로 누렸지만, 자기도 어찌할 수 없는 상황으로 인해 처하게 된 현실에도 불구하고 가족과 친구들의 사랑 또한 느꼈어야 마땅하다.

우리를 향한 예수님의 사랑은 서로 사랑하도록 우리를 이끌어야 한다. "내 계명은 곧 내가 너희를 사랑한 것같이 너희도 서로 사랑하라 하는 이것이니라. 사람이 친구를 위하여 자기 목숨을 버리면 이보다 더 큰 사랑이 없나니"(요 15:12-13).

일부일처: 결혼에 대한 하나님의 계획

구약의 많은 독자는 가장 잘 알려진 몇몇 성경 인물 가운데 일부다처 결혼이 만연했다는 사실에 충격을 받는다. 사실 후대의 모세 율법은 일부다처 결혼을 금하지 않지만, 덜 사랑받는 아내를 완전히 무시하지 않도록 규제한다(출 21:7-11). 여기서 놀라는 이유는, 이미 살펴보았듯이(창 2:4-25을 다룬 장 '이야기 살아내기'의 "결혼의 본질과 성이라는 선물" 단락을 보라), 하나님은 결혼을 일부일처제로, 두 사람이 "한 몸"이 되어야 한다고 명확히 규정하시기 때문이다(창 2:24).

성경의 일부다처 결혼을 어떻게 이해해야 할까? 이 질문을 다루기 전에 일부다처제는 신약 시대에도 그리스도인들 사이에서 금지되지 않았다는 사실을 알아야 한다. 아래에서 일부다처제는 하나님의 이상이 아니라는 신약의 단서를 보겠지만, 아내를 둘 이상 두는 관행에 대한 명시적 금지는 볼 수 없다.

이 모든 것이 어떻게 들어맞는지 이해하기 위해, 우리는 모세 율법이 반드시 하나님의 백성이 어떻게 살아야 하는지에 관한 하나님의 이상이나 궁극적 열망을 표현하는 것은 아니라는 점을 깨달아야 한다. 구약에서 하나님은 자기 백성의 연약함까지 기꺼이 자신을 낮추신 뒤, 그들을 그분의 이상을 향해 나아가도록 독려하신다. 이혼이라는 주제는 분명히 그런 경우다. 구약 시대에는 남성이 아내와 이혼하는 게 비교적 쉬웠다(신 24:1-4). 이런 이유로 이혼은 특정 조건에서만 허용될 수 있다고 예수님이 가르치실 때 제자들은 주춤한다(마 19:3-6). 예수님은 구약 시대와 당시의 차이점을 설명하면서 "모세가 너희 마음의 완악함 때문에 아내 버림을 허락하였거니와 본래는 그렇지 아니하니라"고 말씀하신다(마 19:8).

이혼과 비슷하게 구약에서 일부다처를 허용한 이유는 '그들 마음의 완악함' 때문이었다. 예수 그리스도께서 오셨고, 이제 하나님은 이른바 일부일처라는 창조 때의 이상으로 우리를 이끌어 가신다. 하지만 처음에 그분의 이끄심은 서서히 진행된다. 바울이 가르치듯이 장로는 디모데전서 3:2의 문자적인 번역대로 "한 아내의 남편"이어야 한다. 다시 말해서 그는 일부다처 결혼 관계에 있지 않아야 한다.

물론 구약 시대에는 일부다처제가 허용되었지만, 일부다처 관계에 있는 인물들의 이야기는 그와 같은 관계의 위험을 보여 주는 사례가 된다. 방금 전 우리는 야곱과 그의 두 아내와 두 첩의 믿기 힘든 역기능적 가족의 사례를 보았다. 앞서 아브라함과 사라 및 하갈의 관계에서도 목격한 바 있다. 또한 아브라함과 야곱은 하나님과의 관계 안에 있다. 우리는 최초로 언급된 일부다처 결혼, 즉 라멕의 결혼에 대해 간단히 논평했는데, 그의 목표는 악에서 가인을 능가하는 것이었다(창 4:19-24).

요점은 하나님이 일부다처제를 용인하셨을 때도 일부다처제는 하나님의 이상이 아니었다는 사실이다. 대부분의 서구 사회에서는 둘 이상의 아내와 결혼을 금지하므로, 일부다처제는 서구에서 쟁점이 아니다. 하지만 이 문제는 남반구의 저개발국에서 가끔 쟁점이 되었고 지금도 그렇다. 여러 아내를 둔 남자가 그리스도인이 되면 어떤 일이 일어날까? 웨스트민스터 신학교(Westminster Theological Seminary)에서 가르칠 때 상급 과정에 재학 중인 영민했던 나이지리아 티브 부족의 자코브 악피라라는 학생과 나눈 대화를 기억한다. 안타깝게도 지금은 불의의 사고로 세상을 떠난 자코브는 자기 아버지가 그리스도인이 되었을 때 여덟 명의 아내가 있었다고 말했다. 이전 세대였다면 그중 일곱 명의 아내를 버리고 일부일처 관계를 유지하라는 말을 들었을 것이다. 물론 성경이 일부다처를 허용한다는 사실을 고려하지 않은 이와 같은 요구는 버림받은 여성들에게 큰 해를 끼쳤다. 자코브의 아버지는 여덟 명의 아내와 함께 그리스도인이 될 수 있다는 지혜로운 조언을 받아들였지만, 디모데전서 3:2 같은 본문 때문에 교회의 직분자는 될 수 없었다. 그는 또한 한 아내만 두도록 자녀들을 양육하라는 성경의 가르침을 받았는데, 당시 교회 지도자였던 아들 자코브는 당연히 그렇게 했다.

서구에서는 일반적으로 (유타주 일부를 제외하고) 일부다처제와 관련하여 문제가 없지만, 사람들은 간통을 범함으로써 혹은 심지어 성경적 이유가 아닌 다른 이유로 이혼하여 한 배우자에서 다른 배우자로 옮겨 감으로써 하나님의 일부일처 원리를 빈번하게 위반한다. 결혼은 남편과 아내가 배타적인 관계에서 서로 헌신하도록 요청하는 신성한 제도다.

이와 관련하여 (창 24장을 다룬 장 후반부의) “합당한 사람과 결혼하기” 단락과 (창 24장을 다룬 장 후반부의) “거룩한 배우자” 단락을 보라.

30　　창세기 30:25-31:55

[30:25]라헬이 요셉을 낳았을 때에 야곱이 라반에게 이르되 나를 보내어 내
고향 나의 땅으로 가게 하시되 [26]내가 외삼촌에게서 일하고 얻은 처자를
내게 주시어 나로 가게 하소서 내가 외삼촌에게 한 일은 외삼촌이 아시나
이다 [27]라반이 그에게 이르되 여호와께서 너로 말미암아 내게 복 주신 줄
을 내가 깨달았노니 네가 나를 사랑스럽게 여기거든 그대로 있으라 [28]또
이르되 네 품삯을 정하라 내가 그것을 주리라 [29]야곱이 그에게 이르되 내
가 어떻게 외삼촌을 섬겼는지, 어떻게 외삼촌의 가축을 쳤는지 외삼촌이
아시나이다 [30]내가 오기 전에는 외삼촌의 소유가 적더니 번성하여 떼를 이
루었으니 내 발이 이르는 곳마다 여호와께서 외삼촌에게 복을 주셨나이다
그러나 나는 언제나 내 집을 세우리이까 [31]라반이 이르되 내가 무엇으로
네게 주랴 야곱이 이르되 외삼촌께서 내게 아무것도 주시지 않아도 나를
위하여 이 일을 행하시면 내가 다시 외삼촌의 양 떼를 먹이고 지키리이다
[32]오늘 내가 외삼촌의 양 떼에 두루 다니며 그 양 중에 아롱진 것과 점 있는
것과 검은 것을 가려내며 또 염소 중에 점 있는 것과 아롱진 것을 가려내
리니 이 같은 것이 내 품삯이 되리이다 [33]후일에 외삼촌께서 오셔서 내 품
삯을 조사하실 때에 나의 의가 내 대답이 되리이다 내게 혹시 염소 중 아
롱지지 아니한 것이나 점이 없는 것이나 양 중에 검지 아니한 것이 있거든
다 도둑질한 것으로 인정하소서 [34]라반이 이르되 내가 네 말대로 하리라
하고 [35]그날에 그가 숫염소 중 얼룩무늬 있는 것과 점 있는 것을 가리고 암
염소 중 흰 바탕에 아롱진 것과 점 있는 것을 가리고 양 중의 검은 것들을
가려 자기 아들들의 손에 맡기고 [36]자기와 야곱의 사이를 사흘 길이 뜨게
하였고 야곱은 라반의 남은 양 떼를 치니라 [37]야곱이 버드나무와 살구나무
와 신풍나무의 푸른 가지를 가져다가 그것들의 껍질을 벗겨 흰 무늬를 내
고 [38]그 껍질 벗긴 가지를 양 떼가 와서 먹는 개천의 물구유에 세워 양 떼를

향하게 하매 그 떼가 물을 먹으러 올 때에 새끼를 배니 39가지 앞에서 새끼
를 배므로 얼룩얼룩한 것과 점이 있고 아롱진 것을 낳은지라 40야곱이 새
끼 양을 구분하고 그 얼룩무늬와 검은 빛 있는 것을 라반의 양과 서로 마
주보게 하며 자기 양을 따로 두어 라반의 양과 섞이지 않게 하며 41튼튼한
양이 새끼 밸 때에는 야곱이 개천에다가 양 떼의 눈앞에 그 가지를 두어
양이 그 가지 곁에서 새끼를 배게 하고 42약한 양이면 그 가지를 두지 아니
하니 그렇게 함으로 약한 것은 라반의 것이 되고 튼튼한 것은 야곱의 것이
된지라 43이에 그 사람이 매우 번창하여 양 떼와 노비와 낙타와 나귀가 많
았더라 31:1야곱이 라반의 아들들이 하는 말을 들은즉 야곱이 우리 아버지
의 소유를 다 빼앗고 우리 아버지의 소유로 말미암아 이 모든 재물을 모았
다 하는지라 2야곱이 라반의 안색을 본즉 자기에게 대하여 전과 같지 아니
하더라 3여호와께서 야곱에게 이르시되 네 조상의 땅 네 족속에게로 돌아
가라 내가 너와 함께 있으리라 하신지라 4야곱이 사람을 보내어 라헬과 레
아를 자기 양 떼가 있는 들로 불러다가 5그들에게 이르되 내가 그대들의
아버지의 안색을 본즉 내게 대하여 전과 같지 아니하도다 그러할지라도
내 아버지의 하나님은 나와 함께 계셨느니라 6그대들도 알거니와 내가 힘
을 다하여 그대들의 아버지를 섬겼거늘 7그대들의 아버지가 나를 속여 품
삯을 열 번이나 변경하였느니라 그러나 하나님이 그를 막으사 나를 해치
지 못하게 하셨으며 8그가 이르기를 점 있는 것이 네 삯이 되리라 하면 온
양 떼가 낳은 것이 점 있는 것이요 또 얼룩무늬 있는 것이 네 삯이 되리라
하면 온 양 떼가 낳은 것이 얼룩무늬 있는 것이니 9하나님이 이같이 그대
들의 아버지의 가축을 빼앗아 내게 주셨느니라 10그 양 떼가 새끼 밸 때에
내가 꿈에 눈을 들어 보니 양 떼를 탄 숫양은 다 얼룩무늬 있는 것과 점 있
는 것과 아롱진 것이었더라 11꿈에 하나님의 사자가 내게 말씀하시기를 야
곱아 하기로 내가 대답하기를 여기 있나이다 하매 12이르시되 네 눈을 들
어 보라 양 떼를 탄 숫양은 다 얼룩무늬 있는 것, 점 있는 것과 아롱진 것이

니라 라반이 네게 행한 모든 것을 내가 보았노라 13나는 벧엘의 하나님이
라 네가 거기서 기둥에 기름을 붓고 거기서 내게 서원하였으니 지금 일어
나 이곳을 떠나서 네 출생지로 돌아가라 하셨느니라 14라헬과 레아가 그에
게 대답하여 이르되 우리가 우리 아버지 집에서 무슨 분깃이나 유산이 있
으리요 15아버지가 우리를 팔고 우리의 돈을 다 먹어버렸으니 아버지가 우
리를 외국인처럼 여기는 것이 아닌가 16하나님이 우리 아버지에게서 취하
여 가신 재물은 우리와 우리 자식의 것이니 이제 하나님이 당신에게 이르
신 일을 다 준행하라 17야곱이 일어나 자식들과 아내들을 낙타들에게 태우
고 18그 모은 바 모든 가축과 모든 소유물 곧 그가 밧단 아람에서 모은 가축
을 이끌고 가나안 땅에 있는 그의 아버지 이삭에게로 가려 할새 19그때에
라반이 양털을 깎으러 갔으므로 라헬은 그의 아버지의 드라빔을 도둑질하
고 20야곱은 그 거취를 아람 사람 라반에게 말하지 아니하고 가만히 떠났
더라 21그가 그의 모든 소유를 이끌고 강을 건너 길르앗 산을 향하여 도망한
지 22삼 일 만에 야곱이 도망한 것이 라반에게 들린지라 23라반이 그의 형제
를 거느리고 칠 일 길을 쫓아가 길르앗 산에서 그에게 이르렀더니 24밤에
하나님이 아람 사람 라반에게 현몽하여 이르시되 너는 삼가 야곱에게 선
악 간에 말하지 말라 하셨더라 25라반이 야곱을 뒤쫓아 이르렀으니 야곱이
그 산에 장막을 친지라 라반이 그 형제와 더불어 길르앗 산에 장막을 치고
26라반이 야곱에게 이르되 네가 나를 속이고 내 딸들을 칼에 사로잡힌 자
같이 끌고 갔으니 어찌 이같이 하였느냐 27내가 즐거움과 노래와 북과 수
금으로 너를 보내겠거늘 어찌하여 네가 나를 속이고 가만히 도망하고 내
게 알리지 아니하였으며 28내가 내 손자들과 딸들에게 입맞추지 못하게 하
였으니 네 행위가 참으로 어리석도다 29너를 해할 만한 능력이 내 손에 있
으나 너희 아버지의 하나님이 어제 밤에 내게 말씀하시기를 너는 삼가 야
곱에게 선악 간에 말하지 말라 하셨느니라 30이제 네가 네 아버지 집을 사
모하여 돌아가려는 것은 옳거니와 어찌 내 신을 도둑질하였느냐 31야곱이

라반에게 대답하여 이르되 내가 생각하기를 외삼촌이 외삼촌의 딸들을 내
게서 억지로 빼앗으리라 하여 두려워하였음이니이다 32외삼촌의 신을 누
구에게서 찾든지 그는 살지 못할 것이요 우리 형제들 앞에서 무엇이든지
외삼촌의 것이 발견되거든 외삼촌에게로 가져가소서 하니 야곱은 라헬이
그것을 도둑질한 줄을 알지 못함이었더라 33라반이 야곱의 장막에 들어가
고 레아의 장막에 들어가고 두 여종의 장막에 들어갔으나 찾지 못하고 레
아의 장막에서 나와 라헬의 장막에 들어가매 34라헬이 그 드라빔을 가져
낙타 안장 아래에 넣고 그 위에 앉은지라 라반이 그 장막에서 찾다가 찾아
내지 못하매 35라헬이 그의 아버지에게 이르되 마침 생리가 있어 일어나서
영접할 수 없사오니 내 주는 노하지 마소서 하니라 라반이 그 드라빔을 두
루 찾다가 찾아내지 못한지라 36야곱이 노하여 라반을 책망할새 야곱이 라
반에게 대답하여 이르되 내 허물이 무엇이니이까 무슨 죄가 있기에 외삼
촌께서 내 뒤를 급히 추격하나이까 37외삼촌께서 내 물건을 다 뒤져보셨으
니 외삼촌의 집안 물건 중에서 무엇을 찾아내었나이까 여기 내 형제와 외
삼촌의 형제 앞에 그것을 두고 우리 둘 사이에 판단하게 하소서 38내가 이
이십 년을 외삼촌과 함께하였거니와 외삼촌의 암양들이나 암염소들이 낙
태하지 아니하였고 또 외삼촌의 양 떼의 숫양을 내가 먹지 아니하였으며
39물려 찢긴 것은 내가 외삼촌에게로 가져가지 아니하고 낮에 도둑을 맞았
든지 밤에 도둑을 맞았든지 외삼촌이 그것을 내 손에서 찾았으므로 내가
스스로 그것을 보충하였으며 40내가 이와 같이 낮에는 더위와 밤에는 추위
를 무릅쓰고 눈 붙일 겨를도 없이 지냈나이다 41내가 외삼촌의 집에 있는
이 이십 년 동안 외삼촌의 두 딸을 위하여 십사 년, 외삼촌의 양 떼를 위하
여 육 년을 외삼촌에게 봉사하였거니와 외삼촌께서 내 품삯을 열 번이나
바꾸셨으며 42우리 아버지의 하나님, 아브라함의 하나님 곧 이삭이 경외하
는 이가 나와 함께 계시지 아니하셨더라면 외삼촌께서 이제 나를 빈손으
로 돌려보내셨으리이다마는 하나님이 내 고난과 내 손의 수고를 보시고

어제 밤에 외삼촌을 책망하셨나이다 43라반이 야곱에게 대답하여 이르되
딸들은 내 딸이요 자식들은 내 자식이요 양 떼는 내 양 떼요 네가 보는 것
은 다 내 것이라 내가 오늘 내 딸들과 그들이 낳은 자식들에게 무엇을 하
겠느냐 44이제 오라 나와 네가 언약을 맺고 그것으로 너와 나 사이에 증거
를 삼을 것이니라 45이에 야곱이 돌을 가져다가 기둥으로 세우고 46또 그
형제들에게 돌을 모으라 하니 그들이 돌을 가져다가 무더기를 이루매 무
리가 거기 무더기 곁에서 먹고 47라반은 그것을 여갈사하두다라 불렀고 야
곱은 그것을 갈르엣이라 불렀으니 48라반의 말에 오늘 이 무더기가 너와
나 사이에 증거가 된다 하였으므로 그 이름을 갈르엣이라 불렀으며 49또
미스바라 하였으니 이는 그의 말에 우리가 서로 떠나 있을 때에 여호와께
서 나와 너 사이를 살피시옵소서 함이라 50만일 네가 내 딸을 박대하거나
내 딸들 외에 다른 아내들을 맞이하면 우리와 함께할 사람은 없어도 보라
하나님이 나와 너 사이에 증인이 되시느니라 함이었더라 51라반이 또 야곱
에게 이르되 내가 나와 너 사이에 둔 이 무더기를 보라 또 이 기둥을 보라
52이 무더기가 증거가 되고 이 기둥이 증거가 되나니 내가 이 무더기를 넘
어 네게로 가서 해하지 않을 것이요 네가 이 무더기, 이 기둥을 넘어 내게
로 와서 해하지 아니할 것이라 53아브라함의 하나님, 나홀의 하나님, 그들
의 조상의 하나님은 우리 사이에 판단하옵소서 하매 야곱이 그의 아버지
이삭이 경외하는 이를 가리켜 맹세하고 54야곱이 또 산에서 제사를 드리고
형제들을 불러 떡을 먹이니 그들이 떡을 먹고 산에서 밤을 지내고 55라반
이 아침에 일찍이 일어나 손자들과 딸들에게 입맞추며 그들에게 축복하고
떠나 고향으로 돌아갔더라

이야기 속 다른 본문 경청하기

성경 본문: 창세기 12:1-3; 28:10-30:24

야곱은 하나님이 아브라함에게 말씀하신 약속(12:1-3)의 수혜자였고, 이 약속은 그의 후손이 큰 민족이 될 것이고 그들이 복을 받아 열방의 복이 될 것이라는 확신을 주었다. 야곱은 에서가 가한 위협 때문에, 또한 메소포타미아 북서부에 있는 친척 중에서 배우자를 찾아야 했기 때문에 약속의 땅을 떠나야 했다. 하란성으로 가는 길에 하나님은 벧엘에서 야곱을 만나 약속을 다시 확증해 주셨고 "너[야곱]를 이끌어 이 땅으로 돌아오게 할지라"고 덧붙이셨다(28:15).

이제 야곱이 돌아올 때가 되었다. 하지만 라반과의 복잡한 관계로 인해 쉽게 떠날 수 없었을 것이다. 그렇지만 야곱은 자기와 가족을 부유하게 할 계획을 구상했다.

이야기 설명하기

야곱이 라반을 속이고 부유해지다(30:25-43)

요셉의 탄생은 야곱의 삶에서 중요한 순간이었다. 사랑하는 라헬이 마침내 아이를 낳았다. 야곱은 고향으로 돌아갈 생각을 하기 시작한다. 앞서 어머니 리브가는 그 땅으로 안전하게 돌아올 때를 알려 주겠다고 했다(27:42-45). 우리가 아는 한(또한 만약 리브가가 알려 주었다면 본문에서 그렇게 말했을 것이다), 리브가는 야곱에게 그와 같은 확신을 전하지 않았다. 그러므로 야곱은 이런 불확실성에도 불구하고 돌아갈 준비가 되었다고 느끼는 듯하다. 그가 아는 한, 에서는 여전히 자기를 죽이고자 한다.

물론 점차 더 분명해지듯이, 라반과 함께했던 밧단 아람(메소포타미아 북서부)에서의 삶은 결코 쉽거나 편안하지 않았다. 무엇보다 라반은 이미 야곱이 라헬의 결혼 승낙을 얻기 위해 자원한 7년에 이어 다시 7년간의 추가 노동을 강요했다.

그런데 야곱이 라반에게 다가와 아내와 자식들과 함께 고향으로 돌아갈 수 있도록 허락해 달라고 했을 때, 라반은 머무르라고 강권한다. 물론 라반은 자기 행복을 위해 야곱이 머물기를 바란다. 하나님은 라반에게 그의 성공이 야곱이 그와 함께했기 때문임을 알려 주셨다. 여기서 주목할 점은 아브라함 후손의 존재가 혈통 밖에 있는 다른 사람에게 복을 가져다주었다는 것이다("땅의 모든 족속이 너로 말미암아 복을 얻을 것이라", 창 12:3). 우리는 요셉의 삶이 먼저 보디발의 집안에 유익을 주고(39장), 그 다음 이집트 전체에 유익을 주는 비슷한 상황을 보게 될 것이다. 나중에 성경에서 정죄된 관행인 점술(신 18:9-13)을 통해 하나님이 라반에게 이 사실을 전하셨다는 점은 흥미롭다(27절, 새번역 참조). 물론 하나님이 라반과 소통하기 위해 이런 이례적인 방법을 사용하셨음을 의심할 이유는 없다(나중에 요셉의 점치는 잔에 대한 언급을 보라, 창 44:5).

어쨌든 라반은 야곱을 잃고 싶지 않아서 그에게 품삯을 주겠다고 제안한다. 흥미롭게도 29-30절에서 야곱은 라반의 번영이 야곱의 존재 때문임을 깨닫는 데 점술은 필요하지 않음을 암시하며 대답한다. 야곱이 돌본 가축들은 번성했다. 하나님은 야곱이 라반을 위해 행한 모든 일에 복을 주셨다. 그래서 야곱은 라반이 단순히 라반의 집안만 번영하는 일이 아니라, 자기 집안도 번영하는 일을 하고 싶어 한다.

이 대목에서 두 속임수의 대가는 서로를 상대로 일을 꾸민다. 야곱은 "양 중에 아롱진 것과 점 있는 것과 검은 것[과]…또 염소 중에 점 있는 것과 아롱진 것"을 가려낸다(32절). 이런 동물과 짝짓기를 하면 흰 양과 염소가 나오지 않을 것이기에, 라반과 라반의 사람들은 어느 것이 야곱의 몫인지 쉽게 구별할 수 있을 것이라는 논리였다. 야곱은 이 방법이 자신이 도둑으로 몰릴 가능성을 없애 줄 것이라고 주장한다. 이러한 조건에서, 야곱은 라반의 모든 양 떼를 계속 돌볼 것이다.

라반이 동의하자, 야곱은 순백색이 아닌 양과 염소를 가려내어 자기 아들들에게 맡기고, 라반의 양 떼를 자기의 새로운 양 떼로부터 사흘 길 정도 떨어진 곳으로 옮겨 놓는다.

야곱은 라반의 양 떼와 함께 남아 라반의 양 떼를 대가로 치르면서 자기 양 떼를 늘릴 계획을 구상한다. 37-39절은 그의 전략을 설명한다. 그는 버드나무와 살구나무와 신풍 나뭇가지를 가져다가 껍질을 벗겨 흰 줄무늬가 드러나게 했다. 이 설명을 따라 하면 나뭇가지에 여러 동물과 비슷한 줄무늬가 있는 것처럼 보인다. 그는 이 나뭇가지를 물 먹는 곳 근처에 놓아 동물들이 물을 마시러 올 때 보게 했다. 발정기의 동물은 나뭇가지 앞에서 짝짓기를 했다. 그는 특히 튼튼한 암컷이 올 때 이 방법을 사용했다. 그 결과 나뭇가지 앞에서 짝짓기를 한 흰 동물은 무슨 이유에서인지 아롱진 것이나 점 있는 것이나 검은 것을 낳았고, 그래서 야곱의 양 떼에 속하게 되었다. 따라서 야곱의 양 떼는 라반의 양 떼를 대가로 치르면서 불어났다.

그런데 왜 두 마리의 흰 양이나 염소가 야곱의 나뭇가지 앞에서 짝짓기를 했다는 이유만으로 아롱진 것이나 점 있는 것이나 검은 것이 되었을까? 이에 대한 과학적 대답이 있는가?

물론 그런 답이 있을 리 없다. 야곱의 방법이 왜 효과가 있었는지에 관한 타당한 과학적 이유는 전혀 없다. 현대 과학의 어떤 이론으로도 야곱의 방법에 일리가 있다고 생각할 근거를 주지 못한다. 사실 이 관행 배후에 우리가 알고 있는 고대 근동의 배경도 전혀 없다. 이는 한 가지 결론으로 이어진다. 즉 하나님이 야곱이 정당한 몫을 얻을 수 있도록 이런 일이 일어나게 하셨다(창 31:9을 보라). 실제로 이 장은 야곱이 매우 번영했다는 진술로 끝마친다(43절을 보라).

야곱이 약속의 땅을 향해 떠나다(31:1-21)

야곱은 양과 염소를 이용한 전략 덕분에 번영했다. 그런데 이제 새로운 문제가 생겼다. 그의 성공은 라반에게 손해를 끼치면서 얻은 것이기 때문에, 라반의 아들들은 이제 라반과 마찬가지로 자신들의 잃어버린 재산에 분노했다.

이 시점에 하나님은 야곱에게 약속의 땅으로 돌아가라고 말씀하셨다. 하나님은 "너와 함께" 있겠다고 약속하시는데, 야곱이 야웨와 특별한 언약 관계를 누리고 있다는 확실한 증거다.

야곱은 무엇보다 라헬과 레아에게 조상의 고향으로 돌아가야 한다고 설득한다. 그들은 쉽게 설득할 수 있다. 야곱은 라반이 지금 자기를 반대하고 있지만, 야곱의 하나님은 자기를 위하신다고 지적한다. 또한 라반이 품삯의 조건을 계속 바꾸면서 마땅히 받아야 할 품삯을 속였음을 언급한다. 라반은 믿을 수 없는 사람이다. 이전 섹션에서 우리는 아롱진 것이나 점 있는 것이나 그냥 희지 않은 동물은 전부 야곱의 몫임을 보았지만, 라반은 계속 조건을 변경했다. 라반은 점 있는 것만 야곱의 것이고, 아롱진 것은 아니라고 말한 적이 있다. 그러면 하나님은 전부 점 있는 새끼를 낳게 하셨다. 그러면 라반은 아롱진 것만 야곱의 것이라고 말했고, 하나님은 전부 아롱진 새끼만 낳게 하셨다. 실제로 주님의 천사는 야곱에게 큰 양 떼를 만드는 전략이 성공한 이유가 하나님의 개입 때문이었음을 분명히 밝혔다. 양들이 라반의 양이 아닌 야곱의 양을 낳을 것임을, 껍질을 벗긴 나뭇가지가 아니라 하나님이 확신시켜 주셨다. 그런 다음 주님의 천사는 자신이 다름 아닌 "벧엘의 하나님"이라고 밝히면서, 야곱이 밧단 아람으로 올라오는 길에 벧엘에서 나타나신 분과 동일한 하나님이심을 알려 준다(28:10-22을 보라). 벧엘에서 하나님은 야곱에게 "너를 이끌어 이 땅으로 돌아오게 [하겠다]"고 약속하셨다(28:15). 또한 이때 야곱이 벧엘에서 "기둥에 기름을 붓고" "서원"했다는 사실을 상기시켜 주신다(31:13). 야곱의 서원은, 만약 하나님이 밧단 아람에 머무는 동안 자기를 돌봐 주시고 무사히 돌아오게 해 주신다면, 이 하나님이

“나의 하나님이 되실 것이요 내가 기둥으로 세운 이 돌이 하나님의 집이 될 것이요 하나님께서 내게 주신 모든 것에서 십분의 일을 내가 반드시 하나님께 드리겠[다]”라는 것이었다(28:21-22). 우리는 야곱을 따라가면서 그의 편에서 이 약속을 철저히 지키는지 살펴볼 것이다.

앞서 언급했듯이 이때까지 많은 부분에서 의견이 일치하지 않았던 라헬과 레아는 아버지 라반을 떠나는 게 지극히 타당하다는 데 합의한다. 결국 라반은 가족과 유산에서 그들을 단절시켰다(“우리가 우리 아버지 집에서 무슨 분깃이나 유산이 있으리요…아버지가 우리를 외국인처럼 여기는 것이 아닌가?” 14-15절). 실제로 라반은 14년간 노동한 대가로 그들을 야곱에게 팔았고, 그 계약으로 얻은 이익을 이미 다 써 버렸다고 그들은 주장한다. 아마도 그들의 진술은 라반이 야곱과 그의 노동력을 더 착취하려는 이유를 설명해 줄 것이다.

그들은 하나님이 라반에게 공의를 행하셔서 야곱의 양 떼는 커지고 라반의 양 떼는 작아지게 하신다고 인정한다. 비록 그 수단이 “비정상적”일지라도, 본질적으로 그들은 하나님 덕분에 부를 얻는다. 여기서 우리는 창세기에서 또 다른 출애굽 예고를 보아야 할 것이다. 결국 이스라엘 백성은 이집트인을 위해 강제 노동을 했고, 노동에 대한 품삯을 받지 못했다. 하지만 그들이 마침내 이집트를 떠날 때, 하나님은 “애굽 사람들에게 이스라엘 백성에게 은혜를 입히게 하사 그들이 구하는 대로 주게 하시므로 그들이 애굽 사람의 물품을 취[하게]” 하셨다(출 12:36). 물론 라반이 자발적으로, 혹은 의도적으로 야곱에게 무언가를 준 것은 아니지만, 하나님은 야곱이 또한 궁극적으로 이스라엘 백성이 합당한 품삯을 받을 조건을 만들어 주셨다는 점에서 유사점을 찾을 수 있다.

그래서 야곱은 밧단 아람을 떠나 가나안에 있는 아버지 집으로 돌아가기 위해 자기 가족과 자기에게 속한 양 떼를 이동시켰다(17-18절). 라반에게 출발 사실을 알리지 않았다는 점에서 그들은 속이고 떠난 것이었다. 그들은 라반이 양털을 깎으러 간 사이 떠났다. 라헬도 야곱 모르게 라반의 가신(household gods, "드라빔")을 훔쳤고, 앞으로 보겠지만 이는 라반이 사위를 쫓기 시작하는 또 다른 동기가 될 것이다.

라반이 야곱을 따라잡다(31:22-55)

야곱은 용케도 사흘 먼저 출발했다. 그러나 가족과 양 떼와 여타 소유물과 함께 여행하던 그들은 결국 당황스러워하고 분노하는 라반에게 따라잡히고 말았다. 다시 한번, 이스라엘이 이집트를 떠난 후 분노하고 당황스러워하는 바로가 이스라엘 백성을 추격하고 따라잡는 출애굽 이야기의 또 다른 예고를 볼 수 있다. 그런데 하나님의 목적은 이집트인을 멸하는 것이었다. 라반의 경우는 이야기가 달라서, 하나님은 엄중하게 경고하시면서 야곱에게 "선악 간에 말하지 말라"고 라반에게 지시하신다. 다시 말해서 하나님은 라반이 야곱을 해치는 것을 원치 않는다고 분명히 밝히신다. 이 경고 후에 라반은 "길르앗 산"에서 야곱을 따라잡는다(23절).[1]

야곱을 따라잡은 후 두 사람은 대화를 시작한다. 라반은 하나님께서 자기에게 "선악 간에" 말하지 말라고 경고하셨다고 야곱에게 말한다(29절). 그는 이 하나님의 명령이 야곱의 설명을 들을 수 있는 질문까지 배제한다고는 분명 생각하지 않았다.

그래서 라반은 "어찌 이같이 하였느냐?"라고 묻는다. 왜 자기에게 말하지 않고 떠났는가? 속이는 자 라반은 여기서 야곱의 행동에 속았다고 화를 낸다(26절). 그는 딸들을 납치했다고 암묵적으로 비난하지만, 물론 우리는 이 말이 사실이 아님을 안다. 왜 손주들에게 제대로 된 작별 인사를 못 하게 했는가? 왜 그들을 합당하게 배웅하지 못하게 했는가? 그는 아버지의 고향으로 돌아가려는 야곱의 동기를 이해한다. 그런데 가장 따끔한 비난은 마지막에 남겨 둔다. 왜 자기 신상을 훔쳤는가?

라반의 신에 대한 언급은 그가 야곱(또한 이삭과 아브라함)과 동일한 하나님을 예배하지 않았거나 혹은 적어도 참 하나님만을 유일하게 예배하지 않았다는 최초의 명시적 단서다. 야곱을 해하지 말라는 하나님의 경고에 귀 기울이는 것을 볼 때, 그는 분명 족장의 하나님을 인정한다. 실제로 라반은 이 사실을 야곱에게 알리면서, 하나님의 개입이 없었다면 분명 사위를 상대로 우월한 힘을 행사했을 거라고 말한다.

야곱은 직접 해명하면서, 자기 계획을 알 경우 자기에게서 딸들을 데려가려 할 것으로 예상했다고 라반에게 말한다. 실제로 이 시점에 우리가 라반에 관해 아는 바에 따르면, 그는 분명 약속의 땅으로 돌아가려는 야곱의 의도를 저지하기 위해 어떻게든 했을 것이다. 하지만 야곱은 누군가 자신의 가신을 훔쳐갔다는 라반의 비난에 불쾌감을 드러낸다. 그는 절도 사건과는 거리를 두려 했고, 라헬이 가신을 훔쳤다는 사실을 모를 뿐 아니라 의심조차 하지 않는다. 그래서 도둑이 발각되면 "그는 살지 못할 것"이라고 공개적으로 선언한다(32절). 이렇듯 라헬의 절도와 야곱의 선언으로 인해 라헬은 큰 위험에 빠진다. 자기 딸이기 때문에 라헬의 죽음을 고집하지는 않더라도, 라헬이 자기와 함께 밧단 아람으로 돌아가야 한다고 요구할 게 뻔하다.

그런데 이 우상의 의미는 무엇이고, 라헬은 왜 애초에 이 가신을 훔쳤을까? 과묵한 서술자는 말해 주지 않지만, 아마 고대 독자들에게 그 동기는 명백했을 것이다. 아브라함 조상의 고향인 하란에 비교적 가까운 누지(Nuzi)에서 족장 시대와 그리 머지않은 시기의 것으로 추정되는 설형문자 점토판이 발견된 후, 학자들은 족장들의 기이한 행동 중 상당수가 당대의 사회 관습으로 설명된다는 점을 깨달았다(뒤에 나올 내용을 보라).[2] 또는 어쩌면 라헬은 단순히 아버지에게 소중한 무언가를 훔쳐서 자기에게 깊은 상처를 남긴 아버지에게 상처 주고 싶었을 수도 있다.

물론 가신의 존재는 라반이 참 하나님만 배타적으로 섬기는 예배자가 아니었음을 암시한다. 하지만 라헬에 대해서는 무엇을 암시하는가? 이때 라헬도 참 하나님과 함께 다른 신들을 숭배했을 가능성이 있지만 확실하지는 않다. 실제로 야곱의 가족은 나중에야 여러 신 숭배를 포기하고, 참 하나님만 예배할 것이다(35:1-5).

가신은 조상 숭배와 관련된 의식에 사용되었고, 고인이 된 친척들과의 연결 고리를 제공했다. 누지 점토판(누지에 대한 자세한 설명은 15:1-6의 주석을 보라)은 주요 상속인이 가신을 물려받았기 때문에 상속과 어느 정도 관련이 있었음을 시사한다. 이는 라반의 분노와 불안을 확실히 설명해 준다. 어쩌면 라헬은 그냥 아버지를 화나게 하고 싶었을 수도 있다.

야곱은 아무도 가신을 훔치지 않았다고 확신하지만, 독자가 더 잘 안다. 따라서 라반이 수색을 시작하면서 내러티브의 긴장이 고조된다. 그는 먼저 야곱의 장막을 수색한 다음 레아의 장막을 수색한다. 레아의 장막에 이어, 두 여종 빌하와 실바의 장막을 검사한다. 아무것도 찾지 못하자 라헬의 장막으로 향한다.

33절은 라반이 라헬의 장막을 마지막으로 수색했음을 보여 주고, 독자들은 라헬이 가신을 훔쳤다는 사실을 알기 때문에, 독자들의 긴장감은 상승한다. 흥미롭게도 이 절의 전반부는 야곱과 레아, 그리고 두 여종의 순서를 제시한다. 그런데 이 절의 후반부는 라반이 레아의 장막에서 나온 뒤 라헬의 장막으로 들어갔다고 지적한다. 전반부가 실제 순서를 기술한다면, 두 여종의 장막 이후에 동생의 장막을 수색한 것은, 동생보다 큰딸에 대한 불신이 더 크다는 사실을 보여 주는 것일 수 있다. 하지만 라헬의 장막보다 레아의 장막을 먼저 수색한 것은 단순히 레아가 라헬보다 나이가 많다는 사실에서 기인한 결과일 수도 있다.

서술자는 아버지가 장막에 들어올 때 라헬이 앉아 있던 낙타 안장에 가신을 숨겨 놓았다고 독자에게 알려 준다. 그런데 라반은 수색하면서 아무것도 찾지 못한다. 라헬은 생리 중이라 자리에서 일어날 수 없다고 말하면서 아버지를 교묘하게 속인다. 물론 라반은 족장 시대에 살고 있던 아람인이지만, 후대의 모세 율법은 그녀의 진술이 발휘하는 효과를 이해하는 데 적절한 도움을 줄 수 있다. 결국 모세 시대의 범주는 창세기의 다른 이야기들과 관련된다. 여기에는 노아가 방주에 태운 정결한 동물과 부정한 동물(7:6-10)의 구분 및 아브라함이 "내 명령과 내 계명과 내 율례와 내 법도를 지[킨]" 사람이라는 서술자의 판단(26:5) 등이 있다. 후대의 레위 율법에 따라 추정할 때, 라헬이나 그녀가 앉은 것을 만지면 라반은 의식적으로 부정해지기 때문에 라헬의 언급은 재치 있다. "어떤 여인이 유출을 하되 그의 몸에 그의 유출이 피이면 이레 동안 불결하니 그를 만지는 자마다 저녁까지 부정할 것이요. 그가 불결할 동안에는 그가 누웠던 자리도 다 부정하며 그가 앉았던 자리도 다 부정한즉…그가 앉은 자리를 만지는 자도 다…부정할 것이며"(레 15:19-20, 22). 물론 라반은 라헬이나 그녀의 낙타 안장을 만지지 않지만, 독자는 의식적으로 부정한 라헬 밑에 가신이 숨겨져 있다는 묘사의 또 다른 함의를 이해한다. 즉 가신은 거짓 신일뿐만 아니라 의식적으로 오염되었다(가신에 대한 자세한 설명은 35:1-2에 관한 주석을 보라).

라반은 자기 비난이 사실이었음에도 빈손으로 돌아온다. 즉 그의 가신은 실제로 도난당했다. 물론 독자는 착취를 일삼는 이 기회주의적 사기꾼이 속았다고 해서 그에게 동정심을 가져서는 안 된다. 그래서 야곱이 그에게 분노를 표출할 때 우리는 만족스러울 뿐이다.

야곱은 라반에게 혐의를 뒷받침할 증거를 가져오라고 요청한다. 라반은 도난당한 물건을 찾지 못했기 때문에 증거를 제시할 수 없다. 물론 "내 허물이 무엇이니이까?"라는 야곱의 말에는 진실 이상의 요소가 있다. 어쨌든 신상을 훔친 것은 야곱이 아니었고, 실제로 그 일에 대해 알지도 못했다.

야곱은 현재의 '불의'에서 과거의 '불의'로 눈을 돌린다. 그는 라반을 위해 20년간 일했고, 라반은 까다로운 감독관이었다. 그는 어려운 조건에서 라반이 조금씩 떼어 주는 빈약한 품삯을 받으며 일했다. 야곱은 자기는 공정했지만 라반이 자기를 속였다고 주장한다. 실제로 야곱은 하나님이 일을 해결해 주지 않으셨다면 라반은 빈손으로 떠나게 했을 것이라고 단언한다. 후자의 주장은 하나님이 아롱지고 점 있고 검은 동물들이 늘어나도록 허락하셔서 자기와 함께 약속의 땅으로 데려갈 큰 양 떼를 갖게 하셨다는 발언이다.

라반을 향한 야곱의 발언에서 지금까지 그의 삶에 있었던 모든 고통과 고난에도 불구하고 "아브라함의 하나님 곧 이삭이 경외하는 이"에게서 선이 왔다고 보는 데는 중요한 의미가 있다(42절). "이삭이 경외하는 이"에 대한 언급이 특히 눈길을 끈다. 물론 하나님을 경외하는 것은 지혜 문헌에서 매우 긍정적인 특성이다(특히 다음을 보라. 잠 1:7; 욥 28:28; 전 12:13). 누군가는 이것이 이삭이 정말로 하나님에 대한 경외심을 배웠던 순간, 곧 창세기 22장 아케다 사건을 가리킨다고 할 수 있겠지만, 그때 이삭에게서 발현된 것이 하나님에 대한 긍정적 경외심(fear)인지 부정적 두려움(fear)인지는 말하기 어렵고, 그 이야기에서는 아브라함의 경외심만 언급된다(22:12). 현재 언급의 맥락을 고려할 때, 이삭의 경외는 긍정적 의미로 받아들여져야 한다.

라반은 원칙을 인정하지 않는다. 그는 야곱이 가진 모든 것, 즉 그의 아내와 자녀와 양 떼가 실은 야곱의 것이 아니라 자기 것이라고 주장한다. 다만 현실적 차원에서는 인정한다. 그것들에 대해 그가 할 수 있는 일은 아무것도 없다. 모든 사람, 특히 야곱의 하나님이 자기를 반대하시며, 라반도 이 사실을 안다. 그래서 그는 야곱에게 언약을 맺자고 요청한다.

이 맥락에서 언약이란 조약, 즉 일반적으로 국가나 민족 집단을 대표하는 두 당사자가 미래에 자기들의 관계를 규정하기 위해 맺는 법적 합의다. 언약은 그들 사이에서 증인 역할을 할 것이다. 언약/조약에는 양측 당사자를 구속하는 율법이 포함되고, 율법에는 순종에 대한 보상과 불순종에 대한 처벌이 뒤따른다.

야곱은 돌을 세워서 동의를 표하고, 친척들에게 돌을 쌓으라고 말한다. 이와 같은 행동은 야곱 내러티브에서 돌이 담당하는 역할을 상기시킨다(28:11, 18, 22; 31:45-46; 35:14). 야곱 이야기에서 돌은 특별한 역할을 하지만, 다른 언약/조약에서도 일종의 돌 기념비를 세워 기념한다(예를 들어, 수 24:25-27). 돌은 법적 합의의 증인 역할을 한다. 한쪽 당사자가 합의를 깨면 상대방은 돌을 가리키며 "우리가 여기서 했던 합의를 기억하라!"고 말할 수 있다. 실제로 양측이 이 특별한 돌 기념비에 붙인 이름은 증인으로서 돌의 기능을 강조한다. 라반 측에서는 아람어로 여갈사하두다라는 이름을 붙이고 야곱 측에서는 히브리어로 갈르엣이라는 이름을 붙이는데, 둘 다 '증거의 무더기'라는 의미다.

그런 다음 라반은 야곱이 세운 기둥과 백성들이 만든 돌무더기의 의미를 정의한다. 그는 먼저 우리가 이미 서술자를 통해 알고 있는 바, 즉 이 돌무더기가 두 당사자가 맺은 조약의 증인이라고 단언하면서, 히브리어 이름 갈르엣 또는 "증거"를 다시 설명한다. 뒤이어 서술자는 계속해서 이 무더기에 세 번째 이름, 즉 '망대'를 뜻하는 히브리어 미스바가 있다고 설명한다. 그런 다음 라반은 주님께서 이 새로운 관계를 계속 지켜봐 주시도록 호소하면서("나와 너 사이", 49절) 하나님이 친히 이 관계의 증인이 되어 달라고 요청한다. 라반은 지금까지 가족에 대한 애정을 많이 보여 주지 않았지만, 자기 손이 닿지 않는 곳으로 야곱이 딸들을 데려가는 지금, 딸들의 행복에 대한 관심을 표현한다. 그는 야곱에게 아내를 더 많이 취하거나 박대하지 말라고 말한다.

51-53a절에서 라반은 계속해서 두 집단 사이의 폭력 가능성을 차단하는 증인의 역할을 해 달라고 돌무더기에, 또한 이제 추가로 기둥에 요

청한다. 사실상 돌무더기와 기둥은 라반의 백성과 야곱의 백성 사이의 경계를 표시해 준다. 라반은 어느 쪽이든 상대방을 해치기 위해 경계를 넘어가서는 안 된다고 주장한다.

라반의 백성은 아람 사람이 되고 야곱의 백성은 이스라엘 사람이 되기 때문에, 이 규정은 후대 역사에 영향을 미친다. 후대의 역사는 이스라엘 백성에 대한 아람 사람의 수많은 침략을 증언한다. 예를 들어, 열왕기하 24:2에서는 느부갓네살이 기원전 597년 예루살렘을 포위하기 얼마 전 그 성에 아람 침략군을 보냈다고 언급하는데, 이들은 다메섹 지역에서 왔을 것이다. 후대의 청중들은 라반 자신이 야곱에게 요구했던 신뢰를 깬 사람이 라반의 후손인 아람인이라고 분명히 이해했을 것이다.

고대 근동의 조약은 보통 합의하는 양측의 신에게 이 관계의 보증인 역할을 해 달라고 호소했다. 따라서 라반이 "아브라함의 하나님, 나홀의 하나님"을 부르면서 발언을 마무리하는 것은 흥미롭다. 물론 아브라함은 야곱의 할아버지였고 그의 하나님은 여호와셨다. 나홀의 하나님이 누구인지에 대해 약간 의문이 있다. 나홀은 아브라함의 형제이지만 같은 하나님을 예배했을까? 확실하지 않다. 아브라함과 나홀의 아버지 데라는 이교도였다(수 24:2). 나홀 자신은 약속의 땅으로 가지 않았다. 그의 손자 라반에게는 가신이 있었다. 따라서 우리는 나홀의 하나님의 정체에 대해 확신할 수 없지만, 어쨌든 이제 비준을 위해 야곱에게 언약/조약을 제시한다.

따라서 53b-54절에서 야곱은 정확히 그 일을 한다. 먼저 그는 맹세를 지키겠다고 서약하고, "이삭이 경외하는 이"라는 이름으로 다시 하나님을 부른다(앞의 논의를 보라). 그런 다음 하나님께 제사를 드리고, 그의 가족과 라반의 가족은 언약을 확정하는 식사를 나눈다.

의견 충돌이 해소되었거나 적어도 이제 조정되었기에, 라반은 품위 있게 야곱을 떠날 수 있다. 그는 자기 자식들과 손주들에게 입을 맞추면서 축복했다. 49장에서 야곱의 자녀들에 대한 축복과 달리 라반의 축복의 내용은 알려지지 않는데, 왜냐하면 야곱의 축복과 달리 미래에 아무런 영향을 미치지 않기 때문이다.

— 이야기 살아내기 —

"여호와께서 너로 말미암아 내게 복 주신 줄을"(30:27)

라반은 야곱이 함께하지 않을 수 있다는 압박감 속에서, 아마 처음으로 사위에게 하나님이 그와 함께 계셨기 때문에 자기 가정에 복을 주셨다고 인정한다. 야곱은 자기를 통해 복이 임했는데도 라반이 자기를 착취했으므로 떠나고 싶어 한다. 하지만 여기서 우리는 여전히 하나님의 선택이 라반의 가족과 공동체에 임한 복의 원천이었기 때문에, 라반은 야곱이 함께하기를 바란다는 점에 주목해야 한다. 요셉에 관한 이야기를 읽을 때도 이와 동일한 주제가 전개되는 것을 볼 수 있다. 하나님이 "요셉과 함께" 계셨기 때문에 주변 사람들은 번영했고 그와 어울리기를 원했다(특히 창 39장을 보라).

라반이 야곱에게 한 말은 충격을 주었다. 얼마나 많은 비그리스도인이 오늘날 교회와 교회를 구성하는 그리스도인 개인을 향해 그렇게 말할지 의문이 들었기 때문이다. 국내 언론 보도에 따르면, 광범위한 문화권에서 기독교를 골칫거리와 해악으로 간주하고 있다는 인상을 받는다. 우리는 사람들의 강퍅한 마음과 복음을 거스르는 저항에 대해 '세상'을 탓하기에 바쁘지만, 공정하게 자기를 성찰해 보면 우리 문화를 향해 다가가는 그리스도인들에게도 어느 정도 잘못이 있음을 볼 수 있다.

어쨌든 사회 전반은, 교회 지도자와 그리스도인 정치 지도자가 비판적이고 옹졸하며 나머지 사회를 향해 '기독교적' 의제를 강요하려 한다고 생각한다. 자기 생각대로 되지 않을 때, 바로 이 그리스도인 지도자들은 원래 기독교적이던(그렇다고 추정하던) 국가가 지옥으로 향하고 있다고 투덜댄다. 게다가 세상은 그리스도인들이 가장 사소한 신학적 쟁점, 교회의 문제, 단순한 개인적 문제를 두고 서로 다투는 것을 본다. 이 글을 쓰고 있는 여름에, 내가 가르치고 있는 대학의 총장은 단지 교황을 알현했다는 이유만으로 공격받았다. 독자들은 내가 여기서 언급하는 다른 많은 사례를 분명히 알 것이다.

예수님은 뭐라고 말씀하실까? 예수님은 대제사장 기도에서 하나님께 이렇게 간구하신다. "아버지께서 내 안에, 내가 아버지 안에 있는 것같이 그들[그리스도인들]도 다 하나가 되어 우리 안에 있게 하사 세상으로 아버지께서 나를 보내신 것을 믿게 하옵소서. 내게 주신 영광을 내가 그들에게 주었사오니 이는 우리가 하나가 된 것같이 그들도 하나가 되게 하려 함이니이다. 곧 내가 그들 안에 있고 아버지께서 내 안에 계시어 그들로 온전함을 이루어 하나가 되게 하려 함은 아버지께서 나를 보내신 것과 또 나를 사랑하심같이 그들도 사랑하신 것을 세상으로 알게 하려 함이로소이다"(요 17:21-23). 예수님의 간절한 기도는, "지켜보고 있는 세상"[watching world, 이 주제를 다루는 프랜시스 쉐퍼(Francis Schaeffer)의 책 제목을 인용하여] 앞에서 그리스도인들이 서로에 대한 사랑을 보여 주기를 기원한다.[3]

하나님, 잘못을 바로잡으시는 분

이전에(29:1-30:24을 다룬 장 후반부의 "주는 대로 받는다" 단락), 하나님은 종종 악한 사람이 '심는 대로 거두도록'(갈 6:7) 상황을 해결하신다고 언급했었다. 앞 본문에서는 라반이 어떻게 속이는 자 야곱을 속였는지 보았다. 그런데 이 이야기에는 야곱이 원하던 것, 즉 라헬을 아내로 얻는 것이 악하거나 잘못이라는 인식이 전혀 없었다. 라반은 잘못을 바로잡기는커녕 오히려 야곱과 매력적인 딸이 아닌 두 딸을 결혼시키기 위해 그를 착취했다.

현재 이야기에서 우리는 라반이 마땅히 당할 일을 당하는 것을 본다. 야곱은 라반이 자기 품삯을 가로채려고 할 때 라반을 속인다(뒤에 나올 "속임수는 항상 허용되는가?"를 보라). 우리는 야곱이 라반의 것이 아니라 자기 것이 될 종류의 양을 낳게 하고자 어떤 계획을 생각해 냈는지 보았다. 그의 계획은 효과가 있을 수 없지만 이 경우에는 효과가 있었다. 왜 그랬을까? 야곱이 나중에 아내들에게 말하듯이 "하나님이 이같이 그대들의 아버지의 가축을 빼앗아 내게 주셨[기]" 때문이다(31:9). 하나님은 야곱이 마땅히 받을 품삯을 라반이 가로채지 못하도록 보장하신다.

하나님은 모든 잘못을 이생에서 바로잡겠다고 약속하지 않으신다. 그분은 착취를 당하더라도 신실하라고 우리에게 요청하신다. 살아 있는 동안이나 죽을 때 예수님보다 더 많이 착취당한 사람은 없다. 하나님은 예수님을 해친 사람들에게 신속하고 즉각적인 심판을 내리지 않으셨다. 또한 예수님은 그들을 처벌해 달라고 청하지도 않으셨다. 아무 죄 없이 고문당하고 처형당하셨는데도, 하늘에 계신 아버지께 자기를 모욕하고 십자가에 못 박은 자들을 용서해 달라고 기도하신다(눅 23:34). 물론 그리스도인이라면 누구나 알듯이 그분의 삶은 이야기의 끝이 아니다. 예수님은 악한 사람들의 손에 죽으셨지만 "하나님께서 그를 사망의 고통에서 풀어 살리셨[다]"(행 2:24).

우리는 여기서 무엇을 배워야 할까? 우리는 하나님이 실제로 착취당하는 사람을 보호하신다고 확증할 수 있다(시 140:12; 잠 14:31; 23:11; 사 3:14). 그분은 즉시 그렇게 하지는 않으시더라도 모든 잘못을 바로잡으실 것이다. 따라서 우리는 다른 사람, 특히 취약한 처지에 있는 사람을 이용하지 않도록 주의해야 한다. 다른 한편, 우리 자신이 피해자일 경우, 당장 그런 일이 일어나지 않더라도 하나님이 개입하시기를 청해야 한다. 야곱처럼 우리도 성경의 윤리와 현대 법률의 범위 안에서 착취자에 맞서 조치할 수 있고, 하나님은 우리의 노력을 존중하실 것이다. 다만 우리는 바울의 권고도 따라야 한다.

> 아무에게도 악을 악으로 갚지 말고 모든 사람 앞에서 선한 일을 도모하라. 할 수 있거든 너희로서는 모든 사람과 더불어 화목하라. 내 사랑하는 자들아 너희가 친히 원수를 갚지 말고 하나님의 진노하심에 맡기라. 기록되었으되 원수 갚는 것이 내게 있으니 내가 갚으리라고 주께서 말씀하시니라. 네 원수가 주리거든 먹이고 목마르거든 마시게 하라. 그리함으로 네가 숯불을 그 머리에 쌓아 놓으리라. 악에게 지지 말고 선으로 악을 이기라. (롬 12:17-21)

떠나야 할 때

이제 야곱은 자기 가족과 재산을 모아 밧단 아람을 떠나야 할 때가 되었다. 하나님은 그에게 떠나라고 말씀하셨고, 야곱은 이 문제에서 하나님의 지시를 따를 준비가 되어 있다. 물론 야곱도 자기를 착취하고 학대해 온 라반에게서 벗어나기 위해 떠나야 할 때라는 것을 알고 있다. 계속 머문다면 학대는 지속될 것이다.

어떤 그리스도인들은 우리에게 해를 끼치는 사람을 항상 용서해야 한다는 생각 때문에 고심한다. 결국 베드로가 "주여 형제가 내게 죄를 범하면 몇 번이나 용서하여 주리이까? 일곱 번까지 하오리이까?"라고 물었을 때, 예수님은 "네게 이르노니 일곱 번뿐 아니라 일곱 번을 일흔 번까지라도 할지니라"고 대답하셨다(마 18:21-22). 잘 알려졌듯이 7과 그 배수는 대개 상징적으로 사용되고, 여기서 예수님은 용서하려는 우리의 의지에 한계가 없어야 한다고 말씀하시는 것 같다. 실제로 그 뒤에 나오는 무자비한 종의 비유(18:23-35)는, 만약 우리에게 해를 끼친 사람을 용서하지 않으면 하나님도 우리를 용서하지 않으실 것이라고 가르친다.

우리에게 해를 끼친 사람을 용서하는 능력은 상대방만이 아니라 우리 자신에게도 매우 중요하다. 원한을 품으면 우리는 학대로 인한 분노와 불안 때문에 우리에게 해를 끼친 사람이 계속 악영향을 끼치도록 허용하는 것이다.[4]

그렇지만 예수님은 다른 곳에서 하나님이 우리를 용서하신 것처럼 우리의 용서에 조건이 없는 것은 아니라고 암시하신다. 누가복음 17:3-4에는 "만일 네 형제가 죄를 범하거든 경고하고 회개하거든 용서하라. 만일 하루에 일곱 번이라도 네게 죄를 짓고 일곱 번 네게 돌아와 내가 회개하노라 하거든 너는 용서하라"는 말씀이 있다. '만일'이라는 표현에 유의하라. '만일 그들이 회개하거든'이다. 회개는 해를 끼쳤다는 인정만이 아니라 행동의 변화도 내포한다. 만약 잘못을 인정하지 않고 행동의 변화가 없다면, 어떤 상황에서 누군가를 용서하는 것은 매우 위험할 수도 있다. 또한 어떤 사람이 용서를 구하고도 다른 사람에게 계속 같은 죄를 범한다면, 진정으로 회개했는지를 의심해야 한다. 그래서 나는 예수님이 하루에 일곱 번 회개하는 사람을 용서하라고 말씀하셨을 때, 이것이 동일한 죄를 반복하는 것에 대한 말씀은 아니라고 생각한다. 이런 경우 그 사람은 정말 회개하지 않았음을 더없이 분명하게 드러낼 것이기 때문이다.

이 성경의 가르침은 어떻게 요약할 수 있을까? 먼저, 우리는 우리에게 해를 끼친 사람의 진정한 회개를 신속하게 받아들여야 한다. 다시 반복하지만, 예수님은 만약 우리가 사람들을 용서하지 않으면 용서받지 못할 것이라고 분명히 가르치신다. 하지만 학대자에게 용서를 베풀 때도, 학대자가 위험하다고 여겨지면 자기를 그 사람에게서 떼어 놓는 것이 현명할 것이다. 야곱은 학대자 라반을 떠나 자기 가족이 해를 입을 가능성에서 떼어 놓을 때가 되었음을 알고 있다. 그다음에 우리는 분노한 라반이 야곱을 따라잡는 장면을 보는데, 물론 라반 편에서 회개했다는 기록은 나오지 않지만, 라반과 야곱은 원만한 합의에 도달하여 갈등을 피할 수 있도록 두 사람을 떨어뜨려 놓는 조약을 체결할 것이다.

야곱이 새로 얻은 부의 진정한 원천

이삭과 야곱에 관한 유용한 책에서 이언 두기드(Iain Duguid)는 야곱과 그의 양 떼가 늘어나는 이야기가 어떻게 섭리를 오판하지 않도록 우리에게 경고해 주는 실례가 되는지에 관한 탁월한 관점을 제시한다.[5] 우리는 야곱이 라반의 양 떼에 손해를 끼치면서 자기 양 떼를 늘리기 위해 어떤 정교한 계획을 세웠는지 보았다(30:37-43을 보라). 그는 열심히 일했고 자기가 꽤 영리하고 부지런하다고 생각했을 것이다. 하지만 이 본문의 해설에서 지적했듯이 그의 계획은 전혀 소용이 없었다. 그가 스스로 깨달은 유일한 성공의 이유는 하나님이 그렇게 하셨기 때문이다(31:9-13).

자기 계략이 부를 가져다주었다고 계속 믿었다면 야곱은 잘못되었을 것이라는 두기드의 말은 옳다. 만약 야곱이 그렇게 생각했다면, 하나님이 번영의 복을 주셨지만 하나님이 아니라 자기를 전적으로 신뢰한 시편 저자의 입장에 섰을 것이라고 덧붙이고 싶다("내가 형통할 때에 말하기를 영원히 흔들리지 아니하리라 하였도다", 시 30:6). 하나님은 시편 저자를 일시적으로 버리심으로써 자기가 가진 것이 하나님에게서 비롯되었음을 상기시키셨다.

또한 한 걸음 더 나아가 말하고 싶은 것은, 우리가 하나님의 손길을 느껴야 할 때는 단지 이번 경우의 야곱처럼 잘못된 계획과 노력에도 불구하고 성공을 거둘 때만이 아니라는 것이다. 우리가 마땅히 현명하게 계획을 세우고 부지런히 노력할 때도, 어떤 성공이 주어지든 우리는 하나님이 우리에게 주신 것으로 보아야 한다.

출애굽과 그보다 많은 것에 대한 예고

켄트 휴스는 밧단 아람(또는 메소포타미아 북서부)에서 돌아온 야곱의 귀환은 아브라함이 약속의 땅에 처음 들어오던 때(창 12:1-9)를 돌아보는 동시에, 출애굽을 예고한다는 유익한 사실을 지적해 준다. "여기서 야곱의 대가족은 라반에게서 도망가고, 거기서 야곱의 수많은 후손은 바로에게서 도망칠 것이다. 여기서 그의 가족은 라반을 약탈하고, 거기서는 바로와 그의 백성을 약탈할 것이다. 여기서 라반은 야곱의 가족을 놓아줄 수밖에 없고, 거기서 바로는 야곱의 후손을 놓아줄 수밖에 없을 것이다."[6] 따라서 이 이야기는 독자들에게 아브라함이 약속의 땅에 처음 내려갔을 때만이 아니라 기근 이후 이집트에서 돌아왔을 때(12:10-20)도 상기시켜 준다. 그리고 여기서 우리는 예수님이 성취하신 궁극적 출애굽을 염두에 두고, 출애굽 사건과 창세기의 출애굽 예고 사이의 연관성을 보여 주는 본문에 관한 해설 뒤에 나오는 글을 독자들에게 추천한다(12:10-20을 다룬 장 후반부 '이야기 살아내기'의 "하나님은 자기 백성을 구원하신다"를 보라).

속임수는 항상 허용되는가?

창세기를 주의 깊게 읽은 독자라면 이 대목까지 창세기에서 여러 거짓말이 나온다는 데 주목할 것이다.[7] 뱀은 아담과 하와를 속이고(창 3:1-19), 아브라함은 아내의 신분에 대해 이방 통치자를 두 번 속이는데(12:10-20; 20:1-18), 곧 그의 아들 이삭도 반복한다(26:6-11). 야곱의 이름 자체는 속이는 행위와 관련이 있고, 그는 속이기도 하고(29:15-30, 또한 어떤 이들이 보기에는 27:1-40에서도) 속기도 했다(31:4-9, 38-42). 야곱의 이야기(34:1-31)만이 아니라 그의 아들 요셉(37:29-35; 39:1-20; 42:7-28; 44:1-34)과 유다(38:1-26)의 이야기에서도 더 많은 사례가 나올 것이다.

속임수는 언제나 잘못인가? 많은 이가 제9계명("네 이웃에 대하여 거짓 증거하지 말라", 출 20:16)을 인용하는 것만으로도 이 질문에 대한 답이 '그렇다'임이 분명하다고 생각한다. 실제로 위에 나열된 에피소드는 대부분 명시적으로든, 암묵적으로든 부정적 평가를 받는다.

하지만 윌리엄스(Williams)가 자기 책 『창세기의 속임수』(*Deception in Genesis*, 각주 7을 보라)에서 올바르게 지적하듯이, 모든 에피소드가 부정적으로 평가되지는 않는다. 현재 이야기에서 라반을 속인 야곱은 자기 가족과 재산을 가지고 밧단 아람을 몰래 떠난다. 직접적 평가는 없지만(그런 평가는 거의 없다), 하나님이 야곱에게 약속의 땅으로 돌아가라고 말씀하셨고 라반에게 "너는 삼가 야곱에게 선악 간에 말하지 말라"고 경고하셨다(31:24)는 사실은 하나님이 이 상황에서 라반을 속인 야곱의 행동을 승인하셨다는 강력한 단서다.[8]

앞으로 우리는 속임수가 좋은 목적에 이바지하고 긍정적으로 평가되는 다른 이야기들을 살펴볼 것이다. 레위와 시므온이 세겜 사람들을 속이고(34장), 요셉이 형들에게 자기 정체에 대해 거짓말하고(42:7-28), 요셉이 점치는 잔을 훔쳤다고 베냐민을 고발하는(44:1-34) 이야기 등이다. 자세한 내용에 관해서, 독자들은 해당 본문의 주석을 참조해야 한다.

창세기에서 선한 속임수와 악한 속임수를 어떻게 구별할 수 있는가? 나는 다음과 같이 결론을 맺는 윌리엄스에게 동의한다. "창세기 내에서 속임수가 긍정적으로 평가되는 때는, 가해자가 자기 상황을 혼란이 없었을 때의 상황으로 회복하기 위해 과거에 자기에게 잘못을 저지른 사람을 속이는 경우밖에 없다."[9] 현재 이야기에서, 야곱이 라헬과 결혼하고 있다고 착각하면서 레아와 결혼했던 때를 시작으로, 분명 라반은 이전에 종종 야곱에게 잘못을 저질렀다.

하지만 윌리엄스는 한 걸음 더 나아가 이렇게 덧붙인다. "또한 속이는 자는 자기 상황을 원래대로 회복하려고 노력하면서, 자기 행동이 상대방의 '일상적' 상황에 부정적 영향을 미치지 않을 때 긍정적으로 평가될 수 있다."[10] 이 말은 현재 우리의 이야기와 더불어 형들을 속인 요셉의 이야기를 잘 설명해 준다. 라반이나 요셉의 형들은 해를 입지 않는다. 하지만 레위와 시므온이 속인 대상, 즉 세겜 사람들은 그렇지 않다. 물론 윌리엄스는 후자가 긍정적 속임수의 이야기라고 믿지 않지만, (창세기 너머로 확장하여) 바로를 속이고자 한 모세의 시도는 그렇다고 평가했을 것이다. 그때 모세는 바로에게, 자기는 종교 의식을 위해 3일간의 짧은 여행에 이스라엘 백성을 데려가는 데만 관심이 있다고 말했다. 혹은 이 문제와 관련하여, 바로를 속이고자 뒤로 돌아가서 홍해에 장막을 치라는 하나님의 지시도 그렇다고 평가했을 것이다(출 14:1-4). 이런 사례를 살펴보면서 우리는 다음 원리를 추가할 수 있다. 진실을 요구하는 사람이, 우리나 다른 사람을 해치고자 진실을 사용하지 않는 경우에만 속임수는 허용된다.

이것은 오늘날 진실을 말하는 것에 대해 무엇을 말해 주는가? 우선, 제9계명에 밑줄을 그어야 한다. 우리는 진실을 말해야 한다. 그런데 내러티브 본문은 특정 상황에서 거짓말을 악이 아닌 미덕으로 다루는 것에 대해 경고한다. 제2차 세계대전이 일어나던 때 일부 그리스도인(과 다른 사람들)은 유대인을 자기 집에 숨겨 용감하게 홀로코스트에 저항했다. 게슈타포(나치 독일의 비밀 국가 경찰—편집자)가 문을 두드리면서 유대인이 어디 있냐고 물었을 때, 이 그리스도인들은 어떻게 해야 했을까? 여기서 진실을 요구하는 사람은 다른 사람에게 큰 해를 끼치기 위해 진실을 원하는가? 내 생각에 성경은 이 질문에 거짓말해야 한다고 대답할 것이다(이집트 산파들을 생각해 보라, 출 1:15-22). 그와 같은 사람들은 악한 의도를 갖고 있기 때문에 진실에 대한 권리를 상실한다.

우리는 이와 같은 상황이 매우 드물다는 점을 지적하는 데 소홀하지 말아야 한다. 어떤 상황에서도 항상 진실을 말해야 한다고 지적하는 것은 너무 단순하고 위험하지만, 우리나 타인에게 가해지는 어떤 부당한 피해를 회피하기 위해서가 아니라, 자신의 편의를 위해 거짓말을 하려는 유혹을 알아채야 한다.

이와 관련하여 (창 41장을 다룬 장 후반부의) "하나님은 꿈을 통해 우리에게 소통하시는가?" 단락을 보라.

31

창세기 32:1-21

32:1야곱이 길을 가는데 하나님의 사자들이 그를 만난지라 2야곱이 그들을
볼 때에 이르기를 이는 하나님의 군대라 하고 그 땅 이름을 마하나임이라
하였더라 3야곱이 세일 땅 에돔 들에 있는 형 에서에게로 자기보다 앞서
사자들을 보내며 4그들에게 명령하여 이르되 너희는 내 주 에서에게 이같
이 말하라 주의 종 야곱이 이같이 말하기를 내가 라반과 함께 거류하며 지
금까지 머물러 있었사오며 5내게 소와 나귀와 양 떼와 노비가 있으므로 사
람을 보내어 내 주께 알리고 내 주께 은혜받기를 원하나이다 하라 하였더
니 6사자들이 야곱에게 돌아와 이르되 우리가 주인의 형 에서에게 이른즉
그가 사백 명을 거느리고 주인을 만나려고 오더이다 7야곱이 심히 두렵고
답답하여 자기와 함께한 동행자와 양과 소와 낙타를 두 떼로 나누고 8이르
되 에서가 와서 한 떼를 치면 남은 한 떼는 피하리라 하고 9야곱이 또 이르
되 내 조부 아브라함의 하나님, 내 아버지 이삭의 하나님 여호와여 주께서
전에 내게 명하시기를 네 고향, 네 족속에게로 돌아가라 내가 네게 은혜를
베풀리라 하셨나이다 10나는 주께서 주의 종에게 베푸신 모든 은총과 모든
진실하심을 조금도 감당할 수 없사오나 내가 내 지팡이만 가지고 이 요단
을 건넜더니 지금은 두 떼나 이루었나이다 11내가 주께 간구하오니 내 형
의 손에서, 에서의 손에서 나를 건져 내시옵소서 내가 그를 두려워함은 그
가 와서 나와 내 처자들을 칠까 겁이 나기 때문이니이다 12주께서 말씀하
시기를 내가 반드시 네게 은혜를 베풀어 네 씨로 바다의 셀 수 없는 모래
와 같이 많게 하리라 하셨나이다 13야곱이 거기서 밤을 지내고 그 소유 중
에서 형 에서를 위하여 예물을 택하니 14암염소가 이백이요 숫염소가 이십
이요 암양이 이백이요 숫양이 이십이요 15젖 나는 낙타 삼십과 그 새끼요
암소가 사십이요 황소가 열이요 암나귀가 이십이요 그 새끼 나귀가 열이
라 16그것을 각각 떼로 나누어 종들의 손에 맡기고 그의 종에게 이르되 나

보다 앞서 건너가서 각 떼로 거리를 두게 하라 하고 17그가 또 앞선 자에게
명령하여 이르되 내 형 에서가 너를 만나 묻기를 네가 누구의 사람이며 어
디로 가느냐 네 앞의 것은 누구의 것이냐 하거든 18대답하기를 주의 종 야
곱의 것이요 자기 주 에서에게로 보내는 예물이오며 야곱도 우리 뒤에 있
나이다 하라 하고 19그 둘째와 셋째와 각 떼를 따라가는 자에게 명령하여
이르되 너희도 에서를 만나거든 곧 이같이 그에게 말하고 20또 너희는 말
하기를 주의 종 야곱이 우리 뒤에 있다 하라 하니 이는 야곱이 말하기를
내가 내 앞에 보내는 예물로 형의 감정을 푼 후에 대면하면 형이 혹시 나
를 받아 주리라 함이었더라 21그 예물은 그에 앞서 보내고 그는 무리 가운
데서 밤을 지내다가

이야기 속 다른 본문 경청하기

성경 본문: 창세기 25:19-34; 26:34-46

첫출발부터 야곱과 에서는 우위를 다투는 숙적이었다. 그들은 모태에서부터 싸웠다(25:22). 에서가 맏아들이었지만 야곱은 에서의 발뒤꿈치를 붙잡고 있었는데(사실 그의 이름의 한 가지 의미는 '발뒤꿈치를 잡다'이다), 이는 에서를 모태로 다시 잡아당기려는 시도로 해석할 수 있다. 에서가 맏아들이었지만, 하나님은 임신 중에 리브가에게 말씀하면서 "큰 자가 어린 자를 섬기리라"고 일러 주셨다(25:23). 그들이 성장한 후, 야곱은 장자의 명분을 팔도록 에서를 설득했고(25:27-34), 리브가와 야곱은 이삭을 속여 맏아들에게 주어야 할 축복을 에서가 아닌 야곱에게 주었다(26:34-46).

당연히 에서는 야곱을 미워했고 그를 죽이겠다고 맹세했다. 에서의 의도를 알아챈 리브가는 이삭을 설득하여 야곱을 밧단 아람으로 보내, 아내를 찾고 에서를 피하게 했다. 이때 리브가는 야곱에게 에서의 분노가 언제 가라앉는지 일러 주겠다고 말하면서 그때까지 기다렸다가 집으

로 돌아오라고 조언했다(27:45).

하지만 야곱은 어머니의 연락을 받기 전에 집으로 돌아간다. 따라서 그는 자신에 대한 에서의 태도가 어떤지 알지 못한다. 야곱은 에서의 현재 태도와 의도를 모르기에 이어지는 내러티브에서 긴장은 고조된다.

— 이야기 설명하기 —

야곱이 에서에게 자신의 귀환을 알리다(32:1-6)

라반이 떠난 후(이전 내용을 보라) 야곱은 이제 계속 여행한다. 처음 만난 것은 "하나님의 사자들"(the angels of God)이었다(1절). 천사들의 존재로 인해 야곱은 이곳에 '두 진영'(two camps)이라는 뜻의 마하나임이라는 이름을 붙이는데, 아마 '하나님의 진영'과 자신의 진영을 가리킬 것이다. 라반을 떠나오고 멀리 떨어진 두 가족 사이에 경계를 설정한 후 야곱이 천사들을 만난 것은 그가 약속의 땅으로 다시 들어왔음을 암시한다. 이것은 또한 이 장 후반부에서 야곱과 하나님의 임박한 만남의 전조라고 할 수 있다.

후대의 이스라엘 역사에서 마하나임은 중요한 역할을 한다. 이곳은 므낫세와 갓의 경계에 있는 레위인의 성이었다(수 13:23, 30; 21:38). 통일 왕국 시대에는 사울의 아들 이스보셋의 수도였다(삼하 2:8, 12, 29). 다윗은 압살롬이 반역할 때 그곳으로 피신했다(삼하 17:24, 27; 19:32).

이 시점에 야곱의 관심은 이제 형 에서에게로 향한다. 마지막으로 에서를 보았을 때(27:41), 그는 장자의 명분과 유산을 훔친 동생을 살해할 계획을 꾸미고 있었다. 리브가는 형의 손에 넘어가지 않기 위해 밧단 아람으로 도망쳐서 그곳에서 가정을 꾸리라고 야곱을 재촉했다. 사실 리브가는 야곱에게 돌아와도 안전하다는 말을 들을 때까지 기다리라고 경고했다(27:45). 리브가가 야곱에게 그런 연락을 취했다는 단서는 전혀 없다. 야곱은 밧단 아람의 상황이 악화되었기 때문에, 또한 더 중요한 이유는 하나님이 돌아가라고 말씀하셨기 때문에 어쨌든 돌아오기로 결심했다(31:3).

야곱은 예고 없이 도착하기보다는 형에게 연락을 취하여 자신의 귀환을 알리는 것이 현명하다고 생각한다. 야곱이 에서에게 반드시 자신의 귀환을 알릴 필요는 없었다는 점에 주목해야 한다. 야곱은 가려고 했던 곳으로 가기 위해서 에서의 부족 영토를 넘어설 필요가 없었고, 따라서 야곱이 위험을 무릅쓰고 자신이 돌아왔다는 사실을 형에게 알리는 것에는 중요한 의미가 있다.

그래서 야곱은 이제 에돔 땅 세일 지역에 살고 있는 에서에게 사자를 보낸다. 이미 보았듯 에돔은 에서의 두 번째 이름이다. 에돔은 사해 남동쪽, 모압이라는 민족 국가 바로 아래에 위치한 나라다. 이 시점에 에돔을 '나라'(country)라고 부르는 것은 시대착오라고 할 수 있다는 점을 지적해야 한다(3절의 "에돔 들"을 NIV 성경에서는 "country of Edom"으로 번역한다—옮긴이). 에서는 최근에 그곳으로 이주했다. 에서의 사람들은 대가족과 그 수행원, 또한 아마 동료들이었을 것이다. 에돔은 나중에 역사에서 민족 국가로 등장하겠지만, 지금 (세일 산지와도 동일시되는) 에돔에는 이주 중인 부족 집단이 거주하고 있었다.

야곱의 메시지에는 형에 대한 존중으로 가득하다. 그는 겸손함을 보이면서 형을 "내 주"라고 부르고 자기를 "주의 종"이라고 칭한다(4절). 야곱은 라반과 오래 함께 지낸 뒤 그 땅으로 돌아왔다고 형에게 보고한다. 또한 가축과 양 떼와 종을 거느리고 부자가 되어 돌아오고 있다고 알려 준다. 그 메시지의 목적은 '내 주께 은혜를 받는' 것이다(5절).

야곱의 메시지는 쌍둥이가 태어났을 때 하나님이 리브가에게 주신 신탁의 관점에서 읽을 때 흥미롭다. "큰 자가 어린 자를 섬기리라." 여기서 동생 야곱은 형 에서를 “주”라고 부르고 자신을 에서의 “종”이라고 부르는데, 두 사람의 재회 이야기 전반에서도 이를 확인할 수 있다.

하지만 그렇다고 해서 신탁의 본질을 재고해서는 안 된다. 야곱은 예상되는 형의 적대적인 접근에서 살아남기 위해 기꺼이 몸을 낮춘다. 하지만 그 신탁의 궁극적 성취가 야곱의 선택받은 지위에 있다는 데는 의심의 여지가 없다. 그렇기는 하지만 선택받은 자가 실천해야 할 ‘주인됨’(lordship)의 형태는 에서와 그의 후손을 포함하여 다른 사람들에게 약속된 복을 전달하는 것이다(12:1-3을 보라).

종들은 혼란스러운 정보를 가지고 돌아온다. 에서는 야곱에게 구두로 대답하지 않고 오히려 400명의 부하, 사실상 군대를 이끌고 오는 길이었다!

야곱이 에서를 대비하다(32:7-21)

야곱의 반응은 에서가 싸우러 오는 것이라고 믿고 있음을 보여 준다. 그렇지 않다면 왜 400명을 데리고 오겠는가? 따라서 야곱은 자기 일행과 가축을 두 “떼”로 나누어 최악의 상황에 대비한다(7절). 여기서 ‘떼’로 번역된 단어는 마하나임이라는 이름의 ‘진영’(개역개정의 “군대”)과 같은 단어다. 따라서 야곱은 인간의 진영과 천사의 진영이 이곳에 있었다는 사실 때문에 이곳에 그런 이름을 붙였겠지만, 이제 그의 일행이 두 떼로 나뉜다.

야곱의 계획은 간단하고 절실하다. 에서가 야곱을 죽이러 온다면, 에서가 첫 번째 무리를 공격하는 동안 두 번째 무리는 탈출할 기회를 얻을 수 있을 것이다.

야곱은 계획을 세운 후 하나님을 향해 기도하며 도움을 청한다. 야곱이 원하는 대로 모든 것을 계획할 수 있지만, 하나님이 함께하시지 않는다면 불행한 결말을 맞을 수밖에 없음을 알고 있다. 따라서 그는 잠언

16:1-3, 9에 담긴 지혜를 보여 주는 자다.

> 마음의 경영은 사람에게 있어도
> 말의 응답은 여호와께로부터 나오느니라.
> 사람의 행위가 자기 보기에는 모두 깨끗하여도
> 여호와는 심령을 감찰하시느니라.
> 너의 행사를 여호와께 맡기라.
> 그리하면 네가 경영하는 것이 이루어지리라.
> 사람이 마음으로 자기의 길을 계획할지라도
> 그의 걸음을 인도하시는 이는 여호와시니라. [1]

야곱은 기도를 시작하면서 조상 아브라함과 이삭의 하나님께 호소한다. 이로써 그는 은연중에 아브라함에서 시작되어 그 뒤 이삭에게 전해지고 이제 야곱에게 주어진 언약의 약속에 하나님의 주의를 환기시킨다. 야곱은 이제 돌아가라고 말씀하신 분이 하나님이셨다는 사실을 상기시킨다. 사실 야곱은 하나님이 "네 조상의 땅 네 족속에게로 돌아가라 내가 너와 함께 있으리라"고 말씀하신 뒤에야 밧단 아람을 떠나기로 결심했다(31:3). 흥미롭게도 야곱은 돌아가라고 말씀하신 하나님의 명령을 인용하면서 마지막 문장을 "내가 네게 은혜를 베풀리라"(I will make you prosper, 32:9)로 변경한다. 39장에서 살펴보겠지만, 하나님의 임재는 종종 약속의 수혜자와 그 주변 사람들의 번영과 성공으로 이어진다. 실제로 야곱 자신도 밧단 아람에 있는 동안 하나님의 임재 덕분에 번영을 누린 수혜자였다(30:27-28). 따라서 야곱이 변경한 표현은 하나님의 약속된 임재가 그의 삶에 가져다준 결과에 대한 이해를 드러낸다. 번영은 아니더라도, 분명 하나님은 야곱에게 최소한 생존을 보장하셨다.

야곱은 처음에 이전의 약속을 상기시키면서 하나님께 호소하지만, 하나님께 대한 실망을 표현하지 않으려고 조심한다. 사실 그는 하나님의 보살핌과 관심을 받을 만한 자격이 없었다고 고백한다. 하나님의 복은, 야곱이 지팡이 하나만 가지고 밧단 아람에 왔는데 이제 부자로, "두 떼"를 이룰 만큼 부유하게 되어 그 땅으로 돌아오고 있다는 사실에서 분명히 드러난다. 우리는 이 장에서 다시 두 진영이라는 주제로 돌아온다.

하나님은 또한 야곱에게 "은총"(또는 '충성', *hesed*)과 "진실하심"(*emet*)을 베푸심으로써 신의를 보여 주셨다. 이 단어들은 하나님이 지금까지 야곱에게 주신 언약의 약속을 철저히 이행하셨다는 야곱의 인식을 보여 주고, 또한 당연히, 특히 형 에서와의 문제에서도 계속 그렇게 해 주시기를 은연중에 요청한다.

야곱의 마지막 호소는 가장 시급한 필요를 분명히 보여 준다. 그는 형에게서 구해 달라고 하나님께 간구한다. 야곱은 하나님의 동정심에 호소하면서 여자들과 아이들("내 처자들")을 언급한다. 하나님이 야곱에 대한 염려 때문에 움직이지 않으시더라도, 그분은 분명 무방비 상태의 여자들과 아이들을 보호하기 위해 움직이실 것이다.

야곱은 기도를 마무리하면서 이전 하나님의 약속을 마지막으로 언급한다. 12절에서 그는 "내가 반드시 네게 은혜를 베풀어 네 씨로 바다의 셀 수 없는 모래와 같이 많게 하리라" 하신 하나님의 말씀을 인용한다(32:12). 하나님이 야곱에게 직접 이렇게 말씀하셨을 가능성도 없지 않지만, 그렇더라도 이전 장들에는 기록되어 있지 않다. 더 가능성이 큰 것은, 어휘 면에서 가장 비슷한 아케다 사건 이후 아브라함에게 주신 하나님의 말씀을 가리키는 것이다. "내가 네게 큰 복을 주고 네 씨가 크게 번성하여 하늘의 별과 같고 바닷가의 모래와 같게 하리니"(창 22:17). 이것이 야곱이 가리키는 바라면, "내가 네게 큰 복을 주고"(I will surely bless you)에서 "내가 반드시 네게 은혜를 베풀리라"(I will surely make you prosper)로 바뀌는 이 주요한 변경이 다시 흥미로워진다. 재차 반복하지만 복에 번영은 아니더라도 생존이 포함될 것으로 생각한 야곱의 생각은 타당하며, 그렇기에 이 변경은 부당하지 않다.

하나님께 호소한 후 야곱은 계속해서 '생존을 위한 분할' 전략을 실행한다. 그는 양 떼와 소 떼 중에서 에서를 위해 공들인 예물을 준비했다(13-16절). 그는 양 떼와 소 떼를 나누어 종들에게 맡기면서, 그들 사이에 거리를 두라고 지시했는데, 이것도 뒤따라오는 사람들을 위해 시간을 벌려는 시도로 추정된다. 그는 이 예물을 야곱이 보낸 예물로 에서에게 바치라고 종들에게 지시하면서, "우리 뒤에 있[는]"(20절) 야곱에게 다다를 때쯤 에서의 분노가 진정되기를 기대한다. 이렇게 준비를 마친 야곱은 에서와 만나기 전날 밤을 진영에서 보냈는데, 여기서 야곱은 예상치 못한 또 다른 종류의 만남을 경험할 것이다.

— 이야기 살아내기 —

천사들의 환영

야곱이 약속의 땅을 떠날 때, 하나님은 벧엘에서 천사들이 사다리를 오르락내리락하는 환상을 보여 주셨고(창 28:12), 이제 그가 돌아왔을 때 하나님은 천사들을 보내 약속의 땅에 들어오는 그를 환영하신다. 족장에 대한 하나님의 관심을 보여 주는 경이로운 그림이다!

우리는 그리스도인으로서 이 사건을 어떻게 이해해야 하는가? 천사는 우리의 삶에도 관여하는가? 천사는 우리를 지켜보고, 우리를 인도하고, 우리를 보호하는가? 오늘날 사람들은 천사에 엄청난 매력을 느끼지만, 천사가 우리 삶에 관여한다는 주장에 어떤 실체가 있는가?

히브리서 1:14에 따르면, 그 대답은 '그렇다'이다. "모든 천사들은 섬기는 영으로서 구원받을 상속자들을 위하여 섬기라고 보내심이 아니냐?" 조금 후에 히브리서 저자는 우리가 지금 "천만 천사"와 함께 즐거운 모임에 참여하고 있다고 말한다(히 12:22). 우리는 또한 예수님이 어린이에 대해 하신 말씀을 떠올린다. "삼가 이 작은 자 중의 하나도 업신여기지 말라. 너희에게 말하노니 그들의 천사들이 하늘에서 하늘에 계신 내 아버지의 얼굴을 항상 뵈옵느니라"(마 18:10).

고도로 세속화된 사회에서 우리는 흔히 영적 세계를 보지 못한다. 천사가 우리의 삶과 상호작용을 한다는 생각은 공상일 뿐, 어쩌면 다소 엉뚱하게 들릴 수도 있다. 하지만 성경에 따르면 천사는 건재하게 살아 있고 우리의 일상생활에 관여한다. 우리는 천사에 대해 하나님께 감사해야 한다.

물론 우리가 기억해야 할 가장 중요한 사실은 이것이다. 즉 천사는 "섬기는 영"이고, 천사를 보낸 분은 하나님이시다. 우리는 천사들을 마땅히 여겨야 할 이상으로 중요하게 생각해서는 안 된다. 신약 시대에도 예수님에 대한 헌신을 해칠 정도로 천사에 과도한 관심을 기울이려는 유혹이 늘 있었다. 바울은 천사를 숭배하는 자들을 꾸짖고(골 2:18), 히브리서 저자는 천사가 예수님보다 우월하다는 생각을 논박할 것으로 여긴다(히 1:4-14; 2:5). 신약은 또한 천사가 아닌 인간이 하나님 창조의 정점이고, 천사는 하나님을 섬기고 경배하기 위해(시 103:20; 148:2), 또한 인간과 관련된 하나님의 뜻을 수행하기 위해(고전 6:3; 히 2:16) 창조되었다고 분명히 밝힌다.

그렇다. 세속화된 21세기 서구에서도 천사는 우리 삶에 관여하고 있다. 우리는 이 사실을 깨닫고, 우리를 섬기도록 천사를 보내주신 하나님을 천사들과 함께 경배해야 한다.

화해의 위험

앞의 해설에서 야곱이 약속의 땅으로 돌아간다는 사실을 에서에게 알리는 데 뒤따르는 위험에 관해 설명했다. 야곱은 에서가 자신의 귀환 사실을 알게 되더라도 그 시점이 이미 방어선을 구축한 후이기를 바라며 조용히 돌아오려고 시도할 수도 있었다. 대신 야곱은 "주께[에서에게] 은혜받기를" 기대하며 형에게 다가가기로 선택했다. 다시 말해서 그는 형과 화해를 모색하고 평화롭게 살려 했다.

물론 이런 행동에는 위험이 뒤따른다. 그가 알고 있는 마지막 사실은 에서가 자기를 죽이려 한다는 것이었다.

키드너(Kidner)는 갈등, 특히 자기 죄로 인해 촉발된 갈등에 대처하는 방법에 대해 예수님이 향후에 제자들에게 주신 지침의 예시를 야곱의 사례에서 본다.[2]

> 그러므로 예물을 제단에 드리려다가 거기서 네 형제에게 원망들을 만한 일이 있는 것이 생각나거든 예물을 제단 앞에 두고 먼저 가서 형제와 화목하고 그 후에 와서 예물을 드리라. 너를 고발하는 자와 함께 길에 있을 때에 급히 사화하라. 그 고발하는 자가 너를 재판관에게 내어 주고 재판관이 옥리에게 내어 주어 옥에 가둘까 염려하라. (마 5:23-25)

오늘날 우리도 우리 때문에 해를 입은 사람들과 화해를 모색하는 데 따르는 위험을 감수하도록 부름받는다. 화해는 위험하다. 우리가 다른 사람과의 관계에서 취약한 순간을, 그들은 우리에게 복수할 기회로 삼을 수 있기 때문이다. 하지만 예수님의 말씀처럼, 특히 우리가 하나님 앞에 나아갈 때 이런 종류의 화해를 위해 노력하는 것은 절대적으로 중요하다. 야곱은 위험을 감수하는데, 우리는 이야기가 전개되면서 어떤 일이 일어나는지 볼 것이다(창 33:1-20을 다룬 장 "형제간의 화해" 단락을 보라).

갈등에 지혜롭게 접근하기

야곱은 심각한 갈등을 예상한다. 분노하고 있을 형이 군대로 보이는 400명을 거느리고 달려온다. 야곱에게는 전사라고 할 만한 이도 거의 없고 무기랄 것도 없어서, 에서와 그의 일행을 상대하기에는 분명 충분하지 않다.

야곱은 먼저 안부 인사와 예물을 보내 형을 달래려고 한다. 잠언으로 시선을 돌리면, 정의의 과정을 방해하는 뇌물은 나쁘지만(잠 15:27; 17:8; 21:14; 25:14; 28:21), 주는 이의 길을 원활하게 해 주는 선물은 유용할 수 있다. 현자들에 따르면 "사람의 선물은 그의 길을 넓게 하며 또 존귀한 자 앞으로 그를 인도하[고]"(잠 18:16) "너그러운 사람에게는 은혜를 구하는 자가 많고 선물 주기를 좋아하는 자에게는 사람마다 친구가 [된다]"(잠 19:6). 이 두 속담 모두 선물이 적절하고 지혜롭게 전해질 때 좋은 결과를 가져올 수 있음을 보여 준다. 야곱은 분명 여기서 그런 일을 기대한다.

하지만 야곱은 정말로 확신하지 못한다. 그는 최선을 바라지만 최악의 상황에도 대비한다. 그래서 야곱은 가족을 두 떼로 나누어, 첫 번째 떼가 공격받게 되면, 두 번째 떼는 도망할 기회를 얻을 것이다.

하지만 야곱의 준비에서 가장 중요하고 가장 지혜로운 부분은 하나님께 도움을 구하는 기도다. 우리는 갈등에 직면하여 모든 예방 조치를 취하고 가능한 모든 준비를 할 수 있고, 또 해야 하지만, 우리가 그 일을 성취한다면 그것은 하나님의 선하신 은혜 때문일 것이다. 다음 단락에서 이 주제를 계속 숙고할 것이다.

하나님을 의지하는가? 아니면 행동하는가?

그리스도인을 위한 대중적인 온라인 데이트 사이트의 광고는 배우자를 찾는 사람들에게 이렇게 말한다. "하나님은 행동하라고 말씀하시는데 우리는 가끔 하나님이 다음 행동을 취하실 때까지 기다린다." 메시지는 분명하다. 누군가 갑자기 문 앞에 나타날 때까지 편안히 앉아서 기다리지 말고, 우리 서비스를 통해 배우자를 찾아라. 하지만 정말일까? 우리는 계획하고 행동해야 하는가? 아니면 기도하고 기다려야 하는가?

다시 잠언으로 시선을 돌려 이 질문에 대해 생각해 보자. 현자들은 좋은 계획과 계획 실행의 중요성을 강조한다. 잠언 21:5에 따르면 "부지런한 자의 경영은 풍부함에 이를 것이나 조급한 자는 궁핍함에 이를 따름"이다. 야곱에게는 에서를 달래려는 목표가 있었고, 자기 의도를 달성하기 위해 계획을 세우고 그 계획에 따라 행동한다. 지혜로운 계획과 행동은 "현숙한 여인"이 보여 준 것과 같은 미래에 대한 큰 자신감으로 이어질 수 있다(잠 31:20). 그녀는 어떤 일이 닥쳐오더라도 준비가 되어 있기 때문에 '후일에 웃을' 수 있다(31:25b).

그런데 잠언은 또한 계획에 대해 매우 중요한 교훈을 가르쳐 준다. 우리의 계획의 결과는 전적으로 주님께 달려 있다.

> 마음의 경영은 사람에게 있어도
> 말의 응답은 여호와께로부터 나오느니라.
> 사람의 행위가 자기 보기에는 모두 깨끗하여도
> 여호와는 심령을 감찰하시느니라.
> 너의 행사를 여호와께 맡기라.
> 그리하면 네가 경영하는 것이 이루어지리라. (잠 16:1-3)

야곱은 정확히 이렇게 실행한다. 그는 계획을 세우기 위해 주님께 기도함으로써 자기 계획을 주님께 맡긴다.

우리는 이제 이 단락 제목에서 제기한 질문 "하나님을 의지하는가? 아니면 행동하는가?"에 대한 대답을 알 수 있다. 우리는 둘 다 한다. 잠언이 지적하듯이 우리가 행동만 한다면 많이 부족하겠지만, 막연히 기도하면서 하나님이 행동하시기를 기다리기만 한다면 그것 역시 많이 부족할 것이다.

지난 일요일, 우리 교회 목사님[리드 졸리(Reed Jolley)]은 이 내용을 보여 주는 예화 하나를 들려주었다. 어떤 사람 집에 엄청난 홍수가 나서 물이 쏟아지기 시작하자, 그는 하나님을 향해 기도하면서 홍수에서 구해 달라고 하나님께 간구했다. 곧이어 홍수 물은 높이 차올랐고, 그는 지붕 위로 피신해야 했다. 보트를 타고 지나가던 경찰관이 보트에 타라고 재촉했지만, 그는 하나님이 구해 주실 거라고 말하면서 거절했다. 잠시 후 머리 위로 헬리콥터가 나타나 그를 안전한 곳으로 데려다줄 리프트를 내려 주었다. 그는 가지 않겠다고 거절하면서 하나님이 구해 주실 거라고 조종사에게 소리쳤다. 결국 홍수 물이 덮쳤고, 그는 죽어서 곧 주님 앞에 섰다. 그가 "주님께 구해 달라고 기도했는데 그러지 않으셨잖아요!"라고 불평하자 하나님은 차분하게 대답하셨다. "내가 보트와 헬리콥터를 보내 주었다. 더 이상 무엇을 원하느냐?"

이 에피소드에서 야곱은 지혜롭게 행동한다. 그는 기도하면서 수동적으로 기다리지도 않았고, 하나님께 도움을 요청하지 않은 채 행동하지도 않는다. 우리도 행동 없이 기도하는 뻔뻔함이나 기도 없이 행동하는 오만함을 피해야 한다.

32

창세기 32:22-32

32:22밤에 일어나 두 아내와 두 여종과 열한 아들을 인도하여 얍복 나루를
건널새 23그들을 인도하여 시내를 건너가게 하며 그의 소유도 건너가게 하
고 24야곱은 홀로 남았더니 어떤 사람이 날이 새도록 야곱과 씨름하다가
25자기가 야곱을 이기지 못함을 보고 그가 야곱의 허벅지 관절을 치매 야
곱의 허벅지 관절이 그 사람과 씨름할 때에 어긋났더라 26그가 이르되 날
이 새려하니 나로 가게 하라 야곱이 이르되 당신이 내게 축복하지 아니하
면 가게 하지 아니하겠나이다 27그 사람이 그에게 이르되 네 이름이 무엇
이냐 그가 이르되 야곱이니이다 28그가 이르되 네 이름을 다시는 야곱이라
부를 것이 아니요 이스라엘이라 부를 것이니 이는 네가 하나님과 및 사람
들과 겨루어 이겼음이니라 29야곱이 청하여 이르되 당신의 이름을 알려 주
소서 그 사람이 이르되 어찌하여 내 이름을 묻느냐 하고 거기서 야곱에게
축복한지라 30그러므로 야곱이 그 곳 이름을 브니엘이라 하였으니 그가 이
르기를 내가 하나님과 대면하여 보았으나 내 생명이 보전되었다 함이더라
31그가 브니엘을 지날 때에 해가 돋았고 그의 허벅다리로 말미암아 절었더
라 32그 사람이 야곱의 허벅지 관절에 있는 둔부의 힘줄을 쳤으므로 이스
라엘 사람들이 지금까지 허벅지 관절에 있는 둔부의 힘줄을 먹지 아니하
더라

이야기 속 다른 본문 경청하기

성경 본문: 창세기 32:1-21

메소포타미아 북서부(밧단 아람)에 체류하다가 약속의 땅으로 돌아온 후, 야곱은 사자를 보내 소원해진 형에게 귀환 소식을 알렸다. 그 대응으로 에서는 400명의 인원, 사실상 군대를 동원해서 이제 그들이 다가

오고 있었다.

야곱은 무슨 일이 닥칠지 몰랐지만, 분노한 형이 장자의 명분과 축복을 가로챈 야곱에게 복수할 기회를 기꺼이 잡을 것으로 생각할 만한 이유는 충분했다. 그래서 야곱은 형과의 대면을 급히 준비하기 시작했다. 잠재적으로 위험한 이 만남을 기다리는 동안, 뜻밖에도 야곱은 눈앞에 나타난 신비에 싸인 또 다른 적의 공격을 받는다.

이야기 설명하기

야곱이 어떤 "사람"과 씨름하다(32:22-25)

이제 우리는 성경에서 가장 인상적이고, 극적이고, 수수께끼 같은 이야기 중 하나에 다다른다. 수수께끼인 이유 중 하나는 동기와 평가, 인물의 정체성에 대해 별로 설명하지 않고서 사건을 서술하기 때문이다. 히브리 산문은 과묵한 문체로 유명하지만, 이 에피소드에서는 내러티브 설명이 놀라울 정도로 드물다.

그래서 야곱의 씨름은 모든 종류의 해석적 각색에 적합한 유형의 이야기지만, 우리는 여기서 조심스럽게 접근할 것이다. 우리 앞에는 아주 분명한 내용, 추측할 수밖에 없는 내용, 또한 여전히 좌절감에 포기하고 싶은 내용도 놓여 있다. 야곱의 한밤중 씨름 이야기를 해설하면서, 우리가 어느 정도 확신할 수 있는지, 혹은 얼마나 확신이 부족한지를 주의 깊게 제시하려고 노력할 것이다.

야곱은 아내와 자식과 재산을 얍복강 여울 너머로 보낸 후 홀로 밤을 지새운다. 얍복은 사해에서 북쪽으로 약 32킬로미터 떨어진 동쪽에서 요단강으로 유입되는 강이다. 강 이름(*yabboq*), 동사 '씨름했다'(*yeabeq*), 야곱의 이름(*yaaqob*) 사이에 단어 유희가 느껴진다.

야곱이 혼자였다고 말한 후, 내러티브는 곧바로 어떤 사람이 새벽까지 야곱과 씨름했다고 독자에게 알려 준다. 이 "사람"의 정체나 싸움의 이유를 설명하는 도입부는 전혀 없다. 우리는 해가 뜨기 직전까지 한 구체적 행동이나 말에 관해 알지 못한다. 그 '사람'은 명확하지 않은 이유로 동트기 전에 가야만 한다. 그는 야곱을 제압할 수 없음을 알고, 그래서 그냥 허벅지 관절을 만져 어긋나게 함으로써 발을 절게 만든다. 이 같은 힘은 그가 왜 야곱을 이길 수 없었는지 의문을 품게 한다. 이 시점에 우리는 씨름 상대가 아마도 어떤 알 수 없는 이유로 자신의 힘을 제한한다고 생각해야 한다.

개 명 (32:26-32)

해가 뜨기 전에 자기를 보내 달라고 야곱에게 호소할 때, 그 사람의 능력 제한이(스스로 제한한 것이든, 다른 이에 의해서든) 다시 전면에 부상한다. 야곱은 동의하지만 그 '사람'이 자기에게 축복한다는 조건에서만 동의한다. 윗사람이 아랫사람을 축복하기 때문에, 축복을 바라는 야곱의 열망은 이 사람이 자기보다 윗사람이라고 믿고 있음을 암시한다.

야곱의 요청에 대한 응답으로, 그 사람은 야곱의 이름을 묻는다. 그러자 그 사람은 이름을 야곱('속이다'라는 부차적 의미와 함께 '발뒤꿈치를 잡다'라는 의미)에서 이스라엘로 바꿔 준다. 이스라엘이라는 이름은 (NIV 성경 각주에 따르면) "그가 하나님과 싸우다"라고 이해하는 것이 가장 좋을 것이다. 물론 그 사람이 내놓은 이름에 대한 설명은 "네가 하나님과 및 사람들과 겨루어 이겼[다]"라는 것이다(28절). 야곱과 사람들의 싸움은 라반과의 관계에서, 또한 앞으로 에서와의 관계에서 볼 수 있다. 현재 내러티브가 계속되면서, 하나님과 겨룬 씨름이라는 것은 방금 끝난 한밤중의 씨름을 가리킨다고 보는 것이 가장 정확한 설명일 것이다.

우리는 이름의 변화와 함께 인품의 변화에 주목해야 한다. 속이는 자는 하나님과 함께 싸우는 과정에서 변화된다. 속이는 사람이던 야곱이 지금 인품이 완벽한 사람이 되는 급격한 변화는 아니다. 그렇다. 야곱에게는 계속해서 결점이 있을 것이다. 그는 다음 장면에서 에서를 속일 것이고, 요셉 이야기에서는 위험한 편애를 보여줄 것이다. 그렇지만 야곱은 하나님에 대한 새로운 차원의 의존을 배웠다. 그는 자기 자신과 자원에 의존하는 경향이 있었지만, 이제 하나님을 더 많이 의존하게 되었다.[1]

물론 우리는 이 이름 변화가 나중 역사에서 갖는 함의를 놓치지 말아야 한다. 이 사람은 자기 가족에게서 태어날 나라에 자기 이름을 줄 것이다. 이스라엘은 미래 이스라엘 지파의 시조가 될 자녀를 낳았다. 이스라엘이라는 이름은 야곱과 하나님의 관계만이 아니라 그의 미래 후손들도 묘사한다. 그들도 자기를 의존하려 하면서 하나님과 씨름할 것이다. 그들은 자기에 대한 확신을 버리고 오히려 하나님을 신뢰할 때만 성공할 수 있다.

뒤이어 야곱은 그 '사람'에게 이름을 묻지만, 그 '사람'은 이름을 알려주기를 거절한다. 대신 그는 야곱을 축복한 다음 해가 뜨기 전에 떠난 것으로 보인다. 이렇게 해서 그 '사람'은 야곱에게 자기 정체를 명확히 밝히지 않지만, 싸운 장소에 붙인 이름은 이 신비한 인물이 다름 아닌 하나님이라는 것을 야곱이 알고 있었음을 보여 준다. 야곱은 그곳에 브니엘 '하나님의 얼굴'이라는 이름을 붙인다. 하나님의 얼굴을 본다는 것은 그분의 임재 안에 있는 것이다. 야곱은 하나님을 대면하여 보았지만, 생존함으로써 "네가 하나님과 및 사람들과 겨루어 이겼음이라"는 야곱의 새 이름에 대한 그의 설명을 다시 상기시킨다(28절). 이 기사는 야곱의 허벅지에 초점을 맞추면서 끝난다. 그는 하나님과 씨름하여 이겼지만 다리를 절뚝거리며 걸어간다. 서술자는 이것이 이스라엘 백성이 허벅지 관절에 붙은 힘줄을 먹지 않는 관습의 기원이라고 설명한다. 분명 하나님은 야곱의 몸 그 부위를 만지심으로써 그 관절을 거룩하게 하신 것 같다.

자기를 의존하는가? 아니면 하나님을 의존하는가?

시드니 그레이다누스(Sidney Greidanus)는 하나님과 야곱의 씨름 이야기의 주요 주제를 정확히 파악했다. "자기 의존적인 야곱이 약속의 땅에 들어가기 전에 하나님은 야곱을 이스라엘, 즉 축복을 얻기 위해 하나님과 씨름하는 사람으로 변화시키셔야 한다."[2] 다시 말해서 자기 자신이 아니라 하나님을 의지하는 사람만이 약속의 땅에 들어갈 수 있다. '이야기 설명하기'에서 강조했듯이 그렇다고 해서 야곱이 완벽하다는 의미는 아님을 강조해야 한다. 실제로 우리는 그가 여전히 결점이 많은 사람임을 볼 것이다. 하지만 그는 분명 자기 인생에서 이 중요한 순간에 상당한 진전을 이룬다.

그레이다누스는 계속해서 야곱/이스라엘의 이야기를 읽을 때 우리는 그가 이스라엘 민족을 예고한다는 점을 생각해야 한다고 올바르게 지적한다. 예언자 호세아(12:3-4을 보라)는 이스라엘의 후대 역사와 관련하여 이 이야기를 암시한다.

실제로 창세기는 이스라엘 민족이 존재하던 시절에 기록되었다. 모세가 창세기를 저술했다고 가정하더라도, 야곱이 이 기회에 배운 교훈을 이스라엘이라는 국가는 이미 배웠다. 그레이다누스는 민수기 13-14장에 나오는 정탐꾼의 보고 후 결과에서 이를 확인할 수 있다고 지적한다. 그 땅에 무시무시한 용사들이 있다는 소식을 들었을 때, 이스라엘은 약속의 땅으로 안전하게 데려가실 하나님을 신뢰하기보다 공황 상태에 빠진다. 다시 말해서 이스라엘은 기꺼이 하나님을 의지하지 않았고, 그 결과 하나님은 그들이 그 땅에 들어가도록 허락하지 않으셨다.

그리스도인은 어떤가? 그리스도인에게 약속의 땅은 하나님 나라고 궁극적으로는 새 하늘과 새 땅에서 하나님과 함께하는 삶이다. 이스라엘 백성에게 그랬듯이, 그리스도인에게도 같은 원리가 적용된다. 자신을 의지하지 않고 하나님을 의지하는 이들만이 약속의 땅에 들어갈 수 있다.

히브리서 저자는 더 나아가 광야를 방황하는 자의 이미지를 사용하여, 하나님을 의지하는 신실한 태도를 보이라고 독자들을 격려한다. 그는 그리스도인들이 광야에서 방황하고 있음을 상기시킨다. 그들은 아직 약속의 땅(천국)에 있지 않다. 히브리서 저자는 반대와 박해에도 불구하고 하나님에 대한 믿음을 지속하라고 격려한다. 그렇지 않으면 그들은 40년 동안 죽어 가던 출애굽 세대와 똑같이 광야에서 멸망할 것이다(히 3:7-4:13).

예수가 하나님과 씨름하시다

예수님이 십자가로 가시는 길은 쉽지 않았다. 그분의 길은 고난의 길이었고, 완전한 인간이요 완전한 신이시지만 고통과 죽음은 받아들여야 할 것이 아니라 피해야 할 것이었다. 그래서 겟세마네 동산(마 26:36-46)에서 예수님은 하나님과 씨름하신다. "조금 나아가사 얼굴을 땅에 대시고 엎드려 기도하여 이르시되 내 아버지여 만일 할 만하시거든 이 잔을 내게서 지나가게 하옵소서"(39절). 예수님은 하나님에게서 달아나거나 단순히 아버지께서 주신 책임을 저버리지 않으시고, 그 책임을 덜어 달라고 하나님께 간구하고 있다는 점에 주목하라. 하지만 아버지가 물러서지 않으시자 예수님은 자기 삶에 대한 아버지의 뜻을 받아들이신다("그러나 나의 원대로 마시옵고 아버지의 원대로 하옵소서", 39절). 예수님은 자기를 의존하지 않고, 하나님을 의존하는 사람의 모델이시다.

예수와 씨름하기

야곱은 하나님과 씨름한 뒤 "내가 하나님과 대면하여 보았으나 내 생명이 보전되었다"라며 놀란다(30절). 이 단언은 야곱이 자기와 씨름한 상대가 다름 아닌 하나님이라고 이해했다는 데 어떤 의심도 남기지 않는다. 사실 어떤 인간도 거룩하신 하나님의 온전한 임재 앞에 섰을 때 생존할 수 없지만, 하나님은 자기 종 가운데 일부가 자신의 임재를 일별하는 것을 허락하신다(출 33:18-32의 모세를 보라). 그렇지만 야곱이 하나님의 임재로 들어가서, 물론 상처가 없지는 않았지만 생존할 수 있었던 것은 하나님 은혜의 행위였다.

우리는 야곱이 씨름한 상대가 성육신 이전의 아들 예수님이 아니라는 점을 분명히 해야 한다.[3] 호세아 12:5은 야곱의 상대를 천사로 규정하지만, 이는 분명 구체적으로 예수님이 아니라 창세기에서 종종 하나님 자신과 동일시되거나 연관되는 주님의 천사를 가리킨다(창 16장을 다룬 장의 "구원하는 천사" 단락을 보라).

그런데 그리스도인들이 볼 때, 하나님은 그리스도 안에서 자신의 임재를 탁월하게 알리신다. "말씀이 육신이 되어 우리 가운데 거하시매"(요 1:14). 아들을 본 사람은 아버지를 본 것이다(요 14:9). 따라서 우리가 삶의 어려움 속에서 예수님과 씨름한다고 생각하는 것은 부적절하지 않다.

예수님은 우리가 곤경과 어려움 속에서 그분을 버리지 않고 자신과 함께 씨름하기를 바라신다. 야곱/이스라엘이 허벅지를 다쳐 다리를 절게 된 후 신적 상대에게 매달렸던 것처럼, 예수님은 우리가 자기에게 매달리기를 원하신다.

절뚝거리는 지도자

사람들은 지도자를 떠올릴 때 흔히 '모든 것을 가진' 강인한 개인의 이미지를 떠올린다. 지도자는 똑똑하고, 신체적으로 매력적이고, 위험을 감수할 줄 알고, 불굴의 장악력을 갖고 있다는 분위기를 풍길 뿐만 아니라 (보통 다른 사람을) 희생시키는 결정을 내린다.

지도자들의 키가 얼마나 큰지, 키 작은 지도자가 얼마나 이상하게 비치는지 눈여겨본 적이 있는가? 얼마 전 신학교와 대학 총장 모임에 참석한 나는 난쟁이처럼 느껴졌다. 물론 이런 인상에 근거한 관찰이 키가 큰 지도자가 나쁘거나 비효율적이라고 암시하는 것은 아니다. 하지만 신체적 힘이 강한 리더십을 시사한다는 생각은 이스라엘이 키 큰 사울을 선택한 일(삼상 10:23)과 그 이전으로 거슬러 올라간다. 이런 생각이 우리의 DNA에 안에 내재한다고 말할 수도 있겠다.

우리는 지도자란 자기 자신을 의존하는 독립적이고, 결단력이 있으며, 수완이 뛰어난 사람이라고 생각한다. 그들도 조언을 받겠지만, 지도자는 의사 결정권자요 자기 아이디어를 실행에 옮기는 사람이다. 이와 같은 지도자는 약점이 드러나는 것을 두려워한다. 약한 사람이 어떻게 지도자가 될 수 있겠는가?

기독교 기관에서도 지도자는 목적을 달성하기 위해 투명하게 행동하고 약점을 인정하고 설득을 통해 변화를 이끌어 내기보다는, 권력 다툼을 받아들이고 절차를 악용한다. 한 유명 기독교 지도자는 원하는 목표를 달성하기 위해 (내가 사용하는 표현으로) '시스템의 허점을 이용하는' 편법에 관하여 다른 기관에 다음과 같은 조언을 준다. 그는 과거 어떤 기관의 성공적인 노력을 언급하면서, 또 다른 기관의 (자기가 보기에) 미미한 노력을 개탄한다.

> 그곳(변화에 성공한 곳)의 변화에는 여러 공통점이 있었다. 즉 개혁자들은 만일의 모든 사태에 대비해 조직적으로 준비하여 안전망과 여러 대안을 마련했고, 자기들이 영향력을 행사할 수 있는 지점을 파악했고, 절차에 숙달했으며, 필요할 때 맹렬하게 싸웠고, 거센 반대 앞에서도 굳건하고 흔들림 없이 맞섰다. 회의 안건, 의사 진행 규칙, 절차 문제, 장기적으로 기획된 전략에 지속적인 관심을 기울임으로써 상대방의 허를 찔렀다. 그들은 대외적으로 홍보 실패의 빌미만 제공할 뿐인 수사적인 청원

> 서 같은 무의미한 부수적인 일에 시간과 에너지를 낭비하지 않았다. 그 결과는 어땠을까? 모든 경우에 실제로 효과가 있었다. 사실 이런 접근 방식은 지난주…총회에서 준비되지 않은 복음주의자들의 공격을 솔직하게 압도하고 무너뜨린 전략과 아주 비슷해 보인다. 분노하지만 진심 어린 청원자들은 대체로 패하고, 진심이면서도 노련한 수완가들은 대체로 승리하는 것 같다. [교단 이름]의 복음주의자들에게는…교단 정치, 절차의 중요성 그리고 결정적으로 제도가 어떻게 작동하고 따라서 어떻게 변화할 수 있는지를 이해하는 새로운 리더십이 필요하다.[4]

이와 같은 권모술수 전략을 심지어 선한 목적을 위한 수단으로 사용하는 것은 정당화될 수 없다. 이는 세속적인 전술을 사용하여 인간의 힘으로 이끄는 것이다. 안타깝게도 이와 같은 수단이 성공을 거두는 경우가 너무 많지만, 결과적으로 이 지도자에게 그 목표는 내부 지향적이고 비난받으며 두려워하고 방어적으로 되어서, 더 넓은 세상에서 영향력을 잃는 기관이 되는 것이다.

댄 알렌더(Dan Allender)는 야곱과 하나님의 씨름 이야기에서 리더십 주제에 관한 통찰을 이끌어 낸다. 실제로 그의 저서 제목 『절뚝거리는 지도자』(*Leading with a Limp*)는 이 이야기에서 유래한다.[5]

알렌더는 지금 이 시점까지 야곱의 삶이 자기를 보호하고 이익을 챙기기 위해 세상의 수단(속임수)을 써서 자기 힘으로 살면서 가족을 이끌려던 삶이라고 정확히 묘사한다. "속이는 자인 그는 재빨라야 한다. 기회주의적으로 삶을 장악하는 데 있어서 다른 누구보다 앞서야 한다."[6]

알렌더가 올바르게 지적하듯이 절뚝거리는 다리, 즉 연약함의 분명한 표식을 남긴 하나님과의 만남은 야곱에게 상처를 주지 않고, 오히려 한 인간으로, 또한 가족을 이끌고 자기 세계와 교류할 수 있는 사람으로 야곱을 풍요롭게 하는 변화를 낳는다.

> 다리를 절뚝거리면서 다른 사람을 이끌 수 있는 사람이 되는 과정은 우리가 예상했던 것과 다르다. 나르시시즘과 두려움, 독단주의, 숨으려는 경향에서 벗어나기 위해 우리는 정말 그렇게 절박하고 또한 그렇게 깊이 드러나야만 할까? 야곱의 이야기는 싸움이 아니라 교활하고 자격 없는 사람에게 복을 주시는 하나님의 선하심을 칭송한다. 이 기사에서 우리는, 우리가 아무리 멀리 벗어나 있더라도 우리 자신을 열어 하나님을 만난다면, 그 만남에서 이전과 같지 않은 모습으로 나타나리라는 약속을 본다. 우리는 예기치 못한 걸음걸이로 새로운 길을 걸을 것이다.[7]

앞으로 보듯이 이 하나님과의 만남은 야곱을 완벽한 사람으로 만들지 않는다. 분명 그에게는 여전히 결점이 있다. 하지만 이제 야곱은 새로운 차원의 겸손과 자신의 인간적 재능이 아니라 하나님과의 관계에 대한 인식에서 비롯된 확신으로 삶을 마주할 수 있다.

우리가 절뚝거리며 인도한다면, 예수님의 모범을 따르는 것이다. 그분은 오셔서 권력을 과시하셨는가? 그분 앞에서 사람들을 움츠러들게 만드셨는가? 그분은 상대방을 일방적으로 제압하고 무너뜨리셨는가?

물론 대답은 '아니요'다. 예수님은 제자들이 자기 발을 씻게 하지 않으시고, 제자들의 발을 씻기신 다음 다른 사람에게도 똑같이 하라고 말씀하셨다(요 13:1-17). 지도자로서 그분의 길은 다른 사람을 위해 고난을 겪고 돌아가시는 것이었다.

> 그는 근본 하나님의 본체시나
> 하나님과 동등됨을 취할 것으로 여기지 아니하시고
> 오히려 자기를 비워
> 종의 형체를 가지사
> 사람들과 같이 되셨고

사람의 모양으로 나타나사

자기를 낮추시고

죽기까지 복종하셨으니

곧 십자가에 죽으심이라. (빌 2:6-8)

이것은 예수님이 제자들에게 전수하신 지도자의 모델이다. 예수님 오른편에 자기 아들을 앉게 해 달라는 야고보와 요한의 어머니의 요청에 예수님은 이렇게 대답하셨다. "이방인의 집권자들이 그들을 임의로 주관하고 그 고관들이 그들에게 권세를 부리는 줄을 너희가 알거니와 너희 중에는 그렇지 않아야 하나니 너희 중에 누구든지 크고자 하는 자는 너희를 섬기는 자가 되고 너희 중에 누구든지 으뜸이 되고자 하는 자는 모든 사람의 종이 되어야 하리라. 인자가 온 것은 섬김을 받으려 함이 아니라 도리어 섬기려 하고 자기 목숨을 많은 사람의 대속물로 주려 함이니라"(마 20:25-28).

여러분이 지도자라면 예수님을 본받기 위해 노력하라. 강함이 아닌 약함에서 나오는 리더십을 발휘하라.[8]

33

창세기 33장

33:1야곱이 눈을 들어 보니 에서가 사백 명의 장정을 거느리고 오고 있는지
라 그의 자식들을 나누어 레아와 라헬과 두 여종에게 맡기고 2여종들과 그
들의 자식들은 앞에 두고 레아와 그의 자식들은 다음에 두고 라헬과 요셉
은 뒤에 두고 3자기는 그들 앞에서 나아가되 몸을 일곱 번 땅에 굽히며 그
의 형 에서에게 가까이 가니 4에서가 달려와서 그를 맞이하여 안고 목을
어긋맞추어 그와 입 맞추고 서로 우니라 5에서가 눈을 들어 여인들과 자식
들을 보고 묻되 너와 함께 한 이들은 누구냐 야곱이 이르되 하나님이 주의
종에게 은혜로 주신 자식들이니이다 6그때에 여종들이 그의 자식들과 더
불어 나아와 절하고 7레아도 그의 자식들과 더불어 나아와 절하고 그 후에
요셉이 라헬과 더불어 나아와 절하니 8에서가 또 이르되 내가 만난 바 이
모든 떼는 무슨 까닭이냐 야곱이 이르되 내 주께 은혜를 입으려 함이니이
다 9에서가 이르되 내 동생아 내게 있는 것이 족하니 네 소유는 네게 두라
10야곱이 이르되 그렇지 아니하니이다 내가 형님의 눈앞에서 은혜를 입었
사오면 청하건대 내 손에서 이 예물을 받으소서 내가 형님의 얼굴을 뵈온
즉 하나님의 얼굴을 본 것 같사오며 형님도 나를 기뻐하심이니이다 11하나
님이 내게 은혜를 베푸셨고 내 소유도 족하오니 청하건대 내가 형님께 드
리는 예물을 받으소서 하고 그에게 강권하매 받으니라 12에서가 이르되 우
리가 떠나자 내가 너와 동행하리라 13야곱이 그에게 이르되 내 주도 아시
거니와 자식들은 연약하고 내게 있는 양 떼와 소가 새끼를 데리고 있은즉
하루만 지나치게 몰면 모든 떼가 죽으리니 14청하건대 내 주는 종보다 앞
서 가소서 나는 앞에 가는 가축과 자식들의 걸음대로 천천히 인도하여 세
일로 가서 내 주께 나아가리이다 15에서가 이르되 내가 내 종 몇 사람을 네
게 머물게 하리라 야곱이 이르되 어찌하여 그리하리이까 나로 내 주께 은
혜를 얻게 하소서 하매 16이 날에 에서는 세일로 돌아가고 17야곱은 숙곳에

이르러 자기를 위하여 집을 짓고 그의 가축을 위하여 우릿간을 지었으므
로 그 땅 이름을 숙곳이라 부르더라 18야곱이 밧단 아람에서부터 평안히
가나안 땅 세겜성읍에 이르러 그 성읍 앞에 장막을 치고 19그가 장막을 친
밭을 세겜의 아버지 하몰의 아들들의 손에서 백 크시타에 샀으며 20거기에
제단을 쌓고 그 이름을 엘엘로헤이스라엘이라 불렀더라

이야기 속 다른 본문 경청하기

성경 본문: 창세기 32장

야곱은 세일에 있는 에서의 집으로 보낸 사자를 통해 자기가 약속의 땅으로 돌아간다는 소식을 에서에게 전했다. 그러자 에서는 400명의 일행을 이끌고 야곱에게 왔다. 야곱은 형의 의도를 알지 못했으므로 최악의 상황에 대비했다. 그는 기다리는 동안 하나님으로 밝혀진 한 "사람"과 씨름했는데, 그 '사람'은 속이는 자라는 평판과 연결된 야곱에서 하나님과 씨름한 자, 이스라엘로 그의 이름을 바꿔 주었다. 현재 에피소드가 시작하면서 마침내 에서와 그의 일행이 도착한다.

— 이야기 설명하기 —

야곱과 에서가 만나다(33:1-12)

앞 에피소드에서 하나님은 야곱에게 이스라엘이라는 새로운 이름을 주셨다. 흥미롭게도 하나님이 전에 아브람의 이름을 아브라함으로 또는 사래의 이름을 사라로 바꾸셨던 때와 달리, 이 내러티브에서는 몇 가지 경우를 제외하고 야곱을 계속 야곱이라고 부른다. 앞으로 볼 것처럼 일부 해석과 달리 하나님과 씨름한 후 야곱에게는 급격한 인품의 변화가

있지 않다. 그는 속이는 자인 동시에 하나님과 씨름하는 자로 남는다. 실제로 이 에피소드 마지막에 야곱은 에서로 하여금 야곱이 자기를 따라 세일로 갈 거라고 생각하게 만든다. 분명 야곱은 그렇게 할 의사가 전혀 없는데 말이다.

야곱이 그 땅으로 돌아오는 길은 험난했다. 먼저 야곱은 라반을 상대해야 했는데, 라반은 자기에게 알리지 않고 훔쳐 달아났다고 해서 야곱에게 분노해 있었다. 야곱은 하나님과도 싸워야 했다. 이제 야곱이 대면해야 하는 형 에서는, 야곱이 떠나면서 마지막에 저지른(27:41) 과거의 속임수 때문에 그를 죽이려 했다.

결정적인 순간에 야곱은 가족을 별개의 분대로 나누었는데, 그 순서에서 편애에 기초한 우선순위가 명확히 나타난다. 먼저 두 여종과 그 자녀들(단, 납달리, 갓, 아셀)을 맨 앞에 둔다. 이 무리는 에서가 만나는 첫 번째 무리가 될 것이다. 다음으로 사랑받지 못한 아내 레아와 그 자녀들(르우벤, 시므온, 레위, 유다, 잇사갈, 스불론)을 배치했고, 라헬과 그 유일한 아들 요셉이 맨 뒤에서 따라왔다. 내러티브에서는 라헬을 향한 야곱의 편애를 전혀 숨기지 않았고, 요셉 내러티브(37-50장)에서 우리는 야곱이 다른 모든 자녀보다 요셉을 더 총애하는 장면을 볼 것이다. 라헬과 요셉을 맨 뒤에 둠으로써 그들은 도망할 최고의 기회를 얻는다.

그렇지만 야곱은 그 누구보다 앞서갔다. 그는 형을 만나는 첫 번째 사람이었는데, 알 수는 없지만 아마 형이 자기를 해치러 왔다고 의심했을 것이다. 가족을 배치한 순서에서 편애를 보여 주기는 했지만, 그러므로 야곱은 직접 위험을 감수한다. 만약 에서가 야곱을 죽이러 왔다면, 아마 야곱의 죽음만으로도 만족했을 것이다.

야곱은 에서에게 다가가 일곱 번 절한다. 이 같은 행동은 윗사람에 대한 완전한 존중과 심지어 복종을 나타낸다. 우리는 가나안 성의 왕들이 조약을 맺은 군주인 이집트 파라오에게 보내는 편지를 "내 주의 발 앞에 일곱 번, 다시 일곱 번 엎드립니다"라고 시작하는 아마르나 점토판(Amarna Tablets)의 공통된 표현을 떠올릴 수 있다(EA, No. 287; 예루살렘의 압두헤바가 파라오에게).[1]

어떤 사람들은 창세기 25:23에서 소위 탄생 신탁의 모호함을 지적하면서(그곳의 논의를 보라) 여기서 어린 자가 큰 자에게 복종한다고 주장한다. 하지만 카민스키가 올바르게 지적하듯이 "창세기 25:23의 신탁은 동생의 후손이 형의 자손을 다스릴 먼 미래에야 성취될 것이라고 분명히 밝힌다는 점에 유의해야 한다. 실제로 이스라엘은 왕정 시대에 상당 기간 에돔을 통치했다(삼하 8:14; 왕하 8:20)."[2]

에서는 야곱에게 달려가 안고 입을 맞추면서 야곱에게 해를 끼치러 온 것이 아니라고 즉시 분명히 밝힌다. 과묵한 서술자는 여기서 에서의 동기가 무엇인지 말해 주지 않는다. 어쩌면 에서는 하나님이 자기에게 부의 복을 주신 것에 만족하면서, 야곱이 부유하고 언약의 복을 받았다는 사실에 더는 신경 쓰지 않았을 수도 있다. 어쩌면 에서는 야곱이 앞서 보낸 예물에 만족했을 수도 있다. 알 수 없다. 다만 에서의 행동에 더 사악하거나 음흉한 이유가 있어 보이지는 않는다. 다시 말해서 야곱을 세일로 유인할 때까지 처벌을 보류했을 가능성은 없다. 그렇게 할 필요가 있었을까? 변화의 동기나 이유가 무엇이든, 에서의 환영은 야곱과 그의 가족에게 좋은 소식이었다.

야곱과 동행하는 사람들이 누구인지 에서가 묻자, 야곱은 그 응답으로 에서에게 가족들을 소개한다. 그는 앞서 배치한 순서대로 소개하면서, 두 여종 빌하와 실바의 가족에서 시작하여 레아의 가족을 거쳐 총애하는 라헬과 요셉으로 끝맺는다. 야곱과 마찬가지로 그들도 모두 현재 에서가 윗사람의 위치에 있다고 인정하면서 에서에게 경의를 표하며 절한다.

다음으로 에서는 야곱이 일행 앞에 배치한 양 떼와 소 떼에 관해 묻는다. 에서는 야곱의 종들이 정식으로 바칠 때까지 오래 기다릴 수 없었거나, 혹은 가축 떼가 예물이라는 말을 야곱의 입으로 직접 듣고 싶었던 것 같다. 이유가 무엇이든 야곱은 가축 떼의 목적이 에서를 기쁘게 하고 야곱을 좋게 보이기 위함이라고 형에게 알려 준다.

처음에 에서는 이미 충분한 부를 가졌으므로 필요하지 않다는 이유로 야곱의 제안을 거절했다. 물론 야곱이 계속 고집하자 에서가 결국 동생의 예물을 받아들이는 것을 보면, 그의 거절은 단지 근동 지역의 사회적 관습의 결과일 수도 있다. 에서에게도 하나님이 선하셨으므로 그는 필요한 것을 모두 갖고 있었다. 에서가 자기를 해치러 오고 있다고 생각했던 사실을 고려하면 "내가 형님의 얼굴을 뵈온즉 하나님의 얼굴을 본 것 같사오며"라는 야곱의 말은 진심으로 들린다. 사실 우리는 야곱이 실제로 바로 전날 밤에 하나님의 얼굴을 보고도 살았고, 그곳에 "브니엘" 곧 하나님의 얼굴이라는 이름을 붙였다는 사실에 주목해야 한다(32:22-32).

에서가 야곱이 자기와 동행하기를 바라다(33:13-19)

이 시점에 에서는 야곱이 이제 자기와 함께 세일로 갈 것이라고 짐작하고 자기와 동행하자고 제안한다. 하지만 야곱은 에서와 함께 가지 않으려고 핑계를 댄다. 어린아이들과 양 떼 때문에 천천히 여행해야 한다는 핑계는 타당하다. 그런데도 야곱은 에서에게 "세일로 가서 내 주께 나아가리이다"라고 말한다(14절). 에서는 계속 몇 사람을 남겨 두겠다고 제안하지만, 야곱이 다시 제안을 거절하자 고집하지 않는다.

나중에 드러나듯이 야곱은 세일로 갈 의사가 전혀 없다. 따라서 야곱은 마치 자기가 그곳에 갈 것처럼 보이도록 다시 형을 속이는 듯 보인다. 야곱은 세일로 가는 대신 숙곳 또는 '초막'이라는 이름이 붙은 곳으로 가는데, 자기는 물론이고 가축을 위해 지은 초막에서 유래한 이름이다. (수 13:27; 삿 8:5-9, 13-17 등 나중에 성경에서 언급되는) 숙곳은 요단강과 얍복강이 만나는 곳 근처이고, 야곱과 에서가 만난 곳에서 멀지 않다.

물론 적어도 현대 독자들은 야곱이 에서에게 그렇게 행동한 동기가 무엇인지 궁금하다. 아마 고대 독자들에게는 분명했겠지만, 어쨌든 이것은 히브리 내러티브 문체의 과묵함을 보여 주는 또 다른 예다. 야곱은 왜 세일로 가려고 하지 않을까? 여전히 에서가 두려웠기 때문일 수도 있다. 하지만 앞서 언급했듯이, 만약 에서가 야곱을 해치려 했다면 그들이 서 있던 그 자리에서 그렇게 할 수도 있었다. 아마 하나님이 그를 약속의 땅으로 다시 부르셨고 세일은 그 땅 밖에 있었기 때문일 수도 있다. 그럴 수도 있지만, 왜 에서에게 말하지 않았을까?

또한 세일로 돌아가 야곱을 기다렸지만 야곱이 다시 나타나지 않았을 때 에서는 어떻게 반응했을까? 역시 설명은 없지만, 분명 에서는 보복하지 않았다. 그는 그저 동생을 환대한 것이었고, 야곱이 초대를 받아들이지 않았을 때 오히려 안도했을 수도 있지 않을까? 야곱과 그의 거대한 일행 이 목초지를 비롯한 다른 여러 비용을 부담하게 했을 것이기 때문이다. 이 질문들에 대해 확실한 답을 얻을 수는 없다. 다만 야곱과 에서가 다음에 다시 만나는 유일한 때는 이삭의 장례식인데, 그들 사이에 깊고 지속적인 증오가 전혀 없음을 보여 준다(35:27-29을 보라).

어쨌든 숙곳의 체류지는 야곱의 가족을 위한 임시 장소로 보인다. 숙곳에 집과 우리를 지었다고 설명한 직후, 야곱은 가나안 북부 중앙 산지의 성읍 세겜, 아브라함이 제단을 쌓은 첫 성읍(12:6)에 도착했기 때문이다. 세겜은 번화한 가나안 도시로, 그들의 지도자는 하몰과 세겜이라는 남자였다. 목축을 하는 야곱과 그의 가족은 성 외곽에 거주했지만, 성 지도자들에게서 작은 구역을 매입했는데, 이 가족이 취득한 두 번째 토지였다(창 23장을 보라). 이전의 아브라함처럼 야곱도 제단을 쌓고 엘 엘로헤 이스라엘, 즉 '엘은 이스라엘의 하나님이시다' 또는 가능성은 낮지만 '이스라엘의 하나님은 강하시다'라는 이름을 붙였다. 이 땅은 100크시타에 매입했는데, 크시타의 정확한 양을 알 수 없어서 NIV 성경은 은 100개로 막연하게 표현한다. 이렇게 해서 세겜은 야곱의 인생에서 다음 중요한 에피소드의 배경이 된다(창 34장을 보라).

— 이야기 살아내기 —

형제간의 화해

비록 순간에 불과하지만, 이 이야기는 소원했던 두 형제가 사랑과 화합으로 포옹하는 감동적인 그림을 보여 준다. 야곱은 어린 시절에 장자의 명분을 훔치고 아버지를 속여 에서의 복을 받아 냈을 때 분노한 형의 미움과 폭력을 충분히 예상했다. 우리는 이미 동생을 해치지 않고 포옹한 에서의 동기에 대해 본문이 침묵한다고 논평했다. 그렇지만 여전히 우리는 이 화해의 그림을 기뻐할 수 있다.

결국 이것은 본래 의도한 모습이었다. "아담과 그의 아내 두 사람이 벌거벗었으나 부끄러워하지 아니하니라"(창 2:25). 이 설명은 단순히 성에 관한 언급을 넘어서, 죄가 들어오기 전 인류의 특징인, 보살피는 친밀한 관계에 관한 언급이다. 창세기 3장 주석에서 보았듯이 하나님에 대한 인류의 거역은 인간 피조물 사이의 관계에 소원함을 가져왔다.

한마디로 죄로 인해 자아는 가장 중요해지고 다른 사람은 자기 최선의 이익을 가로막는 위협으로 여겨지는데, 이는 자기 보호와 타인에 대한 착취로 이어진다. 하지만 실제로 우리 모든 인간은 자신의 이익을 구할 때가 아니라 서로 화평할 때 번영한다.

고든 웬함(Gordon Wenham)은 이 이야기를 포함하여 많은 이야기가 창세기 독자들에게 그와 같은 행동을 장려하기 위해 화해의 그림을 제시한다고 인정한다.

따라서 창세기는 단순히 이스라엘의 가나안 점령에 대한 정당화가 아니라 실제적인 호소도 구현한다. 창세기는 형제들에게 서로 화해하고 과거의 잘못을 용서하라고 촉구한다. 창세기는 이스라엘 백성이 친척 및 다른 민족 출신의 동포들과 평화롭게 살아야 한다고 주장하고, 한 민족으로서 이스라엘은 평화를 추구할 때 주변 민족과 교섭하는 것을 두려워하지 말아야 한다고 암시한다.[3]

시편 저자는 이와 같은 연합의 기쁨을 표현한다. 우리는 야곱과 에서가 포옹하는 모습을 보면서 이렇게 함께 노래하고 싶다.

보라 형제가 연합하여 동거함이
어찌 그리 선하고 아름다운고.
머리에 있는 보배로운 기름이
수염 곧 아론의 수염에 흘러서
그의 옷깃까지 내림 같고
헐몬의 이슬이
시온의 산들에 내림 같도다.
거기서 여호와께서 복을 명령하셨나니
곧 영생이로다. (시 133편)

구약 시대와 마찬가지로, 오늘날에도 인간관계는 죄와 반역으로 인해 갈라져 있다. 천국의 이편에서는 하나님의 인간 피조물 가운데 완벽한 조화란 없을 것이다. 하지만 예수님의 화해 사역 덕분에 우리는 야곱과 에서처럼 관계에 대한 하나님의 의도를 언뜻 경험할 수 있다.

그렇다. 건강한 관계를 위한 유일한 희망은 십자가에서 이루어진 예수님의 사역이다. 바울에 따르면 예수님은 "우리의 화평"이시다. 그분은

"둘로 하나를 만드사 원수 된 것 곧 중간에 막힌 담을 자기 육체로 허시고 법조문으로 된 계명의 율법을 폐하셨으니 이는 이 둘로 자기 안에서 한 새 사람을 지어 화평하게 하시고 또 십자가로 이 둘을 한 몸으로 하나님과 화목하게 하려 하심이라. 원수 된 것을 십자가로 소멸하시고 또 오셔서 먼 데 있는 너희에게 평안을 전하시고 가까운 데 있는 자들에게 평안을 전하셨으니 이는 그로 말미암아 우리 둘이 한 성령 안에서 아버지께 나아감을 얻게 하려" 하심이다(엡 2:14-18).

인기 있는 노래의 제목처럼 "우리의 사랑으로 그들은 우리가 그리스도인임을 알 것"이다. 그리스도인 사이의 사랑과 연합은 힘들지만 중요한 일이다. 실제로 예수님도 우리가 서로에게 그런 사랑을 품도록 기도하셨다. 그 이유는 무엇일까? "아버지께서 나를 보내신 것과 또 나를 사랑하심같이 그들도 사랑하신 것을 세상으로 알게 하[기]" 위해서다(요 17:23).

야곱과 이스라엘

한밤중의 씨름이 끝난 후 하나님은 야곱에게 이스라엘이라는 새 이름을 주셨다. 두기드(Duguid)가 올바르게 지적하듯이, 이전에 나온 새 이름들은 중요하지만 원래 이름에 대한 약간의 변형(아브람/아브라함과 사래/사라)인 반면, 야곱이 이스라엘이 되는 이름 변경은 완전한 변모다.[4] 속이는 자, 야곱은 이제 하나님과 씨름한 자, 이스라엘이다.

한편, 야곱과 에서의 화해 이야기부터 읽어 가다 보면 실제로 변화의 단서를 볼 수 있다. 예를 들어, 이 이야기는 앞에서 언급한 화해의 위험성을 계속 보여 준다(창 32:1-21을 다룬 장 '이야기 살아내기'의 "화해의 위험" 단락을 보라). 그는 용서를 구하기 위해 에서 앞에서 자기를 낮춘다. 더 주목해야 할 것이 있다. 야곱은 자기가 이룬 가족의 규모와 부의 정도를 자기 노력이 아니라 하나님의 은혜로 돌리는 반면(5, 11절), 에서는 자신의 안녕과 부가 하나님이 전에 주신 복의 결과인데도(21:13, 18) 하나님에 대해 아무 말도 하지 않는다.

다른 한편, 우리는 또한 야곱이 세일로 오고 있다고 에서가 오해하게 만들 때 이스라엘 안에 남아 있는 야곱의 잔재를 볼 수 있다. 게다가 야곱은 하나님께 약속한 대로(28:20-22) 그곳을 떠나 곧장 벧엘로 가지 않고, 세겜으로 가서 그곳에 정착할 것이다(다음 장을 보라).

의미심장하게도 서술자는 이 시점부터 내러티브에서 두 이름을 모두 사용한다. 이는 아브람의 이름이 아브라함으로 바뀐 것과 대조적이다. 새 이름을 받은 후, 서술자는 다시는 아브람이라는 이름을 사용하지 않는다. 이스라엘과 함께 야곱이라는 이름을 계속 사용하는 것은 변화가 있지만 완전하지 않다는 의미를 표현하는 방식인 듯하다.

이제부터 야곱의 생애를 끝까지 따라가면서, 우리는 은혜로 변화된 삶의 순간들과 함께 속임수와 편애의 옛 삶으로 돌아가는 퇴행을 볼 것이다(창 37장을 다룬 장 후반부의 "편애의 추악한 결과" 단락을 보라). 이것은 우리와 어떤 차이점이 있는가? 우리 삶의 씨름을 포착한 바울은 우리 마음속에서 벌어지는 싸움에 대해 이렇게 말한다.

"그러므로 내가 한 법을 깨달았노니 곧 선을 행하기 원하는 나에게 악이 함께 있는 것이로다. 내 속사람으로는 하나님의 법을 즐거워하되 내 지체 속에서 한 다른 법이 내 마음의 법과 싸워 내 지체 속에 있는 죄의 법으로 나를 사로잡는 것을 보는도다. 오호라 나는 곤고한 사람이로다. 이 사망의 몸에서 누가 나를 건져내랴. 우리 주 예수 그리스도로 말미암아 하나님께 감사하리로다. 그런즉 내 자신이 마음으로는 하나님의 법을 육신으로는 죄의 법을 섬기노라"(롬 7:21-25).

그렇다. 우리도 야곱처럼 일평생 죄와 씨름하겠지만, 우리의 노력에 근거하여 심판받지 않을 것이라는 사실을 기뻐할 수 있다. 예수님은 우리를 구원하기 위해 십자가에서 돌아가셨다. 또한 바울은 계속해서 믿는 독자들에게 이렇게 단언한다. "이제 그리스도 예수 안에 있는 자에게는 결코 정죄함이 없나니 이는 그리스도 예수 안에 있는 생명의 성령의 법이 죄와 사망의 법에서 너를 해방하였음이라"(8:1-2, 롬 8장 전체를 보라).

그럼에도 야곱의 이야기와 죄와 계속 씨름하는 우리의 현실은, 우리 안에 살아 계신 성령의 능력으로 하나님께 순종할 힘을 주시도록 간구해야 함을 상기시켜 주고, 매일 회개하며 하나님께 돌아가야 한다고 우리에게 역설한다.

34

창세기 34장

34:1레아가 야곱에게 낳은 딸 디나가 그 땅의 딸들을 보러 나갔더니 2히위
족속 중 하몰의 아들 그 땅의 추장 세겜이 그를 보고 끌어들여 강간하여
욕되게 하고 3그 마음이 깊이 야곱의 딸 디나에게 연연하며 그 소녀를 사
랑하여 그의 마음을 말로 위로하고 4그의 아버지 하몰에게 청하여 이르되
이 소녀를 내 아내로 얻게 하여 주소서 하였더라 5야곱이 그 딸 디나를 그
가 더럽혔다 함을 들었으나 자기의 아들들이 들에서 목축하므로 그들이
돌아오기까지 잠잠하였고 6세겜의 아버지 하몰은 야곱에게 말하러 왔으
며 7야곱의 아들들은 들에서 이를 듣고 돌아와서 그들 모두가 근심하고 심
히 노하였으니 이는 세겜이 야곱의 딸을 강간하여 이스라엘에게 부끄러운
일 곧 행하지 못할 일을 행하였음이더라 8하몰이 그들에게 이르되 내 아들
세겜이 마음으로 너희 딸을 연연하여 하니 원하건대 그를 세겜에게 주어
아내로 삼게 하라 9너희가 우리와 통혼하여 너희 딸을 우리에게 주며 우리
딸을 너희가 데려가고 10너희가 우리와 함께 거주하되 땅이 너희 앞에 있
으니 여기 머물러 매매하며 여기서 기업을 얻으라 하고 11세겜도 디나의
아버지와 그의 남자 형제들에게 이르되 나로 너희에게 은혜를 입게 하라
너희가 내게 말하는 것은 내가 다 주리니 12이 소녀만 내게 주어 아내가 되
게 하라 아무리 큰 혼수와 예물을 청할지라도 너희가 내게 말한 대로 주리
라 13야곱의 아들들이 세겜과 그의 아버지 하몰에게 속여 대답하였으니 이
는 세겜이 그 누이 디나를 더럽혔음이라 14야곱의 아들들이 그들에게 말하
되 우리는 그리하지 못하겠노라 할례받지 아니한 사람에게 우리 누이를
줄 수 없노니 이는 우리의 수치가 됨이니라 15그런즉 이같이 하면 너희에
게 허락하리라 만일 너희 중 남자가 다 할례를 받고 우리 같이 되면 16우리
딸을 너희에게 주며 너희 딸을 우리가 데려오며 너희와 함께 거주하여 한
민족이 되려니와 17너희가 만일 우리 말을 듣지 아니하고 할례를 받지 아

니하면 우리는 곧 우리 딸을 데리고 가리라 [18]그들의 말을 하몰과 그의 아
들 세겜이 좋게 여기므로 [19]이 소년이 그 일 행하기를 지체하지 아니하였
으니 그가 야곱의 딸을 사랑함이며 그는 그의 아버지 집에서 가장 존귀하
였더라 [20]하몰과 그의 아들 세겜이 그들의 성읍 문에 이르러 그들의 성읍
사람들에게 말하여 이르되 [21]이 사람들은 우리와 친목하고 이 땅은 넓어
그들을 용납할 만하니 그들이 여기서 거주하며 매매하게 하고 우리가 그
들의 딸들을 아내로 데려오고 우리 딸들도 그들에게 주자 [22]그러나 우리
중의 모든 남자가 그들이 할례를 받음같이 할례를 받아야 그 사람들이 우
리와 함께 거주하여 한 민족 되기를 허락할 것이라 [23]그러면 그들의 가축
과 재산과 그들의 모든 짐승이 우리의 소유가 되지 않겠느냐 다만 그들의
말대로 하자 그러면 그들이 우리와 함께 거주하리라 [24]성문으로 출입하는
모든 자가 하몰과 그의 아들 세겜의 말을 듣고 성문으로 출입하는 그 모든
남자가 할례를 받으니라 [25]제삼일에 아직 그들이 아파할 때에 야곱의 두
아들 디나의 오라버니 시므온과 레위가 각기 칼을 가지고 가서 몰래 그 성
읍을 기습하여 그 모든 남자를 죽이고 [26]칼로 하몰과 그의 아들 세겜을 죽
이고 디나를 세겜의 집에서 데려오고 [27]야곱의 여러 아들이 그 시체 있는
성읍으로 가서 노략하였으니 이는 그들이 그들의 누이를 더럽힌 까닭이라
[28]그들이 양과 소와 나귀와 그 성읍에 있는 것과 들에 있는 것과 [29]그들의
모든 재물을 빼앗으며 그들의 자녀와 그들의 아내들을 사로잡고 집 속의
물건을 다 노략한지라 [30]야곱이 시므온과 레위에게 이르되 너희가 내게 화
를 끼쳐 나로 하여금 이 땅의 주민 곧 가나안 족속과 브리스 족속에게 악
취를 내게 하였도다 나는 수가 적은즉 그들이 모여 나를 치고 나를 죽이리
니 그러면 나와 내 집이 멸망하리라 [31]그들이 이르되 그가 우리 누이를 창
녀같이 대우함이 옳으니이까

이야기 속 다른 본문 경청하기

성경 본문: 창세기 12:1-3; 15:12-16; 28:20-22

야곱은 아브라함에게 주신 하나님의 약속(12:1-3), 즉 아브라함의 후손이 "큰 민족"이 될 것이며, 땅 소유와 많은 후손이 암시되는 약속의 수혜자다. 하나님은 아브라함에게 약속의 땅을 보여 주셨고 아브라함은 그 땅을 여행했다. 약속에 대해 의심하기 시작하는 아브라함에게 하나님이 오셔서 약속을 성취하겠다는 뜻을 재확인해 주셨을 때, 하나님은 그 땅이 "애굽 강에서부터 그 큰 강 유브라데까지…곧 겐 족속과 그니스 족속과 갓몬 족속과 헷 족속과 브리스 족속과 르바 족속과 아모리 족속과 가나안 족속과 기르가스 족속과 여부스 족속의 땅"까지 뻗은 땅이라고 구체적으로 명시하셨다(15:18-20).

야곱은 하나님이 지시하신 대로 밧단 아람(메소포타미아 북서부)에서 약속의 땅으로 돌아왔지만, 약속한 대로 즉시 벧엘로 가지 않는다(28:20-22). 결국, 가나안 성 세겜 근처에 정착하는데, 이제 여기서 문제가 발생한다.

— 이야기 설명하기 —

디나의 강간(34:1-4)

지난 이야기 마지막에 야곱은 세겜성에 정착했다. 그는 의도적으로 에서에게 그를 따라 천천히 세일로 갈 것이라는 인상을 주었다. 더 혼란스러운 것은 야곱이 약속의 땅으로 무사히 돌아오면 벧엘로 가겠다고 하나님께 약속했다는 사실이다(28:20-22). 아마 이런 점에서 그의 불순종은 이어지는 재난의 이유를 이해하는 데 도움을 줄 것이다.

서술자는 그들의 세겜 체류에 관해 한 가지 이야기를 들려주는데, 그것은 현재와 미래에 영향을 미치는 이야기다. 사건은 이미 야곱과 레아 사이에서 낳은 딸로 소개된 디나로부터 시작한다(그녀는 지금까지 언급된 유일한 딸이다, 30:21). 디나는 가나안에 사는 여성 지인들을 방문하기 위해 마을에 갔다가 그곳에서 세겜성의 추장 세겜에게 성폭행당했다. 개역개정 성경에서 "[그녀를] 끌어들여 강간하여 욕되게 [했다]"고 번역한 히브리어는 문자적으로 '그녀를 데려가서 그녀와 함께 누워 굴복시켰다'라는 의미다. 동사 '굴복시키다'(*ana*)는 신명기 22:24과 사무엘하 13:14에서 강간을 가리키는 성적 의미를 분명히 가지고 있고, 따라서 개역개정 성경의 이해는 정당해 보이지만, 이 어구를 합의된 성관계를 가리키는 것으로 읽을 수도 있다.

결혼 협상(34:5-17)

그런데 정말 디나에게 매료된 세겜 추장은 디나를 아내로 얻기 위해 그녀의 가족과 결혼 협상을 해 달라고 아버지에게 부탁한 것 같다. 실제로 그는 디나를 사랑했고 다정한 말을 건넸다. 하지만 우리는 디나가 그에 대해 어떻게 생각했는지는 전혀 알 수 없다. 현대의 관점에서 볼 때 이런 정보 부족은 매우 유감스럽겠지만, 고대 저자는 이것이 이 이야기에서 중요하지 않다고 생각했다. 우리가 보듯이 이 이야기는 실제로 가나안 사람들(히위 족속은 그 땅 주민의 하위 집단이다, 10:17; 출 3:8; 23:23; 신 7:1을 보라)과 언약 가족 사이의 관계 문제에 집중된다.

합의했든 아니든, 서술자의 관점에서 볼 때 또한 분명 야곱의 관점에서 볼 때 디나는 결혼의 범위를 벗어난 이 성행위로 인해 더럽혀졌다. 하지만 서술자는 야곱의 아들들이 들에서 가축을 돌보고 돌아올 때까지 야곱이 아무 일도 하지 않았다고 알려 준다. 내러티브의 이 대목에서 우리는 족장에 대한 미묘한 비판을 알아채야 할 것이다.

야곱과 대조적으로, 들에 나갔던 아들들은 디나에게 일어난 일을 듣고 돌아왔다. 서술자는 그들이 "근심하고 심히 노하였으니"라고 묘사한다. 결국 세겜 추장은 누이를 성폭행하는 "부끄러운 일"(outrageous thing)을 저질렀다. "부끄러운 일"(*nebelah*)이라는 용어는 종종 불법적 성행위를 가리킬 때 사용되지만, 반드시 그런 것은 아니다(삿 19:23; 20:6, 10; 신 22:21을 보라). 일반적으로는 NIV 성경처럼 "이스라엘 중에서 망령된 일"(an outrageous act in Israel)이라고 표현하지만, NIV 성경 각주에 제시된 대안 번역 곧 "이스라엘에 대하여"(against Israel)는 전자와 같은 진술이 족장 시대에 시대착오적이라는 사실을 인정한다(개역개정은 이스라엘을 공동체가 아닌 개인으로 볼 수 있도록 "이스라엘에게"로 번역한다—옮긴이).

이 시점에 내러티브에서 야곱의 아들들은 한 집단으로 언급되지만, 곧이어 우리는 특히 시므온과 레위가 신속하게 대응하는 것을 볼 수 있다. 시므온과 레위가 결혼 협상에서 특별한 역할을 맡은 것은 레아가 디나는 물론이고 그들의 어머니이기도 했다는 사실로 설명된다. 다시 말해서 그들은 디나의 친형제였고, 고대 이스라엘에서 당시에 남자 형제들은 누이의 결혼 협상에서 중요한 역할을 맡았다.

하몰은 결혼 협상을 시작하면서 야곱과 디나의 남자 형제들에게 세겜이 디나를 "마음으로…연연하여 하니"라고 전한다. 그는 야곱의 가족에게 가나안의 삶에 통합되라고 제안한다. 그는 디나와 세겜의 결혼만이 아니라 더 광범위한 통혼을 구상한다. "너희 딸[들]을 우리에게 주[라]"는 제안은, 이 이야기에서의 역할 때문에 창세기에서 유일하게 구체적으로 언급되는 디나 외에 더 많은 딸이 야곱에게 있었음을 암시한다. 그는 야곱에게 그 땅에 정착하여 재산을 획득할 기회와 상거래를 할 권리도 제안한다(이 동사는 구체적으로 상거래보다는 자유로운 이동을 가리킬 수 있다고 인정하는 NIV 성경 각주에 유의하라, 21절 또한 그렇다).

아버지의 말이 끝난 후 세겜은 디나와 결혼하고 싶다는 열망을 말로 표현한다. 그는 야곱의 가족에게 거액의 신붓값과 상당한 예물 등 추가 유인책을 제시한다. 신붓값은 신랑의 집안에서 신부의 집안에 관례적으로 지급하는 대가였다. 월턴에 따르면 "(신랑의 가족이 신부의 가족에게 주는 돈의) 이동은 사회경제적 부양 체계의 일부고, 재산을 구매하는 것으로 생각해서는 안 된다."[1]

하몰과 세겜이 요청과 제안을 내놓았기 때문에, 이제 야곱 측이 대답할 차례다. 대답하는 것은 "아들들"인데, 구체적으로는 거의 확실하게 시므온과 레위를 가리킨다. 서술자는 처음부터 그들의 대답이 속이기 위한 것이라고 독자들에게 말한다.

시므온과 레위는 할례 관습에 호소한다. 그들은 깊이 설명하지 않고, 두 집단 간의 통혼과 통합을 위해 히위 남자들이 할례를 받아야 한다고만 주장한다. 하나님이 할례를 제정하신 아브라함 시대로 되돌아가 보면, 족장의 혈육만이 아니라 "너희 자손이 아니[지만]" 가정이나 공동체의 일원도 할례를 받아야 한다(17:12). 또한 실제로 이 합의의 결과는 하나님의 가족이 가나안 사람들 가운데 "거주"하고 그들과 "한 민족"이 되는 것이다(16절). 그렇지만 곧 우리가 보듯이 야곱의 아들들이 히위 족속에게 이런 요구를 할 때 그들은 의례적 정당성을 염두에 두지 않는다.

세겜 족속의 할례와 학살(34:18-29)

계략이 통했고, 세겜성으로 돌아온 하몰과 세겜은 성문에 모여 그와 같은 결정을 내린 성 사람들 앞에서 합의를 발표했다. 하몰과 세겜은 "그들의 가축과 재산과 그들의 모든 짐승이 우리의 소유가 [될 것]"이라는 이기심에 근거하여, 야곱의 가족이 자기들과 완전히 통합되도록 허락해 달라고 사람들에게 호소한다(23절).

하몰과 세겜의 주장은 사람들에게 설득력이 있었고, 그들은 단체 할례를 받았다. 이 시점에 우리는 야곱 아들들의 속임수가 무엇인지 구체적 내용을 알게 된다. 디나의 친형제 중 시므온과 레위 두 사람은 이제 할례받은 직후 취약한 상태에 있던 세겜 남자들을 공격한다. 서술자는 특히 하몰과 세겜을 죽이고 디나를 세겜의 집에서 데려왔다고 언급한다. 그들은 모든 남자를 죽였을 뿐 아니라 성도 약탈하여 "그들의 자녀와 그들의 아내들"을 포함하여 "양과 소와 나귀와 그 성읍에 있는 것과 들에 있는 것"으로 자기들의 부를 늘렸다(28-29절).

야곱의 분노(34:30-31)

세겜성 주민들뿐 아니라 야곱도 야곱의 아들들에게 속았다. 그는 분명 시므온과 레위가 무슨 일을 하려는지 전혀 알아채지 못했다. 야곱은 그들의 행동을 전혀 기뻐하지 않았다. 그는 시므온과 레위가 "이 땅의 주민" 곧 "가나안 족속과 브리스 족속"과 자기 가족 사이에 문제를 일으킨 것에 대해 분노한다(30절). 야곱은 적의 우월한 세력 앞에서 자기들의 처지가 취약하다고 여긴다.

하지만 야곱은 결정적인 말을 하지 않는다. 이 장은 "그가 우리 누이를 창녀같이 대우함이 옳으니이까?"라는 시므온과 레위의 말로 끝맺는다(31절).

우리는 이 장에서 시므온과 레위의 행동을 어떻게 이해해야 할까? 이 장 마지막에서 두 가지 입장이 표현된다. 야곱은 아들들의 행동 때문에 가나안 사람들에게 역겨운 존재가 되었다고 화를 냈고, 시므온과 레위는 가나안 사람들이 누이를 창녀처럼 대하게 해서는 안 된다고 주장한다. 서술자는 누구의 편인가?

다시 반복하지만 서술자는 행동에 대한 평가를 명확히 표현하는 데는 과묵하다. 하지만 서술자는 또한 이야기의 표현 방식을 통제하고, 시므온과 레위가 한 말이 마지막이 된 것은 이 이야기를 이해하는 데 절대적으로 중요하다. 이것은 서술자가 그들에게 공감한다는 확실한 단서다.

또한 이 당시에 하나님의 백성을 향한 그분의 목적에 비추어, 이 이야기에 대해 생각해 보면 서술자가 그런 성향으로 기우는 것이 이해가 간다. 결국 하몰과 세겜에 대한 야곱의 반응은 그의 가족(이스라엘 백성의 선조)이 가나안 사람들과 하나가 되는 결과로 이어졌을 것이다. 이것은 이 시기에 하나님이 원하시는 결과가 아니다. 하나님은 자기 백성이 구별되기를 바라신다. 다른 사람들은 하나님의 백성에 합류할 수 있지만, 하나님의 백성은 다른 민족에게 흡수되지 않고 구별되어야 한다. 결국 하나님은 이미 아브라함에게 그의 백성이 이 땅을 상속할 것이라고 말씀하셨다(특히 15:12-16을 보라). 후대의 본문이기는 하지만, 신명기 7:3-6에 표현된 국가의 원리는 이 이른 시기 하나님의 가족과 관련이 있었을 것이다. 그들은 가나안 족속과 분리되어야 했다. "또 그들과 혼인하지도 말지니 네 딸을 그들의 아들에게 주지 말 것이요 그들의 딸도 네 며느리로 삼지 말 것은 그가 네 아들을 유혹하여 그가 여호와를 떠나고 다른 신들을 섬기게 하므로 여호와께서 너희에게 진노하사 갑자기 너희를 멸하실 것임이니라."

이것은 이 문제에 대한 서술자/저자/하나님의 관점일 수 있지만, 야곱은 시므온과 레위에 대한 적개심을 생애 마지막까지 유지한다. 이 사실을 확인하고, 이 이야기가 향후 시므온과 레위 지파 둘 다에게 어떤 영향을 미치는지 보려면 창세기 49:5-7에 대한 주석을 보라.

이야기 살아내기

믿음을 벗어난 결혼

에둘러 말하지 말자. 세겜에 있던 야곱의 가족 이야기는 잔혹하다. 한 여자가 강간당하고 남자 형제들은 그 성의 남자들을 학살한다. 오늘날,

특히 현대 서구에 사는 우리는 이 기사에서 어떤 교훈을 이끌어 낼 수 있을까?

창세기 저자의 관점을 대표하는 서술자가 야곱보다 아들들의 편을 든다는 사실에 많은 사람들은 놀란다. 또한 창세기가 하나님의 말씀이고, 저자가 하나님의 관점을 대신한다고 인정하는 우리에게는 한층 더 혼란스럽다. 그렇다면 오늘 우리 삶에서 이 이야기를 어떻게 이해해야 할까?

먼저, 우리는 구속사에서 우리의 위치와 야곱의 시대 사이에 불연속성이 있음을 인정해야 한다. 사실 서술자/저자/하나님도 원하는 목적(결혼을 막는 것)을 이루기 위한 시므온과 레위의 수단이 잘못되었음을 암시한다고 볼 수 있지만, 이 결혼이 잘못이라는 데는 의심의 여지가 없다. 구속사의 이 시점에 아브라함의 후손은 가나안 사람들과 결혼해서는 안 되고, 그들과 결혼한 사람들(예를 들어, 에서와 유다를 보라)은 그 결혼 때문에 어려움을 겪는다. 가나안 사람들을 학살한 형제들의 행동이 그 시대에 잘못이었는지는 분명하지 않더라도, 오늘날에는 의심의 여지가 없다! 그리스도께서 오신 후 그와 같은 폭력 행위는 그야말로 죄악이다. 결국 바울은 "우리의 씨름은 혈과 육을 상대하는 것이 아니요 통치자들과 권세들과 이 어둠의 세상 주관자들과 하늘에 있는 악의 영들을 상대함이라"고 말한다(엡 6:12).

그런데 바울은 또한 그리스도인들에게 "너희는 믿지 않는 자와 멍에를 함께 메지 말라"고 말한다(고후 6:14). "하지만 바울은 이 맥락에서 결혼에 관해 얘기하는 게 아니다"라고 대답할 수도 있다. 맞다. 하지만 결혼은 가장 친밀한 형태의 인간관계다. 결혼 제도를 확립한 창세기 2:24 말씀을 기억하자. "이러므로 남자가 부모를 떠나 그의 아내와 합하여 둘이 한 몸을 이룰지로다." "한 몸!" 더없이 친밀한 관계다.

생각해 보면 충분히 이해가 간다. 그리스도인과 비그리스도인이 결혼하는 경우 그들은 속에 있는 것, 즉 자기 삶에서 가장 중요한 부분, 자기를 형성하는 알맹이를 공유하지 못한다. 바울은 계속해서 고린도후서에서 이렇게 말한다. "의와 불법이 어찌 함께하며 빛과 어둠이 어찌 사귀며 그리스도와 벨리알이 어찌 조화되며 믿는 자와 믿지 않는 자가 어찌 상관하[리요?]"(고후 6:14b-15) 그렇다. 신자와 불신자 사이에 어떤 공통점이 있는가? 두 사람 사이에 이런 분리가 있는데, 어떻게 '한 몸'으로 연합하는 결혼 관계가 가능하겠는가?

그와 같은 결혼에는 두 가지 위험이 있다. 첫 번째는 남편과 아내 사이의 이런 근본적 차이로 인해 결혼 생활에서 진정한 영적 친밀감을 경험하지 못하는 것이다. 다른 위험은 그리스도인 배우자가 영적 열정을 잃기 시작하는 것이다.

지금 여기서 우리가 하는 말은 아직 결혼을 선택하지 않은 사람을 향한 것이다. 결혼하지 않은 그리스도인이 잠재적 배우자의 믿음을 고려할 뿐 아니라, 결혼의 핵심 요소로 삼도록 촉구하는 데 목적이 있다. 하지만 이 조언을 읽거나 듣는 사람 중에 이미 불신자와 결혼한 사람은 어떻게 해야 하는가? 아마 그들은 상대방이 변하리라고 생각하거나 서로의 차이에도 불구하고 함께 잘 살 수 있으리라고 생각하며 결혼했을 것이다. 결혼 당시에는 남편과 아내 모두 불신자였는데, 한 사람은 그리스도인이 되었고 다른 한 사람은 그렇지 않았을 수도 있다. 혹은 결혼 당시에는 둘 다 신자였는데, 나중에 한 사람이 믿음을 거부했을 수도 있다. 이런 상황에서는 어떻게 해야 하는가?

바울은 고린도전서에서 이런 상황도 다룬다. 그는 불신자와 결혼한 사람들에게 용기를 내고 그 관계를 떠나지 말라고 격려한다. 바울은 그리스도인들에게, 배우자가 신자가 아니더라도 그 사람은 "아내로 말미암아 거룩하게" 된다고 말한다(고전 7:14). 물론 이 진술은 그들이 천국으로 가는 무임승차권을 얻는다는 뜻이 아니라 그들의 자녀가 언약 공동체의 일원으로 여겨질 것이라는 의미다. 둘째로 바울은 믿는 배우자에게, 그들의 존재로 인해 남편이나 아내의 회심으로 이어질 가능성이 높다고 말한다(고전 7:14). 다른 한편으로 그리스도인은 믿지 않는 배우자와 이혼해서는 안 되지만, 그 사람이 관계를 떠나기로 결정할 경우 보내 주라고 바울은 말한다(고전 7:15).

따라서 이 충격적이고 폭력적인 내러티브는 21세기를 사는 그리스도인들에게 시사하는 바가 있다. 우선, 이 내러티브는 결혼하지 않은 그리스도인들에게 동료 신자와만 결혼하도록 경고해 준다. 둘째, 이 내러티브는 그와 같은 관계에 있는 사람들을 격려하는 바울의 가르침으로 우리를 데려간다.

레위와 그리스도

레위는 이 이야기에서 중심 역할을 하지만, 적어도 현대 독자들이 보기에게 문제를 일으키는 역할이다. 하나님 백성의 이야기가 창세기를 거쳐 그 이후까지 이어지면서, 레위와 그의 후손은 세상을 향해 하나님이 품으신 목적이 진전되는 과정에서 중요한 위치를 차지할 것이다. 성경을 읽는 대부분의 독자가 알듯이 레위의 후손은 제사장 지파로 선택될 것이다. 레위인 아론은 최초의 대제사장이 될 것이고, 이스라엘의 모든 제사장은 그의 후손 중 한 명이 될 것이다.

믿기 힘들지만, 이와 같이 거룩하고 중요한 역할을 위해 레위인이 선택된 이야기는 실제로 이 잔혹한 이야기에서 시작된다. 레위(와 더불어 시므온)는 여기서 누이에게 폭력을 행사한 자에게 복수하기 위해 기꺼이 속임수를 쓰는 계산적이고 폭력적인 인물로 묘사된다. 야곱은 격분했지만 저자의 관점을 대변하는 서술자는 가나안 사람들과의 통혼을 저지하려는 형제들의 열망을 지지한다고 주장한 바 있다. 그렇기는 하지만 레위와 시므온은 성읍의 남자들이 취약한 상태에 있을 때 그들을 교묘하게 학살함으로써 통제되지 않은 과도한 폭력을 행사했다. 이는 야곱과 그의 가족에게 치명적인 상황을 할 수도 있는 행동이었다. 그들은 그냥 결혼을 거절할 수도 있었지만, 대신 그들은 분노에 사로잡혀 행동했다. 분명 이것은 이 장 마지막에 표현된 야곱의 시각이고, 레위와 시므온이 미래에 그들 지파 몫의 땅을 배정받지 못할 것이라는 야곱의 임종 직전의 저주로 이어진다(창 49:5-7).

실제로 여호수아서 후반부로 빨리 넘어가 보면, 레위 자손이나 시므온 자손은 별도의 땅을 배정받지 못하고 다른 지파의 땅 안에 있는 영토를 받는다. 그럼에도 시므온은 야곱의 저주가 의도한 대로 지파들 가운데 지위를 잃지만, 레위는 모든 지파 중에 가장 독특한 지파가 된다. 그들은 성소 안에서 하나님을 섬기는 제사장 지파의 역할을 하도록 선택된다.

레위인이 선택된 이유는 무엇일까? 흥미롭게도 현재 이야기와 관련 있는, 폭력으로 기우는 그들의 성향 때문이었다.

전환점은 출애굽기 32장에서 나오는데, 이 장은 금송아지를 숭배한 이스라엘의 죄를 서술한다. 모세와 여호수아가 시내산에서 율법을 받는 동안, 백성들은 아론을 설득하여 자기들이 숭배할 금송아지를 만들게 한다. 본문에서는 송아지가 신의 받침대인지 아니면 신 자체를 나타내는지 불분명하다(5절에서 "여호와의 절일"을 지키라는 아론의 요청에 유의하라). 어떤 의미에서 모호함은 중요하지 않다. 어느 쪽이든 아론은 우상 제작을 금지하는 제2계명의 명백한 위반으로 이스라엘 백성을 이끌어 간다.

돌아온 모세는 격노하고, 율법이 새겨진 석판을 깨뜨려 하나님과 이스라엘 사이의 언약 관계의 균열을 알린다. 그런 다음 "누구든지 여호와의 편에 있는 자는 내게로 나아오라"고 도움을 요청하는데(출 32:26), 레위인이 그에게 나아온다.

그런 다음 모세는 레위인에게 칼을 들고 "진 이 문에서 저 문까지 왕래하며 각 사람이 그 형제를, 각 사람이 자기의 친구를, 각 사람이 자기의 이웃을 죽이라"고 지시한다(27절). 그들이 명령에 따르자 모세는 레위인에게 "각 사람이 자기의 아들과 자기의 형제를 쳤으니 오늘 여호와께 헌신하게 되었느니라. 그가 오늘 너희에게 복을 내리시리라"고 선언한다(29절).

여기서 우리는 제사장 지파로서 레위인의 기원을 볼 수 있다. 그들은 이제 폭력적 성향이 주님을 섬기는 일로 전환될 수 있음을 입증했고, 물론 현대 서구의 관점에서는 역시 이해하기 힘들지만, 바로 이와 같은 특성이 그들을 훌륭한 제사장으로 만든다. 결국 고대 이스라엘에서 제사장직의 목적과 기능은 무엇인가? 가장 간결하게 말해서, 제사장은 하나님의 거룩함을 지키는 호위대였다. 혹은 모세가 생애 말년에 표현한 대로, 레위 제사장은 언약을 수호했다(신 33:9). 그들은 성소를 지키고 백성들이 의식적으로 부정하여 성소에 들어갈 수 없는 때와 진에도 들어갈 수 없는 때를 판단함으로써 언약을 수호했다. 레위인은 율법을 가르치고, 율법을 어긴 후에는 관계를 회복하기 위해 제사를 드리면서 하나님의 거룩하심을 선제적으로 방어했다.

그렇다면 예수님과 레위의 연결점은 무엇인가? 물론 신약에서 예수님은 궁극적 제사장으로 나오신다. 하지만 공동체를 거룩하게 유지하기 위해 물리적 폭력을 사용하는 대신, 그분은 십자가에서 자신을 바침으로써 다른 방식으로 전쟁을 벌이신다. 결국 예수님은 혈과 육이 아니라 영적 정사와 권세를 상대로 전쟁을 벌이시고, 적들을 죽이는 대신 자신이 죽으심으로써 이 적들을 격파하신다.

하지만 우리는 한 걸음 더 나아가, 신약에서 예수님이 궁극적 제사장이시라고 말할 때, 예수님과 레위를 연결하지 않고 멜기세덱, 즉 아브라함이 근동 왕들에게 승리를 거둔 후 아브라함을 맞이하는 신비에 싸인 살렘의 제사장 왕(창 14장의 주석을 보라)과 연결한다는 점을 인정해야 한다(히 4:14-5:10; 7:1-8:13). 이런 식으로 예수님은 아론의 혈통에 속한 대제사장보다 훨씬 뛰어난 제사장 왕으로 불리신다(히 7:4-11).

이와 관련하여 (창 14장을 다룬 장 후반부의) "예수, '멜기세덱의 반차를 따른 영원한 대제사장'(히 6:20)" 단락을 보라.

35

창세기 35:1-15

이야기 경청하기

35:1하나님이 야곱에게 이르시되 일어나 벧엘로 올라가서 거기 거주하며
네가 네 형 에서의 낯을 피하여 도망하던 때에 네게 나타났던 하나님께 거
기서 제단을 쌓으라 하신지라 2야곱이 이에 자기 집안사람과 자기와 함께
한 모든 자에게 이르되 너희 중에 있는 이방 신상들을 버리고 자신을 정결
하게 하고 너희들의 의복을 바꾸어 입으라 3우리가 일어나 벧엘로 올라가
자 내 환난 날에 내게 응답하시며 내가 가는 길에서 나와 함께하신 하나님
께 내가 거기서 제단을 쌓으려 하노라 하매 4그들이 자기 손에 있는 모든
이방 신상들과 자기 귀에 있는 귀고리들을 야곱에게 주는지라 야곱이 그
것들을 세겜 근처 상수리나무 아래에 묻고 5그들이 떠났으나 하나님이 그
사면 고을들로 크게 두려워하게 하셨으므로 야곱의 아들들을 추격하는 자
가 없었더라 6야곱과 그와 함께 한 모든 사람이 가나안 땅 루스 곧 벧엘에
이르고 7그가 거기서 제단을 쌓고 그 곳을 엘벧엘이라 불렀으니 이는 그의
형의 낯을 피할 때에 하나님이 거기서 그에게 나타나셨음이더라 8리브가
의 유모 드보라가 죽으매 그를 벧엘 아래에 있는 상수리나무 밑에 장사하
고 그 나무 이름을 알론바굿이라 불렀더라 9야곱이 밧단 아람에서 돌아오
매 하나님이 다시 야곱에게 나타나사 그에게 복을 주시고 10하나님이 그에
게 이르시되 네 이름이 야곱이지마는 네 이름을 다시는 야곱이라 부르지
않겠고 이스라엘이 네 이름이 되리라 하시고 그가 그의 이름을 이스라엘
이라 부르시고 11하나님이 그에게 이르시되 나는 전능한 하나님이라 생육
하며 번성하라 한 백성과 백성들의 총회가 네게서 나오고 왕들이 네 허리
에서 나오리라 12내가 아브라함과 이삭에게 준 땅을 네게 주고 내가 네 후
손에게도 그 땅을 주리라 하시고 13하나님이 그와 말씀하시던 곳에서 그를
떠나 올라가시는지라 14야곱이 하나님이 자기와 말씀하시던 곳에 기둥 곧
돌기둥을 세우고 그 위에 전제물을 붓고 또 그 위에 기름을 붓고 15하나님

이 자기와 말씀하시던 곳의 이름을 벧엘이라 불렀더라

이야기 속 다른 본문 경청하기

성경 본문: 창세기 12:1-3; 28:10-22; 34장

앞 장 말미에 야곱은 시므온과 레위의 행동으로 인한 그 지역 가나안 사람들의 보복을 두려워했다. 그들이 폭력적으로 급습하여 그곳 세겜 족속들은 몰살되었지만, 다른 가나안 사람들이 그들을 공격하러 올지도 모른다. 이 와중에 하나님은 야곱에게 이동하라고 말씀하신다. 하나님은 야곱이 벧엘, 곧 야곱이 밧단 아람으로 달아났을 때 하나님이 그에게 처음 자신을 알리신 장소(28:10-21)로 돌아가기를 바라신다. 이곳에서 야곱은 천사들이 하늘에 닿는 사다리를 타고 오르락내리락하는 것을 보았다. 이곳에서 그는 아브라함에게 주신 언약의 약속(12:1-3)이 자기를 통해 흘러갈 것이라는 하나님의 확언을 들었다. 그래서 야곱은 이 장소에 벧엘 곧 '하나님의 집'이라는 이름을 붙인다. 또한 이곳에서 야곱은 이렇게 서원했다. "하나님이 나와 함께 계셔서 내가 가는 이 길에서 나를 지키시고 먹을 떡과 입을 옷을 주시어 내가 평안히 아버지 집으로 돌아가게 하시오면 여호와께서 나의 하나님이 되실 것이요. 내가 기둥으로 세운 이 돌이 하나님의 집이 될 것이요. 하나님께서 내게 주신 모든 것에서 십분의 일을 내가 반드시 하나님께 드리겠나이다"(28:20-22).

이야기 설명하기

야곱이 마침내 벧엘로 떠나다(35:1-8)

야곱은 이렇듯 밧단 아람에서 머물다 무사히 돌아오면 "여호와께서

나의 하나님이 되실 것"이라고 하나님께 약속했다. 흥미롭게도 야곱은 즉각 모든 가족에게 "너희 중에 있는 이방 신상들을 버리고 자신을 정결하게 하고 너희들의 의복을 바꾸어 입으라"고 요구한다(2절). 우리는 옷을 갈아입는 것을 정화 과정의 일부로 보아야 한다. 그들은 현재 입은 옷을 입지 말고, 속된 영역에서 하나님의 임재, 곧 거룩한 영역으로 이동하는 것을 상징적으로 표현하기 위해 옷을 갈아입어야 한다. 야곱은 거짓 종교의 장신구를 벗어버리라는 말 외에, 약속의 땅 바깥을 여행할 때도 자기를 돌봐 주신 하나님께 제단을 쌓기 위해 벧엘로 향하는 중이라고 말한다.

야곱의 가족은 그 응답으로 틀림없이 종교적 의미를 띤 이방 신들과 귀걸이를 야곱에게 주었고, 야곱은 벧엘로 떠나기 전에 그것들을 세겜의 상수리나무 아래에 묻었다. 이때 누가 거짓 신을 섬겼는지 알 수 없지만, 라헬이 라반의 가신을 훔쳤던 이전 이야기를 통해 짐작할 수 있다(31:32). 아마 라반의 가신도 이때 야곱에게 넘겨져 폐기되었다고 생각해야 할 것이다.

야곱의 가족은 이제 거짓 숭배를 위한 물품을 제거했다. 그들이 안전하게 떠날 수 있었던 이유는, 해를 가하려는 꼬임에 빠질 수도 있는 주변 가나안 사람들의 마음과 생각에 하나님이 야곱 일가에 대한 두려움을 심어 주셨기 때문이다. 이 본문은 우상을 폐기한 행위와 가나안 사람들이 그들에게 느낀 두려움을 연결시키려 한다. 이렇게 해서 야곱의 가족은 예전에 루스라고 불리던 성에 안전하게 도착했다. 다만 루스라는 이름은 야곱의 과거 경험으로 인해 벧엘로 바뀌었는데, 여기서는 더 긴 형태인 엘벧엘 곧 '벧엘의 하나님'으로 나온다. 다시 한번, 우리는 야곱이 에서를 피해 밧단 아람으로 향하던 때에 하나님이 바로 이곳에서 나타나신 일을 떠올린다. 그때 야곱은 주님께 제단을 쌓아 그 위에서 제사를 드렸고 하나님의 이름을 불렀다.

흥미롭게도 서술자는 뒤이어 리브가의 유모, 드보라의 죽음 소식을 전한다. 우리는 리브가에 관해 꽤 오랫동안 듣지 못했고, 리브가의 유모가 왜 이때 야곱과 함께 살고 있었는지 궁금하다. 리브가와 이삭이 이제 아들과 함께였음을 암시하는 것일까? 확신할 수는 없다. 어쨌든 유모는 벧엘의 상수리나무 아래에 묻혔고, 그녀가 묻힌 곳은 알론바굿 곧 '통곡의 상수리나무'라고 불린다.

하나님이 벧엘에서 야곱에게 복을 주시다(35:9-15)

뒤이어 서술자는 다시 야곱의 이름 변화에 관해 알려 준다. 이 변화는 실제로 그가 하나님과 씨름했을 때 이루어졌다(32:22-32). 우리는 이 일을 하나님이 이름을 바꾸라고 야곱에게 두 번째 말씀하신 것보다는 단순히 그때의 반복으로 이해해야 할 것이다. 여기서 반복되는 이유는, 아마도 야곱이 약속의 땅으로 완전히 이주했기 때문일 것이다. 그는 가정에서 이방 신상을 처분했고, 이제 밧단 아람에서 안전하게 돌아오도록 인도하신 하나님을 예배하는 데 집중했다. 이렇게 해서 우리는 하나님이 그의 이름을 야곱('발뒤꿈치를 잡다', '속이다'라는 의미의 관용어, NIV 성경 각주를 보라)에서 이스라엘('하나님과 싸우다', NIV 성경 각주를 보라)로 바꾸신 일을 떠올린다.

야곱이 벧엘을 처음 방문했을 때처럼 여기서도 하나님은, 아브라함에게 처음 전달되었고(12:1-3) 그 뒤에 이삭에게 또한 이제 야곱에게 전해진 언약의 약속을 다시 반복하신다. 하나님은 자신이 엘 샤다이라고 밝히시는데, 개역개정은 "전능한 하나님"으로 번역하지만 어원학적으로는 아마 '산들의 하나님'이 그 유래일 것이다. 하나님은 아브라함에게 그의 후손이 '큰 민족'이 될 것이라고 말씀하셨고, 여기서 하나님은 야곱에게서 "한 백성과 백성들의 총회"가 나올 것이라고 약속하면서(35:11) 야곱에게 "생육하며 번성하라"고 말씀하시는데, 이는 독자들에게 아브라함 약속만이 아니라 아담과 하와에게 주신 최초의 명령(창 1:28)도 상기시킨다.

하나님은 또한 야곱에게 "왕들이 네 허리에서 나오리라"고 말씀하시는데, 전에도 아브라함에게 말씀하셨던 내용이다(17:6). 하지만 아브라함의 경우, 하나님이 이스라엘에 미래의 왕이 있을 것이라고 의도하셨는지 전적으로 확신할 수는 없다. 어쨌든 아브라함의 후손에는 이스마엘과 에서가 낳은 이들이 포함되는데, 에서는 왕을 둔 나라의 조상이 되기 때문이다(창 36:31-39). 야곱/이스라엘의 아들들은 다른 나라의 조상이 아니라 이스라엘 지파의 선조다. 지금 본문에서 하나님은 이스라엘에서 왕권의 등장에 대해 말씀하시는데, 이 약속은 야곱이 유다에게 한 축복을 통해서도 전달된다(창 49:8-12). 왕권은 발람의 네 번째 신탁(민 24:17-19)과 신명기 왕의 율법(신 17:14-20)에서도 예고된다. 이스라엘에 왕이 등장할 때(삼상 8-12장), 흔히 생각하듯 왕은 백성들의 악한 요구에 대한 응답으로 등장한 사후 대책이 아니라, 왕은 처음부터 하나님의 의도였다. 결국 왕은 사사 시대의 정치적 분열, 도덕적 타락과 영적 혼란에 대한 대응이기도 하다("그때에는 이스라엘에 왕이 없었으므로 사람마다 자기 소견에 옳은 대로 행하였더라", 삿 17:6; 18:1; 19:1; 21:25). 왕은 또한 예수님의 메시아직을 예고한다(49:1-28을 다루는 장 '이야기 살아내기'의 "예수, 메시아" 단락을 보라).

아브라함의 후손을 큰 민족으로 만들겠다는 하나님의 약속에는 많은 후손에 대한 약속보다 더 많은 것이 포함된다. 땅에 대한 약속도 포함되어 있다. 하나님은 아브라함과 이삭에게 그들의 후손이 땅을 받을 것이라고 단언하셨는데, 이제는 야곱에게 단언하신다.

야곱은 밧단 아람을 향해 가던 중 있었던 하나님과의 만남을 기념하기 위해 벧엘에 돌기둥을 세웠다. 그는 이제 두 번째 돌기둥을 세운다. 야곱은 또한 돌 위에 전제물을 드리고 기름을 부었다. 고고학자들이 구약과 가나안 시대의 이스라엘 유적지에서 많은 사례를 발견한 것을 볼 때, 돌을 세우는 것은 당시 종교의 일반적 특징으로 보인다. 때로 돌기둥은 신을 상징했고, 그래서 나중에 제2계명에서 금지한 형상으로 간주될 수도 있다. 다른 경우에 돌기둥은 여기서처럼 하나님과 그분의 종 사이의 중요한 만남을 표시하는 기념석이 될 수도 있다. 우리는 다시 한번 야곱이 이 장소를 벧엘 또는 '하나님의 집'이라고 불렀다는 말을 듣는다.

— 이야기 살아내기 —

우리 삶의 우상 버리기

야곱은 하나님의 명령에 따라 그 땅으로 돌아왔다. 하나님은 벧엘에서 족장에게 주신 약속대로(28:20-22) 밧단 아람에서의 위험한 시기에 그를 안전하게 지켜 주셨다. 약속의 땅으로 건너간 후, 야곱은 하나님과 에서 둘 다와 싸우고 살아남았다. 이제 야곱은 온 가족에게 우상을 버리라고 명령한다(35:2-5). 그 우상 중에는 라헬이 아마 여행길에 복을 받기 위해, 또한 자신과 다른 사람들을 이용했던 아버지를 곤경에 빠뜨리기 위해 아버지에게서 훔친 가신이 포함되어 있었을 것이다.

이 주석을 읽는 대부분의 독자는 야곱의 가족과 동일한 방식으로 신을 상징하는 물건을 숭배하고 싶은 유혹을 받아본 적이 없을 것이다. 우리는 선반 위의 우상을 치우고 불 속에 던질 필요가 없다. 하지만 솔직히 말해서 우리 모두는 우상과 싸운다. 물론 우리의 우상은 나무나 귀금속으로 만들어진 것은 아니지만 말이다.

결국 우상은 우리 마음과 생각 속에서 참 하나님을 대신하는 모든 것 또는 모든 사람이다. 우리가 가장 중요하고 가장 소중하게 붙드는 것, 또한 그 어떤 것보다 우리의 마음과 에너지를 차지하는 것은 무엇이든 하나님이고, 만약 그 하나님이 성경의 삼위일체 하나님이 아니라면 그 것은 우상이다.

장 칼뱅이 인간의 마음을 우상의 공장이라고 한 이유는 참 하나님이 아닌 다른 것을 더 중요하게 만들고 싶은 유혹을 끊임없이 받기 때문이다. 우리의 우상은 돈이나 일, 섹스, 지위, 권력, 술 또는 다른 것일 수도 있다. 우리의 우상은 결혼이나 자녀, 친구일 수도 있다. 우리의 우상은 교회일 수도 있다. 다시 말해서 아무리 좋은 것이라도 우리에게 하나님보다 더 중요하다면 우상이 될 수 있다.

전도서는 아무리 좋은 것이라도 우리 삶에서 가장 중요한 것으로 만들면 우리를 실망시킬 것이라고 분명히 밝힌다. (흔히 지혜 교사나 전도자로 번역되는) 코헬렛은 일, 지위, 돈 등에서 삶의 궁극적 의미를 찾으려 했다. 그러나 1:2에서 시작하여 마지막으로 12:8까지 반복되는 "헛되고 헛되며…모든 것이 헛되도다"라는 결론을 통해 보여 주듯이, 이런 것들은 그를 끊임없이 실망시켰다. 두 번째 현자는 전도서 마지막 구절에서 자기 아들에게(12:12) 무엇이 정말 중요한지를 알려 준다. "일의 결국을 다 들었으니 하나님을 경외하고 그의 명령들을 지킬지어다. 이것이 모든 사람의 본분이니라. 하나님은 모든 행위와 모든 은밀한 일을 선악 간에 심판하시리라"(전 12:13-14).

우리의 마음은 우상의 공장이다. 그러므로 우리는 매일 우상을 버리고 하나님에 대한 근원적인 충정을 재확인해야 한다. 예수님이 말씀하셨듯이 모든 계명을 요약하는 가장 중요한 계명은 "네 마음을 다하고 목숨을 다하고 뜻을 다하고 힘을 다하여 주 너의 하나님을 사랑하라"다(막 12:30). 이렇게 전인적 방식으로 하나님을 사랑하는 것은 다른 우상을 버리고 깊이 묻는 것이다.

"왕들이 네 허리에서 나오리라"(35:11)

하나님은 언약의 약속을 야곱에게 되풀이하신다. 하나님은 앞서 왕들이 아브라함에게서 나올 것이라고 말씀하셨다(창 17:6). 창세기 17장에 대한 주석 후반부의 '이야기 살아내기'에서, 이 약속이 이스라엘 역사에서 다윗 왕조가 등장할 때 어떻게 처음 실현되었는지 설명한 바 있다. 또한 이 약속이 하나님 나라의 궁극적 왕이신 예수 그리스도 안에서 어떻게 성취되었는지도 보았다[창 17장을 다룬 장 '이야기 살아내기'의 "'내가 네게서 민족들이 나게 하며 왕들이 네게로부터 나오리라'(창 17:6)" 단락을 보라].

"내가 아브라함과 이삭에게 준 땅을 네게…주리라"(35:12)

야곱에게서 왕들이 나올 것이라는 약속에 더하여, 하나님은 아브라함에게 주신 땅에 관한 약속을 야곱에게 되풀이하신다. 창세기 13장에 대한 주석 뒤에 나오는 '이야기 살아내기'에서 우리는 이 약속이 이스라엘 백성이 약속의 땅을 차지할 때 처음 성취되었지만, 예수님 안에서 궁극적으로 성취된다는 것도 보았다(창 13장 주석 뒤에 나오는 "예수와 땅" 단락을 보라).

36

창세기 35:16-29

이야기 경청하기

35:16그들이 벧엘에서 길을 떠나 에브랏에 이르기까지 얼마간 거리를 둔 곳
에서 라헬이 해산하게 되어 심히 고생하여 17그가 난산할 즈음에 산파가
그에게 이르되 두려워하지 말라 지금 네가 또 득남하느니라 하매 18그가
죽게 되어 그의 혼이 떠나려 할 때에 아들의 이름을 베노니라 불렀으나 그
의 아버지는 그를 베냐민이라 불렀더라 19라헬이 죽으매 에브랏 곧 베들레
헴 길에 장사되었고 20야곱이 라헬의 묘에 비를 세웠더니 지금까지 라헬의
묘비라 일컫더라 21이스라엘이 다시 길을 떠나 에델 망대를 지나 장막을 쳤
더라 22이스라엘이 그 땅에 거주할 때에 르우벤이 가서 그 아버지의 첩 빌
하와 동침하매 이스라엘이 이를 들었더라 야곱의 아들은 열둘이라 23레아
의 아들들은 야곱의 장자 르우벤과 그 다음 시므온과 레위와 유다와 잇사
갈과 스불론이요 24라헬의 아들들은 요셉과 베냐민이며 25라헬의 여종 빌
하의 아들들은 단과 납달리요 26레아의 여종 실바의 아들들은 갓과 아셀이
니 이들은 야곱의 아들들이요 밧단 아람에서 그에게 낳은 자더라 27야곱이
기럇아르바의 마므레로 가서 그의 아버지 이삭에게 이르렀으니 기럇아르
바는 곧 아브라함과 이삭이 거류하던 헤브론이더라 28이삭의 나이가 백팔
십 세라 29이삭이 나이가 많고 늙어 기운이 다하매 죽어 자기 열조에게로
돌아가니 그의 아들 에서와 야곱이 그를 장사하였더라

이야기 속 다른 본문 경청하기

성경 본문: 창세기 29:31-30:24

야곱 내러티브에서 훨씬 이전에, 우리는 야곱의 두 아내 레아와 라헬 사이에 벌어진 아기 전쟁을 살펴보았다(29:31-30:24). 사랑받지 못한 레아를 불쌍히 여기신 하나님은 그녀가 먼저 아이를 낳도록 허락하셨다. 그

대응으로 라헬은 야곱에게 자기 종을 주어 라헬의 태에서 나오지 않았지만 라헬의 자식으로 간주되는 아이를 낳았다. 그러자 레아는 역으로 자기 종을 야곱에게 주었고 더 많은 자녀를 낳았다. 레아는 그 후에도 더 많은 자녀를 낳았다. 마침내 라헬은 요셉을 낳았지만, 현재 내러티브가 말해 주듯 이것도 이야기의 끝은 아니다. 야곱의 마지막 아들이 태어나면서 우리는 이삭의 삶의 마지막에 대해서도 듣는다.

— 이야기 설명하기 —

베냐민의 탄생과 라헬의 죽음(35:16-20)

야곱/이스라엘이 왜 벧엘에서 떠났는지 알 수 없지만, 이 장 마지막에 그는 결국 아버지 이삭이 살던 헤브론(당시에 기럇아르바라고 불림) 근처의 마므레로 돌아갈 것이다. 도중에 그들이 아직 에브랏에서 약간 떨어진 곳에 있을 때 라헬이 죽었다. 에브랏은 예루살렘 남쪽으로 약 6.4킬로미터 떨어진 베들레헴과 관련이 있다. 에브랏과 베들레헴은 별개의 마을로 시작되었지만, 결국 서로 연결되어 예언자 미가 시대에 이곳은 베들레헴 에브라다라고 불렸다(미 5:2).

라헬은 둘째 아들 베냐민을 낳다가 출산 중에 죽었다. 라헬은 언니 레아가 야곱에게서 많은 아들을 낳는 동안 자기에게는 오랫동안 자식이 없다는 사실을 한탄했다. 그녀는 결국 요셉을 낳았지만 둘째 아들을 출산하는 과정에서 죽는다. 다시 말해서 "출산 경쟁이 결국 라헬을 죽인다."[1] 산파는 산통 중에 있는 라헬을 격려했지만, 라헬은 괴로움을 토로하면서 아들의 이름을 베노니, 곧 '내 고통의 아들'이라고 지었다. 하지만 추측건대 그와 같은 불길한 오명을 아들에게 지우고 싶지 않았던 야곱은 이름을 베냐민, 즉 '내 오른손의 아들'로 바꾼다. 오른손은 권력과 명성의 위치다.

뒤이어 서술자는 야곱이 즉시 베들레헴/에브랏으로 올라가는 길에 라헬을 묻었다고 전한다. 야곱은 또한 기둥으로 무덤 자리를 표시했다. 흥미롭게도 서술자는 후대의 청중에게 그 기둥이 오늘날까지 그곳에 남아 있다고 상기시킨다.

르우벤이 아버지를 배신하다(35:21-22)

야곱과 그의 가족이 베들레헴/에브랏 근처에서 얼마나 오래 머물렀는지 알 수 없지만, 다음에 그는 "에델 망대(Migdal Eder)를 지나" 장막을 쳤다(21절). 이 장소가 정확히 어디인지는 확실하지 않다. 그런데 이 히브리어는 '양 떼의 망루'로 번역된다. 미가 4:8에서 "양 떼의 망루"라는 어구는 "딸 시온의 산"(stronghold of Daughter Zion)과 시적 병행을 이룬다는 점에 주목해야 한다. 이 표현은 예루살렘성을 가리킬 것이므로 아마 에델 망대는 예루살렘 근처 어느 곳일 것이다.

에델 망대에 머물던 동안 맏아들 르우벤이 아버지의 첩 빌하와 동침했다. 이 시점에 우리는 그냥 "이스라엘이 이를 들었더라"고 하는 말만 듣는다. 나중에 우리는 이 행위로 인해 르우벤이 장자의 특권을 상실하는 것을 보게 된다(49:3-4을 보라).

야곱의 열두 아들(35:21-26)

우리는 이제 25:19에서 시작된 "이삭의 족보(*toledot*)" 마지막 부근에 있고, 이 족보는 언약의 약속을 미래 세대로 계속 흘려보낼 아들인 야곱에게 집중했다. 그러므로 여기에서 서술자가 다음 세대를 최종적으로 결산하는 것은 적절하다. 야곱의 열두 아들은 생모의 순서를 따라 이름이 나온다. 가장 나이 많은 아내 레아가 먼저 나온다. 그녀는 르우벤을 낳았는데, 르우벤은 아버지 보기에 스스로 가치를 훼손하고 말았지만 여전히 “야곱의 장자”라고 불린다. 시므온과 레위, 유다, 잇사갈, 스불론은 레아의 다른 자녀들이다. 다음으로 나이는 어리지만 사랑받는 아내 라헬이 나온다. 그녀의 자녀는 요셉과 베냐민 단 두 명에 불과하지만, 그들의 어머니가 야곱의 총애를 받았으므로, 창세기를 마무리하는 “야곱의 족보”(37:2)에서 볼 수 있듯이 그들도 총애받았다. 세 번째로 라헬의 첩 빌하는 단과 납달리를 낳았고, 레아의 종 실바는 갓과 아셀을 낳았다.

이삭의 죽음(35:27-29)

마침내 야곱은 예루살렘 남쪽으로 약 29킬로미터 떨어진 장소, 유대 산지의 헤브론(기럇아르바) 근처의 마므레로 돌아왔다. 서술자는 아브라함과 이삭이 모두 그곳에 살았고, 따라서 약속받은 사람, 즉 이스라엘로 이름이 바뀐 세 번째 족장 야곱이 그곳에 정착하는 것이 적절하다고 언급한다. 야곱이 아버지 집에 도착한 후 이삭이 죽었다는 보도가 나오면서 야곱으로의 전환은 완료된다. 이삭은 180년이라는 긴 생을 살았고, 두 아들 야곱과 에서는 이삭을 위해 제대로 된 장례식을 치러 주었다. 이삭의 장례식에 에서와 야곱이 함께 있는 것은 두 사람 사이에 존재했던 적대감이 더는 문제가 되지 않았음을 암시한다.

— 이야기 살아내기 —

죄의 결과

르우벤의 죄는 가능한 한 가장 짧게, 한 절로 언급된다. “이스라엘이 그 땅에 거주할 때에 르우벤이 가서 그 아버지의 첩 빌하와 동침하매 이스라엘이 이를 들었더라”(22절). 실제로 행동에 관해 서술할 뿐, 처벌이

나 어떤 부정적 결과에 대한 언급은 전혀 없다. 르우벤은 아버지를 배신했고, 후대의 모세 율법에 따라 판단할 때 간음과 근친상간을 저질렀다(레 18:6, 8; 20:11). 그런데 다시 반복하지만 이 행위는 지나가는 말로만 언급되는 듯 보인다. 르우벤은 아무 처벌도 받지 않을까?

물론 창세기 전체를 읽은 사람들은 르우벤이 이 행위에 대해 값비싼 대가를 치를 것임을 안다. 그는 결국 맏아들이었고, 고대의 법에 따라 얻게 되는 모든 권리로 인해 가장 유력한 아들이 되어야 했고 장기적으로 그의 후손은 지파들 가운데 우두머리가 되어야 했다.

하지만 나중에 여러 아들에게 저주와 축복을 선포할 때, 야곱은 르우벤에게 저주를 선포할 것이다(49:3-4의 주석을 보라). 자기 죄로 인해 르우벤은 가장 중요한 아들의 지위를 상실하고, 그에게서 나올 지파는 다른 지파 특히 유다 지파로 대체될 것이다(창 49:1-28을 다룬 장 후반부의 "예수, 메시아" 단락을 보라).

이와 관련하여 (창 33:1-20을 다룬 장의) '이야기 살아내기'의 "형제간의 화해" 단락을 보라.

37

창세기 36:1-37:1

36:1에서 곧 에돔의 족보는 이러하니라 2에서가 가나안 여인 중 헷 족속 엘
론의 딸 아다와 히위 족속 시브온의 딸인 아나의 딸 오홀리바마를 자기 아
내로 맞이하고 3또 이스마엘의 딸 느바욧의 누이 바스맛을 맞이하였더니
4아다는 엘리바스를 에서에게 낳았고 바스맛은 르우엘을 낳았고 5오홀리
바마는 여우스와 얄람과 고라를 낳았으니 이들은 에서의 아들들이요 가나
안 땅에서 그에게 태어난 자들이더라 6에서가 자기 아내들과 자기 자녀들
과 자기 집의 모든 사람과 자기의 가축과 자기의 모든 짐승과 자기가 가나
안 땅에서 모은 모든 재물을 이끌고 그의 동생 야곱을 떠나 다른 곳으로
갔으니 7두 사람의 소유가 풍부하여 함께 거주할 수 없음이러라 그들이 거
주하는 땅이 그들의 가축으로 말미암아 그들을 용납할 수 없었더라 8이에
에서 곧 에돔이 세일산에 거주하니라 9세일산에 있는 에돔 족속의 조상 에
서의 족보는 이러하고 10그 자손의 이름은 이러하니라 에서의 아내 아다의
아들은 엘리바스요 에서의 아내 바스맛의 아들은 르우엘이며 11엘리바스
의 아들들은 데만과 오말과 스보와 가담과 그나스요 12에서의 아들 엘리바
스의 첩 딤나는 아말렉을 엘리바스에게 낳았으니 이들은 에서의 아내 아
다의 자손이며 13르우엘의 아들들은 나핫과 세라와 삼마와 미사니 이들은
에서의 아내 바스맛의 자손이며 14시브온의 손녀 아나의 딸 에서의 아내
오홀리바마의 아들들은 이러하니 그가 여우스와 얄람과 고라를 에서에게
낳았더라 15에서 자손 중 족장은 이러하니라 에서의 장자 엘리바스의 자손
으로는 데만 족장, 오말 족장, 스보 족장, 그나스 족장과 16고라 족장, 가담
족장, 아말렉 족장이니 이들은 에돔 땅에 있는 엘리바스의 족장들이요 이
들은 아다의 자손이며 17에서의 아들 르우엘의 자손으로는 나핫 족장, 세
라 족장, 삼마 족장, 미사 족장이니 이들은 에돔 땅에 있는 르우엘의 족장
들이요 이들은 에서의 아내 바스맛의 자손이며 18에서의 아내인 오홀리바

마의 아들들은 여우스 족장, 얄람 족장, 고라 족장이니 이들은 아나의 딸
이요 에서의 아내인 오홀리바마로 말미암아 나온 족장들이라 [19]에서 곧 에
돔의 자손으로서 족장 된 자들이 이러하였더라 [20]그 땅의 주민 호리 족속
세일의 자손은 로단과 소발과 시브온과 아나와 [21]디손과 에셀과 디산이니
이들은 에돔 땅에 있는 세일의 자손 중 호리 족속의 족장들이요 [22]로단의
자녀는 호리와 헤맘과 로단의 누이 딤나요 [23]소발의 자녀는 알완과 마나핫
과 에발과 스보와 오남이요 [24]시브온의 자녀는 아야와 아나며 이 아나는
그 아버지 시브온의 나귀를 칠 때에 광야에서 온천을 발견하였고 [25]아나의
자녀는 디손과 오홀리바마니 오홀리바마는 아나의 딸이며 [26]디손의 자녀
는 헴단과 에스반과 이드란과 그란이요 [27]에셀의 자녀는 빌한과 사아완과
아간이요 [28]디산의 자녀는 우스와 아란이니 [29]호리 족속의 족장들은 곧 로
단 족장, 소발 족장, 시브온 족장, 아나 족장, [30]디손 족장, 에셀 족장, 디산
족장이라 이들은 그들의 족속들에 따라 세일 땅에 있는 호리 족속의 족장
들이었더라 [31]이스라엘 자손을 다스리는 왕이 있기 전에 에돔 땅을 다스리
던 왕들은 이러하니라 [32]브올의 아들 벨라가 에돔의 왕이 되었으니 그 도
성의 이름은 딘하바며 [33]벨라가 죽고 보스라 사람 세라의 아들 요밥이 그
를 대신하여 왕이 되었고 [34]요밥이 죽고 데만 족속의 땅의 후삼이 그를 대
신하여 왕이 되었고 [35]후삼이 죽고 브닷의 아들 곧 모압 들에서 미디안 족
속을 친 하닷이 그를 대신하여 왕이 되었으니 그 도성 이름은 아윗이며
[36]하닷이 죽고 마스레가의 삼라가 그를 대신하여 왕이 되었고 [37]삼라가 죽
고 유브라데 강변 르호봇의 사울이 그를 대신하여 왕이 되었고 [38]사울이
죽고 악볼의 아들 바알하난이 그를 대신하여 왕이 되었고 [39]악볼의 아들
바알하난이 죽고 하달이 그를 대신하여 왕이 되었으니 그 도성 이름은 바
우며 그의 아내의 이름은 므헤다벨이니 마드렛의 딸이요 메사합의 손녀더
라 [40]에서에게서 나온 족장들의 이름은 그 종족과 거처와 이름을 따라 나
누면 이러하니 딤나 족장, 알와 족장, 여뎃 족장, [41]오홀리바마 족장, 엘라

족장, 비논 족장, [42]그나스 족장, 데만 족장, 밉살 족장, [43]막디엘 족장, 이람 족장이라 이들은 그 구역과 거처를 따른 에돔 족장들이며 에돔 족속의 조상은 에서더라 [37:1]야곱이 가나안 땅 곧 그의 아버지가 거류하던 땅에 거주하였으니

이야기 속 다른 본문 경청하기

성경 본문: 창세기 12:1-3; 25:12-18; 25:19-34; 27:1-28:9

앞서 보았듯이 선택받지 않은 아들 이스마엘의 "족보"(*toledot*, 25:12-18)는 선택받은 아들 이삭의 훨씬 긴 "족보"(*toledot*, 25:19-35:29)보다 앞에 나온다. 다음 세대로 넘어가면서 우리는 동일한 역학 관계를 볼 수 있다. 서술자는 에서의 "족보"(*toledot*)로 시작하는데(대상 1:35-37도 보라), 사실 36장에는 두 개의 "족보"(*toledot*)가 소개된다(1절과 9절). 이스마엘과 에서의 '족보'가 포함된 것에 대한 가장 중요한 고찰은 그들이 '선택받지' 않았지만 무시되지도 않았다는 것이다. 그들의 자손에 대한 묘사에서 우리는 그들에 대한 하나님의 지속적인 보살핌을 볼 수 있다. 결국 아브라함에게 주신 하나님의 약속은 그의 후손이 열방에게 "복"이 되게 하신다는 것이었다(12:3). 사실 에서의 다른 이름이 에돔이라는 사실을 상기시킴으로써 이 가족 족보는 민족의 이야기와 연결된다.

우리는 종종 창세기에 두 가지 범주, 곧 선택받은 자와 선택받지 않은 자만 있다고 잘못 생각한다. 또한 종종 선택받지 않은 자는 완전히 외부에 있고, 선택받은 자는 내부에 있다고 믿는다. 카민스키는 실제로 세 가지 범주, 곧 피선택자와 비선택자, 반선택자가 있다고 올바르게 제안한다. 그는 한 걸음 더 나아가 뒤의 두 범주를 혼동해서는 안 된다고 경고한다. 피선택자는 하나님이 언약의 약속을 실행하는 도구로 사용하시는 이들이지만, 비선택자(롯, 이스마엘, 에서 등)는 하나님의 여러 축복을

누리는 수혜자다. 반면에 반선택자도 있다.[1]

이야기 설명하기

에서의 아내들과 아들들(36:1-8)

첫 번째 족보의 도입부(1절)에서 우리는 에서의 다른 이름이 에돔이라는 것을 떠올린다. 에돔은 에서가 낳을 나라의 이름이 될 것이다. 먼저 에서의 가나안인 아내들이 소개된다. 그들은 이미 26:34-35에서 소개된 바 있는데, 그곳과 여기에 있는 이름 사이에 약간의 긴장이 있다고 언급했었다. 물론 분명한 것은 그들이 이삭과 리브가를 성가시게 하는 일들의 원인이었고, '합당한 아내'를 찾기 위해 리브가가 야곱을 밧단 아람으로 보내는 구실이 되었다는 점이다. 여기에서 이스마엘의 딸 바스맛(26:34-35에서 언급된 바스맛과 다른 인물)이 언급된 것은, 에서가 그의 생 나중에 부모를 달래기 위한 노력의 일환으로 가나안 족속이 아닌 가까운 친족과 결혼했었다는 사실을 상기시킨다(28:6-9). 이 '족보'는 계속해서 아다(엘리바스, 흥미롭게도 욥의 에돔인 "친구"의 이름)와 바스맛(르우엘), 오홀리바마(여우스와 얄람, 고라)를 통해 낳은 에서의 후손들을 열거한다.

에서의 아내들과 자녀들의 이름을 열거한 후, 서술자는 계속해서 세일 산지로 가는 에서의 이주를 서술한다. 세일(나중에 에돔과 거의 동의어로 사용되는 용어)로 이주함으로써 에서는 약속의 땅을 떠나 동생 야곱에게 그 땅을 넘겨주는데, 여기에는 아버지 이삭의 축복과 더불어 장자의 명분을 포기한 일이 반영되어 있다. 이 이주는 13장에서 롯이 아브라함을 떠난 사건과 유사한 용어로 묘사된다. 서술자는 의도적으로 아브라함과 롯 이야기의 연관성을 다시 상기시켜 주는 듯하다. 이렇게 함으로써 서술자는 에서가 야곱 근처에 있는 동안 짐을 싸서 떠나는 것처럼 들리게 하지만, 실제로 일어난 일은 그렇지 않다. 결국 에서는 야곱이 밧단 아람으로 떠났을 때는 이삭과 리브가와 함께 살고 있었지만, 야곱이 돌아왔을 때 그는 이미 세일에서 살고 있었다(32:2).

그렇다면 서술자는 왜 롯이 아브라함을 떠난 기억을 상기시키는가? 우선 이 비교는 두 형제의 부를 강조한다. 아브라함이나 롯과 마찬가지로, 에서가 야곱을 떠나야 했던 이유는 둘 다 부유해서 "그들이 거주하는 땅이…그들을 용납할 수 없었[기]" 때문이다(13:6; 36:7). 더 미묘하게 이 비교는 야곱과 에서의 이별이 아브라함과 롯의 이별처럼 우호적이었음을 암시할 수도 있다. 우리가 이미 보았듯이 야곱과 에서가 아버지 이삭의 장례식에 함께한 사실도 형제 사이에 모종의 화해가 있었다는 생각을 뒷받침한다. 두 이야기의 비교에는 세 번째 함의도 있을 수 있다. 아브라함을 떠난 후, 롯은 악명 높은 소돔과 고모라 근처에 정착함으로써 심각한 문제에 직면했고, 온갖 부정적인 결과로 이어졌다(창 14장; 18-19장). 우리는 이스라엘 역사를 더 멀리 내다봐야 하는데, 야곱과 에서가 어느 정도 화해를 이루었다는 말이 맞다고 하더라도, 야곱의 후손인 이스라엘 백성과 에서의 후손(에돔인)의 관계는 긴장과 노골적 갈등으로 점철되었다.

우선, 에돔은 모압과 암몬처럼 광야에서 방황하는 동안 이스라엘이 그곳을 지나는 것을 거절했다(민 20:14-21). 그런데 당시 이스라엘에는 여러 선택지가 있었던 것으로 보이고, 그래서 무력 충돌을 피하는 다른 길을 찾았다. 하지만 나중에 에돔과 이스라엘 사이에 전투가 벌어진다. 예를 들어, 다윗은 에돔을 속국으로 삼은 것으로 묘사된다(삼하 8:14). 여호사밧은 에돔을 지배했다(왕상 22:47). 한 에돔 군주가 여호람 시대에 등장했고(왕하 8:20), 중요한 항구 도시 엘랏은 아하스 통치 기간에 에돔인에게 점령당했다(왕하 16:6).

바빌로니아가 예루살렘을 파괴할 당시에 에돔은 어떻게든 그 상황을 이용했다. 정확하게 묘사되지 않았지만 시편 137:7, 예레미야 애가 4:22, 에스겔 35:15, 오바댜 1:10-14 같은 본문을 참조하여 이 내용을 확인할 수 있다.

에서의 아내들과 아들들의 두 번째 족보(36:9-20)

9절은 에서의 두 번째 "족보"(*toledot*)를 제시한다. 여기서 다시 에서의 아내들과 자녀들에 대해 알 수 있지만(에서의 첫 번째 "족보"를 보라), 여기서는 적어도 두 명의 아내(아다와 바스맛)를 통해 낳은 에서의 손주들에 관해서도 알 수 있다. 또한 에서의 아들 엘리바스에게는 첩(딤나)이 있었고, 그녀를 통해 아말렉이라는 이름의 아들을 낳았는데, 그는 이스라엘과 매우 격동적인 관계를 맺은 아말렉 족속의 조상일 가능성이 크다. 아말렉 족속은 이스라엘이 이집트를 떠날 때 가장 먼저 이스라엘을 공격하여 낙오자를 공격했다(출 17:8-16). 이스라엘은 그곳에서 아말렉을 물리칠 수 있었지만, 하나님은 그들을 완전히 멸해야 한다는 명령을 내리셨다(출 17:14과 신 25:17-19을 보라). 사울에게는 그렇게 할 기회가 있었지만 실패하고 말았다(삼상 15장). 아말렉 족속[아각 사람(아말렉의 한 씨족) 하만과 그의 백성]은 에스더 시대에 하나님의 은밀한 섭리 덕분에 완전히 멸망한다. 이들 에서의 자녀와 손주들은 에돔 족속의 "족장"이다(36:15-19).

호리 족속 세일의 아들들(36:20-30)

두 번째 "에서의 족보"의 둘째 부분은 실제로 호리 족속 세일의 아들들을 열거한다(대상 1:38-42도 보라). 그들은 에돔 족속과 통혼하고 결국 요단 동쪽 땅 남부 지역에서 쫓겨난 백성이다(36:20-30). 그들은 아브라함 당시 이 지역에 살고 있었다(창 14:6). 신명기 2:12에서는 "호리 사람도 세일에 거주하였는데 에서의 자손이 그들을 멸하고 그 땅에 거주하였으니 이스라엘이 여호와께서 주신 기업의 땅에서 행한 것과 같았느니라"고 진술한다. 흥미롭게도 신명기 2:22은 주님께서 호리 족속을 그 지역에서 몰아내셨다고 독자들에게 알려 준다. "마치 [여호와께서] 세일에 거주한 에서 자손 앞에 호리 사람을 멸하심과 같으니 그들이 호리 사람을 쫓아내고 대신하여 오늘까지 거기에 거주하였으며." 하나님이 에돔 족속 앞에서 호리 족속을 쫓아내셨다는 사실은 선택받지 않은 이삭의 아들 에서에 대한 하나님의 복을 보여 주는 또 다른 단서다.

호리 족속을 쫓아낸 것 외에 에돔 족속은 그들과 통혼했을 가능성도 있다. 예를 들어, 로단의 누이로 언급된 딤나(22절)는 아말렉을 낳은 엘리바스의 첩 딤나(12절)와 동일 인물일 수 있다. 우리는 에서 족보의 시브온을 세일 족보의 시브온과 동일시해야 할 수도 있다(2절과 20절). 에서는 아나의 딸 오홀리바마와 결혼했다(2절). 아나는 호리 족속 중 한 사람으로 광야의 온천을 찾아낸 인물로 언급된다(24절과 25절). 온천은 이 지역에서 생존하는 데 매우 중요한 발견이었다.

잘 알려진 대로 에서의 후손들이 점령한 영토는 에돔만이 아니라 세일로도 알려져 있다(32:3; 33:14, 16; 삿 5:4). 실제로 세일산은 이 지역의 두드러진 지리적 특징이다(신 1:2). 우리는 이 이름이 36:20-30의 족보 첫머리에 있는 세일에서 유래한다고 생각할 수도 있지만, 에서의 또 다른 이름이 에돔('붉은')만이 아니라 세일('털이 많은')이라는 점도 기억해야 한다.

세일은 호리 족속이다. 이 이름은 '구멍' 또는 '동굴'을 가리키는 히브리어 단어와 관련이 있을 것이다. 그들이 살던 지역에는 동굴이 많았고, 그러므로 이 이름은 어느 시점에 그들이 동굴에서 살았다는 사실에서 유래할 것이다. 이 이름이 로단을 통해 낳은 세일의 손자 호리와 관련이 있을 가능성은 작지만, 어떤 사람들은 그럴 가능성이 있다고 믿는다. 마지막으로 어떤 사람들은 호리 족속이 후르리인(Hurrians)이라고 주장한다. 하지만 후르리인은 인도 유럽인이고 이 족보에 나오는 여러 이름은 분명히 셈어이며, 후르리인이 이렇게 먼 남쪽으로 확장되었다고 생각할 근거는 전혀 없다.

호리 족속 세일의 족보 구조는 "호리 족속의 족장들"로 표현되는 일곱 아들의 이름으로 시작하고(20-21절), 동일한 일곱 아들의 이름으로 끝맺는다(29-30절). 이 두 목록 사이의 단락에서는 세일의 아들들이 낳은 열아홉 명의 아들과 한 명의 딸(위에 언급된 오홀리바마)이 열거된다.

에돔 왕들(36:31-39)

이 장의 세 번째 목록은 첫 에돔 왕들의 이름과 그들의 출신지를 제시한다(대상 1:43-53과 비교하라). 에서의 후손들이 왕을 둔 민족 국가로 발전했다는 점은 하나님이 그들에게 주신 복의 또 다른 단서다. 실제로 그들의 사회에는 (36:31에서 언급하듯이) 이스라엘 백성보다 오래전부터 왕이 있었다. 아브라함의 후손 중에 왕이 나올 것이라는 약속(창 17:7)은 이스라엘 백성보다 앞서 여기 에돔 족속에서 먼저 실현된다. 사실 이 왕들이 "이스라엘 자손을 다스리는 왕이 있기 전에…다스[렸다]"는 설명은 이스라엘에 왕정이 도입된 후 추가되었을 가능성이 크다는 점에 유의해야 한다.

왕들은 대체로 출신지와 함께 시조의 이름순으로 나열되지만, 항상 그런 것은 아니다. 우리는 두 명의 하닷에 대한 몇 가지 추가 정보를 알고 있다(NIV 성경은 35절과 39절에서 모두 하닷으로 표기하지만, 개역개정은 35절(하닷)과 39절(하달)의 표기가 다르다—옮긴이).

딘하바에서 온 브올의 아들 벨라

보스라(고대 에돔의 수도)에서 온 세라의 아들 요밥

데만 족속의 땅에서 온 후삼

아윗에서 온 브닷의 아들 하닷

여기서 우리는 하닷이 북쪽으로 모압 인근에 살던 미디안 족속을 상대로 승리를 거뒀다는 말을 듣는다.

> 마스레가에서 온 삼라
>
> 강변 르호봇에서 온 사울
>
> 악볼의 아들 바알하난
>
> 바우에서 온 하달(혹은 하닷)
>
> 그는 마드렛의 딸이자 메사합의 손녀인 므헤다벨과 결혼했다.

이 장과 연결된 마지막 목록은 "에서에게서 나온 족장들"(40-43절)에 할애된다.

— 이야기 살아내기 —

이 장과 관련하여 (창 25:12-18을 다룬 장 후반부의) "모든 민족을 위한 약속"을 보라.

38

창세기 37:2-11

이야기 경청하기

37:2야곱의 족보는 이러하니라 요셉이 십칠 세의 소년으로서 그의 형들과
함께 양을 칠 때에 그의 아버지의 아내들 빌하와 실바의 아들들과 더불어
함께 있었더니 그가 그들의 잘못을 아버지에게 말하더라 3요셉은 노년에
얻은 아들이므로 이스라엘이 여러 아들들보다 그를 더 사랑하므로 그를
위하여 채색옷을 지었더니 4그의 형들이 아버지가 형들보다 그를 더 사랑
함을 보고 그를 미워하여 그에게 편안하게 말할 수 없었더라 5요셉이 꿈을
꾸고 자기 형들에게 말하매 그들이 그를 더욱 미워하였더라 6요셉이 그들
에게 이르되 청하건대 내가 꾼 꿈을 들으시오 7우리가 밭에서 곡식 단을 묶
더니 내 단은 일어서고 당신들의 단은 내 단을 둘러서서 절하더이다 8그의
형들이 그에게 이르되 네가 참으로 우리의 왕이 되겠느냐 참으로 우리를
다스리게 되겠느냐 하고 그의 꿈과 그의 말로 말미암아 그를 더욱 미워하
더니 9요셉이 다시 꿈을 꾸고 그의 형들에게 말하여 이르되 내가 또 꿈을
꾼즉 해와 달과 열한 별이 내게 절하더이다 하니라 10그가 그의 꿈을 아버
지와 형들에게 말하매 아버지가 그를 꾸짖고 그에게 이르되 네가 꾼 꿈이
무엇이냐 나와 네 어머니와 네 형들이 참으로 가서 땅에 엎드려 네게 절하
겠느냐 11그의 형들은 시기하되 그의 아버지는 그 말을 간직해 두었더라

이야기 속 다른 본문 경청하기

성경 본문: 창세기 29:1-30:24

앞서 살펴보았듯이, 아무개의 '톨레도트'(*toledot*)는 아무개의 자녀들에 관한 것이고, 따라서 당연히 야곱의 '톨레도트'(37:2)는 야곱의 열두 아들에 관한 것이다. 29:1-30:24에서 알게 되었듯 이 열두 아들은 네 명의 여자에게서 태어났는데, 그중 두 본처 레아와 라헬은 질투로 경쟁에 휘

말려 있었다. 남편 야곱은 속임수에 넘어가 레아와 결혼했고, 그래서 그는 사랑하는 아내 라헬을 총애했을 뿐 아니라 그 아들 요셉도 총애했다.

— 이야기 설명하기 —

야곱의 편애(37:2-4)

창세기에서 아주 긴 편인 마지막 부분은 야곱의 "족보"(*toledot*)라는 선언으로 시작하는데, '톨레도트'는 실제로 언급된 사람의 자녀를 따라가기 때문에 NIV 성경에서는 "야곱의 가족 이야기"(account of Jacob's family)라고 부른다. 사실 야곱은 창세기 마지막 장들에서도 계속 주요 인물로 등장하지만, 이제 초점은 야곱의 자녀들에게로 이동한다. 주요 강조점은 라헬과 야곱의 첫째 자녀인 요셉에게 있지만, 유다에게도 큰 관심을 기울인다. 실제로 한 장이 유다에게만 온전히 초점이 맞춰진다(38장). 어떤 학자들은 이 장이 요셉 내러티브에 단절을 초래한다고 생각하지만, 실제로 야곱의 '족보' 전반의 중요한 주제인 유다의 인품 발전에 있어서 중요하다.

당시 열일곱 살에 불과했던 요셉이 먼저 소개되는데, 우리는 친동생 베냐민을 제외하고 그가 형제 중에 가장 어린 아들이었다는 사실을 기억해야 한다. 첫 출발부터 서술자는 요셉에 대한 형들의 반감을 설명하는 한 이야기를 들려준다.

야곱은 형들, 적어도 첩 빌하와 실바의 자녀들과 함께 요셉을 들로 내보냈는데, 그 뒤에 요셉은 형들의 잘못을 일러바쳤다. (잘못을 저질렀다는 가정하에) 그들이 무슨 잘못을 했는지 정확히 알 수 없지만, 형들이 그 일에 대해 어떻게 느꼈을지 상상할 수 있다. 여기서 레아의 자녀들(르우벤, 시므온, 레위, 유다, 잇사갈, 스불론)이 언급되지 않는 것은 주목할 만하지만,

곧 보게 될 것처럼 그들은 동생에 대한 부정적 평가에 공감한다.

요셉은 고자질 외에도 아버지 야곱의 편애 때문에 형들의 분노를 샀다. 야곱이 라헬 및 레아와의 관계에서 편애를 보였다는 사실을 우리는 이미 알고 있다. 사실 야곱이 요셉을 편애하는 이유는 요셉이 야곱이 사랑했지만 이미 죽은 라헬의 아들이기 때문이다. 본문은 이 사실을 언급하지 않고 오히려 족장이 늙었을 때 요셉이 태어났기 때문이라고 지적한다. 이 단평은 아브라함의 노년에 이삭이 태어났던 때를 떠올리게 한다. 물론 요셉은 야곱의 노년에 태어났고, 야곱에게는 이미 열 명의 아들이 있었지만, 요셉은 라헬의 첫째 아들이었고 라헬은 사라처럼 오랫동안 불임이었다. 이렇게 암시된 이삭과 요셉의 유사점은 가족 불화를 초래한 야곱의 편애를 다시 설명해 준다.

요셉에 대한 야곱의 특별한 사랑은 화려한 옷(ornate robe)을 선물한 데서 드러났다. 전통적으로 이 옷은 다양한 색상의 옷으로 이해되었지만, '케토네트 파씸'(*ketonet passim*)이라는 어구를 이렇게 이해하는 것은 개연성이 낮고 심지어 불가능하다. 분명한 점은 이것이 독특한 옷, 아마 긴 소매나 화려한 장식이 있는 옷이었다는 점이다. 이 어구의 정확한 의미가 무엇이든(단순히 '작업복'이 아니라는 의미였을 수도 있다[1]), 야곱이 선물한 옷은 요셉을 형들과 구별해 주고 형들의 시기심을 부추겼다. 중요한 것은 옷 자체가 아니라, 이 옷이 아버지가 동생에게 품은 특별한 사랑을 상징했다는 점이었다.

요셉의 꿈(37:5-11)

요셉의 형들은 또한 요셉의 꿈 때문에 그를 미워했다. 우리는 꿈 해석자로서 요셉의 재능이 이 이야기에서 중요한 역할을 하는 것을 볼 것이다. 여기서 요셉은 자기 꿈을 해석한다. 나중에는 두 이집트 고위 관리, 술 맡은 관원장과 떡 굽는 관원장의 꿈을 해석할 것이고(40:1-41:40), 그런 다음 결정적으로 바로의 꿈을 해석할 것이다. 세 경우 모두 두 번씩 꿈꾸고, 두 번째 꿈은 어떤 식으로든 첫 번째 꿈의 메시지를 확증하지만, 때로는 진전된 메시지를 전달하기도 한다는 점에 유의해야 한다.

요셉의 처음 두 꿈은 그가 앞으로 형제 가운데서 높은 지위를 차지하리라는 사실을 나타내 주고, 두 번째 꿈은 이 메시지를 재확인할 뿐 아니라, 그의 어머니와 아버지까지 포함시킨다. 요셉은 첫 번째 꿈을 형들에게 말했다. 그들은 모두 밭에서 곡식 단을 묶고 있었는데, 갑자기 요셉의 단이 우뚝 서고 형들의 단이 그 앞에 절했다. 분명한 메시지는 요셉이 형제 가운데서 모종의 우위를 차지하리라는 것이고, 당연히 형들은 이로 인해 요셉을 미워한다. 형들은 이 꿈을 요셉이 자기들을 다스릴 것이라는 의미로 이해한다. 결국 요셉은 아버지가 총애하는 남동생이다. 아마 그들은 아버지가 이삭이 선택한 둘째 아들이었고, 이삭 또한 아브라함의 둘째 아들이었음을 알기 때문에 더 불안했을 것이다. 이 단들은 다가오는 엄청난 기근 시기에 요셉이 가족에게 식량을 제공하는 위치에 있을 미래를 가리킬 것이다.

두 번째 꿈은 한층 더 대담한 주장을 내놓는다. 우주를 배경으로 한 이 꿈에서 요셉은 해와 달, 열한 개의 별이 자기에게 절하는 모습을 본다. 11이라는 숫자는 분명 형제들을 가리키고, 해와 달은 당연히 야곱과 라헬을 가리킨다. 야곱도 이 꿈의 내용에 경각심을 표하지만, 서술자는 야곱이 이 일을 마음에 두었다고 알려 준다. 다시 말해서 야곱은 이 생각을 단번에 물리치지 않았다. 반면에 형들의 시기심은 더 커져서 요셉을 더 미워했다.

앞으로 이 두 꿈이 옳았음이 입증될 것이다. 요셉은 형제 가운데서, 더 나아가 아버지와의 관계에서도 높은 지위를 차지할 것이다. 하지만 형들이 이해하지 못하는 것은 이 높은 지위가 그들에게 이익이 될 것이라는 점이다. 물론 아마 훨씬 더 중요한 점은, 요셉이 자기 미래 권력이 섬기기 위한 것임을 이해한 것으로 보이지 않는다는 것이다. 사실 서술자가 요셉의 꿈 이야기를 전달하는 방식은 형들의 반응을 이해하게 하지만 옹호하지는 않는다. 형들의 악한 행동이 용납되는 것은 아니지만, 요셉은 여기서 매우 어리석게 행동하고 그는 잠언 16:18을 예증한다. "교만은 패망의 선봉이요. 거만한 마음은 넘어짐의 앞잡이니라."[2]

형들이 보기에는 이 버르장머리 없는 녀석이 자기가 우월하다고 주장하는 것처럼 보일 뿐이다. 그러나 실제로 이처럼 불길한 징조의 꿈은 하나님에게서 온다고 여겨졌기 때문에, 요셉의 주장에 신성한 권위를 부여했을 것이다. 요셉과 형들의 관계를 알면 다음 에피소드에서 형들의 행동을 이해하는 데 도움이 되지만, 역시 용납할 수는 없다.

— 이야기 살아내기 —

편애의 추악한 결과

야곱은 속이는 자로 가장 잘 알려져 있다. 사실 그의 이름 자체가 '속이다'를 의미하는 히브리어 관용구를 연상시킨다(창 25:26). 하지만 속임수는 야곱의 유일한 습관적 죄가 아니다. 야곱은 부당한 편애의 추악한 결과도 보여 준다.

야곱의 편애는 레아보다 라헬을 더 사랑했던 그의 태도에서 시작된다. 물론 교활한 라반은 야곱을 속여 어쩔 수 없이 레아를 받아들이게 했다(29:14b-31). 하지만 알다시피 그 상황에 대한 책임은 레아에게 있지 않았다. 우리가 아는 한 야곱이 레아를 대하는 태도는 절대 신체적 학대의 선을 넘지는 않지만, 레아는 외롭고 슬픈 삶을 살아야 했다(29:31).

우리는 자녀들을 대하는 야곱의 태도에 한층 더 혼란을 느낀다. 여기서 레아보다 라헬을 더 사랑하던 편애는 자녀들에게까지 이어진다. 야곱은 화려한 옷을 선물함으로써 형들보다 요셉을 편애한다는 것을 보여 줄 뿐만 아니라 또한 요셉 내러티브 전반에서 말과 행동을 통해 편애를 보여 준다. 우리가 아는 한, 야곱은 한 걸음도 물러서지 않고 라헬의 두 아들, 먼저 요셉과 나중에 베냐민에 대한 편애를 보여 주었다.

편애는 특히 동등해야 할 관계에서 어떤 사람을 다른 사람보다 우대하는 태도를 의미한다. 일부다처는 하나님의 이상이 아니지만(창 2:4-25을 다룬 장 후반부의 "결혼의 본질과 성이라는 선물" 단락을 보라), 이 경우에도 후대의 모세 율법에서는 한 남자의 여러 아내를 동등하게 대우하라고 요구한다(출 21:10-11). 자녀와 관련해서는 말과 행동 둘 다에서 동등한 사랑으로 자녀를 대해야 한다.

야곱의 가족 이야기는 오늘의 부모들에게 편애의 위험성에 대해 경고한다. 편애가 잘못이라는 것은 야곱의 행동에 대한 보편적인 반감을 통해 확인되지만, 부모가 정직하게 돌아본다면 자녀 가운데 더 좋아하는 아이를 선택하는 함정에 얼마나 빠지기 쉬운지 알 것이다. 솔직히 어떤 자녀는 다른 자녀보다 더 편하고 더 기쁨을 준다. '착한' 아이를 칭찬하고 그 아이의 행동을 미운 짓을 하는 아이가 본받아야 할 표준으로 삼아 힘든 자녀의 행동을 교정하려는 유혹이 있다.

야곱 내러티브는 그와 같은 편애의 전형적인 결과를 잘 보여 준다. 편애는 상황을 개선하지 못하고 훨씬 악화시킨다. 편애받는 아이는 자기에 대해 우쭐하게 느끼는 반면(요셉과 그의 꿈 표현을 보라), 그렇지 못한 아이는 가족 전체를 향해 분노를 발산한다.

어떤 사람은 이에 대해 하나님도 편애하신다고 반박할 수 있다. 결국 그분은 다른 사람들보다 아브라함을 편애하셨고, 이스마엘보다 이삭을, 에서보다 야곱을 편애하셨다. 그분은 다른 모든 사람보다 그리스도인을 편애하지 않으시는가?

이와 같은 관점은 선택과 편애를 혼동하는 것이다. 창세기 전체에서 이미 살펴본 바와 같이, 선택받은 자는 특별 대우를 받지 않는다. 사실, 선택받은 자라는 지위는 오히려 그들이 더 많은 고난을 받게 된다는 의미다. 화려한 옷이 아니라 기근, 갈등, 불임, 온갖 종류의 곤경이 하나님께 선택받은 자를 기다리고 있다. 이스마엘과 하갈을 대하는 방식에서 보았듯이, 선택받지 않은 자라고 해서 하나님께 버림받거나 무시당하거나 사랑받지 않는 것이 아니다. 사실 하나님은 선택받은 자들을 모든 사람의 영적 유익을 위한 도구로 사용하신다(창 12:3). 신약으로 시선을 돌리면, 하나님은 모든 사람을 사랑하신다는 말씀이 자주 나온다. 가장 잘 알려져 있고 가장 사랑받는 요한복음 한 본문에서 일러 주듯이 하나님은 자기 아들을 보내 십자가에서 죽게 할 만큼 모든 사람을 사랑하신다. "하나님이 세상을 이처럼 사랑하사 독생자를 주셨으니 이는 그를 믿는 자마다 멸망하지 않고 영생을 얻게 하려 하심이라. 하나님이 그 아들을 세상에 보내신 것은 세상을 심판하려 하심이 아니요. 그로 말미암아 세상이 구원을 받게 하려 하심이라"(3:16-17).

이와 관련하여 (창 41장을 다룬 장 후반부의) "하나님은 꿈을 통해 우리에게 소통하시는가?" 단락을 보라.

39

창세기 37:12-36

37:12그의 형들이 세겜에 가서 아버지의 양 떼를 칠 때에 13이스라엘이 요셉
에게 이르되 네 형들이 세겜에서 양을 치지 아니하느냐 너를 그들에게로
보내리라 요셉이 아버지에게 대답하되 내가 그리하겠나이다 14이스라엘
이 그에게 이르되 가서 네 형들과 양 떼가 다 잘 있는지를 보고 돌아와 내게
말하라 하고 그를 헤브론 골짜기에서 보내니 그가 세겜으로 가니라 15어떤
사람이 그를 만난즉 그가 들에서 방황하는지라 그 사람이 그에게 물어 이
르되 네가 무엇을 찾느냐 16그가 이르되 내가 내 형들을 찾으오니 청하건
대 그들이 양치는 곳을 내게 가르쳐 주소서 17그 사람이 이르되 그들이 여
기서 떠났느니라 내가 그들의 말을 들으니 도단으로 가자 하더라 하니라
요셉이 그의 형들의 뒤를 따라 가서 도단에서 그들을 만나니라 18요셉이
그들에게 가까이 오기 전에 그들이 요셉을 멀리서 보고 죽이기를 꾀하여
19서로 이르되 꿈꾸는 자가 오는도다 20자, 그를 죽여 한 구덩이에 던지고
우리가 말하기를 악한 짐승이 그를 잡아먹었다 하자 그의 꿈이 어떻게 되
는지를 우리가 볼 것이니라 하는지라 21르우벤이 듣고 요셉을 그들의 손에
서 구원하려 하여 이르되 우리가 그의 생명은 해치지 말자 22르우벤이 또
그들에게 이르되 피를 흘리지 말라 그를 광야 그 구덩이에 던지고 손을 그
에게 대지 말라 하니 이는 그가 요셉을 그들의 손에서 구출하여 그의 아버
지에게로 돌려보내려 함이었더라 23요셉이 형들에게 이르매 그의 형들이
요셉의 옷 곧 그가 입은 채색옷을 벗기고 24그를 잡아 구덩이에 던지니 그
구덩이는 빈 것이라 그 속에 물이 없었더라 25그들이 앉아 음식을 먹다가
눈을 들어 본즉 한 무리의 이스마엘 사람들이 길르앗에서 오는데 그 낙타
들에 향품과 유향과 몰약을 싣고 애굽으로 내려가는지라 26유다가 자기 형
제에게 이르되 우리가 우리 동생을 죽이고 그의 피를 덮어둔들 무엇이 유
익할까 27자 그를 이스마엘 사람들에게 팔고 그에게 우리 손을 대지 말자

그는 우리의 동생이요 우리의 혈육이니라 하매 그의 형제들이 청종하였더
라 [28]그때에 미디안 사람 상인들이 지나가고 있는지라 형들이 요셉을 구덩
이에서 끌어올리고 은 이십에 그를 이스마엘 사람들에게 팔매 그 상인들
이 요셉을 데리고 애굽으로 갔더라 [29]르우벤이 돌아와 구덩이에 이르러 본
즉 거기 요셉이 없는지라 옷을 찢고 [30]아우들에게로 되돌아와서 이르되 아
이가 없도다 나는 어디로 갈까 [31]그들이 요셉의 옷을 가져다가 숫염소를
죽여 그 옷을 피에 적시고 [32]그의 채색옷을 보내어 그의 아버지에게로 가
지고 가서 이르기를 우리가 이것을 발견하였으니 아버지 아들의 옷인가
보소서 하매 [33]아버지가 그것을 알아보고 이르되 내 아들의 옷이라 악한
짐승이 그를 잡아먹었도다 요셉이 분명히 찢겼도다 하고 [34]자기 옷을 찢고
굵은 베로 허리를 묶고 오래도록 그의 아들을 위하여 애통하니 [35]그의 모
든 자녀가 위로하되 그가 그 위로를 받지 아니하여 이르되 내가 슬퍼하며
스올로 내려가 아들에게로 가리라 하고 그의 아버지가 그를 위하여 울었
더라 [36]그 미디안 사람들은 그를 애굽에서 바로의 신하 친위대장 보디발에
게 팔았더라

이야기 속 다른 본문 경청하기

성경 본문: 창세기 37:1-11

앞 단락은 현재 이야기의 배경을 보여 준다. 앞 단락에서 우리는 야곱의 편애와 동생 요셉에 대한 형들의 깊은 시기심을 보았다.

이야기 설명하기

요셉이 도단으로 가다(37:12-17)

요셉을 제외한 형제들은 양 떼에게 풀을 먹이기 위해 세겜성 근처로 갔다. 당시 야곱 가족의 본거지는 헤브론이었다. 예루살렘을 지나는 중앙 능선을 따라 130킬로미터 정도 올라가야 했기 때문에 세겜으로 가는 여정은 약간 시간이 걸렸을 것이다. 물론 그들은 목축 유목민이었고, 방목할 수 있는 땅을 따라가고 있었다. 세겜은 아브라함이 방문한 첫 번째 가나안의 성이었고, 그는 그곳에 제단을 쌓았다(창 12:6). 물론 좀 더 최근에 시므온과 레위가 그 성의 남자들을 학살한 후 야곱의 가족은 세겜으로 도망했다(창 34장). 자세한 내용은 알 수 없지만, 그들은 양 떼를 성 근처로 데려갈 만큼 편안함을 느낀 것으로 보인다.

여기서 다른 이름 이스라엘로 불리는 야곱은 요셉을 형들에게 보내기로 한다. 여기서 야곱이 무슨 생각을 하고 있는지 알 수 없지만, 막내아들에게 닥칠 잠재적 위험을 인식하지 못하거나 다른 아들들의 시기심을 인식하지 못하는 것 같다. 그는 형제들의 시기심에 대해 둔감했을 것이고, 따라서 우리가 보기에 아마 그는 형들이 어떤 식으로든 동생을 해칠 수 있다는 상상을 못 했을 것이다.

야곱은 요셉이 형들을 방문한 다음 형들과 양 떼에 관해 일러 주기를 바란다. 이전에 요셉이 아버지에게 형들의 잘못을 일러바친 일을 생각하면(37:2), 우리는 형들이 이에 대해 어떻게 느낄지 짐작할 수 있다.

요셉은 착실하게 세겜으로 갔다가 형들이 다른 곳으로 떠났다는 사실만 알게 된다. 무명의 한 남자가 형들이 하루 더 걸어야 하는(약 20킬로미터) 도단으로 이동했다고 알려 줌으로써 요셉은 집과 가족의 보호로부터 더욱 멀어진다. 도단이 세겜 정서쪽, 갈멜 산맥의 남쪽 끝에 있었고 또한 북쪽에서 이집트로 내려가는 국제 무역로에 위치했다는 점은 이 이야기 나머지 부분에서 중요한 요소가 된다.

형들이 요셉을 팔다(37:18-28)

요셉을 따라가던 서술자의 관점이 바뀌면서, 이제(18절) 요셉이 멀리서 다가오는 것을 발견한 순간부터 형들의 관점으로 사건을 전달한다. 이로써 형들은 요셉을 제거할 음모를 꾸밀 시간을 번다. 그들은 요셉을 이름으로 부르는 대신 "꿈꾸는 자"라고 비아냥대면서(19절), 앞으로 그들보다 우월해질 것을 단언한 요셉의 짜증 나는 꿈을 떠올린다.

형들의 즉각적인 반응은 요셉을 죽이는 것이었고, 그들은 범죄를 은폐하기 위해 음모를 꾸민다. 그들은 먼저 요셉을 죽인 뒤 시신을 구덩이(물을 저장하는 데 사용되는 물 저장고)에 던져 넣은 다음 사나운 맹수가 그를 죽였다고 전할 것이다. 이렇게 함으로써 형들은 요셉이 꾼 꿈의 메시지를 뒤집기를 바란다. 요셉이 죽는다면, 분명 그들을 다스릴 수 없다! 형들이 실제로 그 꿈이 하나님에게서 왔다고 믿었을 가능성은 거의 없고, 그래서 우리는 그들의 말이 빈정대는 말이라고 받아들여야 한다.

이 시점에 르우벤이 개입한다. 그는 형제 가운데 장남이고 지도자로 추정된다. 그는 또한 형제들이 떠나 있는 동안 일어난 모든 일에 대해 가장 큰 책임을 질 사람이다. 르우벤은 형제들에게 요셉을 먼저 죽이지 말고, 그냥 구덩이에 던져 넣은 다음 그곳에 남겨 두자고 조언한다. 결과는 같을 수 있지만 형제들이 적극적으로 요셉의 피를 볼 필요가 없을 것이다. 하지만 르우벤에게는 다른 형제들에게 알리지 않은 은밀한 동기가 있었다. 서술자는 독자들에게 르우벤이 돌아와 동생을 구덩이에서 꺼내 아버지께 돌려보내려 했다고 알려 준다.

따라서 르우벤은 형제 중 가장 칭찬받을 만한 인물이다. 하지만 그조차도 마땅히 해야 할 행동을 하지 않는다. 르우벤은 장남으로서 처음부터 동생을 보호했어야 한다. 은밀하게 구출하려는 (역효과를 가져올) 계략을 꾸미기보다 형제들의 음모를 즉시 진압했어야 한다. 요셉 내러티브는 또한, 왜 르우벤이 아닌 유다가 나중에 가장 중요한 지파의 조상이 되는지에 대한 질문에 답하는 데 관심이 있으므로, 우리는 또한 이 단계에서 유다도 요셉의 죽음을 모의하는 형제 가운데 하나라는 점을 지적해야 한다. 따라서 상대적으로 말해서, 여기 요셉 내러티브가 시작될 때 르우벤은 유다보다 더 빛난다. 하지만 시간이 흐르면서 우리는 유다의 인품에 극적 발전이 일어나고 르우벤은 배경으로 사라지는 것을 볼 것이다.

요셉이 도착했을 때 형제들은 시간을 허비하지 않고, 막내아들에 대한 야곱의 편애를 상징하던 기분 나쁜 채색옷을 벗겼다. 이렇게 굴욕을 준 후, 그들은 요셉을 구덩이에 던져 넣었다. 서술자는 그가 익사하지 않은 이유를 설명하기 위해 이 구덩이에 물이 없었다고 언급한다. 이런 식으로 형제들은 탈의로 인한 노출, 굶주림, 갈증으로 서서히 죽어가는 운명으로 그를 몰아넣었다.

형들의 의도를 고려할 때 요셉에게는 다행스럽게도(물론 앞으로 보듯이 그를 구출하려는 르우벤의 계획에 대해서는 애석하게도), 그들은 북쪽에서 국제 교역로를 따라 내려오는 대상을 본다. 이 대상은 향품, 유향, 몰약을 팔기 위해 이집트에 가는 이스마엘 상인들로 구성되어 있었다. 물론 이름이 암시하듯이, 창세기 25:12-16에 따르면(39:1; 삿 8:24; 시 83:6도 보라) 그들은 이스마엘의 후손이었고, 그들의 본고향은 아라비아 반도였다. 그런데 여기서 그들은 아브라함이 낳은 또 다른 민족인 미디안 족속이라고도 불리는데, 미디안을 낳은 것은 이스마엘의 어머니 하갈이 아니라 아브라함 노년의 첩인 그두라였다(창 25:1-2). 어떤 사람들은 본문에서 이 상인들을 지칭할 때 이스마엘 사람과 미디안 사람을 혼용하는 현상이 이전에 존재하던 여러 자료가 합쳐진 결과라고 생각하지만, 이스마엘 족속이라는 말은 아라비아 북부 주민을 가리키는 포괄적인 용어고, 미디안 족속은 특정 민족을 의미했을 가능성도 있다.[1] 이스마엘 족속과 미디안 족속이라는 말이 서로 바뀌어 표현되면서 같은 민족을 지칭하는 현상은 사사기 8:22-24에서도 확인할 수 있다.

이제 유다가 처음으로 전면에 등장한다. 그는 레아와 야곱의 넷째 아들이지만, 우리는 이미 르우벤(35:19-20을 보라)과 더불어 시므온과 레위(창 34장)가 야곱과의 관계에서 자기들의 평판을 갉아먹는 것을 보았다. 이로써 유다는 형제들 사이에 잠재적 지도자가 되어, 성가신 동생을 죽이지 않고 제거하여 그 과정에서 이익을 챙길 계획을 내놓는다.

유다는 요셉을 죽이려는 생각에 도덕적으로 분노하는 인물이 아니라 실용주의자라는 인상을 주지만, 그는 다른 형제들에게 요셉이 형제라는 사실로 호소한다. 그는 요셉을 이스마엘 대상에게 팔자고 제안한다. 이렇게 하면 그들은 직접 살인죄를 범하고 그 범죄를 은폐해야 하는 부담을 피할 수 있다(물론 요셉의 실종은 은폐해야겠지만 말이다).

형제들은 동의하고 요셉을 은 20세겔에 상인들에게 팔았는데, NIV 성경 각주가 지적하듯이, 20세겔은 약 230그램(8온스)에 해당한다. 흥미롭게도 키친(Kitchen)은 요셉 내러티브의 역사적 사실성을 지지하면서, 이 성인 남자 노예의 가격은, 일부 학자들이 이 내러티브가 만들어져 자리 잡았다고 생각하는 나중 시기가 아니라 더 이른 시기인 기원전 2천년대 전반부에 가장 잘 어울린다고 지적한다.[2]

은폐 (37:29-36)

유다의 계획으로 인해 요셉을 형들로부터 구출하려는 르우벤의 의도는 좌절되었다. 명확히 알 수 없는 이유로, 요셉이 이스마엘 족속에게 팔려 갈 때 르우벤은 그 자리에 없었다. 아마 그가 양 떼를 돌볼 차례였을 것이다. 이 소식을 듣자마자 즉시 공황 상태에 빠진 르우벤은 슬픔과 걱정으로 옷을 찢었다. 반드시 요셉에 대한 슬픔과 걱정 때문이 아니라 요셉에게 일어난 일에 대해 궁극적 책임을 지고 있는 맏형으로서 자기에게 미칠 결과에 대한 슬픔과 걱정 때문이었다.

이렇게 해서 형제들은 은폐를 실행했다. 그들은 요셉의 특징적인 화려한 옷을 염소 피에 적신 후 야곱에게 가져다주었다. 그들은 야곱에게 옷을 살펴서 요셉의 옷이 맞는지 확인해 보라고 요청했다. 형제들의 요청은 아마 요셉이 실제로 그들을 만난 적이 없다고 주장하고 있음을 암시할 것이다. 만약 만났다면 그들은 이것이 동생의 옷임을 알았을 것이고 야곱의 확인이 필요 없었을 것이다. 이런 식으로 그들은 무슨 일이 있었는지 야곱이 스스로 결론을 내리게 한다. 야곱이 보기에, 요셉은 사나운 짐승에게 잡아먹힌 것이 분명했다.

야곱은 즉시 슬픔에 빠져 옷을 찢고 굵은 베옷을 입는다. 그를 위로하려는 아들들과 딸들(여기서 우리는 디나가 외동딸이 아님을 알게 된다)의 시도는 거부된다("모든 자녀"는 히브리어로 '모든 아들들과 모든 딸들'이다—옮긴이). 그는 위로받을 수 없고, 죽어서 요셉과 하나가 될 때까지 결코 울음을 멈추지 않겠다고 선언한다.

서술자는 에피소드를 마무리하면서 상인들이 이집트로 가서 이집트 고위 관리 보디발에게 요셉을 팔았다고 독자에게 알려 준다. 구체적으로 그는 군인이었다. "친위대장"(captain of the guard, NIV)으로 번역된 히브리어 어구는 더 문자적으로 '우두머리 도축자'로 번역되는데, 이는 이집트인이 고위 공직의 이름을 가족 내 하인의 명칭을 따라 지었음을 암시한다(나중에 술 맡은 관원장과 떡 굽는 관원장에 관한 설명을 보라).

"당신들은 나를 해하려 하였으나", 1부: 하나님은 요셉의 형들의 악한 행동을 사용하신다

요셉 내러티브를 처음 읽을 때 우리는 이 장에서 형들을 시작으로, 요셉이 많은 사람에게 받는 끔찍한 대우에 말문이 막힌다. 그는 사실 오만하고 경솔하고 둔감한 동생일 수 있지만, 여기서 받은 대우처럼 노예로 팔려 간 뒤, 아버지에게는 죽은 것으로 전해져야 했던 것은 아니다.

이 모든 일에서 하나님은 어디 계신가? 우리는 하나님이 실제로 요셉에게 두 번의 꿈을 보여 준 분이신지 의문스럽지만, 본문은 명시적으로 언급하지 않는다. 하나님이 요셉과 함께 구덩이에 계셨다는 언급도 전혀 없다. 이 순간 요셉은 하나님이 자기를 버렸다고 생각했을 가능성도 없지 않다.

하지만 요셉이 노예로 팔려 간 기사를 이야기의 마지막에 비추어 읽으면(내러티브를 두 번째로 읽는 것) 이 문제에 완전히 다른 빛을 비춘다. 요셉은 인생의 전 과정을 돌아보면서 형들에게 이렇게 말할 수 있었다. "당신들은 나를 해하려 하였으나 하나님은 그것을 선으로 바꾸사 오늘과 같이 많은 백성의 생명을 구원하게 하시려 하셨나니"(창 50:20). 우리는 이 주제를 나중에 더 자세히 다룰 것이다(창 50:15-21을 다룬 장 '이야기 살아내기'의 "'당신들은 나를 해하려 하였으나', 4부" 단락을 보라).

지금 우리가 알 수 있는 바는, 요셉이 구덩이에 던져져 이스마엘 상인에게 팔려 갈 때 하나님은 완전히 부재하신 것이 아니라, 형들의 악한 동기와 행동을 사용하여 하나님의 가족을 파괴적인 기근의 영향으로부터 구출해 내는 과정을 시작하고 계신다는 것이다.

오늘날 독자는 이 이야기에서 용기를 얻어야 한다. 삶이 엉망진창인가? 하나님이 부재하시는 것 같은가? 하나님은 인생의 어려움과 고통을 사용하여 여러분을 통해 또한 여러분을 위해 자기 목적을 성취하실 수 있음을 기억하자.

나중에 훨씬 더 길게 설명할 논점을 간단히 다루자면, 여기서 요셉은 다시 더 큰 구원을 예고한다. 예수님도 요셉과 마찬가지로 자기를 해하려고만 하는 사람들의 손에 고난당하셨다. 실제로 베드로가 오순절에 군중에게 말했듯이 "너희가 법 없는 자들의 손을 빌려 못 박아 죽였으나" 이는 전부 "하나님께서 정하신 뜻과 미리 아신 대로" 이루어진 일이었다(행 2:23). 예수님에게 가해진 악은 요셉의 행동이 가져온 구원보다 훨씬 더 큰 구원, 즉 죄와 죽음으로부터의 구원을 가져왔다.

그레이다누스는 한 걸음 더 나아가 형들의 손에 당한 요셉의 침묵 속 고난에서 예수님의 고난이 예고된다고 제안한다. 나중에 형들은 죄책감을 느끼면서 요셉이 목숨을 살려 달라고 애걸한 일을 기억하지만(42:21), 그가 정확히 지적하듯이 내러티브는 팔려 가는 장면을 서술하면서 침묵하는 요셉을 그린다. 그레이다누스는 계속해서 이 장의 요셉이 나중에 예언자 이사야가 묘사할 고난받는 종의 침묵을 예시한다고 주장한다.

> 그가 곤욕을 당하여 괴로울 때에도
> 그의 입을 열지 아니하였음이여
> 마치 도수장으로 끌려가는 어린 양과
> 털 깎는 자 앞에서 잠잠한 양같이
> 그의 입을 열지 아니하였도다. (사 53:7)

이 점에 있어서도 요셉은 미래의 고난받는 종이신 예수님의 모형이다. 나중에 빌립이 에디오피아 내시에게 말하듯이, 그분은 예언자 이사야가 궁극적으로 말한 분이셨고(행 8:35) 침묵 가운데 고난과 죽음을 맞이한

분이셨다(막 14:61; 15:5; 눅 23:9).[3]

시기심의 추악한 결과

요셉 내러티브가 시작하자마자 우리는 형들이 요셉에게 느낀 엄청난 시기심을 보았다. 요셉에게는 그들이 간절히 바라는 것, 바로 아버지의 특별한 사랑이 있었다. 요셉에 대한 야곱의 편애가 얼마나 큰 잘못인지를 이미 설명했다(37:2-11을 다룬 장 '이야기 살아내기'의 "편애의 추악한 결과" 단락을 보라). 한마디로 야곱의 편애는 요셉에 대한 형들의 시기심을 불러일으킨다.

시기심이란 "다른 사람은 갖고 있지만 우리는 갖지 못한 것을 바라는 욕망이다. 그것은 분개하는 욕망이다."[4] 형들은 분명 요셉에게 분개하는데, 그 분노에 완전히 사로잡혀 분개한다. 그들은 요셉과 그의 특권적인 가정생활을 마음속에서 지울 수 없다.

가인과 아벨 이야기를 분석하면서 미로슬라브 볼프(Miroslav Volf)는 요셉과 형제들의 이야기에서 볼 수 있는 패턴에 주목한다. "먼저 시기심이 오고…그다음에 온 것은 분노, 하나님과 아벨 둘 다에 대한 '격정적 반감'(passionate againstness)이다."[5]

시기심에 사로잡힌 형들이 요셉에게 분노한 것은 분명하지만, 하나님을 향해서는 어떠했는가? 가인과 아벨 이야기처럼 명확히 표출된 것은 아니지만, 동생에 대한 미움을 기꺼이 제어하지 않는 형들의 모습에서 하나님을 향한 분노를 볼 수 있다. 그들은 하나님이 주신 것에 만족하지 못하고, 그래서 그들은 하나님을 신뢰하지 못하고 악의적인 수단으로 시기심의 근원을 제거한다.

시편 73편은 자기보다 더 많은 것을 가진 악인에 대한 시기심 때문에 하나님과 씨름하는 어떤 사람의 속내를 보여 준다.

나는 거의 넘어질 뻔하였고
나의 걸음이 미끄러질 뻔하였으니
이는 내가 악인의 형통함을 보고
오만한 자를 질투하였음이로다. (시 73:2-3)

형들은 아버지의 사랑과 선물을 소유한 요셉을 시기했고, 요셉의 오만함은 창세기 37장 전반부에서 꾼 꿈에 대한 그의 설명에서 드러났다. 시편 저자는 형들과 달리 자기가 시기하는 사람을 해칠 수 있는 위치에 있지 않았지만, 만약 할 수 있었다면 그렇게 했을 것이다.

하지만 형들은 증오로 가득 찬 시기심을 행동에 옮겨 요셉을 노예로 팔아넘기고 그의 죽음을 조작하고 아버지에게 그 사실을 알린다. 이렇게 함으로써 그들은 원하는 것을 얻었을까? 요셉이 무대에서 사라진 후 야곱은 다른 형제들을 더 사랑했을까? 가족은 불화에서 행복으로 바뀌었을까? 당연히 이 두 질문에 대한 대답은 '아니요'다. "이런 어두운 욕망의 역설은 실제로 우리가 원하는 것을 파괴한다는 것이다."[6]

그렇다면 시기심을 어떻게 다루어야 할까? 다시 우리는 답을 얻기 위해 시편 저자에게 시선을 돌린다. 시편 73편의 작곡가는 시기심으로 씨름한 뒤 이 노래를 썼다. 결국 이 시편은 "하나님이 참으로 이스라엘 중 마음이 정결한 자에게 선을 행하[신다]"는 말로 시작한다(73:1). 이 시편 후반부에서는 시기심에 완전히 사로잡힌 그의 마음이 하나님 앞에 나아가면서 진정되었다고 설명한다. 그는 구약 시대에 하나님이 자신의 특별한 임재를 알리시는 장소인 성소에 가서, 하나님이 자기와 함께 계셨고 악인의 번영은 실재가 아니라 겉보기와 달리 단명한다는 것을 깨달았다.

21세기를 살아가는 우리는 시기심을 불러일으킬 많은 일에 직면한다. 우리는 텔레비전 쇼에서 부유하고 힘 있는 사람들의 삶에 노출되고,

끝없는 광고는 더 좋고 더 많은 명품을 바라는 우리의 욕망을 악용한다. 아무리 많은 돈과 아무리 많은 재산을 가져도 더 많은 것을 바라는 욕구는 항상 존재한다. 시편 저자처럼 우리는 하나님 앞에 나아가 우선순위를 바로 잡아야 한다. 하나님과 활기차고 친밀한 관계를 맺고 있다면, 우리에게 다른 무엇이 필요하겠는가?

40

창세기 38장

38:1그 후에 유다가 자기 형제들로부터 떠나 내려가서 아둘람 사람 히라와
가까이 하니라 2유다가 거기서 가나안 사람 수아라 하는 자의 딸을 보고
그를 데리고 동침하니 3그가 임신하여 아들을 낳으매 유다가 그의 이름을
엘이라 하니라 4그가 다시 임신하여 아들을 낳고 그의 이름을 오난이라 하
고 5그가 또 다시 아들을 낳고 그의 이름을 셀라라 하니라 그가 셀라를 낳
을 때에 유다는 거십에 있었더라 6유다가 장자 엘을 위하여 아내를 데려오
니 그의 이름은 다말이더라 7유다의 장자 엘이 여호와가 보시기에 악하므
로 여호와께서 그를 죽이신지라 8유다가 오난에게 이르되 네 형수에게로
들어가서 남편의 아우 된 본분을 행하여 네 형을 위하여 씨가 있게 하라
9오난이 그 씨가 자기 것이 되지 않을 줄 알므로 형수에게 들어갔을 때에
그의 형에게 씨를 주지 아니하려고 땅에 설정하매 10그 일이 여호와가 보
시기에 악하므로 여호와께서 그도 죽이시니 11유다가 그의 며느리 다말에
게 이르되 수절하고 네 아버지 집에 있어 내 아들 셀라가 장성하기를 기다
리라 하니 셀라도 그 형들같이 죽을까 염려함이라 다말이 가서 그의 아버
지 집에 있으니라 12얼마 후에 유다의 아내 수아의 딸이 죽은지라 유다가
위로를 받은 후에 그의 친구 아둘람 사람 히라와 함께 딤나로 올라가서 자
기의 양털 깎는 자에게 이르렀더니 13어떤 사람이 다말에게 말하되 네 시
아버지가 자기의 양털을 깎으려고 딤나에 올라왔다 한지라 14그가 그 과부
의 의복을 벗고 너울로 얼굴을 가리고 몸을 휩싸고 딤나 길 곁 에나임 문
에 앉으니 이는 셀라가 장성함을 보았어도 자기를 그의 아내로 주지 않음
으로 말미암음이라 15그가 얼굴을 가리었으므로 유다가 그를 보고 창녀로
여겨 16길 곁으로 그에게 나아가 이르되 청하건대 나로 네게 들어가게 하
라 하니 그의 며느리인 줄을 알지 못하였음이라 그가 이르되 당신이 무엇
을 주고 내게 들어오려느냐 17유다가 이르되 내가 내 떼에서 염소 새끼를

주리라 그가 이르되 당신이 그것을 줄 때까지 담보물을 주겠느냐 [18]유다가
이르되 무슨 담보물을 네게 주랴 그가 이르되 당신의 도장과 그 끈과 당신
의 손에 있는 지팡이로 하라 유다가 그것들을 그에게 주고 그에게로 들어
갔더니 그가 유다로 말미암아 임신하였더라 [19]그가 일어나 떠나가서 그 너
울을 벗고 과부의 의복을 도로 입으니라 [20]유다가 그 친구 아둘람 사람의
손에 부탁하여 염소 새끼를 보내고 그 여인의 손에서 담보물을 찾으려 하
였으나 그가 그 여인을 찾지 못한지라 [21]그가 그곳 사람에게 물어 이르되
길 곁 에나임에 있던 창녀가 어디 있느냐 그들이 이르되 여기는 창녀가 없
느니라 [22]그가 유다에게로 돌아와 이르되 내가 그를 찾지 못하였고 그곳
사람도 이르기를 거기에는 창녀가 없다 하더이다 하더라 [23]유다가 이르되
그로 그것을 가지게 두라 우리가 부끄러움을 당할까 하노라 내가 이 염소
새끼를 보냈으나 그대가 그를 찾지 못하였느니라 [24]석 달쯤 후에 어떤 사
람이 유다에게 일러 말하되 네 며느리 다말이 행음하였고 그 행음함으로
말미암아 임신하였느니라 유다가 이르되 그를 끌어내어 불사르라 [25]여인
이 끌려 나갈 때에 사람을 보내어 시아버지에게 이르되 이 물건 임자로 말
미암아 임신하였나이다 청하건대 보소서 이 도장과 그 끈과 지팡이가 누
구의 것이니이까 한지라 [26]유다가 그것들을 알아보고 이르되 그는 나보다
옳도다 내가 그를 내 아들 셀라에게 주지 아니하였음이로다 하고 다시는
그를 가까이하지 아니하였더라 [27]해산할 때에 보니 쌍태라 [28]해산할 때에
손이 나오는지라 산파가 이르되 이는 먼저 나온 자라 하고 홍색 실을 가져
다가 그 손에 매었더니 [29]그 손을 도로 들이며 그의 아우가 나오는지라 산
파가 이르되 네가 어찌하여 터뜨리고 나오느냐 하였으므로 그 이름을 베
레스라 불렀고 [30]그의 형 곧 손에 홍색 실 있는 자가 뒤에 나오니 그의 이름
을 세라라 불렀더라

이야기 속 다른 본문 경청하기

성경 본문: 창세기 34장; 35:21-22; 37:2; 37:21-36; 고대 근동 문헌: 중기 아시리아 법률; 히타이트 법률

창세기 37-50장은 흔히 요셉 내러티브라고 불린다. 요셉은 분명 이 창세기 마지막 부분의 주인공이다. 그래서 창세기 38장은 다소 이례적인 내용에 해당한다. 요셉은 한 번도 언급되지 않는다. 대신 서술자는 명확하지 않은 이유로 형제들을 떠나 몇몇 가나안 사람들과 함께 정착한 유다를 따라간다. 많은 학자가 창세기 38장이 요셉 내러티브의 줄거리 안에 끼어든 사건이라고 생각하지만, 그와 같은 시각은 근시안적이다.

실제로 이 장들은 야곱의 "족보"(*toledot*, 창 37:2)라고 설명된다. 또한 창세기 전반에서 보았듯이 아무개의 '족보'는 아무개의 가족, 특히 자손에 관한 것이고, 따라서 창세기 마지막 부분은 요셉에 관한 것만이 아니라 야곱의 모든 아들에 관한 것이다.

사실 우리는 여기서 '반복적 재개'(repetitive resumption)의 표식을 볼 수 있기 때문에, 창세기 38장을 요셉 이야기에 끼어든 의도적 삽입으로 볼 수도 있다. "'반복적 재개'는 '주어진 문맥 안에 독자적인 단락이 삽입되어 있음을 보여 주고' 또한 '더 광범위한 단락의 앞부분을 마무리하는 절을 삽입한 후, 보통 그 절을 약간 변형하여 반복하는 특징을 보인다.'"[1] 37:36과 39:1을 비교하면 이런 부분적 반복을 확인할 수 있다.

더 나아가 유다는 이 마지막 이야기에서 특별한 역할을 한다. 앞서 언급했듯이 이 내러티브는 유다가 야곱의 넷째 아들인데도 유다 지파가 나중에 중요해진 이유에 대한 질문에 대답하고자 한다. 결국, 맏아들 르우벤(35:21-22)과 둘째와 셋째 아들 시므온과 레위(34장)는 스스로 자격을 잃고 아버지 야곱과의 관계가 소원해지고 말았다. 따라서 이제 관심은 유다에게로 옮겨진다.

창세기 38장은 '요셉 내러티브'를 시작하면서 유다가 지닌 인품의 특징을 이해하는 데 도움이 되는 이야기를 전달한다. 우리는 이미 그가 요셉을 구출하려는 르우벤의 계획을 분명 알지 못한 채 망친 것을 보았다(37:21-30). 현재 이야기는 유다의 인생에서 이 시점에 그의 부정적인 인물 묘사를 더 심화시킬 뿐이다. 시간이 지나가면서 우리는 중대한 변화를 목격할 것이다.

우리는 '이야기 설명하기'에서 과부가 된 며느리를 다른 아들과 결혼시키는 유다의 행동을 후대의 (모세) 율법을 참조하여 설명할 수 있음을 볼 것이다(뒤에 인용할 신 25:5-6). 물론 이 절차는 다른 고대 근동 사회와 공통점이 있었다. 관련 아시리아 법률에서는 이렇게 명시한다. "남자가 여자와 함께 그녀의 머리에 기름을 붓거나 잔치(를 위한 음식)를 벌인 후, 남자가 아내에게 약속한 아들이 죽거나 도망친 경우, 남자는 장자로부터 적어도 열 살 이상의 막내까지 남은 아들 중 누구든 원하는 자에게 여자를 시집보내야 한다."[2] 히타이트 법률에 따르면 "남자에게 아내가 있는데 남자가 죽을 경우, 그의 형제는 과부를 아내로 맞아야 한다. (만약 그 형제가 죽을 경우) 아버지가 그 여자를 맞아야 한다. 나중에 아버지가 죽은 후에는 그의(즉 아버지의) 형제가 그 여자를 맞아야 한다."[3] 물론 히타이트와 중기 아시리아 법률은 이 장의 사건보다 나중에 제정되었지만, 이 모든 자료는 이 모든 법전보다 이전에 널리 퍼져 있던 관습을 증명한다.

이야기 설명하기

유다가 가나안 여자와 결혼하다(38:1-5)

이 이야기는 처음에(1-5절) 이 장의 줄거리에 필요한 배경과 상황을 설정한다. 앞서 언급했듯이 유다는 형제들을 떠나 한동안 가나안 사람

가운데, 특히 아둘람이라고 불리는 곳에 정착하여 그곳에서 히라라는 남자와 어울렸다. 사실 그가 떠난 것은 대가족이 함께 살았던 고대 근동 상황에서 이례적이고, 가족과의 관계에서 설명되지 않은 반목이 있었는지 궁금증을 갖게 만든다.

아둘람은 야곱의 가족이 정착한 헤브론에서 북서쪽으로 약 16킬로미터, 예루살렘에서 남서쪽으로 약 24킬로미터 떨어져 있다. 이 시기에 아둘람은 가나안 족속의 지배를 받았지만, 오랜 세월이 지난 후 여호수아에게 패한다(수 12:15). 이곳은 다윗의 생애 여러 시점에 다윗의 피난처로 중요한 역할을 했다(삼상 22:1-2; 삼하 13:13-17). 또한 예언자 미가가 경고한 도시 중 하나다(미 1:10-15). 우리는 히라에 대해 이 장에 언급된 것 이상은 알 수 없지만, 그는 애초에 유다를 아둘람으로 이끈 유다의 친구로 보인다.

유다가 가나안 사람과 긴밀하게 교제한다는 것은 이 시점에 하나님과 그의 관계에서 적신호다. 곧 드러나듯이 그가 수아의 딸로 표현된 한 이름 모를 가나안 여인과 결혼하는 것은 확실한 위험 신호다. 하나님은 자기 백성이 가나안 족속과 분리되기를 원하신다. 우리는 에서와 가나안 여인의 결혼을 이삭과 리브가가 유감스럽게 여겼고(26:34-35; 27:46) 에서 역시 이 결혼을 후회하게 되었다고 언급한 바 있다(28:6-9). 이런 상황으로 인해 리브가는 이삭을 설득하여 야곱을 밧단 아람으로 보내 집안사람과 결혼하게 했다(27:46). 또한 우리가 언급했듯이 세겜에서 있었던 야곱의 이야기는 자기 자손이 가나안 지역 주민과 통혼하도록 허용하려는 야곱의 의도를 비판하는 방식으로 전해졌다(34장).

다말의 남편들의 죽음(38:6-11)

이 결혼을 통해 세 아들, 맏아들 엘과 오난 그리고 마지막으로 셀라가 태어났다. 셀라는 거십이라는 또 다른 마을에서 태어났다. 거십이라는 이름은 구약 전체에서 여기에만 등장하지만, 어떤 학자들은 이곳이 악십과 같은 성이라고 제안한다. 악십은 유다의 한 성읍으로 열거되고(물론 유다의 자손이 이룰 지파가 하나님에게 받게 될 영토다, 수 15:44) 또한 아둘람과 함께 예언자 미가 시대에 멸망 위기에 처한 성읍 목록에서 언급된다(미 1:14을 보라).

내러티브는 세 아들의 탄생에서 장자 엘의 결혼으로 빠르게 질주한다. 그는 다말이라는 여인과 결혼한다. 명시적으로 언급되지 않았지만, 다말은 가나안 사람인 것이 거의 확실하다. 그녀의 아버지 집이 그 지역에 있는 것으로 보인다는 사실도 이를 뒷받침한다.

결혼 생활은 아이를 낳을 만큼 오래 지속되지 못했다. 우리는 하나님이 엘이 악하다고 보셨고(그 이유는 명시적으로 언급되지 않지만), 그래서 그를 죽이셨다는 간결한 말만 듣는다. 성경의 가르침은 악한 행동에 항상 그 같은 형벌이 뒤따르는 것은 아니라고 분명히 밝힌다(대표적인 예로 욥기를 보라). 고난에는 다른 이유도 있고, 악한 사람이 항상 젊을 때 죽는 것도 아니다. 하지만 여기처럼 가끔 그런 일이 일어난다.

엘이 죽은 뒤, 유다는 올바른 일을 하여 둘째 아들 오난에게 시동생으로서의 '의무'를 이행하고 다말과 동침하여 아이를 낳을 수 있게 하라고 지시한다. 나중에 모세 율법은 신명기 25:5-6에서 그 절차를 설명한다.

> 형제들이 함께 사는데 그중 하나가 죽고 아들이 없거든 그 죽은 자의 아내는 나가서 타인에게 시집가지 말 것이요. 그의 남편의 형제가 그에게로 들어가서 그를 맞이하여 아내로 삼아 그의 남편의 형제 된 의무를 그에게 다 행할 것이요. 그 여인이 낳은 첫아들이 그 죽은 형제의 이름을 잇게 하여 그 이름이 이스라엘 중에서 끊어지지 않게 할 것이니라.

물론 모세 율법은 엘이 죽었을 때 아직 제정되지 않았지만, 모세 율법은 아마 훨씬 이전 시대부터 알려진 사회적 관습을 규범으로 만들고 있었을 것이다.

하지만 시동생으로서 의무를 이행하고 싶지 않았던 오난은 다말과 동침하여 자기 자식이 될 수 없는 아이를 낳기보다 정액을 땅에 쏟아 버린다. 흥미롭게도 신명기의 율법은 계속해서 시동생이 의무를 이행하지 않을 때 어떤 일이 벌어지는지 설명한다.

> 그러나 그 사람이 만일 그 형제의 아내 맞이하기를 즐겨 하지 아니하면 그 형제의 아내는 그 성문으로 장로들에게로 나아가서 말하기를 내 남편의 형제가 그의 형제의 이름을 이스라엘 중에 잇기를 싫어하여 남편의 형제 된 의무를 내게 행하지 아니하나이다 할 것이요. 그 성읍 장로들은 그를 불러다가 말할 것이며 그가 이미 정한 뜻대로 말하기를 내가 그 여자를 맞이하기를 즐겨 하지 아니하노라 하면 그의 형제의 아내가 장로들 앞에서 그에게 나아가서 그의 발에서 신을 벗기고 그의 얼굴에 침을 뱉으며 이르기를 그의 형제의 집을 세우기를 즐겨 아니하는 자에게는 이같이 할 것이라 하고 이스라엘 중에서 그의 이름을 신 벗김 받은 자의 집이라 부를 것이니라. (신 25:7-10)

이 시나리오가 작동하는 가장 가까운 사례는, 보아스가 룻과 결혼하는 문제와 관련하여 자기보다 나오미에게 더 가까운 친척에게 접근하는 룻기 4장에서 볼 수 있다. 오난은 공개적으로 항의하지 않지만, 자기 의무를 철저히 이행하기를 은밀하게 거부한다. 그는 공개적으로 항의하지 않았기 때문에 다말에게는 선택지가 없었을 것이다. 이스라엘 백성이 되기도 전인 이런 초기 환경에서 오난의 거부에 이의를 제기하는 것은 가능하지도 않았겠지만 말이다. 그런데 하나님은 오난이 은밀하게 무슨 일을 하는지 알고 계시고, 그의 악한 행동 때문에 그를 죽이신다.

엘과 오난이 죽은 후 유다는 며느리에게 셋째 아들 셀라가 자랄 때까지 아버지 집으로 돌아가 있으라고 조언한다(유다 자신이 아버지의 집을 떠나왔다는 점에서 역설적이다[4]). 그런데 서술자는 다말과 결혼한 후 두 아들이 일찍 죽었다는 점을 고려하여 유다는 이제 셋째 아들에게 닥칠 수도 있는 운명에 대해 염려하고 있다고 알려 준다. 순종적인 며느리 다말은 집으로 돌아와 셀라가 성년이 될 때를 기다렸다.

유다가 창녀와 동침하다(38:12-23)

"오랜 세월"이 지난 후(12절, 새번역) 서술자는 독자에게 유다의 아내가 죽었다고 말한다. 곧이어 우리는 시간이 오래 흘렀는데도 유다가 다말에게 셀라를 남편으로 주지 않았음을 알게 된다. 다말은 유다가 셀라를 자기 남편으로 줄 의사가 전혀 없음을 깨닫는다(14절). 그래서 유다가 양털을 깎기 위해 친구 히라와 함께 딤나성으로 갔다는 소식을 들었을 때 다말은 자기 손으로 문제를 해결한다. 헤브론 남동쪽에 위치한 이 딤나는 삼손 이야기에 나오는 같은 이름의 성(삿 14장)과 혼동하지 않아야 한다.

다말은 딤나로 가는 길에 있는 에나임 성읍 입구(또는 아마 갈림길)에 매춘부의 모습으로 등장한다. 그녀는 과부의 옷을 벗고 아마 너울을 포함하여 매춘부처럼 옷을 입은 것으로 추정되는데,[5] 너울은 시아버지에게 자기 신분을 감추는 역할도 했다.

아내가 죽어 없는 유다는 매춘부로 변장한 다말에게 동침을 제안했다. 다말이 대가를 요구하자 유다는 가축 떼에서 염소 새끼를 주겠다고 약속한다. 유다는 당장에 염소가 없었으므로 다말은 대가를 보증할 일종의 담보물을 요청하면서 특히 유다의 도장, 끈, 지팡이를 요구한다. 이 물건들은 신분을 증명하는 표식이었다. 도장은 부드러운 진흙 위에 유다의 고유한 인장을 남기는 데 사용되었다. 지팡이 역시 유다와 연결되는 특징을 지녔을 것이다. 이런 물건을 매춘부에게 맡기는 것은 오늘날 운전면허증이나 신용 카드를 맡기는 것과 같았을 것이다.

이렇게 하여 유다는 며느리 다말과 동침하여 그녀를 임신시켰다. 다말은 그곳을 떠나 다시 과부의 옷을 입고 아무 일도 없었던 것처럼 행동했다. 한편 유다는 매춘부에게 대가를 전달하라고 히라에게 부탁했지만, 그들이 만난 장소에 갔을 때 다말은 어디에서도 찾을 수 없었다.

히라는 몇몇 현지인에게 그 여자를 어디서 찾을 수 있을지 물어보지만, 그들은 그런 사람을 전혀 모른다고 대답한다. 흥미롭게도 히라는 그 여자를 '신전 매춘부'(*qdeshah*, 개역개정은 "창녀")라고 지칭한다. 이 단어는 '거룩하다' 또는 '구별되다'를 의미하는 동사의 어근 '카데쉬'(*qdsh*)와 관련이 있다. 그녀는 일반 매춘부가 아니라 지역 성소와 관련된 매춘부였다고 추정할 수 있다. 신전 매춘은 나중에 신명기 율법에서 금지되고(23:18), 더 나중에 아사왕과 여호사밧왕도 그 땅에서 신전 매춘부를 없앴다(왕상 15:12; 22:47). 무엇 때문에 히라가 변장한 다말을 일반 매춘부가 아닌 신전 매춘부라고 칭했는지 본문에서 언급되지 않지만, 아마 그녀가 신전 근처에 있었기 때문일 것이다. 또한 이 대가가 순전히 성관계에 대한 대가라기보다는, 신전에 바치는 선물이라고 합리화하는 한 방법이었을 수도 있다. 흥미롭게도 유다가 실제로 다말에게 접근했을 때, 본문에 따르면 유다는 그녀가 "창녀"(*zonah*, 일반 매춘부를 가리키는 용어)라고 생각했다. 성경 본문에서는 실제로 신전 매춘부의 기능에 관해 언급한 적이 없지만, 성소와 관련된 매춘부는 다른 고대 근동 자료에서 알려져 있다.[6] 고대 근동의 일부 종교 사상은 자궁 및 밭의 다산과 관련되고, 아마 신과 관련된 여성과 성관계를 갖는 것은 다산을 보장하는 방법이었을 수 있다. 그러나 최근 이런 이해에 의문이 제기되었다.

유다가 신전 매춘부와 동침한다고 생각했다는 사실이 그의 인품을 더 부정적으로 만드는지는 판단하기 힘들다. 하지만 거짓 종교와 연관되고 혼외 성관계를 했다는 사실은 독자들의 눈에 유다의 평판을 더 떨어뜨리는 것처럼 보였을 것이다.

어쨌든 히라는 유다에게 돌아와 그녀를 찾지 못했다고 전한다. 유다는 계속 찾지 않고 돌아와 히라에게 그녀에게 대가를 주기 위해 최선을 다했고, 조롱거리가 되느니 차라리 도장과 끈과 지팡이를 기꺼이 포기하겠다고 말한다. 신전 매춘부와 동침했다는 이유로 조롱거리가 되기보다 오히려 계속 찾다가 욕을 당할 가능성이 더 컸다.

다말이 쌍둥이를 낳다(38:24-30)

석 달이 지났다. 얼추 임신이 눈에 띄기까지 걸리는 시간이다. 이 시점에 누군가 유다에게 며느리 다말이 매춘을 저지른 뒤 임신했다고 알린다. 누가 유다에게 알렸는지는 알 수 없고, 사건이 전개되는 과정을 볼 때 다말 측 인물이 말했을 가능성도 배제할 수 없다. 결국 다말의 계획이 성공하려면 유다가 그녀의 상태를 알아야 했고, 그녀는 유다의 반응을 예상할 수 있었다. 유다는 망설이지 않고, 가혹하지만 어쩌면 예상된 판결을 내린다. "그를 끌어내어 불사르라"(24절).

시간이 오래 지났기에 우리는 화형에 처하는 것이 매춘부처럼 행동한 과부에게 내리는 일반적인 형벌이었는지 알지 못한다. 나중에 모세 율법에서는 아내와 함께 장모와 결혼한 남자의 경우(레 20:14)와 제사장의 딸이 매춘부가 된 경우(레 21:9)에만 불에 태워 죽이는 형벌을 규정한다. 불에 태우는 것은 특히 끔찍한 처형 방식이고, 또한 그 사람이 명예로운 장례를 치르지 못한다는 의미다.

그런데 형을 집행하기 전 다말은 도장과 끈과 지팡이를 유다에게 보냈다. 유다는 즉시 그녀가 '매춘부'였고 그녀가 자기 때문에 임신했음을 알았다. 그는 즉시 평가를 변경하고 "그는 나보다 옳도다"라고 선언했다(26절). 유다는 셋째 아들 셀라를 다말에게 주지 않은 자기 죄를 인정했다. 그래서 그는 다말을 처형하지 않았고, 다시는 그녀와 동침하지도 않았다.

따라서 이 장은 두드러지게 부정적인 유다의 초상화를 내놓는다. 그는 가나안 족속 가운데 살면서 그들의 친구가 된다. 유다는 과부가 된 며느리에게 옳은 일을 하지 않는다. 그는 매춘부와 동침하고, 더 깊이 심문도 하지 않은 채 며느리를 죽이라고 냉정하게 명령한다. 하지만 유다는 완전한 패륜아는 아니다. 진실 앞에서 그는 자기 죄책을 인정한다. 아마 우리는 여기서 유다의 방향 전환의 시작을 볼 수 있을 것이다. 사실 요셉 내러티브가 계속되면서, 유다는 다시 형제들과 함께 있고, 더는 가나안 사람들 가운데 살지 않는다고 짐작할 수 있다.

이 장은 유다와 다말이 낳은 쌍둥이 아들의 탄생에 관한 기사로 끝난다. 이 출산의 이례적 특징은 우위를 차지하기 위한 싸움을 암시하고 아이들에게 붙인 이름을 설명해 준다. 아이 중 하나가 모태 밖으로 손을 내밀자, 산파는 손목에 홍색 실을 묶으면서 "먼저 나온 자"로 표시했지만, 아이는 이내 손을 다시 모태 안으로 가져갔다. 이렇게 하여 예상을 뒤집고 실제로 먼저 나온 다른 아이는 베레스, 즉 '터뜨림'이라는 이름을 받았다. 그런 다음 주홍색 실로 묶은 아이가 태어나 세라라는 이름을 받았는데, 이 이름은 '밝음' 혹은 '홍색'을 의미할 것이다.

— 이야기 살아내기 —

"유다는 다말에게서 베레스와 세라를 낳고"(마 1:3)

유다와 다말의 이야기는 언뜻 보기에 요셉 내러티브의 중단처럼 보인다. '이야기 설명하기'에서 지적했듯이, 이 이야기는 창세기 37장에서 39장으로 이어지는 내러티브 흐름을 방해하지만 "야곱의 '톨레도트'"에서 중요한 기능을 하고, 또한 유다가 더 광범위한 요셉 이야기의 중심인물이고 그의 지파 후손들이 앞으로 이스라엘 역사에서 엄청나게 중요한 지도자 역할을 맡을 것임을 상기시켜 준다.

웬함은 한 걸음 더 나아가 이렇게 정확하게 말한다. "따라서 언뜻 성경 역사에서 지엽적으로 느껴지는 이 이야기는 구원 역사의 중요한 연결 고리를 보여 준다. 다말은 아이를 낳겠다는 결심을 통해 다윗은 물론 세상의 구세주를 모두 낳는 영예를 유다에게 안겨 주었다."[7]

베레스와 세라는 유다와 다말이 맺은 인연의 결실이다. 우리는 다음에 룻기에서 그들에 대해 듣는다. 룻의 이야기는 암울한 사사 시대를 배경으로 한 사랑과 충정의 이야기인데, 그 목적 중 하나는 다윗 가문의 모압 배경을 설명하기 위한 것으로 보인다.[8] 결국 룻기를 마무리하는 족보는 실제로 다말과 유다의 아들 베레스로 시작된다.

> 베레스의 계보는 이러하니라.
> 베레스는 헤스론을 낳고
> 헤스론은 람을 낳았고
> 람은 암미나답을 낳았고
> 암미나답은 나손을 낳았고
> 나손은 살몬을 낳았고
> 살몬은 보아스를 낳았고
> 보아스는 오벳을 낳았고
> 오벳은 이새를 낳고
> 이새는 다윗을 낳았더라. (룻 4:18-22)

다윗에 대한 언급에서, 당연히 우리는 예수님과의 연결 고리를 본다. 그래서 베레스는 마태복음 1:3과 누가복음 3:33 둘 다에서 예수님의 조상으로 거명된다. 유명한 마태복음 족보에서는 다말도 예수님 조상의 어머니인 네 여성 중 하나로 언급된다. 다말 외에 라합과 룻과 밧세바도 포함된다. 네 명 모두 거의 확실히 이방인이다. 즉 다말과 라합은 가나안 사람, 룻은 모압 사람, 밧세바는 헷 사람이다. 이들에 대한 언급은 예수님에 이르는 계보가 인종적으로 순수한 계보가 아니라 다른 민족에서 온 사람들을 포함한다는 사실을 보여 준다. 룻의 경우는 당시 통념상의 문제에 불과하더라도, 네 여성 모두 불미스러운 성적 이력 때문에 이런 저런 의미에서 어려움을 겪었다. 다말은 유다를 속인 결과로 베레스(와 세라)를 낳았다. 룻은 보아스와 정식으로 결혼하기 전에 타작마당에서 보아스에게 몸을 내주었다. 라합은 매춘부였고, 밧세바는 다른 남자와 결혼한 상태에서 다윗과 동침했다. 예수님은 윤리적으로 순수한 조상들의 긴 계보에서 태어나지 않으셨고, 이런저런 방식으로 윤리적으로 타협했던 여성들(과 남성들)에게서 태어나셨다. 더 나아가, 당시 통념상의 문제에 불과하더라도, 미혼의 임신부인 마리아에게도 성적 순결에 대한 의문이 제기되었을 것이다.[9]

오난의 죄

때로 성경 본문을 현대 생활에 어떻게 잘못 적용했는지를 지적하는 것은 중요하다. 서론("21세기 관점으로 읽기" 단락을 보라)에서 우리는 이 고대의 역사 내러티브를 받아들여 우리의 삶에 적용하는 것과 관련된 문제에 대해 함께 논의한 바 있다. 무엇이 삶의 규범으로 주어진 것이고 무엇이 그 시대에만 국한된 것이냐는 질문을 다루거나, 그리스도의 오심으로 인해 어떤 본문을 오늘 우리 삶에 적용하기 부적절한 새로운 상황이 만들어졌을 수 있음을 고려하기란 쉽지 않다. 본문의 적절성에 관한 주장은 종종 성경 다른 곳에 있는 교훈적 가르침을 근거로 하여 뒷받침되기도 한다.

역사적으로, 창세기 38장에 나오는 오난의 행위와 이에 대한 하나님의 대응은 자위 문제와 관련된다고 여겨졌다. 실제로 이 에피소드에서 자위행위를 가리키는 전문 용어(오나니슴, onanism)가 나왔다. 또한 오난의 죄가 자위라면, 자위에 대한 하나님의 정죄는 분명하다. "오난이…땅에 설정하매 그 일이 여호와가 보시기에 악하므로 여호와께서 그도 죽이시니"(38:9-10).

이 이야기를 주의 깊게 자세히 읽어 보면, 이 본문은 자위와 아무 관련이 없고 분명 자위가 악한 행위임을 시사하는 증거 본문으로 사용되어서는 안 된다는 것을 보여 준다. 먼저, 오난은 자위한 것이 아니라 사정 직전에 음경을 뺐다(질외 사정). 또한 그는 다말을 임신시키지 않기 위해 그런 행동을 한다. 따라서 그의 죄는 정액을 흘린 행위 자체가 아니라 "형에게 씨를 주지 아니하려고 땅에 설정"한 것이다(38:9).

사실 성경에는 자위를 정죄하는 구절이 전혀 없다. 정결법에서는 "너희 중에 누가 밤에 몽설함으로 부정하거든 진영 밖으로 나가고 진영 안에 들어오지 아니하다가 해 질 때에 목욕하고 해 진 후에 진에 들어올 것"이라고 말한다(신 23:10-11). 그런데 이 율법은 도덕법이 아니라 정결법이다. 실제로 어떤 남자가 부부간 성관계에서 사정할 경우, 그는 짧은 기간 동안 의식적으로 부정하다(레 15:16-18). 자기 아내와 성관계를 갖는 것에는 분명 도덕적으로 잘못된 것이 전혀 없다. 이스라엘 율법에서는 어떤 사람이 의식적으로 부정해질 수 있는 한 가지 원인이 거룩한 것과 접촉하는 일이라고 인정한다는 점에서, 또한 체액(여성의 생식 기관과 관련된 피와 정액)은 생명과 연결되므로 거룩하다고 여겨진다는 점에서, 이 율법은 이해가 간다.

따라서 자위를 죄라고 규정하는 성경의 가르침은 전혀 없다. 이런 주장이 중요한 이유는, 여러 세대에 걸쳐 사람들은 하나님이 주신 성적 욕망에 대해 죄책감을 느꼈기 때문이다. 오늘날 사람들은 성경 시대보다 훨씬, 훨씬 늦게 결혼하는 경향이 있기 때문에 이 문제는 분명 더 시급해졌다. 실제로 모태에서부터 시작되는 자위는 자칫 자기 배우자가 아닌 사람과 동침하는 죄로 이어질 수 있는 성적 압박감을 해소하는 한 방법이다.

41

창세기 39장

39:1 요셉이 이끌려 애굽에 내려가매 바로의 신하 친위대장 애굽 사람 보디
발이 그를 그리로 데려간 이스마엘 사람의 손에서 요셉을 사니라 2 여호와
께서 요셉과 함께하시므로 그가 형통한 자가 되어 그의 주인 애굽 사람의
집에 있으니 3 그의 주인이 여호와께서 그와 함께하심을 보며 또 여호와께
서 그의 범사에 형통하게 하심을 보았더라 4 요셉이 그의 주인에게 은혜를
입어 섬기매 그가 요셉을 가정 총무로 삼고 자기의 소유를 다 그의 손에
위탁하니 5 그가 요셉에게 자기의 집과 그의 모든 소유물을 주관하게 한 때
부터 여호와께서 요셉을 위하여 그 애굽 사람의 집에 복을 내리시므로 여
호와의 복이 그의 집과 밭에 있는 모든 소유에 미친지라 6 주인이 그의 소
유를 다 요셉의 손에 위탁하고 자기가 먹는 음식 외에는 간섭하지 아니하
였더라 요셉은 용모가 빼어나고 아름다웠더라 7 그 후에 그의 주인의 아내
가 요셉에게 눈짓하다가 동침하기를 청하니 8 요셉이 거절하며 자기 주인
의 아내에게 이르되 내 주인이 집안의 모든 소유를 간섭하지 아니하고 다
내 손에 위탁하였으니 9 이 집에는 나보다 큰 이가 없으며 주인이 아무것도
내게 금하지 아니하였어도 금한 것은 당신뿐이니 당신은 그의 아내임이라
그런즉 내가 어찌 이 큰 악을 행하여 하나님께 죄를 지으리이까 10 여인이
날마다 요셉에게 청하였으나 요셉이 듣지 아니하여 동침하지 아니할 뿐더
러 함께 있지도 아니하니라 11 그러할 때에 요셉이 그의 일을 하러 그 집에
들어갔더니 그 집 사람들은 하나도 거기에 없었더라 12 그 여인이 그의 옷
을 잡고 이르되 나와 동침하자 그러나 요셉이 자기의 옷을 그 여인의 손에
버려두고 밖으로 나가매 13 그 여인이 요셉이 그의 옷을 자기 손에 버려두
고 도망하여 나감을 보고 14 그 여인의 집 사람들을 불러서 그들에게 이르
되 보라 주인이 히브리 사람을 우리에게 데려다가 우리를 희롱하게 하는
도다 그가 나와 동침하고자 내게로 들어오므로 내가 크게 소리 질렀더니

15그가 나의 소리 질러 부름을 듣고 그의 옷을 내게 버려두고 도망하여 나
갔느니라 하고 16그의 옷을 곁에 두고 자기 주인이 집으로 돌아오기를 기다
려 17이 말로 그에게 말하여 이르되 당신이 우리에게 데려온 히브리 종이
나를 희롱하려고 내게로 들어왔으므로 18내가 소리 질러 불렀더니 그가 그
의 옷을 내게 버려두고 밖으로 도망하여 나갔나이다 19그의 주인이 자기
아내가 자기에게 이르기를 당신의 종이 내게 이같이 행하였다 하는 말을 듣
고 심히 노한지라 20이에 요셉의 주인이 그를 잡아 옥에 가두니 그 옥은 왕
의 죄수를 가두는 곳이었더라 요셉이 옥에 갇혔으나 21여호와께서 요셉과
함께하시고 그에게 인자를 더하사 간수장에게 은혜를 받게 하시매 22간수
장이 옥중 죄수를 다 요셉의 손에 맡기므로 그 제반 사무를 요셉이 처리하
고 23간수장은 그의 손에 맡긴 것을 무엇이든지 살펴보지 아니하였으니 이
는 여호와께서 요셉과 함께하심이라 여호와께서 그를 범사에 형통하게 하
셨더라

이야기 속 다른 본문 경청하기

성경 본문: 창세기 12:1-3; 37장; 고대 근동 문헌: 두 형제 이야기(이집트)

유다에 초점을 맞춘 막간극 이후 내러티브는 요셉의 이야기로 돌아온다. 요셉의 형들은 창세기 37장 말미에 요셉을 이스마엘/미디안 상인들에게 노예로 팔았고, 현재 장이 시작되면서 상인들은 마침내 이집트에 도착하고 요셉은 이집트의 고위 관리인 보디발에게 팔린다. 하나님이 요셉과 함께 계셨기 때문에 번영하는 보디발의 집은 창세기 12:3에서 아브라함에게 주신 "땅의 모든 족속이 너로 말미암아 복을 얻을 것이라"는 하나님의 약속을 상기시킨다.

학자들은 일반적으로 창세기 39장과 "두 형제 이야기"(The Tale of Two Brothers)로 알려진 이집트 작품을 비교한다. 두 형제의 이름은 아누비스

(Anubis)와 바타(Bata)인데, 아누비스의 아내가 바타에게 동침하자고 설득하지만 거절당하자 강간 혐의로 고발한다는 점에서 비슷한 면이 있다. 그 후 두 이야기의 줄거리는 급격하게 달라진다. 결론적으로 이 두 이야기 사이에는 실질적인 연관성이 없다. 유사한 부분이 있지만 이 유사점들은 일반적 유형이며, 어느 한쪽이 다른 쪽에 대해 알고 있었기 때문에 생긴 것은 아니다.[1]

— 이야기 설명하기 —

하나님이 요셉과 함께 계시다(39:1-6a)

창세기 39장은 요셉의 이야기로 돌아간다. 37:36에서 미디안 대상은 요셉을 친위대장이요, 바로의 관리 중 하나인 보디발에게 노예로 팔았다. 창세기 39:1은 독자들에게 이 사실을 상기시킨다[물론 여기서는 상인들을 지칭할 때 미디안 사람이 아닌 이스마엘 사람이 사용되었지만(앞서 37:25-28의 논의를 보라)].

이렇게 시작한 후 서술자는 독자들에게 단도직입적으로 "여호와께서 요셉과 함께"하셨다고 일러 주는데, 요셉이 하나님과 언약 관계를 누리고 있음을 나타내는 표현이다.[2] 언약의 핵심은 "나는…너희의 하나님이 되고 너희는 내 백성이 될 것이니라"는 표현으로 나타난다. 우리는 이스라엘의 하나님이 이스라엘만의 하나님이 아니라 모든 민족의 하나님이시라는 점에 유의해야 한다. 그분은 요셉을 위해 이집트에서도 활동하신다.

같은 절에서 우리는 하나님의 임재에 복이 뒤따른다는 것을 알 수 있다. 요셉으로 인해 하나님은 보디발의 "집과 밭에" 번영을 가져다주셨다(5절). 보디발은 자기 집안의 성공이 요셉이 함께한 결과라고 여겼고,

그래서 요셉에게 집안을 관리하는 큰 책임을 맡겼다. 5절에 따르면 보디발의 집에서 요셉의 지위가 높아지면서 그의 집은 한층 더 번영했다. 요셉은 보디발이 "자기가 먹는 음식 외에는" 아무것도 걱정할 필요가 없을 정도로 집안을 잘 관리했다(6절).

이 대목에서 우리는 12:1-3에서 아브라함에게 주신 약속을 다시 한 번 상기해야 한다. 하나님은 아브라함과 그의 후손에게 복을 주실 뿐만 아니라 그들을 통해 "땅의 모든 족속이…복을 얻을 것"이다. 요셉의 존재로 인해 이집트인 보디발의 가정에 복이 임한다. 또한 하나님이 '그를 축복하는 자에게는 복을 내리실' 것이다. 보디발이 요셉의 지위를 높이고 점점 더 많은 책임을 맡기면서, 집안은 더 큰 번영을 누린다.

거짓 누명(39:6b-18)

보디발의 아내가 요셉에게 주목하기 전까지 보디발 집안의 모든 일은 요셉에게 잘 풀렸다. 서술자는 "요셉은 용모가 빼어나고 아름다웠더라"고 알려 준다(6절). 히브리 내러티브는 쓸데없이 외모에 대해 묘사하지 않고 줄거리와 관련 있을 때만 묘사하기 때문에, 다음 절에서 보디발의 아내의 제안을 묘사할 때 놀랍지 않다. 그녀는 단도직입적으로 "나하고 침실로 가요!"라고 말한다(7절, 새번역).

요셉은 그녀의 접근을 거절했다. 집안의 대소사를 자기에게 위탁한 주인에 대한 모욕이라고 여겼기 때문이다. 요셉은 그녀가 주인의 부인이고, 따라서 다른 남자와 동침해서는 안 된다는 점을 상기시킨다. 하지만 이것은 요셉이 거부한 유일한 이유는 아니다. 간음은 또한 하나님께 대한 죄가 될 것이다. 간음은 십계명의 공표와 함께 죄가 된 것이 아니다(출 20:14; 신 5:18). 십계명은 단지 하나님의 백성이 민족 국가가 되는 시점에 자기 백성을 향한 하나님의 뜻을 공식화했을 뿐이다. 안주인은 안 된다는 대답을 받아들이지 않았고, 매일 계속해서 요셉을 유혹했다.

요셉은 분명 옳은 일을 했다. 그는 하나님이나 주인에게 죄짓고 싶지 않았다. 그는 이웃과 하나님을 사랑함으로써 율법을 성취했다. 잠언은 요셉의 시대보다 훨씬 나중에 기록되었지만, 그는 '낯선 이방 여인'과 동침하지 말라고 아들에게 경고한 아버지의 지혜를 명확히 구현한다. 이 주제에 대한 광범위한 가르침 중 하나를 다루어 보자.

내 아들아 네 아비의 명령을 지키며
네 어미의 법을 떠나지 말고
…
대저 명령은 등불이요 법은 빛이요
훈계의 책망은 곧 생명의 길이라.
이것이 너를 지켜 악한 여인에게,
이방 여인의 혀로 호리는 말에 빠지지 않게 하리라.
네 마음에 그의 아름다움을 탐하지 말며
그 눈꺼풀에 홀리지 말라.
음녀로 말미암아 사람이 한 조각 떡만 남게 됨이며
음란한 여인은 귀한 생명을 사냥함이니라.
사람이 불을 품에 품고서야
어찌 그의 옷이 타지 아니하겠으며
사람이 숯불을 밟고서야
어찌 그의 발이 데지 아니하겠느냐.
남의 아내와 통간하는 자도 이와 같을 것이라.
그를 만지는 자마다 벌을 면하지 못하리라.
도둑이 만일 주릴 때에 배를 채우려고 도둑질하면
사람이 그를 멸시하지는 아니하려니와
들키면 칠 배를 갚아야 하리니

심지어 자기 집에 있는 것을 다 내주게 되리라.

여인과 간음하는 자는 무지한 자라.

이것을 행하는 자는 자기의 영혼을 망하게 하며

상함과 능욕을 받고

부끄러움을 씻을 수 없게 되나니

남편이 투기로 분노하여

원수 갚는 날에 용서하지 아니하고

어떤 보상도 받지 아니하며

많은 선물을 줄지라도 듣지 아니하리라. (잠 6:20, 23-35)[3]

이 본문과 잠언의 다른 여러 본문에서 아버지는 아들에게 여인의 접근에 대해 경고한다. 아버지는 자기 가르침을 뒷받침하기 위해 그와 같은 행동이 가져올 끔찍한 결과를 아들에게 상기시킨다.

요셉은 잠언의 아버지가 옹호하는 지혜로운 행동의 유형을 보여 준다. 우리는 그가 보상을 받을 것이라고 기대한다. 하지만 정반대 일이 벌어진다.

요셉이 보디발의 아내와 단둘이 집에 있을 때 위기의 순간이 찾아온다. 집안의 종들이 사라졌는데, 그 이유는 알 수 없다. 아마 보디발의 아내가 종들을 집에서 내보냈을 것이다. 요셉이 이 상황을 알고 있었는지도 알 수 없지만, 그는 자기 책임을 다하기 위해 집 안에 있었다. 보디발의 아내는 기회를 놓치지 않고 다시 한번 그에게 "나와 동침하자!"고 제안한다(12절). 이번에도 그녀는 요셉의 옷을 붙잡고 떼를 썼지만, 요셉은 옷을 벗어 둔 채 집 밖으로 나갔다.

다시 한번 옷 한 벌이 요셉의 운명에서 중요한 역할을 한다. 앞서 화려한 옷은 그가 들짐승에게 공격을 당했다는 증거로 사용되었다. 보디발의 아내는 요셉의 옷을 자기를 강간하려고 했다는 증거로 사용한다. 프로번이 지적하듯 “요셉은 옷에 관한 한 운이 좋은 사람이 아니었다.”[4]

이렇게 하여 보디발의 아내는 요셉에게 누명을 씌우는데, 먼저 집 안에는 없었지만 틀림없이 근처에 있었을 집안의 종들을 불러 모은다. 그녀는 요셉이 자기를 강제로 범하려고 했을 때 비명을 질렀다고 말한다. 안주인은 요셉의 이름을 부르지 않고 “히브리 사람”이라고 부른다는 점에 유의하자. 아마 이집트인이 아시아인에게 품었던 잘 알려진 경멸을 연상시킬 것이다[43:32-34과 ‘끔찍한 아시아인’을 혹평하는 “메리카레를 위한 가르침”(Instructions of Merikare)도 보라].[5]

보디발의 아내는 집안의 종들과 때마침 집에 돌아온 남편에게 요셉이 자기를 희롱했다고 하소연했다. 동사 ‘희롱하다’(*tshq*)는, 이삭이 리브가를 ‘껴안은’(동사 *tshq*에서 유래함) 모습을 아비멜렉이 보았던 창세기 26:8에서처럼, 성적 함의를 지닌다. 이 단어의 성적 함의는 금송아지 앞에서 이스라엘 백성이 벌인 난장을 묘사할 때도 작용할 가능성이 있다(출 32:6). 흥미롭게도 보디발의 아내는 집안 종들의 지지를 끌어모으면서, 요셉이 종들을 포함하여 “우리”를 희롱했다고 말한다. 요셉이 자신을 강간하려고 시도하면서 그들 모두를 강간하고 있었다는 게 그녀의 주장이었다. 요셉과 집안의 다른 종들 사이의 관계가 어땠는지 알 수 없지만, 총애받던 그의 지위와 그의 민족적 배경은 안주인이 여기서 강화하려는 깊은 시기심을 이미 만들어 냈을 것이다.

감옥에 던져진 요셉(39:19-23)

보디발은 기분이 상한 여느 남편과 마찬가지로 분노로 반응했다. 그런데 놀라운 점은 요셉을 처형하려고 하는 대신 감옥에 던져 넣었다는 사실이다. 이것이 강간 미수에 대한 일반적 형벌인지를 보여 주는 이 시기의 이집트 법률 문헌은 없다. 그런 문헌이 있다고 해도 우리는 보디발이 이집트 고위 관리, 친위대장(문자적 의미로, “우두머리 도축자”)이라는 점을 기억해야 한다. 그와 같은 사람은 복수할 때 형식적 절차를 밟지 않을 가능성이 높다. 이 모든 것은 보디발이 이 사건에 대한 아내의 설명을 의심했을 가능성과 그가 여전히 요셉과 요셉이 자기를 위해 한 일을 고려했을 가능성을 보여 준다.

이유가 무엇이든 우리는 여기서 이 이야기의 공백을 추측해 보지만, 요셉은 결국 감옥에 갇힌다. 구체적으로 그는 결국 왕의 죄수들을 가두던 감옥에 갇힌다.

요셉은 형들의 악한 행동 때문에 노예로 팔렸다. 그는 이제 보디발의 아내의 악한 행동 때문에 감옥에 던져진다. 그럼에도 요셉이 보디발의 종으로 일하는 동안 보았듯이, 이제 우리는 감옥에서 하나님이 "그와 함께" 계셨음을 알게 된다. 위에서 우리는 이것이 하나님이 여전히 언약의 파트너에게 신실하시다는 것을 상기시켜 주는 간략한 표현임을 보았다. 또한 더 나아가, 보디발의 집에서와 마찬가지로 하나님이 요셉과 함께 계신다는 것은 감옥에서도 번영했다는 의미다. 따라서 간수는 그에게 점점 더 많은 책임을 맡겼고, 죄수들까지 그에게 맡겼다. 이렇게 해서 요셉은 아주 중요한 두 이집트 관리를 만나게 되었고, 이 관계는 인생의 경이로운 다음 단계로 그를 데려갈 것이다.

— 이야기 살아내기 —

"당신들은 나를 해하려 하였으나", 2부: 하나님은 더 큰 목적을 위해 보디발의 아내와 동료 죄수들의 악한 행동을 사용하신다

요셉 이야기를 시작하면서 언급했듯이, 독자는 처음 읽느냐 아니면 두 번째(또는 그 이상) 읽느냐에 따라 이 내러티브를 다르게 처리한다. 창세기 37장을 처음 읽을 때 우리가 아는 전부는 요셉이 형들에게 부당한 대우를 받았고 하나님은 부재하신 것처럼 보인다는 사실이다(창 37:12-36을 다룬 장 '이야기 살아내기'의 "'당신들은 나를 해하려 하였으나', 1부" 단락을 보라). 창세기 50:20에 비추어 두 번째 읽을 때, 우리는 하나님이 실제로 형제들의 매우 악한 행위를 사용하셔서 결국 극심한 기근으로부터 가족을 구할 위치에 요셉을 두시기 위해 그를 이집트로 데려오셨음을 알게 된다.

창세기 39장은 요셉에게 자행된 더 많은 악한 행동을 기술한다. 보디발의 아내는 요셉에게 간음의 누명을 씌우고, 그는 감옥에 던져진다. 다음 장에서 보겠지만, 감옥에서 술 맡은 관원장의 꿈을 해석하여 성공적으로 석방될 것을 일러 준 뒤에도 요셉은 금세 잊힌다. 그의 선행은 보상을 받지 못한다.

그런데 요셉의 삶 전반에서 그랬듯이 다시 하나님은 선을 위해 이런 악한 행동을 사용하신다. 요셉은 바로와의 만남과 하나님의 백성에게 식량을 공급할 수 있는 지위에 점점 가까워졌다. 이 주제와 관련하여 요셉과 예수님의 관계에 대해서는 창세기 50:15-21을 다룬 장 '이야기 살아내기'의 "'당신들은 나를 해하려 하였으나', 4부" 단락을 보라.

창세기 37장에서는 요셉이 고생하는 동안 하나님이 (실제로는 아니었지만) 부재하신 것 같았다. 하지만 39장에서는 서술자가 하나님이 "요셉과 함께" 계신다고 아주 분명히 밝힌다. 이것이 두 장의 차이점이다. 이제 우리는 그 중요한 주제로 넘어간다.

임마누엘: 주님이 우리와 함께 계신다

하나님은 "요셉과 함께" 계셨기 때문에 보디발의 집안에 복을 주셨다(2, 3절; 참조. 5절). 본문에 대한 해설에서 우리는 이 어구가 언약 관계를 가리킨다는 점에 주목했다. 하나님은 자기 백성에게 또한 그들과 사귀는 다른 이들에게 복을 주시고자(창 12:3) 자기 백성과 관계를 맺으신다.

이 어구는 하나님의 자애로운 임재를 가리킨다.

그리스도인 독자의 마음은 마태복음 저자가 예수님의 동정녀 탄생을 이사야 7:14의 궁극적인 성취로 인용하는 마태복음 첫 장으로 향한다(마 1:22-23). "처녀가 잉태하여 아들을 낳을 것이요 그의 이름은 임마누엘이라 하리라 하셨으니 이를 번역한즉 하나님이 우리와 함께 계시다 함이라."

우리는 이 고찰의 목적에서 벗어나지 않는 수준에서, 마태의 이사야 7:14 사용 방식과 구약의 맥락 사이의 연관성에 관한 흥미롭고 까다로운 질문을 다룰 것이다. 주의 깊은 독자라면 누구나 알다시피, 이사야는 임마누엘의 탄생을 시리아와 이스라엘 왕이 아하스왕의 유다를 위협하지 못할 것이라는 징표로 이야기한다(이사야서 문맥에서 이 구절은 아이가 다 자라기 전에 적국이 멸망할 것이라는 예언이다—편집자). 이는 비교적 가까운 장래에 일어날 일이다. 따라서 아하스왕 시대에 이 예언이 최초로 성취된 시점에서, 신탁이 전해질 때 처녀(또는 아마 미혼의 젊은 여성)였던 여인은 실제로 출산할 때는 처녀(또는 미혼)가 아니었다. 그런데 이사야 8:8에서 임마누엘이 이스라엘 온 땅을 소유한 사람으로 언급되는데, 바로 여기서 임마누엘이라는 이름이 확장된 의미를 띠기 시작한다. 게다가 칠십인역 성경은 히브리어 단어 '알마'(*almah*)를 '파르테노스'(*parthenos*)로 번역하는데, 이 그리스어 단어는 단순히 미혼의 젊은 여성이 아니라 구체적으로 처녀를 의미한다. 이런 요소들은 예수님의 동정녀 탄생을 통해 일어난 이 예언의 궁극적 성취를 가리키기 위해 이 본문을 사용한 마태의 논증에 신빙성을 더해 준다.

이 고찰에서 중요한 점은 예수님의 정체성이 임마누엘이라는 것이다. 다시 말해서 그분은 자기 백성과 '함께' 계시려는 하나님의 뜻의 궁극적 표현이시다. 결국 그분은 하나님 자신이시다. 그분이 우리와 함께하실 때, 하나님이 우리와 함께하신다. 지상 사역 기간에 예수님은 제자들에게 하나님의 임재를 알리셨다. 결국 요한복음에 따르면 "태초에 말씀이 계시니라. 이 말씀이 하나님과 함께 계셨으니 이 말씀은 곧 하나님이시니라.…말씀이 육신이 되어 우리 가운데 거하[셨다]"(요 1:1, 14). 하지만 승천 후에도 그분은 여전히 자기 백성과 함께하신다. 마태복음에 따르면 그분의 마지막 말씀에는 이 약속이 포함되어 있다. "볼지어다. 내가 세상 끝 날까지 너희와 항상 함께 있으리라"(마 28:20).

보디발과 하나님께 대한 죄

보디발의 아내는 요셉과 동침하기를 원한다. 그녀는 요셉이 "용모가 빼어나고 아름다웠[기]" 때문에 그에게 끌렸다(창 39:6). 보디발의 아내가 아름다웠는지는 알 수 없지만, 그녀는 권력을 가진 인물이었기에 거절하려면 용기가 필요했다. 결국 요셉은 노예였고, 그녀는 집안의 주인이었다.

요셉은 왜 그녀를 거절했을까? 보디발을 위해서, 또 더 중요하게 하나님을 위해서였다. 프로번이 표현하듯 보디발의 아내와 동침하는 것은 "하나님을 사랑하고 이웃을 사랑하지 못하는 실패를 의미했을" 것이다.[6]

놀랍게도 일부 훌륭한 학자와 설교자조차 이 본문을 간음의 유혹을 피하라는 도덕적 교훈으로 보기를 주저한다. 예를 들어서 그레이다누스(Greidanus)는 설교자들이 본문을 도덕주의적인 방식으로, 혼외 성관계의 유혹을 피하라고 젊은이들에게 주는 경고로 사용하지 말아야 한다고 말한다.[7] 그는 본문에 대한 도덕주의적 설교와 구속사 속의 위치에 근거한 설교를 구분한다. 내가 보기에 이것은 (바울이 딤후 3:14-17에서 지적하듯이) 양자택일의 문제가 아니다. 창세기 39장은 구속사에서 중요한 위치를 차지하지만, 이 본문에는 분명한 도덕적 교훈도 담겨 있다. 경건하고 지혜로운 사람은 혼외 성관계를 피할 것이다.

장 칼뱅은 성경이 구속의 역사일 뿐만 아니라 영혼의 거울이고, 다양한 책에서 각기 다른 방식으로 그와 같은 기능을 한다고 가르쳤다(서론의 "21세기 관점으로 읽기" 단락을 보라). 내러티브 본문의 경우, 독자는 등장인물과 자기를 동일시하면서 그들의 의로운 행동을 본받고 악한 행동을 피하는 법을 배워야 한다.

그런데 등장인물의 행동에서 무엇이 옳고 그른지 어떻게 알 수 있을까? 사실 이야기 자체는 판단하는 데 대개 도움이 되지 않는다. 또한 사실 구약이나 구약 시대의 특정 시기에 의로운 행동이 오늘날 의로운 행동이 아닐 때도 종종 있다. 아브라함은 이복누이 사라와 결혼했지만, 나중에 모세 율법은 그와 같은 결혼을 금지한다. 여호수아는 하나님의 명령에 따라 잔인한 전쟁을 치렀지만, 예수님은 그리스도인의 싸움이 더 이상 혈과 육을 상대하는 것이 아니라 영적 정사와 권세를 상대하도록 한 단계 더 높이셨다(엡 6:10-20).

하지만 구약과 신약 모두 다른 사람의 아내와 동침하는 것이 하나님의 뜻에 반하는 삶의 방식이라는 데 일치한다. 따라서 요셉의 행동은 여기서 후대의 그리스도인 독자에게 부적절한 성적 접근에 대한 올바른 대응이 무엇인지를 보여 주는 본보기다. 그리고 보디발의 아내를 거절할 수 있었던 힘을 준 것은 바로 요셉과 하나님의 확고한 관계다.

율법은 가장 두드러지게 제7계명("간음하지 말라", 출 20:14)을 통해 다른 사람의 배우자와 동침하는 것이 잘못이라고 가르칠 뿐만 아니라, 잠언에서도 그렇게 가르친다. 그런데 여기서 흥미로운 문제가 나타난다.

잠언 5-7장에는 다른 사람의 아내와 동침하는 위험성에 대해 아들에게 주는 아버지의 긴 가르침이 나온다. 아버지는 윤리적 원리에 호소하기보다 그 같은 악한 행동의 끔찍한 결과에 대해 아들에게 경고한다. 아들이 유부녀와 동침할 경우 그녀의 남편이 아들을 해치고 심지어 죽이려고 할 것이다(잠 6:30-35). 따라서 아들은 자기 유익을 위해 스스로 절제해야 한다.

요셉은 정확히 잠언의 현자들이 권고하는 대로 행동한다. 하지만 그렇게 행동한다고 해서 형벌을 피할 수는 없었다. 그는 유혹을 뿌리쳤지만 결국 감옥에 던져지고 만다.

잠언의 가르침에 비추어 요셉 이야기를 읽으면, 우리는 현자들이 확약을 주지 못했음을 깨닫는다.[8] 오히려 그들은 다른 모든 것이 동등할 때 간음을 범하지 않는 것을 포함하여 지혜롭게 행동하는 것이, 원하는 특정 목표를 성취하는 최선의 방법이라고 말한다. 요셉 내러티브에서는 모든 것이 동등하지 않다. 하나님은 보디발의 아내를 포함한 많은 사람의 악한 행동을 통해 미래의 하나님 백성의 고난을 도울 수 있는 정치적 권력의 자리로 요셉을 이끌어 가시려는 목적을 성취하신다.

결론적으로 요셉은 바울이 촉구하는 바를 보여 주는 사례다. "음행을 피하라"(고전 6:18). 요셉은 보디발의 아내가 붙잡은 손을 뿌리치고 달아나면서, 문자 그대로 즉시 이렇게 행동한다. 김훈(Hoon Kim)이 지적하듯이 요셉의 본보기는 또한 애초에 유혹을 멀리하라고 권면한다. 성적 죄로 이어질 수 있는 곳에 가거나, 그런 일을 하거나, 그런 사람들과 함께 있지 말라.[9]

42

창세기 40-41장

40:1그 후에 애굽 왕의 술 맡은 자와 떡 굽는 자가 그들의 주인 애굽 왕에게
범죄한지라 2바로가 그 두 관원장 곧 술 맡은 관원장과 떡 굽는 관원장에
게 노하여 3그들을 친위대장의 집 안에 있는 옥에 가두니 곧 요셉이 갇힌
곳이라 4친위대장이 요셉에게 그들을 수종 들게 하매 요셉이 그들을 섬겼
더라 그들이 갇힌 지 여러 날이라 5옥에 갇힌 애굽 왕의 술 맡은 자와 떡 굽
는 자 두 사람이 하룻밤에 꿈을 꾸니 각기 그 내용이 다르더라 6아침에 요
셉이 들어가 보니 그들에게 근심의 빛이 있는지라 7요셉이 그 주인의 집에
자기와 함께 갇힌 바로의 신하들에게 묻되 어찌하여 오늘 당신들의 얼굴
에 근심의 빛이 있나이까 8그들이 그에게 이르되 우리가 꿈을 꾸었으나 이
를 해석할 자가 없도다 요셉이 그들에게 이르되 해석은 하나님께 있지 아
니하니이까 청하건대 내게 이르소서 9술 맡은 관원장이 그의 꿈을 요셉에
게 말하여 이르되 내가 꿈에 보니 내 앞에 포도나무가 있는데 10그 나무에
세 가지가 있고 싹이 나서 꽃이 피고 포도송이가 익었고 11내 손에 바로의
잔이 있기로 내가 포도를 따서 그 즙을 바로의 잔에 짜서 그 잔을 바로의
손에 드렸노라 12요셉이 그에게 이르되 그 해석이 이러하니 세 가지는 사
흘이라 13지금부터 사흘 안에 바로가 당신의 머리를 들고 당신의 전직을
회복시키리니 당신이 그 전에 술 맡은 자가 되었을 때에 하던 것같이 바로
의 잔을 그의 손에 드리게 되리이다 14당신이 잘 되시거든 나를 생각하고
내게 은혜를 베풀어서 내 사정을 바로에게 아뢰어 이 집에서 나를 건져 주
소서 15나는 히브리 땅에서 끌려온 자요 여기서도 옥에 갇힐 일은 행하지
아니하였나이다 16떡 굽는 관원장이 그 해석이 좋은 것을 보고 요셉에게
이르되 나도 꿈에 보니 흰 떡 세 광주리가 내 머리에 있고 17맨 위 광주리에
바로를 위하여 만든 각종 구운 음식이 있는데 새들이 내 머리의 광주리에
서 그것을 먹더라 18요셉이 대답하여 이르되 그 해석은 이러하니 세 광주

리는 사흘이라 19지금부터 사흘 안에 바로가 당신의 머리를 들고 당신을
나무에 달리니 새들이 당신의 고기를 뜯어 먹으리이다 하더니 20제삼일은
바로의 생일이라 바로가 그의 모든 신하를 위하여 잔치를 베풀 때에 술 맡
은 관원장과 떡 굽는 관원장에게 그의 신하들 중에 머리를 들게 하니라
21바로의 술 맡은 관원장은 전직을 회복하매 그가 잔을 바로의 손에 받들
어 드렸고 22떡 굽는 관원장은 매달리니 요셉이 그들에게 해석함과 같이 되
었으나 23술 맡은 관원장이 요셉을 기억하지 못하고 그를 잊었더라 41:1만 이
년 후에 바로가 꿈을 꾼즉 자기가 나일 강가에 서 있는데 2보니 아름답고
살진 일곱 암소가 강가에서 올라와 갈밭에서 뜯어먹고 3그 뒤에 또 흉하고
파리한 다른 일곱 암소가 나일 강가에서 올라와 그 소와 함께 나일 강가에
서 있더니 4그 흉하고 파리한 소가 그 아름답고 살진 일곱 소를 먹은지라
바로가 곧 깨었다가 5다시 잠이 들어 꿈을 꾸니 한 줄기에 무성하고 충실
한 일곱 이삭이 나오고 6그 후에 또 가늘고 동풍에 마른 일곱 이삭이 나오
더니 7그 가는 일곱 이삭이 무성하고 충실한 일곱 이삭을 삼킨지라 바로가
깬즉 꿈이라 8아침에 그의 마음이 번민하여 사람을 보내어 애굽의 점술가
와 현인들을 모두 불러 그들에게 그의 꿈을 말하였으나 그것을 바로에게
해석하는 자가 없었더라 9술 맡은 관원장이 바로에게 말하여 이르되 내가
오늘 내 죄를 기억하나이다 10바로께서 종들에게 노하사 나와 떡 굽는 관
원장을 친위대장의 집에 가두셨을 때에 11나와 그가 하룻밤에 꿈을 꾼즉
각기 뜻이 있는 꿈이라 12그곳에 친위대장의 종 된 히브리 청년이 우리와
함께 있기로 우리가 그에게 말하매 그가 우리의 꿈을 풀되 그 꿈대로 각
사람에게 해석하더니 13그 해석한 대로 되어 나는 복직되고 그는 매달렸나
이다 14이에 바로가 사람을 보내어 요셉을 부르매 그들이 급히 그를 옥에
서 내놓은지라 요셉이 곧 수염을 깎고 그의 옷을 갈아입고 바로에게 들어
가니 15바로가 요셉에게 이르되 내가 한 꿈을 꾸었으나 그것을 해석하는
자가 없더니 들은즉 너는 꿈을 들으면 능히 푼다 하더라 16요셉이 바로에

게 대답하여 이르되 내가 아니라 하나님께서 바로에게 편안한 대답을 하시
리이다 [17]바로가 요셉에게 이르되 내가 꿈에 나일 강가에 서서 [18]보니 살지
고 아름다운 일곱 암소가 나일 강가에 올라와 갈밭에서 뜯어먹고 [19]그 뒤에
또 약하고 심히 흉하고 파리한 일곱 암소가 올라오니 그같이 흉한 것들은
애굽 땅에서 내가 아직 보지 못한 것이라 [20]그 파리하고 흉한 소가 처음의
일곱 살진 소를 먹었으며 [21]먹었으나 먹은 듯하지 아니하고 여전히 흉하더
라 내가 곧 깨었다가 [22]다시 꿈에 보니 한 줄기에 무성하고 충실한 일곱 이
삭이 나오고 [23]그 후에 또 가늘고 동풍에 마른 일곱 이삭이 나더니 [24]그 가
는 이삭이 좋은 일곱 이삭을 삼키더라 내가 그 꿈을 점술가에게 말하였으
나 그것을 내게 풀이해 주는 자가 없느니라 [25]요셉이 바로에게 아뢰되 바
로의 꿈은 하나라 하나님이 그가 하실 일을 바로에게 보이심이니이다
[26]일곱 좋은 암소는 일곱 해요 일곱 좋은 이삭도 일곱 해니 그 꿈은 하나라
[27]그 후에 올라온 파리하고 흉한 일곱 소는 칠 년이요 동풍에 말라 속이 빈
일곱 이삭도 일곱 해 흉년이니 [28]내가 바로에게 이르기를 하나님이 그가
하실 일을 바로에게 보이신다 함이 이것이라 [29]온 애굽 땅에 일곱 해 큰 풍
년이 있겠고 [30]후에 일곱 해 흉년이 들므로 애굽 땅에 있던 풍년을 다 잊어
버리게 되고 이 땅이 그 기근으로 망하리니 [31]후에 든 그 흉년이 너무 심하
므로 이전 풍년을 이 땅에서 기억하지 못하게 되리이다 [32]바로께서 꿈을
두 번 겹쳐 꾸신 것은 하나님이 이 일을 정하셨음이라 하나님이 속히 행하
시리니 [33]이제 바로께서는 명철하고 지혜 있는 사람을 택하여 애굽 땅을
다스리게 하시고 [34]바로께서는 또 이같이 행하사 나라 안에 감독관들을 두
어 그 일곱 해 풍년에 애굽 땅의 오분의 일을 거두되 [35]그들로 장차 올 풍년
의 모든 곡물을 거두고 그 곡물을 바로의 손에 돌려 양식을 위하여 각 성
읍에 쌓아 두게 하소서 [36]이와 같이 그 곡물을 이 땅에 저장하여 애굽 땅에
임할 일곱 해 흉년에 대비하시면 땅이 이 흉년으로 말미암아 망하지 아니
하리이다 [37]바로와 그의 모든 신하가 이 일을 좋게 여긴지라 [38]바로가 그의

신하들에게 이르되 이와 같이 하나님의 영에 감동된 사람을 우리가 어찌
찾을 수 있으리요 하고 [39]요셉에게 이르되 하나님이 이 모든 것을 네게 보
이셨으니 너와 같이 명철하고 지혜 있는 자가 없도다 [40]너는 내 집을 다스
리라 내 백성이 다 네 명령에 복종하리니 내가 너보다 높은 것은 내 왕좌
뿐이니라 [41]바로가 또 요셉에게 이르되 내가 너를 애굽 온 땅의 총리가 되
게 하노라 하고 [42]자기의 인장 반지를 빼어 요셉의 손에 끼우고 그에게 세
마포 옷을 입히고 금 사슬을 목에 걸고 [43]자기에게 있는 버금 수레에 그를
태우매 무리가 그의 앞에서 소리 지르기를 엎드리라 하더라 바로가 그에
게 애굽 전국을 총리로 다스리게 하였더라 [44]바로가 요셉에게 이르되 나는
바로라 애굽 온 땅에서 네 허락이 없이는 수족을 놀릴 자가 없으리라 하고
[45]그가 요셉의 이름을 사브낫바네아라 하고 또 온의 제사장 보디베라의 딸
아스낫을 그에게 주어 아내로 삼게 하니라 요셉이 나가 애굽 온 땅을 순찰
하니라 [46]요셉이 애굽 왕 바로 앞에 설 때에 삼십 세라 그가 바로 앞을 떠나
애굽 온 땅을 순찰하니 [47]일곱 해 풍년에 토지 소출이 심히 많은지라 [48]요셉
이 애굽 땅에 있는 그 칠 년 곡물을 거두어 각 성에 저장하되 각 성읍 주위
의 밭의 곡물을 그 성읍 중에 쌓아 두매 [49]쌓아 둔 곡식이 바닷모래같이 심
히 많아 세기를 그쳤으니 그 수가 한이 없음이었더라 [50]흉년이 들기 전에
요셉에게 두 아들이 나되 곧 온의 제사장 보디베라의 딸 아스낫이 그에게서
낳은지라 [51]요셉이 그의 장남의 이름을 므낫세라 하였으니 하나님이 내게
내 모든 고난과 내 아버지의 온 집 일을 잊어버리게 하셨다 함이요 [52]차남
의 이름을 에브라임이라 하였으니 하나님이 나를 내가 수고한 땅에서 번
성하게 하셨다 함이었더라 [53]애굽 땅에 일곱 해 풍년이 그치고 [54]요셉의 말
과 같이 일곱 해 흉년이 들기 시작하매 각국에는 기근이 있으나 애굽 온
땅에는 먹을 것이 있더니 [55]애굽 온 땅이 굶주리매 백성이 바로에게 부르짖
어 양식을 구하는지라 바로가 애굽 모든 백성에게 이르되 요셉에게 가서
그가 너희에게 이르는 대로 하라 하니라 [56]온 지면에 기근이 있으매 요셉이

모든 창고를 열고 애굽 백성에게 팔새 애굽 땅에 기근이 심하며 [57]각국 백성도 양식을 사려고 애굽으로 들어와 요셉에게 이르렀으니 기근이 온 세상에 심함이었더라

이야기 속 다른 본문 경청하기

성경 본문: 창세기 39장; 고대 근동 문헌: 세헬섬의 기근 석비('이야기 설명하기'를 보라)

창세기 39장은 감옥에 갇혀 있던 요셉이 술 맡은 관원장과 떡 굽는 관원장을 만나 마침내 왕궁으로 가게 되는 현재 에피소드의 직접적인 배경이다. 거기서 우리는 주인 보디발의 아내가 요셉에게 강간 미수의 누명을 씌워 감옥에 던져 넣는 것을 보았다.

이야기 설명하기

요셉과 술 맡은 관원장과 떡 굽는 관원장(40장)

요셉은 강간 미수라는 거짓 누명을 쓰고 감옥에 던져졌다. 그곳에 있는 동안, 하나님이 "요셉과 함께하시므로" 그는 감옥에서 번영했다. 이에 따라 간수장은 요셉에게 점점 더 많은 관리 권한을 넘겼다.

"그 후에"(some time later, 1절) 두 명의 새로운 인물이 감옥에 들어왔다. 그들은 이름이 아니라 직책으로, 바로의 술 맡은 관원장과 떡 굽는 관원장으로 나온다. 직책의 이름처럼 우리는 그들이 단순히 주방 인력이라고 생각해서는 안 된다. 바로의 최측근 참모들이 그와 같은 이름으로 불렸던 것 같다. 이런 맥락에서 우리는 보디발의 직함이 문자적으로 '우두머리 도축자'라는 의미였음을 기억해야 한다(39:1).

떡 굽는 관원장의 정확한 역할이 무엇인지 알 수 없지만, 페르시아의

아닥사스다 1세(기원전 464-424년 재위)의 궁정에서 봉직한 느헤미야라는 인물을 통해 술 맡은 관원장의 모습을 볼 수 있다. 사실 그는 왕에게 포도주를 바치지만(느 1:2), 그들의 대화를 통해 우리는 그가 단순한 종이 아니라 신뢰받는 참모였음을 알 수 있다. 정치적으로 독살당할 위험이 있기에 술 맡은 관원장은 신뢰할 수 있어야 한다. 아닥사스다가 느헤미야를 페르시아 예후드(Yehud) 속주 총독으로 흔쾌히 임명했다는 사실에서 느헤미야가 단순히 가정의 종 이상이었음을 확인할 수 있다. 곧이어 보듯이, 이 이야기에 나오는 이집트의 술 맡은 관원장 또한 훨씬 나중에 느헤미야가 페르시아에서 맡았던 것과 같은 참모 역할을 맡는다.[1]

떡 굽는 관원장과 술 맡은 관원장은 바로에게 알 수 없는 무례를 범하여 감옥에 던져졌다. 여기서 감옥은 "친위대장의 집"에 있다고 묘사되는데(40:3), 보디발에게 사용된 것과 똑같은 호칭이다(39:1). 보디발에게는 분명 통제권이 있었으나 그가 요셉을 죽이지 않았다는 사실은 보디발이 아내의 고발을 완전히 확신하지 못했다는 또 다른 증거일 수 있다. 어쨌든 요셉은 곧 이 두 죄수에 대한 책임을 맡게 되었다.

알 수 없는 시간이 흐른 후, 두 이집트 관리는 각각 꿈을 꿨다. 꿈의 내용과 더불어, 같은 날 밤에 꿈을 꿨다는 사실은 그 꿈에 중요한 의미가 있음을 암시했을 것이다. 요셉의 첫 꿈에서 보았고(37:5-11) 곧이어 바로의 꿈에서 보듯이(41:1-7) 꿈은 쌍으로 나타난다(신뢰할 만함을 보여 주는 중복). 그런데 이번에 각 사람은 별개의 꿈을 꾸는데, 이번에는 "각기 그 내용이 다르[다]"(5절).

그들이 불안해하는 것을 알아차린 요셉은 왜 낙심해 있는지 물었다. 그들은 그 대답으로, 꿈에 대해 말했지만 꿈을 해석해 주는 사람이 없다고 한탄했다. 메소포타미아와 마찬가지로 이집트의 꿈 해석에서는 꿈 해설서에 접근할 수 있는 권한을 가진 전문 해몽가가 필요했다.[2] 꿈꾼 사람은 해몽가에게 꿈의 내용을 일러 주고, 그러면 해몽가는 꿈의 의미를 판단하기 위해 해설서를 찾아볼 것이다. 실제로 이 역학 관계는 느부갓네살이 꿈을 꾸고 불안해했던 다니엘 2장에서도 작동했다. 그는 현자들을 소환하여, 꿈의 내용을 알아내고 그에 대한 해석도 말하라고 명령했다. 현자들은 왕이 그와 같은 요청한다는 사실에 믿기지 않는다는 반응을 보였다. "세상에는 왕의 그 일을 보일 자가 한 사람도 없으므로 어떤 크고 권력 있는 왕이라도 이런 것으로 박수에게나 술객에게나 갈대아인들에게 물은 자가 없었나이다. 왕께서 물으신 것은 어려운 일이라. 육체와 함께 살지 아니하는 신들 외에는 왕 앞에 그것을 보일 자가 없나이다"(단 2:10-11).

느부갓네살은 너무 화가 나서 왕국 안에 있는 모든 현자를 죽이라고 명령한다. 근위대장 아리옥이 다니엘과 세 친구가 사는 곳에 왔을 때 다니엘은 기도할 시간을 조금 달라고 요청한다. 하나님은 기도에 대한 응답으로 다니엘에게 꿈의 내용과 더불어 그 해석을 일러 주신다.

떡 굽는 관원장과 술 맡은 관원장은 꿈 내용을 숨기지 않지만, 요셉이 그들에게 말하듯이 "해석은 하나님께 있[음]"을 보여 준다(8절). 그는 꿈을 해석하기 위해 꿈 해설서가 필요하지 않다.

술 맡은 관원장의 꿈은 궁중에서 그의 지위에 걸맞은 포도나무에 관한 것이었다. 이 포도나무에는 포도를 맺는 세 가지가 있었다. 꿈에서 술 맡은 관원장은 포도를 짜서 바로의 잔에 담아 포도주를 바쳤다. 요셉은 이 꿈이 사흘 후 바로의 은총으로 복직될 것을 예고한다고 알려 준다. 요셉은 또한 이 순간을 곧 회복될 이집트 관리에게 자기의 억울한 투옥에 대해 바로에게 말해 달라고 부탁하는 기회로 삼는다. 그는 술 맡은 관원장에게 자기가 이집트로 납치된 후 날조된 혐의로 감옥에 보내졌다고 말한다.

술 맡은 관원장의 꿈은 좋은 징조였지만, 떡 굽는 관원장의 꿈은 다른 끔찍한 결과를 예고했다. 그는 세 개의 떡 바구니를 머리에 이고 있었는데, 아마 하나가 다른 하나 위에 쌓여 있었을 것이다. 이 떡은 바로를 위한 것이었지만, 대신 새들이 먹어 버렸다. 요셉은 떡 맡은 관원장에게 이 꿈이 사흘 안에 그가 참수당하고 나무에 달려 처형될 것을 의미한다고 말했다. 새들이 그의 살을 먹을 것이다.

사흘 후는 바로의 "생일"이었다(20절). 페르시아 시대까지 바로의 생일 축하를 보여 주는 이집트의 증거는 없지만, 호프마이어(Hoffmeier)는 이날이 "바로의 육체적 탄생이 아닌 신성한 탄생을 기념하는 '즉위 축제'였다"라는 흥미로운 제안을 내놓는데,[3] 이에 대해서는 요셉 시대 훨씬 이전의 증거가 있다. 그는 또한 즉위식 혹은 그 이후 즉위 기념일이 왕이 죄수들을 석방하던 때로 알려졌다는 점도 지적한다.

정확한 상황이 무엇이든 하나님의 꿈 해석은 요셉이 전해 준 대로 사실로 입증되었다. 서술자는 술 맡은 관원장과 떡 굽는 관원장 둘 다의 머리가 그날에 '들렸다'고 말한다(20절). 이는 술 맡은 관원장에게는 궁중에서 자기 직위를 회복하는 것을 의미했지만, 떡 굽는 자에게는 참수된 후 나무에 달리는 것을 의미했다.

이로써 요셉은 자신이 다시 신적 권한을 부여받은 꿈 해석자라는 사실을 증명한다. 하지만 요셉은 다시 한번 형편없는 대우를 받는다. 술 맡은 관원장이 그를 잊어버리고 요셉이 부탁한 대로 그에 대해 바로에게 말하지 않았기 때문이다.

바로의 꿈과 요셉의 조언(41:1-40)

앞 에피소드에서 요셉은 술 맡은 관원장의 꿈을 해석하여 그가 궁정으로 회복될 것을 예견했다. 하지만 술 맡은 관원장은 고마움을 표하면서 바로에게 요셉에 관한 사실을 알리고 그를 감옥에서 빼내려고 노력하기는커녕 요셉을 완전히 잊어버렸다. 그러나 바로가 두 불안한 꿈을 꾸었을 때 상황이 바뀐다.

첫 번째 꿈의 사건은 이집트의 모든 비옥함의 원천인 나일강 강가에서 일어났다. 처음에는 살진 암소 일곱 마리가 나일강 강가 갈대 사이에서 풀을 뜯고 있었다. 그런데 흉하고 야윈 다른 암소 일곱 마리가 나타났다. 놀랍게도 야윈 암소가 살진 암소를 잡아먹었다.

뒤이어 바로는 두 번째 꿈을 꾸었다. 앞의 두 사건(37:5-11; 40:9-19)에서 우리는 꿈이 반복해서 나와 동일한 진실을 두 번 증언하는 것을 보았다. 중복은 꿈의 메시지의 신뢰도를 강화한다.

두 번째 꿈은 이삭과 관련이 있다. 처음에 바로는 일곱 개의 충실한 이삭이 달린 줄기를 본다. 그런 다음 뜨거운 동풍에 말라 야윈 다른 이삭 일곱 개를 본다. 그때 야윈 이삭이 충실한 이삭을 삼켜 버렸다.

바로는 예상한 대로 꿈 해석에 훈련된 점술가와 현인들을 불러들인다(40:8에 대한 해설을 보라). 하지만 그들은 말문이 막혔다. 분명 꿈 해설서에서는 바로가 그날 밤 꾸었던 꿈과 비슷한 사례를 찾아볼 수 없었다.

바로의 꿈을 해석하기 어려웠던 까닭에, 술 맡은 관원장은 마침내 요셉을 기억해 냈다. 그는 요셉이 자기 꿈뿐 아니라 이미 죽은 떡 굽는 관원장의 꿈을 해석해 준 이야기를 왕에게 전했다.

그래서 왕은 죄수 요셉을 소환했다. 요셉은 수염을 깎고 새 옷을 갈아입은 뒤 바로 앞에 나아갔다. 바로는 요셉에게 꿈을 해석하라고 요청하지만, 요셉은 즉시 자기가 할 수 없는 일이라고 고백한다. 오히려 그는 하나님께 공을 돌린다. "하나님께서 바로에게 편안한 대답을 하시리이다"(16절).

바로는 요셉에게 자기 꿈을 설명해 주었다(17-24절). 첫 번째 꿈에 대해 바로는 흉하고 야윈 소가 살진 소를 먹은 뒤에도 소는 여전히 흉했다고 덧붙인다. 두 번째 꿈의 내용에는 실질적으로 새로운 정보를 덧붙이지 않는다.

요셉은 즉시 꿈을 해석할 수 있었다. 그는 그 꿈이 필요한 일을 하라고 바로에게 일러 주기 위해 하나님이 보내신 메시지임을 알아챘다. 두 꿈에는 하나의 메시지가 있다. 7년의 풍년 뒤에 7년의 기근이 있을 것이다. 구약 전반에서 7은 완결성 또는 총체성을 상징하는 숫자다. 여기서 문자적으로든, 상징적으로든 7년의 기간은 긴 시간이고, 잘 대비하지 않으면 참담한 결과를 초래할 수 있다. 꿈의 경고를 통해 필요한 준비를 할 수 있다.

흥미롭게도 요셉은 메시지가 확실하고 긴급하다는 것을 전달하기 위해 두 번 꿈꾼 것이라고 바로에게 말한다. 그래서 요셉은 바로에게 다가오는 위기에 어떻게 대처할 수 있을지 조언해 준다.

여담이지만, 이야기의 이 대목에서 주석가들은 종종 7년 기근을 언급하는 세헬섬의 기근 석비(The Famine Stele of Sehel Island)를 거론한다.[4] 이 석비의 비문은 제3왕조 조세르(Djoser) 시대(기원전 27세기경)의 기근이 배경이지만, 비문 자체는 훨씬 후대의 프톨레마이오스 시대(기원전 3세기에서 1세기)에 나온 것이다. 어쨌든 이 7년 기근과 요셉 시대의 기근 사이에는 아무 연관성도 없다. 기껏해야 이 비교는 7년 기근이 요셉 시대에만 있었던 게 아니라는 사실을 알려 준다는 점에서 흥미로울 뿐이다.[5]

요셉은 바로에게 풍성한 곡식을 거둘 7년 동안 여분의 식량을 모아 두는 일을 총괄할 "명철하고 지혜 있는 사람"을 임명하라고 조언한다. 그와 같은 인물은 복잡한 상황을 헤쳐 나가는 데 필요한 실제적인 능력을 갖추었을 것이다. 요셉은 '명철한'(*nabon*)과 '지혜 있는'(*hakam*)이라는 용어를, 가령 잠언에서 볼 수 있는 순전히 신학적 의미로 사용하지 않았을 것이다. 그런데 우리는 곧 바로가 요셉을 선택하는 것을 보게 될 것이다. 사실 그는 지혜의 실용적 정의를 뛰어넘어 윤리적 측면("공의롭게, 정의롭게, 정직하게 행할 일", 잠언 1:3)과 신학적 측면("여호와를 경외하는 것이 지식의 근본", 잠 1:7a)까지 포괄한다.

실제로 요셉은 난관을 해결할 계획의 청사진을 제시함으로써 바로에게 분별력과 지혜를 보여 준다. 바로는 대리인("감독관들")을 임명하여 첫 7년 동안 수확의 5분의 1을 거둔 다음 왕의 권한 아래 있는 창고에 곡식을 모아 두어야 한다. 이 여유분은 기근의 해에 사용될 것이다.

뒤이어 바로는 신하들을 향해 요셉처럼("이와 같이") 꿈을 해석하고 계획을 제안하여 "하나님의 영"에 감동되었음을 보여 준 사람을 또 찾을 수 있겠냐고 묻는다. NIV 성경 각주에서 시사하듯이 바로가 "하나님의 영"을 말하는지 아니면 '신들의 영'을 말하는지에는 논쟁의 여지가 있다. '엘로힘'(*'elohim*)이라는 용어는 어느 쪽이든 가능하다. 여기서 바로가 하나님은 오직 한 분이라고 믿었다고 보기는 어려우므로 후자가 더 현실적일 것이다. 이에 대한 반론은 요셉이 바로에게 꿈 해석이 자기가 섬기는 하나님에게서 온 것임을 분명히 했다는 점이다.

바로가 신하들에게 던진 질문은 분명 수사적이다. 바로는 이미 마음을 정했다. 요셉은 그 일의 적임자였다. 그래서 바로는 요셉을 자기 아래 2인자의 지위로 승진시킨다.

요셉이 기근에 대비하다(41:41-57)

바로는 임명식을 열어 요셉에 관한 결정을 공적으로 알리면서, 요셉의 높은 지위를 공포한 뒤 요셉에게 자신의 인장 반지와 목에 걸 금목걸이와 세마포 옷을 준다. 옷과 관련하여 앞서 요셉이 이전에도 의복 때문에 곤경에 처했다고 언급한 바 있다(아버지가 준 화려한 옷과 보디발의 아내가 가져간 옷). 프로번의 표현대로 "마침내 요셉은 다시 한번 고귀한 옷을 소유한다."[6] 더 나아가 바로는 요셉이 왕의 전차를 타고 성을 지나가는 동안 전령들이 "엎드리라!"고 외치게 한다.

호프마이어는 요셉의 공적 출세에 관한 이 기사의 진정성을 뒷받침하는 이집트 증거를 언급한다. 그는 이집트의 파라오 무덤에서 발견된 벽화에 이와 같은 장면을 담곤 했다고 지적한다. 즉위식과 포상식이 모두 나온다. 호프마이어는 요셉의 의식이 둘 다를 포함했을 수 있다고 제안한다. 즉, 꿈 해석에 대한 포상식이자 2인자로서 그의 새로운 지위를 알리는 즉위식이다. 특히 주목할 만한 것이 투탕카멘(Tutankamun) 통치기(기원전 약 1361-1352년)에 쿠시(Cush)의 총독 후이(Huy)를 위한 의식과 관련된 무덤 벽화다. 호프마이어는 키친(Kitchen)의 연구를 인용하며 이렇게 말한다. "이 그림은 후이가 세마포 제품과 금 인장 반지를 받는 모습을 보여 준다. 여기서 우리는 요셉이 받은 세마포 선물을 떠올린다(창 41:42)."[7] 그는 또한 여기에 사용된 세마포를 가리키는 단어(*shesh*)가 이집트어 파생어이고 아마 이집트산 세마포에 사용되었을 것이라고 지적한다.

호프마이어는 또한 셈족이 이집트에서 그와 같은 고위직을 맡았을 것이라는 생각의 신빙성에 대해서도 논평한다.[8] 요셉의 역할에 대한 이집트의 기록은 전혀 없지만, 이 시기의 중요한 관리들에 대한 상세한 기록이 없으므로 이례적인 상황은 아니다. 그런데도 일부 사람들이 이 이야기를 역사적으로 신뢰할 만한 것으로 받아들이기를 주저하는 이유는, 앞서 논평했듯이 아시아인은 이집트에서 깊은 반감의 대상이었기 때문이다. 그러나 호프마이어가 지적하듯이 셈족이 이집트에서 고위직을 맡았다는 기록이 남아 있다. 특히 그는 기원전 1194년 세티(Seti) 2세가 죽은 후 중요해진 베이라는 시리아 태생의 고위 관리가 있었을 뿐 아니라, 아마르나 시대(Amarna period, 기원전 14세기)로 추정되는 한 사람이 아페르엘이라는 셈족 이름을 갖고 있었고 고관(vizier, 이집트에서 두 번째 고위직)이라고 불렸다는 사실을 언급한다.

바로는 더 나아가 요셉에게 엄청난 권한을 부여한다. 분명 과장이겠지만 이집트인은 요셉의 허락이 없으면 아무 일도 (수족을 움직이는 사소한 일조차) 할 수 없다는 생각은, 요셉이 이제 이집트 땅 전역에서 얼마나 깊은 신뢰를 얻었고 얼마나 큰 권력을 휘두를 수 있었는지를 보여 준다. 그는 미움받던 동생에서 이집트 노예로, 죄수로 그리고 이제 이집트의

2인자로 먼 길을 걸어왔다.

바로는 또한 요셉에게 사브낫바네아라는 이집트 이름을 주었고, [카이로(Cairo)에서 북동쪽으로 11.2킬로미터 떨어진] 중요한 도시 헬리오폴리스(Heliopolis)의 또 다른 이름인 온의 제사장 보디베라의 딸, 아스낫을 아내로 주었다. 이 이름들의 정확한 의미는 확실하지 않고 많은 논쟁이 있었지만, 호프마이어에 따르면 이 이름들은 명백히 이집트적이고 역사적으로 이 당시 이집트에 적절하다.[9]

이집트인의 관점에서 볼 때 이 이름과 결혼은 분명 명예롭지만, 요셉이 그 문화에 동화되는 것이 적절한지에 대한 의문을 낳는다.[10] 나중 내러티브에서 요셉은 이집트 옷을 입고 점치는 잔까지 소유하고 있는 것으로 보인다(44:5). 물론 이집트 공주와의 결혼은 솔로몬을 타락으로 이끌고, 다른 곳에서 구약은 이방 여인과의 결혼을 문제가 있는 것으로 다루는데, 이 여자는 이집트 제사장의 딸이다(창 42장을 다룬 장 '이야기 살아내기'의 "'세상에 있지만 세상에 속하지 않은'" 단락을 보라).

당연히 제기될 만한 질문이다. 하지만 성경이 그리는 요셉의 초상화는 그의 모든 성공의 원천이신 참 하나님에 대한 요셉의 충정에 대해 어떤 의문도 제기하지 않는다. 우리는 요셉이 이런 선물을 받아들인 것을 다니엘과 세 친구가 이름을 바꾸고 점술 등 바빌론의 해로운 커리큘럼에 따라 교육받는 것을 허용할 뿐 아니라, 그 교육 과정을 수석으로 졸업한 것과 비교할 수 있겠다.[11]

요셉이 이집트에서 이 고위직을 맡았을 때 그는 겨우 서른 살이었다. 임명식을 마친 후 그는 앞으로 7년의 기간 동안 이집트에 필요한 자원을 확보하려는 조치를 단행한다. 요셉은 풍년이 든 7년 동안 이집트 전역을 여행하면서 여분의 곡식이 재배되는 지역에 저장되고 있는지 확인했다(48절). 7년의 풍년은 정말 풍요로웠다. 서술자는 곡식이 "바닷모래"같이 많았다고 묘사한다(49절). 사실 공식 기록을 남길 수 없을 정도로 곡식은 아주 많았다.

7년 기근으로 넘어가기 전, 서술자는 요셉과 이집트인 아내가 낳은 두 아들에 관해 설명한다. 이 두 아들은 이스라엘의 미래 역사에서 매우 중요하게 되어(창 48장을 보라), 그들의 이름을 가질 이스라엘의 중요한 두 지파의 선조가 될 것이다. 야곱 아들들의 이름과 마찬가지로 이 두 아들의 이름도 중요한 의미를 담고 있다. 첫째는 므낫세로, 소리나 어원 면에서 히브리어 동사 '잊다'와 연결된 이름이다(NIV 성경 각주를 보라). 요셉은 이 이름에 대해 "하나님이 내게 내 모든 고난과 내 아버지의 온 집 일을 잊어버리게 하셨다"라고 설명한다(51절). 요셉은 사실 처음에는 형들의 손에, 그 뒤에 보디발 아내의 손에, 더 나아가 술 맡은 관원장의 망각으로 고난을 겪었다. 그런데 이제 요셉은 자기를 더 좋은 곳으로 인도하신 하나님의 손길을 깨닫는다. 둘째 아들의 이름 에브라임도 같은 생각을 더 긍정적인 관점에서 표현한다. 이는 '갑절의 열매를 맺다'라는 뜻이고(NIV 성경 각주를 보라), 요셉은 이 이름의 의미를 설명하면서 "하나님이 나를 내가 수고한 땅에서 번성하게 하셨다"라고 말한다(52절). 따라서 요셉은 고난 속에서도 기쁨을 누릴 수 있다고 증언하는데, 앞으로 계속될 주제다.

하나님이 예고하셨고 요셉이 선포한 대로, 7년의 풍요는 7년의 기근으로 바뀌었다. 기근은 극심하고 광범위하여, 이집트만이 아니라 주변 땅에도 영향을 미쳤다. 하지만 요셉 덕분에 [아브라함의 후손이 열방에 복을 가져다주리라는 사실을 보여 주면서(12:3)] 이집트에서 곡식을 구할 수 있었다. 이 곡식은 바로의 절대적인 통제하에 있었고, 바로는 곡식을 분배할 책임을 요셉에게 맡겼다. 그런데 곡식은 무료로 분배되지 않았고, 확보할 수 있는 유일한 식량을 얻기 위해 이집트에 온 외국인과 이집트인에게 판매되었다. 이런 상황은 이제 요셉의 가족을 이야기의 사건 속으로 인도할 것이다.

“당신들은 나를 해하려 하였으나”, 3부: 술 맡은 관원장이 요셉을 잊다

창세기 50장에 대한 주석 뒤에 나오는 글에서 더 자세히 설명하겠지만 (창 50:15-21을 다룬 장 ‘이야기 살아내기’의 “‘당신들은 나를 해하려 하였으나’, 4부” 단락을 보라), 요셉 내러티브의 주요 주제는 요셉 자신이 50:19-20에서 밝힌 바와 같이, 자기 백성을 해하려고 하는 이들의 악한 행위를 통해서도 하나님은 구원을 가져오실 수 있다는 것이다. 술 맡은 관원장이 바로의 은총을 입어 회복되었을 때 자기를 기억해 달라던 요셉의 호소를 잊어버린 창세기 40-41장은 이 주제를 명확히 보여 준다. 하지만 바로가 꿈을 꾸었을 때 그는 마침내 요셉에게 한 약속을 기억하기 때문에 하나님의 타이밍은 완벽하다.

요셉과 예수: 굴욕에서 높아짐으로

요셉 내러티브의 이 장면에서 요셉은 감옥에서 풀려나 이집트에서 가장 강력한 2인자가 된다. 이 장면에서 많은 사람이 예수님의 굴욕과 높아지심에 대한 예고를 내다본다. 그레이다누스가 잘 표현하듯이 “신약 시대에 하나님은 세상을 구원하기 위해 무덤에 갇혀 있던 예수님을 해방시키셨고, 부활과 승천을 통해 만왕의 왕이 되도록 그분을 높이셨다.”[12]

그는 계속해서 요한복음 3:16을 인용한다. “하나님이 세상을 이처럼 사랑하사 독생자를 주셨으니 이는 그를 믿는 자마다 멸망하지 않고 영생을 얻게 하려 하심이라.” 빌립보서 2:6-11도 이와 관련된다.

> 그는 근본 하나님의 본체시나
>
> 하나님과 동등됨을 취할 것으로 여기지 아니하시고

> 오히려 자기를 비워
> 종의 형체를 가지사
> 사람들과 같이 되셨고
> 사람의 모양으로 나타나사
> 자기를 낮추시고
> 죽기까지 복종하셨으니
> 곧 십자가에 죽으심이라.
> 이러므로 하나님이 그를 지극히 높여
> 모든 이름 위에 뛰어난 이름을 주사
> 하늘에 있는 자들과 땅에 있는 자들과 땅 아래에 있는 자들로
> 모든 무릎을 예수의 이름에 꿇게 하시고
> 모든 입으로 예수 그리스도를 주라 시인하여
> 하나님 아버지께 영광을 돌리게 하셨느니라.

그레이다누스는 요셉과 예수님 사이의 구속사적 관계에 대한 묵상을 이어 간다.

> 요셉이 바로의 오른편으로 높여져 이집트의 왕이 되어 통치했듯이, 예수님도 아버지 하나님의 오른편으로 높여져 "만왕의 왕이요 만주의 주"로 열방을 통치하셨다(딤전 6:15; 계 17:14; 19:16). 모든 사람더러 요셉 앞에 나아와 절하라고 명령했듯이(43절) "하늘에 있는 자들과 땅에 있는 자들과 땅 아래에 있는 자들로 모든 무릎을 예수의 이름에 꿇게" 하셨다(빌 2:10). 또한 요셉이 떡으로 많은 사람을 죽음에서 구원했듯이 생명의 떡이신 예수님도 많은 사람을 영원한 죽음에서 구원하신다. 예수님은 "사람이 이 떡을 먹으면 영생하리라"고 선포하신다(요 6:51).[13]

하나님은 꿈을 통해 우리에게 소통하시는가?

창세기는 하나님이 꿈속에서 사람들에게 말씀하셨다고 분명히 밝힌다. 특히 흥미로운 점은 하나님이 꿈을 통해 자기 백성만이 아니라 다른 사람들과도 소통하셨다는 것이다.

예를 들어, 하나님은 블레셋 왕 아비멜렉에게 사라와 아브라함이 결혼했기 때문에 그녀와 동침하지 말라고 경고하셨다(20:6-7). 또한 야곱이 약속의 땅으로 다시 도망갈 때 라반에게 야곱을 해하지 말라고 경고하셨다(31:24). 요셉 내러티브에는 하나님이 이집트의 술 맡은 관원장과 떡 굽는 관원장(40장) 그리고 바로(41:1-40)에게 미래를 예고하는 꿈을 보내셨다는 말이 나온다. 하지만 창세기에서 중요한 꿈은 비선택자에게만 국한되지 않았다. 하나님은 야곱과 요셉 둘 다와 꿈을 통해 소통하셨다.

야곱은 꿈에서 천사들이 하늘에 닿는 계단을 오르락내리락하는 장면을 보았다(28:10-15). 그는 그곳을 벧엘 곧 "하나님의 집"이라고 명명했다. 나중에 야곱은 하나님이 꿈을 통해 라반의 희생 위에 자기 양 떼를 늘리는 전략을 주셨다고 주장한다(31:10-13). 요셉은 더 전형적으로 꿈 해석자 역할을 하는데, 그의 이야기는 하나님이 주신 두 가지 꿈에 관한 기술과 해석으로 시작된다(37:5-11).

물론 꿈을 기술하는 장면은 창세기에만 나오지 않는다. 기드온은 적군인 미디안 진영에서 누군가의 꿈 이야기를 우연히 듣고 자기가 승리할 것이라는 하나님의 징조로 받아들였다(삿 7:13-14). 꿈속에서 하나님은 솔로몬에게 "내가 네게 무엇을 줄꼬 너는 구하라"고 말씀하셨다(왕상 3:5). 이에 대해 솔로몬은 지혜를 구했고, 하나님은 그에게 부와 명예만이 아니라 지혜도 주셨다.

하지만 꿈이 중요한 역할을 하는 곳은 무엇보다 다니엘서다. 사실 종종 지적되었듯이 요셉 내러티브와 다니엘 내러티브에서 모두 꿈의 역할은 이방인 통치자의 궁정에서 중요 역할을 맡게 되는 두 현자 사이의 여러 유사점 중 하나다.

다니엘서 전반부(1-6장)에는 바빌로니아의 느부갓네살왕 및 벨사살왕과 더불어 페르시아의 다리오왕의 궁정에서 있었던 다니엘의 이야기가 담겨 있다. 두 이야기에서 다니엘이 느부갓네살에게 해석해 준 꿈을 서술한다(2장과 4장).

첫 번째 이야기는 성경의 꿈 해석과 고대 근동의 꿈 해석의 특징을 가장 잘 보여 준다. 느부갓네살은 괴로운 꿈을 꾼 후 "그의 꿈을 자기에게 알려 주도록 박수와 술객과 점쟁이와 갈대아 술사를 부르라"고 지시한다(단 2:2). 하지만 메소포타미아(와 이집트)의 꿈 해석에 대해 우리가 알고 있는 바에 따르면 느부갓네살의 요구는 상당히 터무니없었다.

고대 근동에서 꿈을 꾼 사람은 전문 꿈 해석가에게 꿈을 기술하고, 그러면 꿈 해석가는 꿈 해설서를 참조하여 꿈의 의미를 알아냈다. 바빌로니아의 현자들은 이렇게 주장했다. "세상에는 왕의 그 일을 보일 자가 한 사람도 없으므로 어떤 크고 권력 있는 왕이라도 이런 것으로 박수에게나 술객에게나 갈대아인들에게 물은 자가 없었나이다. 왕께서 물으신 것은 어려운 일이라. 육체와 함께 살지 아니하는 신들 외에는 왕 앞에 그것을 보일 자가 없나이다"(단 2:10-11).

물론 바빌로니아의 지혜 교사들은 실패하지만, 다니엘은 왕에게 꿈과 더불어 그 해석을 말할 수 있다. 그 이유는 다니엘의 통찰력이나 능력 때문이 아니라 하나님 때문이다. 그가 말하듯 "왕이 물으신 바 은밀한 것은 지혜자나 술객이나 박수나 점쟁이가 능히 왕께 보일 수 없으되 오직 은밀한 것을 나타내실 이는 하늘에 계신 하나님"이시다(단 2:27-28a). 요셉은 꿈을 해석하라는 바로의 요청에 같은 주장으로 대답하면서 "내가 아니라 하나님께서 바로에게 편안한 대답을 하시리이다"라고 말한다(41:16).

다니엘은 다니엘 4장에서도 느부갓네살의 꿈을 해석한다. 흥미롭게도 7장에서는 다니엘 자신이 꿈을 꾸지만, 그 꿈을 해석할 수 없다. 한 천사가 와서 꿈을 해석해 준다.

따라서 많은 사례가 있는 것은 아니지만, 하나님이 구약 시대에 꿈을 통해 자기 백성이나 이방인 모두와 소통하셨다는 것은 분명하다. 민수기 12:6에서 하나님은 아론과 미리암에게 "너희 중에 선지자가 있으면 나 여호와가 환상으로 나를 그에게 알리기도 하고 꿈으로 그와 말하기도 하거니와"라고 말씀하신다. 물론 이런 계시 방식은 모세와 "대면하여"(12:8) 말씀하는 더 나은 방법과 대조를 이룬다.

분명 하나님은 인간 피조물에게 말씀하는 한 가지 방법으로 꿈을 사용하셨다. 하지만 여기에는 위험이 뒤따른다. 결국 모든 꿈이 계시는 아니다. 꿈은 망상일 수도 있다. 예언자 예레미야는 "내가 꿈을 꾸었다 꿈을 꾸었다"라고 말하는 거짓 예언자들을 몰아붙인다. 그런 다음 계속해서 "거짓을 예언하는 선지자들이 언제까지 이 마음을 품겠느냐. 그들은 그 마음의 간교한 것을 예언하느니라"고 말한다(렘 23:25-26; 또한 27:9; 29:8; 슥 10:2도 보라).

사실 예언자의 두 율법(신 13:1-5과 18:14-21을 보라) 중 하나는 꿈을 말하고 사람들을 하나님에게서 멀어지게 인도하는 거짓 예언자에 대해 경고한다. 다시 말해서 꿈은 사람들을 속이고 잘못된 길로 인도할 수 있다. 신약으로 눈을 돌릴 때 우리는 특히 그리스도의 죽음과 부활 이후 꿈이 아주 미미한 역할을 한다는 데 주목한다.

꿈은 마태의 예수님 탄생 내러티브에서 중요한 역할을 한다. 천사가 꿈에 요셉에게 나타나 마리아가 임신했더라도 그녀와 결혼하라고 말한다. 천사는 요셉에게 "[마리아가] 아들을 낳으리니 이름을 예수라 하라"고 전한다(마 1:21). 요셉과 마리아는 익숙한 길로 고향으로 돌아가지 말고 이집트로 가서 헤롯의 학살을 피하라는 천사의 경고를 받는다(2:12;

또한 22절도 보라). 마태복음은 무고한 사람, 예수님의 체포와 관련하여 빌라도의 아내가 꾼 불안한 꿈에 대해서도 언급한다(마 27:19).

요약하면 우리는 성경을 읽으면서 하나님이 때로 인간 피조물과 소통하고자 꿈을 사용하셨다는 사실을 부정할 수 없다. 빈번하지 않았지만 하나님은 아비멜렉, 야곱, 라반, 요셉, 무명의 미디안 군인, 솔로몬, 다니엘, 예수님의 아버지 요셉, 빌라도의 아내에게 꿈을 통해 말씀하셨다.

하나님은 오늘날에도 꿈을 통해 계속 우리에게 말씀하시는가? 우리는 예수님이 죽으셨다가 아버지에 의해 부활하셨기 때문에 하나님은 이제 더 이상 꿈을 통해 사람들에게 말씀하지 않으신다고 대답할 수도 있다. 우리에게는 우리에게 주신 하나님의 분명한 계시인 성경이 있다.

하지만 우리는 매우 신중해야 하며, 오늘날 하나님은 꿈을 통해 사람들에게 말씀하지 않으신다고 말하지 않아야 한다. 결국 베드로가 "마지막 날"에 대해 하는 말에 귀 기울여 보자. 우리는 마지막 날이 그리스도께서 부활하신 이후의 기간이라고 이해할 수 있다. 베드로는 오순절을 둘러싼 사건에서 요엘 2장의 예언이 성취되고 있다고 이해한다.

> 하나님이 말씀하시기를 말세에
> 내가 내 영을 모든 육체에 부어 주리니
> 너희의 자녀들은 예언할 것이요
> 너희의 젊은이들은 환상을 보고
> 너희의 늙은이들은 꿈을 꾸리라. (행 2:17, 욜 2:28을 인용한 것)

우리는 오늘날에도 하나님이 꿈을 통해 사람들에게 말씀하신다는 사실을 부정해서는 안 되지만, 또한 꿈에 신성한 의미를 부여하는 데 매우 신중해야 한다. 결국 꿈은 하나님의 메시지를 우리에게 전달할 수 있지만, 단지 우리의 무의식이나 욕구 충족의 표현일 수도 있다. 성경은 이를 망상이라고 부른다.

깰 수 없는 원칙은 이것이다. 즉 하나님은 꿈을 통해 우리에게 말씀하실 수 있지만, 성경 곧 하나님의 말씀을 통해 가장 분명하게 말씀하신다. 꿈을 통해 또는 다른 계시 방식을 통해 받는 어떤 메시지도 성경에 나오는 하나님의 말씀을 결코 부정하거나 거스르지 않을 것이다.

주석을 쓰면서 요셉 내러티브에 다다랐을 때, 나는 하나님이 오늘날에도 꿈을 통해 사람들에게 말씀하시느냐는 질문에 대해 깊이 생각해야 함을 깨달았다. 하나님이 오늘날에도 꿈을 통해 사람들에게 말씀하실 수 있다는 사실을 부정할 타당한 이유는 전혀 없다고 이미 결론을 내린 바 있다. 그 꿈이 사람들을 하나님께로 인도하고 성경에 기록된 하나님의 계시와 모순되지 않는다면 말이다.

하지만 이것은 원칙적 결론일 뿐 나의 개인적 경험은 아니다. 나는 하나님이 나에게 말씀하기를 원하신다고 확신하는 꿈을 꾼 적이 없다. 물론 그렇다고 해서 하나님이 꿈을 통해 다른 사람들에게 말씀하지 않으셨다는 의미는 아니다. 고백하건대 나는 하나님이 그런 방식으로 나에게 말씀하신다는 데 마음이 열려 있지 않았고, 따라서 그런 방식으로 하나님의 말씀을 듣는 데 익숙하지 않았다. 하지만 최근 기독교 라디오 인터뷰에서 한 무슬림 개종자가 하나님이 꿈을 통해 무슬림에게 다가가시는 현상이 드물지 않다고 말하는 것을 들은 적이 있었고, 그래서 나빌 쿠레시(Nabeel Qureshi)의 책을 읽고 이 문제를 살펴보기로 했다.[14]

쿠레시는 하나님이 자기를 결국 그리스도께 인도하기 위해 세 가지 꿈을 통해 어떻게 말씀하셨는지를 기술한다. 이 꿈들은 생생했고 매우 상징적이었기 때문에, 그는 분명 이 꿈들이 자기를 어디로 이끌어 가는 것인지 의문이 들었다. 그는 이 꿈들이 일종의 욕구 충족은 아닌지 의문이 들었지만, 마음속으로 자기가 기독교에 관심이 있는지 확신할 수 없었다. 무슬림의 관점에서 그는 악마가 이슬람을 떠나도록 유혹하려고 꿈을 보내고 있다는 생각에 시달리기도 했다.

가장 흥미로운 점은, 한 그리스도인 친구가 하나님에게서 온 메시지를 담은 꿈을 꾼 요셉(구약의 요셉과 더불어 예수님의 아버지 요셉 둘 다)에게로 특히 그의 주의를 환기시킨 부분이었다. 결국, 특히 (요셉이 받은 두 번째 꿈과 마찬가지로 확증 역할을 한) 세 번째 꿈을 받은 후 쿠레시는 확신을 가지게 되었고, 그래서 그의 표현대로 모스크를 떠나 그리스도께 나아가는 여정을 시작했다.

쿠레시의 경험은 무슬림 사이에서 드물지 않다. 우리는 이 사건을 어떻게 이해해야 할까? 결론적으로 말해서 이 꿈들은 사람들을 예수님과의 관계로 이끌고 있고, 따라서 위에서 언급한 원칙에 위배되지 않는다. 확신할 수는 없지만, 하나님은 실제로 오늘날 이 방법을 사용하여 무슬림에게 다가가 그리스도께 돌아오게 하신다는 사실을 부정해서는 안 된다. 무슬림에게 그렇다면, 다른 사람에게는 왜 아니겠는가?

미래를 계획하는 지혜

앞서(창 32:1-21을 다룬 장 '이야기 살아내기'의 "하나님을 의지하는가? 아니면 행동하는가?" 단락을 보라) 우리는 야곱이 약속의 땅으로 돌아온 후 처음으로 형 에서를 만났을 때, 계획을 세운 후 행동하는 동시에 하나님의 도움을 얻기 위해 기도한다고 칭찬했다. 족장 야곱은 잠언이 제시하는 지혜의 본보기가 되어 계획을 세운 다음 그 계획을 하나님의 뜻에 맡겼다(잠 16:1-3). 이런 점에서 그는 또한 하나님의 뜻을 고려하지 않은 계획은 헛되다는 야고보서의 가르침을 보여 준다.

> 들으라. 너희 중에 말하기를 오늘이나 내일이나 우리가 어떤 도시에 가서 거기서 일 년을 머물며 장사하여 이익을 보리라 하는 자들아 내일 일을 너희가 알지 못하는도다. 너희 생명이 무엇이냐. 너희는 잠깐 보이다

가 없어지는 안개니라. 너희가 도리어 말하기를 주의 뜻이면 우리가 살기도 하고 이것이나 저것을 하리라 할 것이거늘 이제도 너희가 허탄한 자랑을 하니 그러한 자랑은 다 악한 것이라. 그러므로 사람이 선을 행할 줄 알고도 행하지 아니하면 죄니라. (4:13-17)

예수님은 부자의 비유에서 동일한 메시지를 전달하시는데, 그 부자는 요셉처럼 미래를 위해 곡식을 저장하지만, 요셉과 달리 하나님이 충분히 계획을 변경하실 수 있다는 사실을 고려하지 않는다. 이 비유는 다음과 같은 진술로 끝맺는다. "자기를 위하여 재물을 쌓아 두고 하나님께 대하여 부요하지 못한 자가 이와 같으니라"(눅 12:21). 반대로 요셉은 재물을 쌓아 두고 하나님께 대하여 부요한 사람의 본보기다.

창세기 40-41장에서 우리는 요셉이 부지런한 계획가임을 본다. 그는 심각한 기근이 끔찍한 인도주의적 위기를 초래할 것을 알고 즉시 계획을 세우기 시작한다. 이 점에서 요셉은 지혜를 나타내 주는 사례다. 그는 기근이 닥칠 때 사람들에게 식량을 제공하는 것이 자기 목표임을 알고 그 목표를 충족시키기 위한 효과적인 전략을 구상한다. 나중에 요셉은 바로를 위해 온 이집트 땅을 사들이는 두 번째 목표를 세우고(47:13-26), 왕을 위한 목적을 달성하기 위해 다시 계획을 구상한다. 잠언 21:5a에서 진술하듯이 "부지런한 자의 경영은 풍부함에 이[른다]."[15]

그런데 앞서 살펴보았듯이, 모든 계획이 지혜로운 것은 아니다. 잠언은 어리석은 계획에 관해서도 말한다. 어리석은 계획은 기만적이고(잠 12:5b, 20a) 성공하지 못할 것이다(14:22). 또한 위에서 언급한 잠언 16:1-3에서 현자가 지적하듯이, 어리석은 계획은 그 계획을 주님께 맡기지 않는다면 주제넘은 것이기도 하다. 이 사실을 인정한 야곱은 계획하면서 동시에 기도했지만, 요셉은 어떤가? 우리는 요셉이 계획을 세운 다음 자신의 계획을 주님께 맡기는 모습을 볼 수 없다. 왜 그럴까? 이것은 어리석은 계획의 본보기일까?

이야기를 자세히 읽어 보면, 요셉 역시 지혜롭고 경건한 계획의 또 다른 본보기임을 확증한다. 어쨌든 그의 계획은 하나님이 주신 것이라고 올바르게 이해한 꿈에서 나온 것이기 때문이다. 하나님은 요셉에게 7년의 풍년이 지난 뒤 7년의 기근이 올 것이라고 말씀하셨다. 하나님은 앞으로 어떤 일이 벌어지는지 분명히 보여 주셨고, 요셉은 그에 따라 계획을 세운다.

다시 한번 요셉의 이야기는 현대 독자에게 지혜로운 계획의 모범을 제시한다. 그렇다. 계획하고 면밀하게 계획하되, 하나님이 주관하시기에 우리의 계획이 변경될 수 있음을 깨달으라. 우리는 계획을 세우다 좌절하거나 시간을 낭비한다고 생각하지 말고, 오히려 우리의 삶과 다른 사람의 삶이 긍휼이 많으신 자애로운 하나님의 손길에 인도받고 있음을 알고 위안을 얻어야 한다.

43

창세기 42장

42:1그때에 야곱이 애굽에 곡식이 있음을 보고 아들들에게 이르되 너희는
어찌하여 서로 바라보고만 있느냐 2야곱이 또 이르되 내가 들은즉 저 애굽
에 곡식이 있다 하니 너희는 그리로 가서 거기서 우리를 위하여 사오라 그
러면 우리가 살고 죽지 아니하리라 하매 3요셉의 형 열 사람이 애굽에서
곡식을 사려고 내려갔으나 4야곱이 요셉의 아우 베냐민은 그의 형들과 함
께 보내지 아니하였으니 이는 그의 생각에 재난이 그에게 미칠까 두려워
함이었더라 5이스라엘의 아들들이 양식 사러 간 자 중에 있으니 가나안 땅
에 기근이 있음이라 6때에 요셉이 나라의 총리로서 그 땅 모든 백성에게
곡식을 팔더니 요셉의 형들이 와서 그 앞에서 땅에 엎드려 절하매 7요셉이
보고 형들인 줄을 아나 모르는 체하고 엄한 소리로 그들에게 말하여 이르
되 너희가 어디서 왔느냐 그들이 이르되 곡물을 사려고 가나안에서 왔나
이다 8요셉은 그의 형들을 알아보았으나 그들은 요셉을 알아보지 못하더
라 9요셉이 그들에게 대하여 꾼 꿈을 생각하고 그들에게 이르되 너희는 정
탐꾼들이라 이 나라의 틈을 엿보려고 왔느니라 10그들이 그에게 이르되 내
주여 아니니이다 당신의 종들은 곡물을 사러 왔나이다 11우리는 다 한 사
람의 아들들로서 확실한 자들이니 당신의 종들은 정탐꾼이 아니니이다
12요셉이 그들에게 이르되 아니라 너희가 이 나라의 틈을 엿보러 왔느니라
13그들이 이르되 당신의 종 우리는 열두 형제로서 가나안 땅 한 사람의 아
들들이라 막내아들은 오늘 아버지와 함께 있고 또 하나는 없어졌나이다
14요셉이 그들에게 이르되 내가 너희에게 이르기를 너희는 정탐꾼들이라
한 말이 이것이니라 15너희는 이같이 하여 너희 진실함을 증명할 것이라
바로의 생명으로 맹세하노니 너희 막내아우가 여기 오지 아니하면 너희가
여기서 나가지 못하리라 16너희 중 하나를 보내어 너희 아우를 데려오게
하고 너희는 갇히어 있으라 내가 너희의 말을 시험하여 너희 중에 진실이

있는지 보리라 바로의 생명으로 맹세하노니 그리하지 아니하면 너희는 과
연 정탐꾼이니라 하고 [17]그들을 다 함께 삼 일을 가두었더라 [18]사흘 만에
요셉이 그들에게 이르되 나는 하나님을 경외하노니 너희는 이같이 하여
생명을 보전하라 [19]너희가 확실한 자들이면 너희 형제 중 한 사람만 그 옥
에 갇히게 하고 너희는 곡식을 가지고 가서 너희 집안의 굶주림을 구하고
[20]너희 막내아우를 내게로 데리고 오라 그러면 너희 말이 진실함이 되고
너희가 죽지 아니하리라 하니 그들이 그대로 하니라 [21]그들이 서로 말하되
우리가 아우의 일로 말미암아 범죄하였도다 그가 우리에게 애걸할 때에
그 마음의 괴로움을 보고도 듣지 아니하였으므로 이 괴로움이 우리에게
임하도다 [22]르우벤이 그들에게 대답하여 이르되 내가 너희에게 그 아이에
대하여 죄를 짓지 말라고 하지 아니하였더냐 그래도 너희가 듣지 아니하
였느니라 그러므로 그의 피 값을 치르게 되었도다 하니 [23]그들 사이에 통
역을 세웠으므로 그들은 요셉이 듣는 줄을 알지 못하였더라 [24]요셉이 그들
을 떠나가서 울고 다시 돌아와서 그들과 말하다가 그들 중에서 시므온을
끌어내어 그들의 눈앞에서 결박하고 [25]명하여 곡물을 그 그릇에 채우게 하
고 각 사람의 돈은 그의 자루에 도로 넣게 하고 또 길 양식을 그들에게 주
게 하니 그대로 행하였더라 [26]그들이 곡식을 나귀에 싣고 그곳을 떠났더니
[27]한 사람이 여관에서 나귀에게 먹이를 주려고 자루를 풀고 본즉 그 돈이
자루 아귀에 있는지라 [28]그가 그 형제에게 말하되 내 돈을 도로 넣었도다
보라 자루 속에 있도다 이에 그들이 혼이 나서 떨며 서로 돌아보며 말하되
하나님이 어찌하여 이런 일을 우리에게 행하셨는가 하고 [29]그들이 가나안
땅에 돌아와 그들의 아버지 야곱에게 이르러 그들이 당한 일을 자세히 알
리어 아뢰되 [30]그 땅의 주인인 그 사람이 엄하게 우리에게 말씀하고 우리
를 그 땅에 대한 정탐꾼으로 여기기로 [31]우리가 그에게 이르되 우리는 확
실한 자들이요 정탐꾼이 아니니이다 [32]우리는 한 아버지의 아들 열두 형제
로서 하나는 없어지고 막내는 오늘 우리 아버지와 함께 가나안 땅에 있나

이다 하였더니 33그 땅의 주인인 그 사람이 우리에게 이르되 내가 이같이
하여 너희가 확실한 자들임을 알리니 너희 형제 중의 하나를 내게 두고 양
식을 가지고 가서 너희 집안의 굶주림을 구하고 34너희 막내아우를 내게로
데려오라 그러면 너희가 정탐꾼이 아니요 확실한 자들임을 내가 알고 너
희 형제를 너희에게 돌리리니 너희가 이 나라에서 무역하리라 하더이다
하고 35각기 자루를 쏟고 본즉 각 사람의 돈뭉치가 그 자루 속에 있는지라
그들과 그들의 아버지가 돈뭉치를 보고 다 두려워하더니 36그들의 아버지
야곱이 그들에게 이르되 너희가 나에게 내 자식들을 잃게 하도다 요셉도
없어졌고 시므온도 없어졌거늘 베냐민을 또 빼앗아 가고자 하니 이는 다
나를 해롭게 함이로다 37르우벤이 그의 아버지에게 말하여 이르되 내가 그
를 아버지께로 데리고 오지 아니하거든 내 두 아들을 죽이소서 그를 내 손
에 맡기소서 내가 그를 아버지께로 데리고 돌아오리이다 38야곱이 이르되
내 아들은 너희와 함께 내려가지 못하리니 그의 형은 죽고 그만 남았음이
라 만일 너희가 가는 길에서 재난이 그에게 미치면 너희가 내 흰머리를 슬
퍼하며 스올로 내려가게 함이 되리라

이야기 속 다른 본문 경청하기

성경 본문: 창세기 37장; 39-41장

창세기 37장에서 우리는 야곱 가족의 불화에 대해, 특히 요셉과 형제들 사이의 소외에 대해 알게 된다. 형들은 기회를 잡았을 때 요셉을 노예로 팔았고, 요셉은 이집트로 건너가 보디발이라는 이집트 고위 관리 밑에서 일했다(39장). 보디발의 아내가 강간 누명을 씌운 후 요셉은 감옥에 던져졌고, 그곳에서 바로의 총애를 잃고 감옥에 갇혀 있던 두 명의 동료 수감자를 만났다. 요셉은 그들의 꿈을 훌륭하게 해석했고, 살아남아 궁정으로 돌아간 한 명의 관리는 때마침 미래를 예고하는 두 가지 꿈을 꾼

바로에게 요셉의 꿈 해석 능력에 대해 알려 주었다. 요셉은 하나님께 영광을 돌리며, 왕의 꿈은 7년간 풍년이 있은 뒤 7년간 기근이 있을 것을 암시한다고 말했다. 왕은 결국 다가오는 재난에 대비할 수 있는 권한을 가진 지위에 요셉을 임명했다. 다시 가나안과 야곱의 가족으로 장면이 바뀌면서, 그들은 땅에 곡식이 부족하여 도움이 절실히 필요한 처지에 놓여 있다.

이야기 설명하기

요셉의 형들의 첫 번째 이집트 여행(42:1-26)

이집트와 요셉에서 가나안과 야곱의 가정으로 장면이 바뀐다. 야곱은 이집트에 곡식이 있다는 소식을 듣고 아들들에게 이집트로 가서 곡식을 사 오라고 지시한다. 야곱의 말에서 자녀들에 대한 깊은 존중이나 애정이 드러나지 않는다. 주도적으로 행동하지 않는 아들들을 향해 "너희는 어찌하여 서로 바라보고만 있느냐?"고 꾸짖는다(1절).

그래서 요셉의 열 형제는 곡식을 사기 위해 다른 이들처럼 가나안에서 이집트로 향한다. 사랑하는 아내 라헬이 낳은 둘째 아들 베냐민을 보내지 않는 것을 볼 때, 야곱은 여전히 편애하는 모습을 보인다. 그는 요셉을 잃은 것처럼 베냐민을 잃지 않을까 두려워한다. 그는 분명 나머지 열 명에게는 관심이 적었다.

앞 장에서 보았듯이 요셉은 곡식의 분배와 판매를 책임지고 있었다. 따라서 이집트에 도착하자마자 열 형제는 곡식을 구하기 위해 요셉에게 간다. 그들은 요셉을 알아보지 못했다. 어쨌든 많은 시간이 흘렀고 요셉은 이집트 복장을 했을 가능성이 컸기 때문이다. 게다가 형들은 노예로 팔아넘긴 동생이 이집트에서 지금 이와 같은 권력자가 되었다고는 생각조차 하지 않았을 것이다. 반면에 요셉은 형들을 알아보았다.

물론 형들 수하에서 받은 대우를 생각한 후, 요셉은 형들에게 자기 정체를 밝히려고 하지 않았다. 사실 그는 형들의 인품을 시험할 전략에 착수한다. 자기를 노예로 팔아넘겼을 때와 똑같이 형들이 이기적이고 시기심이 많은지, 아니면 이제 아버지를 포함하여 다른 사람을 자기 자신보다 먼저 생각할 수 있는지 알고자 한다.

어떤 측면에서 특히 현대 독자들은 열 형제에게 동정심을 느낄 수 있다. 그들은 아버지에게 불공평한 대우를 받았고, 그들이 시기한 동생은 형들보다 우월하다고 암시하는 꿈을 꾸었다. 그렇지만 하나님의 백성 이야기의 이 단계에서 하나님은 요셉이 형들보다 우위에 있을 것이라고 분명히 밝히셨다. 요셉은 자기 지위가 섬기기 위한 것임을 알아야 했고, 형들은 이때를 위해 선택된 사람이 자기들이 아니라 요셉임을 알아야 했다. 그렇다고 해서 (카민스키의 용어를 빌리자면) 그들이 비선택자가 아닌, 반선택자가 되는 것은 아니다.[1] 하나님은 그들을 사랑하시고 그들을 돌보시며 그들의 삶과 후손들의 삶을 향해 목적을 갖고 계시지만, 그들은 하나님이 선택하신 요셉 앞에 스스로 복종하는 법을 배워야 한다.

요셉의 전략은 형들에게 가혹한 질문을 던지면서 시작된다. [요셉의 이전 꿈(37:5-11)을 요셉과 독자들에게 상기시키면서, 9절] 형들이 요셉에게 절한 후, 요셉은 어디서 왔느냐고 그들에게 묻는다. 형들은 요셉에게 가나안에서 왔다는 사실과 곡식을 사러 왔다는 목적을 말한다.

요셉은 이 말이 사실임을 알지만 그들을 정탐꾼으로 고발하는데, 이로 인해 심각한 상황이 초래된다. 그들의 항변에도 불구하고, 요셉은 그들이 방비가 소홀한 땅이 어디인지 보러 왔고 그 땅을 공격할 수도 있다는 주장을 계속 밀어붙인다. 우리는 이미 이집트인이 북쪽과 동쪽의 아시아인에게 품은 경멸과 두려움을 언급한 바 있다. 이집트가 취약했던 시기에 이러한 혐의를 씌우는 것은 불가능하지 않았을 것이다.

이 고발 때문에 형들은 가족 배경에 대해 더 구체적으로 말하게 된다. 그들은 요셉에게 자기들이 한 사람, 당연히 야곱의 아들들이고 열두 형제 중 열 명인데, 한 명(베냐민)은 집에 남아 있고 한 명(요셉)은 "없어졌[다]"고 말한다. 물론 그들은 요셉이 아직 살아 있는지를 알지 못했지만, 들짐승에게 죽었다는 것이 공공연한 이야기였기 때문에 요셉이 죽었다고 표현한다.

이제 형들은 집에 동생이 한 명 더 있다고 밝혔기 때문에, 요셉은 그들을 시험할 방안을 찾았다. 처음에 요셉은 그들 중 한 명만 가나안으로 돌아갈 수 있다고 말한다. 그 한 명은 그들의 이야기를 입증하기 위해 베냐민을 데려와야 했다. 나머지 아홉은 감옥에 가두어 둘 것이다. 그런 다음 요셉은 열을 모두 감옥에 가두어 그들의 상황에 대해 생각할 시간을 준다.

그런데 사흘 후 형들을 감옥에서 데려올 때, 요셉은 더 너그러운 계획을 내놓는다. 한 명만 이집트에 남고 나머지 아홉은 요셉에게 베냐민을 데려오기 위해 곡식을 가지고 가나안으로 돌아갈 수 있다.

형들은 이 조건에 동의하지만, 요셉 앞을 떠나기 전 자기들이 모국어로 하는 말을 요셉이 알아들을 수 있다는 사실을 모른 채 놀라운 고백을 한다. 그들은 현재의 곤경이 요셉을 학대한 대가라고 생각한다. 형들은 요셉을 구덩이에 던졌을 때 자비를 베풀어 달라고 부르짖은 일을 기억한다. 맏형 르우벤은 계획을 바꾸자고 설득하지 않았냐고 항변하지만, 이야기에 대한 기억을 다시 떠올려 보면(39장) 계략을 실행하지 말자고 르우벤이 얘기한 흔적은 찾아볼 수 없다. 오히려 유다가 형제들을 설득하여 이집트로 데려갈 상인들에게 요셉을 팔자고 설득했을 때, 몰래 돌아와 구덩이에서 꺼내려 한 르우벤의 계획은 수포가 되었다.

그래서 형제들은 전에 요셉을 학대했기 때문에 자기들이 곤경에 처했다고 생각한다. 사실 그들의 말이 맞다. 그들은 전혀 모르지만, 그렇게 심하게 학대한 그 사람이 배후에서 조종하면서 지금 탄식할 상황을 의도적으로 만들고 있다. 요컨대 그들은 정녕 "아우의 일로 말미암아 범죄[했다]"(21절).

요셉은 의도적으로 이렇게 하지만, 냉정한 계산속에서 이렇게 하는 것은 아니다. 형들은 알아채지 못하지만, 요셉은 형들이 하는 말을 알아듣고 눈물을 흘린다. 눈물의 동기가 무엇인지 정확히 알 수 없지만, 요셉은 형들의 손에 받은 대우를 기억하면서 아마 형들이 후회하기 시작했다고 여겼을 가능성이 크다. 이 눈물은 분명 가족에 대한 그리움을 보여 준다. 그렇지만 요셉은 아직 형들을 믿을 준비가 되지 않았기에 다른 형들이 가나안으로 돌아가는 동안 시므온을 이집트에 남겨두는 전략을 실행에 옮긴다.

요셉은 가나안으로 가져갈 곡식과 여행에 필요한 식량을 형들에게 준다. 더 놀라운 것은 형들이 지불한 은을 다시 자루에 넣은 것이다.

야곱에게 돌아오다(42:27-38)

앞 섹션 마지막에 보았듯이, 요셉은 형들에게 곡식과 양식을 주었을 뿐만 아니라 그들이 지불한 은을 몰래 곡식 자루 안에 넣어 돌려주었다. 그런 다음 그날 저녁 휴식을 취하려고 멈추었을 때, 형제 중 하나가 곡식 자루를 열고 은을 발견했다. 그들은 이 발견이 기쁘기는커녕 무척 괴로웠다. 형들은 은이 어떻게 자루에 들어갔는지 알 수 없었다. 이집트 총독이 동생 요셉이라는 사실을 몰랐던 그들은 얼마나 큰 곤경에 처하게 될지 두려웠다. 그 의심 많은 이집트인이 은을 훔쳤다고 생각하지 않게 하려면 어떻게 해야 할까?

형제들은 하나님을 탓한다. 결국 다른 누가 은을 자루에 넣을 수 있었겠는가? 요셉 앞에서 느끼고 표현한 죄책감(21-23절)에 사로잡힌 형제들은 하나님이 자기들을 벌하려고 하신다고 생각했다.

가나안으로 돌아온 형제들은 아버지에게 무슨 일이 있었는지를 보고했다. 형제들도 그들의 아버지도 “그 땅의 주인인 그 사람”이라고 지칭한 사람이 다름 아닌 요셉이라는 사실을 전혀 깨닫지 못했다. 형제들은 여행 중에 일어난 일을 아주 자세히 서술하면서 자기들이 학대당했고 정탐꾼으로 고발당했다고 말한다. 형제들은 자기들이 정직한 사람이고 정탐꾼이 아니라고 말하면서 어떻게 결백을 주장했는지 아버지에게 말했다. 그들은 가족을 대표해서 왔을 뿐이고, 이 가족에는 열두 형제가 있었지만 한 명은 집에 남아 있고, 한 명은 더 이상 없다고 했다.

그런 다음 형제들은 아버지에게 ‘이집트’ 군주가 자기들의 정직성을 시험하면서 이집트로 돌아올 때 집에 있는 아들을 함께 데려오라고 했다고 말한다. 그는 형제 한 명을 인질로 잡아 두었다. 이 시점에 그들은 곡식 자루를 전부 내려 검사한다. 아니나 다를까, 모든 곡식 자루에 은이 들어 있다. 이 사실을 알게 된 형제들과 아버지는 모두 어쩔 줄 모른다. 야곱은 요셉을 잃었는데 이제 시므온과 베냐민까지 잃을지 모른다고 그들을 탓한다.

맏아들 르우벤은 베냐민 대신 자기 두 아들을 인질로 내놓으면서, 만약 베냐민을 이집트에서 안전하게 데려오지 못하면 두 아들을 죽여도 좋다고 말한다. 앞서 르우벤이 어떻게 요셉을 구하지 못했는지 보았는데(37:29-30), 여기에서도 르우벤은 아버지를 설득하지 못한다. 우리는 애초에 야곱이 르우벤의 제안을 어떻게 받아들이겠냐고 반문할 수도 있다. 사실상 그는 야곱에게, 만약 베냐민과 함께 돌아오지 못하면 친손주 둘을 죽여도 좋다고 말하고 있다. 말이 되는 거래인가? 행여 손주들이 마음에 들지 않았다고 해도 야곱은 자손이 줄어들게 하는 데 관심이 있지는 않았을 것이다.

야곱은 얼른 거절한다. 르우벤의 계획에는 심각한 결점이 있을 뿐만 아니라 그에게는 이미 야곱이 신뢰하지 않을 만한 충분한 이유가 있었다. 결국, 야곱의 맏아들은 그의 첩들과 동침했다(35:22). 게다가 요셉을 잃었을 때 가장 큰 책임은 장남 르우벤에게 있었다.

또한 베냐민은 나머지 형제들 사이에서 특별한 위치를 차지하고 있다. "내 아들은 너희와 함께 내려가지 못하리니 그의 형은 죽고 그만 남음이라"는 야곱의 말을 들을 때 다른 형제들의 마음은 얼마나 아팠겠는가?(38절) 야곱은 사랑하는 라헬의 남은 아들 베냐민을 잃을까 두려웠던 나머지, 아버지 눈에 이미 신용을 잃은 아들 시므온을 기꺼이 희생시킨다(창 34장).

이야기 살아내기

'세상에 있지만 세상에 속하지 않은'

요셉의 형들은 곡식을 구하러 간 처음 여정이나 두 번째 여정에서 이집트에 도착하고서 요셉을 알아보지 못한다. 왜 그럴까? 분명 오랜 세월이 지났기 때문이지만, 더 중요한 이유는 요셉이 문화적으로 상당히 큰 변화를 겪었기 때문이다.

요셉이 고위직으로 승진할 때 바로는 "그에게 세마포 옷을 입[혔는데]"(41:42) 이는 분명 이집트의 고유한 옷을 가리킨다. 형제들은 그가 동료 셈족이라고는 생각하지도 못했다. 그들에게 요셉은 이집트 관리였고, 이는 그의 옷만이 아니라 머리 모양도 이집트식이었음을 암시할 것이다. 그는 "온의 제사장 보디베라의 딸 아스낫"과 결혼했다(41:45). 요셉은 어린 시절 사용한 셈족 방언을 알았지만, 형제들에게 이집트어로 말했다(42:23). 다음 장에서 우리는 그가 점치는 잔까지 가지고 있는 것을 볼 것이다(44:2-5).

요셉의 행동은 믿음의 사람이 그 믿음에 해로운 문화를 어느 정도까지 포용할 수 있느냐는 질문을 제기한다. 이 질문은 특히 바빌로니아 궁정에서 있었던 아주 비슷한 다니엘 이야기와 결합할 때 전면에 부각된다.[2]

바빌로니아 궁정으로 끌려간 다니엘과 세 친구는 느부갓네살의 궁정에서 봉직하기 위해 갖춰야 할 훈련을 받았다(단 1장). 그 과정에서 참 하나님을 찬양하는 히브리어 이름은 거짓 신을 찬양하는 바빌로니아 이름으로 바뀌었다. 그들은 또한 "갈대아 사람의[즉, 바빌로니아의] 학문과 언어"를 배웠는데(1:4), 여기에는 마르둑(Marduk) 같은 신들을 칭송하는 신화에 관한 연구와 꿈 해석을 돕는 꿈 해설서를 포함한 엄청난 분량의 점술 문헌도 포함되었을 것이다. 그들은 믿음에 적대적인 이런 훈련을 스스로 받아들였을 뿐 아니라 이 과정을 수석으로 졸업했다. 이런 구약의 이야기는 믿음에 유해한 문화 속에서 살아가는 것에 대해 오늘날 우리에게 무엇을 가르치는가?

먼저, 우리는 우리 문화가 실제로 믿음에 해롭다다는 것과 이 진술은 현대의 어떤 문화에 살든 사실이라는 점을 인식해야 한다. 21세기 초 종교의 자유가 허용되는 서구보다 중동 지역에서 그리스도인이 되는 게 훨씬 위험했음은 분명한 사실이지만, 신자가 직면하는 다른 유형의 문제도 있다. 우리가 처한 문화에 대해 어떤 태도를 가져야 하는가?

요셉과 다니엘의 이야기는 질문을 던지지만, 모든 긴급한 질문에 대답할 명확한 청사진을 제공하는 것은 분명 아니다. 그들의 이야기가 우리에게 알려 주는 것은, 단순히 문화를 거부하거나 문화에서 물러나는 것이 답은 아니라는 것이다. 다니엘과 세 친구, 요셉에게는 이 문제에서 선택지가 없었다고 할 수도 있다. 그들은 순응하거나 죽거나 둘 중 하나밖에 할 수 없었다. 다만 이것은 그들에게도 선택지가 있었다는 말이다. 그리고 실제로 다니엘 이야기를 통해 그런 선택에 직면했을 때 그들이 처해 있던 우상 숭배 문화를 완전히 받아들이기보다 믿음을 위해 기꺼이 죽으려 했음을 알 수 있다(단 3장과 5장). 창세기에서 우리가 아는 한,

요셉은 믿음과 생명 사이에서 선택해야만 하는 상황에 있었던 적이 한 번도 없었다. 하지만 서술자가 그의 행동과 태도는 물론이고 이집트 문화로의 융화를 암시적으로나 명시적으로 비판하지 않는 것을 볼 때(특히 50:19-20을 보라), 우리는 요셉도 믿음을 유지했다고 가정해야 한다.

우리는 또한 요셉과 다니엘 내러티브가 믿음의 사람이 처한 문화를 온전히 받아들이지 않아야 함을 시사한다고 자신 있게 말할 수 있다. 물론 이 점은 다니엘과 세 친구가 목숨을 걸고 바빌로니아의 신들을 숭배하기를 거부하는 다니엘 내러티브에서 더 분명하지만, 왕이 제공하는 음식을 먹지 않겠다고 거절한 데서도 엿볼 수 있다.[3]

따라서 우리가 믿음의 사람으로서 믿음에 적대적인 세상에서 어떻게 살아야 하는가 하는 질문에 대한 간단한 답은 없다. 요셉과 다니엘의 암묵적인 교훈은 우리가 세상에 있지만 세상에 속하지 않아야 하는 동시에(요 17:16을 보라) "뱀같이 지혜롭고 비둘기같이 순결해야" 한다(마 10:16)는 예수님의 가르침을 보여 준다. 이집트 복장과 관습, 심지어 이집트인 아내(우리는 요셉과 결혼한 후 그녀의 종교적 헌신 상태에 관해 알지 못한다)를 받아들인다는 점에서 요셉은 '세상에 있지만' 믿음을 유지한다는 점에서 '세상에 속해 있지 않다.' 요셉은 분명 형제들만이 아니라 술 맡은 관원장이나 떡 굽는 관원장 같은 이집트인을 대할 때도 뱀처럼 지혜로운 모습을 보여 준다. 그런데 순결함도 유지한다.

현대 그리스도인 독자에게 주는 메시지는 우리 믿음의 헌신에 일치하도록 세상에서 살아가는 게 결코 쉬운 일이 아니라는 것이다. 세상에서 살지만, 세상에 속하지 않는 것은 단순히 문제에 공식을 적용하는 것처럼 쉽지 않지만, 우리는 우리의 결정과 행동이 예수님을 향한 우리의 헌신을 배반하는 것은 아닌지 기도하는 마음으로 질문해야 한다.

다른 사람 시험하기

앞서 (창 22:1-19를 다룬 장 '이야기 살아내기'에서) "하나님은 우리를 시험하시는가?"와 "우리는 하나님을 시험할 수 있는가?"라는 질문을 다룬 바 있다. 요셉 내러티브는 '우리가 다른 사람을 시험할 수 있는가?'라는 질문을 제기한다. 어쨌든 요셉은 형들이 곡식을 구하러 이집트에 왔을 때, 자기를 노예로 팔고 난 뒤 형들이 변했는지를 시험할 상황을 만들기 위해 열심히 노력한 것이다.

그런데 정말 오늘날에도 다른 사람을 시험하는 게 허용될 수 있는가? 결국 우리는 옛날 사람들에 관해 이야기하고 있고, 구약의 내러티브가 오늘 우리의 행동에 항상 모델을 제시하는 것은 아니다(서론의 "21세기 관점으로 읽기" 단락을 보라). 서술자는 요셉을 지혜롭다고 인정하더라도, 그냥 요셉의 행동이 오늘날에도 허용된다고 속단할 수 없다.

하지만 그런 태도를 다루면서 우리는 다른 사람을 시험하는 것에 관해 말하는 신약 본문도 있음을 알 수 있다.[4] 특히 흥미로운 본문에는 예루살렘 교회를 지원하기 위해 아낌없이 헌금하라고 고린도인들에게 촉구하는 바울의 진술이 포함된다. 여기서 바울은 "내가 명령으로 하는 말이 아니요 오직 다른 이들의 간절함을 가지고 너희의 사랑의 진실함을 증명하고자 함이로라"고 말하는데(고후 8:8), 여기서 "다른 이들의 간절함"이란 구체적으로 마게도냐인들을 향한 관대함을 가리킨다. 특별한 경우에는 집사가 될 수도 있는 사람을 시험하는 것도 포함된다. 여기서 바울은 디모데에게 "이 사람들을 먼저 시험하여 보고 그 후에 책망할 것이 없으면 집사의 직분을 맡게 할 것이요"라고 조언한다(딤전 3:10). 요한계시록에서 에베소 교회의 천사는 그들이 "악한 자들을 용납하지 아니한 것"과 "자칭 사도라 하되 아닌 자들을 시험하여 그의 거짓된 것을…드러낸 것"을 알고 있다고 칭찬한다(계 2:2). 이 점에 있어서 교회는 "영을 다 믿지 말고 오직 영들이 하나님께 속하였나 분별하라. 많은 거짓 선지자가 세상에 나왔음이라"고 독자들에게 요청한 요한의 권고를 따른 것이다(요일 4:1). 그는 계속해서 "예수 그리스도께서 육체로 오신 것을 시인하는 영마다 하나님께 속한 것이요 예수를 시인하지 아니하는 영마다 하나님께 속한 것이 아니[다]"라고 말한다(4:2-3).

사실 형들에 대한 요셉의 시험은 지혜의 절정이다. 결국 형들은 요셉을 학대했고 심지어 그를 살해하기 직전까지 갔다. 성경의 가르침이라는 일부 사람들의 엉뚱한 주장과 달리 '용서하고 잊어버리는 것'은 분명 어리석은 일이다. 이와 같은 태도는 비성경적일 뿐만 아니라 학대 상황과 관련되어 있을 때는 더없이 위험하다.[5]

여기서 요셉의 행동을 수긍하고 특정 상황에서 다른 사람을 시험하는 것이 지혜로운 행동이라고 인정한다고 해서, 사람들의 삶을 의심하면서 그 주변을 기웃거려도 된다는 전면적인 허용은 아니다. 성경에서 다른 사람을 시험하는 경우는, 어떤 사람의 인품에 대해 의심할 만한 확실한 이유가 있거나 어떤 사람이 공동체에 영향을 끼칠 수 있는 지위를 추구하는 상황에만 국한된다.

44

창세기 43-44장

43:1그 땅에 기근이 심하고 2그들이 애굽에서 가져온 곡식을 다 먹으매 그
아버지가 그들에게 이르되 다시 가서 우리를 위하여 양식을 조금 사오라
3유다가 아버지에게 말하여 이르되 그 사람이 우리에게 엄히 경고하여 이
르되 너희 아우가 너희와 함께 오지 아니하면 너희가 내 얼굴을 보지 못하
리라 하였으니 4아버지께서 우리 아우를 우리와 함께 보내시면 우리가 내
려가서 아버지를 위하여 양식을 사려니와 5아버지께서 만일 그를 보내지
아니하시면 우리는 내려가지 아니하리니 그 사람이 우리에게 말하기를 너
희의 아우가 너희와 함께 오지 아니하면 너희가 내 얼굴을 보지 못하리라
하였음이니이다 6이스라엘이 이르되 너희가 어찌하여 너희에게 또 다른
아우가 있다고 그 사람에게 말하여 나를 괴롭게 하였느냐 7그들이 이르되
그 사람이 우리와 우리의 친족에 대하여 자세히 질문하여 이르기를 너희
아버지가 아직 살아 계시느냐 너희에게 아우가 있느냐 하기로 그 묻는 말
에 따라 그에게 대답한 것이니 그가 너희의 아우를 데리고 내려오라 할 줄
을 우리가 어찌 알았으리이까 8유다가 그의 아버지 이스라엘에게 이르되
저 아이를 나와 함께 보내시면 우리가 곧 가리니 그러면 우리와 아버지와
우리 어린아이들이 다 살고 죽지 아니하리이다 9내가 그를 위하여 담보가
되오리니 아버지께서 내 손에서 그를 찾으소서 내가 만일 그를 아버지께
데려다가 아버지 앞에 두지 아니하면 내가 영원히 죄를 지리이다 10우리가
지체하지 아니하였더라면 벌써 두 번 갔다 왔으리이다 11그들의 아버지 이
스라엘이 그들에게 이르되 그러할진대 이렇게 하라 너희는 이 땅의 아름
다운 소산을 그릇에 담아 가지고 내려가서 그 사람에게 예물로 드릴지니
곧 유향 조금과 꿀 조금과 향품과 몰약과 유향나무 열매와 감복숭아이니
라 12너희 손에 갑절의 돈을 가지고 너희 자루 아귀에 도로 넣어져 있던 그
돈을 다시 가지고 가라 혹 잘못이 있었을까 두렵도다 13네 아우도 데리고

떠나 다시 그 사람에게로 가라 [14]전능하신 하나님께서 그 사람 앞에서 너
희에게 은혜를 베푸사 그 사람으로 너희 다른 형제와 베냐민을 돌려보내
게 하시기를 원하노라 내가 자식을 잃게 되면 잃으리로다 [15]그 형제들이
예물을 마련하고 갑절의 돈을 자기들의 손에 가지고 베냐민을 데리고 애
굽에 내려가서 요셉 앞에 서니라 [16]요셉은 베냐민이 그들과 함께 있음을
보고 자기의 청지기에게 이르되 이 사람들을 집으로 인도해 들이고 짐승
을 잡고 준비하라 이 사람들이 정오에 나와 함께 먹을 것이니라 [17]청지기
가 요셉의 명대로 하여 그 사람들을 요셉의 집으로 인도하니 [18]그 사람들
이 요셉의 집으로 인도되매 두려워하여 이르되 전번에 우리 자루에 들어
있던 돈의 일로 우리가 끌려드는도다 이는 우리를 억류하고 달려들어 우
리를 잡아 노예로 삼고 우리의 나귀를 빼앗으려 함이로다 하고 [19]그들이 요
셉의 집 청지기에게 가까이 나아가 그 집 문 앞에서 그에게 말하여 [20]이르
되 내 주여 우리가 전번에 내려와서 양식을 사 가지고 [21]여관에 이르러 자
루를 풀어본즉 각 사람의 돈이 전액 그대로 자루 아귀에 있기로 우리가 도
로 가져왔고 [22]양식 살 다른 돈도 우리가 가지고 내려왔나이다 우리의 돈
을 우리 자루에 넣은 자는 누구인지 우리가 알지 못하나이다 [23]그가 이르
되 너희는 안심하라 두려워하지 말라 너희 하나님, 너희 아버지의 하나님
이 재물을 너희 자루에 넣어 너희에게 주신 것이니라 너희 돈은 내가 이미
받았느니라 하고 시므온을 그들에게로 이끌어 내고 [24]그들을 요셉의 집으
로 인도하고 물을 주어 발을 씻게 하며 그들의 나귀에게 먹이를 주더라
[25]그들이 거기서 음식을 먹겠다 함을 들었으므로 예물을 정돈하고 요셉이
정오에 오기를 기다리더니 [26]요셉이 집으로 오매 그들이 집으로 들어가서
예물을 그에게 드리고 땅에 엎드려 절하니 [27]요셉이 그들의 안부를 물으며
이르되 너희 아버지 너희가 말하던 그 노인이 안녕하시냐 아직도 생존해
계시느냐 [28]그들이 대답하되 주의 종 우리 아버지가 평안하고 지금까지 생
존하였나이다 하고 머리 숙여 절하더라 [29]요셉이 눈을 들어 자기 어머니의

아들 자기 동생 베냐민을 보고 이르되 너희가 내게 말하던 너희 작은 동생
이 이 아이냐 그가 또 이르되 소자여 하나님이 네게 은혜 베푸시기를 원하
노라 30요셉이 아우를 사랑하는 마음이 복받쳐 급히 울 곳을 찾아 안방으
로 들어가서 울고 31얼굴을 씻고 나와서 그 정을 억제하고 음식을 차리라
하매 32그들이 요셉에게 따로 차리고 그 형제들에게 따로 차리고 그와 함
께 먹는 애굽 사람에게도 따로 차리니 애굽 사람은 히브리 사람과 같이 먹
으면 부정을 입음이었더라 33그들이 요셉 앞에 앉되 그들의 나이에 따라
앉히게 되니 그들이 서로 이상히 여겼더라 34요셉이 자기 음식을 그들에게
주되 베냐민에게는 다른 사람보다 다섯 배나 주매 그들이 마시며 요셉과
함께 즐거워하였더라 44:1요셉이 그의 집 청지기에게 명하여 이르되 양식
을 각자의 자루에 운반할 수 있을 만큼 채우고 각자의 돈을 그 자루에 넣
고 2또 내 잔 곧 은잔을 그 청년의 자루 아귀에 넣고 그 양식 값 돈도 함께
넣으라 하매 그가 요셉의 명령대로 하고 3아침이 밝을 때에 사람들과 그들
의 나귀들을 보내니라 4그들이 성읍에서 나가 멀리 가기 전에 요셉이 청지
기에게 이르되 일어나 그 사람들의 뒤를 따라가서 그들에게 이르기를 너
희가 어찌하여 선을 악으로 갚느냐 5이것은 내 주인이 가지고 마시며 늘
점치는 데에 쓰는 것이 아니냐 너희가 이같이 하니 악하도다 하라 6청지기
가 그들에게 따라가서 그대로 말하니 7그들이 그에게 대답하되 내 주여 어
찌 이렇게 말씀하시나이까 당신의 종들이 이런 일은 결단코 아니하나이다
8우리 자루에 있던 돈도 우리가 가나안 땅에서부터 당신에게로 가져왔거
늘 우리가 어찌 당신의 주인의 집에서 은 금을 도둑질하리이까 9당신의 종
들 중 누구에게서 발견되든지 그는 죽을 것이요 우리는 내 주의 종들이 되
리이다 10그가 이르되 그러면 너희의 말과 같이 하리라 그것이 누구에게서
든지 발견되면 그는 내게 종이 될 것이요 너희는 죄가 없으리라 11그들이
각각 급히 자루를 땅에 내려놓고 자루를 각기 푸니 12그가 나이 많은 자에
게서부터 시작하여 나이 적은 자에게까지 조사하매 그 잔이 베냐민의 자

루에서 발견된지라 [13]그들이 옷을 찢고 각기 짐을 나귀에 싣고 성으로 돌
아 가니라 [14]유다와 그의 형제들이 요셉의 집에 이르니 요셉이 아직 그곳
에 있는지라 그의 앞에서 땅에 엎드리니 [15]요셉이 그들에게 이르되 너희가
어찌하여 이런 일을 행하였느냐 나 같은 사람이 점을 잘 치는 줄을 너희는
알지 못하였느냐 [16]유다가 말하되 우리가 내 주께 무슨 말을 하오리이까
무슨 설명을 하오리이까 우리가 어떻게 우리의 정직함을 나타내리이까 하
나님이 종들의 죄악을 찾아내셨으니 우리와 이 잔이 발견된 자가 다 내 주
의 노예가 되겠나이다 [17]요셉이 이르되 내가 결코 그리하지 아니하리라 잔
이 그 손에서 발견된 자만 내 종이 되고 너희는 평안히 너희 아버지께로
도로 올라갈 것이니라 [18]유다가 그에게 가까이 가서 이르되 내 주여 원하
건대 당신의 종에게 내 주의 귀에 한 말씀을 아뢰게 하소서 주의 종에게
노하지 마소서 주는 바로와 같으심이니이다 [19]이전에 내 주께서 종들에게
물으시되 너희는 아버지가 있느냐 아우가 있느냐 하시기에 [20]우리가 내 주
께 아뢰되 우리에게 아버지가 있으니 노인이요 또 그가 노년에 얻은 아들
청년이 있으니 그의 형은 죽고 그의 어머니가 남긴 것은 그뿐이므로 그의
아버지가 그를 사랑하나이다 하였더니 [21]주께서 또 종들에게 이르시되 그
를 내게로 데리고 내려와서 내가 그를 보게 하라 하시기로 [22]우리가 내 주
께 말씀드리기를 그 아이는 그의 아버지를 떠나지 못할지니 떠나면 그의
아버지가 죽겠나이다 [23]주께서 또 주의 종들에게 말씀하시되 너희 막내아
우가 너희와 함께 내려오지 아니하면 너희가 다시 내 얼굴을 보지 못하리
라 하시기로 [24]우리가 주의 종 우리 아버지에게로 도로 올라가서 내 주의
말씀을 그에게 아뢰었나이다 [25]그 후에 우리 아버지가 다시 가서 곡물을
조금 사오라 하시기로 [26]우리가 이르되 우리가 내려갈 수 없나이다 우리
막내아우가 함께 가면 내려가려니와 막내아우가 우리와 함께 가지 아니하
면 그 사람의 얼굴을 볼 수 없음이니이다 [27]주의 종 우리 아버지가 우리에
게 이르되 너희도 알거니와 내 아내가 내게 두 아들을 낳았으나 [28]하나는

내게서 나갔으므로 내가 말하기를 틀림없이 찢겨 죽었다 하고 내가 지금
까지 그를 보지 못하거늘 29너희가 이 아이도 내게서 데려가려 하니 만일
재해가 그 몸에 미치면 나의 흰 머리를 슬퍼하며 스올로 내려가게 하리라
하니 30아버지의 생명과 아이의 생명이 서로 하나로 묶여 있거늘 이제 내
가 주의 종 우리 아버지에게 돌아갈 때에 아이가 우리와 함께 가지 아니하
면 31아버지가 아이의 없음을 보고 죽으리니 이같이 되면 종들이 주의 종
우리 아버지가 흰머리로 슬퍼하며 스올로 내려가게 함이니이다 32주의 종
이 내 아버지에게 아이를 담보하기를 내가 이를 아버지께로 데리고 돌아
오지 아니하면 영영히 아버지께 죄 짐을 지리이다 하였사오니 33이제 주의
종으로 그 아이를 대신하여 머물러 있어 내 주의 종이 되게 하시고 그 아
이는 그의 형제들과 함께 올려 보내소서 34그 아이가 나와 함께 가지 아니
하면 내가 어찌 내 아버지에게로 올라갈 수 있으리이까 두렵건대 재해가
내 아버지에게 미침을 보리이다

이야기 속 다른 본문 경청하기

창세기 37장; 39-42장

요셉 내러티브의 이 에피소드에서 형제들은 곡식을 구하러 이집트로 두 번째 여행을 떠난다. 이 장면은 40-41장에서 요셉이 형들의 인품을 시험하기 시작한 첫 번째 여정을 직접적인 배경으로 한다. 이제 이 시험은 절정에 이르러, 요셉과 그 가족이 과연 화해를 이룰 것인지 판가름 난다. 가족 내 불화는 창세기 37장에서 시작되었는데, 거기서 야곱의 편애 덕분에 가족 안에서 특별한 지위를 누리던 요셉의 오만함과 형들의 지나친 시기심은 결국 요셉을 이집트 노예로 파는 결과를 낳았다.

이야기 설명하기

야곱이 베냐민을 이집트로 보내기로 동의하다(43장)

앞 장에서 야곱은 곡식을 더 얻고 시므온을 되찾기 위해 형제들이 베냐민을 이집트로 데려가는 것을 완강하게 거부했다. 베냐민은 이제 야곱이 총애하는 아들이었고, 야곱은 그를 위험에 빠뜨리고 싶지 않았다.

하지만 기근이 여전히 극심했으므로 아무 조치도 하지 않을 수 없었다. 그래서 그들이 첫 번째 이집트 여행에서 가져온 곡식이 떨어져 갈 무렵, 야곱은 그들에게 이집트로 돌아가서 식량을 더 구해 오라고 말했다.

이때 유다가 나서 형제들 대신 말하면서, 요셉이 베냐민에 대해 정한 조건을 상기시킨다. 유다는 그 사람이 엄중하다는 것을 알았고, 그래서 베냐민을 데려가지 않고서는 이집트로 내려가지 않겠다고 아버지에게 말한다. 그와 같은 여행은 무익할 뿐 아니라 위험할 수도 있다.

야곱은 왜 집에 형제가 한 명 더 있다고 그 사람에게 말했냐고 형제들을 사납게 나무란다. 야곱은 열 형제, 곧 이집트에서 돌아온 아홉과 그곳에 남겨 둔 시므온에 대해 거의 신경을 쓰지 않는 것 같다. 그는 괴로운 심정을 토로한다("너희가 어찌하여…나를 괴롭게 하였느냐?", 6절).

유다는 대답하면서 그 "애굽 사람"이 가족에 관해 그렇게 많은 질문을 한 것에 놀라움을 표한다. 이 권력자의 심문에 대답하는 것 외에 그들이 무엇을 할 수 있었겠는가?

그런 다음 유다는 자기가 베냐민의 안전을 책임지겠다고 말한다. 르우벤(42:37)과 달리 그는 야곱이 자기 자식을 죽여도 좋다는 터무니없는 약속을 하지 않고, 오히려 아버지 앞에서 책임을 지겠다고만 말한다. 유다는 이미 출발을 너무 오래 미루었기 때문에 서둘러야 한다고 아버지를 재촉한다.

여기서 다른 이름 이스라엘로 불리는 야곱은 유다가 형제들을 데리고 다시 이집트로 가서 식량을 구해 오라고 마지못해 허락한다. 그는 유다에게 그 고장의 특산물(유향, 꿀, 향품, 몰약, 유향나무 열매, 감복숭아)을 예물로 가지고 "그 사람"에게 접근하라고 지시한다(창 32:1-21을 다룬 장 '이야기 살아내기'의 "갈등에 지혜롭게 접근하기" 단락을 보라). 그들은 반드시 첫 번째 여행에서 되돌아온 은을 돌려주어야 한다. 실은 갑절을 주어야 한다. 야곱이 생각해 낼 수 있는 유일한 설명은 은이 되돌아온 게 실수라는 것이다(새번역을 참고하라).

여기서 야곱의 조언은 이전에 에서에게 사용한 전략과 비슷하게 보인다(32:13-16). 아마 이런 예물은 그 사람의 잠재적 적개심을 누그러뜨릴 것이다. 그렇지만 야곱은 또한 이 모험의 궁극적 결과가 전능하신 하나님의 자비에 달려 있음을 깨닫는다. 이렇게 준비했더라도, 야곱은 아무런 보장이 없음을 이해하고 사별할 수도 있다는 사실을 받아들인다.

서술자는 그들이 이집트로 가서 요셉 앞에 서는 과정에 지면을 낭비하지 않는다(15절). 요셉이 그들을 보고, 특히 베냐민을 보고 청지기에게 식사를 준비하여 정오에 그들과 함께 먹을 수 있게 하라고 명령한다.

형제들은 자기들이 어떤 접대를 받을지 알지 못했고, 사실 더 심각한 두려움을 느꼈다. 결국 형제들은 그 이집트인이 은을 훔쳤다고 생각할까 봐 두려웠다. 그들은 그 사람이 범죄를 악용하여 재산을 빼앗고 자기들을 노예로 삼을 것으로 생각한다. 그래서 형제들은 요셉의 집에 도착하자마자, 마중 나온 청지기에게 은이 어떻게 자루에 다시 들어 있게 되었는지 모른다고 말한다. 청지기는 이미 돈을 받았다고 그들을 안심시키면서 돌아온 은은 그들의 하나님이 주신 것이라고 말하는데, 형제들은 생각조차 하지 못한 말이었다. 사실 요셉이 그 일을 행한 인간 행위자였지만, 결론적으로 이집트 청지기의 말은 진실이었다. 청지기 자신은 그렇게 믿지 않았더라도 그는 자신이 아는 것 이상을 말했다.

그런 다음 청지기는 형제들을 요셉의 집으로 안내했고, 그곳에서 그들은 훌륭한 손님 대접을 받았다. 형제들에게는 여행 동안 묻은 티끌을 발에서 씻어 낼 물을 주었고 당나귀에게는 먹이를 주었다. 요셉은 점심 식사를 위해 정오에 도착한 뒤 형제들을 초대하여 함께 먹을 예정이었고, 형제들은 예물을 준비했다.

집에 도착한 요셉은 형제들을 극진히 대접했고, 형제들은 이집트 군주로만 알고 있는 요셉을 예를 갖추어 대했다. 요셉은 아버지의 안부를 물었고, 하나뿐인 친동생 베냐민을 축복했다. 요셉은 베냐민을 보고 너무 감격한 나머지 방에서 나와 마음을 가라앉혀야 했다.

다시 돌아온 요셉은 음식을 차리라고 지시했다. 이미 여러 차례 언급했듯이 이집트인은 아시아인에게 혐오감을 느꼈고, 좌석 배치는 이를 반영하여 셈족 형제들은 이집트인과 떨어져 앉았고 요셉은 높은 지위에 걸맞게 혼자 식사했다. 형제들이 이런 좌석 배치에 불쾌감을 느꼈다고 생각할 이유가 전혀 없다. 전혀 아니다! 그들은 이 낯선 이집트 지도자의 손에 노예가 될지도 모른다고 생각했는데, 여기서 맘껏 먹고 있었다.

더 놀라운 것은 형제들이 출생 순서에 따라 앉았다는 점이다. 이집트인들이 어떻게 각 사람의 나이를 알 수 있었을까! 그 이집트인은 정말 지혜로운 사람임이 틀림없다. 막내 베냐민은 마지막에 앉아 있었겠지만, 다른 형제들보다 다섯 배나 많은 음식을 받았다. 형제들이 마음속으로 무슨 생각을 하는지 누가 알겠는가? 하지만 독자들은 분명 베냐민이 받은 특별 대우의 의미를 이해한다.

베냐민을 위한 유다의 간청(44장)

앞 장에서 우리는 요셉이 형들을 매우 존중했지만 ,아직 그들에게 자신의 신분을 밝힐 준비가 되지 않았음을 보았다. 그는 형들이 자기를 노예로 팔았던 순간을 거의 그대로 재현할 수 있는 상황을 설정하고 있다. 요셉은 형들이 변했는지, 혹은 여전히 어렸을 때와 마찬가지로 시기심

많고 이기적인 사람들인지 알고 싶어 한다.

그래서 요셉은 청지기에게 그들에게 풍성한 양식을 주어 가져갈 수 있게 하고 은을 자루에 담아 그들이 치른 돈을 다시 돌려주라고 명령한다. 새로운 묘안은 베냐민을 위해 마련한 자루에 요셉의 점치는 은잔을 추가로 집어넣는 것이었다.

당연히 요셉의 점치는 잔에 대해 많은 논의가 오갔다. 점치는 잔이란 물에 기름을 붓는 잔이었다. 기름이 취하는 모양에 따라 모종의 방식으로 미래를 예고했다. 그런데 요셉은 애초에 점치는 잔으로 무엇을 했을까? 후대의 이스라엘 율법은 그와 같은 관행을 비난하고(신 18:9-13), 그런 관행의 금지로 이어지는 원칙은 여기서 더 이른 시기에도 적용될 수 있을 것이다. 즉, 이런 종류의 점술은 자동적이고 기계적으로 작동하고 기본적으로 인간이 미래에 대한 어떤 지식을 신의 영역에서 캐낼 수 있다고 가정한다. 다시 말해서 점술은 대답하지 않기로 선택할 수 있는 하나님의 자유를 침해한다. 금지된 점술 행위와 비슷해 보임에도 나중에 제사장의 우림과 둠밈(출 28:30)이 허용된 이유는, 사울이 생애 말년에 사용하려 했을 때처럼(삼상 28장) 아무리 조작하더라도 하나님이 침묵을 지키겠다고 선택하실 수 있었기 때문이다.

우리는 요셉이 왜 그와 같은 잔을 소유하고 있었느냐는 질문에 관심이 있지만, 결론적으로 우리가 할 수 있는 말은 많지 않다. 어떤 사람은 요셉이 잔을 가지고 있었지만 사용하지 않았다고 말하면서 요셉을 옹호할 것이다. 어쩌면 이 잔은 이집트인처럼 꾸미는 위장을 위해 필요했을 것이다. 확신할 수는 없다. 어쨌든 이야기를 따라가기 위해 반드시 알아야 할 필요는 없다. 이 잔의 목적은 베냐민을 고발할 기회를 만들어서 다른 형제들의 충정을 시험하려는 것이다.

형제들이 요셉의 집을 떠나자마자 혐의가 제기된다. 요셉은 그들이 성에서 멀리 가지 않았을 때 청지기에게 그들을 따라잡으라고 지시한다. 청지기는 그들을 따라잡은 후 은잔을 훔친 혐의로 그들을 고발해야 한다.

청지기를 맞닥뜨렸을 때 형제들은 불쾌했다. 어쨌든 그들은 첫 번째 여행에서 돌아온 은을 다시 가져왔다. 그들의 반응은 야곱을 따라잡은 라반이 가신을 훔친 혐의로 고발했을 때 야곱이 라반에게 한 말과 일맥상통한다(31:22-37). 그때 야곱은 라헬이 실제로 가신을 훔쳤다는 사실을 알지 못했다. 현재 상황에서 형제들은 점치는 은잔이 베냐민의 곡식 자루에 들어 있다는 사실을 알지 못했다. 그런 사실을 몰랐기에 실제로 결백하다고 확신한 형제들은 점치는 잔이 어떤 사람에게서 발견되면, 그 사람은 죽고 나머지는 요셉의 노예가 될 것이라고 단언한다.

청지기는 동의하지만, 처벌을 줄여 준다. 잔이 발견된 그 사람은 노예가 되겠지만 다른 사람들은 자유롭게 보내 줄 것이다.

청지기의 조사가 맏형에서 시작하여 막냇동생 베냐민으로 넘어가면서 등장인물만이 아니라 독자에게도 긴장이 고조되는데, 차이가 있다면 독자는 형제들이 알지 못하는 사실을 알고 있다는 점이다. 청지기는 베냐민의 자루에서 잔을 발견할 것이다.

잔이 발견되었을 때 슬픔에 사로잡힌 형제들은 옷을 찢는다. 그들에게는 성으로 돌아가는 것 외에 다른 방안이 없다. 요셉의 집에 도착한 그들은 요셉의 자비에 자기들을 맡긴다. 그러자 요셉은 그들이 자기를 속이려 했다고 질책한다. 그는 점을 치는 사람이라 이러한 일을 알아낼 수 있다는 사실을 상기시킨다.

형제들은 말문이 막힌다. 다름 아니라 하나님이 그들의 죄를 드러내신 게 틀림없다. 물론 그들에게는 잔을 훔친 죄가 없다. 형제들은 틀림없이 요셉을 팔아넘긴 죄를 생각했을 것이다. 하나님은 이 방법을 사용하여 그들을 정의로 인도하신다. 그리하여 형제들은 모두 요셉의 노예가 되기로 동의한다. 하지만 요셉은 무고한 사람을 죄인과 함께 정죄하지 않을 것이다. 그는 베냐민만 남을 것이라고 말한다.

이 대목에서 유다가 나서서 말한다. 그의 발언 전체 길이(18-34절)는 그 중요성을 암시한다. 우리는 앞서 요셉 내러티브에서 유다의 인물 묘사에 대해 논평한 바 있다. 처음에 유다는 도덕적으로 의문스러운 인물이다. 그는 요셉을 이스마엘 사람들에게 팔자고 형들에게 권유하여 요셉을 구하려는 르우벤의 은밀한 계획을 망친 인물이다(37:26-33). 유다는 며느리에게 셋째 아들을 남편으로 주기를 거절했고, 그래서 며느리는 어쩔 수 없이 매춘부로 위장하여 유다와 동침할 수밖에 없었다(38장). 여기서 우리는 자기 이익을 도모하는 사람에서 가족의 유익을 위해 기꺼이 자기를 희생하는 사람으로 바뀌는 유다의 변화를 목격한다.

유다는 바로의 제2인자라고만 알고 있던 요셉에게 큰 존경과 경의를 표하며 다가간다. 그리고 요셉에게 말할 수 있는 특권을 요청한다. 유다는 먼저 요셉에게 자신들이 나눈 이전 대화를 상기시킨다. 그때 형제들은 요셉의 질문에 대답하면서, 가족 구성에 대해, 특히 아버지와 다른 두 형제, 이제는 없는 한 형제와 아버지와 함께 집에 머물고 있는 형제가 있다고 알려 주었다. 후자 베냐민은 '그의 어머니가 남긴 유일한 아들'이라고 불리는데, 베냐민이 중요한 이유는 그의 어머니가 아버지가 사랑하고 총애하던 아내였기 때문이다. 베냐민은 또한 아버지가 사랑하는 아들로 묘사된다. 유다가 계속해서 요셉에게 상기시키듯이, 베냐민을 같이 데려오라고 했지만 아버지는 베냐민과 헤어지는 것을 견딜 수 없을 것이기에 거절했었다. 그런데도 요셉이 동생 없이는 다시 오지 못한다고 고집했던 것을 유다는 상기시켜 준다.

그런 다음 유다는 결국 너무 심각한 식량 부족 때문에 아버지 야곱이 결국 사랑하는 아들과 함께 이집트로 떠나는 것에 동의했다고 말한다. 그렇지만 야곱은 특히 요셉을 잃은 자기에게 베냐민이 얼마나 중요한지를 상기시켜 주었다. 야곱은 유다에게, 만약 베냐민이 해를 입으면 그

슬픔은 "나의 흰머리를…스올로 내려가게 하리라"고 말했다(29절).

유다는 이제 베냐민의 상실이 자기 가족에게 끼칠 영향을 설명한다. 결정적으로 야곱은 슬픔으로 죽을 것이다. 유다는 이전에 아버지에게 동생의 안전을 보장한 적이 있다(43:8-10을 보라). 따라서, 만약 베냐민이 아버지에게 돌아가도록 허락하지 않으면 그것은 유다의 잘못이 될 것이고, 그는 남은 생애 동안 그 책임을 져야 할 것이다.

이 발언은 베냐민 대신 자기를 종으로 삼는 게 어떻겠느냐는 유다의 제안으로 이어진다. 여기서 유다는 아버지를 사랑하는 가운데 동생의 안전을 전적으로 책임진다. 야곱은 유다에게 큰 사랑을 전혀 보여 주지 않았는데도, 유다는 자신의 안녕보다 아버지의 안녕을 우선시한다.

— 이야기 살아내기 —

유다, 희생적인 사랑의 모델

요셉 내러티브가 시작할 때 유다는 구제 불능의 악한이었다. 그는 요셉을 이스마엘 사람들에게 팔아넘기도록 형제들을 이끌었다. 또한 가나안 여인과 결혼한 후 며느리 다말을 부당하게 대우했고, 다말은 상속자를 낳기 위해 유다를 속이고 그와 동침했다.

44:18-34에 있는 유다의 발언은 변화된 한 사람을 보여 준다. 그는 더 이상 자기에만 몰두하여 타인에게 해를 끼치지 않는다. 오히려 월키가 지적하듯이 여기서 "유다는…성경에서 다른 사람을 위해 기꺼이 자기 생명을 바치는 첫 인물이다. 아버지를 위해 형제들을 보호하는 그의 희생적인 사랑은 자발적 고난으로 하나님과 인간 사이의 단절을 치유하신 그리스도의 대리적 속죄를 예표한다."[1]

그레이다누스는 이런 병행 관계가 약하다고 생각하지만, 나는 유다가 더 큰 자기희생 행위를 예고한다는 월키의 의견에 동의하는 편이다. 다시 말해서 병행은 유사점과 차이점 모두에서 나온다.

유다는 자기를 죄수로 내놓는다. 예수님은 생명 자체를 내놓으신다. 유다의 제안은 궁극적으로 요셉에게 받아들여지지 않지만, 예수님은 십자가에서 죽으셨다. 유다는 가족 베냐민 대신 자기를 내놓지만, 예수님은 원수였던 자들을 위해 생명을 내놓으셨다(롬 5:9-11).

예수님은 우리가 아직 원수였을 때 우리 대신 죽으셨다. 이제 우리는 예수님을 섬기면서 다른 사람을 위해 희생하라는 부르심을 받았다. 우리는 자기를 위해 살지 않고 하나님의 영광과 다른 사람의 유익을 위해 살아간다.

45

창세기 45-47장

45:1 요셉이 시종하는 자들 앞에서 그 정을 억제하지 못하여 소리 질러 모든
사람을 자기에게서 물러가라 하고 그 형제들에게 자기를 알리니 그때에
그와 함께 한 다른 사람이 없었더라 2 요셉이 큰 소리로 우니 애굽 사람에
게 들리며 바로의 궁중에 들리더라 3 요셉이 그 형들에게 이르되 나는 요셉
이라 내 아버지께서 아직 살아 계시니이까 형들이 그 앞에서 놀라서 대답
하지 못하더라 4 요셉이 형들에게 이르되 내게로 가까이 오소서 그들이 가
까이 가니 이르되 나는 당신들의 아우 요셉이니 당신들이 애굽에 판 자라
5 당신들이 나를 이곳에 팔았다고 해서 근심하지 마소서 한탄하지 마소서
하나님이 생명을 구원하시려고 나를 당신들보다 먼저 보내셨나이다 6 이
땅에 이 년 동안 흉년이 들었으나 아직 오 년은 밭갈이도 못 하고 추수도
못 할지라 7 하나님이 큰 구원으로 당신들의 생명을 보존하고 당신들의 후
손을 세상에 두시려고 나를 당신들보다 먼저 보내셨나니 8 그런즉 나를 이
리로 보낸 이는 당신들이 아니요 하나님이시라 하나님이 나를 바로에게
아버지로 삼으시고 그 온 집의 주로 삼으시며 애굽 온 땅의 통치자로 삼으
셨나이다 9 당신들은 속히 아버지께로 올라가서 아뢰기를 아버지의 아들
요셉의 말에 하나님이 나를 애굽 전국의 주로 세우셨으니 지체 말고 내게
로 내려오사 10 아버지의 아들들과 아버지의 손자들과 아버지의 양과 소와
모든 소유가 고센 땅에 머물며 나와 가깝게 하소서 11 흉년이 아직 다섯 해
가 있으니 내가 거기서 아버지를 봉양하리이다 아버지와 아버지의 가족과
아버지께 속한 모든 사람에게 부족함이 없도록 하겠나이다 하더라고 전하
소서 12 당신들의 눈과 내 아우 베냐민의 눈이 보는 바 당신들에게 이 말을
하는 것은 내 입이라 13 당신들은 내가 애굽에서 누리는 영화와 당신들이
본 모든 것을 다 내 아버지께 아뢰고 속히 모시고 내려오소서 하며 14 자기
아우 베냐민의 목을 안고 우니 베냐민도 요셉의 목을 안고 우니라 15 요셉이

또 형들과 입 맞추며 안고 우니 형들이 그제서야 요셉과 말하니라 16요셉
의 형들이 왔다는 소문이 바로의 궁에 들리매 바로와 그의 신하들이 기뻐
하고 17바로는 요셉에게 이르되 네 형들에게 명령하기를 너희는 이렇게 하
여 너희 양식을 싣고 가서 가나안 땅에 이르거든 18너희 아버지와 너희 가
족을 이끌고 내게로 오라 내가 너희에게 애굽의 좋은 땅을 주리니 너희가
나라의 기름진 것을 먹으리라 19이제 명령을 받았으니 이렇게 하라 너희는
애굽 땅에서 수레를 가져다가 너희 자녀와 아내를 태우고 너희 아버지를 모
셔 오라 20또 너희의 기구를 아끼지 말라 온 애굽 땅의 좋은 것이 너희 것임
이니라 21이스라엘의 아들들이 그대로 할새 요셉이 바로의 명령대로 그들
에게 수레를 주고 길 양식을 주며 22또 그들에게 다 각기 옷 한 벌씩을 주되
베냐민에게는 은 삼백과 옷 다섯 벌을 주고 23그가 또 이와 같이 그 아버지
에게 보내되 수나귀 열 필에 애굽의 아름다운 물품을 실리고 암나귀 열 필
에는 아버지에게 길에서 드릴 곡식과 떡과 양식을 실리고 24이에 형들을 돌
려보내며 그들에게 이르되 당신들은 길에서 다투지 말라 하였더라 25그들
이 애굽에서 올라와 가나안 땅으로 들어가서 아버지 야곱에게 이르러
26알리어 이르되 요셉이 지금까지 살아 있어 애굽 땅 총리가 되었더이다
야곱이 그들의 말을 믿지 못하여 어리둥절하더니 27그들이 또 요셉이 자기
들에게 부탁한 모든 말로 그에게 말하매 그들의 아버지 야곱은 요셉이 자
기를 태우려고 보낸 수레를 보고서야 기운이 소생한지라 28이스라엘이 이
르되 족하도다 내 아들 요셉이 지금까지 살아 있으니 내가 죽기 전에 가서
그를 보리라 하니라 46:1이스라엘이 모든 소유를 이끌고 떠나 브엘세바에
이르러 그의 아버지 이삭의 하나님께 희생제사를 드리니 2그 밤에 하나님
이 이상 중에 이스라엘에게 나타나 이르시되 야곱아 야곱아 하시는지라
야곱이 이르되 내가 여기 있나이다 하매 3하나님이 이르시되 나는 하나님
이라 네 아버지의 하나님이니 애굽으로 내려가기를 두려워하지 말라 내가
거기서 너로 큰 민족을 이루게 하리라 4내가 너와 함께 애굽으로 내려가겠

고 반드시 너를 인도하여 다시 올라올 것이며 요셉이 그의 손으로 네 눈을
감기리라 하셨더라 5야곱이 브엘세바에서 떠날새 이스라엘의 아들들이
바로가 그를 태우려고 보낸 수레에 자기들의 아버지 야곱과 자기들의 처
자들을 태우고 6그들의 가축과 가나안 땅에서 얻은 재물을 이끌었으며 야
곱과 그의 자손들이 다 함께 애굽으로 갔더라 7이와 같이 야곱이 그 아들
들과 손자들과 딸들과 손녀들 곧 그의 모든 자손을 데리고 애굽으로 갔더
라 8애굽으로 내려간 이스라엘 가족의 이름은 이러하니라 야곱과 그의 아
들들 곧 야곱의 맏아들 르우벤과 9르우벤의 아들 하녹과 발루와 헤스론과
갈미요 10시므온의 아들은 여무엘과 야민과 오핫과 야긴과 스할과 가나안
여인의 아들 사울이요 11레위의 아들은 게르손과 그핫과 므라리요 12유다
의 아들 곧 엘과 오난과 셀라와 베레스와 세라니 엘과 오난은 가나안 땅에서
죽었고 베레스의 아들은 헤스론과 하물이요 13잇사갈의 아들은 돌라와 부
와와 욥과 시므론이요 14스불론의 아들은 세렛과 엘론과 얄르엘이니 15이들
은 레아가 밧단 아람에서 야곱에게 난 자손들이라 그 딸 디나를 합하여 남
자와 여자가 삼십삼 명이며 16갓의 아들은 시뵨과 학기와 수니와 에스본과
에리와 아로디와 아렐리요 17아셀의 아들은 임나와 이스와와 이스위와 브
리아와 그들의 누이 세라며 또 브리아의 아들은 헤벨과 말기엘이니 18이들
은 라반이 그의 딸 레아에게 준 실바가 야곱에게 낳은 자손들이니 모두 십
육 명이라 19야곱의 아내 라헬의 아들 곧 요셉과 베냐민이요 20애굽 땅에서
온의 제사장 보디베라의 딸 아스낫이 요셉에게 낳은 므낫세와 에브라임이
요 21베냐민의 아들 곧 벨라와 베겔과 아스벨과 게라와 나아만과 에히와
로스와 뭅빔과 훕빔과 아릇이니 22이들은 라헬이 야곱에게 낳은 자손들이
니 모두 십사 명이요 23단의 아들 후심이요 24납달리의 아들 곧 야스엘과
구니와 예셀과 실렘이라 25이들은 라반이 그의 딸 라헬에게 준 빌하가 야
곱에게 낳은 자손들이니 모두 칠 명이라 26야곱과 함께 애굽에 들어간 자
는 야곱의 며느리들 외에 육십육 명이니 이는 다 야곱의 몸에서 태어난 자

이며 27애굽에서 요셉이 낳은 아들은 두 명이니 야곱의 집 사람으로 애굽
에 이른 자가 모두 칠십 명이었더라 28야곱이 유다를 요셉에게 미리 보내
어 자기를 고센으로 인도하게 하고 다 고센 땅에 이르니 29요셉이 그의 수
레를 갖추고 고센으로 올라가서 그의 아버지 이스라엘을 맞으며 그에게
보이고 그의 목을 어긋맞춰 안고 얼마 동안 울매 30이스라엘이 요셉에게
이르되 네가 지금까지 살아 있고 내가 네 얼굴을 보았으니 지금 죽어도 족
하도다 31요셉이 그의 형들과 아버지의 가족에게 이르되 내가 올라가서 바
로에게 아뢰어 이르기를 가나안 땅에 있던 내 형들과 내 아버지의 가족이
내게로 왔는데 32그들은 목자들이라 목축하는 사람들이므로 그들의 양과
소와 모든 소유를 이끌고 왔나이다 하리니 33바로가 당신들을 불러서 너희
의 직업이 무엇이냐 묻거든 34당신들은 이르기를 주의 종들은 어렸을 때부
터 지금까지 목축하는 자들이온데 우리와 우리 선조가 다 그러하니이다
하소서 애굽 사람은 다 목축을 가증히 여기나니 당신들이 고센 땅에 살게
되리이다 47:1요셉이 바로에게 가서 고하여 이르되 내 아버지와 내 형들과
그들의 양과 소와 모든 소유가 가나안 땅에서 와서 고센 땅에 있나이다 하
고 2그의 형들 중 다섯 명을 택하여 바로에게 보이니 3바로가 요셉의 형들
에게 묻되 너희 생업이 무엇이냐 그들이 바로에게 대답하되 종들은 목자
이온데 우리와 선조가 다 그러하니이다 하고 4그들이 또 바로에게 고하되
가나안 땅에 기근이 심하여 종들의 양 떼를 칠 곳이 없기로 종들이 이곳에
거류하고자 왔사오니 원하건대 종들로 고센 땅에 살게 하소서 5바로가 요
셉에게 말하여 이르되 네 아버지와 형들이 네게 왔은즉 6애굽 땅이 네 앞
에 있으니 땅의 좋은 곳에 네 아버지와 네 형들이 거주하게 하되 그들이
고센 땅에 거주하고 그들 중에 능력 있는 자가 있거든 그들로 내 가축을
관리하게 하라 7요셉이 자기 아버지 야곱을 인도하여 바로 앞에 서게 하니
야곱이 바로에게 축복하매 8바로가 야곱에게 묻되 네 나이가 얼마냐 9야곱
이 바로에게 아뢰되 내 나그네 길의 세월이 백삼십 년이니이다 내 나이가

얼마 못 되니 우리 조상의 나그네 길의 연조에 미치지 못하나 험악한 세월
을 보내었나이다 하고 10야곱이 바로에게 축복하고 그 앞에서 나오니라
11요셉이 바로의 명령대로 그의 아버지와 그의 형들에게 거주할 곳을 주되
애굽의 좋은 땅 라암셋을 그들에게 주어 소유로 삼게 하고 12또 그의 아버
지와 그의 형들과 그의 아버지의 온 집에 그 식구를 따라 먹을 것을 주어
봉양하였더라 13기근이 더욱 심하여 사방에 먹을 것이 없고 애굽 땅과 가나
안 땅이 기근으로 황폐하니 14요셉이 곡식을 팔아 애굽 땅과 가나안 땅에
있는 돈을 모두 거두어들이고 그 돈을 바로의 궁으로 가져가니 15애굽 땅
과 가나안 땅에 돈이 떨어진지라 애굽 백성이 다 요셉에게 와서 이르되 돈
이 떨어졌사오니 우리에게 먹을거리를 주소서 어찌 주 앞에서 죽으리이까
16요셉이 이르되 너희의 가축을 내라 돈이 떨어졌은즉 내가 너희의 가축과
바꾸어 주리라 17그들이 그들의 가축을 요셉에게 끌어오는지라 요셉이 그
말과 양 떼와 소 떼와 나귀를 받고 그들에게 먹을 것을 주되 곧 그 모든 가
축과 바꾸어서 그해 동안에 먹을 것을 그들에게 주니라 18그해가 다 가고
새해가 되매 무리가 요셉에게 와서 그에게 말하되 우리가 주께 숨기지 아
니하나이다 우리의 돈이 다하였고 우리의 가축 떼가 주께로 돌아갔사오니
주께 낼 것이 아무것도 남지 아니하고 우리의 몸과 토지뿐이라 19우리가
어찌 우리의 토지와 함께 주의 목전에 죽으리이까 우리 몸과 우리 토지를
먹을 것을 주고 사소서 우리가 토지와 함께 바로의 종이 되리니 우리에게
종자를 주시면 우리가 살고 죽지 아니하며 토지도 황폐하게 되지 아니하
리이다 20그러므로 요셉이 애굽의 모든 토지를 다 사서 바로에게 바치니
애굽의 모든 사람들이 기근에 시달려 각기 토지를 팔았음이라 땅이 바로
의 소유가 되니라 21요셉이 애굽 땅 이 끝에서 저 끝까지의 백성을 성읍들
에 옮겼으나 22제사장들의 토지는 사지 아니하였으니 제사장들은 바로에
게서 녹을 받음이라 바로가 주는 녹을 먹으므로 그들이 토지를 팔지 않음
이었더라 23요셉이 백성에게 이르되 오늘 내가 바로를 위하여 너희 몸과

너희 토지를 샀노라 여기 종자가 있으니 너희는 그 땅에 뿌리라 [24]추수의
오분의 일을 바로에게 상납하고 오분의 사는 너희가 가져서 토지의 종자
로도 삼고 너희의 양식으로도 삼고 너희 가족과 어린아이의 양식으로도
삼으라 [25]그들이 이르되 주께서 우리를 살리셨사오니 우리가 주께 은혜를
입고 바로의 종이 되겠나이다 [26]요셉이 애굽 토지법을 세우매 그 오분의
일이 바로에게 상납되나 제사장의 토지는 바로의 소유가 되지 아니하여
오늘날까지 이르니라 [27]이스라엘 족속이 애굽 고센 땅에 거주하며 거기서
생업을 얻어 생육하고 번성하였더라 [28]야곱이 애굽 땅에 십칠 년을 거주하
였으니 그의 나이가 백사십칠 세라 [29]이스라엘이 죽을 날이 가까우매 그의
아들 요셉을 불러 그에게 이르되 이제 내가 네게 은혜를 입었거든 청하노
니 네 손을 내 허벅지 아래에 넣고 인애와 성실함으로 내게 행하여 애굽에
나를 장사하지 아니하도록 하라 [30]내가 조상들과 함께 눕거든 너는 나를
애굽에서 메어다가 조상의 묘지에 장사하라 요셉이 이르되 내가 아버지의
말씀대로 행하리이다 [31]야곱이 또 이르되 내게 맹세하라 하매 그가 맹세하
니 이스라엘이 침상 머리에서 하나님께 경배하니라

이야기 속 다른 본문 경청하기

성경 본문: 창세기 12:3; 37-44장

요셉 이야기는 37:2에서 시작된 이후 지금까지 축적되어 왔다. 첫출발부터 우리는 요셉이 하나님이 주신 꿈 해석 재능을 가지고 있음을 알게 된다. 하지만 야곱의 편애와 요셉의 오만, 형들의 시기로 인해 요셉은 이집트에 노예로 팔려 갔다(37장). 그는 이집트 고위 관리 보디발에게 팔렸고, 하나님이 그와 함께 계셨기 때문에 보디발의 집안은 번영했다. 하지만 보디발의 아내는 강간 누명을 씌웠고, 감옥에 갇히면서 요셉의 역경은 계속되었다. 하나님은 감옥에서도 여전히 그와 함께 계셨고, 그

곳에서 술 맡은 관원장과 떡 굽는 관원장을 만났다. 요셉은 하나님의 능력으로 그들의 꿈을 해석할 수 있었다. 술 맡은 관원장과의 관계로 인해 결국 요셉은 바로의 눈에 띄게 되었고, 요셉은 바로의 꿈이 다가올 기근을 예고한다고 해석할 수 있었다. 요셉의 지혜와 하나님의 임재 덕분에 그는 이집트에서 높은 지위에 오를 수 있었다.

이 시점에 내러티브의 초점은 기근의 영향으로 고통받는 가나안의 가족에게 맞춰졌고, 그런 이유로 요셉의 형들은 곡식을 구하기 위해 이집트로 갔다. 그들의 여정은 요셉에게 닿았으나, 그들은 요셉을 알아보지 못했다. 요셉은 형들에게 자신을 드러내지 않고 오히려 형들의 인품을 시험하는 기회로 활용했다. 요셉을 노예로 팔았을 때와 마찬가지로 그들은 여전히 복수심에 불타는 분노한 사람들이었는가?

앞 단락 마지막에 앞으로 나선 유다는 요셉의 점치는 잔을 훔쳤다는 누명을 쓴 베냐민을 위해 자유를 희생했다. 그렇다. 요셉은 형들이 어떻게 반응하는지 보기 위해 누명을 씌웠다. 형들은 그냥 베냐민에게 등을 돌릴 것인가? 유다의 행동은 형들이 변했음을 보여 주었다. 이야기가 시작될 때 유다는 도덕적으로 저열한 인물이었다는 점에서(특히 37:26과 39장을 보라), 유다에게 맞춰진 초점은 특히 중요하다.

우리는 또한 현재 에피소드에서 아브라함에게 주신 하나님 약속이 반향이 되어 나타나는 것에 민감해야 한다. 하나님은 그때 아브라함의 후손이 큰 민족이 될 것이라고 말씀하셨는데, 이 약속은 수많은 백성을 암시한다. 46:8-27에 있는 야곱의 가족 구성원 명단에서 우리는 이 약속이 성취되기 시작하는 것을 보아야 한다. 또한 아브라함의 후손이 열방에 복을 가져다줄 것이라는 약속에 비추어 야곱이 바로에게 준 축복을 읽어야 한다.

화해(45장)

요셉은 형들이 자기를 노예로 판 순간을 재현하는 상황을 꾸몄다. 그는 야곱이 총애하는 다른 아들 베냐민이 위험에 빠지도록 사건을 구성했다. 형들은 아버지가 겪을 슬픔에 아랑곳하지 않고 이 사랑받는 아들을 제거할 기회로 받아들일까? 앞 장에 나온 유다의 발언에 비추어 볼 때, 다행히 그 대답은 '그렇지 않다'이다. 유다는 아버지의 행복을 위해 동생 대신 자신을 내놓는다.

이렇게 하여 전모를 밝힐 순간이 도래했다. 요셉은 답을 얻었다. 즉 형들은 변했다. 그래서 요셉은 형들에게 자신이 누구인지 말한다. 그는 바로 형들이 노예로 판 동생 요셉이다.

먼저 요셉은 이집트인 시종들에게 자기와 형들만 남겨 두고 물러나라고 명령한다. 하지만 요셉의 울음소리가 너무 커서 이집트인들이 소리를 들었고, 이 소문은 바로의 집안까지 퍼진다.

요셉은 자기 정체를 밝히고 아버지가 아직 살아 계시느냐고 묻는다. 처음에 형들은 대답할 수가 없었다. 충격과 두려움이 얼마나 컸을지 짐작할 수 있다. 결국, 이 강력한 이집트인은 다름 아닌 자기들이 학대한 동생 요셉으로 밝혀졌다.

하지만 요셉은 신속하게 행동하여 자기가 복수에 관심이 없다는 확신을 준다. '맞다, 나는 당신들이 노예로 팔아넘긴 동생이다'라고 요셉은 말한다. 또한 자기 인생사 뒤에 하나님의 구원 섭리가 있다고 처음으로 인정하는데, 이번이 마지막은 아니다(특히 창 50:15-21을 다룬 장 '이야기 살아내기'의 "'당신들은 나를 해하려 하였으나', 4부" 단락을 보라). 그는 이제 형들의 악한 행동을 사용하여 자기를 이집트로 데려와 참담한 기근의 영향으로부터 가족을 도울 수 있는 곳으로 오게 하신 분이 하나님이심을 알고 있다. 실제로 7년 기근이 시작된 지 2년밖에 되지 않았지만, 요셉은 자기 지위 덕분에 하나님의 가족이 생존할 것이라고 확신했다.

다시 한번 요셉은 형들의 행동 뒤에 하나님의 손길이 있었다고 강조한다. 기근을 헤쳐 나갈 수 있도록 바로에게 조언한다는 점에서, 하나님은 요셉을 "바로에게 아버지"로 만들어 주셨다(8절).

그런 다음 요셉은 야곱에게 돌아가 온 가족이 가까이 살 수 있도록 이집트로 데려오라고 형들에게 지시한다. 그들은 고센(나일 삼각주 동부에 있는 한 지역)에서 살 것이다. 그들이 가나안에 머물면 "부족함"이 있겠지만(11절), 이집트로 돌아온다면 넉넉한 양식을 받을 것이다.

요셉은 먼저 친동생 베냐민에게 가고, 두 사람은 서로 부둥켜안고 기쁨의 눈물을 흘린다. 그런 다음 비슷한 감정으로 다른 형제들과도 인사를 나누었다.

요셉에 대한 바로의 감사는 그의 가족들에게 확장된다. 바로는 요셉에게 가족들이 이집트로 이주한다면 기근의 참화를 피할 수 있다고 말한다. 요셉은 이미 고센으로 이주하도록 그들을 초청했지만, 바로의 초청은 그 이주에 필요한 승인을 얻는 셈이다. 이집트에서 제공되는 양식으로 풍족하게 살 수 있으므로, 바로는 재산에 대해 걱정하지 말고 몸만 오면 된다고까지 말한다.

그런 다음 요셉은 형들을 보내고 여정에 필요한 양식을 충분히 제공한다. 모든 형제가 혜택을 받지만, 베냐민은 형과의 특별한 관계로 인해 요셉의 선물 중 더 많은 부분을 얻는다. 은 300세겔(22절)은 많은 양이다(NIV 성경 각주에 따르면 3.4킬로그램). 요셉은 또한 선물을 가득 실은 나귀 스무 마리를 아버지에게 보낸다.

그들이 떠날 때 요셉은 서로 다투지 말라고 권고한다. 물론 그들이 애초에 요셉을 노예로 판 책임이 누구에게 있는지를 두고 언쟁하는 것은 자연스러운 일이라고 할 수 있다. 요셉은 형제들 가운데 지도자의 위치에 서서 형제들을 화합시키려고 노력한다.

형제들은 돌아오는 길에 아들 요셉이 아직 살아 있다는 기쁜 소식을 야곱에게 알린다. 야곱은 처음에 이 소식을 믿지 않지만, 요셉이 형제들에게 딸려 보낸 선물을 보고는 그가 살아 있을 뿐 아니라 "애굽 땅 총리"(ruler of all Egypt)가 되었음을 믿는다(26절).

야곱의 이집트 여행(46장)

여기서 이스라엘이라고 불리는 야곱은 요셉만이 아니라 바로의 초청을 받아 이집트로 출발한다. 브엘세바에 진을 쳤을 때 야곱은 하나님, 여기서는 "이삭의 하나님"이라고 불리는 분께 제사를 드렸다. 이 호칭은 이삭이 브엘세바 주변 지역에 살면서 그곳에 제단을 쌓았다는 사실에서 유래한다(26:25).

앞서 벧엘(35:1-15)과 다른 곳에서 보았듯이, 하나님은 야곱의 제사에 응답하여 직접 등장하신다. 여기서 하나님은 야곱의 이집트 이주를 승인하신다. 하나님은 야곱 및 그의 가족들과 함께 이집트로 가실 것이고, 결국 그를 다시 데려오실 것이다. 하나님은 끝까지 야곱과 함께 계실 것이다.

그런 다음 야곱은 하나님의 복을 확신하면서 대가족과 함께 브엘세바를 떠나 이집트로 향한다. 이 시점에 내러티브는 이집트 땅까지 야곱/이스라엘과 동행한 사람들의 명단을 열거한다. 이 명단은 야곱이 레아를 통해 낳은 서른세 명의 자손으로 시작하여(8-15절), 야곱이 레아의 첩 실바를 통해 낳은 열여섯 명의 자손으로 이어진다(16-18절). 그다음에 라헬의 자손 열네 명(19-22절)과 라헬의 첩 빌하가 야곱에게 낳은 일곱 명의 자손이 나온다(23-25절).

따라서 66명의 사람이 이집트로 내려가고 있었다. 서술자는 요셉과 그 가족을 포함하여 70명을 최종 집계로 내놓는다(출 1:5도 보라). NIV 성경 각주가 보여 주듯 칠십인역 성경에는 75명의 변형된 숫자가 나오고, 이는 사도행전 7:14에서 스데반이 설교할 때 채택한 숫자다.

서술자는 야곱과 함께 이집트로 간 사람들의 이름을 열거한 후, 이집트로 향하는 여정으로 돌아간다. 의미심장하게도 야곱은 유다를 요셉에게 먼저 보내 고센으로 인도하게 하는데(28절), 이는 베냐민을 구하기 위한 유다의 이전 제안으로 인해 야곱이 유다를 책임 있는 아들로 여기고 있음을 보여 준다. 야곱과 그 일행은 마침내 이집트에 도착하여 요셉의 환영을 받는다. 아버지와의 재회는 감동적이고, 여기서 이스라엘이라는 다른 이름으로 불리는 야곱은 사랑하는 아들 요셉이 아직 살아 있음을 알게 되었으니 이제 죽어도 여한이 없고 기꺼이 죽을 수 있다고 고백한다.

그런 다음 요셉은 가족들이 도착했다는 소식을 바로에게 알리겠다고 전한다. 또한 그는 그들의 직업을 목자라고 말할 것이다. 이집트인은 목자를 혐오하기 때문에, 바로는 그들이 고센에 정착하여 독특한 정체성을 유지할 수 있도록 허락할 것이다.

바로가 야곱의 가족을 고센에 정착시키다(47장)

이제 야곱과 그의 가족은 이집트에 도착했고, 요셉은 바로에게 그들을 소개한다. 요셉은 먼저 다섯 형제를 바로에게 데려갔지만, 서술자는 독자에게 다섯 명이 누구인지 알려 주지 않는다. 이 만남에서 바로는 그들의 직업을 묻고, 요셉이 전에 지시한 대로(46:33-34) 자기들이 목자라는 사실을 알린다. 그들은 기근 때문에 이집트에 왔다고 설명하면서, 고센에 거주하도록 허락해 달라고 요청한다. 흥미롭게도 그들은 "잠시" 이집트에 살겠다고 말하여(4절, 새번역), 기근이 끝난 후 떠날 것이라는 인상을 준다. 물론 그들은 그렇게 하지 않았고, 이는 가족이 이집트에 계속 머무르는 것이 불신앙 행위인지에 대한 의문을 제기한다. 물론 우리는 이 질문에 대해 숙고할 수도 있겠지만, 성경 자체는 그들이 이집트에 계속 머무는 것이 죄라고 절대 말하지 않는다. 그렇지만 이는 하나님이 자기 백성으로 하여금 나중에 이집트인의 노예가 되도록 허용하신 원인을 설명해 주는 것일지도 모른다.

바로는 요셉에게 하는 말을 통해 형제들의 요청에 답한다. 바로는 그들이 실제로 그 땅에서, 심지어 고센 같은 호화로운 땅에서 살 수 있다고 말한다. 더 나아가 요셉이 유능한 형제를 임명하여 바로의 가축을 관리하도록 허락한다.

그런 다음 요셉은 바로에게 아버지를 소개한다. 물론 인간적 차원에서는 바로가 아버지보다 윗사람이지만, 여전히 이 만남은 족장이 바로를 축복하면서 시작되고 끝난다. 이 해석이 옳다면(NIV 성경 각주에서 시사하듯이, 야곱은 단지 바로에게 인사했을 가능성도 있지만, 내 생각에 그런 의미일 가능성은 작다), 윗사람이 아랫사람을 축복하므로, 서술자는 야곱을 바로보다 윗사람으로 묘사하고 있다. 덧붙여 바로에 대한 야곱의 축복은 하나님이 아브라함과 그의 후손을 통해 열방에게 복을 주시겠다는 하나님의 약속을 연상시키며 그것의 실제 사례가 된다(12:3).

바로는 야곱의 나이를 묻고, 야곱은 130세라고 대답한다(그는 147세에 죽을 것이다, 47:28). 현대의 기준으로 보면 분명 긴 기간이지만, 180세에 죽은 아버지 이삭과 175세에 죽은 아브라함과 비교하면 죽음이 가까웠다고 하기에는 아직 젊었다. 그는 자신의 쇠약함을 험난한 인생 탓으로 돌린다.

이렇게 공식적으로 소개한 후, 하나님의 가족은 여기서 "라암셋"으로 묘사된 가장 좋은 땅에 정착했다(11절). 요셉은 그들이 훌륭한 목초지 외에 풍부한 식량을 소유하도록 조치했다.

요셉이 바로를 위해 온 땅을 얻다(47:13-31)

이제 서술자는 가족의 화해 이야기를 끝마쳤기 때문에(적어도 당분간은 그렇다, 50:15-21을 보라), 이야기는 다시 기근으로 돌아온다. (이집트와 가나안을 포함하여) 이 지역은 여전히 참담한 7년 기근의 진통 속에 있었다. 요셉은 바로를 대신하여 저장된 곡식을 분배하는 책임을 맡고 있었고, 이미 그 땅 백성들은 곡식을 사는 데 재산을 전부 탕진했다.

결론적으로 요셉의 계획은 그 땅 백성들의 희생 위에 중앙 정부를 풍요롭게 했다. 그래서 백성들은 요셉에게 와서 어쩔 수 없이 곡식을 달라고 간청했다.

요셉은 백성들의 희생 위에 바로를 계속 부유하게 만드는 계획을 구상한다. 다음 해에 백성들은 결국 생존하는 데 필요한 식량을 얻기 위해 다시 가축을 바친다. 그런데 그 해가 끝날 무렵에도 백성들은 여전히 식량이 필요했다. 그들에게 남은 것은 땅과 자기 자신뿐이었다. 그래서 그들은 자기와 땅을 바로에게 팔았다. 이렇게 하여 "땅이 바로의 소유가 되[었고]"(20절) 백성들은 노예가 되었다. 유일한 예외는 제사장이었는데, 바로가 이미 그들에게 정기적으로 식량을 배급하고 있었기 때문에 그들은 자기를 팔 필요가 없었다.

바로가 땅을 소유했기에, 백성들은 어쩔 수 없이 바로를 위해 땅에서 일하는 소작농이 되었다. 그래서 요셉은 그들에게 종자를 주면서 앞으로 수확물의 20퍼센트를 바로에게 세금으로 바쳐야 한다고 말한다. 서술자에 따르면 20퍼센트 세금은 창세기 기사가 작성되던 오랜 후에도 여전히 시행되고 있었다.

물론 백성들에게 남은 선택지는 죽음뿐이었다. 그래서 그들은 요셉을 원망하기보다 자신들의 생명을 구해준 것에 감사했다.

이 대목에서 우리는 창세기가 나중 시기에, 분명 이스라엘 백성이 이집트에서 노예 생활과 출애굽을 경험한 후에 기록되었다는 사실을 기억해야 한다. 그런 관점에서 이 이야기를 읽는다고 상상해 보자. 이스라엘을 학대한 바로는 배은망덕한 인물이었다. 결국 그가 이스라엘 백성을 억압하는 데 사용한 권력은 요셉을 통해 얻은 것이었다. 물론 마지못해서였지만, 히브리인들이 떠날 때 이집트인들이 주는 선물(출 12:33-36)은 바로를 위한 요셉의 수고와 그들의 노동에 대한 정당한 대가라고 보아야 한다.

27절에서 서술자는 이집트인들에서 야곱의 가족으로 시선을 옮긴다. 이집트인들은 바로에게 자신들의 땅을 팔아야 했던 반면, 야곱의 가족은 고센에서 "생업"을 얻었다. 게다가 이집트에서 번성했다. 그들이 "생육하고 번성하였더라"(27절)는 사실은 아담과 하와에게 주신 하나님의 명령(창 1:28)과 더불어 아브라함의 후손이 "큰 민족"이 될 것이라는 약속(창 12:2)을 연상시킨다. 더 나아가, 이 어구를 되풀이할 출애굽기의 시작을 기대한다(1:7).

야곱은 130세에 이집트로 이주하여 그곳에서 17년을 살다가 죽었다. 창세기 48-49장에서는 야곱의 여러 가지 마지막 행동과 말에 대해 알려주겠지만, 이 이야기의 이 대목에서 야곱은 시신 처리에 관한 약속을 이끌어 내기 위해 요셉을 부른다. 그는 이집트에 묻히지 않고 약속의 땅으로 돌아가 묻히기를 원한다. 야곱은 요셉에게서 약속을 받아 내고, 자기의 결단을 보여 주며 허벅지 아래에 손을 넣고 맹세하게 한다. 여기서 '허벅지'는 분명 자손을 상징하는 성기를 가리키는 완곡 어구다.

요셉은 동의한다. 뒤이어 여기서 이스라엘이라고 불리는 야곱은 그 응답으로 하나님께 경배한다. NIV 성경 각주가 시사하듯 야곱이 지팡이에 기대어 경배했는지, 아니면 침상 머리에서 경배했는지에 대해서는 약간의 논란이 있다.

"하나님이…당신들의 후손을 세상에 두시려고 나를 당신들보다 먼저 보내셨나니"(45:7)

요셉은 자기를 노예로 팔아넘긴 악한 행동 배후에 하나님이 계셨다고 형들에게 말한다. 하나님은 약속의 가족이 참담한 기근에서 생존하는 것을 보시려는 한 가지 목적을 위해 요셉을 종살이와 감옥(굴욕)에서 이끌어 내셔서 이집트의 강력한 지위(높아짐)에 두셨다(창세기 40-41장을 다룬 장 '이야기 살아내기'의 "요셉과 예수: 굴욕에서 높아짐으로" 단락을 보라).

후손(remnant)의 생존이 가져온 직접적인 결과는 이스라엘 백성이겠고, 그들은 노예 상태에 놓였다가(굴욕) 하나님의 손에 해방되어 약속의 땅에 들어갈 것이다(높아짐). 그런데 당연히 씨에 대한 약속을 받은 가족의 생존에는 더 장기적이고 더 인상적인 결과가 있다. 이 가족은 메시아를 낳는 민족이 될 것이다.

바울은 씨에 대한 약속의 궁극적인 성취가 예수님이라고 이해한다. 실제로 그는 이 점을 가장 충격적인 방식으로 진술하면서 이렇게 말한다. "이 약속들은 아브라함과 그 자손에게 말씀하신 것인데 여럿을 가리켜 그 자손들이라 하지 아니하시고 오직 한 사람을 가리켜 네 자손이라 하셨으니 곧 그리스도라"(갈 3:16). 바울이 인용한 창세기 12:2의 약속이 충격적인 이유는, 창세기를 읽는 모든 독자와 마찬가지로 바울은 이 약속이 많은 이스라엘 백성을 예고한다고 알고 있지만, 바울은 여기서 이스라엘 백성이 그리스도 안에서 이루어질 궁극적 성취의 예고일 뿐이라고 말하기 때문이다. 독자들은 이 흥미로운 본문에 대한 자세한 논의를 창세기 11:27-12:9을 다룬 장 '이야기 살아내기'의 "예수, 아브라함의 씨" 단락에서 볼 수 있다. 그런데 여기서 우리는 요셉이 이룬 위업의 의미가 아브라함의 가족 계보를 이어 가는 데 있지 않고, 더 구체적으로 세상을 구원할 미래의 메시아에 있음에 주목한다("너희가 그리스도의 것이면 곧 아브라함의 자손이요 약속대로 유업을 이을 자니라", 갈 3:29).

"내가 너와 함께 애굽으로 내려가겠고"(46:4a)

야곱에게 주신 이 하나님 말씀의 완전한 신학적 함의를 이해하려면, 고대 근동 신들이 지역 신이었음을 기억해야 한다. 마르둑은 바빌론의 신이었고, 바알은 가나안의 신이었으며(또한 바알신의 구체적인 현현이 더 구체적인 지역에 있었을 가능성이 있다), 아몬레(Amon-Re)는 이집트의 신이었다. 모두 각자의 영토가 있었다.

하지만 야곱의 하나님은 땅에 매이지 않으셨다. 그래서 하나님은 야곱과 함께 이집트로 가겠다고 확약하신다. 물론 내러티브의 이 시점에 놀라운 일은 아니다. 결국 우리는 이미 하나님이 보디발의 집안(39:2, 3 등)에서 또한 감옥(39:21)에서 "요셉과 함께" 계셨음을 보았다. 성경의 일관된 증언은 이스라엘의 하나님이 유일한 하나님이시라는 것이고,[1] 따라서 당연히 하나님은 이집트로 자유롭게 이동하실 수 있다.

이 말씀이 후세대 이스라엘 백성에게 얼마나 큰 위안이 되었을지 상상해 보자.[2] 특히 성전이 파괴된 후 강제로 억압자들의 땅으로 이주했던 바빌로니아 포로들을 떠올릴 수 있다. 훨씬 나중에, 귀환 후에도 여전히 약속의 땅에서 멀리 떨어진 곳에 살던 사람들은 하나님이 먼 땅에서도 함께하신다는 것을 알 수 있었다. 에스더서는 하나님의 백성을 원수들로부터 구원하는 하나님의 '은밀한 섭리'를 통해 이 중요한 진리를 가르친다.

그리스도께서 오시고 이방인이 언약에 포함되면서 이스라엘의 하나님에 대한 보편적 주장은 신약을 읽는 사람들에게 한층 더 분명해졌다. 사실, 이런 이유로 우리는 구약의 맥락 속에서 이 주장이 갖는 고유성에 대한 인식을 잃어버렸을 수도 있다. 그런데도 우리 하나님이 단지 특정 지역이나 국가, 심지어 지구라는 행성의 하나님이 아니시라는 인식은 놀라운 것이다. 야웨는 자신이 창조한 우주의 하나님이시다.

야곱이 이집트로 내려갈 때 하나님이 함께하겠다고 확약하신 것처럼, 모세와 여호수아가 이스라엘을 이끌고 약속의 땅으로 돌아가 가나안 족속을 마주할 때도 하나님은 확약하실 것이다(신 31:6; 수 1:5). 신약에서 예수님은 승천하신 후에도 제자들과 함께하실 것이라고 확약하신다(마 28:20). 요한계시록은 하나님이 자기 백성과 영원히 함께하실 새 예루살렘의 그림으로 고난받는 하나님의 백성을 위로한다(계 21:3).[3]

"내가…반드시 너를 인도하여 다시 올라올 것이며"(46:4b)

하나님은 야곱에게 하신 말씀에서 다시 출애굽을 예고하신다. 하나님이 이 말씀을 하실 때 출애굽은 미래의 일이지만, 이 말씀이 창세기에 포함되었을 때는 과거의 일이다. 따라서 최초의 독자들은 오늘날의 독자들과 마찬가지로 역사적 사건에 비추어 이 말씀을 읽었다. 그리스도인 독자들이 최초의 청중과 다른 점은 예수 그리스도께서 이루신 더 큰 출애굽에 비추어 읽는다는 점이다(창 12:10-20을 다룬 장 '이야기 살아내기'의 "하나님은 자기 백성을 구원하신다" 단락을 보라).

이와 관련하여 (창 32:1-21을 다룬 장 '이야기 살아내기'의) "화해의 위험" 단락을 보라.

46

창세기 48:1-49:28

48:1이 일 후에 어떤 사람이 요셉에게 말하기를 네 아버지가 병들었다 하므
로 그가 곧 두 아들 므낫세와 에브라임과 함께 이르니 2어떤 사람이 야곱
에게 말하되 네 아들 요셉이 네게 왔다 하매 이스라엘이 힘을 내어 침상에
앉아 3요셉에게 이르되 이전에 가나안 땅 루스에서 전능하신 하나님이 내
게 나타나사 복을 주시며 4내게 이르시되 내가 너로 생육하고 번성하게 하
여 네게서 많은 백성이 나게 하고 내가 이 땅을 네 후손에게 주어 영원한
소유가 되게 하리라 하셨느니라 5내가 애굽으로 와서 네게 이르기 전에 애
굽에서 네가 낳은 두 아들 에브라임과 므낫세는 내 것이라 르우벤과 시므
온처럼 내 것이 될 것이요 6이들 후의 네 소생은 네 것이 될 것이며 그들의
유산은 그들의 형의 이름으로 함께 받으리라 7내게 대하여는 내가 이전에
밧단에서 올 때에 라헬이 나를 따르는 도중 가나안 땅에서 죽었는데 그곳
은 에브랏까지 길이 아직도 먼 곳이라 내가 거기서 그를 에브랏 길에 장사
하였느니라 (에브랏은 곧 베들레헴이라) 8이스라엘이 요셉의 아들들을 보
고 이르되 이들은 누구냐 9요셉이 그의 아버지에게 아뢰되 이는 하나님이
여기서 내게 주신 아들들이니이다 아버지가 이르되 그들을 데리고 내 앞
으로 나아오라 내가 그들에게 축복하리라 10이스라엘의 눈이 나이로 말미
암아 어두워서 보지 못하더라 요셉이 두 아들을 이끌어 아버지 앞으로 나
아가니 이스라엘이 그들에게 입 맞추고 그들을 안고 11요셉에게 이르되 내
가 네 얼굴을 보리라고는 생각하지 못하였더니 하나님이 내게 네 자손까
지도 보게 하셨도다 12요셉이 아버지의 무릎 사이에서 두 아들을 물러나게
하고 땅에 엎드려 절하고 13오른손으로는 에브라임을 이스라엘의 왼손을
향하게 하고 왼손으로는 므낫세를 이스라엘의 오른손을 향하게 하여 이끌
어 그에게 가까이 나아가매 14이스라엘이 오른손을 펴서 차남 에브라임의
머리에 얹고 왼손을 펴서 므낫세의 머리에 얹으니 므낫세는 장자라도 팔

을 엇바꾸어 얹었더라 15그가 요셉을 위하여 축복하여 이르되 내 조부 아
브라함과 아버지 이삭이 섬기던 하나님, 나의 출생으로부터 지금까지 나
를 기르신 하나님, 16나를 모든 환난에서 건지신 여호와의 사자께서 이 아
이들에게 복을 주시오며 이들로 내 이름과 내 조상 아브라함과 이삭의 이
름으로 칭하게 하시오며 이들이 세상에서 번식되게 하시기를 원하나이다
17요셉이 그 아버지가 오른손을 에브라임의 머리에 얹은 것을 보고 기뻐하
지 아니하여 아버지의 손을 들어 에브라임의 머리에서 므낫세의 머리로
옮기고자 하여 18그의 아버지에게 이르되 아버지여 그리 마옵소서 이는 장
자이니 오른손을 그의 머리에 얹으소서 하였으나 19그의 아버지가 허락하
지 아니하며 이르되 나도 안다 내 아들아 나도 안다 그도 한 족속이 되며
그도 크게 되려니와 그의 아우가 그보다 큰 자가 되고 그의 자손이 여러
민족을 이루리라 하고 20그날에 그들에게 축복하여 이르되 이스라엘이 너
로 말미암아 축복하기를 하나님이 네게 에브라임 같고 므낫세 같게 하시
리라 하며 에브라임을 므낫세보다 앞세웠더라 21이스라엘이 요셉에게 또
이르되 나는 죽으나 하나님이 너희와 함께 계시사 너희를 인도하여 너희
조상의 땅으로 돌아가게 하시려니와 22내가 네게 네 형제보다 세겜 땅을
더 주었나니 이는 내가 내 칼과 활로 아모리 족속의 손에서 빼앗은 것이니
라 49:1야곱이 그 아들들을 불러 이르되 너희는 모이라 너희가 후일에 당할
일을 내가 너희에게 이르리라 2너희는 모여 들으라 야곱의 아들들아 너희
아버지 이스라엘에게 들을지어다 3르우벤아 너는 내 장자요 내 능력이요
내 기력의 시작이라 위풍이 월등하고 권능이 탁월하다마는 4물의 끓음 같
았은즉 너는 탁월하지 못하리니 네가 아버지의 침상에 올라 더럽혔음이로
다 그가 내 침상에 올랐었도다 5시므온과 레위는 형제요 그들의 칼은 폭력
의 도구로다 6내 혼아 그들의 모의에 상관하지 말지어다 내 영광아 그들의
집회에 참여하지 말지어다 그들이 그들의 분노대로 사람을 죽이고 그들의
혈기대로 소의 발목 힘줄을 끊었음이로다 7그 노여움이 혹독하니 저주를

받을 것이요 분기가 맹렬하니 저주를 받을 것이라 내가 그들을 야곱 중에
서 나누며 이스라엘 중에서 흩으리로다 [8]유다야 너는 네 형제의 찬송이 될
지라 네 손이 네 원수의 목을 잡을 것이요 네 아버지의 아들들이 네 앞에 절
하리로다 [9]유다는 사자 새끼로다 내 아들아 너는 움킨 것을 찢고 올라갔도
다 그가 엎드리고 웅크림이 수사자 같고 암사자 같으니 누가 그를 범할 수
있으랴 [10]규가 유다를 떠나지 아니하며 통치자의 지팡이가 그 발 사이에서
떠나지 아니하기를 실로가 오시기까지 이르리니 그에게 모든 백성이 복종
하리로다 [11]그의 나귀를 포도나무에 매며 그의 암나귀 새끼를 아름다운 포
도나무에 맬 것이며 또 그 옷을 포도주에 빨며 그의 복장을 포도즙에 빨리
로다 [12]그의 눈은 포도주로 인하여 붉겠고 그의 이는 우유로 말미암아 희
리로다 [13]스불론은 해변에 거주하리니 그곳은 배 매는 해변이라 그의 경계
가 시돈까지리로다 [14]잇사갈은 양의 우리 사이에 꿇어앉은 건장한 나귀로
다 [15]그는 쉴 곳을 보고 좋게 여기며 토지를 보고 아름답게 여기고 어깨를
내려 짐을 메고 압제 아래에서 섬기리로다 [16]단은 이스라엘의 한 지파같이
그의 백성을 심판하리로다 [17]단은 길섶의 뱀이요 샛길의 독사로다 말굽을
물어서 그 탄 자를 뒤로 떨어지게 하리로다 [18]여호와여 나는 주의 구원을
기다리나이다 [19]갓은 군대의 추격을 받으나 도리어 그 뒤를 추격하리로다
[20]아셀에게서 나는 먹을 것은 기름진 것이라 그가 왕의 수라상을 차리리로
다 [21]납달리는 놓인 암사슴이라 아름다운 소리를 발하는도다 [22]요셉은 무
성한 가지 곧 샘 곁의 무성한 가지라 그 가지가 담을 넘었도다 [23]활 쏘는 자
가 그를 학대하며 적개심을 가지고 그를 쏘았으나 [24]요셉의 활은 도리어
굳세며 그의 팔은 힘이 있으니 이는 야곱의 전능자 이스라엘의 반석인 목
자의 손을 힘입음이라 [25]네 아버지의 하나님께로 말미암나니 그가 너를 도
우실 것이요 전능자로 말미암나니 그가 네게 복을 주실 것이라 위로 하늘
의 복과 아래로 깊은 샘의 복과 젖 먹이는 복과 태의 복이리로다 [26]네 아버
지의 축복이 내 선조의 축복보다 나아서 영원한 산이 한없음 같이 이 축복

이 요셉의 머리로 돌아오며 그 형제 중 뛰어난 자의 정수리로 돌아오리로
다 [27]베냐민은 물어뜯는 이리라 아침에는 빼앗은 것을 먹고 저녁에는 움킨
것을 나누리로다 [28]이들은 이스라엘의 열두 지파라 이와 같이 그들의 아버
지가 그들에게 말하고 그들에게 축복하였으니 곧 그들 각 사람의 분량대
로 축복하였더라

이야기 속 다른 본문 경청하기

성경 본문: 창세기 35:21-22; 34장; 38장과 44:18-34; 37장; 39-47장

47:28-31에서 알 수 있듯이, 야곱은 삶의 마지막이 가까운 것을 알고 있다. 따라서 현재 본문에서 야곱은 미래를 내다보면서 자기 자손, 즉 요셉이 낳은 야곱의 손자부터 시작하여 열두 아들에게 축복(과 저주)을 내린다.

몇몇 아들의 축복 뒤에는 구체적 이야기가 숨어 있다. 우리는 이어지는 주석에서 그 이야기를 상기시킬 것이고, 여기서는 이 정도로 언급만 하겠다. 물론 요셉과 그의 자녀들이 선별된 이유는, 창세기 37장과 39-47장에 기록된 대로 요셉은 아버지가 총애하는 아들이고 칭찬받을 행동을 했기 때문이다. 르우벤의 미래는 아버지의 첩과 동침한 사건이 영향을 끼친다(35:21-22). 시므온과 레위는 세겜에서 저지른 행동 때문에 책망받지만(34장), 유다에 대한 긍정적 평가는 요셉 이야기의 시작(특히 창 38장을 보라)부터 마지막(44:18-34)까지 그의 변화를 배경에 둘 때 이해될 수 있다.

이야기 설명하기

야곱이 요셉의 아들들을 입양하다(48:1-7)

앞 장에서 야곱은 이집트가 아니라 약속의 땅에 묻겠다는 요셉의 약속을 얻어 냈다. 그는 인생의 마지막에 당도했음을 알았다.

그래서 48장에서 야곱이 병들었다는 진술은 놀랍지 않다. 이 소식을 들은 요셉은 두 아들 므낫세와 에브라임을 데리고 아버지에게 갔다. 야곱은 요셉이 자기를 보러 왔다는 말을 듣고 가까스로 침대에서 일어나 앉는다.

야곱은 요셉에게 루스(자기 경험을 바탕으로 이름을 벧엘로 바꾼 성, 28:10-22을 보라)에서 하나님과 만난 사건을 서술한다. 하나님은 언약의 약속을 재확인해 주셨는데, 하나님이 할아버지 아브라함에게 주셨고(12:1-3) 아버지 이삭에게 전달된(26:1-6) 이 언약의 약속은 그 뒤 루스/벧엘에 머물던 날 밤 야곱에게 전해졌다. 하나님은 루스에서 야곱에게 복을 주셨고 그의 후손이 "번성하게 하여" "많은 백성"이 되게 하실 것이라고 말씀하셨다(48:4). 또한 야곱이 약속의 땅을 받을 것이라고 말씀하셨다.

야곱은 이제 과거에서 현재로 관심을 돌린다. 그는 요셉의 두 아들 에브라임과 므낫세를 자기 아들로 간주하겠다고 말한다. 다른 자녀들과 똑같이 그들을 대할 것이다. 야곱이 특히 르우벤과 시므온을 언급하는 이유는 그들이 장남과 차남이기 때문이다. 이는 사실상 에브라임과 므낫세가 야곱의 다른 아들들과 함께 상속할 것이라는 의미다. 앞으로 우리는 에브라임과 므낫세 둘 다 야곱의 아들들이 낳은 다른 지파들과 함께 땅을 분배받는 장면을 볼 것이다(수 13:29-31; 16-17장). 사실상 이 결정은 요셉이 형제들 가운데서 갑절의 배정지를 받게 된다는 것을 의미한다. 실제로 역대기에서는 르우벤이 맏아들로서 권리를 상실했을 때 그 권리가 요셉의 아들들에게 넘어갔다고 말하기도 한다(대상 5:1-2). 요셉이 낳은 다른 자녀들은 같은 대우를 받지 못하고, 야곱의 아들이 아닌 요셉의 아들로 대우받을 것이다. 하지만 성경 기록에 관한 한, 요셉에게 다른 자녀는 없었다.

야곱이 밧단에서 돌아오던 중에 일어난 라헬의 죽음을 묘사하는 7절은 문맥과 명확히 연결되지 않는 듯 보인다. 그는 요셉에게 에브랏/베들레헴 근처에 라헬을 묻었다고 말한다(35:19-20). 아마 여기서 이 사건을 언급하는 이유는, 야곱이 왜 요셉과 그의 자녀들을 특별한 방식으로 대우하느냐는 질문에 간접적으로 대답하기 위해서일 것이다.

야곱이 에브라임과 므낫세를 축복하다(48:8-22)

시력이 약해지고 있던 야곱은 함께 있는 두 아이가 누구냐고 요셉에게 묻는다. 시력이 약한 야곱이 다음 세대를 축복하는 모습은, 야곱이 눈먼 아버지를 속여 에서 대신 자기를 축복하게 했던 때를 떠올리게 한다(창 27장). 그러나 여기에는 속임수가 전혀 없다. 그런데도 카민스키가 인정하듯이 "이 본문은 오래전 야곱이 한 일이 옳았음을 창세기의 서술자와 야곱이라는 인물이 직접 확증한다고 강하게 암시한다."[1]

인생 마지막에 야곱은 잃어버린 아들 요셉만이 아니라 요셉의 자녀들도 되찾을 기회를 얻었다는 사실에 놀라움과 감사를 표하고, 요셉은 자기 아들들을 축복해 달라고 부탁한다. 그런 다음 요셉은 아들들이 축복받을 수 있도록 준비했다. 요셉은 야곱에게 절한 후 야곱이 장자의 우선권을 상징하는 오른손으로 축복할 수 있도록 맏아들 므낫세를 배치하고, 왼손으로 축복할 수 있도록 둘째 아들 에브라임을 배치했다. 그런데 놀랍게도 야곱은 두 손을 교차하여 오른손으로 동생을 축복하고 왼손으로 형을 축복했다.

그런 다음 야곱은 두 아들을 축복함으로써 요셉을 축복했다. 야곱은 하나님이 두 아들에게 복을 주시도록 간구한다. 그분은 아브라함과 이삭의 하나님, 그를 환난에서 구원해 주신 하나님이시다. 인생 마지막에 야곱은 하나님이 파란만장한 삶을 인도하신 목자라고 인정한다. 또한 자기를 위험에서 보호해 준 사자(angel)라고도 부른다. 야곱은 두 아들을 자기 자식으로 입양한다("이들로 내 이름…으로 칭하게 하시오며", 16절). 또한 그들의 후손이 불어나게 해 주시기를 간구한다.

요셉은 아버지가 손을 교차했을 때 그것이 실수라고 생각했다. 그는 야곱이 맏아들을 장자로 대하기를 원했고, 아버지의 손을 자기가 보기에 올바른 위치로 옮기려 했다. 그런데 야곱은 자기가 무슨 일을 하고 있는지 안다고 요셉에게 말했다. 동생(그가 낳을 지파)이 형(그가 낳을 지파)보다 더 크게 되겠지만, 두 지파 모두 강성할 것이다. 역사가 보여 주듯이 므낫세 지파와 에브라임 지파 모두 큰 지파였지만, 에브라임이 므낫세보다 더 우세했다. 실제로 분열 왕국 시대에 종종 북왕국을 그냥 에브라임이라고 부를 정도로 에브라임은 우세했다.

이 에피소드는 야곱/이스라엘이 자신의 임박한 죽음을 예고하며 끝마친다. 그는 요셉에게 하나님이 "너희와 함께 계[실 것]"이라는 확신을 주는데, 이는 하나님과 맺은 언약 관계의 표식으로 요셉이 일평생 경험한 바였다(창세기 39장을 다룬 장 '이야기를 살아내기'의 "임마누엘: 주님이 우리와 함께 계신다" 단락을 보라). 그는 또한 약속의 땅으로 돌아갈 것을 예고한다. 요셉의 귀환이 이스라엘의 귀환과 얽혀 있는 이유는, 출애굽을 하는 이스라엘 백성이 모세와 함께 돌아갈 때 약속의 땅에 묻기 위해 요셉의 유골을 가져갈 것이기 때문이다(출 13:19). 요셉은 결국 세겜에 묻힐 것이다(수 24:31). 이는 "내가 네게 네 형제보다 세겜 땅을 더 주었나니"라는 다소 수수께끼 같은 야곱의 진술을 설명해 준다. 야곱은 계속해서 군사 행동("내 칼과 활로")을 통해 아모리 족속에게서 세겜 땅을 빼앗았다고 주장한다. 이것은 창세기 34장에서 야곱이 자기와 무관하다고 선을 그은 레위와 시므온의 폭력에 대한 언급일까? 그럴 수 있다. 혹은 알려지지 않은 다른 이야기에 대한 언급일 수도 있다. 어쨌든 야곱의 설명은 다시 창세기 37장의 첫 꿈에서 예고했듯이, 요셉이 형제들 사이에서 총애받는 지위와 영예를 누리고 있음을 보여 준다.

야곱이 아들들을 모으다(49:1-2)

야곱은 죽음에 다가가고 있다(47:28-31). 그는 죽기 전에 이제 그들에게서 태어날 지파들에 영향을 미칠 방식으로 자녀들을 축복하고 저주한다. 야곱이 항상 자녀들에 대한 올바른 평가에 근거하여 행동하는 것은 아니겠지만(특히 레위와 시므온), 여전히 그의 말에는 영향력이 있다. 그래서 야곱은 자녀들을 한자리에 불러 모은 다음 맏아들부터 시작하여 막내까지 한 명씩 그들에게 말한다.

르우벤이 장자의 명분을 상실하다(49:3-4)

먼저 르우벤은 장자의 대우를 받는다(3-4절). 야곱은 르우벤을 맏아들로 인정한다. 장자 르우벤은 야곱의 성적 활력("내 기력")의 표식이었다. 장자로서 그는 특출났다. 하지만 그는 자기 행동으로 인해 장자로서 특별한 지위를 상실했다. 그는 아버지의 첩들과 동침했고, 그러므로 형제들 사이에서 우위를 차지하지 못할 것이다(35:21-22). 앞으로 르우벤의 후손은 그들 지파 몫의 땅을 분배받겠지만(수 13:15~23), 다른 지파들과 별반 다르지 않을 것이다.

시므온과 레위는 흩어질 것이다(49:5-7)

다음으로 야곱은 시므온과 레위에게 시선을 돌린다. 이 두 형제는 누이 디나와 관련된 공동 행동 때문에 하나로 취급된다(34장의 주석을 보라). 그때에 그들은 가나안 성 세겜의 추장과 누이의 결혼 협상에 관여했다. 그들은 누이를 성적으로 유린한 남자에게 시집을 보내는 데 동의했지만, 그와 그 성의 다른 남자들을 죽이기 위해 정교한 계획을 세우고 있었다. 결혼에 대한 동의는 세겜 남자들이 할례 의식을 받느냐에 달려 있었다. 세겜 남자들은 동의했지만, 할례받은 남자들이 육체적으로 취약한 상태에 있었을 때 시므온과 레위는 그 기회를 틈타 그들을 살해했다. 앞서 주석에서 언급했듯이 서술자는 야곱보다 두 형제의 의견에 동의했지만(물론 그들이 지나치게 열심이었다고 암시할 수도 있다), 야곱은 그들을 용서하지 않았고 그래서 그들의 후손을 저주한다.

그들은 온 땅에 흩어질 것이다. 이 저주의 의도는 이 두 지파가 고유한 정체성을 상실하고 다른 지파가 지배하는 땅 안에 있는 성을 얻는 것이다[수 19:1-9(시므온); 21장(레위)을 보라]. 흥미롭게도 시므온의 흩어짐은 정체성의 상실로 이어진 반면, 레위는 그렇지 않았다(그 차이에 대한 설명은 뒤에 나올 내용을 보라).

유다 왕권의 미래(49:8-12)

다음 차례는 유다다. 야곱이 넷째 아들에게 주는 축복은 오래 지속되는 결과를 낳았으며, 분명 이 장에서 가장 잘 알려진 구절이다. 히브리어 동사 '찬양하다'에서 유래한 이름을 가진 유다(29:35을 보라)는 형제들의 찬양을 받을 것이다. 그에게서 유래한 지파는 또한 적들을 지배할 텐데, 손으로 원수들의 목을 잡는 이미지에 담긴 메시지다(8a절). 다른 지파들("네 아버지의 아들들", 8b절)이 그에게 절할 것이다. 이 그림은 요셉이 본 꿈, 모든 형제가 그에게 절하는 꿈을 연상시킨다(37:5-11). 요셉 지파(므낫세와 에브라임, 48장을 보라)는 이스라엘 북부를 지배하고 유다는 남부를 지배할 것이다.

9절에서 야곱은 사자 은유를 사용하여 유다의 힘과 패권을 보여 준다. 그는 먹잇감을 얻을 것이고, 누구도 감히 유다에게 도전하지 못할 것이다.

NIV 성경 각주가 시사하듯 10절은 난제로 가득하다. 다만 한 가지는 분명하다. 왕권은 유다 지파에서 나오고 거기 머물 것이다. 규(圭)는 왕권의 상징으로, 그것을 가지고 있는 자의 권력을 보여 주는 장식용 곤봉이었다. 통치자의 지팡이에 대해서도 같은 말을 할 수 있다. 실제로 시간이 흐르면서, 왕은 유다에서 다윗이라는 인물로 등장하고 다윗의 후손들이 앞으로 400여 년 동안 유다를 통치할 것이다. 그런데 다윗 계열의 마지막 통치자(기원전 586년에 통치가 끝난 시드기야)가 예루살렘에 등장한 뒤였음에도, 예수님은 자신이 다윗 후손이 영원히 왕좌에 앉을 것이라는 다윗 언약의 진정한 성취임을 보여 주셨다(삼하 7:11b-16을 보라). 예수님이 그리스도 혹은 "기름 부음받은 자"로 불릴 때마다 이 진리는 선포된다(뒤에 나올 "예수, 메시아" 단락을 보라).

유다에 대한 마지막 묘사는 번영을 강조한다. 포도나무와 그것으로 만든 포도주가 아주 풍성하여 나귀를 매고 옷을 빠는 데 사용할 것이다. 그의 눈은 포도주처럼 붉고 그의 이는 우유처럼 흴 것이다. 다시 말해서 돋보이는 외모를 지닐 것이다.

해변의 스불론(49:13)

다섯째 아들은 스불론이다. 이 묘사는 북부 해안에 있는 이 지파의 미래의 위치를 강조한다. 시돈은 이스라엘 북부에 있는 매우 중요한 항구였다. 스불론 역시 해상 무역을 통해 번영할 것이다. 그들이 배정받은 땅은 여호수아 19:10-16에 기록되어 있다.

잇사갈, 앙상한 나귀(49:14-15)

NIV 성경에 따르면, 여섯째 아들 잇사갈은 뼈만 남은 나귀와 같다(새번역 참조). NLT 성경 번역에 따르면 잇사갈은 "건장한 나귀"와 같다. 더 나은 읽기는 "뼈만 남은"인데, 피부 사이로 뼈가 드러나는 수척한 모습을 가리킨다. 그런데 이 수척한 동물은 양 우리에서 휴식처를 찾을 것이다. 15절이 언급하듯이 이 은유는 이스라엘 땅에서 잇사갈이 차지할 미래의 쾌적한 위치를 가리키는 것 같다. 그 쾌적한 위치 덕분에 잇사갈은 비록 약하지만 강제 노역을 받아들일 것이다. 그들이 배정받은 땅은 여호수아 19:17-23에 기록되어 있다.

단, 뱀(49:16-18)

다음으로 '정의'를 뜻하는 히브리어 단어에서 그 이름이 유래한 단 지파가 나온다. 따라서 야곱이 붙여 준 이름의 첫 번째 특징은 단이 지파들에게 정의를 가져올 것이라는 점이다. 단은 강하지 않지만, 말의 뒤꿈치를 물어 기수가 비틀거리다가 넘어지게 하는 뱀처럼 위험할 것이다. 이 대목에서 야곱은 자녀들에게 하던 말을 중지하고 자기를 구원해 달라고 주님께 요청한다. 단 지파가 배정받은 땅은 여호수아 19:40-48에 기록되어 있다.

갓, 침입자를 추격하는 자(49:19)

단 다음에는 갓이 나오는데, 그의 이름은 (NIV 성경 각주가 시사하듯) '공격' 또는 '침입자 무리'를 가리키는 히브리어 단어와 연결된다. 하지만 그들은 스스로 침입자 무리가 되기보다는 침입자의 공격을 받을 것이다. 그럼에도 갓은 집결하여 침입하는 자들을 공격할 것이다. 그들이 배정받은 땅은 여호수아 13:24-28에 기록되어 있다.

아셀의 기름진 음식(49:20)

그 이름이 '행복'을 의미하는 아셀은 부유하게 되어 왕에게 어울리는 진미까지 제공할 것이다. 그들이 배정받은 땅은 여호수아 19:24-31에 기록되어 있다.

납달리, 암사슴(49:21)

납달리에 대한 야곱의 묘사는 이 아들과 그에게서 태어날 미래의 지파를 아름다운 새끼를 낳는 자유로운 암사슴에 비유하는 아름다운 묘사다. NIV 성경 각주가 시사하듯 두 번째 콜론(행)은 개역개정처럼 "아름다운 소리를 발하는도다"라고 달리 읽을 수도 있다[NIV 성경은 "아름다운 새끼를 낳다"라고 번역한다—옮긴이]. 이 지파가 배정받은 땅은 여호수아 19:32-39에 기록되어 있다.

요셉, 열매가 많은 포도나무(49:22-26)

야곱의 두 번째로 어린 아들은 요셉으로, 그는 생전에 아버지의 총애를 받았고, 이제 우리가 보듯이 후손의 미래에 대한 축복과 관련해서도 총애받는다. 사실 요셉의 축복은 유다의 축복과만 쌍벽을 이루고, 유다의 축복과 마찬가지로 요셉 지파의 후손들이 이스라엘의 미래 역사에서 지도자 역할을 담당할 것을 암시한다. 이는 분명 그들의 이름으로 불릴 두 지파의 선조가 될, 요셉의 두 자녀 중 하나인 에브라임에게 해당한다(다른 하나는 므낫세다). 이 두 지파는 타당한 이유로 현대 학계에서 종종 요셉 지파라고 불린다.

요셉은 먼저 생명과 결실의 상징인 포도나무 은유를 사용하여 묘사된다. 포도나무에서 달린 열매는 "사람의 마음을 기쁘게 하는" 포도주를 만드는 데 사용된다(시 104:15a). 또한 이 포도나무는 평범한 포도나무가 아니다. 이 포도나무는 수원지("샘", 22절) 근처에 심겨 있고, 그래서 심지어 벽과 같은 장애물 위로 무성하게 자라난다.

NIV 성경 각주는 22절에 대한 다른 번역을 제시한다. "요셉은 들망아지, 샘 곁에 있는 들망아지, 언덕 위에 있는 들나귀다"(새번역 참조). 이 번역은 가능성이 낮지만, 만약 이 번역이 정확하다면 아가서에서 작은 산을 뛰어다니는 동물로 묘사된 연인의 모습을 떠올리게 한다(아 2:8). 이 그림은 활력과 에너지를 나타낸다. 어느 번역이든 요셉 지파는 긍정적인 방식으로, 하나님 백성의 미래에 핵심 역할을 하는 것으로 묘사된다.

요셉(그에게서 태어날 지파들)은 생명력이 강하지만 어려움이 없지 않을 것이다. 공격자의 이름은 구체적으로 언급되지 않았지만, 그들은 공격받을 것이다. 그런데도 요셉 지파는 하나님의 도움으로 견뎌 낼 것이다(NIV 성경 각주는 23-24절의 동사가 미래 시제로 번역될 수 있다고 하지만, 그런 변화도 본문의 메시지에 눈에 띄는 차이를 가져오지 못한다). 하나님은 요셉의 후손을 도우시고 하늘의 복(비)과 깊은 샘물의 복을 주실 것이다. 그들은 풍부한 수자원의 복을 받아 엄청나게 많은 수확을 거두어들일 뿐 아니라 대가족이 되는 복도 받을 것이다("젖먹이는 복과 태의 복", 25절).

이 복은 태곳적 산이 받은 복과 그 풍성함도 넘어설 것이다. 이 축복이 요셉에게 임할 것이므로, 의미심장하게도 그는 "그 형제 중 뛰어난 자"(prince among his brothers, 26절)라고 불린다. 이 언급은 요셉이 형제들 가운데 우위를 차지하고 있는 모습을 보았던 초기의 두 꿈을 되돌아본다(37:5-11). 또한 이 언급은 요셉 지파(특히 에브라임)가 기원전 931년부터 722년까지 북왕국을 지배할 때를 내다본다. 그들이 분배받은 땅은 여호수아 10장과 13:29-33, 16-17장에 기록되어 있다. 그렇지만 (8-12절에서 예고된) 유다의 우위는 요셉 지파들의 우위를 능가할 것이다. 다윗 왕조가 유다 지파에서 나올 것이기 때문이다.

베냐민, 물어뜯는 이리(49:27)

야곱은 맏아들(르우벤)부터 시작하여 출생 순서를 따라 막내 베냐민에서 마친다. 베냐민도 사랑하는 라헬의 아들이었기 때문에 요셉처럼 총애받았다. 그렇지만 요셉(과 유다)과 달리 베냐민의 복에 관한 진술은 간단하다. 권력을 중시하는 문화에서 우리는 이 진술을 긍정적 축복으로 이해할 가능성이 크다. 베냐민은 위험한 동물, 먹잇감을 사냥하는 동물인 이리에 비유된다. 사실 이 은유는 베냐민이라는 이리가 낮 동안[여기서 아침과 저녁은 아마 낮과 밤 전체를 뜻하는 일종의 제유법(merism)일 것이다] 먹잇감을 사냥한다는 말로 풀이될 수 있다. 밤이 되면 사냥을 마친 이리 베냐민은 먹잇감을 분배한다. 그들이 배정받은 땅은 여호수아 18:11-28에 기록되어 있다.

미래를 내다보며(49:28)

서술자는 야곱의 말을 마무리하면서 이런 축복과 저주가 그의 자녀들에게서 태어날 지파들에게도 의미가 있다고 분명히 밝힌다(그동안 우리는 줄곧 그 의미를 추측했지만, 이제 상세히 설명하겠다). 또한 요셉의 말이 각 자녀에게 적절하다고 암시한다. 미래를 내다보면서, 야곱의 말이 성취되는 것과 관련하여 우리는 무슨 말을 할 수 있을까? 당연히 우리는 야곱의 마지막 유언에서 가장 긴 분량을 차지한 지파에 대해 가장 많은 것을 안다.

르우벤 우리는 이미 르우벤이 아버지의 첩과 동침함으로써 맏아들의 축복을 상실했다고 설명한 바 있다. 따라서 르우벤 지파는 구약 나머지 부분에서 두드러지거나 심지어 주목할 만한 역사를 가지지 못했다. 정복 후 하나님은 모세를 통해 갓 남쪽의 요단 동쪽 지역을 그들의 영토로 배정하셨다(수 13:15-23).

시므온 서술자는 세겜에서 벌인 행동에 대해 시므온(과 레위)의 편을 들었지만(창 34장), 야곱은 시므온이 그 땅에서 흩어질 것이라고 저주했다. 그들은 실제로 유다의 지파 경계 안에 흩어져 있고(수 19:1-9), 가끔가다 독특한 정체성을 부여받는다.

레위 레위는 시므온과 함께 야곱의 진노를 공유했다. 그들 지파 몫의 땅을 배정받지 못하고 그 땅 곳곳에 흩어질 것이다. 사실 여호수아와 대제사장이 지파들에게 땅을 배정할 때 레위 지파에게는 다른 지파의 영토 안에 있는 레위 성을 주었다(수 21장). 그런데 이 대목에서 시므온과의 유사성은 사라진다. 레위는 지파 정체성을 상실하는 대신 이스라엘 역사와 그 이후를 통틀어 가장 독특한 지파가 된다. 무엇이 차이를 만들었을까?

금송아지를 숭배한 죄에 관한 기사가 이 질문에 대한 답을 준다(출 32장). 모세와 여호수아가 십계명을 담은 돌판을 들고 시내산에서 내려왔을 때, 그들은 아론이 백성들의 고집에 못 이겨 금송아지를 만든 것을 보았다. 격노한 모세는 돌판을 깨뜨렸는데, 하나님과 이스라엘 사이의 언약 파기를 상징했다.

모세는 아론을 나무란 후 이렇게 외쳤다. "누구든지 여호와의 편에 있는 자는 내게로 나아오라"(출 32:26). 레위인이 모세에게 응답했고, 모세는 그들에게 스스로 무장하고 "진 이 문에서 저 문까지 왕래하며 각 사람이 그 형제를, 각 사람이 자기의 친구를, 각 사람이 자기의 이웃을 죽이라"고 지시했다(출 32:27). 레위인은 그렇게 행동하여 금송아지 숭배자 3천 명을 죽였다.

그 후 모세는 "각 사람이 자기의 아들과 자기의 형제를 쳤으니 오늘 여호와께 헌신하게 되었느니라. 그가 오늘 너희에게 복을 내리시리라"고 선포했다(32:29). 이렇게 하여 야곱의 저주는 하나님의 성소에서 특별히 섬기기 위해 성별된 지파로 선택되는 축복으로 바뀐다.

레위인은 이 행동으로 이상적인 제사장임을 보여 주었다. 결국 제사장이란 누구인가? 제사장은 하나님의 거룩함을 지키는 호위대다. 나중에 모세가 레위 지파에게 주는 축복에서 이를 확인할 수 있다.

> 주의 둠밈과 우림이
> 주의 경건한 자에게 있도다.
> 주께서 그를 맛사에서 시험하시고

므리바 물가에서 그와 다투셨도다.

그는 그의 부모에게 대하여 이르기를

내가 그들을 보지 못하였다 하며

그의 형제들을 인정하지 아니하며

그의 자녀를 알지 아니한 것은

주의 말씀을 준행하고

주의 언약을 지킴으로 말미암음이로다.

주의 법도를 야곱에게,

주의 율법을 이스라엘에게 가르치며

주 앞에 분향하고

온전한 번제를 주의 제단 위에 드리리로다.

여호와여 그의 재산을 풍족하게 하시고

그의 손의 일을 받으소서.

그를 대적하여 일어나는 자와 미워하는 자의 허리를 꺾으사

다시 일어나지 못하게 하옵소서. (신 33:8-11)

핵심은 9절에서 나타나는데, 모세는 레위 지파가 하나님의 언약을 수호한다고 말한다. 이 언약 수호에는 이스라엘에 율법을 가르치고 우림과 둠밈이라는 신탁 장치를 사용하여 하나님의 뜻을 분별하는 등의 예방적 행동(preemptive actions)이 포함된다(출 28:29-30을 보라). 이런 식으로 이스라엘은 어떻게 살아야 하는지에 대한 하나님의 뜻을 알고 그렇게 살아감으로써 하나님의 노여움을 사지 않는다. 하지만 이스라엘이 죄를 지으면 제사장은 하나님의 진노를 달래는 제사를 집행하고, 다른 모든 사람이 송아지 숭배자들처럼 타락하게 되면 그들은 하나님의 형벌을 집행한다.

실제로 하나님의 거룩함을 수호하는 제사장의 또 다른 의미심장한 사

례는 민수기 25장에 나온다. 여기서 이스라엘 남자들은 자기들의 신을 숭배하자고 꼬드기는 모압 여인들과 동침하는 유혹에 굴복하고 만다. 아론의 손자 엘르아살의 아들 비느하스는 그 대응으로, 성관계를 하고 있던 이스라엘 남자와 모압 여자에게 창을 던져 성교 중인 두 사람을 꿰뚫는다. 이 일로 인해 하나님은 레위와 평화의 언약을 맺겠다고 선언하셨는데, 이 약속은 "그가 그의 하나님을 위하여 질투하여 이스라엘 자손을 속죄하였[기]" 때문에 "그와 그의 후손에게 영원한 제사장 직분[을 보장하는] 언약"이다(민 25:13).

유다 이스라엘의 나중 역사와 그 이후에서 가장 중요한 것은 10절에 나오는 유다에 대한 야곱의 축복이다. "규가 유다를 떠나지 아니하며 통치자의 지팡이가 그 발 사이에서 떠나지 아니하기를 실로가 오시기까지 이르리니 그에게 모든 백성이 복종하리로다"(49:10). 우리는 이미 이 진술이 다윗 지파에서 왕권이 등장할 것이라는 선언이라고 언급한 바 있다.

이미 설명했듯이 이 이야기는 요셉 내러티브 안에서 유다의 인품 변화로 시작된다. 처음에(특히 37장과 38장을 보라) 유다는 심각한 결함을 가진 인물이지만, 마지막에는 강력한 이집트 관리로만 알았던 요셉 앞에서 용감하게 형제들을 대변한다(44:18-34). 그렇지만 내러티브가 끝날 때까지 앞으로 지배적인 지파의 조상이 될 사람이 요셉인지 유다인지는 불분명하다. 우리는 이미 요셉 지파가 중요해질 것을 알았지만, 이 절을 통해 왕권이 유다에서 등장하리라는 사실을 알 수 있다.

물론 족장 시대 이후 몇백 년 동안 그런 일은 일어나지 않겠지만, 오경은 미래의 이스라엘에서 이 제도(왕정)가 등장할 것이라고 예고한다(창 17:7; 민 24:17-19; 신 17:14-20). 또한 이 제도가 등장할 때, 그것은 대대적인 축하 팡파르와 함께 시작되지 않고, 일종의 서글픈 흐느낌 속에서 시작된다.

사무엘상 8장에서 그때를 서술한다. 사무엘이 늙었을 때 백성들이 와서 "우리에게 왕을 세워 우리를 다스리게 하소서"라고 요구한다(5절). 사무엘은 이 요구가 악하다고 인식하고 개인적 치욕으로 받아들인다. 더욱이 하나님은 이 요구가 사무엘이 아닌 자기에 대한 모욕이라고 말씀하신다. 그런데도 하나님은 사무엘에게 그들의 요구를 들어주라고 지시하신다. 어쨌든 신명기 17장이 암시하듯이 하나님은 이스라엘에 왕권을 세울 뜻을 갖고 계셨다. 다만 왕권은 하나님의 뜻이었지만, 백성들의 악한 요구로 인해 왕정이 쉽게 이루어지지 않을 것이다.

사무엘상 9장은 아버지의 잃어버린 나귀를 찾고 있던, 유다 지파가 아니라 베냐민 지파 출신의 젊은이 사울에게로 독자의 시선을 돌린다. 나귀를 찾지 못한 사울은 사무엘을 통해 나귀의 행방을 묻기 위해 사무엘이 살고 있는 마을로 간다.

뜻밖에도 사무엘은 사울을 따뜻하게 맞이하여 잔치를 베풀고, 이스라엘의 첫 왕으로 기름을 붓는다. 기름을 부은 후 사무엘은 사울이 사무엘 곁을 떠난 후 일어날 일들에 대해 상세히 설명한다(삼상 10:1-8). 먼저 사울은 라헬의 무덤 근처에서 두 사람을 만날 텐데, 그들은 나귀를 찾았고 이제 아버지가 그를 걱정하고 있다고 말할 것이다. 그 후 사울은 벧엘에서 하나님을 예배하러 가고 있는 세 사람을 만날 것이다. 사무엘은 그들이 정확히 무엇을 가지고 가는지 사울에게 알려 주고, 그들이 사울에게 떡 두 덩이를 줄 것이라고 말한다.

그 후 사무엘은 '블레셋 사람들의 영문이 있는 하나님의 산(Gibeah of God)'으로 가라고 사울에게 말한다(5절). 산에 가까이 갈 때 사울은 한 무리의 예언자들을 만날 텐데, 그때 주님의 영이 임하여 사울도 예언할 것이다. 이 시점에 사울은 "기회를 따라 행[해야]"(do whatever your hand finds to do) 한다. "하나님이 너와 함께하시[기]" 때문이다(7절). 그 후에 사울은 사무엘을 만나기 위해 길갈로 가야 하고, 그곳에서 사울은 제사를 드리고 예언자는 또 다른 지침을 줄 것이다.

사울이 사무엘을 떠난 후 사울에게 일어날 일에 관한 자세한 설명은 사무엘의 기름 부음이 주님으로부터 온 것임을 확증하기 위한 것이다. 블레셋 수비대가 있는 길갈에서 하나님의 영이 사울에게 임한 후 사울은 "기회를 따라 행[해야]" 한다.

여기서 사무엘의 말을 이해하려면, 주님의 영이 사사들에게 임한 후 그들에게 무슨 일이 일어났는지를 기억해야 한다. 그들은 전무후무한 방법으로 하나님의 백성을 구원했다(예를 들어, 삿 14:19). 다시 말해서 사울은 여기서 산에 있는 블레셋 수비대를 공격하여 물리치라는 임무를 받는다.[2]

사무엘은 야웨의 참 예언자고, 그래서 그가 일어날 것이라고 말한 모든 일이 일어났지만(신 18:21-22), 사울은 어떤 일을 했는가? 그는 블레셋에 맞서 행동하지도 않고 길갈에서 사무엘을 만나지도 않고 집으로 돌아갔다. 사울은 사무엘이 자기에게 한 말을 숙부에게 전하지도 않는다. 그냥 일상의 삶으로 돌아갔다.

따라서 사무엘은 사울을 '드러내야' 한다. 사무엘은 그렇게 하기 위해 온 이스라엘 백성을 미스바로 모으고, 제비를 뽑아 모든 지파 중에서 베냐민 지파를 선택하고, 베냐민의 모든 가문 중에서 마드리 가문을 선택했고, 마지막으로 기스의 아들 사울을 선택했다. 그런데 이때 사울은 어디에 있었는가? 짐 보따리 사이에 숨어 있었다. 그럼에도 사울이 모습을 드러냈을 때 백성들은 그의 키가 누구보다 큰 것을 보았다. 또한 적에게 맞서 자기들을 인도할 '강한 실력자'를 원했던 백성들이 보기에 "모든 백성 중에 짝할 이가 없[었기에]"(10:24) 백성들은 공적으로 사울을 왕으로 세운다.

이 시점에 사울은 야베스 사람을 구원함으로써, 적어도 한동안 진정한 왕처럼 기능했다(삼상 11장). 그 후 사무엘은 백성들의 악한 요구가 하나님과의 근본적 관계를 위협했기 때문에 백성들을 이끌고 언약을 갱신했다(삼상 12장).[3] 실제로 이스라엘과 왕이 하나님을 궁극적인 왕으로 인정하고 그분께 그와 같이 순종하는 한도 내에서, 이스라엘은 인간 왕을 가질 수 있다.

하지만 첫 출발부터 사울은 불순종하는 왕임을 드러냈다. 실제로 얼마 지나지 않아 사울은 전쟁 전에 제사를 드리기 위해 사무엘을 기다려야 했지만, 그렇게 하지 않음으로써 자신이 얼마나 부적합한지를 보여주었다. 사무엘의 지체와 그로 인한 병사들의 이탈을 염려하는 사울의 불안은 하나님이 이스라엘을 위해 싸우신다는 것을 알아야 할 왕의 핑곗거리가 될 수 없다(신명기 20:3-9을 보라). 뒤늦게 도착한 사무엘은 "왕의 나라가 길지 못할 것"이며, 주님께서 "마음에 맞는 사람을 구하[셨다]"고 사울에게 전한다(삼상 13:14).

물론 그 사람은 유다 지파 출신의 다윗이다. 유다에 관한 야곱의 선언은 다윗으로 결실을 본다. 다윗은 정녕 하나님의 마음에 맞는 왕이고, 이는 그가 하나님이 택하신 왕이라는 의미다.[4] 물론 하나님의 선택은 순전한 은혜이지만, 사울과 다윗 사이에는 차이가 있다.

다윗도 사울과 마찬가지로 죄를 범한다. 다윗이 밧세바와 간음한 사건을 보기만 해도(삼하 11-12장) 다윗 역시 사울과 마찬가지로 완벽하지 않음을 알 수 있다. 다만 차이점은 다윗의 회개하는 마음에 있고, 이에 따라 하나님은 "네 집과 네 나라가 내 앞에서 영원히 보전되고 네 왕위가 영원히 견고하리라"고 보장하는 왕권 언약을 다윗에게 허락하시는데(삼하 7:16), 아래에서 보듯이 이 약속에는 메시아에 대한 암시가 있다(뒤에 나올 '이야기 살아내기'의 "예수, 메시아" 단락을 보라).

스불론 야곱은 미래의 스불론 지파의 위치를 간단히 서술한다(수 19:10-16).

잇사갈 미래의 잇사갈은 거대한 므낫세 지파의 북쪽에 있고, 북쪽으로 스불론과 납달리 경계에 인접해 있을 것이다. 이 지파의 영토는 갈릴리

바다 바로 남쪽에 있고, 요단강은 동쪽 경계를 형성한다(수 19:17-23).

단 단에 대한 야곱의 진술은 '재판관'을 뜻하는 단이라는 이름의 언어 유희로 시작한다. 단은 본래 북쪽 지파 중 가장 남쪽에 있는 지파고, 유다 지파의 바로 북서쪽 및 베냐민과 에브라임 지파의 바로 서쪽에 있었다(수 19:40-48). 서쪽 경계는 지중해였다. 길섶에 대한 언급은 나중에 국경을 관통하는 비아 마리스(Via Maris) 또는 "바닷길"로 불린 남북 간 국제 교역로에 대한 언급일 수 있다. 따라서 그들은 그 길을 여행하던 사람들을 공격할 수 있었다.

하지만 이 지역에 정착한 후 만족하지 못한 단 지파는 새로운 근거지를 찾았다. 아마 그들은 인접한 더 큰 지파들에게 눌렸을 것이고, 분명 해안에서 압박해 들어오는 블레셋으로 인해 어려움을 겪었을 것이다. 하지만 북쪽의 새로운 장소로의 이주는 하나님께 받은 땅을 돌볼 수 있다는 확신이 단 지파에게 부족했기에 발생한 비겁한 행동이었다(삿 17장과 18장). 그들이 최북단에 정착했다는 것은 역설적으로 북쪽에서 침입한 자들(아람과 아시리아)에게 가장 먼저 공격을 받는다는 의미였다.

갓 모세는 요단 동쪽 영토를 갓에게 배정했다(수 13:24-28). 갓은 요단강 바로 동쪽에, 북쪽의 므낫세 반 지파와 남쪽의 르우벤 지파 사이에 있었다.

아셀 아셀은 지중해 연안의 영토를 배정받았고 가장 북쪽에 있는 지파 중 하나였다(특히 단이 이주하기 전에 그랬다; 수 19:24-31). 이 땅은 특히 비옥했고, 감람유 생산으로 특히 유명했기 때문에, 그들이 제공하는 왕실 음식의 품질에 강조점이 놓인다.

납달리 납달리는 아셀 동쪽의 잇사갈과 스불론 북쪽에 있는 땅을 받았고 요단강은 동쪽 경계를 이루었다(수 19:32-39). 단이 본래 위치에서 북쪽으로 이동하기 전까지, 납달리는 아셀과 함께 최북단 지파였다.

요셉 위에서 요셉의 중요성은 아버지가 총애하는 아들에게 내린 축복의 길이로 알 수 있다고 설명한 바 있다. 창세기 48장에서 보았듯이 요셉은 갑절의 분깃을 받았고, 따라서 요셉 지파에 대해 말할 때 우리는 [요단강 동쪽(수 13:29-31)과 서쪽(수 17장)에 영토를 가진] 크고 영향력 있는 므낫세 지파와 에브라임 지파(수 16:5-10; 또한 창 48장을 보라)에 대해 말하는 것이다.

베냐민 베냐민도 야곱의 총애를 받았지만, 축복의 길이가 짧고 그 지파에게 미래에 배정된 땅은 상대적으로 협소했다. 그 땅은 거대한 남쪽의 유다 지파와 북쪽의 에브라임 지파 사이에 자리 잡았다(수 18:11-28). 이 위치는 그들이 향후 북왕국과 남왕국 사이에 일어나는 분쟁의 한복판에 놓일 것임을 의미했다.

— 이야기 살아내기 —

둘째가 맏아들이 되다

야곱은 요셉의 둘째 아들 에브라임을 마치 맏아들이나 되는 것처럼 축복한다. 우리는 전에 이스마엘이 아닌 이삭이 선택되고 에서가 아닌 야곱이 맏아들의 축복을 받는 것을 보았고, 거기서 하나님은 지혜로운 자보다 미련한 자를 선택하신다는 사실을 강조했다[창 25:19-34을 다룬 장 '이야기 살아내기'의 "'하나님께서 세상의 미련한 것들을 택하사'(고전 1:27)" 단락을 보라]. 여기서 우리는 다시 하나님이 첫째보다 둘째를 더 선호하신 경우를 확인할 수 있다. 왜 그러실까?

하나님은 인간의 자격이나 관습에 따라 선택하지 않으시는 것 같다. 고대 셈족 사상은 맏아들을 선호했지만, 하나님은 그런 기대에 따라 일하지 않으신다. 하나님은 어떤 기준으로 선택하시는가?

은혜다. 이 선택은 에브라임이나 므낫세에게 있는 무언가로 결정된 것이 아니라, 오직 하나님께만 달려 있다.

이것은 우리에게 어떤 의미인가? 하나님 앞에서 우리 자신의 '지위'에 대해 생각할 때, 하나님의 선택을 이끌어 낸 것은 우리 안에 있는 그 무엇도 아님을 깨달아야 한다. 우리는 다른 사람들보다 더 똑똑하거나, 더 크거나, 영적으로 더 민감하거나, 더 강하지 않다. 우리는 하나님께 감사할 수밖에 없다.

그렇기에 자랑할 것이 없다. 바울이 상기시켜 주듯이 "너희는 그 은혜에 의하여 믿음으로 말미암아 구원을 받았으니 이것은 너희에게서 난 것이 아니요 하나님의 선물이라. 행위에서[혹은 야곱이나 아브라함의 경우, 출생 순에서] 난 것이 아니니 이는 누구든지 자랑하지 못하게 함이라. 우리는 그가 만드신 바라. 그리스도 예수 안에서 선한 일을 위하여 지으심을 받은 자니 이 일은 하나님이 전에 예비하사 우리로 그 가운데서 행하게 하려 하심이니라"(엡 2:8-10).

예수, 가장 큰 대제사장

야곱은 레위가 장차 그 땅에 흩어지거나 분산될 것이라고 저주했고, 위에서 보았듯이 그의 말은 하나님 앞에서 특별히 섬기기 위해 레위인을 성별하는 놀라운 결과로 이어졌다. 금송아지 사건이 벌어지는 동안 그들이 했던 행동으로 인해 레위인은 하나님이 임명하신 언약의 '수호자'가 되었다(신 33:9).

제사장 역할에 있어서, 레위인과 특히 대제사장 아론은 미래의 메시아 역할을 보여 주는 모델이 된다. 그분은 가장 큰 다윗왕(뒤에 나올 "예수, 메시아" 단락을 보라)이실 뿐 아니라, 가장 큰 대제사장이시다. 특히 히브리서에서는 예수님이 가장 큰 대제사장이심을 아주 놀라운 방식으로 가르친다. 예수님을 아론의 모델을 따르는 제사장으로 보는 대신 "멜기세덱의 반차를 따르는" 대제사장이시라고 묘사한다(히 7-8장). 우리는 창세기에서 이전에 멜기세덱을 만났기 때문에, 예수님께서 어떻게 레위인이 상징하는 역할을 궁극적으로 성취하셨는지 숙고하기 위해 창세기 14장을 독자들에게 추천한다[창세기 14장을 다룬 장 '이야기 살아내기'의 "예수, '멜기세덱의 반차를 따른 영원한 대제사장'(히 6:20)" 단락을 보라].

저주는 마지막 말이 아니다

창세기에서 레위의 인물 묘사는 분명히 설명하기 쉽지 않지만, 레위(와 더불어 야곱의 다른 아들들)의 인물 묘사가 이스라엘 열두 지파의 나중 역사에 영향을 미친다는 데는 의심의 여지가 없다.

창세기 34장에서 우리는 레위와 시므온이 누이 디나의 성폭행에 대해 세겜 추장과 세겜성의 가나안 주민들에게 어떻게 복수했는지 볼 수 있다. 34장을 해석하면서 우리는 (저자의 관점을 가장 잘 대변하는) 서술자가 그 땅의 가나안 주민들과 융화되기를 원한 야곱보다 그들의 편을 들었다고 언급한 바 있다. 그렇지만 서술자가 야곱보다 레위와 시므온을 선호한다고 해서, 그들의 행동을 전적으로 인정한다고 받아들여서는 안 된다. 나중 시대의 예후처럼(왕상 19장; 왕하 9-10장), 그들도 과도한 학살을 자행했을 수 있다(예후에 대한 부정적 평가는 호 1:4을 보라). 요컨대 아마 그들의 폭력은 무절제했을 뿐 아니라, 하나님의 목적을 진척시키기 위한 것이라기보다는 사적인 피해 의식에서 비롯되었을 수 있다. 그렇다면 출애굽기 32장에서의 행동은 레위인이 이제 폭력의 방향을 하나님을 섬기는 일로 돌렸음을 보여 주고, 그래서 우리가 보았듯이 결국 그들을 제사장으로 성별한다.

하지만 더없이 분명한 사실은 야곱이 의도한 저주(그들이 흩어지고, 이로써 독특한 지파 정체성을 상실하는 것)가 축복(땅을 배정받지 못했음에도 성별되고 그 결과 지파의 독특성을 얻는 것)이 된다는 것이다. 따라서 레위인을 통해 우리는 저주가 최종 결말이 아니게 된 본보기를 보고, 하나님께로 돌아와 축복받기에 너무 늦은 때는 없다는 교훈을 얻는다. 누구도 돌이킬 수 없는 운명에 갇혀 있다고 생각해서는 안 된다.

이것은 예수님과 관계를 맺는 모든 사람에게 기쁜 소식이다. 바울에 따르면 그리스도 밖에 있다면 "누구든지 율법 책에 기록된 대로 모든 일을 항상 행하지 아니하는 자는 저주 아래에 있[다]"(갈 3:10, 신 27:26을 인용한 것). 우리는 모두 이 기준에 미치지 못한다(롬 3:28). 하지만 바울은 죄책감에 젖기보다 "그리스도께서 우리를 위하여 저주를 받은 바 되사 율법의 저주에서 우리를 속량하셨[다]"는 사실을 상기시킨다(갈 3:13). 저주는 그리스도인의 삶에서 최종 결말이 아니다.

예수, 메시아

위에서 보았듯이 야곱이 유다에게 내린 축복은, 베냐민 지파의 사울이라는 불안한 출발로 시작하여 유다 지파에서 등장한 왕권으로 이어졌다. 하나님은 다윗과 왕권에 관한 언약을 맺으면서, 영원히 왕좌에 앉을 후손을 약속하셨다(삼하 7장).

물론 이스라엘 역사를 아는 사람은 누구나 다윗의 후손이 결국 큰 실망을 안겨 주었음을 안다. 하나님은 미래의 왕들의 부족함을 예고하면서 "그[다윗의 왕실 후손]가 만일 죄를 범하면 내가 사람의 매와 인생의 채찍으로 징계하려니와"라고 선언하신다(삼하 7:14). 그런데 이런 언약의 조건적 요소는 무조건적 약속 안에 담긴다. "내가 네 앞에서 물러나게 한 사울에게서 내 은총을 빼앗은 것처럼 그에게서 빼앗지는 아니하리라"(삼하 7:15).

다윗 뒤에 등장한 솔로몬은 이와 같이 큰 약속으로 시작했지만 재앙으로 끝마쳤다. "사람의 매"는 북쪽 지파를 이끌고 다윗의 아들 르호보암이 계속 통치하던 유다에서 탈퇴한 여로보암의 모습으로 왔다. 사실 하나님은 다윗의 후손이 400년 조금 넘는 동안(기원전 1000년경-586년)

예루살렘에서 왕좌에 머물도록 허락하심으로써, 다윗의 왕조는 고대 근동에서 알려진 가장 오래 지속된 왕조가 된다. 특히 다윗 후손들의 계속된 배교와 불순종을 고려할 때 이 오랜 지속 기간은 놀랍다. 20명의 왕 중 단 두 명(히스기야와 요시야)만이 성전에서만 제사를 드리도록 규정한 중앙화 율법(신 12장)을 존중했다는 칭찬을 듣는다. 두 왕은 모두 문제 많은 산당을 근절하고 성전을 정결하게 지켰다. 악한 왕조를 대하는 하나님의 태도는 오래 참으시는 인내를 보여 주지만, 400년은 여전히 '영원'이 아니다.

마지막 왕 시드기야가 쇠사슬에 묶여 바빌론으로 끌려가고 유다가 민족 국가로서 독립을 상실한 후 신실한 자들은 그 상황을 어떻게 이해했을까? 하나님은 거짓말쟁이셨는가?

신실한 자들은 더 잘 안다. 다윗 왕조의 실패를 배경으로, 그들은 이미 하나님이 약속하신 왕이 예루살렘에 있는 악하고 종종 억압적인 왕들보다 훨씬 낫다고 기대했을 가능성이 크다. 그런데 포로기 이후에 미래의 "기름 부음받은" 이상적인 다윗 계통의 (메시아) 왕에 대한 기대가 점점 커졌을 가능성이 있다.[5]

물론 신약에 따르면 이 기대는 예수님 안에서 충족된다. 예수님이 그 기대하던 메시아시라고 마리아에게 알렸을 때, 천사 가브리엘은 마리아에게 그녀의 순결한 태중에서 자라나는 아들을 두고 하나님이 "그 조상 다윗의 왕위를…주시리니 영원히 야곱의 집을 왕으로 다스리실 것이며 그 나라가 무궁하리라"고 선언한다(눅 1:32-33). 이 선언은 예수님이 다윗 언약의 성취시라는 신약의 광범위한 가르침의 시작일 뿐이다. 사실 신약 전반에 스며든 그리스도(메시아 또는 '기름 부음 받은 자'를 가리키는 그리스어)라는 별칭 뒤에 이 진리가 있다.

이와 관련하여 (창세기 16장을 다룬 장 후반부의) "구원하는 천사" 단락을 보라.

47 창세기 49:29-50:26

49:29그가 그들에게 명하여 이르되 내가 내 조상들에게로 돌아가리니 나를
헷 사람 에브론의 밭에 있는 굴에 우리 선조와 함께 장사하라 30이 굴은 가
나안 땅 마므레 앞 막벨라 밭에 있는 것이라 아브라함이 헷 사람 에브론에
게서 밭과 함께 사서 그의 매장지를 삼았으므로 31아브라함과 그의 아내
사라가 거기 장사되었고 이삭과 그의 아내 리브가도 거기 장사되었으며
나도 레아를 그곳에 장사하였노라 32이 밭과 거기 있는 굴은 헷 사람에게
서 산 것이니라 33야곱이 아들에게 명하기를 마치고 그 발을 침상에 모으
고 숨을 거두니 그의 백성에게로 돌아갔더라 50:1요셉이 그의 아버지 얼굴
에 구푸려 울며 입 맞추고 2그 수종 드는 의원에게 명하여 아버지의 몸을
향으로 처리하게 하매 의원이 이스라엘에게 그대로 하되 3사십 일이 걸렸
으니 향으로 처리하는 데는 이 날수가 걸림이며 애굽 사람들은 칠십 일 동
안 그를 위하여 곡하였더라 4곡하는 기한이 지나매 요셉이 바로의 궁에 말
하여 이르되 내가 너희에게 은혜를 입었으면 원하건대 바로의 귀에 아뢰
기를 5우리 아버지가 나로 맹세하게 하여 이르되 내가 죽거든 가나안 땅에
내가 파 놓은 묘실에 나를 장사하라 하였나니 나로 올라가서 아버지를 장
사하게 하소서 내가 다시 오리이다 하라 하였더니 6바로가 이르되 그가 네
게 시킨 맹세대로 올라가서 네 아버지를 장사하라 7요셉이 자기 아버지를
장사하러 올라가니 바로의 모든 신하와 바로 궁의 원로들과 애굽 땅의 모
든 원로와 8요셉의 온 집과 그의 형제들과 그의 아버지의 집이 그와 함께
올라가고 그들의 어린 아이들과 양 떼와 소 떼만 고센 땅에 남겼으며 9병거
와 기병이 요셉을 따라 올라가니 그 떼가 심히 컸더라 10그들이 요단강 건
너편 아닷 타작마당에 이르러 거기서 크게 울고 애통하며 요셉이 아버지
를 위하여 칠 일 동안 애곡하였더니 11그 땅 거민 가나안 백성들이 아닷 마
당의 애통을 보고 이르되 이는 애굽 사람의 큰 애통이라 하였으므로 그 땅

이름을 아벨미스라임이라 하였으니 곧 요단강 건너편이더라 [12]야곱의 아
들들이 아버지가 그들에게 명령한 대로 그를 위해 따라 행하여 [13]그를 가
나안 땅으로 메어다가 마므레 앞 막벨라밭 굴에 장사하였으니 이는 아브라
함이 헷 족속 에브론에게 밭과 함께 사서 매장지를 삼은 곳이더라 [14]요셉이
아버지를 장사한 후에 자기 형제와 호상꾼과 함께 애굽으로 돌아왔더라
[15]요셉의 형제들이 그들의 아버지가 죽었음을 보고 말하되 요셉이 혹시 우
리를 미워하여 우리가 그에게 행한 모든 악을 다 갚지나 아니할까 하고 [16]요
셉에게 말을 전하여 이르되 당신의 아버지가 돌아가시기 전에 명령하여
이르시기를 [17]너희는 이같이 요셉에게 이르라 네 형들이 네게 악을 행하였
을지라도 이제 바라건대 그들의 허물과 죄를 용서하라 하셨나니 당신 아
버지의 하나님의 종들인 우리 죄를 이제 용서하소서 하매 요셉이 그들이
그에게 하는 말을 들을 때에 울었더라 [18]그의 형들이 또 친히 와서 요셉의
앞에 엎드려 이르되 우리는 당신의 종들이니이다 [19]요셉이 그들에게 이르
되 두려워하지 마소서 내가 하나님을 대신하리이까 [20]당신들은 나를 해하
려 하였으나 하나님은 그것을 선으로 바꾸사 오늘과 같이 많은 백성의 생
명을 구원하게 하시려 하셨나니 [21]당신들은 두려워하지 마소서 내가 당신
들과 당신들의 자녀를 기르리이다 하고 그들을 간곡한 말로 위로하였더라
[22]요셉이 그의 아버지의 가족과 함께 애굽에 거주하여 백십 세를 살며 [23]에
브라임의 자손 삼대를 보았으며 므낫세의 아들 마길의 아들들도 요셉의
슬하에서 양육되었더라 [24]요셉이 그의 형제들에게 이르되 나는 죽을 것이
나 하나님이 당신들을 돌보시고 당신들을 이 땅에서 인도하여 내사 아브라
함과 이삭과 야곱에게 맹세하신 땅에 이르게 하시리라 하고 [25]요셉이 또 이
스라엘 자손에게 맹세시켜 이르기를 하나님이 반드시 당신들을 돌보시리
니 당신들은 여기서 내 해골을 메고 올라가겠다 하라 하였더라 [26]요셉이 백
십 세에 죽으매 그들이 그의 몸에 향 재료를 넣고 애굽에서 입관하였더라

이야기 속 다른 본문 경청하기

성경 본문: 창세기 23장; 47:28-31(49:29-50:14에 대해); 37장; 45:4-11(50:15-21에 대해); 37:1-50:21(50:22-26에 대해)

야곱은 마지막이 다가오고 있음을 알았다(47:28-31). 이제 그는 자식들에게 축복과 저주를 내렸고(49:1-28) 사라의 죽음을 계기로 아브라함이 구매한 땅에 묻힐 것이다(31-32절). 앞으로 보겠지만 이제 형제들은 요셉이 자기들의 과거 잘못에 대해 복수할 것이라고 생각하면서 목숨을 잃지 않을까 두려워한다(50:15). 그들이 요셉에게 복종하는 모습을 보면서 우리는 요셉이 전에 꾼 꿈(37:5-11)만이 아니라 자신의 힘든 삶이 하나님의 구속 목적을 위해 사용되었다는 요셉의 이전 깨달음(45:4-11)도 떠올린다.

이야기 설명하기

야곱의 죽음(49:29-50:14)

야곱의 생애 이야기는 창세기 거의 절반에 걸친다. 25:21-26에서 야곱(과 에서)의 탄생으로 시작된 "아브라함의 아들 이삭의 족보"(25:19-35:9)의 내러티브 초점은 야곱에게 맞춰져 있다. 에서의 가족 계보에 대한 비교적 짧은 고찰(창 36장) 이후, 창세기는 마지막의 긴 "야곱의 족보"(37:2-50:26)로 마무리된다. 여기서 초점은 야곱의 자녀(특히 요셉과 유다)로 옮겨 가지만, 야곱은 여전히 주요 인물이다.

그런데 이제 야곱의 삶은 마무리된다. 그는 요셉이 낳은 손자 에브라임과 므낫세를 축복했고(창 48장), 열두 아들에게 축복과 저주를 선포했다(창 49장).

야곱은 이미 요셉에게 이집트가 아니라 약속의 땅에 있는 조상들이 묻힌 장소에 자기를 묻을 것을 맹세하게 했다. 족장은 49장 말미에서 그 주제로 돌아온다.

야곱은 다시 요셉에게 자기를 조상들과 함께 묻어 달라고 말하지만, 여기서는 훨씬 더 구체적이다. 그는 그 장소를 "헷 사람 에브론의 밭에 있는 굴"이라고 묘사하고(49:29), 이로써 사라가 죽은 후 장사할 때 아브라함이 굴을 매입한 이전 이야기를 상기시킨다(창 23장). 23장에 대한 주석에서 우리는 이 땅 매입의 의미가 하나님의 약속에 따라(창 12:1-3) 궁극적으로 하나님 백성의 것이 될 땅에서 그들이 소유한 첫 번째 토지라고 언급한 바 있다. 따라서 이것은 약속에 대한 일종의 착수금 또는 계약금이다. 따라서 그 땅은 아브라함의 후손에게 큰 의미가 있었다(지금도 마찬가지다).

다시 "가나안 땅 마므레 앞 막벨라 밭"으로 묘사된(30절; 따라서 헤브론 성 근처 예루살렘 남쪽으로 약 65킬로미터) 이곳에는 아브라함과 사라, 이삭과 리브가, 레아가 이미 매장되어 있었다. 족장과 여성 족장 중에 밧단 아람에서 돌아오는 여정 중에 레아보다 먼저 세상을 떠난 라헬만 빠졌다. 그래서 그녀는 에브랏(베들레헴)으로 가는 길에 묻혔다(35:19-20).

이렇게 해서 야곱은 아들들에게 마지막 지시를 남겼다. 이제 모든 일을 마친 야곱은 그냥 침상에 들어가 조용히 숨을 거두고 "그의 백성에게로 돌아갔다"(33절).

당연히 요셉은 아버지의 죽음을 애도했다. 야곱은 분명 흠이 많은 사람이었지만, 그 흠이 요셉을 향한 것은 아니었다. 사실 요셉은 그가 총애하는 아들이었다. 야곱은 다른 이들에게 고통을 주었겠지만, 그 자신도 인생에서 고통을 겪었다.

요셉만 야곱을 애도한 것이 아니라, 우리가 보듯이 나머지 가족들도 애도했다. 그런데 우리는 먼저 이집트인의 공식적인 애도에 관해 듣는다. 그들은 공인을 위해 70일의 공식 애도 기간을 가진 것으로 보인다. 물론 그들이 야곱을 애도한 것은 이집트에서 요셉의 지위 때문이었겠지만, 이는 "요셉을 알지 못하는" 새 왕이 등장하는 출애굽기 초반에 이스라엘 백성을 대하는 태도와 대조를 이룬다(출 1:8). 이집트인들은 야곱을 애도한 뒤, 시신을 방부 처리했다.

요셉은 이집트에서 두 번째로 강력한 권력자지만, 바로의 승인이 없다면 요셉 역시 아무것도 할 수 없다. 요셉은 전에 야곱과 그 가족을 이집트로 데려오기 위해 바로의 허락을 구한 적이 있다. 요셉은 이제 아버지를 묻기 위해 가족들이 가나안으로 돌아갈 수 있도록 허락을 구한다. 전과 마찬가지로, 바로는 신속하게 허락하고 그들은 족장을 매장하기 위해 마므레로 떠난다. 놀랍게도 가족의 모든 어른과 "아버지의 집안사람"(새번역)이 떠날 뿐만 아니라 이집트 관리와 이집트 군대 경비병도 동행한다. 어쨌든 요셉은 중요한 관리였다. 아이들과 가축만 남겨 둔 것은 약속의 땅에 머물 뜻이 없었음을 보여 준다.

흥미롭게도 애도는 그들이 마므레에 도착하기 훨씬 전에 시작되었다. 그들이 요단강을 건너 약속의 땅에 들어간 후 아닷 타작마당이라는 곳에서 애도가 공식적으로 시작된 것으로 보인다. 그들은 그곳에서 야곱을 애도하며 7일을 보냈는데, 이는 앞서 이집트인들과 관련된 70일의 기간과 달리 히브리인들의 일반적인 애도 기간이다.

가나안의 현지 주민들은 이처럼 애도하는 무리가 자기들에게 오자 깜짝 놀랐을 것이다. 그들이 아벨미스라임 즉 '이집트인의 애곡'이라는 이름을 그곳에 붙인 것을 볼 때, 분명 깊은 인상을 남겼을 것이다.

따라서 야곱의 죽음에 관한 기사는 장례가 그의 소원대로 정확하게 이루어졌다는 단언으로 마친다. 여기서 이 지시를 받고 실행한 것은 요셉만이 아니라 모든 아들이라고 말한다는 점에 유의하자(50:12). 장례가 끝난 후 그들은 이집트로 돌아갔다.

하나님은 그것을 선으로 바꾸사(50:15-21)

야곱의 생애에 관한 기사는 장례 이야기로 마무리되지만, 창세기는 적어도 짧은 기간 이어진다. 서술자는 형제들 사이의 관계로 관심을 돌린다. 불화한 가정이 다시 온전해진 듯 보였지만, 여전히 균열이 있었다. 형들은 요셉이 여전히 자기들에게 화가 나 있고 아버지에 대한 존중 때문에 분노를 억눌렀을 뿐이라고 염려했던 것 같다. 그런 이제 아버지께서 돌아가셨다.

요셉을 이스마엘 사람들에게 팔았던 것으로 추정되는 형들은 요셉이 자기들에게 복수를 실행에 옮기기 위해 이 순간만 기다렸을 것이라고 걱정하며 상의한다. 그들은 요셉 앞에서 속수무책임을 알고 있고, 그래서 요셉이 행동하기 전에 자비를 구하기로 한다.

먼저, 형들이 아마도 중개인을 통해 요셉에게 전한 바에 따르면("요셉에게 말을 전하여 이르되", 16절), 야곱이 죽기 전에 요셉에게 형들이 과거에 저지른 행동에 대해 자비를 베풀라고 말하도록 그들에게 일러 주었다는 내용이었다. 야곱이 아들들에게 그와 같은 말을 했다고 생각할 이유는 전혀 없다. 요셉에게 이 메시지를 전하고 싶었다면, 왜 직접 말하지 않았겠는가? 요셉을 향한 형들의 호소는 절박한 행동이었고, 앞으로 보듯 정말 불필요한 행동이었다. 여기서 형들에 대해 무언가 긍정적인 점을 찾는다면, 그들이 이제 "네게…행한…허물과 죄"를 분명히 인식하고 있다는 점이다(17절). 또한 흥미로운 것은 형들이 자기들을 "당신 아버지의 하나님의 종들"이라고 규정하여(17절), 아버지는 물론이고 하나님과의 관계 안에 자기들을 둔다는 점이다.

중개인을 통해 형들이 보낸 이 메시지를 받은 뒤 요셉은 울었다. 요셉이 눈물을 흘린 이유는 알 수 없지만, 아마 형들이 자기 의도를 오해했기 때문인 것 같다.

메시지가 전달된 후 형들은 요셉 앞에 직접 모습을 드러냈다. 그리고는 요셉 앞에 엎드려 "우리는 당신의 종들이니이다"라고 밝혔다(18절). 이 대목에서 독자들은 물론이고 아마 등장인물들도 형제 가운데서 요셉의 우월한 지위를 보여 준 요셉의 이전 꿈을 떠올릴 것이다(37:5-12).

여기서 요셉은 오래전 꿈을 꾸었을 때 미처 이해하지 못했던 사실을 분명히 밝힌다. 그의 우월한 지위는 형들 위에 권력을 행사하기 위한 것이 아니었다. 요셉은 하나님이 주신 지위로 가족의 이익을 위해 봉사해야 했다. 결국, 이 가족은 평범한 가족이 아니었다. 그들은 하나님이 본래 아브라함에게 주신 약속(12:1-3)을 이어 가기 위해 사용하실 가족이었다.

따라서 이야기 마지막에 요셉은 자기의 힘든 삶이 변덕스러운 운명의 결과가 아니라 하나님의 인도하심이었다는 깨달음을 표명한다. 그가 이런 생각을 표현한 것은 이번이 처음은 아니었다(45:4-11). 그러나 내러티브 속 이 절정의 순간에 다시 반복함으로써, 이 진술이 이야기에서 갖는 중요성을 보여 준다.

요셉은 형들에게 보복당할까 두려워하지 말라고 안심시켜 준다. 그는 자기 삶 뒤에 하나님의 선한 목적이 있음을 알기 때문이다. 그렇다고 해서 이것은 징계도 없다는 의미는 아니다. 하나님이 그들의 행동을 사용하신다고 해서 그 책임에서 면제되는 것은 아니다. 결국 그들이 요셉을 "해하려" 했지만(20절) 요셉은 하나님이 형들의 운명을 결정하시도록 맡길 것이다("내가 하나님을 대신하리이까?", 19절). 분명 요셉은 인생을 살아오면서 고난의 의미에 대해 의문을 품었지만, 이야기의 끝에서 바라볼 때 그 의미를 판단할 수 있었다.

독자들도 요셉 삶의 이야기를 되돌아보면서, 그 지역을 휩쓴 기근이 초래한 파멸에서 하나님의 백성을 구원할 수 있는 곳으로 요셉을 데려오신 하나님 섭리의 손길을 깨달을 수 있다.

어쨌든 형들은 악한 의도로 요셉을 이스마엘 사람들에게 노예로 팔았다. 사랑받는 동생에 대한 시기와 증오가 그들의 동기였지만, 하나님은 선한 의도로 요셉을 이집트로 데려오셨다. 보디발의 아내는 악한 의도로 요셉에게 강간 누명을 씌웠다. 그녀는 노예에 불과한 요셉이 자신의 손길을 뿌리쳤다는 사실에 분노했다. 하지만 하나님은 이 사건을 선을 위해 사용하셨고, 요셉이 감옥에 함께 갇혀 있던 이집트 고위 관리 두 명을 만나 꿈을 해석하는 기술을 발휘할 기회를 주셨다. 술 맡은 관원장이 감옥에 있는 요셉에 대해 전부 잊었을 때 요셉은 더 큰 해를 끼쳤다. 그런데도 바로가 불안한 꿈을 꾸었을 때, 술 맡은 관원장은 꿈을 해석하기 위해 의지할 만한 사람이 누구인지 알았다. 이처럼 요셉에게 해를 입히기 바라던 사람들이 요셉에게 가한 해는 결국 그를 이집트의 높은 지위로, 이집트인만이 아니라 자기 가족에게도 식량을 제공할 수 있는 지위로 데려갔다. 또한 그의 가족은 평범한 가족이 아니라 세상 모든 민족에게 복을 주기 위해 하나님이 택하신 가족이었다(12:3).

요셉은 형들의 잘못에 면죄부를 주지 않았지만, 하나님이 형들의 악한 행동을 뒤집어 선을 위해 사용하신다는 사실도 알았다. 따라서 요셉은 복수를 자제할 뿐 아니라 형들과 그 자녀들까지 부양한다. 사실 요셉은 형들을 위로하기 위해 비상한 노력을 기울인다.

요셉의 죽음(50:22-26)

창세기는 요셉의 죽음에 관한 기사로 마무리된다. 이 기사는 책을 마무리한다고 느끼게 하지만, 또한 이 이야기가 결국 계속될 것이라고 명확히 암시한다. 다시 말해서 요셉의 죽음을 서술하는 방식은 이야기가 결국 계속되리라는 사실을 보여 준다.

요셉은 자신의 대가족과 마찬가지로 남은 생애를 이집트에서 보냈다. 요셉은 장수의 복을 누렸지만(110세), 아버지 야곱(130세)이나 할아버지 이삭(180세), 증조할아버지 아브라함(175세)만큼 오래 살지는 못했다. 그는 에브라임의 자손 삼대와 므낫세의 아들 마길의 자녀까지 보는 복을 누렸다. 마길의 자녀들은 "요셉의 슬하에" 놓였는데, 이는 증손자를 친자식으로 삼는 의식이다.

요셉은 아버지 야곱과 마찬가지로 약속의 땅에 자기를 묻겠다는 형들의 약속을 받아 냈다. 야곱과 달리 요셉의 유골은 즉시 가나안으로 옮겨지지 않고, 방부 처리되어 이스라엘 백성이 출애굽 한 후 그 땅으로 돌아올 때까지 이집트에 머물렀다. 아마 그런 이유로 서술자는 그가 (형들이 아니라) "이스라엘 자손에게" 이렇게 맹세하게 했다고 말했을 것이다 (뒤에 나올 "약속 지키기" 단락을 보라).

창세기는 이렇게 마무리되지만, 우리는 창세기가 오경 전체를 아우르는 일관된 이야기의 첫 부분에 불과하다는 점을 기억해야 한다. 창세기는 출애굽 이야기의 전편(프리퀄)으로 이해하는 것이 최선이다. 따라서, 창세기 결말(37-50장)은 이스라엘 백성이 어떻게 이집트에서 살게 되었는지 설명해 준다. 요셉이 죽고 나서 몇백 년의 공백기를 거친 후 시작되는 출애굽기 첫머리에서 이스라엘 백성은 이집트에 있다.

— 이야기 살아내기 —

"당신들은 나를 해하려 하였으나", 4부: 하나님은 요셉의 삶 전반에서 악을 선하게 사용하신다

요셉은 인생 마지막에 이르러 다른 사람들의 악한 의도까지 사용하여 자기를 인도하신 하나님의 섭리를 분명하게 볼 수 있었다(50:19-20). 형들이나 보디발 아내의 악한 행동 혹은 술 맡은 관원장의 태만까지도, 하나님이 바로 이런 사건들을 통해 하나님의 백성을 구원할 지위로 요셉을 이끄시는 것을 막을 수 없었다.

하나님의 섭리에 관한 이 이야기는 모든 하나님의 백성에게 격려가 되어야 한다. 요셉의 생애 이야기는 신약에서 매우 자주 인용되는 구절에 생명을 불어넣는다. "우리가 알거니와 하나님을 사랑하는 자 곧 그의 뜻대로 부르심을 입은 자들에게는 모든 것이 합력하여 선을 이루느니라"(롬 8:28). 요셉의 이야기에 비추어 볼 때, 우리에게 해를 끼치는 사람들도 우리 삶에서 선을 이루시려는 하나님의 목적을 방해할 수 없다고 단언할 수 있다. 이런 깨달음은 바울을 놀라운 선언으로 이끈다. "우리를 사랑하시는 이로 말미암아 우리[하나님을 사랑하는 자]가 넉넉히 이기느니라. 내가 확신하노니 사망이나 생명이나 천사들이나 권세자들이나 현재 일이나 장래 일이나 능력이나 높음이나 깊음이나 다른 어떤 피조물이라도 우리를 우리 주 그리스도 예수 안에 있는 하나님의 사랑에서 끊을 수 없으리라"(롬 8:37-39).

하지만 우리는 하나님이 우리 삶에서 이루시는 선이 반드시 그렇게 선으로 느껴지는 것은 아님을 기억해야 한다. 하나님이 이루신 '선'은 하나님의 가족을 구원하는 목적을 위해 이집트에서 노예가 되는 것이었다. 그런데도 하나님과 사랑의 관계 속에 있는 우리의 궁극적 선이, 다른 사람의 악한 행동으로 방해받을 수 없음을 알 때 우리는 큰 위로를 얻는다.

하나님이 사악한 자들의 악한 행동을 사용하여 구속을 성취하시는 것의 궁극적 표현은, 요셉의 이야기가 아니라 예수님의 십자가 죽음이다. 베드로는 오순절 설교에서 이 진리를 표한다.

> 이스라엘 사람들아 이 말을 들으라. 너희도 아는 바와 같이 하나님께서 나사렛 예수로 큰 권능과 기사와 표적을 너희 가운데서 베푸사 너희 앞에서 그를 증언하셨느니라. 그가 하나님께서 정하신 뜻과 미리 아신 대로 내준 바 되었거늘 너희가 법 없는 자들의 손을 빌려 못 박아 죽였으나

> 하나님께서 그를 사망의 고통에서 풀어 살리셨으니 이는 그가 사망에 매여 있을 수 없었음이라. (행 2:22-24)

베드로의 논점은 예수님을 십자가에 못 박은 악한 사람들의 행위를 통해 가장 위대한 구원 사건이 완전히 성취되었다는 것이다. 그들은 악을 의도했지만, 선을 의도하신 하나님은 우리와 "그를 사망의 고통에서 풀어 살리셨다."

예수님을 십자가에 못 박은 이들이 자기 행동에서 면제되지는 않는다. 그들은 요셉의 형제들이나 우리를 해치는 모든 사람과 마찬가지로 유죄다. 하지만 이런 악한 행동조차 우리를 통해 자기 목적을 이루시는 하나님을 막을 수 없음을 알 때, 이 깨달음은 고통 속에 있는 우리를 위로하는 동시에 우리를 해하는 이들에게 복수하지 않도록 지켜 준다.

일상 속에서 일하심

요셉 내러티브 전반에서, 우리는 하나님 섭리의 손길이 어떻게 그 지역을 강타한 극심한 기근에서 하나님의 가족이 생존하는 데 필요한 자원을 공급할 수 있는 곳으로 요셉을 인도했는지 살펴보았다. 여기서 우리는 일상적인 인생사를 통해 일하시는 하나님을 볼 수 있다. 하나님은 기적적인 사건을 통해 일하시기보다(그렇게 하실 수 있지만), 사람들이 매일 하는 행동과 결정(심지어 나쁜 행동과 결정까지)을 통해 일하신다. 마크 러니어(Mark Lanier)는 이것을 우리의 삶과 연결하여 이렇게 질문한다. "우리네 삶에서 기적을 보지 못한다는 이유로, 우리는 얼마나 자주 성경 이야기에서 동떨어져 있다고 느끼는가? 하지만 하나님의 섭리로 돌보시는 이 이야기에서, 우리는 하나님의 손길이 가장 깊이 관여되고 가장 분명하게 나타나는 것을 본다. 우리는 매일 삶의 세세한 부분에서 일하시는 하나님을 보고, 그렇게 행하신 공을 그분께 돌려야 한다."[1]

"원수 갚는 것이 내게 있으니…"

요셉은 자기에게 나쁜 일이 일어났을 때도 하나님이 자기 삶을 인도하셨음을 알았기 때문에, 판단을 자제하고 자기에게 해를 끼친 사람들까지 부양할 수 있었다. 요셉은 이렇게 함으로써 형들을 악한 행동에서 면제해 주지 않고, 그 일을 하나님께 맡긴다("내가 하나님을 대신하리이까", 50:19).

바울은 그리스도인도 똑같이 해야 한다고 조언한다. 그는 독자들에게 "너희를 박해하는 자를 축복하라 축복하고 저주하지 말라"고 촉구한다(롬 12:14). 바울은 계속해서 이렇게 말한다.

> 아무에게도 악을 악으로 갚지 말고 모든 사람 앞에서 선한 일을 도모하라. 할 수 있거든 너희로서는 모든 사람과 더불어 화목하라. 내 사랑하는 자들아 너희가 친히 원수를 갚지 말고 하나님의 진노하심에 맡기라. 기록되었으되 원수 갚는 것이 내게 있으니 내가 갚으리라고 주께서 말씀하시니라.
>
> 네 원수가 주리거든 먹이고
> 목마르거든 마시게 하라.
> 그리함으로 네가 숯불을 그 머리에 쌓아 놓으리라.
>
> (롬 12:17-20)

하나님이 우리의 선을 위해 다른 사람의 악한 행동까지 뒤엎으실 수 있음을 알 때, 우리는 직접 복수하지 않고 자제할 수 있다. 우리는 하나님께 복수를 맡길 수 있다. 하나님은 옳다고 생각하는 대로 행하실 것이다. 우리의 원수는 자기 죄를 깨닫고 용서받게 될 것이다.

하나님의 신실하심을 아는 죽음

창세기는 요셉의 죽음에 관한 기사로 막을 내린다. 형들이 그의 유골을 약속의 땅으로 가져가야 한다는 요셉의 당부는 분명 속편을 예고하는데, 그 속편은 출애굽기로 시작된다.

요셉의 마지막 말은 하나님이 약속의 백성에게 신실함을 지속하실 것이라는 분명한 확신을 표한다. 그들은 결국 하나님이 아브라함의 후손에게 주겠다고 말씀하신 땅으로 돌아갈 것이다.

요셉은 하나님이 약속을 성취하실 것이라는 확신을 품고 죽음을 맞는다. 신약의 독자들도 약속을 받았다. 우리는 그리스도인으로서 죽음을 마주할 때 예수님의 말씀을 기억해야 한다.

> 너희는 마음에 근심하지 말라. 하나님을 믿으니 또 나를 믿으라. 내 아버지 집에 거할 곳이 많도다. 그렇지 않으면 너희에게 일렀으리라. 내가 너희를 위하여 거처를 예비하러 가노니 가서 너희를 위하여 거처를 예비하면 내가 다시 와서 너희를 내게로 영접하여 나 있는 곳에 너희도 있게 하리라. 내가 어디로 가는지 그 길을 너희가 아느니라. (요 14:1-4)

요셉은 자기 후손과 유골이 결국 하나님이 아브라함에게 약속하신 땅에 이를 것임을 알고 평안히 죽었다. 우리야말로 하나님의 하늘 저택에 거할 줄을 아는 확신 가운데 죽음을 마주해야 하지 않을까?

약속 지키기

창세기는 형제들이 자기 뼈를 약속의 땅으로 가져가야 한다는 요셉의 당부로 마친다. 요셉은 형제들을 대면하여 말하면서 '하나님이 당신들을 도우러 오실 때'(when God "come[s] to your aid", 50:24) 그렇게 하겠다고 맹세하게 한다. 그러나 형제들은 요셉이 의도한 대로 그의 유골을 가나안으로 가져가 매장하지 않았다. 우리는 왜 요셉의 형제들 혹은 그들의 후손 중 누군가가 가나안으로 돌아가지 않았는지 의문을 품을 수 있다. 분명 기근은 끝났다. 그들은 이집트에서 너무 편안했을까? 그들은 이집트에 머물 수밖에 없었을까? 우리는 결코 알 수 없지만, 출애굽기가 시작될 때 야곱의 후손들은 이집트에서 종살이하고 있다. 성경 어디에도 이것이 이집트에 머무는 잘못된 결정의 결과라고 명시적으로 언급하지 않지만, 넌지시 암시되고 있다.

위에서 언급했듯이 요셉은 형제들에게 당부했지만, 서술자는 요셉이 자기 유골을 가나안으로 가져가겠다고 "이스라엘 자손에게 맹세시[켰다]"라고 전해 준다(50:25). 여기서 형제들이 아니라 "이스라엘 자손"으로 바뀌고, 당연히 출애굽 이후 몇 년 지난 뒤 요셉의 유골을 가져가는 것은 후대의 이스라엘 백성이다. 이스라엘이 종살이하던 중에 하나님의 도움을 요청했고, 하나님은 그 응답으로 모세를 통해 그들을 이집트에서 데리고 나와 약속의 땅으로 인도하셨다. 그리하여 우리가 알듯이 "모세는 요셉의 유골을 가지고 나왔다. 요셉이 이스라엘 자손에게 엄숙히 맹세까지 하게 하며 '하나님이 틀림없이 너희를 찾아오실 터이니, 그때에 너희는 여기에서 나의 유골을 가지고 나가거라' 하고 말하였기 때문이다"(출 13:19, 새번역).

창세기 결론 창조에서 이집트까지

창세기는 정녕 시작의 책이다. 첫 부분(1:1-11:26)에서 우리는 우주의 시작에 대해 또한 하나님에게 생명의 복을 받은 최초의 인간 창조에 대해 알게 된다. 또한 죄와 죽음이 들어와 아담과 하와가 에덴에서 쫓겨나고 본래의 축복을 상실했다는 내용도 읽는다. 동시에 하나님이 사랑하셨지만 그분을 거역한 피조물에게, 복을 회복해 주시려는 구속사의 시작에 관해서도 듣는다. 거역 이후 인류의 초기 기사는 죄와 심판, 그리도 하나님의 은혜에 관한 이야기다.

족장 내러티브(11:27-37:1)에서 우리는 아브라함과 사라에서 출발하는 선택받은 민족의 시작에 관해 듣는다. 그들은 가나안("내가 네게 보여줄 땅", 12:1)으로 가라는 하나님의 명령에 따라 행동했고, 그 결과 하나님이 그들의 후손을 "큰 민족"으로 만들고 그들만이 아니라 그들을 통해 나머지 세상 민족이 복을 얻게 되는 신성한 복을 받았다(12:2-3). 족장 내러티브는 그 뒤를 이어 격동하는 여러 세대를 서술하면서, 아브라함이 한 믿음의 씨름과 그의 아들 이삭 및 손자 야곱이 한 믿음의 씨름에 관한 기사를 따라간다.

마지막으로 창세기는 요셉에 초점을 맞추지만, 야곱의 모든 아들에게 관심을 두는 내러티브로 마무리된다(37:2-50:26). 여기서 하나님은 선택받은 가족과 함께하시면서, 심지어 다른 사람들의 악한 행동을 사용하여 위기를 안전하게 통과하도록 인도하신다.

창세기는 시작에 관한 책이지만, 이야기의 끝과는 거리가 멀다. 창세기는 요셉의 죽음으로 어느 정도 마무리되지만, 선택받은 가족은 이집트에 남아 있다. 분명 더 많은 것이 등장해야 한다. 물론 더 많은 것은 토라의 제2부, 즉 출애굽기와 그다음 토라의 나머지 부분에서 계속된다. 그런데 그리스도인에게 이 이야기는 토라를 넘어, 실은 율법과 예언서와 성문서를 넘어 예수 그리스도 안에서 이 이야기가 성취될 때까지 계속될 것이다. 로고스이신 그분 안에서 "만물을 창조"하신 하나님은 또한 그분을 통해 "십자가의 피로 화평을 이루사 만물 곧 땅에 있는 것들이나 하늘에 있는 것들이 그로 말미암아 자기와 화목하게" 하실 것이다(골 1:16, 20).

주

창세기 서론

1. D. J. A. Clines, *The Theme of the Pentateuch*, 2nd ed. (London: T & T Clark, 1997)에서 잘 설명한 내용과 같다.
2. T. Longman III and R. B. Dillard, *Introduction to the Old Testament*, 2nd ed. (Grand Rapids: Zondervan, 2006), pp. 40-51과 여러 곳. 『최신구약개론-제2판』(CH북스). 그리고 *How to Read Genesis* (Downers Grove, IL: InterVarsity Press, 2005), pp. 43-58를 보라. 『어떻게 창세기를 읽을 것인가?』(IVP).
3. 구약은 사람에 대해 깨끗하거나 부정하다고 말한다. 이런 범주는 단순히 의와 죄 같은 윤리적 범주나 간단한 위생과도 상관없기 때문에 현대인이 이해하기 쉽지 않다. 사람들은 보통 '깨끗하지만' 특정 조건에 따라 부정해질 수 있다. (시신과 같이) 죽음을 상징하는 것과 접촉함으로써 부정해질 수도 있지만, 역설적으로 우리는 생명을 상징하는 것(정액, 여성 생식 기관의 피)과 접촉함으로써 부정해질 수도 있다. 거룩한 글(Scripture)을 담은 두루마리가 사람을 부정하게 만들 수 있다는 후대 유대 개념의 경우, 후자의 원인을 염두에 둔다. 실제적 차원에서 당시에 거룩한 글을 다루는 사람은 두루마리를 다루기 전과 후에 손을 씻음으로써, 그들이 일상 영역에서 거룩한 영역으로 이동하는 것을 나타냈다. 의식상의 정결 개념에 대한 자세한 설명은 R. K. Duke, "Priests, Priesthood," in *Dictionary of the Old Testament: Pentateuch*, ed. by T. D. Alexander and D. W. Baker (Downers Grove, IL: InterVarsity Press, 2003), pp. 650-651를 보라.
4. R. Beckwith, *The Old Testament Canon in the New Testament Church* (London: SPCK, 1985).
5. G. C. Aalders, *Genesis* (Grand Rapids: Zondervan, 1981), p. 45.
6. H. W. Frei, *The Eclipse of Biblical Narrative: A Study in Eighteenth and Nineteenth Century Hermeneutics* (New Haven, CT: Yale University Press,

1974). 『성서 내러티브의 상실』(감은사).

7. R. Alter의 *The Art of Biblical Narrative* (New York: Basic, 1981)는 보통 히브리 내러티브의 문학적 예술성에 대한 새로운 관심을 불러일으킨 중추적인 책으로 알려져 있다. 『성서의 이야기 기술』(아모르문디).
8. R. Alter, "A Response to Critics," *JSOT* 27 (1983): 113. 나의 견해는 T. Longman III, "Biblical Narrative," in *A Complete Literary Guide to the Bible*, eds. L. Ryken and T. Longman III (Grand Rapids: Zondervan, 1993), pp. 69-79에서 볼 수 있다.
9. T. Longman III and P. Enns, eds., *Dictionary of the Old Testament: Wisdom, Poetry, and Writings* (Downers Grove, IL: InterVarsity Press, 2008)에서 관련 글을 보라.
10. J. Kugel, *The Idea of Biblical Poetry* (New Haven, CT: Yale University Press, 1981).
11. B. S. Childs, *Biblical Theology of the Old and New Testaments: Theological Reflection on the Christian Bible* (Minneapolis: Fortress, 1993), p. 76. 『신구약 성서신학』(은성).
12. J. Levenson, *The Hebrew Bible, the Old Testament and Historical Criticism: Jews and Christians in Biblical Studies* (Louisville: Westminster John Knox, 1993), p. 9.
13. '그리스도 완결적'(Christotelic)이란 그리스도의 부활에 비추어 구약 본문을 읽는 것을 가리키기 위해 비교적 최근에 만들어진 용어다. P. Enns, *Inspiration and Incarnation* (Grand Rapids: Baker, 2005)을 보라. 『성육신의 관점에서 본 성경 영감설』(CLC).
14. H. Lockyer, "In Wonder of the Psalms," *Christianity Today* 28 (March 2, 1984): p. 76에서 인용했다.

1. 창세기 1:1-2:3

1. 물론 첫 번째 창조 이야기가 포로기 또는 포로기 이후(따라서 주전 586년 이후)에 기원했다고 주장하는 사람들이 있지만, 이 책에서는 본문을 최종 형태로 읽기 위해 구성사 문제를 논외로 둔다.

2. T. Longman III, *Psalms*, TOTC (Downers Grove, IL: InterVarsity Press, 2014), p. 157. 『시편 I·II』(CLC).
3. *COS* 1: p. 398.
4. 예를 들어 T. Jacobsen, "The Battle between Marduk and Tiamat," *JAOS* 88 (1968): pp. 104-108를 보라.
5. 이집트의 우주론 사상에 대한 유용한 종합 정보는 J. Currid, *Ancient Egypt and the Old Testament* (Grand Rapids: Baker, 1997), pp. 53-73를 보라. 『고대 이집트와 구약성경』(개혁주의신학사).
6. 오그도드(Ogdoad)는 여덟 신으로 구성되어 있고, 그중 눈(Nun)과 그의 배우자 나우네트(Naunet)는 태양이 탄생하기 전에 존재했던 태초의 혼돈을 상징하는 가장 중요한 두 신이다.
7. 구체적 언급이 없다면, 이집트 창조 사상에 관한 모든 번역은 *COS* 1: pp. 5-31에 있는 J. P. Allen에게서 가져온 것이다.
8. 헬리오폴리스의 엔네아드는 아톰과 그에게서 진화한 아홉 신과 여신으로 구성되었다.
9. *COS* 1: pp. 21-23를 보라.
10. 1번 주를 보라.
11. NIV[또한 NLT, ESV, (N)KJV, HCB] 성경의 창세기 1:1-2 번역은 받아들이고 "하나님께서 천지를 창조하신 태초에 땅은 혼돈하고 공허했다…"(In the beginning when God created the heavens and the earth, the earth was a formless void....)고 옮긴 NRSV 성경 번역은 거부한다. 물론 본문이 물질의 기원을 다루지 않는다고 간단하게 말할 수도 있기에, NRSV 성경 번역도 '무로부터의 창조'를 배제하지 않는다. 그렇지만 NRSV 성경 번역은 히브리어 문법 규칙을 엄밀히 따르지 않고, NIV 성경 번역은 야웨가 무로부터 우주를 창조하셨다는 후대의 신학적 이해에 의해 지지받는다(마카베오하 7:28; 히 11:3; 계 4:11; 참조. 롬 4:17).
12. "태초"(*reshit*)가 한 순간을 가리키기보다는 '예비 기간' 곧 이어지는 창조의 날에 자세히 묘사할 기간을 가리킨다는 J. Walton의 말은 옳다. *Genesis 1 as Ancient Cosmology* (Winona Lake, IN: Eisenbrauns, 2011), pp. 126-127. 『창세기 1장과 고대 근동 우주론』(새물결플러스).
13. 흥미롭게도 멤피스 창조 기사에서도 신의 말이 창조의 도구라고 설명한다.
14. 마치 새처럼 말이다. 신 32:11을 보라.
15. R. B. L. Moberly, *The Theology of the Book of Genesis*, Old Testament

Theology (Cambridge: Cambridge University Press, 2009), p. 43, n. 4에서 "'선'은 윤리보다 미학과 더 관련이 있다"는 그의 진술에 동의하지 않는다. 나는 두 의미를 모두 의도한다고 주장할 것이다.

16. M. S. Heiser, *The Unseen Realm: Recovering the Supernatural Worldview of the Bible* (Bellingham, WA: Lexham, forthcoming), pp. 23-120의 탁월한 논의를 보라. 『보이지 않는 세계』(좋은씨앗).
17. R. Van Leeuwen, "*bara*'," *NIDOTTE* 1: pp. 728-735를 보라. 예를 들어, 시편 51:10; 102:18; 104:29-30의 용례와 반대로, 이 동사가 그 자체만으로 이전에 존재하지 않았던 물질로부터의 창조를 의미한다고 흔히 믿지만, 이는 사실이 아니다.
18. W. R. Garr, "'Image' and 'Likeness' in the Inscription from Tell Fakhariyeh," *IEJ* 50 (2000): p. 228, 또한 그의 전체 연구 *In His Own Image and Likeness: Humanity, Divinity, and Monotheism* (Leiden: Brill, 2003)을 보라.
19. W. Brueggemann, *Genesis*, IBC (Louisville: Westminster John Knox, 1982), p. 32. 『창세기』(한국장로교출판사).
20. M. Lanier, "Survey of the Old Testament"(미발간 원고, p. 94)에서는 "형상은 물리적 유사성이 아니라 오히려 역할 및 기능에 대한 책임과 동일성이었다"라고 올바르게 지적한다.
21. C. McDowell, *The 'Image of God' in Eden: The Creation of Mankind in Genesis 2:5-24 in Light of the* mis pi pit pi *and* wpt-r *Rituals of Mesopotamia and Ancient Egypt* (Eisenbrauns, forthcoming), p. 3. 또한 J. Richard Middleton의 고무적 연구, *The Liberating Image: The Imago Dei in Genesis 1* (Grand Rapids: Brazos, 2005)도 보라. 그는 "*imago Dei*는 세상에서 하나님의 대표이자 대리인으로서 인간의 왕적 직분 또는 소명을 가리키고, 지구의 자원과 피조물에 대한 하나님의 통치 또는 관리에 참여하는 공인된 권한을 부여한다"고 진술한다(p. 27). 『해방의 형상』(SFC출판부).
22. Brueggemann, *Genesis*, p. 37.
23. J. Walton, *The Lost World of Genesis 1* (Downers Grove, IL: InterVarsity Press, 2009)은 창세기 1장을 비롯한 고대의 창조 문헌이 기능에 초점을 맞춘다는 내용을 강조한다는 점에서 특히 유용하다. 그의 표현처럼 "고대 세계의 사람들은 어떤 것이 물질적 특성 때문이 아니라 질서 있는 체계 속에서 수행하는 기능 때문에 존재한다고 믿었다"(p. 26). 『창세기 1장의 잃어버린 세계』(그리심).

24. Moberly(*The Theology of the Book of Genesis*, p. 47)가 지적하듯이 출애굽기 31:17은 "놀랍게도 하나님조차 일곱째 날의 안식을 통해 '원기를 되찾으신다'고 묘사한다."
25. 물론 그리스도인들이 첫째 날에 모였다는 신약의 단서도 있다(행 20:7; 고전 16:2).
26. 다음도 보라. 마가복음 3:1-6; 누가복음 13:10-17; 요한복음 5:17.
27. 이 기사를 읽는 일부 독자들은 예수님의 행동이 실제로 추수가 아니었고, 따라서 율법의 사안이 아니라고 믿지만 이전 이야기, 곧 출애굽기 16:25-29에서 만나를 모은 이야기를 떠올려야 한다.
28. 로마서 14:1, 5-6, 10도 보라.
29. 성경적 안식일 신학에 대한 더 자세한 내용은 T. Longman III, *Immanuel in Our Place: Seeing Christ in Israel's Worship* (Phillipsburg, NJ: P & R, 2001), pp. 161-214를 보라. 『우리 안에 거하시는 하나님』(CLC).
30. B. Witherington III, *Jesus the Sage: The Pilgrimage of Wisdom* (Minneapolis: Fortress, 1994); T. Longman III, *Proverbs*, BCOTWP (Grand Rapids: Baker, 2006, pp. 208-213. 『잠언 주석』(CLC).
31. John Calvin, *Institutes of the Christian Religion*, ed. John T. McNeill, trans. Ford Lewis Battles, 2 vols. (Philadelphia: Westminster John Knox Press, 1960), III. Vii. p. 6. 2014년 9월 26일, 노스파크 신학교에서 발표한 "Corinth, Calvin, and Calcutta: Trinity, Trafficking, and the Transformation of Theologia"라는 제목의 논문에서 이 인용문에 나의 시선을 끌어 주고 흥미롭게 해설해 준 밴더빌트 대학교의 폴 림(Paul C. H. Lim)에게 감사의 말을 전하고 싶다.

2. 창세기 2:4-25

1. 문서 가설에 대한 적극적 옹호와 설명은 Richard E. Friedman, *The Bible with Sources Revealed* (San Francisco: HarperOne, 2005)를 보고, 그에 대한 이해하기 쉬운 비판은 Longman, *How to Read Genesis*, pp. 43-58를 보라.
2. J. Walton의 *Four Views on Historical Adam*, ed. by M. Barrett and S. Gundry (Grand Rapids: Zondervan, 2013), pp. 108-111에서 두 기사에 대한 논의를 보

라. 『아담의 역사성 논쟁』(새물결플러스).

3. B. R. Foster, *COS* 1: p. 401의 번역.
4. ESV 성경은 두 창조 기사의 창조 행동의 순서를 조화시키기 위한 노력을 훨씬 노골적으로 시도한다. 이를 위해 동사의 영어 번역에 과거 완료 시제를 사용할 뿐 아니라, 2: pp. 5-7에서 '에레츠'(*'erets*)를 "지구"(earth)가 아닌 "땅"(land)으로 번역한다. 이 시도에 대한 옹호는 C. J. Collins, *Genesis 1-4: A Linguistic, Literary and Theological Commentary* (Phillipsburg, NJ: P & R, 2006)에서 볼 수 있다.
5. 이것은 동물에게도 '생명의 숨'이 있음을 부정하지 않는다(7:15, 22을 보라). 하지만 동물의 경우에는 하나님이 실제로 이 '생명의 숨'을 동물의 콧구멍에 불어넣으시는 친밀한 장면을 보지 못한다.
6. Z. Zevit[*What Really Happened in the Garden of Eden?* (New Haven, CT: Yale University Press, 2013)]은 에덴이 "우라르투(Urartu) 서부와 할리스(Halys) 동부 어딘가에" 위치해 있다는 식으로 묘사된다고 주장하면서(p. 111), 에덴의 위치에 관한 결정적 결론에 도달하기 위해 성경의 묘사를 사용하는 게 얼마나 어려운지를 보여 준다.
7. J. Neihaus, *Biblical Theology: The Common Grace Covenants* (Wooster, OH: Weaver, 2014), p. 77.
8. Alter, *The Art of Biblical Narrative*, p. 44.
9. 이 단어가 음경 뼈(baculum)를 가리킨다는 흥미롭지만 결국 설득력 없는 주장은 Zevit, *What Really Happened?*, pp. 146-150를 보라.
10. 우주 및 인간의 기원과 관련하여 창세기와 과학의 관계에 대한 논쟁은 J. D. Charles, *Reading Genesis 1-2: An Evangelical Conversation* (Peabody, MA: Hendrickson, 2013)을 보라.
11. 이 문제에 대한 다양한 관점은 J. Dickson, *Hearing Her Voice: A Case for Women Giving Sermons* (Grand Rapids: Zondervan, 2014)과 K. Keller, *Jesus, Justice, and Gender Roles: A Case for Gender Roles in Ministry* (Grand Rapids: Zondervan, 2014)를 보라.
12. 자세한 내용은 D. Allender and T. Longman III, *Intimate Allies* (Carol Stream, IL: Tyndale House, 1995)와 T. and K. Keller, *The Meaning of Marriage: Facing the Complexity of Commitment with the Wisdom of God* (New York: Riverhead, 2013)을 보라. 『팀 켈러, 결혼을 말하다』(두란노).
13. T. Longman III, *How to Read Proverbs* (Downers Grove, IL: InterVarsity

Press, 2002). 『어떻게 잠언을 읽을 것인가?』(IVP).

14. 자세한 내용은 D. Allender and T. Longman III, *God Loves Sex: An Honest Conversation about Sexual Desire and Holiness* (Grand Rapids: Baker, 2014)를 보라.
15. Calvin B. DeWitt의 연구, 예컨대 그의 책 *Earth-Wise: A Biblical Response to Environmental Issues* (Grand Rapids: CRC Publications, 1994)와 기후 변화에 관한 Katharine Hayhoe와 Andrew Farley의 최근 연구[*A Climate for Change: Global Warming Facts for Faith-Based Decisions* (FaithWords, 2009)]를 보라.
16. E. Calvin Beisner는 특정 형태의 기독교 환경 보호주의에 반대하는 그리스도인들의 지도자였다[그의 저서 *Where Garden Meets Wilderness: Evangelical Entry into the Environmental Debate* (Grand Rapids: Eerdmans, 1994)를 보라]. Beisner 같은 비과학자들이 분명 이 논쟁에서 목소리를 내야 하지만, 기후가 위험한 방식으로 변하지 있지 않다는 견해를 지지하는 기후 과학자가 거의 없다는 점은 의미심장하다. 그렇지만 창조의 정점인 인간에 대한 관심보다 자연이나 동물 세계의 이익을 우선시하는 훨씬 극단적인 형태의 몇몇 환경 보호주의를 폭로하는 그의 시도는 전적으로 옳다. 이런 측면에서 그는 시편 115:16 "하늘은 여호와의 하늘이라도 땅은 사람에게 주셨도다"라는 말씀을 인용하기를 좋아한다.

3. 창세기 3장

1. 다음을 보라. *ANET*, pp. 101-103; *COS* 1: p. 129; K. Sparks, *Ancient Texts for the Study of the Hebrew Bible* (Peabody, MA: Hendrickson, 2005), pp. 317-319.
2. M. G. Kovacs, *The Epic of Gilgamesh* (Stanford: Stanford University Press, 1989), p. 106에서 이 번역을 가져왔다.
3. J. Walton, "Genesis," in ZIBBC, vol. 1, ed. J. Walton (Grand Rapids: Zondervan, 2009), p. 33.
4. I. Provan, *Seriously Dangerous Religion: What the Old Testament Really Says and Why* (Waco, TX: Baylor University Press, 2014), p. 111.
5. R. Beck and D. VanDrunen, "The Biblical Foundations of Law," in *Law and*

the Bible: Justice, Mercy and Legal Institutions*, eds. R. F. Cochran Jr. and D. VanDrunen (Downers Grove, IL: InterVarsity Press, 2013), p. 30.

6. 이 나무의 열매가 사과라는 생각은 사과를 가리키는 라틴어 단어(*malum*)가 악을 가리키는 라틴어와 동음이의어라는 사실에서 유래되었다. 우리는 실제로 이 나무가 어떤 종류의 열매를 맺었는지 전혀 알 수 없다.
7. 고대의 일부 번역(라틴어 불가타)과 보다 최근의 번역(RSV; NJPS)에서는 "자기와 함께 있는"이 생략되어 있다. J. F. Parker, "Blaming Eve Alone: Translation, Omission, and Implications of ʿmh in Genesis 3:6b," *JBL* 132 (2013): pp. 729-747를 보라.
8. G. J. Wenham, *Genesis 1-15*, WBC (Nashville: Nelson, 1987), p. 45. 『창세기 상』(솔로몬).
9. S. Foh, "What is the Woman's Desire?," *WTJ* 37 (1974/75): pp. 376-383.
10. 번역과 주석은 T. Longman III, *Ecclesiastes*, NICOT (Grand Rapids: Eerdmans, 1998), pp. 101-106, 136-140를 보라.
11. 사적으로 대화하는 자리에서 들은 내용이며, 다음 책도 참고할 수 있다. M. Boda, *A Severe Mercy: Sin and Its Remedy in the Old Testament* (Winona Lake, IN: Eisenbrauns, 2009), p. 19.
12. Zevit, *What Really Happened?*, p. 229.
13. 같은 곳.
14. Provan, *Seriously Dangerous Religion*, p. 91.
15. 어떤 사람들은 호세아 6:7이 아담의 죄를 가리킨다고 믿지만, 본문은 분명 물리적 장소를 가리키는 히브리어 '샴'(*sham*, "거기에서")과 병행하여 놓이므로 아담이라는 장소를 가리키는 것이다. 그런데 예언자 호세아가 아담이라는 인물을 가리키더라도, 이는 다른 사람의 죄나 죄책감이나 죽음에 대해 아담을 탓하는 것이 아니라, 그저 아담과의 유사성을 제시하는 것이다.
16. Zevit, *What Really Happened?*, pp. 3-17.
17. J. Walton, "Human Origins and the Bible," *Zygon* 47 (2012): p. 11.
18. 같은 곳.
19. 나는 특히 C. M. Hays and S. L. Herring. "Adam and the Fall," in *Strange Bedfellows? Evangelical Faith and Historical Criticism*, eds. C. M. Hays and C. B. Ansberry (Grand Rapids: Baker Books, 2013)를 추천한다. 나는 이 단락을 그들에게 많이 의존했다.

20. 여기서 나는 창세기 3장이 (아담의 죄가 유전적으로 대물림된다는 것을 드러내려는 의도가 아니라—편집자) 타락의 "에피소드적 성격"(episodic nature)을 가르친다고 올바르게 주장하는 James K. A. Smith에게 동의한다(미발간 논문, Calvin College Seminar Series: Human Origins, Grand Rapids, Michigan, 2010에서). 다음도 보라. A. M. McCoy, "Becoming Who We Are Supposed to Be: An Evaluation of Schneider's Use of Christian Theology in Conversation with Recent Genetic Science," *CTJ* 49 (2014): pp. 63-84.
21. Provan, *Seriously Dangerous Religion*, 6장의 탁월한 논의를 보라.
22. 물론 현대의 많은 화폐 기반 경제에서는 일자리가 없는 사람들에게 생존을 위해 돈을 제공하는 사회 제도도 갖추고 있다.
23. D. Allender and T. Longman III, *Breaking the Idols of Your Heart: How to Navigate the Temptations of Life* (Downers Grove, IL: InterVarsity, 2007), pp. 62-87.
24. B. K. Waltke, *Genesis: A Commentary* (Grand Rapids: Zondervan, 2001), p. 93. 『창세기 주석』(새물결플러스).
25. P. Trible, *God and the Rhetoric of Sexuality* (Philadelphia: Fortress, 1978)를 보라. 『하나님과 성의 수사학』(알맹e).
26. B. S. Childs, *Introduction to the Old Testament as Scripture* (Philadelphia: Fortress, 1979), p. 575에서 그렇다. 『구약 정경 개론』(대한기독교서회). 또한 다음도 보라. D. Grossberg, "Two Kinds of Sexual Relationships in the Hebrew Bible," *Hebrew Studies* 35 (1994): pp. 7-25.
27. G. Schwab, *The Song of Songs' Cautionary Message concerning Human Love* (New York: Peter Lang, 2002).
28. 광범위한 논의는 Allender and Longman, *God Loves Sex*를 보라.
29. "내재적"(intrinsic)과 "외재적"(extrinsic)이라는 용어는 Provan, *Seriously Dangerous Religion*, pp. 107-109에서 차용했지만, 나는 그의 범주를 약간 다르게 사용하고 적용할 것이다.
30. B. K. Waltke, *Old Testament Theology: An Exegetical, Canonical, and Thematic Approach* (Grand Rapids: Zondervan, 2007), p. 180. 『구약신학』(부흥과개혁사).
31. 이것은 하나님이 욥에게 던지시는 질문에서 드러나는 욥기의 창조 기사에서 더욱 분명하다. "바다가 그 모태에서 터져 나올 때에 문으로 그것을 가둔 자가 누구

냐. 그때에 내가 구름으로 그 옷을 만들고 흑암으로 그 강보를 만들고 한계를 정하여 문빗장을 지르고 이르기를 네가 여기까지 오고 더 넘어가지 못하리니 네 높은 파도가 여기서 그칠지니라 하였노라"(욥 38:8-11). T. Longman III, *Job*, BCOTWP (Grand Rapids: Baker, 2012), p. 429의 주석을 보라. 『욥기 주석』(CLC).

32. 이 묘사는 스가랴의 예언적 진술을 이어받는다. "그날이 오면, 햇빛도 차가운 달빛도 없어진다. 낮이 따로 없고 밤도 없는 대낮만이 이어진다. 그때가 언제 올지는 주님께서만 아신다. 저녁때가 되어도, 여전히 대낮처럼 밝을 것이다"(14:6-7, 새번역).
33. 다음 장에서 설명하듯이 아벨과 가인의 제사는 제단의 존재를 전제한다.
34. 성경적인 하나님 임재 신학에 대한 자세한 설명은 Longman, *Immanuel in Our Place*, pp. 1-74를 보라.
35. D. R. Venema, "Genesis and the Genome: Genomics Evidence for Human-Ape Common Ancestry and the Ancestral Hominid Population Sizes," *Perspectives on Science and Christian Faith* 62 (2010): pp. 167-178.
36. *Four Views on Historical Adam*, ed. by M. Barrett and S. Gundry를 보라.
37. D. D. Lowery, *Toward a Poetics of Genesis 1-11: Reading Genesis 4:17-22 in Its Near Eastern Context* (Winona Lake, IN: Eisenbrauns, 2013), p. 8.
38. 더 자세한 묘사는 T. Longman III, *Reading the Bible with Heart and Mind* (Colorado Springs, CO: NavPress, 1997), pp. 97-112를 보라. 『삶으로 이어지는 성경 읽기』(네비게이토).
39. 이것은 N. T. Wright[*Surprised by Scripture* (San Francisco: Harper One, 2014), pp. 37-38)의 견해다. 『시대가 묻고 성경이 답하다』(IVP). 그는 아담과 하와가 (후대의 이스라엘처럼) "특별하고 낯설며 부담스러운 소명을 위해 나머지 초기 사람과(hominid, 사람과에 속하는 동물) 중에서" 선택된 대표 부부라고 믿는다.

4. 창세기 4:1-16

1. 그 이야기는 J. Black, et al., *The Literature of Ancient Sumer* (Oxford: Oxford University Press, 2004), pp. 86-88를 보라.

2. W. L. Humphreys, *The Character of God in the Book of Genesis: A Narrative Appraisal* (Louisville: Westminster John Knox, 2001), p. 53.
3. 사적으로 대화하는 자리에서 들은 내용이다.
4. Longman, *Ecclesiastes*, pp. 61-64.
5. E. Speiser, *Genesis*, AB 1 (Garden City, NY: Doubleday, 1964), p. 31.
6. Alter, *The Art of Biblical Narrative*, pp. 114-130에서 언급한 히브리 스토리텔링의 한 특징이다.
7. N. MacDonald[*Genesis and Christian Theology* (Grand Rapids: Eerdmans, 2012), p. 260]와 반대되는 이야기다. 그가 보기에 제물의 상대적 장점에 대한 명시적 평가가 나오지 않는 것은, 아마도 이 이야기가 "하나님이 아벨의 제물을 선호하신 이유를 설명하지 않는 이야기"임을 시사할 것이다.
8. Humphreys, *The Character of God in the Book of Genesis*, p. 58.
9. 예컨대, 월키(*Genesis*, p. 99)는 이 표가 "자연적 수명을 살 수 있게 해 주는 보호용 타투"라고 믿지만, 이 주장의 근거는 전혀 제시하지 않는다.
10. *COS* 1: p. 460.
11. Dan B. Allender and T. Longman III, *Cry of the Soul* (Colorado Springs, CO: NavPress, 1994), pp. 55-62. 『감정, 영혼의 외침』(IVP).

5. 창세기 4:17-5:32

1. R. Numbers["The Most Important Biblical Discovery of Our Time: William Henry Green and the Demise of Ussher's Chronology," *Church History* (2000): pp. 257-276]가 지적하듯이 19세기 중반 프린스턴 신학교의 구약학자이자 총장인 W. H. Green은 공관적 족보(synoptic genealogy)와 비교를 통해 족보가 연속적이지 않다고 지적했다.
2. R. R. Wilson, *Genealogy and History in the Biblical World* (New Haven, CT: Yale University Press, 1977), p. 199.
3. Sparks, *Ancient Texts*, p. 346.
4. 이 통찰에 대해 Mark Boda에게 감사한다(사적인 자리에서 대화하며 들은 내용이다).
5. 성의 발전에 관한 고전적 연구가 최근 재발간되었다. R. Adams, *The Evolution*

of Urban Society (Piscataway, NJ: Aldine Transaction, 2005).

6. Wilson, *Genealogy and History*, pp. 139-141와 P. D. Miller, "Eridu, Dunnu, and Babel: A Study in Comparative Mythology," *HAR* 9 (1985): pp. 239-240.
7. T. Longman III, *How to Read Exodus* (Downers Grove, IL: InterVarsity Press, 2009) pp. 101-104.
8. Wilson, *Genealogy and History*.
9. 이스라엘의 족보를 포함하여 고대 근동에 관한 탁월한 최근 분석은 Lowery, *A Poetics of Genesis 1-11*, pp. 77-87를 보라.
10. Waltke, *Genesis*, p. 100.
11. J. L. Kugel, *The Bible as It Was* (Cambridge, MA: Harvard University Press, 1997), p. 101에서는 이 표현이 노아가 의롭다고 말할 때 사용된 것(6:9)보다 두 배나 많다고 지적한다. 『모세오경』(CLC).
12. 에녹에 관한 성경의 논평은 짧지만 암시적이고, 그러므로 초기 유대 해석자들 사이에서 매혹적인 대상이 되었다(Kugel, *The Bible as It Was*, pp. 100-107를 보라).
13. M. R. Gornick and M. L. Wong, "Christ in the Capital of the World," *Christianity Today* 57 no. 7 (August 2013): p. 13.
14. Longman, *Proverbs*, pp. 61-63, 82-86.
15. Niehaus(*Biblical Theology*, p. 175)가 주장하듯이 "대부분의 인간이 그 나이에 도달하지 못하거나 일부 인간이 더 오래 산다고 해서 이런 이해를 반박할 근거가 전혀 되지 못한다. 하나님은 여기서 일반적 기준을 제시하시고, 전 세계 모든 인간은 이 기준에 따라 살다가 죽고, 주님이 다시 오실 때까지 그럴 것이다."
16. J. Nolland, *Luke 1-9:20*, WBC 35a (Dallas: Word Publishing, 1989), p. 173. 『누가복음 상』(솔로몬).

6. 창세기 6:1-9:17

1. T. Jacobsen, *The Sumerian King List* (Chicago: The University of Chicago Press, 1939), p. 77의 번역을 사용했다.
2. *COS* 1: pp. 513-515에 있는 번역과 간단한 해설을 보라. Sparks, *Ancient Texts*, pp. 310-311도 보라.

3. J. Tigay, *The Evolution of the Gilgamesh Epic* (Philadelphia: University of Pennsylvania Press, 1982).
4. *COS* 1: pp. 458-460에서 홍수 이야기(길가메시 서사시 토판 11)의 번역을 보라.
5. K. A. Mathews, *Genesis 1-11:26*, NAC 1 (Nashville: Broadman and Holman, 1996), p. 296. 『NAC 창세기 1』(부흥과개혁사)
6. 여기에 대안이 되는 이해는 120년이 이 심판 말씀과 홍수 형태로 심판이 임하는 때까지의 기간을 가리킨다는 것이다(Boda, *A Severe Mercy*, p. 21를 보라).
7. C. M. Kaminski, *Was Noah Good?: Finding Favour in the Flood Narrative* (London: T & T Clark, 2014).
8. 같은 책.
9. W. J. Dumbrell, *Covenant and Creation: An Old Testament Covenant Theology*, rev. ed. (Milton Keynes, UK: Paternoster, 2013)이 그렇다. 그는 기존의 창조 언약이 있다고 주장한다.
10. J. K. Bruckner의 연구, *Implied Law in the Abraham Narrative* (Sheffield: Sheffield Academic, 2001)에 근거한다.
11. D. Young, "Genesis Flood and Geology," in *Dictionary of Christianity and Science*, ed. P. Copan, et al. (Grand Rapids: Zondervan).
12. Clines, *The Theme of the Pentateuch*.
13. Provan, *Seriously Dangerous Religion*, p. 61.
14. Niehaus, *Biblical Theology*, pp. 210-214에서 그의 논의를 보라.
15. Niehaus, *Biblical Theology*, p. 209.
16. K. DeYoung, *The Hole in Our Holiness: Filling the Gap between Gospel Passion and the Pursuit of Holiness* (Wheaton, IL: Crossway, 2014). 『그리스도인의 구멍 난 거룩』(생명의말씀사)
17. 물론 J. S. Kaminsky[*Yet I Loved Jacob: Reclaiming the Biblical Concept of Election* (Nashville: Abingdon, 2007), p. 87]의 지적에 따르면 스바냐 1:2-3은 창조 세계의 보존에 관한 노아 언약조차 조건적인 것임을 시사한다.
18. R. Beck, R. and D. VanDrunen, "The Biblical Foundations of Law: Creation, Fall and the Patriarchs," in *Law and the Bible: Justice, Mercy and Legal Institutions*, ed. R. F. Cochran Jr. and D. VanDrunen (Downers Grove, IL: InterVarsity Press, 2013), pp. 38-39.
19. O. P. Robertson, *The Christ of the Covenants* (Phillipsburg, NJ: P & R, 1981),

p. 114. 『계약신학과 그리스도』(P&R).

20. 아담 언약을 지지하는 가장 상세한 현대의 논증은 Niehaus, *Biblical Theology*, pp. 35-94의 탁월한 논의를 보라.

21. 이 영화 대본에 대한 기독교적이고 성경적인 사려 깊은 리뷰는 영화 작가이자 소설가인 Brian Godawa의 논평을 보라("Darren Aronofsky's Noah: Environmentalist Wacko," godawa.com/movieblog/darren-aronofskys-noah-enviro mentalist-wacko). 나는 이 글에서 그의 사려 깊은 논평에 큰 빚을 지고 있고, 성경 자료에 대한 그의 평가에 대체로 동의한다.

22. Wright, *Surprised by Scripture*, p. 35에서 "The image is a vocation, a calling" 단락을 보라. 『시대가 묻고 성경이 답하다』(IVP).

23. R. Beck, R. and D. VanDrunen, "The Biblical Foundations of Law: Creation, Fall, and the Patriarchs," in *Law and the Bible: Justice, Mercy and Legal Institutions*, ed. R. F. Cochran Jr. and D. VanDrunen (Downers Grove, IL: InterVarsity Press, 2013), p. 37.

7. 창세기 9:18-28

1. C. M. Kaminski[*From Noah to Israel: Realization of the Primaeval Blessing after the Flood*, JSOTSup 413 (London: T & T Clark, 2004)]는 여기에서 (또한 나중에 10:18; 11:4, 8, 9에서) 언급된 사람들의 흩어짐을 1:28과 9:1에서 거듭 나오는 땅을 채우라는 명령의 성취로 보는 학자들에 반대한다. 그녀는 이 흩어짐이 심판이었다고 주장한다. 우리는 여기서 하나님의 심판 행위에 구속적 결과가 있을 수 있다고 본다.

2. W. Brown, "Noah: Sot or Saint?" in *The Way of Wisdom: Essays in Honor of Bruce K. Waltke*, ed. J. I. Packer and S. K. Soderlund (Grand Rapids: Zondervan, 2000), pp. 36-60에는 동의하고, Waltke, *Genesis*, p. 148에 반대한다.

3. *COS* 1: p. 344. 상세한 분석은 M. Boda, "Ideal Sonship in Ugarit," *Ugarit-Forschungen* 25 (1993): pp. 18-19를 보라.

4. M. Carden, "Genesis," in *The Queer Bible Commentary*, ed. D. Guest, et al. (London: SCM, 2006), pp. 31-32를 보라. 『퀴어 성서 주석』(무지개신학연구소).

8. 창세기 10:1-11:26

1. Jacobsen(*COS* 1: p. 547)을 보라.
2. 이 본문과 창세기 11:1-9의 관계에 대한 논쟁의 상세한 설명은 Walton, "Genesis," p. 64를 보라.
3. 단선 족보와 다선 족보라는 용어에 관한 설명은 Wilson, *Genealogy and History*에서 볼 수 있다.
4. Walton, "Genesis," p. 56.
5. 같은 책, p. 55.
6. Walton, "Genesis," pp. 55-56.
7. 선택지에 대한 평이하고 철저한 논의는 Walton, "Genesis," pp. 57-59를 보라.
8. Niehaus, *Biblical Theology*, p. 233.
9. 유대 자료(Philo, Pseudo-Philo, Targum Neophyti, Josephus)와 기독교 자료(Jerome과 Augustine)를 인용하는 Kugel(*The Bible as It Was*, pp. 123-127)을 보라.
10. Longman, *Job*, pp. 78-79.
11. 같은 책, pp. 39-40.
12. 이어지는 설명은 J. P. Fokkelmann, *Narrative Art in Genesis*, Studia Semitica Neerlandica 17 (Assen and Amsterdam: Van Gorcum, 1975)의 분석에 근거한 것이다.
13. 더 복잡한 문제는 히브리어를 '동쪽으로부터'(from the east) 혹은 '동쪽에'(in the east)로 번역할 수 있다는 것이다(NIV 성경 각주를 보라).
14. J. McKeown, *Genesis*, The Two Horizons Old Testament Commentary (Grand Rapids: Eerdmans, 2008), p. 71.
15. T. Hiebert["The Tower of Babel and the Origin of the World's Culture," *JBL* 126 (2007): pp. 29-58]의 최근 해석과 반대다. 그의 해석에 따르면 하나님은 죄를 벌하시지 않고, "동일성과 문화적 연대"를 향한 인간의 욕망에 맞서 문화적 다양성이라는 그분의 목표를 성취하기 위해 일하신다(p. 58). 그는 (J 자료의 일부로 간주하는) 이 이야기를 가져와 그 최종 형태와 무관하게 읽음으로써 이런 해석에 이른다.
16. J. Davis, "Unresolved Major Questions: Evangelicals and Genesis 1-2," in *Reading Genesis 1-2: An Evangelical Conversation*, ed. J. D. Charles

(Peabody, MA: Hendrickson, 2013), p. 220. 『창조 기사 논쟁』(새물결플러스).
17. 4:17-5:32을 다룬 장의 '이야기 속 다른 본문 경청하기'를 보라.
18. 따라서 위클리프(Wycliffe) 성경 번역가들의 작업은 계속 중요하다.

9. 창세기 11:27-12:9

1. Brueggemann, *Genesis*, p. 105.
2. J. D. Levenson, *Inheriting Abraham: The Legacy of the Patriarch in Judaism, Christianity and Islam* (Princeton and Oxford: Princeton University Press, 2012), p. 20.
3. 라반이 "아브라함의 하나님, 나홀의 하나님, 그들의 조상의 하나님은 우리 사이에 판단하옵소서"라고 말하는 창세기 31:53과 관련하여 데라의 종교적 지위에 대한 논쟁이 있다. 이 구절은 아브라함과 나홀, 그들의 아버지 데라가 모두 같은 하나님, 야웨를 섬겼음을 암시할 수도 있다. 하지만 Hamilton이 지적하듯이[*Genesis 11:27-50:26*, NAC (Nashville: Broadman & Holman), p. 535], "판단하옵소서"에 쓰인 동사는 복수형이라서 아브라함의 하나님이 나홀과 그의 아버지가 섬긴 신과 다를 수 있음을 암시한다.
4. J. E. Anderson, *Jacob and the Divine Trickster: A Theology of Deception and Yhwh's Fidelity to the Ancestral Promise in the Jacob Cycle*, Siphrut 5 (Winona Lake, IN: Eisenbrauns, 2011), p. 42를 보라. 이 책에서 K. N. Gruneberg, *Abraham, Blessing and the Nations: A Philological and Exegetical Study of Genesis 12:3 in Its Narrative Context*, BZAW 332 (Berlin: de Gruyter, 2003), p. 84를 인용한다.
5. Clines, *The Theme of the Pentateuch*.
6. 이 제목은 D. Taylor의 저서 *The Myth of Certainty: The Reflective Christian and the Risk of Commitment* (Downers Grove, IL: InterVarsity Press, 1986)에서 가져왔고, 이 책은 이 단락에 상당한 영향을 주었다.
7. R. A. Layton, "Interpretation in the Early Church," in *Reading Genesis: Ten Methods*, ed. R. Hendel (Cambridge: Cambridge University Press, 2010), p. 151.
8. 성막에서 성전으로 바뀌는 신학적 이유에 관한 더 자세한 설명은 Longman,

Immanuel in Our Place, 3-74에서 볼 수 있다. 또한 창세기 3장을 다룬 장 '이야기 살아내기'의 "타락한 세상에서 하나님 만나기" 단락을 보라. 『우리 안에 거하시는 하나님』(개혁주의신학사).

10. 창세기 12:10-20

1. Walton, "Genesis," p. 74.
2. P. Enns and J. Byas, *Genesis for Normal People: A Guide to the Most Controversial, Misunderstood, and Abused Book of the Bible* (Englewood, CO: Patheos, 2012), p. 69.

11. 창세기 13장

1. G. Burge, *Jesus and the Land: The New Testament Challenge to "Holy Land" Theology* (Grand Rapids: Baker, 2010), p. 33. 『예수와 땅의 신학』(새물결플러스).
2. 같은 책, p. 11.
3. 같은 책, p. 92.

12. 창세기 14장

1. 이 문제에 관한 가장 흥미로운 두 토론자는 M. Astour와 J. A. Emerton["Some False Clues in the Study of Genesis xiv," *VT* 21 (1971): pp. 24-47]이다. Astour["Political and Cosmic Symbolism in Genesis 14 and Its Babylonian Sources," in *Biblical Motifs: Origins and Transformations*, ed. A. Altmann and J. A. Emerton (Cambridge, MA: Harvard University Press, 1966), pp. 65-112]는 창세기 14장이 주전 6세기 후반 신명기 학파의 산물이고, 그 시기의 정치적 현실을 반영한다고 주장한다. 그는 네 왕이 바빌론과 아시리아(엘라살), 엘람, 하티, 즉 세계의 네 모퉁이를 대표한다고 믿었다. 더 나아가 그는 신명기 역사가가 소위 스파르톨리 문서(Spartoli texts)에서 동일한 관심사를 발견했고, 거기서 영감을

얻었다고 믿는다. 그런데 Emerton은 Astour의 논지를 효과적으로 논박하면서 이 주장에 얼마나 많은 추측이 개입되었는지를 보여 준다. 두 번째 논문["The Riddle of Genesis xiv," *VT* 21 (1971): pp. 403-439]에서 그는 이 본문이 매우 복잡한 다섯 단계의 편집 역사를 거쳤음을 보여 준다.

2. 우리는 주전 2100년부터 1100년까지 엘람 왕들의 명단을 가지고 있다. Albright는 처음에 그돌라오멜을 쿠드르라가마르(Kudur-Lagamar)라는 이름의 알지 못하는 왕과 같은 인물로 보았지만, 나중에는 주전 1625년부터 1610년까지 고대 근동에서 공격적인 군사력을 발휘한 쿠드르나후티(Kudur-Nahuti)라고 주장했다. W. F. Albright, "A Third Revision of the Early Chronology of Western Asia," *BASOR* 88 (1842): pp. 28-36.
3. V. P. Hamilton, *The Book of Genesis Chapters 1-17* (Grand Rapids: Eerdmans, 1990): p. 402에서도 네 왕의 여정에 "지리적 정확성"이 있다고 지적한다.
4. K. Kitchen, *Ancient Orient and Old Testament* (Downers Grove, IL: InterVarsity Press, 1966), p. 45. *On the Reliability of the Old Testament* (Grand Rapids: Eerdmans, 2003), pp. 319-323에 있는 그의 최근 논의를 보라.
5. O. Margalith의 최근 논문, "The Riddle of Genesis 14 and Melchizedek," *ZAW* 112 (2000): pp. 501-508에 주목하라. 그는 이 본문이 주전 13세기 사건들에 부합하는 *준신화(para-mythe)*라고 주장한다.
6. T. Longman III and D. Reid, *God is a Warrior* (Grand Rapids: Zondervan, 1995)를 보라. 『거룩한 용사』(솔로몬).
7. E. Siebert, *The Violence of Scripture: Overcoming the Old Testament's Legacy* (Minneapolis: Fortress, 2012); P. Enns, *The Bible Tells Me So...: Why Defending the Scripture Has Made Us Unable to Read It* (San Francisco: HarperOne, 2014). 『성경 너머로 성경 읽기』(새물결플러스).
8. Walton, "Genesis," p. 83.
9. R. E. Averbeck, "*ma'aser*," *NIDOTTE* 2: pp. 1035-1055를 보라.
10. 같은 책, p. 1054.
11. B. Waltke and J. Houston, *The Psalms as Christian Worship: A Historical Commentary* (Grand Rapids: Eerdmans, 2010), p. 500에서 J. Hilber, *Cultic Prophecy in the Psalms*, BZAW 352 (Berlin: Walter de Gruyter, 2005)를 인용한다.

13. 창세기 15장

1. W. Randall Garr, "Abram's Election in Faith," in *The Call of Abraham: Essays on the Election of Israel in Honor of Jon D. Levenson*, ed. Gary A. Anderson and Joel S. Kaminsky (Notre Dame: University of Notre Dame Press, 2013), pp. 23-43.
2. W. F. Albright, "Abram the Hebrew: A New Archaeological Interpretation," *BASOR* 163 (1961): pp. 36-54; C. H. Gordon, "Biblical Customs and the Nuzi Tablets," *BA* 3 (1940): pp. 1-12.
3. 족장 내러티브와 관련하여 누지 자료를 사용하는 것에 대한 비판은 T. L. Thompson, *The Historicity of the Patriarchal Narratives*, BZAW 133 (Berlin: De Gruyter, 1974); J. Van Seters, *Abraham in History and Tradition* (New Haven, CT: Yale University Press, 1975)를 보라.
4. M. J. Selman, "Comparative Customs and the Patriarchal Age," in *Essays on the Patriarchal Narratives*, ed. A. Millard and D. J. Wiseman (Winona Lake, IN: Eisenbrauns, 1983), pp. 91-140; B. L. Eichler, "Nuzi and the Bible: A Retrospective," in *DUMU-E-DUB-BA-A: Studies in Honor of Ake W. Sjoberg*, ed. H. Behrens et al., (Philadelphia: Samuel Noah Kramer Fund, 1989), pp. 107-119.
5. Hamilton, *The Book of Genesis 1-17*, pp. 430-434에 나오는 논의를 가져왔다.
6. D. J. Wiseman, "Abban and Alalah," *Journal of Cuneiform Studies* 12 (1958): p. 129.
7. O. Gurney, *The Hittites* (Baltimore: Penguin, 1954), p. 151.
8. 출애굽과 솔로몬 재위 4년 사이의 480년이 각각 40년으로 이루어진 12세대를 상징한다는 주장과 비슷하다(Kitchen, *On the Reliability of the Old Testament*, pp. 307-310).
9. T. Longman III, "The Case for Spiritual Continuity," in *Show Them No Mercy: God and the Canaanite Genocide* (Grand Rapids: Zondervan, 2003), 108; 다음과 반대로, Siebert, *The Violence of Scripture*; P. Enns, *The Bible Tells Me So....*
10. K. A. Mathews, *Genesis 11:27-50:26*, NAC 2 (Nashville: Broadman and Holman), p. 175. 『NAC 창세기2』(부흥과개혁사). Waltke, *Genesis*, p. 242.

11. 이 해설은 주어가 하나님이라는 점에 의존하는데, 문맥은 이 설명을 뒷받침하지만 가장 직접적인 선행사는 아브람이다(J. Hartley, *NIDOTTE* 2: p. 306를 보라).
12. D. Moo, *Romans*, NIVAC (Grand Rapids: Zondervan, 2000), p. 157. 『NIV 적용주석 로마서』(솔로몬).

14. 창세기 16장

1. Walton, "Genesis," p. 87.
2. J. Levenson, *The Death and Resurrection of the Beloved Son: The Transformation of Child Sacrifice in Judaism and Christianity* (New Haven, CT: Yale University Press, 1993), p. 91.
3. J. K. Hoffmeier and S. O. Moshier, " 'A Highway Out of Egypt': The Main Raod from Egypt to Canaan," in *Desert Road Archaeology in Ancient Egypt and Beyond*, ed. F. Forster and H. Reimer, Africa Praehistorica 27 (Cologne: Heinrich-Barth-Institut, 2013), pp. 485-486.
4. Walton, "Genesis," pp. 87-88.
5. A. Malone, *Knowing Jesus in the Old Testament?* (Leicester, England: InterVarsity Press, 2014)를 보라.
6. 우리는 주님의 천사에 대한 명시적 언급이 없기에 창세기 18-19장을 특별한 경우로 다루겠지만, 아브라함에게 나타난 세 사람이 있고 그중 두 사람은 나중에 천사로 표현된다.

15. 창세기 17장

1. Walton, "Genesis," p. 89를 보라. 이 내용은 J. Sasson, "Circumcision in the Ancient Near East," *JBL* 85 (1966): pp. 473-476와 P. J. King, "Circumcision: Who Did It and Who Didn't, and Why," *BAR* 32/4 (2006): pp. 48-55를 재인용했다.
2. *NIDOTTE* 4, p. 1031.
3. Taylor, *The Myth of Certainty*.

4. W. Moberly[*The Theology of the Book of Genesis* (Cambridge: Cambridge University Press, 2009)]는 K. J. Kuschel[*Abraham: A Symbol of Hope for Jews, Christians and Muslims* (London: SCM, 1995)]을 한 예로 인용한다.
5. 특히 Levenson, *Inheriting Abraham*에서 강하게 비판한다. Moberly는 *The Theology of the Book of Genesis*, pp. 200-224에서 기독교적 관점에 대해 본질적으로 같은 입장을 주장한다.
6. Moberly, *The Theology of the Book of Genesis*, p. 173.
7. David Garland, *Colossians, Philemon*, NIVAC (Grand Rapids: Zondervan, 1998), p. 148.

16. 창세기 18-19장

1. Waltke, *Genesis*, p. 267.
2. 같은 책, p. 268.
3. J. Bruckner, *Implied Law in the Abraham Narrative: A Literary and Theological Analysis* (Sheffield: Sheffield Academic Press, 2001), pp. 91-92.
4. Bruckner, *Implied Law*, p. 95. 여기서 다음 구절들을 인용한다. 열왕기상 3:16; 예레미야 15:1, 18.
5. Levenson, *Inheriting Abraham*, p. 59.
6. Hendel (ed.), *Reading Genesis*, p. 79.
7. Bruckner, *Implied Law*, p. 107. 여기서 다음 구절들을 인용한다. 출애굽기 14:24; 여호수아 6:15; 이사야 13:10.
8. Waltke, *Genesis*, p. 279; Fensham, "Salt as Curse in the Old Testament and the Ancient Near East," *BA* 25 (1962): pp. 48-50.
9. 그런 이야기는 M. R. Gornik, *To Live in Peace: Biblical Faith and the Changing Inner City* (Grand Rapids: Eerdmans, 2002)를 보라.
10. 같은 책, p. 1.
11. T. E. Fretheim, "'God Was with the Boy' (Genesis 21:20): Children in the Book of Genesis," in *The Child in the Bible*, ed. M. J. Bunge, T. E. Fretheim, and B. R. Gaventa (Grand Rapids: Eerdmans, 2008), pp. 3-23.
12. Longman, *Ecclesiastes*를 보라.

13. Waltke, *Genesis*, p. 276.
14. "Southern Baptists Soften Tone on Gays," *Wall Street Journal* (vol. 264, number 104, A6) on October 31, 2014를 보라.
15. R. Beck, and D. VanDrunen, "The Biblical Foundations of Law: Creation, Fall and the Patriarchs," in *Law and the Bible: Justice, Mercy and Legal Institutions*, ed. R. F. Cochran Jr. and D. VanDrunen (Downers Grove, IL: InterVarsity Press, 2013), p. 46.
16. M. Daniel Carroll R., *Christians at the Border: Immigration, the Church, and the State* (Grand Rapids: Brazos, 2013).
17. 이런 방식으로 문화에서 자신을 분리하기로 선택해야 하는 이유는 T. Longman III, *Daniel*, NIVAC (Grand Rapids: Zondervan, 1997)를 보라.
18. Beck and VanDrunen, "The Biblical Foundations of Law," p. 44.
19. 롯에 대한 성경의 기사는 그가 의롭다고 구체적으로 묘사하지 않지만, 하나님은 그곳에 의인이 적어도 열 명이 있다면 그 성을 살려 주겠다고 약속하신다(창 18:32). 의인 열 명은 없었지만 롯과 그의 가족의 구출은 하나님께서 롯을 의롭게 여기셨음을 보여 준다. 베드로는 성경 이야기를 확장하여 롯의 고통을 이야기한다.
20. 아마 요즘 가장 두드러진 사례는 R. Bell, *Love Wins: A Book about Heaven, Hell, and the Fate of Everyone Who Ever Lived* (San Francisco: HarperOne, 2012)일 것이다. 『사랑이 이긴다』(포이에마). Siebert, *The Violence of Scripture*도 보라.
21. Mia Fontaine, "America Has an Incest Problem," *The Atlantic*, Jan 24, 2013, www.theatlantic.com/national/archive/2013/01/america-has-an-incest-problem/272459/.
22. D. Allender의 탁월하고 획기적인 책 *The Wounded Heart: Hope for Adult Victims of Child Sexual Abuse* (Colorado Springs, CO: NavPress, 2008)를 보라.

17. 창세기 20장

1. G. Hugenberger, *Marriage as Covenant: Biblical Law and Ethics as*

Developed in Malachi (Eugene, OR: Wipf and Stock, 1994), pp. 291-292.

2. Hoffmeier and Moshier, "'A Highway Out of Egypt,'" pp. 485-486.
3. Hartley, *Genesis*, NIBC (Peabody, MA: Hendrickson, 2000), p. 196.
4. Waltke, *Genesis*, pp. 285-286.
5. N. Sarna, *Genesis*, JPS of America Torah Commentary (Philadelphia: Jewish Publication Society, 1992), 143, 이 내용은 Bruckner, *Implied Law*, pp. 113-114을 재인용했다.
6. M. R. Jacobs, *Gender, Power, and Persuasion: The Genesis Narratives and Contemporary Portraits* (Grand Rapids: Baker, 2007), p. 98.
7. 같은 책, p. 92.
8. M. Widmer, *Standing in the Breach: An Old Testament Theology and Spirituality of Intercessory Prayer*, Siphrut 13 (Eisenbrauns: 2015).
9. 이에 대해 더 자세한 내용은 I. Provan, V. P. Long, and T. Longman III, *A Biblical History of Israel* (Louisville: Westminster John Knox, 2003), pp. 112-117를 보라. 『이스라엘의 성경적 역사』(CLC).
10. Walton, "Genesis," p. 95.
11. Brueggemann, *Genesis*, p. 178, 이 내용은 Bruckner, *Implied Law*, pp. 190-191를 재인용했다.
12. Hartley, *Genesis*, pp. 196-197.

18. 창세기 21:1-21

1. Kugel, *The Idea of Biblical Poetry*, pp. 98-99.
2. Jacobs, *Gender, Power, and Persuasion*, p. 150.
3. 이 글을 쓸 때 *Baker Illustrated Bible Dictionary*, ed. T. Longman III (Grand Rapids: Baker, 2013), pp. 1361-1363에 있는 약속에 관한 항목의 큰 도움을 받았다. 그 글은 JinKyu Kim이 쓴 것이다.
4. R. K. Hughes, *Genesis: Beginning and Blessing* (Wheaton, IL: Crossway, 2004), p. 293.
5. T. E. Fretheim, "'God Was with the Boy,'" pp. 3-23.
6. 같은 글, p. 14.

7. S. McKnight, *Galatians*, NIVAC (Grand Rapids: Zondervan, 1995), pp. 227-241에 있는 유용한 논의를 보라. 『NIV 적용 주석 갈라디아서』(솔로몬).
8. 제물로 바쳐진 아들의 이름은 실제로 코란에 나오지 않지만, 이는 코란을 읽는 독자들이 가진 일반적 이해다.
9. 카바(Ka'bah)는 이슬람에서 가장 성스러운 장소로 여겨지는 모스크[메카의 '마스지드 알하람'(Masjid al-Haram)]에서 볼 수 있는 정육면체 형태의 건물이다.
10. 사실 아랍인과 이스마엘의 실제 관계가 정확히 무엇인지는 확실하지 않다.

19. 창세기 21:22-34

1. Walton, "Genesis," p. 96, 이 내용은 M. Rowton, "Watercourses and Water Rights in the Official Correspondence from Larsa and Isin," *JCS* 21 (1969): pp. 267-274를 재인용했다.
2. Provan, *Seriously Dangerous Religion*, p. 62.
3. 이 단락은 Hughes, *Genesis*, pp. 296-297의 생각에서 큰 도움을 얻었다.

20. 창세기 22:1-19

1. Josephus의 *Antiquities*(1:p. 232)가 이 관점을 대표하고, J. Levenson, *The Death and Resurrection of the Beloved Son: The Transformation of Child Sacrifice in Judaism and Christianity* (New Haven, CT: Yale University Press, 1993), pp. 190-192도 그렇다.
2. 주님의 천사는 구체적으로 그리스도의 현현이 아니라 신의 현현이다. Malone, *Knowing Jesus in the Old Testament?*를 보라.
3. 아브라함도 7절에서 이삭의 질문에 비슷하게 대답한다는 점에 유의하라. NIV 성경에서는 이 히브리어 단어(*hinneni*)를 "Yes"로 번역한다.
4. Levenson, *Inheriting Abraham*, p. 80.
5. Soren Kierkegaard, *Fear and Trembling*, ed. C.S. Evans and Sylvia Walsh (Cambridge: Cambridge University Press, 2006), pp. 13-14에서 가져옴. 『두려움과 떨림』(카리스아카데미). 이 내용을 언급해 준 웨스트몬트 칼리지(Westmont

College)의 Mark Nelson 박사에게 감사한다.

6. T. Longman III, *Psalms*, pp. 451-453. 『시편 I·II』(CLC).
7. S. J. Hafemann, *2 Corinthians*, NIVAC (Grand Rapids: Zondervan, 2000), p. 493. 『NIV 적용 주석 고린도후서』(솔로몬).
8. G. Wenham, *Story as Torah: Reading the Old Testament Ethically*, Old Testament Studies (Edinburgh: T & T Clark, 2000), pp. 119-127. 『구약성경의 토라 이야기』(CLC).
9. R. W. Green, *The Role of Human Sacrifice in the Ancient Near East* (Missoula, MT: Scholars Press, 1975); M. Selman, "Sacrifice in the Ancient Near East," in *Sacrifice in the Bible*, ed. R. T. Beckwith and M. Selman (Grand Rapids: Baker, 1995), pp. 99-100.
10. Melito of Sardis, *On Pascha: With the Fragments of Melito and Other Material Related to Quartodecimans*, trans. Alistair Stewart-Sykes (Crestwood, NY: Saint Vladmir's Seminary, 2001), p. 76, 이 내용은 Levenson, *Inheriting Abraham*, p. 102를 재인용했다.
11. R. W. L. Moberly, *The Bible, Theology, and Faith: A Study of Abraham and Jesus* (Cambridge: Cambridge University Press, 2000), pp. 110-112.

21. 창세기 22:20-23:20

1. Hartley, *Genesis*, p. 215.
2. D. Allender and T. Longman III, *Intimate Allies* (Wheaton, IL: Tyndale House, 1995), pp. 157-196를 보라.

22. 창세기 24장

1. Hughes, *Genesis*, p. 315.
2. Moberly, *The Theology of the Book of Genesis*, p. 241.
3. Levenson, *Inheriting Abraham*, p. 88.
4. 같은 곳.

5. Walton, "Genesis," p. 102.
6. 견해 차이에 관한 상세한 내용은 Mathews, *Genesis 11:27-50:26*, p. 347를 보라.
7. 멜기세덱 같은 예외도 있기는 하다(창 14:18-20을 보라).
8. C. Blomberg, *1 Corinthians*, NIVAC (Grand Rapids: Zondervan, 1994), p. 135. 『NIV 적용 주석 고린도전서』(솔로몬).
9. Hughes, *Genesis*, p. 318.

24. 창세기 25:12-18

1. J. S. Kaminsky, *Yet I Loved Jacob: Reclaiming the Biblical Concept of Election* (Nashville: Abingdon, 2007), p. 41.

25. 창세기 25:19-34

1. 어떤 학자들(Anderson, *Jacob and the Divine Trickster*, pp. 50-51)은 "큰 자가 어린 자를 섬기리라"(the older will serve the younger, NIV) 대신 다른 번역을 제안하려 한다. 사실 이 표현은 "더 큰 자가 더 작은 자를 섬기리라"(the greater will serve the lesser)로 번역되어 신탁에 모호한 요소를 더할 수 있음이 사실이지만, 리브가의 행동과 나중의 전개를 볼 때 NIV 번역이 최선이라는 것은 분명하다. Anderson의 말이 맞다면, 출생 기사가 왜 그와 같이 출생 순서를 강조하는지 의문이 든다. Kaminsky, *Yet I Loved Jacob*, p. 44도 보라.
2. 야곱이 "기꺼이"(content, *tam*, 개역개정의 "조용한") 집에 머문다는 묘사(27절)에 쓰인 단어는 종종 도덕적 의미를 지닌다("흠이 없는"). 노아와 아브라함도 도덕적 의미에서 '탐'(*tam*)하다고 묘사된다(각각 창 6:9과 17:1). 물론 야곱이 도덕적 의미에서 '탐'하다는 묘사의 난점은, 그가 명백히 속이는 자라는 데 있다. 이 때문에 어떤 사람들은 그의 속임수를 부정적으로 평가해서는 안 된다고 주장한다. 속임수가 항상 악한 것은 아니지만[Michael Williams, *Deception in Genesis* (New York: Peter Lang, 2001)], 앞으로 보겠지만, 야곱이 여기에 해당한다고 보기는 힘들다.
3. Speiser, *Genesis*, p. 196와 좀 더 최근에 Anderson, *Jacob and the Divine*

Trickster, p. 65.

4. Alter, *The Art of Biblical Narrative*, p. 59.
5. 같은 책, p. 60.
6. Brueggemann, *Genesis*, p. 204.
7. D. J. Moo, *Romans*, NIVAC (Grand Rapids: Zondervan, 2000), pp. 290-324. 『NIV 적용 주석 로마서』(솔로몬).
8. 같은 책, p. 298.
9. 같은 책, p. 301.
10. Kaminsky, *Yet I Loved Jacob*의 표현을 사용하자면 그렇다.
11. Y. Zakovitch, "Inner-Biblical Interpretation," in *Reading Genesis: Ten Methods*, ed. R. Hendel (Cambridge: Cambridge University Press, 2010), p. 116.
12. Jacobs, *Gender, Power, and Persuasion*, p. 232.

26. 창세기 26장

1. 특히 J. D. Levenson, *Inheriting Abraham*에서 그렇다. Moberly는 *The Theology of the Book of Genesis*, pp. 200-224에서 기독교적 관점에 대해 본질적으로 동일한 입장을 주장한다.
2. Child Welfare Information Gateway, "Long-Term Consequences of Child Abuse and Neglect," *https://www.childwelfare.gov/pubs/factsheets/long_term_consequences.pdf#page=5&view=Behavioral%20Consequences*(지금은 접속되지 않는다—편집자).
3. T. Longman III, *Jeremiah/Lamentations*, UBCS (Grand Rapids: Baker, 2008), 210를 보라. 『UBC 예레미야, 예레미야애가』(성서유니온선교회).
4. Hughes, *Genesis*, p. 437.
5. D. Willard, *The Spirit of the Disciplines: Understanding How God Changes Lives* (San Francisco: HarperOne, 1999). 『영성 훈련』(은성).

27. 창세기 27:1-28:9

1. 혹은 Kaminsky(*Yet I Loved Jacob*, p. 53)에 따르면, 이것은 표준화된 축복이거나 "에서가 아말렉 족속과 같은 다른 경쟁 민족의 조상"(창 36:16)이라는 사실을 고려한 것이다.
2. 같은 책, p. 51.
3. 광범위한 논의는 Allender and Longman, *Breaking the Idols of Your Heart*를 보라.

28. 창세기 28:10-22

1. T. Longman III, *How to Read Exodus* (Downers Grove, IL: InterVarsity Press, 2009), pp. 101-104.
2. Anderson, *Jacob and the Divine Trickster*, p. 81.
3. *Old Testament Survey*(미발간 원고), p. 189에서 이 점을 지적해 준 Mark Lanier에게 감사한다.
4. Burge, *Jesus and the Land*, p. 49.
5. Longman, *Immanuel in Our Place*, pp. 1-74.

29. 창세기 29:1-30:24

1. I. M. Duguid, *Living in the Grip of Relentless Grace: The Gospel in the Lives of Isaac and Jacob* (Phillipsburg, NJ: P & R, 2002), p. 65를 보라. 『끈질긴 은혜에 붙들린 삶』(아가페출판사).
2. Alter, *The Art of Biblical Narrative*, p. 73.
3. 원서 번역은 Longman, *Song of Songs*, NICOT (Grand Rapids: Eerdmans, 2001), pp. 199-200에서 가져왔다. 『NICOT 아가』(부흥과개혁사).
4. M. H. Pope, *Song of Songs*, AB 7c (Garden City, NY: Doubleday, 1977), p. 649.
5. Jacobs, *Gender, Power, and Persuasion*, p. 241.
6. 같은 책, p. 237.
7. 같은 곳.

30. 창세기 30:25-31:55

1. Waltke(*Genesis*, p. 428)는 야곱과 그의 일행이 7일 동안 최대 560킬로미터에 달하는 거리를 여행했어야 하는 문제를 다루면서, 7일이 하란이 아니라 길르앗에 가까운 메소포타미아 북서부의 한 지점에서 시작한다고 제안한다.
2. Provan, Long, and Longman, *A Biblical History of Israel*, pp. 113-116를 보라.
3. F. Schaeffer, *The Church before the Watching World: A Practical Ecclesiology* (Downers Grove, IL: InterVarsity Press, 1971). 『오늘날의 교회의 사명』(생명의말씀사).
4. D. Allender and T. Longman III, *Bold Love* (Colorado Springs, CO: NavPress, 1992). 『담대한 사랑』(이레서원).
5. Duguid, *Living in the Grip of Relentless Grace*, pp. 97-98.
6. Hughes, *Genesis*, p. 389.
7. Williams(*Deception in Genesis*, pp. 12-38)는 창세기의 속임수 장면에 대한 유용한 목록을 제시한다.
8. 같은 책, p. 22.
9. 같은 책, p. 221.
10. 같은 곳.

31. 창세기 32:1-21

1. 번역과 주석은 Longman, *Proverbs*, pp. 327-329, 331를 참고하라.
2. D. Kidner, *Genesis*, TOTC (Downers Grove, IL: InterVarsity Press, 2008). 『창세기』(CLC).

32. 창세기 32:22-32

1. S. Greidanus, *Preaching Christ from Genesis: Foundations for Expository Sermons* (Grand Rapids: Eerdmans, 2007), pp. 315-334의 유용한 논평을 보라. 『창세기의 그리스도 어떻게 설교할 것인가』(부흥과개혁사).

2. 같은 책, p. 322.
3. 구약에는 특별한 '그리스도 현현'이 없다는 입장에 대해서는 Malone, *Knowing Jesus in the Old Testament?*를 보라.
4. 온라인상의 공개 성명(http://thegospelcoalition.org/blogs/kevindeyoung/2009/05/27/carl-trueman-church-of-scotland-and/에 게시되었다).
5. D. A. Allender, *Leading with a Limp: Turning Your Struggles into Strengths* (Colorado Springs, CO: Waterbrook, 2006).
6. 같은 책, p. 47.
7. 같은 책, p. 48.
8. 이 단락을 쓰는 데 도움을 준 유용한 논평에 대해 Eastern University의 Peter Enns 박사에게 감사한다.

33. 창세기 33장

1. ANET, p. 488.
2. Kaminsky, *Yet I Loved Jacob*, p. 52.
3. Wenham, *Story as Torah*, p. 39.
4. Duguid, *Living in the Grip of Relentless Grace*, pp. 114–115.

34. 창세기 34장

1. Walton, "Genesis," p. 102.

36. 창세기 35:16-29

1. I. Provan, *Seriously Dangerous Religion*, p. 211.

37. 창세기 36:1-37:1

1. Kaminsky, *Yet I Loved Jacob*.

38. 창세기 37:2-11

1. Provan, *Seriously Dangerous Religion*, p. 257.
2. Longman, *Proverbs*, p. 334의 번역과 주석을 보라.

39. 창세기 37:12-36

1. Provan(*Seriously Dangerous Religion*, p. 258)에 따르면, 형들은 그들을 멀리서 보고 이스마엘 족속이라고 지칭했지만, 그들이 가까이 왔을 때 더 구체적으로 미디안 족속임을 알았다.
2. K. Kitchen, "Genesis 12–50 in the Near Eastern World," in *He Swore an Oath: Biblical Themes from Genesis 12–50*, ed. R. S. Hess et al. (Cambridge, England: Tyndale House, 1993), pp. 79–80.
3. Greidanus, *Preaching Christ from Genesis*, p. 352.
4. Allender and Longman, *Cry of the Soul*, p. 109.
5. M. Volf, *Exclusion and Embrace: A Theological Exploration of Identity, Otherness, and Reconciliation* (Nashville: Abindon, 1996), p. 95. 『배제와 포용』(IVP).
6. Allender and Longman, *Cry of the Soul*, p. 115.

40. 창세기 38장

1. M. Boda, "Flashforward: Future Glimpses in the Past of Ezra 1–6," in *Let's Go Up to Zion: Essays in Honour of H. G. M. Williamson on the Occasion of His Sixty-Fifth Birthday* (Leiden: Brill, 2012), p. 250, 이 내용은 S. Talmon in "Ezra

and Nehemiah (Books and Men)," in *Interpreter's Dictionary of the Bible Supplementary Volume*, ed. K. Crim (Nashville: Abingdon, 1976), p. 322을 인용했다.

2. Walton, "Genesis," p. 125, 이 번역은 M. Roth, *Law Collections from Mesopotamia and Asia Minor* (2nd edition; Atlanta: Society of Biblical Literature, 1997)에서 재인용했다.
3. Walton, "Genesis," p. 126, 이 내용은 Roth, *Law Collections*을 재인용했다.
4. Mark Boda, 개인적으로 대화하며 나눈 내용이다.
5. Walton("Genesis," p. 126)은 너울이 그녀가 매춘부였음을 나타내는 것이 아니라, 단지 유다가 며느리를 알아보지 못한 이유를 설명하기 위해 언급되었다고 말한다. 그러나 15절은 너울과 매춘을 연결하는 것으로 가장 직접적으로 이해될 수 있을 것 같다("그가 얼굴을 가리었으므로 유다가 그를 보고 창녀로 여겨").
6. 같은 글, pp. 126–127.
7. G. Wenham, *Genesis 16–50*, WBC (Dallas: Thomas Nelson, 1994), p. 370, 이 내용은 Greidanus, *Preaching Christ from Genesis*, p. 366를 재인용했다. 『창세기 하』(솔로몬).
8. 룻[모압인, 즉 아버지와 딸(롯과 그의 딸)의 불법적 결합으로 태어난 족속]과 보아스[시아버지와 며느리(유다와 다말)의 불법적 결합으로 태어난 자손]의 이야기에 관한 매력적인 설명은 H. Fisch, "Ruth and the Structure of Covenant History," *VT* 32 (1982): pp. 425–437를 보라.
9. J. Schaberg, *The Illegitimacy of Jesus* (New York: Crossroad, 1990)에 관심을 갖게 해준 Mark Boda에게 감사한다. 『사생아 예수』(감은사).

41. 창세기 39장

1. J. Hoffmeier, *Israel in Egypt: The Evidence for the Authenticity of the Exodus Tradition* (Oxford: Oxford University Press, 1999), p. 81.
2. Robertson(*Christ of the Covenants*, p. 2)에 따르면 "언약적 헌신의 결과는 사람들과 '관련된'(in connection with) 관계나 사람들과 '함께 하는'(with) 관계 혹은 사람들 '사이의'(between) 관계의 확립이다."
3. Longman, *Proverbs*, pp. 168–169의 번역을 참고하라.

4. Provan, *Seriously Dangerous Religion*, p. 258.
5. ANET, p. 416.
6. Provan, *Seriously Dangerous Religion*, p. 258.
7. Greidanus, *Preaching Christ from Genesis*, p. 378.
8. Longman, *Proverbs*, p. 33와 B. Waltke, "Does Proverbs Promise Too Much?" *Andrews University Seminary Studies* 34 (1996): pp. 319–336.
9. H. Kim, *Creative Bible Lessons in Genesis* (Grand Rapids: Zondervan, 2007), p. 152.

42. 창세기 40-41장

1. E. M. Yamauchi, *Persia and the Bible* (Grand Rapids: Baker, 1990), pp. 258–260.
2. 요셉 시대에 가까운 사례로는 R. K. Ritner, "Dream Oracles," in *COS* 1: pp. 52–54를 보라.
3. Hoffmeier, *Israel in Egypt*, pp. 89–91.
4. *COS* 1: pp. 130–134.
5. Walton, "Genesis," p. 130.
6. Provan, *Seriously Dangerous Religion*, p. 259.
7. Hoffmeier, *Israel in Egypt*, p. 92.
8. 같은 책, pp. 93–95.
9. 같은 책, pp. 84–88.
10. Provan, *Seriously Dangerous Religion*, p. 268이 지적하는 내용과 마찬가지다.
11. T. Longman III, *Daniel*, NIVAC (Grand Rapids: Zondervan, 1999), pp. 41–69.
12. Greidanus, *Preaching Christ from Genesis*, p. 399.
13. 같은 책, p. 409.
14. N. Qureshi, *Seeking Allah, Finding Jesus: A Devout Muslim Encounters Christianity* (Grand Rapids: Zondervan, 2014). 『알라를 찾다가 예수를 만나다』(새물결플러스).
15. Longman, *Proverbs*에서 가져온 잠언 번역을 참고하라.

43. 창세기 42장

1. Kaminsky, *Yet I Loved Jacob*.
2. 나는 다니엘의 이야기가 문화 참여 문제에 관하여 갖는 함의를 *Daniel*, pp. 62–69에서 길게 논한 바 있다.
3. 이 거부는 이교도의 종교 의식에 참여하기를 거부하는 것보다는 하나님께서 일하실 여지를 마련하는 것에 더 가깝다고 할 수 있다(이에 대해, Longman, *Daniel*, pp. 51–54를 보라).
4. 이 단락에서 우리는 다른 사람을 시험하는 것에 관해 살펴보지만, 우리 자신을 시험할 필요성을 언급하는 본문도 있다(고후 13:5; 갈 6:4).
5. D. Allender and T. Longman III, *Bold Love: The Courageous Practice of Life's Ultimate Influence* (Colorado Springs, CO: NavPress, 1992)에서 설명하는 내용과 마찬가지다.

44. 창세기 43-44장

1. Waltke, *Genesis*, p. 567를 보라. 이 내용은 Greidanus, *Preaching Christ from Genesis*, p. 419를 재인용했다.

45. 창세기 45-47장

1. 간혹 이 개념은 단일신교(henotheism)로 표현되지만(하나님이 다른 신들을 창조하셨기 때문에 오직 하나이신 하나님만 중요하다), 다른 영적 존재(천사와 귀신)도 가끔 "신들"이라고 불린다(참조. 출 12:12; 시 82편).
2. Greidanus, *Preaching Christ from Genesis*, p. 438에서 지적하는 내용과 마찬가지다.
3. 같은 책, p. 439.

46. 창세기 48:1-49:28

1. Kaminsky, *Yet I Loved Jacob*, p. 51. 창세기 27장 주석에서 우리는 올바른 결과(에서가 아닌 야곱을 축복한 것)를 얻었더라도 리브가와 야곱의 윤리('목적이 수단을 정당화하는가?')에 의문을 제기한 바 있다.
2. V. P. Long, *The Reign and Rejection of King Saul: A Case for Literary and Theological Coherence*, SBLDS 118 (Atlanta: Scholars, 1989)를 보라.
3. J. R. Vannoy, *Covenant Renewal at Gilgal: A Study of 1 Samuel 11:14–12:25* (London: Mack Publishing, 1978).
4. 다윗 이야기에 관한 최고의 성경신학적 논의는 M. Boda, *After God's Own Heart: The Gospel according to David* (Phillipsburg, NJ: P & R, 2007)를 보라.
5. T. Longman III, "The Messiah: Explorations in the Law and Writings," and M. J. Boda "Figuring the Future: The Prophets and Messiah," chapters 1 and 2 in *The Messiah in the Old and New Testaments*, ed. S. E. Porter (Grand Rapids: Eerdmans, 2007)를 보라.

47. 창세기 49:29-50:26

1. M. Lanier, "Survey of the Old Testament"(미발간 원고), p. 220.

성경 및 외경 찾아보기

주제 찾아보기

인명 찾아보기

창세기

하나님의 이야기 주석

지은이 트렘퍼 롱맨 3세 • 옮긴이 이철민
펴낸곳 (사)한국성서유니온선교회 • 등록 제14-6호(1978. 10. 21.)
 • 초판 발행 2025년 12월 17일
주소 05663 서울시 송파구 오금로 22길 13 • 전화 02-2202-0091 • 팩스 02-2202-0095
이메일 edit02@su.or.kr • 홈페이지 www.su.or.kr

ISBN 978-89-325-2176-3 04230
ISBN 978-89-325-2171-8 04230 (세트)

성서유니온선교회(Scripture Union)는 1867년에 영국에서 어린이 전도와 성경읽기 사역을 시작하여, 현재 120여 개국에서 다양한 사역을 펼치고 있는 국제 선교단체입니다.

한국성서유니온선교회는 1972년에 시작되어 한국 교회에 성경묵상(QT)을 소개하였고, 현재 전국 12개 지부에서 성경읽기, 어린이 · 청소년 전도, 캠프, 개인성경공부(PBS), 그룹성경공부(GBS), 지도자 훈련, 기독교 서적 출판 등의 사역에 힘쓰고 있습니다.

성서유니온선교회의 목적은 어린이와 청소년 그리고 그들의 가정에 하나님의 복음을 전하는 한편, 모든 그리스도인이 규칙적이고 체계적인 성경묵상을 통해 온전한 믿음에 이르도록 돕는 것입니다.